B. S. Goel
Psychoanalyse und Meditation

B.S. Goel

Psychoanalyse und Meditation

Theorie und Praxis

Ariston Verlag · Genf/München

CIP-Titelaufnahme der Deutschen Bibliothek

GOEL, BHIM SAIN:
Psychoanalyse und Meditation: Theorie
und Praxis/B. S. Goel. Aus d. Engl. übers.
von Ulla Sebastian. – 1. Aufl. – Genf;
München: Ariston Verlag 1989
Einheitssacht.: Psycho-analysis and
meditation <dt.>
ISBN 3-7205-1547-8

Aus dem Englischen übersetzt
von Dr. Ulla Sebastian

Die Originalausgabe erschien 1986
unter dem Titel
»Psycho-Analysis and Meditation –
The Theory and Practice of Psycho-Analytical Meditation«
im Verlag Third Eye Foundation of India

Gestaltung des Schutzumschlages:
H. + C. Waldvogel, Grafik Design, Zürich

Gesamtherstellung:
Ueberreuter Buchproduktion, Korneuburg bei Wien
Erstauflage: Oktober 1989

Inhalt

Vorwort 9

Danksagung 13

Allgemeine Einführung 15

Marx, Freud und ich – die mystische Kommunikation: ein Vorbericht 20

TEIL I: THEORIE 27

Einleitung 27

I. Die Theorie der Psyche und der nervösen Störungen 29

1. Die gegenwärtige Situation des Menschen 29
2. Freuds Konzept der Psyche 31
3. Die psychoanalytische Erklärung nervöser Störungen 33
4. Die Drei-Stadien-Theorie des Selbst 35
5. Die Entstehung nervöser Störungen 54
6. Zusammenfassung der Unterschiede zwischen Freuds Konzept und dem hier vorgestellten Ansatz 61
7. Das Konzept der Reise rückwärts 64

II. Psychoanalyse, Meditation und das Konzept der psychoanalytischen Meditation 66

8. Psychoanalyse und Meditation 66
9. Psychoanalytischer und meditativer Ansatz im Umgang mit nervösen Störungen 71
10. Die Bedeutung der Übertragung 73
11. Widerstände und ihre Auflösung 76
12. Einschätzung der Ergebnisse in der Psychoanalyse und Meditation 78
13. Parallelen und Unterschiede zwischen Psychoanalyse und Meditation 81
14. Vorteile und Gefahren beider Ansätze 86
15. Das Konzept der psychoanalytischen Meditation 89

III. Träume und ihre Deutung 98

16. Grundstrukturen und Klassifikation von Träumen 98
17. Die Ursache von Träumen 101
18. Trauminhalt 103

19. Träume und Phantasien . . . 105
20. Voraussagen und prophetische Träume . . . 107
21. Die Traumdeutung . . . 111
22. Der emotionale Gehalt von Träumen . . . 122
23. Wiederholungsträume . . . 125
24. Anzeichen für bedeutsame Träume . . . 130
25. Traumbesuche . . . 133
26. Wichtige Träume mit Kurzinterpretationen . . . 134
27. Das Ende aller Träume . . . 147

IV. Die Aufdeckung von Ängsten . . . 149
28. Die Natur der Ängste . . . 149
29. Angst und Schuld . . . 151
30. Angst und Persönlichkeit . . . 154
31. Klassifikation der Ängste . . . 156
32. Ängste und Widerstände . . . 160
33. Die Aufdeckung von Ängsten . . . 166
34. Furcht und Angst in der Kultur . . . 176

TEIL II: SELBSTANALYSE UND MEDITATION – TECHNIKEN UND PRAKTIKEN . . . 181

Einleitung . . . 181

I. Selbstanalyse – ihre Bedeutung und Technik . . . 182
35. Die Wirklichkeiten des Selbst . . . 182
36. Wege der Selbstanalyse . . . 204
Phantasien . . . 204
Übertriebene Reaktionen . . . 212
Sich zurückhalten . . . 216
Dreifache Identifikation . . . 218
Drei Ebenen des Zwanges . . . 220
Introjektion und Projektion . . . 224
Verhaltensmuster . . . 228
Träume . . . 236
Der Schnellreflex . . . 237
Kontinuierliche Selbsterkenntnis . . . 238
37. Das Verhalten in einer Gruppe, einer Dreieckskonstellation und gegenüber einer einzelnen Person . . . 240
Verhalten in der Gruppe . . . 241

Das Verhalten in einer Dreieckskonstellation 249
Selbstanalyse über die Beziehung mit einer anderen Person.. 258
38. Freies Reden und Schreiben 264

II. Meditation – ihre Bedeutung und Praxis 270
39. Das Konzept der Rückführung durch die Psyche, Revisualisierung und Transzendenz 270
40. Die Technik der Meditation.............................. 273
41. Mögliche Erklärungen 278
42. Die Bedeutung der Asanas 283
Paschimontan-Asana 284
Gomukh-Asana 284
Padangusthan-Asana 285
Ardha Matsyendra-Asana 285
Sarwang-Asana... 285
43. Pranajama... 286
44. Der geistige Lehrer 288
45. Frühe Erfahrungen mit der Meditation................ 289
46. Einflüsse der Umgebung.................................... 292

TEIL III: ZWEI FORMELN ZUR ERREICHUNG DES SEKUNDÄREN UND PRIMÄREN SELBST 299

Einleitung 299

I. Wiederholungszwang.. 300
47. Die Bedeutung der Übertragung und die Aufdeckung von Zwängen.. 301
48. Die Zerstörung der Wurzeln der Zwänge.............. 301
49. Reibung zwischen zwei Wünschen oder zwischen These und Antithese.. 302
50. Zwang und Freiheit... 302
51. Entwicklung und Rückbildung............................ 303

II. Formel zur Erreichung des sekundären Selbst.............. 304
52. Die Formel... 304
53. Verwendung der Formel durch den Analytiker.......... 305
54. Die Verwendung der Formel in der Selbstanalyse 307

III. Die praktische Anwendung der ersten Formel............... 311

IV. Gefühl und Vernunft 345
55. Die Natur von Emotionen 345

56. Emotionale Störungen 346
57. Die Heilung emotionaler Krankheiten 346
58. Die Natur der Vernunft 347

V. Formeln zur Erreichung des primären Selbst 349
59. Drei Hauptgedanken 349
60. Die Formel 349
61. Praktische Beispiele 350
61. Reine Beobachtung 355

TEIL IV: WEGWEISER ZUM ENDGÜLTIGEN ZIEL 357

Einleitung 357

I. Die Zeichen Gottes 358

II. Die Öffnung des dritten Auges, im Angesicht Gottes, der Aufstieg der Kundalini: ein abruptes Ende dieses Bandes 390

Glossar psychologischer und psychoanalytischer Begriffe 397

Glossar indischer philosophisch-spiritueller Begriffe 411

Literaturverzeichnis 416

Vorwort

Psychoanalyse und Meditation – zwei Wege zum Selbst von scheinbar gegensätzlicher Natur: der traditionelle, rationale, wissenschaftlich fundierte Weg des Westens und der intuitive, introspektive Pfad des Ostens – haben in diesem Buch des indischen Psychoanalytikers und geistigen Lehrers B. S. Goel zu einer Synthese gefunden. Nicht nur, daß beide Pfade – Analyse und Sichversenken – wie zufällig zum gleichen Ziel führten, nein, die gegenseitige Ergänzungführt zu ungeahnter Bereicherung des geistigen Weges.

B. S. Goels Buch zeigt aber nicht nur diesen Pfad auf, es lehrt auch das »Wie«, die Kunst des Voranschreitens darauf. Seine Methode der psychoanalytischen Meditation dient als Anleitung zu einer Reise ins Innerste unseres eigenen Wesens und führt uns vom tertiären, sozial angepaßten über das sekundäre, triebhafte Selbst zum primären Selbst zurück: dem wahren, göttlichen Kern in uns. Diese Reise ist kein Sonntagsspaziergang, sondern gleicht der Überquerung eines schier unendlichen Ozeans voller Untiefen und Klippen. Wir können Schiffbruch erleiden und in seinen Tiefen umkommen, wenn wir uns ohne Lotsen auf den Weg machen.

Die besten Reiseleiter sind nur die, die solch eine Fahrt selbst einmal durchgestanden haben, ihre Gefahren kennen und wissen, wie man ihnen begegnen kann. B. S. Goel ist solch ein Mensch. Eher unfreiwillig begab er sich auf eine siebzehnjährige Irrfahrt über unbekannte Meere, nachdem er durch Joga-Übungen in sich die *Kundalini*-Kraft zu früh erweckt hatte. Sie zerstörte die Basis seiner Persönlichkeit, und er versank in eine schwere Depression. Im vorliegenden Buch läßt er uns an seinen Ängsten, Zweifeln und seelischen Leiden auf der Suche nach seiner wahren Identität teilhaben.

Nachdem die wenigen Versuche, auf das Ufer der sozialen Identität zurückzuklettern, gescheitert waren, entschied er sich, im Ozean unserer triebhaften, animalischen Natur schwimmen zu lernen. Eine dreieinhalbjährige Psychoanalyse stattete ihn mit dem dafür notwendigen Rüstzeug aus. Doch je weiter die Reise voranschritt, um so mehr erwies sich die Psychoanalyse als unzureichend.

Erst die Meditation half ihm, in jene Tiefen des Bewußtseins vorzudringen, die sich der psychoanalytischen Technik der freien Assoziation entziehen: die Schrecken der Geburt, die erste Bindung an den Leib der Mutter, die Urspaltung der Lebensenergie in Liebe und Haß. Zum Ufer, das auf der anderen Seite dieses Ozeans liegt, dem wahren, göttlichen Kern in uns, geleitete ihn Sri Sathya Sai Baba, der sich auf der letzten Etappe als sein innerer Führer zu erkennen gab. Er öffnete sein geistiges Auge und aktivierte erneut die *Kundalini*. Unter seinem Schutz erreichte er dieses Mal das andere Ufer, um dort in Freiheit, Glück und Frieden zu leben.

Wie B. S. Goel begeben auch wir uns in der Regel nicht freiwillig auf solch eine Expedition. Erst wenn wir der sozialen Fassade überdrüssig geworden sind, ein schockierendes Ereignis uns aus der Bahn wirft oder seelisches Leiden uns zwingt, machen wir uns auf den Weg. Dazu brauchen wir Therapeuten und geistige Lehrer, die uns anfänglich durch die Uferklippen lotsen und die uns lehren, mit den notwendigen Instrumenten sorgfältig und kompetent umzugehen. Wir brauchen eine Wegbeschreibung, eine Seekarte, die uns hilft, Ängste und Zweifel zu überstehen.

Solch eine Karte ist B. S. Goels Buch, und es ist mehr: ein Schatz an Methoden, Techniken und Alltagsbeispielen, mit deren Hilfe wir den Denk- und Verhaltensschablonen, die unser Leben bestimmen, auf die Schliche kommen können; Gelegenheit zur Auseinandersetzung mit unserem gängigen Verständnis von psychischen Krankheiten für all diejenigen, die den Umgang mit seelischem Leiden zu ihrer Lebensaufgabe gewählt haben; Trost für diejenigen, denen ihre Lage aufgrund eines seelischen Leidens hoffnungslos erscheint, und Ermutigung, die Suche fortzusetzen; Ansporn und Orientierungshilfe für die Abenteurer auf dem Weg zum eigenen Selbst, sich nicht aus Unkenntnis oder Unsicherheit mit dem Weg als Ziel zu begnügen, sondern mutig auf die Freiheit und das Glück loszusteuern, die am anderen Ufer warten.

B. S. Goels Buch ist insofern einzigartig, als es uns westlichen Lesern östliches Geheimwissen in einer Sprache offenbart, die unserem Denken zugänglich ist. Es unterscheidet sich wohltuend von so manchen westlichen Heilsversprechen auf dem therapeutischen wie spirituellen Markt, die kosmetische Verbesserungen im Bereich des tertiären Selbst als Lösung aller Probleme anpreisen.

B. S. Goel verspricht keinen raschen Erfolg, keine mühelos zu erreichende Glückseligkeit, denn: »Der Weg zum Himmel führt durch die Hölle.« Und dieser Weg ist lang, voller Risiken, Ängste und Zweifel. Ob er sich lohnt, muß jeder selbst für sich herausfinden.

Die Übersetzungsarbeit an diesem Buch war mir Unterstützung und Orientierung auf meiner eigenen Reise. Mit Hilfe der zwei im dritten Teil des Buches beschriebenen Formeln konnte ich einengende psychische Grundstrukturen auflösen, die sich bislang allen therapeutischen Bemühungen widersetzt hatten.

In der Neuformulierung des Wesens der Psyche, in der Auseinandersetzung mit den Grenzen der Psychoanalyse im Lichte östlicher Erkenntnisse, in der Verbindung östlicher und westlicher Ansätze auf der Suche nach dem eigenen Selbst, nämlich dem psychoanalytisch-meditativen Verfahren, fand ich Antworten auf Fragen, die sich mir bei meinem halbjährigen Aufenthalt bei Sai Baba in Indien gestellt hatten. Schnittpunkte gemeinsamer kultureller Geschichte zwischen Ost und West, wie die Auseinandersetzung mit Marx, mit der Psychoanalyse, mit Meditation, mit Sai Baba, führten den Autor und mich in Delhi zusammen: ihn, den östlichen Sucher, der das Licht und seinen Frieden gefunden zu haben schien, und mich, die westliche Sucherin auf der Reise zum eigenen Selbst.

Ich übergebe dieses Buch dem deutschsprachigen Leser in der Hoffnung, daß er darin Marksteine für den eigenen Weg zu entdecken vermag.

Ulla Sebastian

Danksagung

Dank schulde ich meinen Eltern und meinem geistigen Lehrer Sri Sathya Sai Baba, der in jedem Herzen zu Hause ist und die Dunkelheit vertreibt.

Ich danke auch dem jungen Gelehrten Amitanda, der mich in die Technik der Meditation einführte.

Mit tiefem Dank gedenke ich des verstorbenen Dr. Vidya Sagar, Professor der Psychiatrie im Amritsar, der mir 1965, während meiner tiefen Depression, eine psychoanalytische Behandlung bei Dr. R. P. Bhatia empfahl, einem Psychoanalytiker in Delhi, der mich in die Geheimnisse der Psychoanalyse einweihte und mir so viel emotionale Unterstützung und Vertrauen gab, daß ich mich in lange Meditationssitzungen vertiefen und das Konzept der psychoanalytischen Meditation entwickeln konnte.

Achtung und Dank drücke ich auch meinen fünf Brüdern aus: Sat Prakash Goel, Arjan Dev Goel, Seh Dev Goel, Ram Lal Goel und Dr. S. R. Goel und meiner Schwester Kailah Gupta. Ohne ihre moralische Unterstützung, ihre Ermutigung, Zuneigung und ihr Verständnis hätte ich die vielen Jahre großer Sorgen nicht überstanden.

Ich danke Frau Dr. E. M. Hoch, ehemalige Professorin der Psychiatrie am All India Institut für Medizinische Wissenschaften in New Delhi, für ihre Bereitschaft, die Erstfassung dieses Buches zu lesen und zu kommentieren. Einige ihrer Vorschläge waren mir hilfreich.

Ich danke A. Chakraborty, M. C. Thakur, G. K. Virmani und M. L. Grover für die Hilfe bei der Vorbereitung der Illustrationen, J. D. Sharma für die Hilfe beim Glossar und J. C. Sachdeva, J. D. Sharma und Bhagat Ram für die Herausgabe und die Satzkorrektur. Ohne ihre Mitwirkung hätte ich das Buch nicht innerhalb kurzer Zeit veröffentlichen können.

Möge Gott alle segnen.

Bhim Sain Goel

Allgemeine Einführung

Im Jahre 1964 geriet ich in eine schwere Depression*, die mich bis auf den Grund meiner Existenz erschütterte, mir zur Tages- und Nachtzeit beklemmend auf der Seele lag, von zahlreichen Ängsten begleitet war und mich in der Ausführung einfachster Dinge des Alltags auf eine Weise lähmte, wie ich es nie zuvor erlebt hatte. Das Leben wurde für mich zur wahren Hölle. Es ist unmöglich, all jene Erfahrungen in Worte zu fassen: Ich konnte weder Gesellschaft um mich haben noch allein sein, weder hungern noch essen, weder schlafen noch wachen. In jedem Augenblick beherrschte mich nur ein Gefühl der Ratlosigkeit. »Worin bin ich gefangen? Wird es vorübergehen?« Es waren immer wieder die gleichen Fragen, die mich quälten und auf die ich keine Antwort wußte. Ich war nicht in der Lage zu verstehen, was mit mir geschah, schien ich selbst doch nicht einmal noch derjenige zu sein, der ich ein paar Tage zuvor gewesen war. Ich kannte mich nicht mehr wieder als den, als den ich mich nur wenige Tage zuvor gesehen, gefühlt und verstanden hatte. Etwas überwältigte mich und hielt mein »Ich« in

* Als ich die Depression erlitt, ahnte ich ihre Ursache. Seit 1951 hatte ich Jogahaltungen und Atemübungen, *Pranajama* genannt, ohne die Anleitung eines geistigen Lehrers praktiziert, und war mir über die Gefahren eines solchen Tuns nicht im klaren gewesen. Eines Tages im Jahre 1964 spürte ich, wie eine gewaltige Kraft sich vom Grunde meines Rückgrats erhob und auf meinen Kopf zueilte. Es war, als würde ein Korken von einer Flasche weggeblasen. Ich geriet in große Ekstase und begann spontan, Gedichte zu verfassen, deren jedes sich auf den Allmächtigen bezog. Immer wieder pries ich die höchste Mutter und wußte in meinem Innersten, daß die *Kundalini*-Kraft in mir aktiviert war. Da ihr Aufstieg jedoch nicht von einem geistigen Lehrer kontrolliert wurde und mein Nervensystem ihre Erweckung nicht integrieren konnte, endete ich nach einer kurzen Phase der Ekstase in tiefster Depression.
Da ich mir einer angemessenen Interpretation dieser Erlebnisse keineswegs sicher war, folgte ich den Vorschlägen meines Psychiaters und meines Psychoanalytikers und verbuchte sie als »religiösen Wahn«. Während ich an der Fertigstellung dieses Bandes arbeitete, durchlief ich noch einmal dieselben Zustände. Glücklicherweise aber hatte ich dieses Mal einen geistigen Lehrer. Sri Sathya Sai Baba war es, der mit der Aktivierung der *Kundalini* zugleich mein drittes Auge öffnete. So war ihr Aufstieg unter Kontrolle, und diesmal konnte ich sie gut in mein gesamtes System integrieren. Es tauchten zwar dieselben religiösen Vorstellungen auf, aber da sie einem integrierten Erleben entstammten, wirkten sie nicht wahnhaft, obgleich Psychiater sie in Unkenntnis des *Kundalini*-Prozesses wieder als solche klassifizieren wollten.
Meine Erfahrungen habe ich im zweiten Band unter dem Titel *»Third Eye and Kundalini«* beschrieben. Die Gründe dafür finden Sie am Schluß des vorliegenden Buches.
Rückblickend kann ich sagen, daß meine Depression auf eine unkontrollierte Erweckung der *Kundalini* zurückzuführen war, und ich möchte behaupten, daß die meisten Geisteskrankheiten tatsächlich religiösen Ursprungs sind und daß Störungen der *Kundalini* die Hauptrolle bei der Entstehungsgeschichte spielen. Das Gebäude der gesamten modernen Psychologie, Psychiatrie und Psychoanalyse scheint auf einem schwankenden Boden errichtet zu sein, da es auf einer beachtlichen Unwissenheit wichtiger Momente des menschlichen Bewußtseins gründet.
Vor dem Hintergrund meiner Leidenserfahrungen bin ich heute der festen Überzeugung, daß der moderne Psychotherapeut, will er die Quelle geistiger Störungen und den Weg zur völligen Heilung erkennen, das Phänomen der *Kundalini* verstehen muß.

seinen Klauen. Wie ein kleines Stück Papier, das in einem Wasserfall herumgeworfen wird, fühlte ich mich getrieben. Es schien, als bräche jederzeit ein Vulkan in mir aus, der mein gesamtes Sein verwüsten würde. Völlig hilflos sah ich mich in höchster Verwirrung brennen.

Ich suchte indische Heilpraktiker auf, die der *Unanimedizin* (*Hakims*) und der *ayurvedischen Medizin* (*Vaids*) kundig waren, wandte mich an traditionelle Mediziner und Psychiater und lief zu Heiligen und Zauberern. Doch nirgendwo fand ich Erleichterung. Ich kämpfte und kämpfte, jedoch ohne Ziel. »Werde ich hier je wieder herauskommen?« Diese Frage verfolgte mich in jedem Augenblick, und der Selbstmord erschien mir oft als einziger Ausweg.

Während der Vorbereitung auf ein Diplom in Erziehungswissenschaften las ich eine Einführung in die Psychoanalyse. Mir kam der Gedanke, daß vielleicht nur diese Methode emotionale Krankheiten auf einer stabilen Basis zu behandeln in der Lage war. Nach vorbereitender Lektüre zahlreicher Zeitschriften und Bücher – unter anderem studierte ich KAREN HORNEYS *»Selbstanalyse«*, ein Buch, das mein Vertrauen in die Wirksamkeit dieses Selbsthilfeansatzes stärkte – versuchte ich zunächst, mich selbst zu analysieren. Obwohl diese Selbstanalyse mir eine gewisse Erleichterung verschaffte, konnte sie mir aus dem existentiellen Grundzustand emotionaler Not und verzehrender Ängste nicht heraushelfen. Da ich von der prinzipiellen Wirksamkeit der Psychoanalyse aber überzeugt war, faßte ich den Entschluß, mich in eine Behandlung zu begeben, und hatte das Glück, jemanden in Delhi zu finden, wo ich arbeitete.

Da mein Interesse an der Psychoanalyse gewachsen war, vertiefte ich mich in die Fachliteratur, obgleich mir mein Analytiker oft abriet, ja sich entschieden dagegen aussprach. Doch ließ ich mich trotz der Angst, die sein Widerspruch in mir erzeugte, nicht davon abbringen. Von den einführenden Werken war vor allem das Buch von JO COUDRET *»Advice from a Failure«* sehr wichtig für mich. Es gab mir zu jener Zeit, da ich um den Sinn meines Lebens rang, ermutigende Anstöße.

Ich zögere nicht im geringsten zu gestehen, daß die psychoanalytischen Sitzungen sich als enorm nützlich erwiesen. Zum ersten Mal begann ich, das Leben, seinen Sinn und seine Probleme aus einem völlig neuen Blickwinkel zu sehen.

Im Laufe der Zeit gewann ich jedoch den Eindruck, daß mein Analytiker mir nicht weiterhelfen konnte.

Ich hatte in verschiedenen indischen Schriften über Joga gelesen, daß auch Meditation psychische Störungen heilen könne, und hatte gleichzeitig zu meditieren begonnen. Mein Analytiker riet mir davon ab, da er ebenso wie Freud der Meinung war, Meditation sei Teil der Religion und wie diese selbst als solche Ausdruck einer Neurose.

Er war weiterhin der Ansicht, daß Meditation höchste Ansprüche an

Macht und Glückseligkeit fördere und von daher nur meinen Größenwahn stärken würde. Ich ließ mich jedoch nicht von meinem Vorhaben abbringen. Nach ungefähr zwei Jahren stellte ich zu meiner Überraschung fest, daß all die Aspekte, auf die ich durch vom Analytiker angeregte eigene freie Assoziation aufmerksam gemacht wurde, während der Meditation in mir auftauchten. Meine Vergangenheit wurde vor meinem inneren Auge lebendig. Ich berichtete meinem Analytiker von diesen Erfahrungen. Er war skeptisch. Oft, während ich auf seiner Couch lag, wies ich ihn auf Anteile im Bewußtsein hin, die selten über freie Assoziationen aufgespürt werden können. Er war überrascht, blieb aber skeptisch, weil er glaubte, ich hätte mir diese Vorstellungen aus einigen Büchern angelesen und erzählte sie ihm, um ihn zu beeindrucken und darüber meinen Minderwertigkeitskomplex zu überwinden. Ich meditierte jedoch weiter, da ich von der Wirksamkeit der Meditation überzeugt war und glaubte, auf diesem Weg viel eher geheilt zu werden als allein auf dem der Analyse. Der Grund dafür aber, daß ich trotz dieser Einsicht weiterhin meinen Analytiker aufsuchte, war meine Abhängigkeit von ihm. In jenem Stadium wagte ich nicht, ihn zu verlassen. Schon allein der Gedanke an eine solche Möglichkeit versetzte mich in Angst und Schrecken. Gleichzeitig hatte ich zu jener Zeit den intensiven Wunsch aufzuhören, um Zeit und Geld zu sparen. Ich wollte einen Zeitpunkt abwarten, da ich mit Hilfe der Meditation so weit gekommen sein würde, daß eine Trennung mich nicht mehr ängstigte.

Die Psychoanalytiker in der ganzen Welt stimmen darin überein, daß es keine vollständige Analyse gibt. Sie ist ein Mythos. Auch mein Analytiker war dieser Ansicht. Ehrlich wie er war, sagte er mir, daß nur wenige Konflikte aufgedeckt werden würden. Ängste und Depressionen würden weiterhin auftauchen, obgleich ich fähig sein würde, sie zu kontrollieren und mit ihnen zu leben. Diese Ansicht hatte auch JO COUDRET in ihrem Buch vertreten.

In meinen Meditationsitzungen tauchten jedoch ein neuartiger Bezugsrahmen und eine Methode auf, die dieser Ansicht widersprachen. Ich erklärte meinem Analytiker, daß eine vollständige, ja, absolut vollständige Analyse möglich sei und daß ich sie erreichen würde. Wie immer war er skeptisch, verständlicherweise. Nicht nur SIGMUND FREUDS Zeugenschaft, daß »eine vollständige Analyse ein Mythos sei« (Freud selbst konnte sich nie von seiner Phobie befreien), sondern auch seine eigenen Erfahrungen als Patient und Analytiker begründeten seine Bedenken.

Nach etwa viereinhalb Jahren entschied ich mich, meinen Analytiker zu verlassen. Er war überzeugt, daß ich noch weit entfernt von einer ausreichenden Heilung sei und eines Tages zu ihm zurückkehren würde. Und ich war überzeugt, einen Weg gefunden zu haben, der mich nicht nur zum vollständigen Glück führen, sondern mir auch helfen würde, der Welt die Bedeutung einer vollständigen Analyse zu erklären und zu unterbreiten.

Indische Jogis meditieren, um hohe Ziele zu erreichen. Sie haben nie daran gedacht, ihre Erfahrungen niederzuschreiben. Da mir die Psychoanalyse aber vertraut geworden war, meditierte ich und schrieb zugleich alle bedeutsamen psychoanalytischen Ereignisse täglich auf. Bis zum Jahr 1972 schwollen meine Erfahrungsdaten zu zehntausend Seiten an.

Die gesamte Entwicklung war erstaunlich. Psychoanalytiker reden von vierzig bis fünfzig Ängsten. Ich notierte zweihundert, die vom Bewußtsein überwunden werden müssen. Ich schrieb zahlreiche Träume nieder, die die Analytiker nie beachtet haben. Tatsächlich kann jemand, der täglich meditiert und zugleich etwas psychoanalytisches Training hat, die verschiedenen Träume korrekt und ohne die langwierige Methode freier Assoziation deuten. Das braucht niemanden zu überraschen, da während der Meditation die wirklichen an der Wurzel der Verhaltensmuster liegenden Geschehnisse ins Bewußtsein treten, während in der Psychoanalyse versucht wird, solche Muster zu identifizieren und auszulöschen. Ich bezweifle, daß eine Auslöschung im Einstellungsmuster einem Menschen helfen kann, solange er nicht deren in seiner Kindheit liegende Wurzeln erkennt und überwindet Meditierend erlangen wir die Gefühle des »Selbst«, der Freiheit, reiner Liebe und des Glücks.

Dieser Prozeß und sein Ergebnis überschreiten die Grenzen psychoanalytischer Methodik. Viele, die sich über Jahre einer Analyse unterzogen haben, sind von diesem Zustand immer noch weit entfernt, wie in CARL R. ROGERS' Buch *»Person to Person«* (Ontario 1971) nachgelesen werden kann. Die Erfahrungen in der Meditation lehren uns, daß die Psychologie in der Struktur des menschlichen Bewußtseins an unterster, die Religion an oberster Stelle steht. Dazwischen liegt die Philosophie. Doch ohne die Psychologie können Sie nicht zur Philosophie, ohne diese nicht zur Religion gelangen.

Im Zusammenhang meiner Erfahrungen habe ich gute Gründe zu der Annahme, daß die Theorie der Psyche und der nervösen Störungen, die Traumtheorie und die Traumdeutung und die Theorie der Ängste, so wie sie von Psychoanalytikern vorgetragen werden, unzureichend sind. Ich bin kühn genug zu behaupten, daß es keine vollständige und perfekte Heilung nervöser Störungen, besonders des klassischen Nervenzusammenbruchs, gibt, außer mit Hilfe von Joga, der Erfahrung der Einheit mit dem Universum. Joga alleine kann die Störungen von ihrem Ursprung her beheben. Meditation ist der zentrale Schlüssel zur Erlangung der Einheit. Da die Psychoanalyse wertvolle Hilfe zur Erleichterung seelischen Leidens anbietet, habe ich sie in die Meditation einbezogen. Das Konzept der psychoanalytischen Meditation ist nur ein weiterführender Weg der Meditation, da es dem Meditierenden zahlreiche Hilfen anbietet, die durch keine traditionelle Meditationsmethode gewährleistet werden.

Ich stelle Ihnen zunächst die Theorie vor. Für diejenigen, die nicht nur lesen, sondern auch üben wollen, ist der Praxisteil wichtiger. Sie können einfach den ersten Teil überfliegen und sich auf den zweiten konzentrieren. Dort empfehle ich, sich den Techniken der Selbstanalyse zuzuwenden, da sie zu Beginn effektiver sind als die Meditation. Nach und nach sollten Sie lernen, zu meditieren und das psychoanalytische Wissen in die Meditation einzubeziehen.

Denjenigen, die unter bestimmten emotionalen Störungen leiden, empfehle ich zunächst eine Anwendung der ersten Übung, wie ich sie in Teil III vorstelle. Ich wende mich in erster Linie an den Laien, den »normal unglücklichen« Menschen. Das Buch ist deshalb in einfachster Sprache gehalten.

Diejenigen, die über psychoanalytische oder meditative Erfahrungen verfügen, wissen, daß Wiederholungen der wichtigste Faktor im menschlichen Bewußtsein sind. Wir tun immer wieder das gleiche, so daß wir unsere Verhaltensmuster sehen, verstehen und überwinden können. Jede Wiederholung unterscheidet sich im Prozeß der Bewußtseinsentwicklung qualitativ von der vorangegangenen und ist in diesem strikten Sinn keine reine Neuauflage. Wenn sie uns ärgert, verletzt sie unseren »Ich-wiederhole-mich-nicht-Wert«, den wir aus der Buchstabenwelt verinnerlicht haben. Ansonsten verfallen wir immer wieder auf dieselben Dinge in unserem täglichen Leben.

Ich bin mir darüber im klaren, daß bei der Lektüre des Buches etliche Widersprüche auffallen werden, gebe aber zu bedenken, daß auf intellektueller Ebene etwas als Widerspruch erscheint, das tatsächlich als der oft ungeordnete, ja als chaotisch empfundene Niederschlag lebendiger Wirklichkeit verstanden zu werden verdient.

Marx, Freud und ich – die mystische Kommunikation: ein Vorbericht

Ich meditiere. Ein ruhiges, glückseliges Gefühl hüllt mich ein. Ich bin völlig still und achte nicht auf meine Umgebung. Oh, welch eine Stille in mir! Nur der Atem läuft durch die weite Leere meines Rückgrats auf und nieder.

Plötzlich höre ich eine Stimme, die mir zuwispert: »Weißt du eigentlich, warum ich einen Marxisten aus dir gemacht habe?« Verblüfft schaue ich mich um. Niemand ist da. Was geschieht mir? Wer sprach zu mir? Tatsächlich ist keiner da. Ich kehre zu dem Zustand der Stille und inneren Ruhe zurück. Wieder hüllt mich dieselbe glückselige Stille ein. Ich könnte eine Stecknadel zu Boden fallen hören, so still ist es.

Und wieder raunt mir jemand aus der dünnen Luft zu: »Weißt du, warum ich einen Marxisten aus dir gemacht habe?« Ich verharre in Schweigen und murmle im Geiste: »Nein.«

Die Stimme fährt fort: »Ich habe einen Marxisten aus dir gemacht, damit du seine Sprache verstehst, seine Dialektik und seine wahren Absichten, so wie sie von vielen Menschen in der Welt verbreitet und praktiziert werden. Aus diesem Grunde habe ich dich zehn Jahre lang Marxist sein lassen.«

Was war das?

Vielleicht mein eigener Gedanke? Aber wie ist es möglich, daß mein eigener Gedanke so ausdrücklich in jenem Zustand der perfekten Stille auftaucht? Ich wundere mich für einen Augenblick, dann verbanne ich die ganze Situation als reine Phantasie.

Wieder beginne ich zu meditieren und in den Zustand der Glückseligkeit – eine Situation perfekten Nichts – einzutauchen. Doch im selben Moment hör ich die Stimme wieder: »Weißt du, warum ich dich in einen Zustand inneren Aufruhrs versetzt und im Feuer der Hölle gebrannt habe?«

Ich bleibe still und verneige mich vor der Stimme, als würde ich zugestehen, die Antwort nicht zu kennen. Die Zeit tiefen Leidens, das ich Jahre zuvor durchlebt habe, taucht vor meinem inneren Auge auf, Tränen des Glücks und der Dankbarkeit über das, was aus mir geworden ist, steigen mir in die Augen.

Das Wispern kommt zurück: »Damit du den Sinn des Leidens kennst. Dieses Leiden quält Millionen von Menschen in der ganzen Welt.«

Wiederum verharre ich in Staunen.

Dasselbe Wispern. »Weißt du, warum ich dich zu einem Psychoanalytiker geschickt habe?« Ich schweige. »Damit du alles über die Psychoanalyse erfährst – ihre Ziele und Grenzen kennenlernst.«

Ich schüttele den Kopf. Ein Zweifel kommt mir. Vielleicht träume ich. Ich hätte nicht gedacht, daß ein solches Erlebnis so lange dauern würde.

Mehrfach hatte ich gelesen, daß man während der Meditation in einen Traumzustand geraten kann. Vielleicht träume ich.

Ich öffne meine Augen und schaue mich um. Es ist niemand da. Und ich schlafe nicht.

Ich beginne erneut zu meditieren.

Das Wispern kommt wieder: »Und weißt du, warum ich dich acht Jahre lang meditieren ließ?«

Ich verharre in Schweigen.

»Dein Analytiker hat dir immer wieder empfohlen, es bleiben zu lassen, aber du hast nicht aufgehört. Meinst du, dies lag an deinem Willen?«

Ich schweige.

»Ich habe dir nicht erlaubt, die Meditation zu beenden. Du konntest es nicht lassen, trotz vieler Zweifel, da ich nicht wollte, daß du zu meditieren aufhörst. Ich wollte, daß du die gesamte Zielsetzung und Praxis der Meditation kennst.«

Ich erzittere vor Verwunderung, denn ich weiß sehr wohl, daß ich nicht träume oder schlafe.

Das Wispern kehrt zurück. »Hinter allem steht eine Absicht. Du hast dies alles nicht vollbracht. Ich habe alles geplant, um jenen Zweck zu erfüllen.«

Ich höre still und erstaunt zu.

»Marxistisches und psychoanalytisches Gedankengut verbreiten sich rasch unter den Menschen. Sie repräsentieren nicht mich. Sie verbreiten Unwissenheit über den Ursprung der menschlichen Natur. Keiner, der von solchen Gedankengängen geleitet wird, wird mich je erreichen. Niemand wird durch jene Gedanken wirklich glücklich. All dieses verkünde den Leidenden. Du wirst die Grenzen und Unwahrheiten dieser Gedankenströme aufdecken. Du wirst den Menschen sagen, sie sollen wieder zu mir zurückkehren, um Erfüllung zu finden. du wirst ihnen die Methode der Meditation in ihrer Sprache nahebringen, so daß sie den Glauben an mich wieder finden können. Ich bin ihre Quelle und ihr Ziel.«

Staunend öffne ich meinen Mund. Ist dies eine Offenbarung? In den acht Jahren meiner Meditation zwischen 1964 und 1972 erlebe ich so etwas zum erstenmal.

In einigen Büchern hatte ich gelesen, daß nach langer meditativer Praxis mystische Kommunikationen im Zustand tiefen Schweigens stattfinden. War dies so etwas?

Ein großartiges Gefühl durchläuft mich. Ja, ich bin nichts. Nichts tue ich aus mir selbst heraus. Gott erfüllt sich durch mich. Ich bin nur sein Instrument, kein Planer, nicht wirklich Handelnder. Es sieht so aus, als läge all meinen Erfahrungen eine göttliche Absicht zugrunde, deren Zweck ich erfüllen muß, indem ich zu einem bereitwilligen Instrument des göttlichen Willens werde. Tatsächlich gibt es keine Alternative.

Das Gefühl der Hingabe an die göttliche Absicht, der Demut und Geborgenheit durchströmt mich. Ich fühle mich angeregt, ja geradezu euphorisch. Ich erschaudere. Tränen rollen mir die Wangen herunter, rollen und rollen vor Staunen und Freude.

Die festgesetzte Meditationszeit für diesen Tag ist vorüber. Ich erhebe mich von meinem Sitz in einem Zustand der Leichtigkeit. Ich wasche mein Gesicht und mache mich fürs Büro fertig. Was ist mir geschehen? Zweifel und Ängste tauchen auf. Meine erste Befürchtung ist, daß ich bald den Kontakt mit der Wirklichkeit dieser Welt verlieren könnte, und ich erinnere mich an Menschen, die mich vor der Meditation gewarnt hatten, da sie zu merkwürdigen Erfahrungen und in manchen Fällen zum Verlust der Sinne führen würde. Ein plötzliches Gefühl der Reue vermischt sich mit Furcht: Warum habe ich mich überhaupt auf diesen Weg begeben? Doch es gibt keinen Weg zurück. Dieser Gedanke ängstigt mich erneut. Für einen Moment sieht es so aus, als würde ich aufhören zu existieren.

Zahlreiche Zweifel kriechen in mir hoch. Was, wenn ich diese Erfahrung jemandem mitteile? Wer würde es glauben? Sie würden mich für verrückt halten und auslachen. Seit mehr als vier Jahren war ich in der Psychoanalyse. Nach allem, was ich von dort her wußte, würde ich direkt als Schizophrener oder sogar Paranoider eingestuft werden. Wenn ich zu meinem Analytiker ginge und ihm berichtete, daß Gott durch mich arbeitet, würde er mich als völlig passiv einstufen, was die einzige psychoanalytische Interpretation für solch eine Empfindung ist. Was soll ich tun?

Was bin ich im Vergleich zu KARL MARX oder SIGMUND FREUD? Ich habe keine Möglichkeiten, meine Anschauungen zu verbreiten. Wer würde sich schon die Mühe machen, mir zuzuhören?

Zweifel ergreifen immer mehr von mir Besitz. Wenn ich Marx vor meinen Freunden kritisiere, werden sie mich einen Abtrünnigen schimpfen. Einige werden schlichtweg behaupten, ich sei von Kapitalisten gekauft oder amerikanischer Agent geworden. Solche Beschuldigungen gehen ihnen ja leicht von den Lippen. Oh, ich bin dem Untergang geweiht. Und wie kann ich Freud oder die Psychoanalyse kritisieren, für die ich mich während meiner eigenen Psychoanalyse so überzeugt ausgesprochen habe. Ich hatte mich ja fast selbst schon als Psychoanalytiker gefühlt. Wie oft hatte ich Verhaltensmuster meiner Freunde und Kollegen nach psychoanalytischem Muster gedeutet. Ich hatte in der Zeit ja sogar die Existenz Gottes geleugnet und alle Vorstellungen von Spiritualität kritisiert. Ich verbreitete antireligiöse Ideen und predigte, daß der Mensch zu seinem animalischen Stadium zurückkehren und die Freiheit wiedererlangen müsse, seine Triebe auszuleben, um glücklich zu werden. Gott und Moral seien Täuschungen des Über-Ichs. Wie sollte ich jetzt die Umkehr meiner Haltung begründen? Welch ein Dilemma! Und es schien niemanden in meinem Büro, meiner Nachbarschaft oder der ganzen Stadt zu geben, der mir zuhören würde. O Gott, was für eine mißliche Lage!

Den ganzen Tag wandere ich verwirrt herum, in Zweifeln und Angst. Die Beziehung zu meinen Kollegen ist nicht sehr tief, und ich habe das Gefühl, abseits zu stehen, verstrickt in meine Gedanken. Ich kann ihnen keine Aufmerksamkeit widmen. Um mich abzulenken, öffne ich meine Büroakten, bin aber unfähig, meine Arbeit zu erledigen. Ich lasse meinen Blick über die Buchstaben gleiten, vermag aber nicht, einem Gedankengang zu folgen, da mein Bewußtsein nicht anwesend ist. So vergeht der ganze Tag. Am Abend kehre ich in meine Wohnung zurück. Unmöglich zu arbeiten. Unmöglich zu essen. Eine undefinierbare Angst hält mich gefangen.

Während der Nacht flieht mich der Schlaf. Undefinierbare Furcht sucht mich heim. Wie, wenn mir etwas geschieht! Wer wird mich beschützen? Wer wird mir Unterkunft gewähren? All die positiven Gedanken, all das positive Wissen, alle Interpretationen sind ohne Wert und Hilfe.

»Noch immer habe ich kein volles Vertrauen in Gott. Noch immer akzeptiere ich nicht, daß die Dinge seinen Weg gehen. Noch immer habe ich mich ihm nicht völlig ergeben. Das Äußerste, was mir passieren kann, ist, daß ich sterbe, und nichts mehr.« Ich halte mich für einige Zeit an diesen Gedanken als Gegenmaßnahme gegen alle Zweifel fest. Sie erleichtern mich. Danach kann ich schlafen.

Am nächsten Tag erhebe ich mich mit schwerem Kopf. Die Zeichen der Angst sind meinem Gesicht noch eingegraben. Ich bin nicht sicher, ob ich mich zur Meditation niedersetzen soll. Ich fürchte eine ähnliche Erfahrung, und in der Tiefe meines Herzens weiß ich, daß sie sich wiederholen wird.

Doch als die Zeit für die Meditation näherrückt, bin ich nur zu bereit dafür, da sie zu einem zwanghaften Verhalten geworden ist. Ich sitze auf meinem Meditationsplatz. Einige Minuten lang bin ich nervös. Aber langsam gerate ich in einen Zustand völliger Stille und Leere. Keine Gedanken, keine Bilder. Alles ist friedlich und ruhig. Nach wenigen Momenten beginne ich mit der Stimme des Vortages zu sprechen. Ich erzähle dem unsichtbaren Gott all meine Ängste und Zweifel, so wie ein Kleinkind zu seinem Vater spricht.

Die Stimme sagt mir: »Diese Ängste und Zweifel gehören zu deinem Ich, das noch nicht aufgelöst ist. Du unterliegst der Täuschung, daß du all diese Dinge tun sollst. Höre, ich bin der Handelnde. Du bist nicht der Planer oder der Ausführende. Du bist nur ein Instrument. Dein Ich spürt, daß es nicht in der Lage ist, diese wahrhaft große Aufgabe durchzuführen. Solange dein Ich existiert, bleiben die Zweifel bestehen und suchen dich heim. Ja, du mußt noch kleiner werden, du mußt verschwinden, du mußt völlig aufhören zu existieren. Erst dann wirst du deine Macht, die Macht deines wahren Selbst erkennen. Du bist ich.«

»Aber wenn ich das den Leuten erzähle, wie werden sie reagieren?«

Wieder erhebt sich der Zweifel in der Stille.

»Du brauchst dich um ihre Reaktionen nicht zu sorgen. Ich habe dich gelehrt, Kritik, Beschimpfungen, Spott und alle Demütigungen still zu ertragen. Ich habe dich gelehrt, alle Bestrafungen, jeden bösen Willen und jede Mißhandlung ohne Widerspruch und ohne Reaktion hinzunehmen. Du weißt, daß du dich völlig ergeben mußt. Du mußt so handeln, als würdest du nicht handeln, sondern nur meinen Willen ausführen. Lebe in mir, sei unbeteiligt und spontan. Höre auf zu urteilen. Solange du urteilst, bleiben Ängste und Zweifel bestehen.«

Wieder erhebt sich ein Zweifel. »Wie soll die Welt auf diese Arbeit aufmerksam werden? Ich habe kein Geld und keinen Einfluß, nichts, was mir helfen könnte, all dies zu verkünden!«

»O Kind, mach dir darum keine Sorgen. Ich handle durch dich, ich handle durch andere. Zweifle nie daran.«

Ich fühle mich ein wenig sicherer. Ich verneige mich, ich ergebe mich und fühle Tränen die Wangen herunterlaufen. Aber noch sind nicht alle meine Zweifel beseitigt. »Ich bin so klein, so hilflos! Wer wird mich schon beachten?«

»Lasse es zu, daß sie dich übersehen. Werde ganz klein, lösche dich völlig aus. Ich lebe in dir, und du lebst in mir. Das genügt. Das ist das Selbst. Du bist das Selbst. Sage den Menschen, daß du das Selbst bist, und sie werden mich bemerken, und sie werden sehen, daß mein Wille sich über deine Handlungen vollzieht. Verstehst du?«

Wieder schleicht sich ein Zweifel ein. »Wie wird dies geschehen? Ich verfüge nicht über die Gewalt der Schrift. Ich habe keinen Stil.«

Die Stimme antwortet: »Sorge dich nicht darum. Du schreibst spontan. Du schreibst, was immer dir aus der Feder fließt. Die Menschen werden es verstehen. Sie werden die Wahrheit erkennen, da das Wort sie unmittelbar glücklich macht. Glück kommt von Glück. Ich bin Glückseligkeit und Glück. Ich bin die Wahrheit. Du schreibst einfach spontan, ohne viel nachzudenken, und sie werden es glücklich zur Kenntnis nehmen. Das wird sie in die Lage versetzen, zwischen dem Wahren und Unwahren, zwischen dem Wirklichen und Unwirklichen, dem Richtigen und Falschen zu unterscheiden.«

Ich verstehe dies alles nicht klar. Aber ich spüre, wie ich in eine weite Leere entschwinde. Ich verneige mich in der Meditation und weine: »O Gott, ich stehe zu deiner Verfügung. Handle, wie es dir beliebt. Laß deinen Willen geschehen. Ich weiß nichts.«

Ich stehe auf. Ich wasche mein Gesicht und mache mich für das Büro fertig.

Seitdem schreibe ich jeden Morgen eine Stunde lang, ohne groß zu wissen, was. Die Themen kommen von alleine. Ich schreibe, ohne viel nachzudenken oder zu unterscheiden. Ich habe beständig das Gefühl, daß MARX oder FREUD nicht sehr lange überleben können, da beide die Gottlosigkeit predigen. Nur Ich, das Selbst, wird für immer sein, da es die Wahrheit, Schönheit und Güte ist. Es alleine repräsentiert Gott.*

* Merkwürdig sind die Wege Gottes. Diese mystische Kommunikation erlebte ich im Jahr 1972. Offensichtlich hatte ich damals schon ein hohes Entwicklungsstadium in der Meditation erreicht. Zu Beginn des Jahres 1975 wurde dieser Eindruck noch verstärkt, und ich ahnte nicht, daß ich noch einmal leiden könnte. Mir war nicht klar, daß Meditation wirklich so gefährlich sein kann. Zu Beginn des Jahres 1975 wurde mein drittes Auge geöffnet. Ich begegnete Gott darin. Die *Kundalini* wurde aktiviert. Noch einmal erlitt ich beachtliche Qualen und Gefahren. Allerdings erfuhr ich auch, daß alle Menschen, die meditieren, um solche Gefahren beten, da sie ein sicheres Zeichen dafür sind, daß sie Gott erreichen und für immer mit ihm verschmelzen werden. Diese Erfahrungen von 1975 bestätigten übrigens zweifelsfrei, daß meine Kommunikation von 1972 völlig richtig war und daß ich von Gott geleitet wurde. Aufgrund meiner eigenen Erfahrungen wurde ebenfalls zweifelsfrei klar, daß das Marxsche und Freudsche Gedankengut in letzter Analyse falsch sind und daher einen Menschen nicht wirklich glücklich machen. Ihre Annahmen über die Religion und Gott beruhen auf völliger Unwissenheit. Von daher dürften beide Gedankenströme nicht sehr lange überdauern können.

Teil I
Theorie

Einleitung

Wenn die *Psyche** je ein Mysterium war: die Seele oder der Geist sind es um so mehr. Wenigstens wurde die Existenz der Psyche nicht bestritten. Eine Verleugnung der Seele gab es immer und kann es immer geben.

Verschiedene Leute haben die Psyche unterschiedlich gesehen und verstanden. So verwundert es nicht, daß es unterschiedliche Theorien über sie und damit zusammenhängend emotionale Störungen gibt.

Beziehen sich manche besonders auf die Gehirnchemie und chemische Prozesse, weshalb bei ihrer Behandlung von emotionalen Störungen die Mithilfe von Medikamenten eine besondere Rolle spielt, widmen andere Theorien sich sichtbaren Symptomen bestehender Probleme und bemühen sich therapeutisch um deren Korrektur. FREUD und andere Psychoanalytiker beschrieben die Psyche in Begriffen des Ichs, Über-Ichs, des Vorbewußten und Unbewußten. Es liegt in der Konsequenz dieser umfassenden Ansätze, daß auch ihre Behandlungsweise vielfältiger ist.

Nach meinem Eindruck sind jedoch mit diesen zugleich andere Theorien über die Psyche – und das gilt entsprechend auch für ihren therapeutischen Ansatz – prinzipiell unzureichend. Ihr gemeinsamer Mangel besteht genau darin, daß sie alle zwei absolut grundlegende Momente, das individuelle Bewußtsein (*Dschiwa*) und das kosmische Bewußtsein (*Schiwa*), der Psyche gänzlich außer acht lassen. Dies überrascht besonders deswegen, weil diese beiden ihre grundlegende Wirklichkeit ausmachen und tiefer greifen als sie selbst. Sie sind der Wesenskern und die fundamentale Grundlage des Zusammenspiels von Psyche und Körper. Psyche und Körper existieren nicht aus sich heraus. Sie können ohne Bewußtsein nicht sein. Die Psyche ist vorwiegend eine verinnerlichte Wirklichkeit. Alle gedanklichen Prozesse,

* An dieser Stelle sollte auf ein terminologisches Problem hingewiesen werden: Mit »Psyche« wird hier nicht allein die »Seele« – sie ist Äquivalent zu *»soul«* – bezeichnet, was der Normalsinn jenes griechischen Wortes wäre, sondern es wird versucht, den englischen Ausdruck *»mind«*, der als Inbegriff der oberen Kräfte des Gemüts nur schwer übersetzt werden kann, angemessen wiederzugeben. Dies ist im Zusammenhang dieser Abhandlung nicht einfach, weil der Ausdruck »Geist«, der sich als Entsprechung zu *»mind«* anböte, schon für die Übersetzung des englischen *»spirit«* reserviert ist, und »Vernunft« und »Verstand« sich im psychoanalytischen Kontext begrifflich als zu eng erweisen. Das englische Wort *»mind«* umfaßt den geistig-seelischen Bereich als eine Einheit.

Phantasien, Erinnerungen, Handlungen und Reaktionen, Verhaltensmuster, Ängste, Sympathien und Antipathien, Stolz und Schmerz repräsentieren nicht ursprüngliche Wirklichkeit, sondern nur eine verinnerlichte, und sind überschreitbar.

Das Bewußtsein ist die ursprüngliche Realität. Es ist unzerstörbar. Der zweite fundamentale Mangel bestehender Theorien der Psyche liegt darin, daß sie kein angemessenes Verständnis der Quelle, der Natur und des Ausmaßes individueller Energie haben, obwohl sie von Energie und Libido sprechen. Außerdem beleuchten sie nicht die Natur der Beziehung zwischen der Energie und dem Bewußtsein.

Logischerweise muß es eine Theorie der Psyche geben, die die Aspekte des Bewußtseins und der Energie und die Beziehung beider berücksichtigt.

Auf der Basis meiner Visualisierung während der Psychoanalyse und in der Meditation über einen Zeitraum von zehn Jahren meine ich, daß eine angemessene Theorie der Psyche vier deutlich unterscheidbare Bereiche des menschlichen Lebens in Betracht ziehen muß: 1. Bewußtsein, 2. Energie, 3. das sinnliche Bewußtsein und 4. den Körper, der die Ausformung der Psyche in vielfacher Weise beeinflußt.

Auf der Basis dieser Visualisierungen schreibe ich den ersten Teil dieses Buches

Dieser Teil besteht aus vier Kapiteln, Kapitel I ist der Entwicklung einer Theorie der Psyche und der nervösen Störungen auf der Basis der oben genannten vier Bereiche gewidmet.

Das II. Kapitel besteht in einer kritischen Würdigung der Ähnlichkeiten und Unterschiede zwischen Psychoanalyse und Meditation.

Im III. Kapitel entwickle ich eine Traumtheorie. Kapitel IV beschäftigt sich mit einer Theorie der Ängste und einem einfachen Weg, sie aufzudecken.

I. Die Theorie der Psyche und der nervösen Störungen

Meditation ist der vortreffliche Weg östlicher Kulturen, der ein Verständnis der Psyche und ihre Befreiung von Leiden zum Ziel hat. Die Psychoanalyse, wie sie von SIGMUND FREUD und anderen entwickelt wurde, gilt entsprechend als der differenzierteste Ansatz des Westens, die Psyche und ihre Leiden zu verstehen. Scheint das Interesse beider Verfahren genau demselben zu gelten, unterscheiden sie sich methodisch doch erheblich. Die Frage lautet, ob sie einander grundsätzlich widersprechen, oder ob es eine Möglichkeit gibt, durch eine Kombination beider ein optimales Verfahren zur Heilung seelischen Leidens zu erhalten.

Auf der Grundlage zehnjähriger Erfahrung mit Freudscher Analyse (viereinhalb Jahre unter der Anleitung eines ausgebildeten Analytikers, die andere Zeit als Selbstanalyse) und mehr als zehn Jahren meditativer Praxis, die von Jogis angeregt wurde, bin ich zu der Einsicht gelangt, daß beide Verfahren – weit entfernt, einander zu widersprechen – einander in beachtlicher Weise ergänzen. Erst in den Endstadien der Meditation erreicht das psychoanalytische Verständnis der Psyche seine Grenzen und wird an diesem Punkt der Falschheit überführt. In den frühen Stadien des Prozesses jedoch können Psychoanalyse und Meditation miteinander kombiniert werden, und es scheint, daß diese Verbindung die Nützlichkeit beider für eine beachtliche Zeitspanne erhöht.

1. Die gegenwärtige Situation des Menschen

Der Mensch ist von Anbeginn ein Opfer seelischer Leiden gewesen. In heutiger Sprache als Geisteskrankheit bezeichnet, dienen Worte wie »Neurose« und »Psychose« der näheren Beschreibung ihrer Zustände. Die Worte sagen nichts über die Intensität der Seelenqualen aus. Viele Psychiater, die diese Worte benutzen, wissen nicht viel über ihre Bedeutung, außer daß sie auf Störungen im Verhalten hinweisen. Sie können sich in der Regel wohl schwerlich den Schmerz und die Verwirrung vorstellen, die aus der Sicht des Leidenden betrachtet »jenseits« oberflächlicher Symptome liegen.

In früheren Zeiten und in vergleichsweise einfacheren Kulturen mag das Elend geringer gewesen sein, aber nun haben die psychischen Krankheiten entsprechend einer wachsenden Komplexität alltäglicher Herausforderungen zugenommen, und seelische Not wird in dem Maße wachsen, in dem sich unsere Kulturen differenzieren.

Psychisches Leiden gab es, gibt es und wird es wohl auch immer geben, so wie der Mensch während seiner ganzen Geschichte nach Glück und Frieden gesucht hat. Der Mensch hat sich immer gefragt: Wer bin ich? Wer bin ich als Leidender? Was liegt meinem Leiden zugrunde? Wie kann ich aus diesem Leiden herausfinden und glücklich werden?

Zahlreich sind die vom Menschen entwickelten Verfahren, diesem Leiden zu entgehen. Religion, Aberglaube, Medizin, gesunder Menschenverstand, Arbeitstherapie, Bestrafung und manchmal sogar Spott wurden schon zu Mitteln einer Behandlung der Symptome. In letzter Zeit haben neue Medikamente, Suggestivtherapie auf der Basis psychologischer Forschung, Elektroschock-Therapie, Psychoanalyse und einige andere Methoden an Popularität gewonnen. Häufig haben diese Verfahren ihr Ziel nicht erreicht. Nur wenige können stabile Ergebnisse verzeichnen.

Warum haben die meisten Verfahren versagt, und warum hatten andere ein wenig mehr Erfolg? Dieser scheint von drei Bedingungen, genauer gesagt, davon abhängig zu sein, ob

1. die Methode auf einer angemessenen Theorie der Psyche beruht,
2. sie die Vergangenheit eines Menschen, die tief im Verborgenen ruht, seinem Bewußtsein zugänglich machen kann und ihn in die Lage versetzt, Wünsche, Befürchtungen, Zwänge, nervliche Konstitution und Verhaltensmuster seines bisherigen Lebens zu erkennen und zu überwinden,
3. sie der Person in angemessener Weise hilft, eine Antwort auf die Frage aller Fragen zu finden: Wer bin ich?

Die meisten Methoden, die die Heilung emotionalen oder psychischen Leidens zum Ziele haben, haben genau deshalb versagt, weil sie entweder über kein angemessenes Verständnis der Psyche verfügten oder dem einzelnen nicht helfen konnten, seine Vergangenheit zu sehen oder irgendeine Antwort auf jene Frage zu finden: Wer bin ich?

Unter den modernen psychologischen Methoden – und diese haben ihren Ursprung vorwiegend im Westen – hat nur die Psychoanalyse sich bis zu einem gewissen Grade mit diesen drei Fragen beschäftigt.* Einmal gründet die Psychoanalyse auf einer angemessenen Theorie der Psyche. Zweitens hilft sie dem einzelnen, mit Hilfe des Verfahrens der Übertragung und der freien Assoziation und durch die Abschmelzung des Widerstandes und der Bewußtmachung des Unbewußten einige seiner vergangenen Situationen und Konflikte zu sehen und zu überwinden. Dadurch erlangt er mehr Freiheit und folglich mehr Frieden und Glück. Ferner sucht sie eine Antwort auf die Frage: Wer bin ich? Muß die von der Psychoanalyse auf

* Heutzutage dient der Begriff der *Psychoanalyse* oft als Sammelbezeichnung für alle therapeutischen Techniken, die bei einem Klienten angewandt werden. In diesem Buch jedoch bleibt dieser Name einer Unternehmung vorbehalten, wie sie von SIGMUND FREUD theoretisch und praktisch entwickelt wurde. Ohne Zweifel hat es hie und da sinnvolle Modifizierungen seiner Theorie gegeben, doch sind sie vergleichsweise geringfügig. Freud präsentiert in seinen Abhandlungen auch heute noch den Kern eines Verfahrens, das von ihm mitentdeckt, erstmals von ihm grundlegend beschrieben und unter seinem Namen weltberühmt wurde.

der Ebene der Triebe gesuchte Antwort die Wahrheit zwar letztlich verfehlen, so bietet sie dem Leidenden doch eine stabilere Identität an und bewirkt insofern eine dauerhafte Teilheilung.

Für das logische Denken des modernen Menschen – und selbst der Mensch des Ostens steht heute unter dem Einfluß des Westens – gibt es keine andere Methode, die dem Menschen in vergleichbarem Ausmaß helfen kann.* Doch hat das mystische Bewußtsein der Hindus** vor langer Zeit eine Methode entwickelt, die den Menschen nicht nur ansatzweise, sondern vollständig heilt. Diese Methode ist unter dem Namen *Meditation* bekannt.

2. *Freuds Konzept der Psyche*

Vor einer Erläuterung des Konzeptes der Psyche als Verbindung von psychoanalytischem und meditativem Wissen soll zunächst die Struktur der Psyche, wie sie der Wiener Nervenarzt Sigmund Freud um die Jahrhundertwende in der psychoanalytischen Theorie formuliert hat, erklärt werden. Die verwendeten Schaubilder können die Psyche zwar nicht vollständig abbilden, erleichtern aber ihr Verstehen.

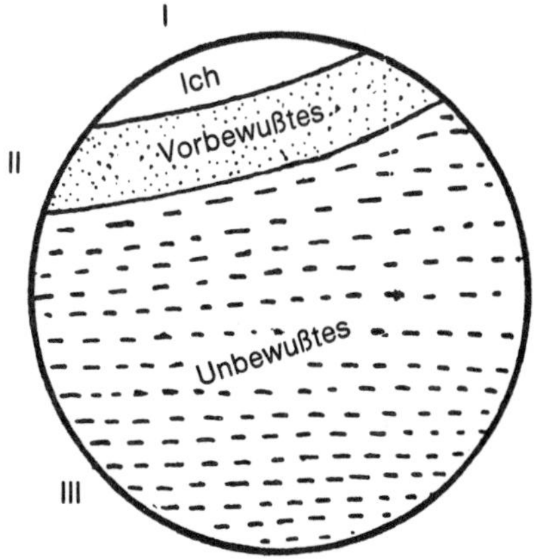

Abbildung 1

Freuds Modell der Psyche war der erste Versuch der westlichen Psychologie, die Psyche in tieferer Weise zu verstehen, sie jenseits

* Zwar hat die psychoanalytische Denkweise zweifellos im Westen eine große Verbreitung erfahren, haben sich ihre Methode und auch ihre Terminologie grundsätzlich durchgesetzt, doch besteht – auch vor dem Hintergrund neuerer Experimente – durchaus die Möglichkeit, daß sich der Westen eines Tages die spirituelle Sprache und Philosophie aneignen wird, die in Indien und der östlichen Welt seit Jahrtausenden gebräuchlich sind, während Indien und die anderen östlichen Länder sich möglicherweise für einige Zeit dem Materialismus zuwenden werden, der im Westen klar gescheitert ist.

** Der Hinweis auf die hinduistische Philosophie ist wohlüberlegt. Gewiß verfügen das Christentum, der Buddhismus und auch der Islam über hochentwickelte Techniken der Meditation. Diese gehen entwicklungsgeschichtlich jedoch auf die Praktiken der Hindus zurück. Selbst Buddha, der eine neue Religion begründete und darin bestimmte Meditationstechniken konsequent entwickelte, folgte selber einem hinduistischen Ritual. Auch ist der Buddhismus älter als das Christentum. Bedeutsam ist zugleich, daß der Hinduismus eine hochwissenschaftliche Sprache und eine umfassende Theorie der Psyche entwickelt hat, die sich in anderen Religionen wohl nicht findet.

dessen zu begreifen, was sie aufgrund menschlichen Verhaltens zu sein scheint. Abbildung 1 dient einer ersten Orientierung.*

Sie sehen drei klar unterschiedene Teile: Der obere weißgrundierte Teil I stellt das Ich, den bewußten Teil der Psyche dar.

Der schmale gepunktete Teil II wird von Freud als Vorbewußtes beschrieben.

Der dritte Teil (gestrichelt), das Unbewußte, macht den größten Teil der Psyche aus Es enthält Bedürfnisse und Wünsche, Ängste und Zweifel. Obgleich die meisten dieser Gefühle außerhalb der bewußten Wahrnehmung bleiben, bestimmen sie doch in großem Ausmaß das Verhalten. Dieser Teil verfügt über ein außergewöhnliches Maß an Es-Energie oder emotionaler Energie. Das Unbewußte hat seine eigenen Lustziele, die im allgemeinen den Triebbedürfnissen entstammen und die, wenn es auch oft heimlich geschieht, erfüllt werden wollen.

Den naturhaften Trieben, auch Es genannt, steht als moralische und strafende Instanz das Über-Ich gegenüber, das Befürchtungen und Ängste hervorbringt. Es repräsentiert die verinnerlichten Normen der Umwelt, die die Triebbefriedigung verhindern und von innen her deren Freiheit blockieren.

Das Ich ist der bewußte Teil der Psyche. Es hat seine eigenen Wünsche und Ziele, die jedes Individuum in einer Gesellschaft zu erreichen trachtet, um »etwas« oder »jemand« zu werden.

Zwischen Ich und Unbewußtem liegt das Vorbewußte. Dem unbewußten Material dient es als Pforte zum Bewußtsein und äußert sich in Phantasien oder Träumen. Freud sah den Weg zum Glück darin, daß das Ich Einfluß auf die Psyche erhält, indem es sich des Unbewußten bemächtigt und so mehr Freiheit über die Handlungen bekommt, die ihm Störungen verursachen und Unglück bringen. Dazu müssen die Teile des Unbewußten im psychoanalytischen Prozeß dem Bewußtsein zugänglich gemacht werden.

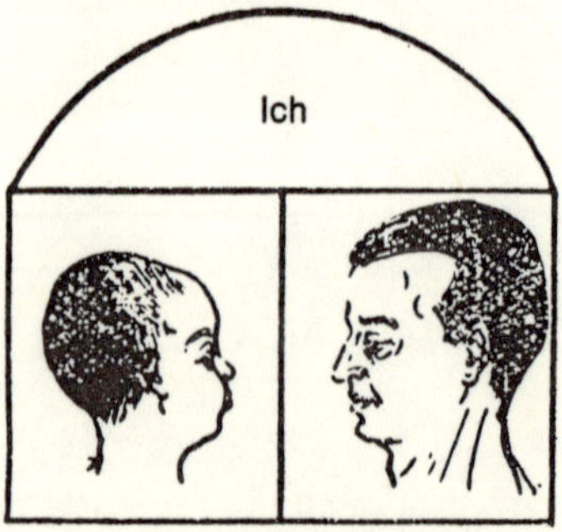

Abbildung 2

Abbildung 2 stellt ein Kind dar, das sich der Erwachsenengesellschaft gegenüber sieht. Indem es seine Lustbefriedigung sucht, sieht das Kind sich mit den Normen einer Erwachsenenwelt konfrontiert, die in vielfacher Weise diese Wünsche verhindert und seine

* Die Idee zur Abbildung 1 stützt sich auf mehr oder weniger ähnliche Figuren, wie sie in früheren Büchern über Psychoanalyse benutzt wurden. Vgl. JOSEPH JASTROW: *»Freud – His Dream and Sex Theories«*. Die vorliegende Abbildung wurde aus HEALY, BRONNER und BOWERS: *»The Structure and Meaning of Psychoanalysis«* übernommen.

Sicherheit bedroht. Mit zunehmendem Alter nimmt in der Regel die Verleugnung der kindlichen Bedürfnisse zu. Als Folge dieser bedrohlichen Interaktion mit der Gesellschaft prägt sich das Ich aus. Das Kind strebt in vielfacher Weise danach, so zu werden wie die Erwachsenen oder sie gar zu übertreffen. Das Ich hilft ihm, sein Lustbedürfnis zu unterdrücken, die Forderungen der Außenwelt zu erfüllen und so ein Gefühl der Sicherheit zu erwerben. Nach und nach verdrängt das Ich die ursprünglichen Bedürfnisse des Kindes und das Bild einer strafenden Erwachsenengesellschaft ins Unbewußte. Aus dem Kind wird ein Erwachsener, der aufgrund der verdrängten, unbewußten Wirklichkeiten, die in den unbewußten Regionen der Psyche ihr Eigenleben führen, in seinem Leben oft unglücklich bleibt.

Abbildung 3 verdeutlicht diesen Vorgang. Das »Es« enthält die frühen Kindheitssehnsüchte, Wünsche und Triebe. Diese Wünsche müssen von denen des Ichs nach gesellschaftlicher Anerkennung unterschieden werden.

Das Über-Ich repräsentiert die ursprünglichen sozialen Reaktionen auf die kindlichen Triebe und Verhaltensweisen. In der Regel wurde das Kind bestraft. Diese Strafen versetzten das Kind in Angst und Schrecken, die von Schuldgefühlen und Gefühlen der Unzulänglichkeit über viele seiner Es-Bedürfnisse und damit zusammenhängender Handlungen begleitet werden. Das Gefühl der Unzulänglichkeit wird aus Bestrafung, Angst und Demütigung geboren und als Schuldgefühl erfahren. Im Prozeß der Psychoanalyse wird auf diesen Zusammenhang immer wieder hingewiesen. Das Ich entsteht aus dem Konflikt zwischen Es und Über-Ich und ist eine Folge der Suche des Kindes nach Sicherheit und Anerkennung.

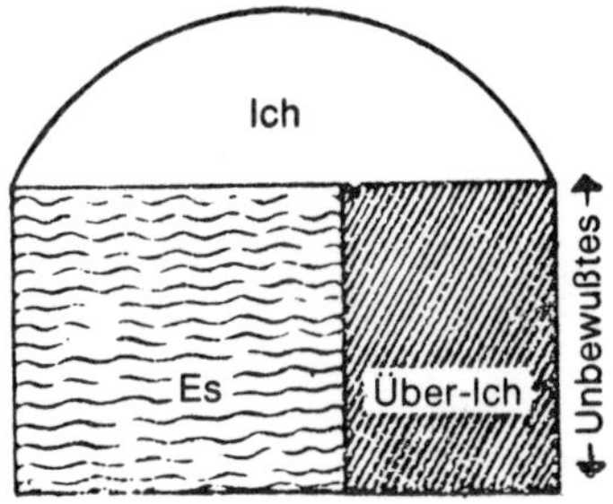

Abbildung 3

3. *Die psychoanalytische Erklärung nervöser Störungen*

Aus der Angst vor Bestrafung und dem Wunsch nach Sicherheit verwirft das Kind einige seiner Wünsche und Sehnsüchte. Diese werden tief im Unbewußten begraben. Ebenso versucht es, sich der bestrafenden Kräfte und ihrer Wirkungen, des Schmerzes, der Demütigung, des Spottes zu entledigen, indem es die mit ihnen verbundenen Bilder verdrängt. Ja, es vergißt sein haßerfülltes Selbstbild dadurch, daß es dieses tief ins Unbewußte verbannt. Im Zuge dieser Verdrängung wird es zu einem neuen Menschen, zum Ich-Selbst, als das es sich bewußt erkennt. Während das Es und das Über-Ich weiter im Unbewußten wirken, müht sich das Ich ab, ein Gleichgewicht zwischen beiden zu halten. Angst ist oft das Ergebnis der Handlungen des Es und der Reaktionen des Über-Ichs. Das Ich, das bewußte Selbst, erfährt diese Angst, ohne um die tatsächlich wirksamen Kräfte zu wissen. Wenn eine Störung dieses Gleichgewichts für das Ich unbehebbar wird, kann der Mensch zusammenbrechen und in ein schreckliches Leiden versinken.

Abbildung 4 verdeutlicht diesen Zusammenhang.

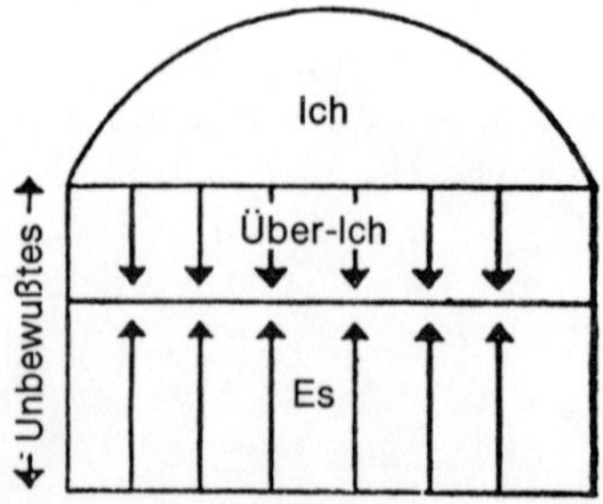

Abbildung 4

Die ursprünglichen Handlungen und Wünsche des Kleinkindes, wie beispielsweise Lust, Eifersucht, Aggression, Schaulust, Besitzstreben, werden durch die nach oben gerichteten Pfeile dargestellt.

Zusammen mit der triebhaften Energie überhaupt repräsentieren sie das Es. Die abwärts gerichteten Pfeile verkörpern die sozialen Reaktionen, die den freien Ausdruck der Handlungen und Wünsche des Kleinkindes verhindern. Sie stehen beispielsweise für Bestrafung, Spott, Verleugnung, Ablehnung, für Reaktionen der Umwelt, die Schmerz und Unsicherheit im Kind hervorriefen und als Normen des Über-Ichs verinnerlicht wurden. Es und Über-Ich bilden den unbewußten Teil der Psyche. Ihre Energien sind, wie die Pfeile demonstrieren, gegeneinander gerichtet. Das Ich (im Schaubild als Halbkreis dargestellt) kann über die Triebe des Es nicht hinweggehen, da sie als elementare Bedürfnisse seine eigene Wirklichkeit ausmachen, noch kann es voll im Über-Ich aufgehen, da dieses nicht seiner Natur entspricht. Es ist nur eine seiner Herkunft nach äußere und einverleibte Wirklichkeit. Der Grund menschlichen Leidens ist die Angst, die durch die Reaktionen der Umwelt hervorgerufen wird und die das Über-Ich zustandebringt und aufrechterhält. Aus dieser Angst heraus verbindet sich das Ich oft mit dem Über-Ich, lehnt sich selbst ab, haßt sich und bestraft sich für seine Es-Wünsche.

Freuds Ideen waren ein großer Durchbruch im Verständnis der Psyche und ihres Leidens. Auch nachfolgende Generationen werden sich seiner mit Respekt erinnern. Sein Einfluß wird in den Zivilisationen und Kulturen spürbar bleiben, obwohl sein Ansatz nicht den Endpunkt der Überlegungen über die Psyche oder nervöse Störungen und über ihre Heilung markiert. Die Suche nach dem menschlichen Glück und einer Erklärung bestehenden Unglücks wurde auch nach ihm fortgesetzt. Viele, die mit seinen Ideen experimentierten, waren oft von der Richtigkeit seiner Ideen beeindruckt, obgleich einige seine Vorstellungen als unzureichend empfanden, da sie das Geheimnis der menschlichen Psyche nicht vollständig enthüllten.

Neue Theorien und Ansätze im Umgang mit menschlichem Leiden wurden entwickelt.

Die bedeutenderen seiner zahlreichen Nachfolger sind CARL GUSTAV JUNG, ALFRED ADLER, KARL ABRAHAM, FRANZ ALEXANDER, LUDWIG EIDELBERG, OTTO SPERLING, WILHELM STEKEL, ERNST FENICHEL, ERNEST JONES, ANNA FREUD, MELANIE KLEIN und KAREN HORNEY. Die ersten beiden (Carl Gustav Jung und Alfred Adler) waren nicht nur Freuds Zeitgenossen, sondern auch seine Schüler.

Diese und andere, die hier nicht erwähnt sind, haben sich bemüht, Freuds hauptsächlichen Erkenntnissen neue hinzuzufügen. Seine Gedanken wurden weitergeführt oder modifiziert.

Unbestreitbar aber bleibt, daß Freuds Modell auch heute noch den zentralen Kern der Psychoanalyse darstellt. Keine ganzheitliche Modifikation seiner Theorie konnte seinen Ansatz aus der zentralen Stellung verdrängen. Tatsächlich konnten sich bestimmte grundlegende Veränderungen, die von verschiedenen Nachfolgern vorgeschlagen wurden, nicht durchsetzen. Beispielsweise hat Ludwig Eidelbergs Vorschlag, Freuds Dreier-Modell der Persönlichkeit durch ein Fünfer-Modell zu ersetzen, keine Anerkennung gefunden. In seinem Verständnis der Psyche unterscheidet sich einer seiner Nachfolger grundlegend von Freud: CARL GUSTAV JUNG war derjenige, der mit der Psychoanalyse und Meditation in seinem Konzept der »psychischen Energie« und des »kollektiven Unbewußten« tatsächlich im Prinzip weiter ging als Freud. Beide Theorien werden ihren angemessenen Platz in einer neuen Theorie finden, die aus der Verbindung von Psychoanalyse und Meditation hervorgeht.

4. Die Drei-Stadien-Theorie des Selbst

Anhand von Abbildung 5 (siehe nächste Seite) soll ein grundsätzlich neues Konzept der Psyche* erklärt werden.

A. Dieser Teil repräsentiert die kosmische Energie, *Schakti* (auch als *Kundalini* bezeichnet), und das kosmische Bewußtsein, *Schiwa* (es entspricht nicht Freuds Über-Ich). Die kosmische Energie ist die Ursache aller Schöpfung und Zerstörung in der Welt. In ihrer reinsten Form ist sie spirituelle Energie. Diese allumfassende kosmische Energie steht dem kosmischen Bewußtsein zur Verfügung. Sie sind eng miteinander verbunden und repräsentieren zwei Seiten eines und desselben.** Gemeinsam erzeugen, erhalten

* Die Psyche (engl.: *»mind«* – vgl. Anm. auf Seite 27) umfaßt noch viele andere Aspekte, wie Intelligenz, Einstellungen, Gedächtnis und andere Bereiche, die hier vernachlässigt werden können, da das Interesse wesentlich der Psyche in ihrer Beziehung zu nervösen Störungen gilt.

** Das manifeste Universum ist die Schöpfung der kosmischen Energie. Ihre Grundlage ist

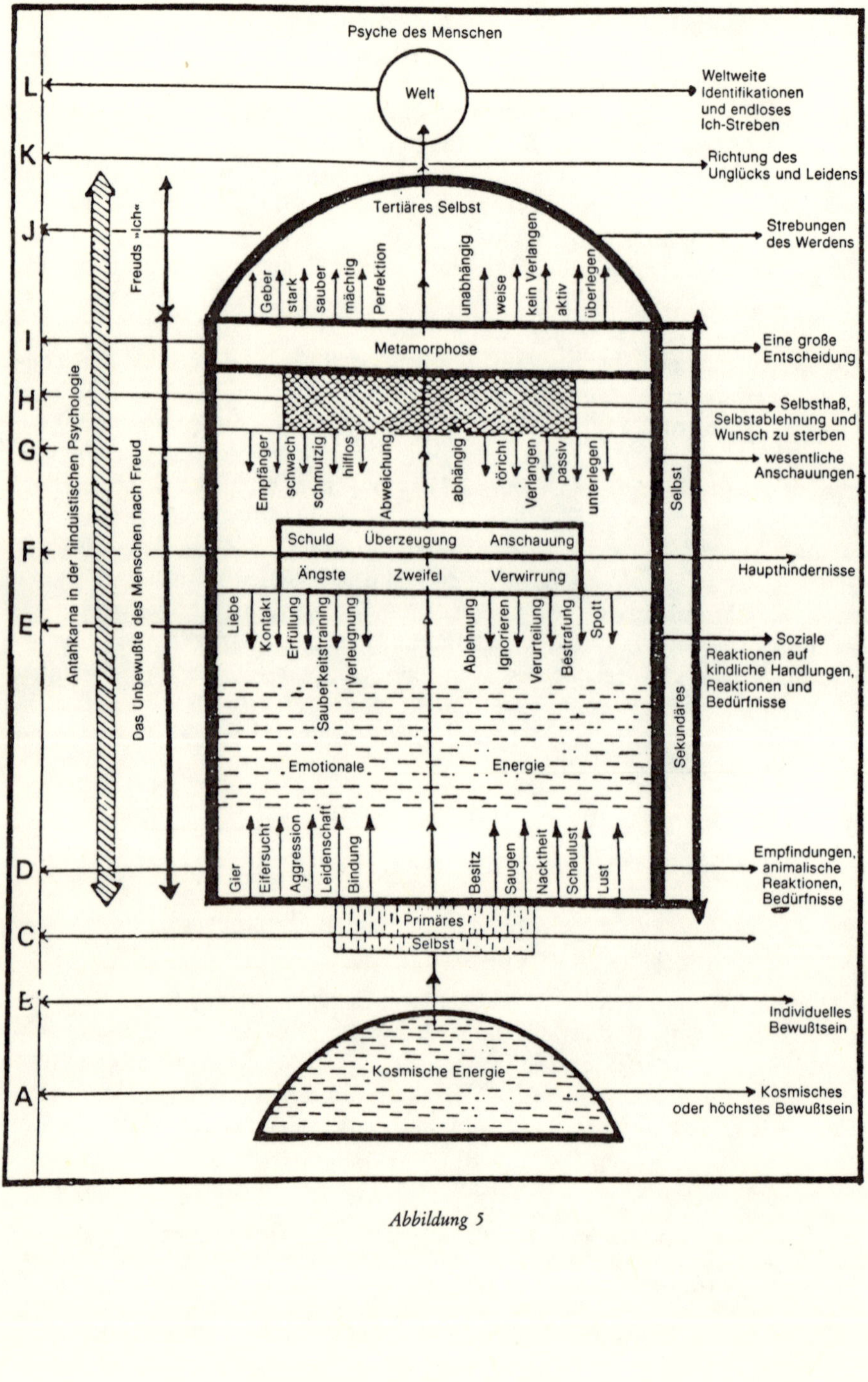
Psyche des Menschen
Welt
Weltweite Identifikationen und endloses Ich-Streben
Richtung des Unglücks und Leidens
Tertiäres Selbst
Strebungen des Werdens
Geber
stark
sauber
mächtig
Perfektion
unabhängig
weise
kein Verlangen
aktiv
überlegen
Metamorphose
Eine große Entscheidung
Selbsthaß, Selbstablehnung und Wunsch zu sterben
Empfänger
schwach
schmutzig
hilflos
Abweichung
abhängig
töricht
Verlangen
passiv
unterlegen
wesentliche Anschauungen
Selbst
Schuld
Überzeugung
Anschauung
Ängste
Zweifel
Verwirrung
Haupthindernisse
Liebe
Kontakt
Erfüllung
Sauberkeitstraining
Verleugnung
Ablehnung
Ignorieren
Verurteilung
Bestrafung
Spott
Soziale Reaktionen auf kindliche Handlungen, Reaktionen und Bedürfnisse
Sekundäres
Emotionale
Energie
Gier
Eifersucht
Aggression
Leidenschaft
Bindung
Besitz
Saugen
Nacktheit
Schaulust
Lust
Empfindungen, animalische Reaktionen, Bedürfnisse
Primäres
Selbst
Individuelles Bewußtsein
Kosmische Energie
Kosmisches oder höchstes Bewußtsein
Antahkarna in der hinduistischen Psychologie
Freuds »Ich«
Das Unbewußte des Menschen nach Freud
L
K
J
I
H
G
F
E
D
C
B
A

Abbildung 5

und zerstören das kosmische Bewußtsein und die kosmische Energie alles. Während die Energie die Dynamik, die Aktivität darstellt, repräsentiert das Bewußtsein die Stabilität. Die Einheit beider ist Gott. Dieser hat keine Form. Er füllt den gesamten Raum, jeden Partikel des Universums. Von daher sind *Schakti* und *Schiwa* auch in jedem menschlichen Wesen in ihrer Ganzheit vorhanden.

Obgleich beide, *Schakti* und *Schiwa*, gestaltlos sind, kann ihre Kombination Form annehmen. Sie verkörpern sich in der Gestalt eines *Avatars*, einer göttlichen Inkarnation, und überschreiten alle Gesetze von Zeit und Raum.

Dieser Gott, als Form oder als formloser Zustand, lebt in jedem von uns. Er ist das primäre Über-Ich.*

Das individuelle Bewußtsein ist Teil oder ein Funken des kosmischen Bewußtseins, das aus sich heraus existiert und sich selbst verursacht. Die Energie eines Individuums – in der modernen Psychologie »emotionale Energie« genannt – ist Teil der kosmischen Energie. *Schakti* ist die kosmische Libido in jeder Person, die Quelle aller Energie, die in der sichtbaren physischen, psychologischen und materiellen Welt wirkt. Sie lebt ebenfalls aus sich selbst heraus und ist durch sich selbst verursacht.

Das kosmische Bewußtsein ist die Basis allen Lebens.** Wenn das individuelle Bewußtsein zum kosmischen Bewußtsein, seiner Quelle zurückkehrt, und wenn darüber hinaus sich die emotionale Energie in einem Menschen mit ihrer Quelle, der kosmischen Energie, vereint, dann lebt dieser Mensch im ersten Stadium des Selbst. Er *ist* Wahrheit, Schönheit und Güte und lebt in einem Zustand von Glückseligkeit. Das größte Ziel jedes individuellen

das kosmische Bewußtsein. Beispielsweise ist mein ganzer Körper (und die Psyche als ein Teil davon) von der kosmischen Energie geschaffen. Das unzerstörbare Fundament aber dieser sichtbaren Realität ist die Seele oder *Dschiwa*, die Teil des kosmischen Bewußtseins ist.
Das kosmische Bewußtsein ist der Seher (*Puruscha*) – der ewige Zeuge. Es ist die ewige, unveränderliche Grundlage des gesamten Kosmos. Die sichtbare Welt (*Prakriti*), provisorisch, vergänglich, sich verändernd, wird durch die kosmische Energie erzeugt. In der hinduistischen Lehre wird das kosmische Bewußtsein als Gott *Schiwa* bezeichnet. Die kosmische Energie, die der Herrschaft des kosmischen Bewußtseins untersteht, trägt den Namen der Göttin *Schakti*. Sie repräsentiert das Mutter-Prinzip im Universum. *Schakti* ist die Macht *Schiwas*. Das Mutter-Prinzip trägt verschiedene Namen, die seine verschiedenen Aspekte bezeichnen, wie *Durga, Ehawani, Paraschakti, Kali.*
Schaktis Schöpfung, die sichtbare Welt *Prakriti*, kann mit psychischen Augen wahrgenommen werden. *Puruscha* oder die Form Gottes ist nur mit dem dritten Auge zu sehen. Das dritte Auge öffnet sich durch Joga-Praktiken oder die Gnade Gottes.

* Da der Ausdruck »primäres Über-Ich« verwirrend sein kann, wird es im folgenden »kosmisches Bewußtsein« genannt.

** Das kosmische Bewußtsein durchdringt jeden Partikel des gesamten Universums. So verstanden, ist alles vom Leben durchdrungen.
Wichtig ist, sich über den Unterschied zwischen Leben und Nicht-Leben klar zu werden. Energie erzeugt die sichtbare Wirklichkeit. Nur das Bewußtsein trennt das Leben vom Nicht-Leben. Die sichtbare Wirklichkeit wird in der indischen Tradition als *Dschad* bezeichnet. Sie kann mit physischen Augen wahrgenommen werden. Das Bewußtsein verschließt sich den physischen Augen. Es ist der Seher selbst.

Bewußtseins ist es letztlich, im kosmischen Bewußtsein aufzugehen und die Herrschaft über die kosmische Energie anzutreten, die sonst Störungen in der menschlichen Psyche oder im Universum hervorrufen kann. Solch eine Person tritt als geistiger Lehrer hervor, der Gott gleich ist.

B. repräsentiert einen kleinen Teil des kosmischen Bewußtseins, das mit der Geburt eines Menschen durch den Eintritt in einen getrennten Organismus zum individuellen Bewußtsein wird.* Es stellt auch einen Teil der kosmischen Energie dar, die in den Organismus übergeht und über den das individuelle Bewußtsein verfügt. Dieses individuelle Bewußtsein ist die Seele. Die individuelle Energie ist spirituelle Energie oder individuelle Libido.

Im Stadium der Geburt steht das individuelle Bewußtsein dem höheren Selbst oder dem kosmischen Bewußtsein noch sehr nahe. In anderen Worten: *Schaktis* Gesicht (oder der Strom der Libido) richtet sich auf *Schiwa* oder das kosmische Bewußtsein. Schönheit, Güte und Wahrheit des Kindes beruhen auf diesem Kontakt. Nur langsam wendet das Kleinkind sein Gesicht der Gesellschaft und ihren sozialen und materiellen Aspekten zu. Dabei richtet sich der Energiefluß (die Libido) im Kleinkind in wachsendem Maße auf vorübergehende, flüchtige und vergängliche Objekte der Welt (wie die Mutter).

Das der physischen, sozialen materiellen Welt verhaftete individuelle Bewußtsein wird in der indischen Philosophie als *Dschiwa* oder *Dschiwatma* bezeichnet.

Dschiwa ist eine Widerspiegelung von Schiwa und kann als das primäre Selbst aufgefaßt werden, wenn es sich nicht vom kosmischen Bewußtsein abtrennt, sondern in einem Zustand spiritueller Reinheit verbleibt. Aufgrund seiner individuellen Bedürfnisse und Wünsche jedoch, die ihm anhängen, erfährt es sich als etwas Getrenntes. *Dschiwa* ist das reale Ich des Menschen. Gemäß den Bindungen, die es sich selbst auferlegt, leidet *Dschiwa* oder erfreut sich des Lebens. Indem dieser Funken des Göttlichen sich in eigener Unwissenheit mit seinem Körper identifiziert, verhält es sich wie ein Mensch, der in einem Auto sitzt und meint, er sei ein Auto.

C. Teil C der Abbildung stellt den Organismus des Kindes nach der Geburt dar. Nun treten drei elementare Bedürfnisse in den Vordergrund:

Zunächst das Bedürfnis nach Sicherheit im physischen Sinne, das der Erfahrung im Mutterleib und dem Trauma der Geburt entstammt, dann das der Befriedigung des Hungers im körperlichen, biologischen Sinn, ferner ein Grundbedürfnis spiritueller Art: die Sehnsucht des individuellen Bewußtseins, nämlich zu seiner Quelle, dem kosmischen Bewußtsein, zurückzukehren und mit ihm in ewiger Glückseligkeit (*Ananda*) zu verschmelzen.

* Die Trennung des individuellen vom kosmischen Bewußtsein und die Annahme einer verkörperten Existenz stellt die erste Form der Entfremdung dar.

Das bedeutet, daß das Bewußtsein, das sich im physischen Organismus verkörpert hat, zum kosmischen Bewußtsein zurückkehren möchte. Dieses besondere spirituelle Bedürfnis, diese ewige Sehnsucht des Menschen war es, die Freud nicht zur Kenntnis nahm.*

In der Tat wird an diesem Punkt ein grundlegender Unterschied zweier Weisen des Verständnisses von der Psyche deutlich. Die Sehnsucht des individuellen Bewußtseins, den Körper zu verlassen und zum kosmischen Bewußtsein zurückzukehren, wurde von Freud als Todestrieb beschrieben. Unter spirituellem Aspekt aber erweist sich seine Beschreibung als konsequenter Ausdruck einer Verkürzung des vollen Sinns menschlicher Existenz um jene sinngebende Suche des Menschen nach dem höchsten Leben. Wer aber Leben und Tod nur in Beziehung auf den physischen Körper sieht, der wird jene ewige Sehnsucht nur mehr als Todestrieb verstehen können. Dies ist ein wichtiger Unterschied zwischen Freuds Theorie und meinen in Psychoanalyse und Meditation gemachten Erfahrungen.

Es gibt ein Unterscheidungsmerkmal zwischen Sexualität und Religion, das zugleich den prinzipiellen Unterschied zwischen Psychoanalyse und Meditation verdeutlicht. Das Hauptbedürfnis des individuellen Bewußtseins, zum kosmischen Bewußtsein zurückzukehren und Glückseligkeit zu erlangen, tritt in verschiedener Gestalt auf. Sobald der Organismus des Kindes mit dem Körper der Mutter Kontakt aufnimmt, scheint dieses Bedürfnis teilweise durch diese Nähe erfüllt zu werden. Später entsteht daraus der Wunsch nach Sexualität und Reproduktion. Diese drückt den Wunsch aus, Teil des Schöpfers wie der Schöpfung zu werden. Der Orgasmus ist eine Annäherung an jene Glückseligkeit, die der Mensch ewig sucht, und damit zugleich ein Ausdruck der inneren Verwandtschaft zwischen Sexualität und Religion.

D. Aufgrund seiner drei Grundbedürfnisse beginnt das Kleinkind bald, sich der äußeren Welt zuzuwenden. Sobald es mit ihr in Austausch tritt, erwachen in ihm zahlreiche Empfindungen und Wünsche. Eine Anzahl solcher Reaktionen werden nicht gelernt, sondern sind reflexhafter Natur und können, da sie Mensch und Tier gemeinsam sind, »animalisch« genannt werden.

Die nach oben gerichteten Pfeile des Teils D repräsentieren einige solcher Reaktionen. Beispielsweise ist die erste Reaktion bei einem Neugeborenen Neugier. Eine fremde Welt tut sich ihm auf. Er trifft auf Gefühle der Liebe, des Hasses und der Eifersucht, die rein animalischer Natur sind. Ein Teil der spirituellen Energie, die kontinuierlich in den Organismus eintritt, wird an eine Reaktion gebunden und verwandelt sich in eine Emotion. Von

* Unter den westlichen Psychoanalytikern ist C. G. JUNG der einzige, der klar das spirituelle Bedürfnis des Menschen erkannte. Er spürte, daß der Mensch den Sinn des Lebens und seine spirituelle Natur verstehen will.

daher ist die Emotion der Neugier das erste Produkt eines Zusammenspiels von Reaktion und eines Teils spiritueller Energie.

Grundsätzlich bedeutet dies, daß es keine angeborenen Emotionen gibt, sondern sie erst nach der Geburt entstehen.

Was in der modernen Psychologie als »emotionale Energie« bezeichnet wird, ist dabei, recht verstanden, nichts anderes als die an eine animalische Reaktion gebundene spirituelle Energie und ein Ausdruck dessen, daß das individuelle Bewußtsein Teil des kosmischen ist. Emotionen enstehen, wenn *Dschiwa* sich häuslich in der Welt der Sinne, im geistigen Käfig einzurichten beginnt, der sich hauptsächlich aus Vorstellungen und Wünschen zusammensetzt, die um die materielle Welt kreisen. In der indischen Philosophie gibt es eine sehr einfache Unterscheidung zwischen *Schetana* (Bewußtsein) und *Dschad* (träge Masse) oder der sichtbaren Welt, die aus den fünf Hauptelementen Erde, Wasser, Feuer, Luft und Äther besteht. Das kindliche Bewußtsein beginnt, im *Dschad* oder in den Gedankenfeldern, die um die träge Masse herum angeordnet sind, zu leben. Dies sind zunächst der Körper und die Brüste der Mutter, Tag für Tag entfernt es sich weiter von seiner Quelle, dem kosmischen Bewußtsein, und heftet sich mehr und mehr an *Dschad* und die mit ihm verbundenen Wünsche und Vorstellungen. Das so gebundene individuelle Bewußtsein ist wie ein Fisch, der aus dem Wasser gefallen ist und nun auf dem Sand liegt. Hierin allein liegt im Grunde die Ursache allen menschlichen Leidens.

Solange wir uns in *Prakriti*, der veränderlichen, sichtbaren, vergänglichen und zerstörbaren Wirklichkeit aufhalten, müssen wir leiden und unglücklich werden. Um Glück zu erringen, müssen wir uns auf das Selbst oder Gott oder die unzerstörbare, ewige Seele konzentrieren.

E. Der Punkt E stellt die Antworten der Umgebung auf die Triebe des Kindes dar: Liebe, Wertschätzung, Umarmung, Küsse, oder Ablehnung, Verleugnung, Bestrafung, Schläge, Zurückstoßung, Brustentzug, Spott und Demütigung.

Die positiven Reaktionen sind darauf gerichtet, die ursprünglichen Bedürfnisse des Kindes, spiritueller wie physischer Art, zu erfüllen. Sie verschaffen ihm Lust, indem sie den freien Fluß der Energie (Libido) im Nervensystem bis zu dem Punkt hin aufrechterhalten, der unter dem *Brahma-Randhra* liegt.

Die negativen Reaktionen frustrieren die ursprünglichen Bedürfnisse, indem sie den freien Fluß der Energie im psychischen Haushalt des Kindes blockieren. Sie verursachen Schmerz. Schmerz wiederum ruft Gedanken und Phantasien hervor. Der erste Gedanke gilt der Frage, wie der Schmerz entfernt und die Glückseligkeit wiederhergestellt werden kann. Dieser Gedanke wird zur Hauptwurzel alles menschlichen Denkens.

Ich muß darauf hinweisen, daß manche Kinder emotional die Erfahrung

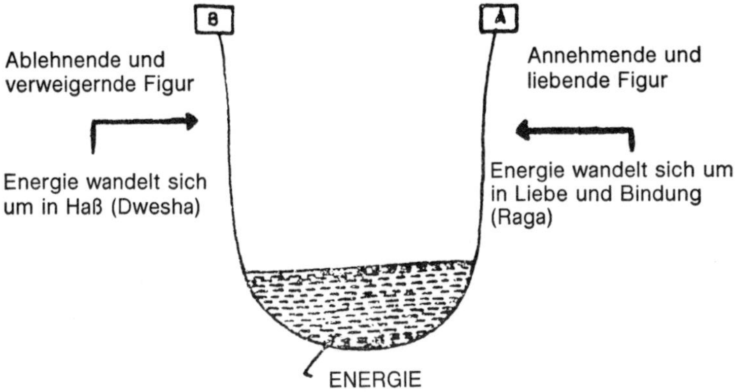

Abbildung 6

des Schmerzes akzeptieren, während andere den starken Wunsch entwikkeln, seiner dadurch Herr zu werden, daß sie sich ihm nicht unterwerfen. Der Wunsch schlägt sich in dem Gedanken nieder: »Ich werde mich vor denen, die mir Schmerzen verursachen, nicht beugen. Ich werde sie aus dem Weg räumen.« Der größte seelische Konflikt entsteht für das Kind, wenn das »Objekt der Lust«, das das Kind besitzen möchte, eins ist mit dem »Verweigerer«, den das Kind entfernen will. Sind beide in derselben Person vereint, kann dieser Konflikt eine wahre Hölle im Leben des Kindes verursachen. Da dies mehr oder weniger stark in jedem Leben während der Kindheit geschieht, ist jede Person zwangsläufig mit inneren Konflikten konfrontiert, die Unglück bringen. Die Verschiedenheit in der Reaktion der Kinder prägt sich später in den Erwachsenenpersönlichkeiten entsprechend aus.

Es ist auch notwendig zu verstehen, daß die Reaktionen der Gesellschaft sich in der Psyche des heranwachsenden Kindes verankern. Die liebenden wie die strafenden Figuren und deren jeweilige Antworten werden zu einem Teil des Unbewußten. Die strafenden Figuren werden als Über-Ich internalisiert, das Angst und Haß erzeugt. Die liebenden Figuren werden zum Über-Ich, das Kontakt herstellt und Lust verschafft. Jeder will das strafende Über-Ich, das Angst verbreitet und Freiheit verhindert, zerstören. Seelische Freiheit bedeutet Freiheit von diesem Über-Ich, von dem Freud spricht. Wir werden sehen, daß es sich hierbei um ein relativ zum göttlichen Prinzip bloß sekundäres Über-Ich handelt.

In dieser Entwicklungsphase wird eine Menge an spiritueller Energie in Emotionen verwandelt, die durch zwei Hauptkanäle im Nervensystem fließen: den der Liebe und den des Hasses. Abbildung 6 veranschaulicht dies.

Die Energie in beiden Kanälen ist dieselbe, nämlich spirituelle Energie. Eine liebende Figur A, die die Freiheit nicht blockiert, löst bestimmte Reaktionen im Kind aus. Sie binden einen Teil der spirituellen Energie an sich und werden als Gefühl der Liebe erfahren. Figur B, die das Kind ablehnt und unterdrückt, löst ebenfalls Reaktionen in ihm aus, die einen Teil der spirituellen Energie an sich ziehen. Sie werden als Gefühl des Hasses erlebt. Diese beiden Reaktionen wiederholen sich im Leben am häufigsten. Damit schaffen sie die beiden wichtigsten Energiekanäle im Nervensystem, auf die sich die Persönlichkeit des einzelnen gründet. Der positive Nervenkanal der Liebe und der Erfüllung der Wünsche heißt in der indischen Tradition *Raga*, der negative Nervenkanal des Hasses und der Eifersucht *Dwescha.* Diese beiden Nervenkanäle blockieren das *Brahma-Randhra*, die Pforte zu Gott, und hindern so das individuelle Bewußtsein daran, mit dem kosmischen Bewußtsein in Kontakt zu treten.

Es ist wichtig zu sehen, daß die Energie in beiden Fällen dieselbe ist. Wenn wir uns von diesen Reaktionen befreien können, werden wir zu ihrem Meister.

Ein weiterer Punkt bedarf in diesem Stadium der Klärung. Im sozialen Handlungsfeld ist der Kontakt zur Mutter das wichtigste Reaktionsmuster, da er darauf ausgerichtet ist, alle drei Grundbedürfnisse zu erfüllen: die Stillung des physischen Hungers, das Bedürfnis nach körperlicher Sicherheit und spiritueller Erfüllung. Von daher verwurzeln sich die Bedürfnisse nach Kontakt und nach dem Körper eines gütigen, mütterlichen Objekts am tiefsten in der Psyche des Menschen. In der Meditation werden diese sehr spät freigesetzt.*

F. Die sozialen Reaktionen, wie sie in E beschrieben wurden, erzeugen zahlreiche Ängste, Zweifel und Verwirrungen in der sich ausbildenden Psyche des Kindes. Es mag Hunderte solcher Reaktionsweisen geben. Zum Beispiel werden die Ängste davor, Haß zu zeigen, die Kontrolle zu verlieren, zu versagen, den Erwartungen nicht zu genügen, die Angst vor Trennung und Vergeltung in diesem Lebensabschnitt gezeugt. Das Kind kann auch in zahlreiche Zweifel geraten. Beispielsweise kann es anfangen, der Aufrichtigkeit der Mutter und den Absichten des Vaters ihm gegenüber zu

* Die Theorie der Meditation akzeptiert nicht die These, daß die Mutter-Kind-Beziehung der letzte Aspekt ist, der transzendiert werden muß. In den letzten Stadien der Meditation wird der Kontakt zur Mutter über den geistigen Lehrer oder Gott selber zerbrochen und durch *Dschiwas* Kontakt zu Gott ersetzt (*Dschiwa* als die individuelle Seele ist noch gefangen in verschiedenen weltlichen Belangen und nicht bereit, letztendlich mit Gott zu verschmelzen und zu Gott selber zu werden). Das letzte Stück des Weges wird in Begleitung des geistigen Lehrers oder Gottes zurückgelegt.
Diese Beziehung zum geistigen Lehrer oder Gott wird als letzte überwunden. Damit verwirklicht sich der Mensch und wird zu Gott selber.
Dieser Vorgang läßt sich mit der Beziehung zwischen dem Analytiker und dem Analysanden vergleichen. So wie man selber zum Analytiker wird, wenn man sich bereit fühlt, den Analytiker zu verlassen (also die Analytiker-Analysanden-Beziehung zu überwinden), so transzendiert man die Beziehung zwischen dem geistigen Lehrer und Schüler oder Gott und *Dschiwa,* und wird selber zum geistigen Lehrer, zu Gott.

mißtrauen. Es mag selbst die Wirklichkeit seiner eigenen Bedürfnisse und Forderungen in Frage stellen. Diese Zweifel verwirren das Kind sehr und beschwören eine Glaubens- und Vertrauenskrise in ihm herauf.

Diese Zweifel verursachen neue Anschauungen, Überzeugungen und Schuldgefühle, nicht im Sinne einer kausalen Verknüpfung (wie Abbildung 5 nahelegen mag), sondern als ein Prozeß fortlaufender Interaktion zwischen den beiden Komplexen Befürchtungen–Zweifel–Verneinung und Schuldgefühle–Überzeugungen–Anschauungen.

Diese Befürchtungen, Zweifel, Anschauungen und Überzeugungen lösen bestimmte Verhaltensmuster oft infantiler Art aus, doch kontrollieren sie unser Erwachsenenverhalten in hohem Maße. Bei all diesen Ausdrucksformen spielen die Worte, Gesten, Bilder, Haltungen der Außenwelt und ihrer Personen, der Mutter, des Vaters, der Geschwister, anderer Familienmitglieder, von Lehrern und Freunden, eine große Rolle. Zusammen mit den Ängsten, Zweifeln und Überzeugungen werden sie der Psyche einverleibt. Sie verursachen die von Freud beschriebenen Phänomene des »Wiederholungszwangs« und der »Übertragung« im späteren Leben. Die sozialen Figuren sind ein späterer Ausdruck der Kindheitsfiguren. Der Mensch überträgt die Verhaltensmuster seiner Kindheit auf sie und wiederholt sie zwanghaft.

G zeigt einige der Anschauungen und Überzeugungen des Kindes, wie sie unter F erwähnt wurden. Sie sind von ihrem Ursprung her untereinander verbunden, da sie gemeinsamen Ängsten und Zweifeln entspringen. Einige repräsentieren das, was wir Komplexe nennen, zum Beispiel den Minderwertigkeitskomplex. Das Kind entwickelt aus seiner Erfahrung heraus bestimmte Überzeugungen, die mit der Erfüllung seiner Wünsche und Bedürfnisse verbunden sind, und fügt sie zu einer Weltanschauung zusammen. Beispielsweise meint es, daß es die Liebe des Liebesobjekts nicht erlangen könne, solange es schmutzig sei. Es mag auch die Überzeugung gewinnen, daß alle Autoritäten hart und grausam sind und seine moralisch verwerflichen Handlungen beobachten und bestrafen. Oder es mag die Überzeugung entwickeln, daß es in einer Dreiecksbeziehung der Unterlegene ist und im Vergleich zu der anderen, überlegenen Person abgelehnt wird. In diesem Stadium mag es auch das Bedürfnis entwickeln, die meisten Menschen um es herum, die das Liebesobjekt mit ihm teilen oder ihm das Liebesobjekt entziehen, töten zu wollen. Dieser Wunsch wird oft zu einer Schreckensvorstellung, die das Kind veranlaßt, sich zwanghaft aus vielen Lebenssituationen zurückzuziehen, die ihm ansonsten Befriedigung verschaffen würden. Die nach unten gerichteten Pfeile zeigen einige solcher Anschauungen des Kindes.

H. Anschauungen und Überzeugungen, denen Ängste, Zweifel und Verwirrungen vorausgehen, lösen oft ein schreckliches Gefühl der Wertlosigkeit im Kind aus. Solche Gefühle stellen im allgemeinen eine Verschmelzung von Gefühlen tiefen Selbsthasses und tiefer Selbstablehnung dar. Oft begleitet sie der Wunsch zu sterben. Dieser Komplex wird in der Abbildung durch H repräsentiert.

Das Kind haßt sein Selbstbild und will es loswerden. Dieser Wunsch kann so überwältigend werden, daß es daran denkt, sein Leben zu beenden. Es schwelgt in vielen Phantasien, wie es dies bewerkstelligen könne. Es spürt, daß diese Handlung es auch von der Angst befreien wird, die aus dem Wunsch nach der Tötung derer kommt, mit denen es lebt, und die als seine Verfolger handeln. Die Selbstablehnung und der Wunsch zu sterben, werden zur größten Ursache menschlichen Leidens und verschiedener seelischer Probleme.

Der hier angesprochene Wunsch zu sterben ist, verglichen mit dem schon erwähnten »Todestrieb«, ein sekundärer Todeswunsch. Er stammt aus einem tiefen Gefühl der Unzulänglichkeit und Hilflosigkeit, Schmerz und Demütigung. Dieser muß klar von dem unterschieden werden, was Freud als Todestrieb bezeichnet und in dieser Abhandlung als Wunsch des individuellen Bewußtseins gedeutet wird, mit dem kosmischen Bewußtsein zu verschmelzen, um sich selber zu verwirklichen.

I. Der Wunsch zu sterben erwacht in vielen Kindern in aller Stärke. Doch ist auch der Lebenswille kräftig. Das Kind will leben, aber es kann nicht in einer Situation existieren, die es demütigt.

Es sucht einen Ausweg. Es entscheidet sich zu leben. Es führt in seiner Phantasie eine Metamorphose durch und wird jemand anderer – ein großer Mensch, den niemand bestrafen kann, dem niemand etwas verweigern kann. Es schafft sich ein neues liebenswertes Selbstbild. Es wechselt von seiner wirklichkeitsnäheren Position als Kind und den damit verbundenen Gefühlen und Gedanken zur Position eines Erwachsenen über, wo es zu einem anderen wird, sehr oft zum Gegenteil des echteren kindlichen Selbst. Es verbindet sich mit großen Figuren und Charakteren, um einem Bild von Unterlegenheit und Demütigung zu entgehen. Es mag in seinen Phantasien zu Gott selber werden. Diese Metamorphose wird durch I im Schaubild dargestellt. Sie löst den Wunsch zu sterben nicht auf, sondern unterdrückt ihn lediglich. Er wirkt unbewußt weiter. Selbstmord, Krebs oder Herzanfälle lassen sich oft auf dieses Verlangen zurückführen.

Diese Metamorphose ist der Prozeß, in dem das echtere Selbst zugunsten eines Bildes abgelehnt wird, das mehr Sicherheit und Wertschätzung verspricht. Dieser Prozeß scheint sich fortlaufend im Leben nur zu verstärken.

Wichtig ist, daß diese Metamorphose nicht aus einem Tagtraum oder einer bewußten Entscheidung stammt, sondern sich eher unbewußt vollzieht. Gleich von Anfang an baut die Psyche aufgrund von Unsicherheiten kleine Barrieren gegen zahlreiche Gegebenheiten des sekundären Selbst auf. Diese Blockaden werden in der Psychoanalyse als »Abwehrmechanismen« bezeichnet. Jede Barrikade hilft, einen Teil der Wirklichkeit des Selbst dem Bewußtsein fernzuhalten.

Hier liegt die Wurzel aller sekundären Entfremdung* des zivilisierten Menschen. Der Grad der Selbstablehnung und der Grad der Intensität des Todeswunsches bestimmen das Ausmaß der Metamorphose, und dieses wiederum bestimmt, wieviel Kontakt er mit dem verhaßten Selbst aufrechterhalten will. Daraus ergibt sich das Ausmaß der Entfremdung. Der völlig entfremdete Mensch hat alle Brücken zu seinem verhaßten Selbst abgebrochen.**

Die Teile D bis I repräsentieren das Freudsche Unbewußte. Das kollektive Unbewußte bezieht sich nach Freud nur auf ein, auf dieses Leben. Daneben gibt es, auf einer subtileren Ebene, etwas, das man das »kollektive Unbewußte vergangener Leben« nennen kann. Damit führe ich das sehr umstrittene Thema der »Wiedergeburt« in die ganze Theorie des Unbewußten ein und erweitere sie um einen grundlegenden Aspekt.

Die Vorstellung von der Wiedergeburt reizt jene zum Widerspruch, die diese Idee auf der intellektuellen und wissenschaftlichen Ebene begreifen wollen. Aus spiritueller Erfahrung heraus ist dieser Punkt jedoch unumstritten. Wiedergeburt ist ebenso eine Tatsache, wie die Existenz des kosmischen oder individuellen Bewußtseins selber.

Die Frage stellt sich: Warum werden wir wiedergeboren?

Es wurde schon gesagt, daß das individuelle Bewußtsein nach und nach den Kontakt zu seinem Ursprung, dem kosmischen Bewußtsein, verliert, während es sich im Organismus des Kindes einrichtet. Es wird nach und nach vom sinnlichen Bewußtsein eingefangen, das aus den Verkörperungen sozialer und materieller Objekte einerseits und damit verbundenen Gedanken, Einstellungen, Wünschen und Bildern andererseits besteht. Das individuelle Bewußtsein ist wie ein Wassertropfen, der dem Meer entschlüpft und von einem großen Haufen Sand und Steinen umgeben wird. Der Wassertropfen sehnt sich danach, dieser Umgebung von Sand und Steinen zu entfliehen und zum Ozean zurückzukehren und sich in ihm selbst zu verwirklichen. Entsprechend verlangt das individuelle Bewußtsein beständig danach, zum kosmischen Bewußtsein zurückzukehren, um sich selbst in seiner

* Es sollte offensichtlich sein, daß der Schritt weg von spiritueller Universalität oder vom primären Selbst die primäre Entfremdung repräsentiert und der Schritt weg von unserer animalischen Natur oder unserem sekundären Selbst sekundäre Entfremdung. Moderne Psychologen meinen letztere, wenn sie von Entfremdung reden.

** Der Prozeß der Metamorphose bedeutet auch, einen raschen Wechsel von lustvollen, aber verbotenen Empfindungen zu erlauben. Nach meinem Eindruck in der Meditation befinden sich die lustvollen Sensationen am unteren Ende des Rückgrats, wenn *Prana*, die kosmische Energie, versucht, sich Zugang zu *Suschumna*, einem im Joga bekannten Nerv, zu verschaffen. In einer vollständigen Umkehrung der Metamorphose müssen wir willentlich zu diesen lustvollen Empfindungen zurückgehen. Dies führt eines Tages dazu, daß die *Kundalini* aufsteigt.

Unendlichkeit zu realisieren. Wie kann dies geschehen? Es muß sich dazu völlig vom sinnlichen Bewußtsein, dem Sand und den Steinen befreien, an das es gebunden und von dem es eingefangen ist.

Dieses sinnliche Bewußtsein ist ein machtvolles, uns versklavendes Organ, das aus zahlreichen Trieben besteht. Seine wichtigsten sind Wünsche, Handlungen und deren Früchte. Solange es Wünsche und Handlungen gibt, deren Früchte wir nicht gekostet haben, sind wir zwangsläufig sein Opfer. Das individuelle Bewußtsein kann davon nicht frei sein.

Da die Wünsche und die damit verbundenen Handlungen aus geschlechtlicher Lust bestehen und sich auf Liebesobjekte richten, können sie ohne einen Körper nicht befriedigt werden. Von daher wird der physische Körper wichtig.

Wir können allgemein beobachten, daß ein Leben meist nicht genügt, um all die Handlungen zu vollenden, die einer solchen Wunscherfüllung dienen. Der physische Körper vergeht, das heißt, Luft, Wasser und Staub kehren zu ihrer Quelle zurück. Doch wohin zieht sich das unzerstörbare individuelle Bewußtsein zurück? Es kann sich nicht mit seinem Ursprung vereinen, weil es nicht frei von Bedürfnissen und Handlungszwängen ist. Und nicht nur das: Es muß auch die Früchte der schon begangenen Taten ernten. Zur Erfüllung dieser Aufgaben wird es in einem anderen Körper wiedergeboren – einem Körper menschlicher oder anderer Art. Solange es sich nicht vollständig von allen Wünschen befreit hat (und das heißt, alle Handlungen beendet hat), bleibt es dem Zyklus von Wiedergeburt und Tod verhaftet.*

So lautet die Theorie von Ursache und Wirkung oder des *Karma.* Solange die Ursache nicht beseitigt ist, fordert sie zwangsläufig ihre Wirkung heraus. Der Wunsch ist eine Ursache in sich selbst. Er ist an den Körper gebunden. Um erfüllt zu werden, muß er sich neu verkörpern. Das ist die Basis der Wiedergeburt.

Das Phänomen der Wiedergeburt ist grundlegend für das gesamte Verständnis der hier vorgestellten Theorie. Wer höhere Stufen der Evolution in der Meditation erreicht, kann gewisse Realitäten vergangener Leben klar erkennen. Nach der Öffnung des dritten Auges tauchen Einzelheiten aus vergangenen Leben sehr lebendig vor dem inneren Auge auf.

* Dieser Sachverhalt ist in Abbildung 5 nicht dargestellt. Hier sieht es so aus, als betrete die Seele zum ersten Mal einen Körper. Mit Absicht wurde diese Darstellungsform gewählt, um das Verständnis zu erleichtern. Wenn das Bewußtsein noch mit den Resten vergangener Leben verknüpft ist, kommt die individuelle Seele nicht direkt aus dem kosmischen Bewußtsein, um sich zu verkörpern, sondern hat sich in unsichtbarer Form in der Umgebung des Körpers aufgehalten. Manche Kinder können sich allein aufgrund dieses Phänomens an vergangene Leben erinnern. Seltsame Träume von Schönheit, zwanghaften Begierden oder von unbekannten Heiligen können nicht auf der Basis des Unbewußten dieses Lebens verstanden werden. Sie enthalten Elemente vergangener Leben.
Für ein besseres Verständnis der Erscheinungsformen vergangener Leben sei mein Buch mit dem Titel »*Third Eye and Kundalini*« empfohlen.

Wer die Kunst der psychoanalytischen Meditation, wie sie im nachfolgenden Teil erläutert wird, praktiziert, dem werden sich eines Tages diese Wahrheiten von selbst enthüllen.

Unerfüllte Wünsche *(Karma)* von einem oder mehreren vergangenen Leben haften dem Bewußtsein an und werden zu dem am tiefsten verdrängten Teil in diesem Leben. Dies soll als das »kollektive Unbewußte vergangener Leben« bezeichnet werden. Das Unbewußte dieses Lebens und das vergangener Leben ergaben zusammen das sekundäre Selbst. Wenn wir uns durch die Psychoanalyse und Meditation weiterentwickeln, müssen wir uns zunächst vom Unbewußten dieses Lebens und dann vom Unbewußten vergangener Leben befreien.*

Vollständige Freiheit ist das Ziel: Sie alleine bedeutet die endgültige Verschmelzung des individuellen mit dem kosmischen Bewußtsein oder der individuellen Seele mit Gott. Sie allein befreit uns aus dem Zyklus von Geburt und Tod. Nur diese Freiheit ist gemeint, wenn hier von spiritueller Erlösung gesprochen wird.

J. Nachdem die Metamorphose stattgefunden hat, wird das Kind zu einem neuen Menschen. Sein Bewußtsein lebt in einem neuen Selbstbild. Wenn er sich auf der Ebene des sekundären Selbst unterlegen fühlte, so möchte er jetzt überlegen werden. War er abhängig, möchte er unabhängig werden. War er schmutzig, möchte er sauber werden. War er Empfänger, möchte er sich zum Gebenden wandeln. Diese Wünsche sind in der Psychoanalyse als Ich-Triebe bekannt. Diese Strebungen des Ichs scheinen sowohl dem physischen Körper wie den Vorstellungen des Ichs Selbstsicherheit zu bieten. Der einzelne sucht nach Vorbildern und beginnt sich mehr und mehr mit ihnen zu identifizieren.

Je größer der Schmerz, die Demütigung und Ablehnung, je stärker dementsprechend Ängste und Todeswünsche waren, um so stärker sind nun seine Identifikationen. Was wir als Ich-Verschiebung aus der Psychoanalyse kennen, erfolgt genau aufgrund dieser Ängste und Identifikationen. Große Persönlichkeiten dieser Welt waren oft Opfer von Selbsthaß, Todeswünschen und daraus folgenden Ich-Strebungen. Es gibt keinen direkten Zusammenhang zwischen Größe und Glück. Die größten Männer mögen in ihrem Herzen zugleich die unglücklichsten gewesen sein.

J zeigt die Stufe, auf der der Mensch das tertiäre Selbst entwickelt. Es wird als Reaktion auf die eigene Minderwertigkeit geboren. Auch auf dieser Stufe fällt der Mensch bestimmten Selbsttäuschungen anheim. Ist er unterlegen, wird er sich in jemand Großartigen umgestalten und seine Unterlegenheit auf andere projizieren. Ist er passiv, wird er sich mit der Idee

* Das kollektive Unbewußte vergangener Leben kann mit Hilfe der modernen Psychoanalyse nicht erfaßt werden. Das ist nur über die Meditation möglich und in den meisten Fällen verhilft dazu die *Kundalini.* Nur danach kann sich *Dschiwa* vollständig befreien und mit dem kosmischen Bewußtsein verschmelzen.

täuschen, selber sehr aktiv zu sein, und er wird andere als passiv empfinden. Ist er hilflos und schwach, wird er dies in seiner Vorstellung mit Macht ausgleichen und andere schwach nennen. Ist er schmutzig, wird er die Schönheit verehren und den Dreck an anderen suchen.

Alle menschlichen Wesen streben danach, »jemand« zu sein. Alle versuchen, andere zu überzeugen, daß sie etwas geworden sind. Der Wunsch, andere glauben zu machen, wir seien jemand, ist einer der letzten Wünsche, die in der Meditation von der Persönlichkeit abfallen. Ist dieser Wunsch aber einmal entschwunden, erfreuen wir uns eines starken Gefühls der Freiheit. Der Konflikt zwischen »Ich bin« und »Ich werde sein« wird zugunsten des »Ich bin« gelöst. Hört die Suche nach Anerkennung auf, und sind Lob und Tadel nicht mehr so wichtig, so bedeutet dies, daß wir ein bestimmtes Stadium erreicht haben und bereit sind, weitere Fortschritte auf dem Pfad zu einer vollständigen spirituellen Befreiung zu machen.

Jeder Mensch entwickelt einen bestimmten Ehrgeiz. Manche haben Ich-Wünsche, ohne sie um jeden Preis erfüllen zu wollen. Sie sind entspannt und können sogar zufrieden sein, wenn ihre Ziele sich nicht erfüllen und reagieren angemessen auf Versagen. Andere können einen Mißerfolg nicht leicht ertragen und wollen ihre Vorsätze in jedem Fall erfüllen, um ihre ursprüngliche schmerzhafte Wirklichkeit zu vergessen.

Jeder hat Angst, ein Verlangen könne unerfüllt bleiben. Deshalb trägt jeder neurotische Elemente in sich. Unsere Zivilisation trägt mit ihrem gegenwärtigen Erziehungssystem dazu bei, daß solche Bestrebungen sich im einzelnen verstärkt ausprägen. Steigt mit der Anzahl der Bedürfnisse auch die Möglichkeit der Frustration, so ist es kein Wunder, daß die moderne Zivilisation das Auftreten von Neurosen begünstigt.

Der in der Abbildung mit J bezeichnete Teil wird von Freud »Ich« genannt. Vor dem Hintergrund der indischen Philosophie soll hier ein neues, umfassendes Konzept eingeführt werden, das auch von westlichen Psychoanalytikern akzeptiert werden kann: das Konzept von *Antahkarna.** In unserem Schaubild gehört der gesamte Teil D bis J dazu. *Antahkarna* hat vier Aspekte. Wird es von Wünschen, persönlichem Willen *(Sankalpas)* und Zweifeln *(Wikalpas)* dominiert, ist es das das rationale Bewußtsein. Beherrschen es Stolz und Identifikationen mit dem Körper, nennen wir es »Ich«. Regieren es Leidenschaften, Gefühle und Empfindungen, wird es als *Schit* bezeichnet, und wenn es von der Fähigkeit bestimmt wird, zwischen Wahrheit und Unwahrheit zu unterscheiden und richtige Schlußfolgerungen zu ziehen, heißt es *Buddhi.***

* In der spirituellen Tradition Indiens wird von einem Menschen, der einen Nervenzusammenbruch erleidet, gesagt, daß sein *Antahkarna* zusammengebrochen sei oder sich nach oben gekehrt habe. Nur ein geistiger Führer (ein selbstverwirklichter Mensch, der als Gott *Schiwa* selbst angesehen wird) kann das *Antahkarna* von seiner Quelle her wieder neu aufbauen.

** Das deutsche Wort für *Buddhi* ist »Intellekt«. Der Intellekt sollte im Dienste des Bewußtseins fähig sein, zwischen Wahrheit und Falschheit zu unterscheiden. Die gesamte sicht-

Das individuelle Bewußtsein wird ein Opfer von *Antahkarna*, das es gefangen hält. Die durchgehende Mittellinie im Schaubild mit den nach oben gerichteten Pfeilen stellt *Dschiwa* im Gefängnis von *Antahkarna* dar. Die ganze Welt wird zur Ich-Welt, der Welt der Sinne und Wünsche. Die Sinne gestalten Tausende von Szenen, in denen das individuelle Bewußtsein sich verfängt. Mit Hilfe der Meditation kann das individuelle Bewußtsein alle Vorstellungen hinter sich lassen, die Tore der Sinne schließen und einen Zustand der Leere und völligen Schweigens erlangen. In diesem Augenblick öffnet sich das Tor zu Gott, zum kosmischen Bewußtsein. Damit tritt das individuelle Bewußtsein in Kontakt zu seiner Quelle und seinem Ziel. *Dschiwas* ewige Suche erfüllt sich und gewährt ihm Stabilität und Glückseligkeit. Spricht Jesus davon, daß sich ein Tor öffnet, wenn die Tore der Sinne geschlossen sind, meint er offenbar genau dasselbe. Dies können wir erfahren.

K weist die Richtung zur Unwissenheit und zum Unglück. Es zeigt auch, worauf das endlose Ich-Streben zielt. Dies gilt für einzelne und für Gemeinschaften, Nationen und die ganze Welt. Der zivilisierte Mensch betrachtet diesen Trend als Fortschritt und Leistung. Zunehmend deutlich aber erweist sich diese Spur als Weg des Unglücks.

L zeigt die Endlosigkeit des Ich-Strebens und des Prozesses des Werdens. Es gibt kein endgültiges Ziel. Der einzelne blickt auf die ganze Welt und identifiziert sich immer wieder mit neuen Bildern und Ich-Zielen. Wenn jemand zum Mond fliegen will, will er zum Mond fliegen, und wenn jemand internationale Anerkennung erlangen will, strebt er nach dieser Anerkennung. Doch auf jeder Stufe, die er erreicht, fragt sich der Mensch erneut: Was nun? Alle seine Ziele sind vergänglich und beruhen auf einer Täuschung, da sie nirgendwohin führen. Jedes erreichte Ziel belehrt über die Leere und Nutzlosigkeit jedes Ziels. Es scheint zwar, als mache er Fortschritte, doch all diese Fortschritte sind unecht, weil sie nicht sein Glück und seine Glückseligkeit befördern, die sein wahres Ziel sind. In der westlichen Psychologie ist versucht worden, eine signifikante Koalition zwischen Glück und Leistung zu finden. Dieser Versuch muß mißlingen. Es gibt keine Gleichung zwischen Leistung und Glück, die Bestand hätte.*

bare Wirklichkeit mit all ihren Wünschen ist eine Täuschung. Der Intellekt sollte *Dschiwa* darin beraten, sich von den Unwahrheiten abzuwenden und sich an die Wahrheit zu halten. Der moderne Intellekt jedoch arbeitet nicht im Licht der Wahrheit, sondern im Dienste des Ichs und der Wünsche des Individuums. In der Regel benutzt man ihn, um egoistische Handlungen und Interessen zu rechtfertigen und deren Durchsetzung zu erleichtern. So wird aus einem Instrument des Friedens und der Stabilität ein Werkzeug der Zerstörung und der Unbeständigkeit.

* Überblickt man die Abbildung 5, liegt der Gedanke nahe, daß es genau drei Weltanschauungen gibt, die sich auf die drei Notwendigkeiten des Organismus (Teil B im Schaubild) gründen. Sofern jede Philosophie, die den Hunger zu ihrem Mittelpunkt macht, Menschen

Es gibt drei Stadien des Selbst: das primäre, sekundäre und tertiäre Selbst. Entsprechend hat jede Person drei Ichs. Das erste Ich ist das reine Selbst, die unzerstörbare Wirklichkeit des Bewußtseins. Es basiert auf dem Prinzip der Seele und spiegelt das Stadium spiritueller Totalität wider. Dieses Selbst ist der Seher in uns, der Beobachter. Im Gefängnis des individuellen Bewußtseins reflektiert es Gott als *Dschiwa.* Befreit von den Fesseln ist es Gott selber. Es hat keine Geburt und keinen Tod.

Das sekundäre Ich bezieht sich auf unsere animalische Natur. In diesem Stadium ist der Mensch sexbesessen, gierig, eifersüchtig, ärgerlich. Tief verankerte psychische Fehltritte, die das reine oder primäre Selbst versklaven, schaffen dieses Ich.

Das tertiäre Ich bildet sich aus den Ich-Bestrebungen, die in der Regel im sozialen Zusammenleben geprägt werden. Es ist das offensichtlichste und zugleich oberflächlichste Ich des Menschen. Der menschliche Rahmen aus Fleisch und Knochen, einige Ich-Bestrebungen und gewisse Teile, wie Name, Form, Titel und Stellung in der Gesellschaft, gestalten dieses Ich. Während das primäre Selbst der Seher ist, werden das sekundäre und tertiäre Selbst beobachtet.

Die Reise des individuellen Bewußtseins vom primären zum sekundären und vom sekundären zum tertiären Selbst und darüber hinaus steht für etwas, das man »kosmische Ignoranz« nennen könnte. *Dschiwa* entfernt sich immer mehr von dem, wonach es sucht, und es hat zugleich das Gefühl, sich seinem Ziel zu nähern. Was ist dies anderes als völliges Unverständnis! Dieser existentielle Mangel an Wissen drückt sich in Illusionen, Täuschungen, Wünschen und Schmerzen aus. Wir können auch sagen: Das Bewußtsein wird zum Opfer eines Käfigs kosmischer Ignoranz und vergißt dabei völlig seine ursprüngliche Heimat kosmischer Glückseligkeit.

Freuds Begriff des Ichs bedeutet jenen Teil der Psyche, der in unmittelbarem Kontakt mit dem Bewußtsein oder der Bewußtheit steht. Das Ich ist, wie wir es verstehen, ein Aspekt des *Antahkarna,* in dem das individuelle Bewußtsein sich selbst als Körper begreift und Gefühle des Stolzes es be-

anzieht, wird der Marxismus Anhänger finden, da es ihm um Hunger geht und er Reaktionen wie Eifersucht und Gewalt gegen diejenigen absegnet, die den Hunger nicht stillen. Entsprechend begünstigt sind alle philosophischen Ansätze, die dem Bedürfnis nach Sicherheit Rechnung tragen, bestimmte Bedürfnisse des sekundären Selbst gutheißen und die Erfüllung bestimmter Ich-Bestrebungen versprechen. Nationalistische Ideologien gedeihen auf solchem Boden wie auf den Wünschen, sich für die erfahrene Schmach in der Kindheit zu rächen und das verhaßte Bild des sekundären Selbst aufzuwerten.

Die zweite Art von Philosophie verspricht, über den Kontakt mit einem Liebesobjekt (der Mutter) emotionale Bedürfnisse nach Sicherheit, Stillung des Hungers und körperlicher Liebe zu befriedigen. Sie eröffnet den Freiraum, solche libidinösen Wünsche ohne Schuldgefühle zu äußern. Freuds Ideen werden daher attraktiv bleiben, da sie menschliches Leiden lindern zu helfen vorgeben und die Wünsche des sekundären Selbst nach fleischlicher Lust aufwerten.

Die Philosophie jedoch, die volle Glückseligkeit und Freiheit vom Leid verspricht, muß die populärste sein, die ewige Philosophie. Meditative Gedanken und Praktiken der Tradition der Jogis gedeihen auf diesem Boden. Daher werden Joga und Meditation immer beliebt bleiben.

herrschen. Das Ich wird in der Regel aus Schmerzen geboren und ist danach die Quelle allen Schmerzes. Der Schmerz ist sowohl die Ursache wie die Folge des Ichs. Das individuelle Bewußtsein geht darin verloren. Es muß dem so verstandenen Ich entwunden und von ihm und dem gesamten Komplex des *Antahkarna*, das heißt von dem bewußten Teil der Psyche, dem unbewußten Teil, der diesem Leben entstammt, und dem kollektiven Unbewußten vergangener Leben befreit werden. Nur so wird es zum primären Selbst, das heißt zum kosmischen Bewußtsein.

Abbildung 5 wird jedem helfen, sich so zu sehen und zu verstehen, wie er heute ist. Nehmen Sie als Ausgangspunkt A und Ihre Vorstellungen vor der Geburt. Schließen Sie die Augen und stellen Sie sich vor: Sie existieren nicht. Nur kosmisches Bewußtsein ist. Ein Funken davon schlüpft bei der physischen Geburt in einen Körper und wird zu Ihrem individuellen Bewußtsein. Drei Dinge begehren Sie in jenem Augenblick: Sie wollen Ihren körperlichen Hunger stillen, sich sicher und geborgen fühlen und zu Ihrem Ursprung, dem kosmischen Bewußtsein zurückkehren, um Glückseligkeit zu erfahren und sich in ihm aufzulösen. Schon bald wenden Sie Ihr Gesicht dieser materiellen und sozialen Welt zu. Ihre Sinne beginnen zu arbeiten, und über sie gestaltet sich die sozial-materielle Welt. Ihr an die Sinne gebundenes Bewußtsein entwickelt sich vorwiegend um Materie und damit verbundene Gedankenfelder herum. Sie erleiden Hunger. Sie verlangen nach der Brust der Mutter. Der Kontakt mit der Mutter gibt Ihnen Sicherheit und stillt Ihren Hunger. Ein Gefühl der Glückseligkeit erfüllt Sie. Gelegentlich wird dieser Kontakt jedoch unterbrochen. Sie werden ärgerlich, wenn der Kontakt entschwindet. Sie tolerieren nicht, daß er Ihnen versagt wird oder daß jemand anderer ihn erhält. Sie werden eifersüchtig. Sie werden gierig. Sie wollen die Mutter für immer besitzen. Sie fühlen sich abhängig, hilfslos und unzulänglich. Oft werden Sie umarmt, geküßt, geliebt. Das macht Sie glücklich. Aber oft, wenn Ihre Anforderungen wachsen, werden Sie abgelehnt und ignoriert. Viele Dinge werden Ihnen auch entzogen. Sie werden mit Strafe und den damit verbundenen Schmerzen konfrontiert. Oft wird Ihnen durch verschiedene Formen der Indoktrination, wie das Sauberkeitstraining, die Freiheit genommen.

Jede Versagung, jede Ablehnung und jede Bestrafung schmerzt Sie. Sie werden ärgerlich. Ärger wird zu einem Kunstgriff der Überwindung der Ablehnung, doch haben Sie mit dieser Methode keinen Erfolg. Sie werden weiterhin mit Ablehnungen und daraus folgendem Leid konfrontiert. Dieses Leid bringt Phantasien und Bilder in Ihnen hervor. Vorstellungen, Gedanken und Bilder sind nicht so wertvoll, wie die Gesellschaft allgemein glaubt. Sie entstammen meist dem Kummer. Ihr Ziel ist es, Leiden zu beseitigen und Lust zu schaffen, doch haben sie selten Erfolg.

Die Ablehnung und Bestrafung schmerzen und ärgern Sie. Sie stärken

Ihr Ich, indem Sie sich voller Stolz abwenden. Sie entwickeln neue Ideen und Bilder, um dem Schmerz zu entgehen. Für Ihre Umwelt sind solche Idee spaßige Vorstellungen. Sie lachen über sie, und gelegentlich werden Sie für sie bestraft. Diese sozialen Reaktionen sind in Abbildung 5 als E bezeichnet. Sie zwingen Sie, einige Ihrer Ideen und Wünsche zu verdrängen. So unterdrücken diese Reaktionen eine Menge Ihrer psychischen Energie, indem sie kein freies Spiel zulassen.

Die Reaktionen von seiten Ihrer Umwelt ängstigen Sie sehr und verunsichern Sie. Sie fürchten sich vor vielen Dingen. Heute fürchten Sie, daß Ihre Wünsche erkannt werden könnten. Sie fürchten sich davor, Ihren Ärger, Ihre Eifersucht, Ihre sexuellen Sehnsüchte, Ihr Bedürfnis nach Kontakt mit dem Liebesobjekt, Ihre Gier, Ihre Lust zu zeigen. Sie fürchten sich davor, nackt herumzulaufen oder als Voyeur angesehen zu werden. Sie haben zahlreiche Ängste, und Sie kennen sie nicht, obgleich alle in Ihnen hausen und Sie zu ihrem Opfer werden.

Die Ängste erzeugen in Ihnen Gefühle der Unrechtmäßigkeit und Schuld. Diese wirken auch heute noch in Ihnen. Die nackte Mutter zu sehen ist verwerflich. Bei der Mutter zu schlafen und mit ihren Brüsten zu spielen ist verwerflich. Eifersucht, Ärger oder Gier zu zeigen ist verwerflich. Nackt herumzulaufen ist verwerflich. Lügen zu erzählen ist verwerflich, und so weiter, und so weiter. Wenn Sie einen Moment lang meinen, daß solche Wünsche in Ordnung seien, bekommen Sie Angst, da die ursprüngliche Angst, bestraft zu werden, zu wirken beginnt. Sofort entfernen Sie dieses Verlangen aus Ihrem Denken, da Sie sich mit diesen Wünschen schlecht fühlen.

Diese Ängste und Schuldgefühle verwirren Sie. Sie können nicht verstehen, warum derselbe Vater Sie einmal liebt und das andere Mal bestraft; warum diesselbe Mutter Sie das eine Mal lobt und das andere Mal verurteilt. Zahlreiche solcher Ereignisse während der Kindheit verwirren Sie.

Diese Verwirrung führt zu neuen Überlegungen, Anschauungen und Überzeugungen. Beispielsweise meinen Sie, daß Sie abgelehnt werden, weil Sie schmutzig sind. Sie lernen, daß Sie gehaßt werden, weil Sie unterlegen sind. Sie erkennen, daß Sie gedemütigt werden, weil Sie abhängig sind.

Selbst heute meinen Sie, daß Ihr Leid nie aufhören wird und Sie nie das Stadium der Glückseligkeit erlangen werden, solange Sie so sind, wie Sie sind. Teil G in Abbildung 5 repräsentiert diese Anschauungen in Ihnen.

Solche Anschauungen rufen tiefes Leid und Trauer in Ihnen hervor. Es ist schrecklich. Sie wollen Lust, doch sehen Sie nur dieses schmerzhafte Selbstbild. Sie hassen dieses Bild. Sie wollen es töten. So leiden Sie unter intensiven Gefühlen der Selbstablehnung, des Selbsthasses. Sie spielen sogar mit dem Gedanken zu sterben.

Das Gefühl der Selbstablehnung ist unerträglich. Doch wollen Sie auch leben. Ihre Phantasie spielt das Interesse der Selbstsicherheit und den

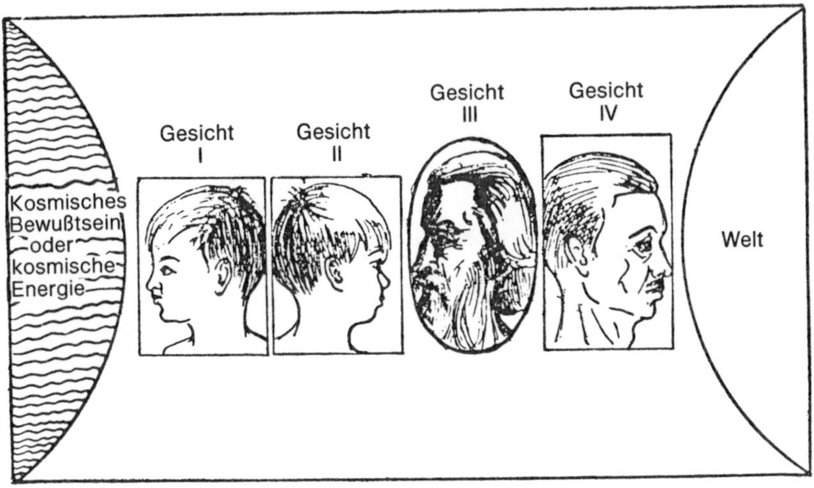

Abbildung 7

Wunsch zu leben gegen Sie aus. Sie gestalten sich in Ihrer Phantasie um, indem Sie sich mit großen Figuren und ihren Leistungen identifizieren. So können Sie sich selber wertvoller fühlen, mit Respekt in der Gesellschaft leben und der Welt ins Auge schauen. Dies ist die äußere Fassade des »Jemand-Seins«, so wie in Teil J der Abbildung 5 dargestellt.

Wenden Sie sich nun vergleichsweise Abbildung 7 zu, um Ihre und unser aller gegenwärtige Haltung klarer zu verstehen.

Auf der linken Seite ist das Meer der spirituellen Energie abgebildet. Es umfaßt sowohl die kosmische Energie wie das kosmische Bewußtsein. Gesicht I, unser individuelles Bewußtsein, ist bei der Geburt dem kosmischen Bewußtsein zugewandt. Es ist im Zustand des primären Selbst.

Doch bald wenden wir unser Gesicht der sozialen und materiellen Welt zu (Gesicht II). Gesicht III repräsentiert die soziale und materielle Welt (in der Welt des Kindes vorwiegend die Familie), mit der wir uns konfrontiert sehen. Dieses Gesicht der Welt ist auf jener Stufe und in der Kindheit überhaupt für Schmerz, Gedanken, Vorstellungen, Stolz, Ich, Ängste, Zweifel, Überzeugungen verantwortlich. Dieses Gesicht III ruft in uns Gefühle der Selbstablehnung, des Selbsthasses und Todeswünsche hervor, da es uns ablehnt, bestraft, verspottet und die Erfüllung vieler unserer Wünsche versagt.

Aufgrund dieser Gefühle erleben wir eine Metamorphose und werden zu Gesicht IV, um als respektiertes Mitglied in der Gesellschaft leben und der Welt angemessen begegnen zu können. Gesicht IV ist unser gegenwärtiges

Gesicht, die Maske, die wir der Gesellschaft zeigen und mit der wir uns wertvoll fühlen. Doch seien wir uns sicher: Die anderen drei Gesichter sind lebendig in uns, auch wenn wir dies nicht wissen.

Wer sind wir heute? Nur ein Bündel von Ich-Bestrebungen. Wir wollen in der Gesellschaft überlegen sein, wo immer wir arbeiten. Wir wollen Macht haben, ob physisch, ökonomisch oder politisch. Wir wollen, daß andere von uns abhängen und selber Spender sind. Wir wollen unabhängig sein. Wir wollen, daß andere uns weise, schön und gütig finden. Wenn sich einige dieser Wünsche in der Praxis nicht erfüllen, befriedigen wir sie in der Phantasie. Manchmal stellen wir uns vor, daß wir der Präsident eines Landes werden, oder daß wir einen internationalen Preis gewonnen haben, oder daß wir die schönste Frau der Welt geheiratet haben, oder daß wir Tausende von Menschen zu unserer bemerkenswerten Ansprache herbeigelockt haben, oder daß wir das vornehmste Wohngebäude in der Stadt erbaut haben. Daraus formen wir unser gegenwärtiges Bild von uns, was wir denken, was wir heute sind, ein Jemand in der Gesellschaft. Unser individuelles Bewußtsein verknüpft sich vorwiegend mit dieser Fassade, hält sich vorwiegend in diesem Teil auf. Mit diesem Gesicht blicken wir auf die Welt (J in Abbidung 5, der rechte Teil in Abbildung 7). Wir streben immer weiter nach vorne, ohne in uns hineinzuschauen oder uns zu prüfen. Dies macht uns zu progressiven, modernen, nach vorne blickenden Menschen. In der Tat schauen wir auf diejenigen hinunter, die nicht dieser Spur folgen. Doch sind wir heute unglücklich und werden morgen noch unglücklicher sein, da dies der Weg des Unglücks ist (vergleiche Teil K in Abbildung 5).

Dies ist unsere Geschichte und mehr oder weniger die Geschichte jedes zivilisierten Menschen. Dies ist die Geschichte jeder Gruppe, jeder Gemeinschaft, jeder Nation und, in der Tat, der ganzen Welt: Jeder von uns ist unglücklich.

5. *Die Entstehung nervöser Störungen*

Das individuelle Bewußtsein, das nach dem Verlust seines Kontaktes mit dem kosmischen Bewußtsein im Körper verbleibt, bringt bei seinem Eintritt in den Organismus einen Teil der kosmischen Energie mit. Sie wird als »individuelle Energie« oder »individuelle Libido« bezeichnet. Zu Beginn untersteht sie der Verfügungsgewalt des Bewußtseins und ist spiritueller Natur.

Durch die Interaktion mit seiner Umgebung bauen sich im Kleinkind zahlreiche Wünsche, Sehnsüchte und Empfindungen auf. Ein großer Teil dieser spirituellen Energie bindet sich an sie und wird so in »emotionale Energie« verwandelt. Sie untersteht nicht länger der Befehlsgewalt des individuellen Bewußtseins. In ihrem Kern sind jedoch die spirituelle und emotionale Energie ein und dasselbe. Sie unterscheiden sich lediglich darin, wer sie beherrscht: das Bewußtsein oder Wünsche, Gedanken und Instinkte.

Während das Kleinkind in die Gemeinschaft hineinwächst, wird es mit zahlreichen Reaktionen seiner Umwelt konfrontiert. Viele rufen Ängste, Unsicherheit, Gefühle der Wertlosigkeit und des Selbsthasses hervor. Die Reaktionen der Gesellschaft werden oft in der Persönlichkeit des Kindes als sekundäres Über-Ich verinnerlicht. Ein Teil der spirituellen Energie verbindet sich mit dessen Befehlen und tritt als emotionale Energie auf.

Über den Prozeß einer Metamorphose entwickelt das Individuum auf der Ebene des tertiären Selbst ein neues Ich, an dessen Bestrebungen sich die restliche spirituelle Energie heftet. Damit gerät sie unter deren Kommando und steht dem Bewußtsein nicht mehr zur Verfügung. Da sich das individuelle Bewußtsein am stärksten mit dem tertiären Selbst identifiziert, steht ihm in der Regel auch nur jener Teil der Energie zur Verfügung. Haben die Ich-Strebungen jedoch zwanghaften und neurotischen Charakter, wird die Energie von ihnen aufgezehrt und dem Bewußtsein entzogen, wird wieder spirituelle Energie in emotionale verwandelt.

Manche Ich-Bestrebungen des tertiären Selbst sind nur noch ein Mittel zur heimlichen Erfüllung der hinter ihnen liegenden Wünsche des sekundären Selbst. So kann der Trieb, in der Gesellschaft etwas zu leisten, den Wunsch verdecken, geliebt zu werden und dazuzugehören. Der Trieb, eine Arbeit rasch und fieberhaft zu beenden, kann Energie aufzehren, die mit dem Bedürfnis zu hassen oder gar zu morden verbunden ist. Damit nutzen die Strebungen des tertiären Selbst einen Teil der emotionalen Energie, die an Bedürfnisse und Wünsche der frühen Kindheit oder das sekundäre Selbst gebunden sind, für sich.

Wenn das ursprüngliche Verlangen nun aber selbst aktiviert wird und auf Erfüllung drängt, wird es all die Energie zurückfordern, die unter der Herrschaft einer Ich-Strebung geraten war. Wenn beispielsweise das wirkliche Bedürfnis nach Liebe und Kontakt angesprochen wird, wird es all die Energie an sich ziehen, die kurzfristig den Leistungstrieb gespeist hat, da die Energie Besitzrecht des Bedürfnisses und nicht der Ich-Strebung ist.

Oft identifiziert sich das Bewußtsein mit dem tertiären Selbst als seinem Selbstbild. Es strebt dann danach, den Hunger der Ich-Strebungen statt den der Bedürfnisse zu stillen. Natürlich werden die Bedürfnisse indirekt durch die Erfüllung der Ich-Bestrebungen befriedigt, doch geschieht dies unbewußt.

Aus dem Gesagten läßt sich ableiten, wie eine Persönlichkeit sich stabilisieren kann. Sie hat dazu drei Möglichkeiten: Sie kann die Energie in allen drei genannten Bereichen gut nutzen: Das strafende Über-Ich setzt seine Energie effektiv genug ein, um die ursprünglichen Bedürfnisse zu verdekken. Die Triebe des tertiären Selbst verzehren neben ihrer eigenen Energie auch noch einen großen Teil der Energie, die der Herrschaft der Bedürfnisse und Wünsche der Kindheit untersteht. Solch eine Persönlichkeit wird einen recht stabilen und fortschrittlichen Eindruck innerhalb der Gesellschaft machen, obgleich sie nicht für alle Zeiten in sich fest ruht.

Das individuelle Bewußtsein kann sich auch mit den Bedürfnissen und Wünschen der Kindheit ohne Schuldgefühle verbinden: Ein starkes, strafendes Über-Ich wird hier entbehrlich. Nervöse Störungen treten in der Regel nicht auf. Das größte Maß an Stabilität erreicht eine Persönlichkeit, die die gesamte Energie unter die Herrschaft des Bewußtseins zu bringen vermag. Dies geschieht, indem sie bewußt alle Energie von den Es-Wünschen, dem Über-Ich und den Ich-Strebungen ablöst und einen Zustand der Stille erreicht, einen Zustand unerschütterlichen Schweigens oder *Samadhi*, wie er im Hinduismus genannt wird. Die Persönlichkeit lebt nur auf der Ebene des primären Selbst. Sie ist eins mit dem kosmischen Bewußtsein, dem die gesamte Energie *(Schakti)* untersteht.

Zu nervösen Störungen neigende Persönlichkeiten haben in der Regel ein stark ausgeprägtes Ich und zugleich ein einflußreiches Über-Ich.

Die Person strebt danach, ihre Ich-Wünsche zu befriedigen, um das aufgebaute Selbstbild erhalten zu können. Unter dem Einfluß des Über-Ichs wagt sie nicht, sich mit den zuvor entstandenen Bedürfnissen zu identifizieren.

Die Triebe des sekundären Selbst sind jedoch stärker, und wenn sie aktiviert werden, ziehen sie auch die Energie des Ichs auf sich. Das individuelle Bewußtsein kann diese Energie nicht willentlich zurückhalten.

Wenn beispielsweise das Objekt der Lust unerwartet auftaucht und die Erfüllung des Verlangens winkt, bricht das Bedürfnis auf und wirft die Klammer des Über-Ichs ab. Die Energie, die ursprünglich den Zielen des Ichs zur Verfügung stand, dient nun der Befriedigung des Verlangens. Die meisten Fälle von Verliebtheit finden auf dieser Basis statt. Das arme Bewußtsein wird hilflos. Es hat keine Kontrolle über die Energie und kann sie nicht in sozial akzeptabler Weise kanalisieren.

Es ist auch möglich, daß die Ziele des Ichs nicht verwirklicht werden können. Auch in diesem Falle dient die Energie, die ursprünglich dem Ich unterstand, der Befriedigung animalischer Bedürfnisse. Dieses Phänomen wird als »Regression« beschrieben.

In beiden Fällen behält das Über-Ich aber noch die Kontrolle über seinen Anteil an Energie und benutzt sie, um einen Konflikt mit der an die Wünsche gebundenen Energie zu erzeugen.

Das individuelle Bewußtsein wird zum Opfer dieser beiden widersprüchlichen Energien: der unter der Herrschaft der Wünsche und der unter der Herrschaft des Über-Ichs. Das individuelle Bewußtsein leidet, weil ihm die Kontrolle entzogen ist. Es hat nicht einmal soviel Energie zur Verfügung, den Energie-Konflikt zu überwinden und die Ich-Bestrebungen aufrechtzuerhalten. Auf diese Weise entstehen nervöse Störungen.

Das Ausmaß der Stärke des verinnerlichten Über-Ichs ist ebenso wie das Ausmaß der Metamorphose bei verschiedenen Menschen unterschiedlich. Jede nervöse Störung muß für sich gesehen und als solche gewürdigt werden.

Wenn weder ein starkes Über-Ich noch tiefe Schuldgefühle den Menschen quälen, muß der Mensch sein sekundäres Selbst nicht vollständig verdrängen. Von daher ist dann auch die Metamorphose nicht stark ausgeprägt. In diesem Fall kann der Mensch nervöse Störungen erleiden, die unter den weiten Oberbegriff der »Neurose« fallen. Viele zivilisierte Menschen haben neurotische Anteile in ihrer Persönlichkeitsstruktur.

Falls ein Mensch unter einem strengen Über-Ich leidet und während der Metamorphose ein sekundäres Selbst vollständig verdrängt hat, leidet er unter einer schwerwiegenden nervösen Störung, die als Psychose klassifiziert wird.

Vor dem Hintergrund der in gemeinsamem Vollzug der Psychoanalyse und Meditation gemachten Erfahrungen läßt sich der Nervenzusammenbruch als ein Extremfall nervöser Störung in Hindu-Terminologie folgendermaßen beschreiben:

Alle klassischen Nervenzusammenbrüche finden am Ort des *Brahma-Randhra* statt, wenn die beiden Nerven *Raga* und *Dwescha,* die das *Brahma-Randhra* abdecken, aufgrund eines tragischen Ereignisses im Leben aufgerüttelt werden. Sie entfernen sich dann von diesem Punkt, und das *Brahma-Randhra,* die Pforte zu Gott, öffnet sich für einen Moment.

Die Verlagerung der beiden Nerven und die damit mögliche Öffnung des *Brahma-Randhra* gestatten dem individuellen Bewußtsein einen kurzen Blick auf seine Quelle und sein Ziel, das kosmische Bewußtsein. Der Zusammenbruch ist verknüpft mit dem Wunsch des individuellen Bewußtseins, sich von allen Bindungen zu befreien und mit dem kosmischen Bewußtsein zu verschmelzen. Wie ein Wassertropfen, der sich im Meere auflöst, nun zum Meer geworden ist, so möchte das individuelle Bewußtsein sich selbst dadurch verwirklichen, daß es im kosmischen Bewußtsein aufgeht.

Die kosmische Energie (*Kundalini* oder *kosmische Libido,* in der hinduistischen Philosophie auch als *Schakti* des Gottes *Schiwa* bezeichnet), die auf dem Grunde des Rückgrats schlummert, erhascht in diesem Moment einen Blick auf ihren Gatten *Schiwa* und läuft auf das *Brahma-Randhra* zu, um sich für immer mit ihm zu vereinigen. Das bedeutet, daß in dieser Art von Nervenzusammenbrüchen der Kanal für die kosmische Energie einen Augenblick lang geöffnet wird.

Die *Kundalini*-Kraft wird geweckt, kann sich mit dem kosmischen Bewußtsein jedoch nicht vereinen, weil die Psyche des Individuums unrein, das heißt nicht frei von Bedürfnissen und Wünschen oder *Karma* ist und andererseits die Gnade Gottes oder des kosmischen Bewußtseins fehlt. Die kosmische Energie möchte sich mit dem kosmischen Bewußtsein vereinen und auf diesem Weg das individuelle Bewußtsein mit sich nehmen und ihm die Verschmelzung ermöglichen. Doch aufgrund der genannten Faktoren kann die Vereinigung nicht stattfinden. So wird aus dem ganzen Geschehen der Fall einer fehlgeschlagenen *Kundalini*-Erweckung, und die kosmische Energie überflutet das Nervensystem der Person und erzeugt dort alle Arten von Leiden.

Die beiden Nerven *Raga* und *Dwescha* sind die Basis des Ichs, die auf dem grundlegenden Unwissen des Satzes gründet: »Ich bin der Körper« und das die Ideen von »mein« und »mir« enthält. In dem Moment, in dem die beiden Nerven vom *Brahma-Randhra* abrutschen, gerät das gesamte Nervensystem durcheinander und das individuelle Bewußtsein erfährt tiefgehende Störungen, weil es völlig hilflos der Aufgabe gegenübersteht, den Fluß der spirituellen Energie in verschiedene Kanäle zu lenken, die über eine Anzahl von Jahren im Nervensystem eingespurt wurden. Gnadenlos wird die Energie in verschiedene Kanäle verstreut.

Da das individuelle Bewußtsein für einen Moment sein Ziel, das kosmische Bewußtsein, erblickt, erkennt es nun die Vergeblichkeit des ganzen geistigen Käfigs, in den es eingesperrt ist. Es will seine Gitter brechen, um für die Rückkehr zum kosmischen Bewußtsein frei zu werden.

Der Befreiungsversuch drückt sich in einer tiefliegenden Selbstmordtendenz aus. Dieser Wunsch zu sterben zieht eine schwere »paranoide« Depression nach sich.

Da sich die Pforte zum kosmischen Bewußtsein einmal geöffnet hat, ergießt sich das Wissen über Religion und Gott über den Menschen. Da er Gott gesehen hat, redet er über ihn in Superlativen und Begriffen der Vollkommenheit. Dies ist ganz natürlich und sollte jedermann einsichtig sein. Aber da der moderne Psychiater oder Psychoanalytiker die gesamte Wirklichkeit dieses Zusammenhanges nicht kennt, beschreibt er den Zustand als eine Krankheit, als »Gottes-« oder »Christuskomplex«.

In den Fällen, in denen die kosmische Energie und das individuelle Bewußtsein dem kosmischen Bewußtsein nicht in angemessener Weise begegnen können, ist auch das Wissen um Gott eher verwirrend. Von daher verwundert es nicht, wenn das Erlebnis auf den Therapeuten wie eine Wahnvorstellung wirkt. Doch ist es wichtig zu verstehen, daß das geäußerte Wissen um Gott auf einer echten und wahren Basis beruht und die Verwirrung nur deshalb entsteht, weil die *Kundalini*-Erweckung mißlungen ist. Jeder Fall eines klassischen Nervenzusammenbruchs ist, so verstanden, ein Fall fehlgeleiteter Spiritualität.

Wenn sich der innere Pfad im Zusammenhang mit der Öffnung des *Brahma-Randhra* und der Erweckung der *Kundalini* in einem Menschen auftut, hat dieser bestimmte Visionen und hört bestimmte kosmische Töne. Diese Erfahrungen sind auf diesem Weg normal. Deutet die moderne Psychiatrie diese inneren Erlebnisse jedoch als visuelle und auditive Täuschungen und Halluzinationen und sieht sie sie als eine ernsthafte Geisteskrankheit, so ist dies nur der deutliche Ausdruck ihrer großen Unwissenheit.

Wenn die kosmische Energie in einem Menschen aktiviert wird und den richtigen Weg findet, sich mit dem kosmischen Bewußtsein zu vereinen, kann sie durch den Körper dieses Menschen Wunder für die gesamte Menschheit vollbringen. Wenn sie ihr Ziel jedoch nicht erreichen kann, wütet sie im Nervensystem dieses Menschen herum und macht sein Leben zur Hölle.

Es gibt keine moderne Methode, durch die ein klassischer Nervenzusammenbruch für immer geheilt werden kann, da die beiden Nerven *Raga* und *Dwescha* nicht mehr, und niemals mehr, fest auf dem *Brahma-Randhra* verankert werden können, weil weder die *Kundalini* auf dem Grund des Rückgrats in Schlaf zurückversetzt noch das individuelle Bewußtsein dazu veranlaßt werden kann, sein Verlangen nach dem kosmischen Bewußtsein für immer auszulöschen. Es gibt innerhalb der modernen Psychiatrie kein Mittel, die *Kundalini*-Störungen zu kontrollieren.

Die kosmische Energie kann nur vom kosmischen Bewußtsein selbst angezogen und kontrolliert werden. Es wird durch einen Menschen repräsentiert, dessen drittes Auge geöffnet ist. Nur wenn er die kosmische Energie kontrolliert, kann das individuelle Ich endgültig von allen seelischen Problemen und Krankheiten geheilt werden. Dies wird in der Regel erst möglich, wenn sich der Mensch ernsthaft auf spirituelle Praktiken einläßt, nachdem ihn ein selbstverwirklichter Mensch, ein geistiger Lehrer, richtig darin eingeführt hat.

Dann reinigt die aktivierte, kontrollierte *Kundalini* langsam und stetig das Herz und die gesamte Psyche des Menschen von Unreinheiten. Sie verzehrt den ganzen Käfig der zahlreichen nervlich verankerten Bedürfnisse, unter deren Kommando die Energie in verschiedene Richtungen fließt.

Damit bereitet sie das individuelle Bewußtsein auf die Vereinigung mit dem kosmischen Bewußtsein vor.

Eine vollständige Heilung des klassischen Nervenzusammenbruchs bedeutet also, daß das Nervensystem bis zu seinen Wurzeln, das heißt dem *Brahma-Randhra*, hin erneuert und dieser Punkt von der *Kundalini* durchstoßen wird. Dabei löst sie die Psyche auf. Nur die *Kundalini* kann das individuelle Bewußtsein zum *Brahma-Randhra* hinaufführen und es dort mit dem kosmischen Bewußtsein vereinen. Der Todeswunsch wird verschwinden, wenn das begrenzte Ich, das heißt das versklavte individuelle Bewußtsein, sein ewiges, unvergängliches Leben verwirklicht.

In letzter Zeit läßt sich eine zunehmende Aktivität in der Erforschung des Gehirns und der Geisteskrankheiten in westlichen Ländern beobachten. Neue Konzepte und Theorien über Gehirnstörungen tauchen auf.

Eine Hauptseite dieser Forschung bezieht sich auf die biologischen und chemischen Aspekte der Psyche, und die Vorstellung verbreitet sich, daß Nervenkrankheiten durch angemessene Veränderungen in der Gehirnchemie kontrolliert werden können. Neuentwickelte Instrumente und Apparate sollen einige dieser chemischen Veränderungen, die Schmerz und Sorgen bereiten, kontrollieren können. Es wird behauptet, einige dieser Instrumente können den Menschen in den Bewußtseinszustand von Jogis oder Zen-Meistern versetzen.

Ist gegen solche Forschungen grundsätzlich nichts einzuwenden, so gibt es doch wichtige Gründe dafür, daß Pharmaka oder Instrumente dem Menschen niemals zu wirklichem Glück oder einer grundlegenden Heilung seelischer Leiden verhelfen können.

Zwar sieht es so aus, als sei die Gehirnchemie für bestimmte Störungen im Energiesystem verantwortlich, aber in Wirklichkeit ist es nicht so. Die Energiestörungen erfolgen aufgrund von Bedürfnissen, Vorstellungen, Gedanken, Ängsten, Reaktionen; also Mustern, die in das Ich eines Menschen eingebaut sind. Beispielsweise sitze ich hier und denke voller Aggressivität an jemanden, der mir Schaden zugefügt hat. Was geschieht? Ich erlebe eine Störung in meinem Energiehaushalt. Die Gehirnchemie studiert immer nur einen Effekt, der eine bloße Folge ist, und verwechselt die Wirkung mit der Ursache.

Solange Gedanken und Bedürfnisse vorhanden sind, wird die Energie ihrer Herrschaft unterstehen. Die Instrumente und Apparate können uns nicht zur Überwindung unserer Wünsche verhelfen. Sie können uns bestenfalls darin unterstützen, sie für einige Augenblicke zu unterdrücken oder zu verdrängen. Von daher können sie natürlich nicht die eigentliche Wurzel dieser Probleme behandeln.

Auch liegt eine große Gefahr in der Anwendung solcher Instrumente und Apparate. Ein Mensch kann von ihnen vollkommen abhängig werden. Wie alle zwanghafte Abhängigkeit letztlich Gefühle der Hilflosigkeit, Unzulänglichkeit und Bindung hervorbringt und Leiden erzeugt, so führen auch diese Instrumente langfristig zum Leiden und bieten günstigenfalls nur anfängliche Erleichterung.

Das Hauptziel des Lebens liegt nicht darin, dem Leiden oder Problemen der Gehirnchemie kurzfristig zu entfliehen, sondern darin, die Bedeutung all dieser Energie zu realisieren und sie unter das Kommando des Bewußtseins zu stellen. Darin verwirklicht sich die Ganzheit einer Persönlichkeit in ihrem wahrsten Sinne. Die Instrumente schaffen nur Verwirrung über das Ziel des Lebens.

Man sollte wissen, daß, ebenso wie LSD kurzfristig Glückseligkeit erzeugen kann, auch Instrumente nur kurzfristig Erleichterung schaffen oder jene Zustände hervorbringen können, die Jogis erreichen. Aber weder LSD noch diese Instrumente machen uns zu einem Jogi.

Nur die bewußte Überwindung des gesamten Ichs und die Rückführung der Energie unter die Herrschaft des Bewußtseins kann uns zum Zustand völligen Erwachens führen. Nur in diesem Zustand werden wir zu vollendeten Meistern, als die wir dann auf nichts Äußeres mehr angewiesen sind, um den Zustand der Glückseligkeit zu erlangen.

6. *Zusammenfassung der Unterschiede zwischen Freuds Konzept und dem hier vorgestellten Ansatz*

SIGMUND FREUD hatte keine Vorstellung von der Existenz des kosmischen Bewußtseins, das aus sich selbst entsteht, und dem individuellen Bewußtsein als dessen Teil. Das Bewußtsein in jedem einzelnen ist ein Funken der kosmischen Quelle und bleibt von der Zerstörung des Körpers oder des Ichs unberührt.

Das kosmische Bewußtsein ist Gott selber. Es ist das primäre Über-Ich, das nicht von außen einverleibt wird wie das Freudsche sekundäre Über-Ich. Das individuelle Bewußtsein sucht den Kontakt und die Vereinigung mit dem primären Über-Ich, um sich zu verwirklichen.

Freud sprach oft von der Energie in einem Menschen. Er bezeichnete sie als »Es-Energie« oder »Libido«. Er war der Ansicht, daß diese Energie ihren Ursprung in den Bedürfnissen und Wünschen (meist sexueller Natur) des Unbewußten habe und nichts weiter sei als die Summe aller Energien, die die lustbetonten Triebe speisen.

Nach dem hier vorgestellten Ansatz ist diese Energie nur Teil der kosmischen Energie, die wie das kosmische Bewußtsein aus sich selbst heraus existiert und sich selbst verursacht. Diese kann auch als »kosmische Libido« beschrieben werden. Sie ist die eigentliche Quelle individueller Energie oder individualisierter Libido.

Ein Teil dieser Energie löst sich vom Bewußtsein ab und verbindet sich mit Bedürfnissen, Wünschen und animalischen Reaktionen, die oft verdrängt und zum Unbewußten werden. Nachträglich sieht es dann so aus, als wären diese Wünsche und Es-Bedürfnisse im Unbewußten die Quelle der Energie.

Aber das ist nicht so. Die Bedürfnisse und Wünsche sind auflösbar. Sie können zerstört und überwunden werden. Energie als solche aber ist unzerstörbar und existiert ewig.

Das individuelle Bewußtsein und die Libido streben danach, zum kosmischen Bewußtsein beziehungsweise zur kosmischen Energie zurückzukehren. Bevor dieses Ziel jedoch erreicht werden kann, muß sich das individuelle Bewußtsein von allen Banden, das heißt vom gesamten *Antahkarna*, befreien, und die Energie muß von allen Bedürfnissen, Wünschen und animalischen Reaktionen abgelöst werden.

Freud sprach vom Todestrieb. Es gibt der Sache nach keinen Todestrieb. Es handelt sich bei dem, was Freud nur so nennt, tatsächlich um das ursprüngliche Bedürfnis des individuellen Bewußtseins, zu seiner Quelle zurückzukehren. Der Körper und der Organismus sind nur Fesseln für das Bewußtsein, das sie verlassen will. Da im allgemeinen Verständnis der Tod als die Zerstörung des körperlichen Teils des Menschen verstanden wird, kann dieses Bedürfnis sehr wohl als Todestrieb aufgefaßt werden.

Im Laufe des Lebens wird das Bewußtsein stärker durch das Ich als durch den Körper gebunden, woraus das Verlangen resultiert, das Ich aus dem Weg zu räumen. In diesem Stadium wendet sich der Todestrieb mehr gegen das Ich als gegen den Körper. Jedoch bedeutet die Zerstörung des Ichs für den einzelnen unweigerlich auch die Zerstörung seiner körperlichen Grundlage. In Wahrheit jedoch drücken beide Bedürfnisse lediglich ein Verlangen nach dem höchsten spirituellen Leben aus. Dieser Wunsch ist dann erfüllt, wenn *Dschiwa* sich von der ursprünglichen, aber falschen Vorstellung seiner Identität mit dem Körper abwenden kann und eines Tages in der Meditation erkennt, daß es weder Körper noch Psyche, sondern Bewußtsein ist. Der wirkliche Tod des Ichs erfolgt innerhalb des lebendigen menschlichen Körpers in einem Zustand erhöhten Bewußtseins aufgrund der Gnade Gottes oder des geistigen Lehrers, der *Dschiwa* wie ein eigenes Kind hält und das Ich bricht.

Freud ging von der Existenz bloß eines Lebens aus und vermutete alle Wurzeln unserer Wünsche und Verhaltensweisen in der frühen Kindheit, wo sie doch tatsächlich primär aus den Handlungen vergangener Leben resultieren.

Der exakte Grund für die Wiedergeburt liegt in der Bindung des individuellen Bewußtseins an die Bedürfnisse und die daraus folgenden Handlungen. Um zum kosmischen Bewußtsein zurückkehren zu können, muß es sich von diesen Bedürfnissen befreien und die Früchte seiner Handlungen ernten. Wenn dieser Prozeß in diesem Leben nicht beendet wird, erfolgt die nächste Geburt zwangsläufig. Der Körper des gegenwärtigen Lebens wird zum Zeitpunkt des Todes zerstört, aber das individuelle Bewußtsein, eingefangen von den Bedürfnissen und Handlungen, wandert von seiner Quelle fort, da es mit all diesen Bedürfnissen und Handlungen nicht zu ihr zurückkehren kann. Das gebundene individuelle Bewußtsein wird zum Keim eines neuen Lebens. Es tritt in einen menschlichen oder irgendeinen anderen Körper ein, um die Reise zur Vereinigung mit dem kosmischen Bewußtsein fortzusetzen, indem es sich von den Bedürfnissen und Handlungen befreit.

Die Wünsche und Handlungen, an die das Bewußtsein gebunden ist, können zu einem oder mehreren früheren Leben gehören. Aufgrund des Einflusses von Zeit und Raum und der Entwicklung eines neuen Ichs, das sich in der Auseinandersetzung mit der Welt in diesem Leben formt, werden die Bedürfnisse und Handlungen vergangener Leben verdrängt. Sie sollen hier das »kollektive Unbewußte vergangener Leben« genannt werden. Freud oder andere Psychoanalytiker haben keine Vorstellung davon. Es kann nicht über freie Assoziationen bewiesen, sondern nur mit Hilfe des dritten Auges wahrgenommen werden. Während des *Kundalini*-Prozesses kommt es automatisch an die Oberfläche und wird aufgelöst. Sowohl das Unbewußte dieses Lebens als auch das Unbewußte vergangener Leben spielen eine eigenständige Rolle bei der Entstehung nervöser Störungen.

Die Psychoanalyse und der hier vorgestellte Ansatz unterscheiden sich im Gebrauch des Begriffs »Ich«. Nach Freud und anderen gilt das Ich als der bewußte Teil der Psyche, der von dem Unbewußten abgesetzt wird. Ein so verstandenes Ich kann man als den Teil der Psyche betrachten, der mit einem Bewußtsein in Berührung steht, das von den sozial akzeptablen Vorstellungen einerseits und den Ich-Strebungen andererseits umgeben ist.

Freuds Begriff des Unbewußten umfaßt den Teil, in dem sich die sozial verpönten Bedürfnisse und Sehnsüchte sammeln und dem das Bewußtsein aus Furcht entflieht. Tatsächlich sind Ich und Bewußtsein zwei verschiedene Realitäten. Das Ich repräsentiert den Aspekt des individuellen Bewußtseins, der sich fälschlicherweise mit dem Körper identifiziert und der von der Ich-Strebung des Stolzes dominiert wird.

Das Ich ist das falsche, das unreine, dunkle Ich, von dem sich das Bewußtsein befreien muß, um zum wahren oder reinen Ich oder zum absoluten Bewußtsein zu finden. Nur dann realisiert es seine erleuchtete Natur, seine Grenzenlosigkeit, sein vollständiges Wissen, seine Formlosigkeit und umfassende Macht.

Im Bereich des *Antahkarna*, dem die Psyche und das Ich als nur zwei Aspekte angehören, gibt es Zonen wie das tertiäre Selbst, die dem Bewußtsein näherliegen, während andere immer weiter von ihm abrücken.

Die Distanz zwischen einer bestimmten Zone des Antahkarna und dem Bewußtsein steht in direktem Verhältnis zur Intensität der Angst, der Unsicherheit und den entsprechenden Schuldgefühlen.

Es lassen sich vier Zonen innerhalb von Psyche und Ich unterscheiden: Zonen, die kaum mit Ängsten und Schuldgefühlen verbunden sind, liegen dem Bewußtsein am nächsten (Freuds Ich). Zonen, die ein wenig Angst und Schuldgefühle hervorrufen, liegen weiter entfernt vom Bewußtsein und bilden das Vorbewußte in Freuds Konzept. Zonen, die weit vom Bewußtsein entfernt sind und zu großer Angst und dem Wunsch zu sterben führen, bilden das Unbewußte dieses Lebens. Schließlich gibt es Teile, die aufgrund der Einflüsse einer neuen Geburt und der Raum-Zeit-Dimension völlig vom Bewußtsein abgeschnitten sind. Sie stellen das kollektive Unbewußte vergangener Leben dar.

Das Bewußtsein muß sich von all diesen vier Zonen befreien, um sich selbst zu realisieren.

Logischerweise ist das größte unbewußte Ziel eines Individuums nicht Sicherheit oder sexuelle Lust, wie Freud dies so oft behauptet hat, sondern das Verlangen des individuellen Bewußtseins nach Vereinigung mit seiner kosmischen Quelle, nach unerschütterlicher Glückseligkeit. Lust ist ihr gemeinsamer Nenner. Die Vorstellung, mit Gott zu verschmelzen und große Macht zu erlangen, mag sich anfänglich aus einem Minderwertigkeitskomplex speisen und einen Wunsch nach sexueller Vereinigung ausdrücken, so wie Freud dies sah. Für bestimmte Fälle der Schizophrenie mag dies auch gelten. Doch letztlich ist die grundlegende Wirklichkeit, die Basis der Suche der Menschheit, der Wunsch nach Vereinigung von individuellem und kosmischem Bewußtsein.

7. Das Konzept der Reise rückwärts

Die völlige psychische und spirituelle Befreiung, die vollständige Heilung von nervösen Störungen ist möglich, wenn das Bewußtsein die Reise rückwärts durch die Psyche beendet. Das bedeutet, daß es vom tertiären zum sekundären und schließlich zum primären Selbst wandert. Es muß zunächst all die Zonen durchschreiten, die dem Bewußtsein nahe liegen, dann die weiter entfernt liegenden, dann jene, die das Unbewußte beherbergen, und schließlich jene, die völlig von ihm abgetrennt sind, das kollektive Unbewußte vergangener Leben. Dieser Prozeß der Visualisierung führt zu Grenzüberschreitungen, zur Freiheit und schließlich zur Verschmelzung des individuellen mit dem kosmischen Bewußtsein. In weltlicher Sprache ausgedrückt bedeutet diese Reise zurück zur Quelle, daß wir uns anschauen, wer wir heute sind und wer wir gestern und vorgestern waren, bis wir das Stadium des Fast-Nichts erreichen, in dem wir geboren wurden. Unsere Psyche entleert sich. Wir müssen all unsere gegenwärtigen Ich-Bestrebungen wahrnehmen, unsere Metamorphose, unsere Anschauungen und Überzeugungen, unsere Ängste, abgelehnt zu werden und zu sterben, unsere Schuldgefühle, unsere Verwirrungen. Wir müssen uns noch einmal der Umwelt unserer Kindheit stellen und uns der Verweigerungen, Ablehnungen und Bestrafungen erinnern, unsere Leidenschaften, unsere Gier, unsere Lust und Tausende von anderen Bedürfnissen erneut visualisieren und durchleben. Wir müssen unser Bedürfnis nach dem Kontakt und dem Leib eines anderen, seine Verweigerung, den Ärger, Schmerz und Stolz überwinden. Das ist die Reise rückwärts, und wenn wir sie vollendet haben, werden wir uns Gott zuwenden und in Glückseligkeit leben. Die gesamte Welt der Sinne wird aufgelöst, und ihre Tore schließen sich. Dann wird sich das eine Tor öffnen. Dies kommt der Wendung unseres Gesichtes zu Gott gleich. Dieser Zustand wird ein Zustand der Glückseligkeit sein. Wenn alle Kommunikation aufhört, beginnt die eine, die Kommunikation mit Gott.

Wir sind wie ein Teich, der auf dem Boden in seiner Mitte eine Wasserquelle verbirgt. Unglücklicherweise schließen wir diese Quelle aus Unwissenheit, wenn wir unser Antlitz in der Kindheit der Gesellschaft zuwenden. Von diesem Tag an füllen wir unseren Teich kontinuierlich mit Wasser von außen. Wir werden unfähig, es zu wechseln. Dies verursacht unser Unglück und Leiden. Wir müssen all dieses Wasser abfließen lassen, so daß der Teich rein und trocken wird. Nichts, was von außen hereinkam, bleibt in ihm. Nur dann können wir jene Wasserquelle finden, die in der Mitte des Grundes ruht. Diese Quelle wird uns für immer mit frischem Wasser versorgen. Aus ihr wird uns ewiges Glück, ewige Glückseligkeit zufließen.

Das ist das Konzept der Reise rückwärts durch die Psyche. Sie kann auch als ein Prozeß beschrieben werden, in dem die Schalen zerbrochen und die Hüllen der Unwissenheit abgestreift werden. Betrachten Sie Abbildung 8. Drei konzentrische Kreise verdecken die menschliche Wirklichkeit. Der äußere Kreis mit den schwarzen Punkten versinnbildlicht das tertiäre Selbst: Individualität, Unwissenheit und Entfremdung, die normale Position des sozialen Menschen. Der Mittelkreis mit den Kreuzen ist das sekundäre Selbst: die animalische Universalität eines Menschen, das instinktive Selbst. Es wird durch geringere Unwissenheit und weniger Entfremdung gekennzeichnet. Der innerste Kreis ist von Licht eingehüllt, das das Gesicht erleuchtet. Dies ist das primäre Selbst: die spirituelle Universalität des Menschen, das Stadium des Wissens, der Glückseligkeit, des Lichtes und des wahren Selbst.

Abbildung 8

Das Zerbrechen der Schalen der Unwissenheit auf der Reise rückwärts durch die Psyche bedeutet, daß wir uns von dem äußeren und mittleren Kreis befreien und den inneren realisieren. Dies ist das Ziel menschlichen Lebens.

II. Psychoanalyse, Meditation und das Konzept der psychoanalytischen Meditation

In diesem Kapitel sollen zunächst einzelne Hauptähnlichkeiten und Unterschiede zwischen der Psychoanalyse und der Meditation herausgearbeitet, im Anschluß daran das neue Konzept der psychoanalytischen Meditation vorgestellt und erläutert werden.

8. Psychoanalyse und Meditation

Im letzten Kapitel wurde beschrieben, wie die Psyche bestimmte Störungen hervorbringt, und ausgeführt, auf welchen Mechanismen nach SIGMUND FREUD und anderen Analytikern diese Störungen beruhen und wie sie auf der Basis der neuen psychoanalytisch-meditativen Theorie zu verstehen sind.

Beide Theorien verfügen über eigene Methoden und Techniken, um nervöse Störungen zu heilen. Diese Methoden tragen denselben Namen wie die Theorien: Psychoanalyse und Meditation.

Psychoanalyse heißt die Methode und Theorie, die vorwiegend von SIGMUND FREUD, CARL GUSTAV JUNG, ALFRED ADLER und zahlreichen Nachfolgern entwickelt wurde, um die Psyche des einzelnen zu verstehen und zu erforschen und damit Störungen zu heilen.

Oberflächlich gesehen ist die Technik einfach. Der Patient liegt ausgestreckt auf einer bequemen Couch, so daß er sich entspannen kann. Der Analytiker sitzt so hinter seinem Kopf, daß der Patient sein Gesicht nicht sehen kann. Er fordert ihn auf, über seine Probleme und über sich selbst leicht und voller Zuversicht zu berichten. Dabei sichert er ihm volle Freiheit zu. Doch hilft dies nicht viel.

Um die tieferen Ursachen jedes Geschehens und jeder Struktur in dem Patienten aufzuspüren, muß der Psychoanalytiker auf die Technik der freien Assoziation zurückgreifen. Er fordert den Patienten auf, ohne jede Hemmung über all das zu reden, was ihm zu Bewußtsein kommt oder was sein Bewußtsein stört. Die freie Rede sollte nicht durch Bewertungen von gut oder schlecht unterbrochen werden.

Diese Technik ist hilfreich, da die freien Assoziationen oft das Bewußtsein zu tief verdrängten vergangenen Situationen führen, die im gegenwärtigen Leben des Leidenden Störungen verursachen. Sie veranlaßt den einzelnen, die Erfahrungen, die mit jenen Situationen verbunden waren, wiederzuerleben. Dies hilft ihm, mehr Kontakt zu seinem sekundären Selbst zu finden und etwas mehr Herrschaft über die emotionale Energie jener Ebene zu erlangen, die über Verhaltensreaktionen psychische Störungen verursacht. Wenn der Patient einmal jene Situation und die dort entwickelten Verhaltensmuster klar visualisiert hat, kann er auch sein gegenwärtiges Verhalten, das solche Störungen hervorruft, ändern.

Während jene freien Assoziationen oft zu fruchtbaren Einsichten führen, haben diese doch auch Grenzen. Erstens gelangen die Assoziationen über einen bestimmten Punkt nicht hinaus. Zweitens sind sie in vielen Fällen nicht richtig frei. Oft werden sie vom Urteil des Patienten beherrscht, und so springt das Bewußtsein rasch von einer Situation zur anderen. Drittens sind sie, besonders im Falle paranoider Störungen, nach vorne statt rückwärts gerichtet. Sie dienen den Ich-Strebungen. Die Patienten schwelgen in Phantasien darüber, die Größten auf dem Erdball zu werden. Ich muß darauf hinweisen, daß nur rückwärts gerichtete und nicht nach vorne gerichtete freie Assoziationen helfen können, bestimmte Konflikte aufzudecken. Es gibt noch eine vierte Grenze: In vielen Fällen funktionieren die Assoziationen einfach nicht. Der Leidende berichtet nicht viel.

Ein anderes Moment der Psychoanalyse liegt darin, daß der Patient die Konflikte, die er in seiner Kindheit in seiner Familie erlebt hat, auf den Analytiker und seine Familie (die auch die anderen Patienten des Analytikers umfaßt) überträgt. Der Patient erlebt an ihm und seiner Familie all seine Liebe, seinen Haß und seine Angst wieder. Diese Übertragung gibt dem Analytiker Hinweise auf verschiedene Widerstände und Strukturen im Patienten und auf verschiedene Konflikte, durch die der Patient hindurchgeht. Dies verhilft dem Analytiker zu richtigen Interpretationen. Wenn die Übertragung aufgelöst ist, der Patient sich gut der Familie des Analytikers angepaßt hat und seine Beziehung zum Analytiker reibungslos verläuft, gilt er als geheilt. Dieser Aspekt ist sehr wesentlich. Jedoch muß hier festgestellt werden, daß diese Ablösung nur selten in vollem Maße gelingt. Sie erfaßt bloß Teile. So verwundert es nicht, daß die Psychoanalyse nervöse Störungen nur in Ausnahmefällen vollständig heilen kann.

Freud öffnete die Pforte zum sekundären Selbst und ermutigte uns, diese Pforte mit Hilfe der freien Assoziationen zu durchschreiten. Aber er ließ uns auf diesem Wegabschnitt zurück, ohne uns eine vollständige Sicht dieser Etappe zu ermöglichen. Manchmal sind wir dort ein wenig glücklicher, aber recht oft fühlen wir uns auch verwirrter. Eines ist jedoch sicher: Der Eintritt zum sekundären Selbst erhöht unser Verlangen nach dem letzten Ziel. Doch können wir es nicht erreichen, da es darüber keine klare Vorstellung in der Psychoanalyse gibt. Freud wußte nicht und konnte uns daher nicht zeigen, daß unter dem sekundären Selbst die Pforte zum primären liegt, nach dem allein wir streben.

Meditation ist eine Joga-Technik, die das in vollem Umfang leistet, worauf die Psychoanalyse zwar abzielt, aber nicht eigentlich zustande bringt.

Allein die Meditation befähigt uns, die Pforte zum primären Selbst durch vollständige Visualisierung und Überschreitung des sekundären Selbst zu öffnen.

Bei der psychoanalytischen Meditation sitzt der einzelne in entspannter Haltung auf einem Holzbänkchen oder auf zwei dicken Decken auf dem Boden. Er wird aufgefordert, sich bestimmte Dinge vorzustellen, zum Beispiel, daß er auf der Höhe der Erde sitzt und daß er zu niemandem gehört und daß nichts ihm gehört. Er wird auch aufgefordert, mit der Ein- und Ausatmung bestimmte Sätze oder eine Ansammlung von Lauten zu wiederholen, die in der indischen Philosophie als *Mantras* bezeichnet werden. Während er all dies tut, versucht er, sich auf die Nasenwurzel in der Mitte zwischen den Augenbrauen zu konzentrieren. Diese Praxis wiederholt er jeden Tag, vorzugsweise zweimal täglich, morgens und abends für jeweils eine halbe Stunde.

Der Kosten-Nutzen-Orientierung im Denken des modernen Menschen wird es sicher schwerfallen, in solch einer Handlung einen Sinn zu erkennen. Doch erst wenn ein Mensch sich weitergehend auf diese Erfahrung einläßt, kann er erkennen, was sie bedeutet. Sie wird sich ihm in systematischer Weise erschließen. Während der Meditation stellt man sich zum Beispiel vor, auf der Spitze der runden Erde zu sitzen. Warum? Jeder von uns bleibt der eigenen subjektiven Wirklichkeit des sinnlichen Bewußtseins verhaftet, die wir während unserer Kindheit verinnerlicht haben. Wir können die Leute um uns herum nicht objektiv in ihrer Beziehung zu ihren physischen und geistigen Handlungen sehen. Wir sehen sie durch die Brille unserer Meinungen, Vorurteile, Glaubenssätze, die wir in unserer Vergangenheit verinnerlicht haben. Nach ungefähr fünf oder sechs Jahren Meditation erreichen wir wirklich ein Stadium, in dem wir spüren, daß wir die Spitze der Erde erreicht haben.

Psychologisch gesprochen heißt das, daß wir zu einem beträchtlichen Ausmaß von unseren subjektiven Meinungen, Vorstellungen, Werturteilen und Strukturen, die wir während unserer Kindheit ausgebildet haben und die uns gefangen hielten, befreit sind. Jetzt können wir diese Welt und die Menschen, die auf ihr leben, in neuer Weise sehen – objektiv, ohne zwanghafte Gefühle, Kritiken und Meinungen. Jeder Mensch wird in einem rein menschlichen Sinne ganz gewöhnlich aussehen.

In der Tat sehen wir alle, vom Präsidenten bis zum Dichter, auf dieser Erde als ganz normale Menschen herumlaufen. Jeder, der uns mit seinen sozialen und ökonomischen Errungenschaften beeindrucken will, macht sich wie ein Narr aus. Er wirkt lächerlich. Zum ersten Mal bekommen wir eine wirkliche Ahnung von der Gleichheit der Menschen, die auf der Erde wandeln. Doch müssen diese Dinge erfahren werden. In der Meditation verstehen wir, oder genauer: wir realisieren. »Verstehen« ist für diese Erfahrung ein viel zu schwaches Wort.

Was geschieht während der Meditation? Anfangs fühlen Sie sich vielleicht etwas schwindelig und verwirrt. Sie können auch das Gefühl haben, als säßen oder schwebten Sie ein wenig über dem Boden. Mit ein wenig mehr Erfahrung können Sie ein Schauern im Rückgrat oder im Gehirn verspüren. Aber selten können Sie dieses Phänomen auf der Vernunftebene begreifen. Vielleicht beginnt nach zwei oder drei Jahren – bei mir waren es zweieinhalb Jahre – die wirkliche Erfahrung mit dem Auftauchen des Bewußtseins. Diese erste zentrale Erfahrung tritt nach zwei oder drei Jahren Meditation auf. Während Sie sich auf die Nasenwurzel in der Mitte zwischen den Augenbrauen konzentrieren, erleben Sie dort fast einen Nadelstich und sehen einen kleinen Punkt Licht. Dann brennt dieser Punkt wie eine kleine Flamme Wasserstoffgas an einer Düse. Ich nenne diese Erfahrung hier im Buch das »Jet-Erlebnis«.

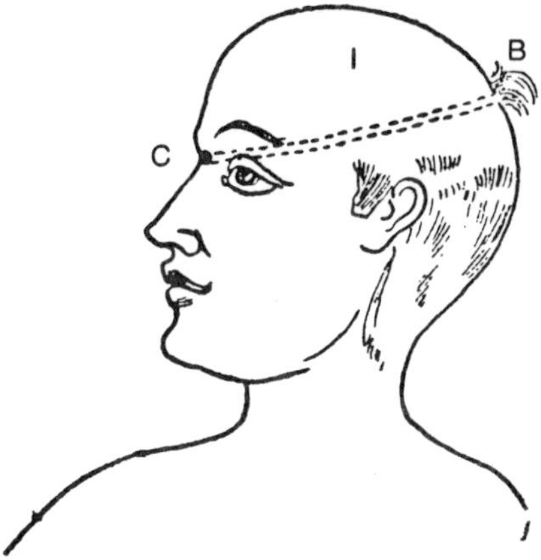

Abbildung 9

Sie vermittelt uns eine Ahnung vom Glück. Oh, das ist etwas, was wir vorher nie erlebt haben.

In Abbildung 9 stellt der Punkt C den Nadelstich dar, I die gesamten geistigen Strukturen des Menschen von seiner Geburt an, das gesamte Bewußtsein oder *Antahkarna.*

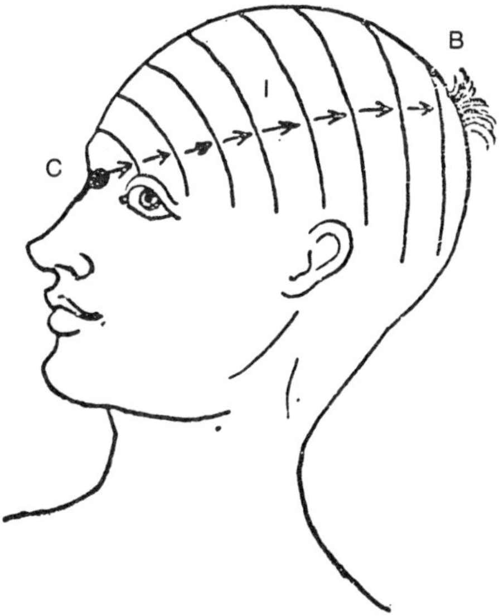

Abbildung 10

Bei regelmäßiger Meditation erweitert sich das Bewußtsein von Tag zu Tag. Die Erweiterung des Bewußtseins umfaßt als zwei klar unterscheidbare Momente die Erforschung der Vergangenheit und die Überschreitung und Zerstörung der gesamten Vergangenheit.

Wir visualisieren diese Vergangenheit, die Tag für Tag enthüllt wird. All das Material, das in I enthalten ist, wird langsam und stetig in Träumen, Phantasien, übertriebenen Reaktionen oder während der Meditation vor C aufgedeckt. In dem Maße, in dem das geschieht, verbreitert sich der Bereich des Bewußtseins. Im Zustand der Meditation erworbene Erfahrungen gleichen den Erkenntnissen, die Ergebnis einer analytischen Behandlung sind. Alle Umstände, die das Leben eines Menschen seit seiner Geburt geprägt haben, werden bewußt. Bedürfnisse, Ängste, Zweifel, Verhaltensmuster und Konflikte, sie alle werden vor dem Bewußtsein bloßgelegt und transzendiert, das heißt, in Richtung auf das *Brahma-Randhra* hin überschritten. Bei ihm, der Pforte zum kosmischen Bewußtsein (vgl. Punkt B in Abbildung 10), zu verweilen, ist das Ziel der Meditation.

Das dritte und endgültige Stadium ist erreicht, wenn C sich permanent bei B aufhält. Es ist dann möglich, sich über Stunden auf ein bestimmtes Objekt zu konzentrieren. Eines Tages entschwindet auch das Objekt, und eine Flut an Energie bewegt sich nach vorne. Hier herrschen absolute Freiheit und absolutes Glück. Dies ist das Ziel des Menschen, sein Verlangen und die Vollendung seiner Entwicklung. Erloschen ist das Bedürfnis nach einem Objekt. Der Mensch wird wahrhaftig zum primären Selbst.

Bei der Geburt des Kindes war die Mutter das erste Objekt, das sich zwischen das kosmische und das individuelle Bewußtsein schob.

Das Objekt verweigerte auch die Erfüllung von Bedürfnissen und verursachte so Schmerzen. So befinden sich die Erfahrungen von Verweigerung und Schmerz in der Nähe dieser Pforte. In der Tat: Das Objekt und die ersten Erfahrungen des Schmerzes schließen gemeinsam die Pforte zur spirituellen Energie. Die Erfahrungen der Bindung und des Schmerzes und Ärgers formen zwei Bahnen im Nervensystem. Sie erscheinen als zwei Nerven, die das *Brahma-Randhra* bedecken, und werden *Raga* und *Dwescha* genannt. Sie verschließen die Tür, so daß das individuelle nicht in das kosmische Bewußtsein eintauchen kann. Nicht das Bedürfnis nach einem Objekt oder Kontakt ist das letzte Bedürfnis des Menschen, sondern die Aufgabe des Schmerzes wie des Objektes, was die Pforte zur Glückseligkeit öffnet und ins kosmische Bewußtsein eintauchen läßt.

Aber bevor diese Situation eintreten kann, treten bestimmte Erfahrungen auf, die verstanden werden wollen:

Oft spüren wir eine große Ruhe und Leere in Rückgrat und Gehirn. Oft entschwinden alle äußeren Bilder und Gedanken.

Sowohl physisch wie geistig ergeben wir uns völlig. Das Bedürfnis zu revoltieren, zu reagieren, zu entgegnen und zu hassen entschwindet.

Gelegentlich finden mystische Kommunikationen mit dem Übernatürlichen statt. Wir realisieren, daß wir nichts anderes sind als ein Instrument Gottes, das seinen Willen erfüllt. Wir realisieren vollständig, daß wir nicht der Handelnde sind, sondern nur der Zeuge von Gottes Taten. Wir sind reine Seher.

Gelegentlich wird uns vollständige Selbstvergessenheit und Glückseligkeit zuteil.

Wenn wir endlich mit dem kosmischen Bewußtsein verschmelzen, erfahren wir vollständige Stille, Spannungsfreiheit und Glückseligkeit und vollkommene und reine Vernunft. Keine Erfahrung der Vergangenheit ist stark genug, das Bewußtsein zurückzuholen. Wir streben danach, selber zum kosmischen Bewußtsein zu werden, indem wir uns in ihm auflösen.

9. *Psychoanalytischer und meditativer Ansatz im Umgang mit nervösen Störungen*

Wie gehen die Psychoanalyse und die Meditation nervöse Störungen an? Was ist die Grundlage für solch einen Ansatz?

Die Psychoanalyse geht von der Überzeugung aus, daß alles, was ein Individuum heute macht, seine Wurzeln, Gründe und Strukturen in seiner Vergangenheit hat. Solange der Mensch diese Ursprünge seines damaligen Verhaltens nicht versteht, kann er nicht hoffen, sein gegenwärtiges Verhalten in irgendeinem bedeutenden Maße zu verändern.

Im allgemeinen wiederholt er sein Verhalten. Dieses Phänomen wird als Wiederholungszwang beschrieben. Das bedeutet, daß ein Mensch sich zwanghaft immer wieder ähnlich verhält, bis er die Wurzeln jener Muster in der Vergangenheit erkennt und sich von ihnen befreit. Diese Verhaltensmuster entstammen den Bedürfnissen und ihrer Ablehnung, den Wahrnehmungen und Überzeugungen, die von Ängsten, Unsicherheit und Schuldgefühlen hervorgerufen wurden. Daraus folgt, daß jedes Verhaltensmuster von dem Analytiker aufgegriffen werden muß.

Er akzeptiert die Handlungen des Patienten, ohne sie zu verurteilen. Der Patient spürt, daß er einem Menschen gegenübersteht, der seine Handlungen und Gedanken nicht verdammt, gleichgültig, um was es sich handelt.

Er spürt den Wurzeln der Handlungen des Patienten in seiner Vergangenheit mit Hilfe der Technik freier Assoziationen nach und versucht, sie dem Patienten bewußt zu machen, so daß er sich von ihnen befreien und sein Verhalten in einer sozial akzeptableren Weise verändern kann.

Es ist wesentlich, daß der Analytiker sich selber einer Analyse unterzogen hat.

Eine andere populäre Gedankenrichtung im Bereich der Psychoanalyse stammt von Vertretern des existentialistisch-psychotherapeutischen Ansatzes. In ihm wird der Hauptakzent darauf gelegt, daß alles, was die Person »hier und jetzt« tut, besondere Bedeutung hat.

Man ist der Meinung, daß die Störungen im Verhalten des Patienten der unmittelbare und spontane Ausdruck der gegenwärtigen äußeren Situation sind. Die Interpretation sollte daher auf dem praktischen Verständnis der Situationen fußen und nicht auf dem Verständnis der Vergangenheit. Diese Schule vertritt die Ansicht, daß solche Ausdrucksformen primärer Natur sind und nicht sekundär das Ergebnis eines Wiederholungszwanges. Hierin unterscheidet sie sich von Freuds Denken.

Der meditative Ansatz im Umgang mit nervösen Störungen beruht nicht darauf, bestimmte Symptome aufzugreifen oder zu entfernen, sondern auf dem Verständnis der gesamten Persönlichkeit und ihrer Heilung.

Dieser Ansatz basiert vielmehr auf dem Verständnis, daß das individuelle Bewußtsein zum Opfer zahlreicher animalischer Reaktionen, Bedürfnisse, Wünsche, Ängste, Zweifel, Überzeugungen, Muster, Strukturen und Triebe geworden ist. Sie verursachen viele Störungen im psychischen Energiehaushalt (der individualisierten Libido), was Schmerzen und Leiden hervorruft. Solange das individuelle Bewußtsein sich von diesen Kräften nicht befreit und die gesamte psychische Energie unter seine Herrschaft bringt, kann es keinen Frieden und kein Glück finden.

Zu diesem Zweck wird dem Patienten oft die Technik der Konzentration auf die Mitte zwischen den Augenbrauen beigebracht.* Das Geheimnis der Konzentration auf diesen Punkt liegt darin, daß er das sechste Zentrum des Bewußtseins und den Sitz des geistigen Lehrers oder des verkörperten Gottes repräsentiert, der nichts anderes ist als kosmisches Bewußtsein. Die Konzentration auf diesen Punkt bedeutet, daß das individuelle Bewußtsein in Kontakt mit seiner Quelle und seinem Ziel tritt. In diesem Prozeß versucht das individuelle Bewußtsein, sich aus den Fängen des sinnlichen Bewußtseins zu befreien. Dazu bemüht es sich, die individuelle Libido, die unter die Herrschaft widersprüchlicher Ideen, Wünsche und Strukturen geraten ist und von daher zur Ursache des Leidens wurde, wieder seiner Verfügungsgewalt zu unterstellen. Ohne Zweifel wird diese Konzentration oft dadurch gestört, daß das individuelle Bewußtsein von den verschiedenen Verlockungen und Kräften des sinnlichen Bewußtseins angezogen wird. Der meditative Ansatz im Umgang mit nervösen Störungen erkennt die Vergangenheit des Patienten an, nicht nur die Vergangenheit dieses, sondern auch die vergangener Leben. Er betont die Notwendigkeit, sich von vergangenen Bedürfnissen, Wünschen und Ängsten zu befreien.

* Dies gilt nicht für alle Meditationsschulen. In anderen Verfahren wird die Konzentration auf einen Punkt nahe des Herzens, genannt *Anahat*, gelenkt. Im *Kundalini*-Joga richtet sich die Konzentration auf die sechs Chakren im Rückgrat.

weil er diese Gefühle auf ihn überträgt, sondern weil der Analytiker tatsächlich so ist. Der Patient kann auch eine Kluft zwischen dem entdecken, was der Analytiker predigt, und dem, was er tut. Der Analytiker kann aufgrund seines geringeren Entwicklungsstandes unfähig sein zu lieben. Er mag vorgeben zu lieben, doch drücken seine Einstellungen Ablehnung aus. So vermittelt der Analytiker dem Patienten das Bild eines unsicheren, unehrlichen und scheinheiligen Menschen.

Aus diesen Gründen kann sich sehr rasch eine negative Übertragung aufbauen, und der Psychoanalytiker verliert den Glauben und das Vertrauen des Patienten in ihn als Person. Dazu kommt es in der Meditation nur selten.

Nicht nur die Übertragung ist in der Meditation weniger problematisch als in der Psychoanalyse, sondern auch die Gegenübertragung.

Der Psychoanalytiker ist eine weltliche Person, deren Ich eher erweitert als aufgelöst wird, wenn sie ihren Beruf ergreift. Er ist von Emotionen und psychischen Strukturen nicht frei. Er hat nicht den Zustand vollständiger Reaktionslosigkeit erreicht, obgleich er in der Lage sein kann, seine Handlungsweisen zu erklären. Natürlich überträgt auch er seine Vergangenheit auf den Patienten.

Der Patient erfaßt die Gegenübertragung sehr rasch, die letztlich zur größten Hürde in der Kommunikation zwischen ihm und dem Analytiker wird. Ihre negative Seite ist nach meinem Verständnis einer der Hauptgründe dafür, warum die meisten Patienten in der Obhut der Psychoanalytiker keine ausreichende Heilung erfahren, warum die Beziehung zwischen Patienten und Analytiker nicht reibungslos verläuft, viele Patienten den Analytiker gar angeekelt verlassen.

Diesen Prozeß kenne ich aus eigener Erfahrung, nach etlichen Monaten Psychoanalyse hatte ich den Eindruck, keine ausreichenden Fortschritte zu machen. Im Innersten war ich unzufrieden. Mich störte außerdem, daß ich meinem Analytiker eine gute Summe Geldes aus meinem kargen Einkommen bezahlte. Das Herz brannte mir deswegen. Der Analytiker fragte mich: »Welche Gefühle haben Sie mir gegenüber? Drücken Sie sich aus.«

Ich hörte diese Aufforderung von ihm verschiedene Male, wagte es aber nicht, ihm meine wahren Gefühle mitzuteilen. Dies entsprach der ursprünglichen Konditionierung in bezug auf meinen Vater. Eines Tages jedoch sagte ich zu ihm: »Sie sind unehrlich und ein Betrüger. Sie fordern so viel Geld von mir. Doch sehe ich keinen Fortschritt.« Mein Ausdruck war voller Bitterkeit. Vorher hatte ich ihm scheinheilig versichert, er sei eine sehr liebenswerte und gute Person. Er habe viel Verständnis. Bis dahin war seine Gegenübertragung positiv. Als er jedoch meine jetzige Meinung über sich hörte, explodierte er in einer Gefühlsaufwallung und konterte: »Sie sind ein Betrüger. Sie projizieren Ihren Schwindel auf mich.«

Seine Verteidigungshaltung war so durch und durch gefühlsbeladen, daß ich in meinem Innersten in diesem Augenblick überzeugt war, daß er selbst noch stark gespalten und analysebedürftig war.

Die Wahrnehmung dieser negativen Gegenübertragung beendete unsere emotionale Beziehung und Kommunikation. Ich besuchte ihn zwar weiterhin aus Angst und Abhängigkeit heraus. Doch zog ich aus der Beziehung keinen weiteren Nutzen mehr. Zum Glück hatte ich eine alternative Methode der Heilung entwickelt und war vollkommen überzeugt, daß ich bald aus meinen Problemen herauskommen und ihn verlassen würde.

Genau dies geschah.

Im Rahmen der Meditation tritt solch eine negative Gegenübertragung kaum auf, da ein wahrer geistiger Lehrer eine Stufe erreicht hat, auf der Haß- und Liebesbeziehungen mit Menschen der Vergangenheit aufgelöst und überwunden sind, so daß keine Energie für Übertragung oder Gegenübertragung übrigbleibt. Ein echter geistiger Lehrer hat sich in seinem Bewußtsein mit dem formlosen Gott verbunden oder er hat das *Turiya*-Stadium erreicht. Das *Turiya*-Stadium liegt jenseits des Wach-, Traum- oder Tiefschlafzustandes. Das Gespür für »Ich-mein-mich« fehlt hier. Das persönliche Ich verwandelt sich in das universale Ich und geht damit in die wahre allumfassende Einheit ein. In diesem Zustand des *Samadhi* ist die Dualität vollständig aufgehoben.

Der Meditierende spürt, daß die ständige Liebe des geistigen Lehrers stets für ihn da ist, selbst wenn er ihm gegenüber für einige Zeit gleichgültig scheint. Der geistige Lehrer gibt niemals vor zu lieben, und doch ist sich der Schüler seiner Liebe sicher. Dieses Wissen hilft ihm, die Meditation täglich fortzusetzen.

Ein echter geistiger Lehrer ist in seelischer und geistiger Hinsicht höher entwickelt als ein Psychoanalytiker. Daraus leiten sich alle Qualitätsunterschiede in der Übertragung ab.

Im Unterschied zum Psychoanalytiker versteht der geistige Lehrer nicht wirklich den Vorgang der Übertragung. Er kann sie aufgrund seiner Einstellung insgesamt verurteilen und dem Meditierenden empfehlen, sie zu vermeiden oder auszulöschen. Oder er weiß nicht, wie er sie analysieren soll, und gibt eine, psychoanalytisch gesehen, augenfällig falsche Interpretation. Von daher gehen oft großartige Gelegenheiten für richtige Anleitungen in der Meditation verloren.

11. Widerstände und ihre Auflösung

Im psychoanalytischen Verständnis bezeichnet der Widerstand die Abwehr des Patienten gegen die Bemühungen des Therapeuten, eine enge Beziehung aufzubauen und mit Hilfe der freien Assoziationen Verdrängtes aufzudecken. Der Patient widersetzt sich oft den Interpretationen des Analytikers.

Man kann dem Patienten nicht unterstellen, er tue dies absichtlich. Ein Mensch, der Heilung von seinem Leiden sucht, wird nichts ablehnen, was ihm Heilung verspricht. Warum also baut der Patient Widerstände auf?

Es sieht so aus, als habe der Patient eine innere Welt aufgebaut, die er vor sich selbst wie vor anderen geheimhalten will. Dazu motivieren ihn die folgenden Gründe:

Die verdrängte Situation erinnert den Patienten an ein verhaßtes wertloses und schmutziges Bild seines Selbst, mit dem er nichts zu tun haben möchte.

Die Erinnerung motiviert seinen Wunsch zu sterben und mobilisiert Impulse extremer Gewalttätigkeit. Außerdem wäre die Erinnerung an jene Situation mit vielen schrecklichen Ängsten verbunden.

Aus diesen Gründen will der Patient seine Situation selbst nicht wahrhaben, und dem Analytiker nicht erlauben, in diese Situation einzugreifen.

Deshalb aktiviert er seinen Widerstand. Der Patient sucht den Analytiker auf, damit dieser ihm hilft, seiner Störung, seiner inneren Spannung und seinem emotionalen Schmerz zu entfliehen. Der Schutz und die Unterstützung des Analytikers gewähren ihm große Erleichterung. Sie sind ihm sehr wichtig.

Die Bemühungen des Analytikers, ihn zu heilen, geleiten ihn zu einigen haßerfüllten und schmerzhaften Ereignissen zurück, die diese Störungen verursachten. Wenn die Anstrengungen des Analytikers Erfolg hätten, würden sie Unruhe im Patienten hervorrufen, die der Patient auf keinen Fall wahrhaben möchte.

Die Hölle verzehrt ihn. Der Patient weiß dies, da er sie mit eigenen Augen wenige Tage, bevor er zum Analytiker kam, gesehen hat. Er möchte ihr nicht wieder begegnen. *Widerstand stellt so einen Versuch dar, Sicherheit zu finden und den furchterregenden und verzehrenden Bildern der Psyche zu entfliehen. Er ist kein willentlicher Akt des Patienten, die Bemühungen des Analytikers zu Fall zu bringen, sondern eine zwanghafte Handlung des Ichs mit dem Ziel des Erwerbs von Sicherheit.*

Wird der Widerstand meist durch Angst, Beklemmung und Unsicherheit hervorgerufen, sollten zugleich mit ihm auch sie behandelt werden.

Ohne Zweifel geht die Psychoanalyse sehr effektiv mit Widerständen um. Paradoxerweise wird das psychoanalytische Wissen jedoch recht oft selbst zum Widerstand, der ein weiteres Öffnen verhindert.

Wenn die meisten Widerstände gebrochen sind und die Beziehung des Patienten zum Analytiker reibungslos verläuft und er sich ihm angepaßt hat, sagen wir, daß die Übertragung aufgelöst und der Patient reif genug ist, ein erwachsenes Leben zu führen.

Der Widerstand behindert als eine Blockade im Bewußtsein die Freiheit des Bewußtseins und den freien Fluß der Energie (vgl. Abbildung 11).

Das individuelle Bewußtsein ist wie ein Kind, das vom kosmischen oder höchsten Bewußtsein getrennt wurde. Es versucht voller Panik, den Kontakt mit ihm wiederherzustellen, mit ihm zu verschmelzen. Die Verkörperungen und Verinnerlichungen sozialer Werte und Reaktionen schaffen jedoch ein Ich (im Bild eine starke Ziegelwand), das diesen Kontakt nicht zuläßt. Das individuelle Bewußtsein stößt gegen die Wand, ohne eine Chance zu haben, in das kosmische Bewußtsein einzutauchen. In der Wand gibt es jedoch bestimmte Pfade.

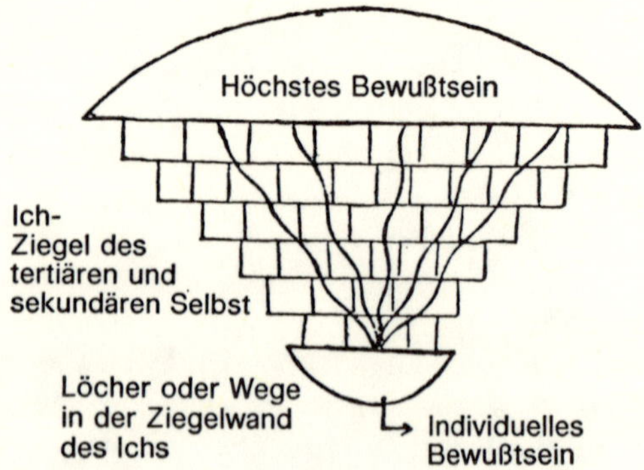

Abbildung 11

Im Traum oder in der Phantasie sucht es diese Pfade auf und bemüht sich um einen Kontakt mit seiner kosmischen Quelle. Doch oft kommt es nicht weit. Es wird durch den einen oder anderen Ziegel, der Teil des sekundären oder tertiären Selbst ist, gehemmt. Diese Blockade des Weges, erst zum sekundären Selbst, dann zum kosmischen Bewußtsein, ist der wirkliche Widerstand.

12. Einschätzung der Ergebnisse in der Psychoanalyse und Meditation

Auf welcher Grundlage kann beurteilt werden, in welchem Maße sich ein Mensch entwickelt hat oder geheilt worden ist?

Obgleich der Psychoanalytiker und der geistige Lehrer über bestimmte Methoden der Einschätzung verfügen, ist letztlich der Betroffene selber der beste Richter über seinen Fortschritt. Von daher wollen wir uns die Beurteilung der Ergebnisse aus der Sicht des Analytikers, des geistigen Lehrers und der Betroffenen selber ansehen.

Der Psychoanalytiker diagnostiziert bestimmte Fehlfunktionen in der Persönlichkeit eines Menschen und behandelt sie über längere Zeit, indem er dem Menschen hilft, sie aufzulösen. Die angestrebten Ergebnisse variieren von dem scheinbaren Verschwinden von Symptomen bis hin zu einer reibungslosen Beziehung zum Analytiker, die nach der vollständigen Auflösung der Übertragung erreicht werden soll.

Die Verbesserung der Beziehung zu dem Analytiker wird als klares Anzeichen für eine fortschreitende Reifung der Persönlichkeit gewertet. Der Analytiker ist zur Beurteilung der Ergebnisse auf die Aussagen des Patienten angewiesen. Auf der Basis von dessen Einschätzung wird die Analyse beendet.

Erfahrungen aber zeigen, daß kein Analysand glaubt, er habe sein Ziel erreicht oder sei vollständig geheilt. In Erwartung tieferer Einsichten forscht er tatsächlich immer weiter. Dies zeigt, daß die Psychoanalyse kein klares Ziel vor Augen hat.

Viele dieser Menschen berichteten auch, daß sie nach einigen Jahren den großen Wunsch verspürten, die Analyse zu beenden. Dieser Wunsch beruht auf Entwicklungen und Befreiungen von Abhängigkeiten, aber auch auf Faktoren wie Geld, Zeit und Langweile.

Die meisten dieser Menschen scheinen nicht viel Respekt den Fähigkeiten ihrer Analytiker gegenüber zu haben, obwohl sie Vertrauen in die Psychoanalyse entwickeln. Diesen Mangel an Vertrauen in die Fähigkeiten des Analytikers kann man als Ausdruck dessen deuten, daß die Patienten etwas Wertvolleres, möglicherweise ein endgültiges Ziel, anstreben.

Vom Beginn seiner Analyse an bildet sich der Patient eigene Urteile. Er leidet schrecklich und hat mit diesem Leiden, anders als der Analytiker, vierundzwanzig Stunden am Tag zu tun. Möchte er dieser Seelenqual entkommen, ist es einsichtig, daß er sich mit seinem Leiden beschäftigt und sich Gedanken über dessen Ursachen macht.

Bereits wenige psychoanalytische Sitzungen vermitteln ihm neues Wissen und eine neue Wachheit. Mit diesem Schwung wendet er sich verstärkt der eigenen Innenwelt zu und erlangt nicht selten aufgrund eigener Anstrengungen tiefere Kenntnisse über sich selbst. Von daher meint er, daß er seine Probleme besser kennt und sich alleine besser heilen kann, als der Analytiker dies vermöchte, und er beginnt an dessen Fähigkeiten zu zweifeln und ihn zu unterschätzen, nachdem er ihn während der ersten beiden Jahre für allwissend und für den wunderbaren Menschen gehalten hatte, der ihm inneren Frieden geben und ihn auf das Podest der Macht heben kann.

Das beständige Bemühen des Patienten um Selbstanalyse auf der Grundlage des psychoanalytischen Wissens veranlaßt ihn, bestimmte Verhaltensänderungen in sich selbst abzuschätzen. Mit großer Befriedigung verzeichnet er auch die Bemerkungen anderer über seinen Fortschritt. Seine Beurteilung gibt er an den Analytiker weiter.

Diese Einschätzung durch den Patienten ist soweit in Ordnung. Sie vermittelt ihm tiefe Einsichten in seine eigenen Strukturen, gibt ihm Orientierungshilfen für seine Handlungen und ein Gefühl des Selbstrespektes, das Gefühl, etwas wert zu sein. Dies bedeutet, daß er bestimmte Hauptsymptome erfolgreich überwunden hat und unabhängig leben kann.

Die Meditation verfährt anders als die Psychoanalyse, obgleich sie zu Beginn dieselben Gefühle der Erleichterung hervorbringt wie diese.

Die Rolle des geistigen Lehrers besteht darin, den Patienten in die Verfahren und die Praxis der Meditation einzuführen.* Zum Zeitpunkt der Initiation unterweist er ihn in die zentralen Regeln, die der Patient von da an im Auge behalten muß. Danach ist er im physischen Sinne nur passiv vorhanden. Der Schüler muß von sich aus regelmäßig meditieren.

Die Vorstellung einer aktiven Kooperation, wie sie in der Psychoanalyse angestrebt wird, fehlt in der Meditation. Wenn der Schüler auf bestimmte Barrieren stößt, kann er sie seinem geistigen Lehrer berichten. Sein Meister gibt ihm oft die »höchste« und »letztgültige« Erklärung für diese Hindernisse und ermutigt ihn, weiter zu meditieren. Diese höchste und letztgültige Erklärung geht oft über das Verständnis des Patienten hinaus und ist unwirksam, weil sie sich an das primäre Selbst wendet und das sekundäre Selbst verurteilt. Dies kann den Patienten noch mehr beunruhigen. Die Persönlichkeit des geistigen Lehrers jedoch tröstet ihn und ermutigt ihn, weiter zu meditieren.

Der geistige Lehrer kann im üblichen weltlichen Sinne »distanziert«, »passiv« oder »unbeteiligt« wirken. Doch sieht dies nur so aus. Auf einer anderen Ebene ist er aktiv an der Entwicklung seines Schülers beteiligt. Selbst aus der Distanz kann er mit seinem geistigen Auge die Hürden auf dem Entwicklungspfad seines Schülers sehen. Er gibt ihm Anweisungen über Träume oder durch andere Hilfsmittel. Diese Erfahrung teilen viele, die unter der Anleitung eines wahren geistigen Lehrers meditieren.

Es ist einsichtig, daß der geistige Lehrer die Ergebnisse im Hinblick auf das »letzte« Ziel bewertet. Es interessiert ihn weniger, wieviel des Wegs der Schüler bereits zurückgelegt hat, als vielmehr, wieviel er noch vor sich hat. Er entscheidet nicht darüber, wann der Schüler die Meditation beendet. Jenseits eines bestimmten Punktes hört die Meditation von selbst auf, und der Schüler weiß, wann dieser Punkt erreicht ist.

In der Meditation ist die wichtigste Person, die die Ergebnisse bewertet, der Meditierende selber. Die Menschen, die mit ihm zu tun haben, bestätigen nur seine eigene Einschätzung.

In der Meditation findet fortlaufend eine psychische Veränderung zum Positiven statt, da es sich um einen Prozeß der Befreiung des individuellen Bewußtseins von allen Bindungen des Ichs oder *Antahkarnas* handelt.

Meditation, besonders die Konzentration des Bewußtseins auf die Mitte zwischen den Augenbrauen, ist eine Reise des individuellen Bewußtseins

* Neben der Meditation übt sich der Schüler noch in anderen spirituellen Praktiken, wie *Dschapa* oder *Namasmarana*, der Wiederholung eines Gottesnamens wie beim Beten des Rosenkranzes.

auf seine Quelle, das kosmische Bewußtsein, zu. Dieses Ziel kann es nur erreichen, wenn es sich von allen Bindungen des Ichs befreit.

Der Meditierende weiß selber am besten, wie weit er sich entwickelt hat. Er kennt die Anzeichen, die Erfahrungen, den Fortschritt der Entwicklung. Sie können von Mensch zu Mensch entsprechend der Persönlichkeitsstrukturen und der Bewußtseinsentwicklung seit dem letzten Leben variieren.

In allen Philosophien des Joga und der Meditation werden dem individuellen Bewußtsein zwei Kräfte zugeschrieben, das Sehen und das Hören. Im Meditationsprozeß führt eine dieser beiden Kräfte die Entwicklung im Menschen an. Dem Sehen wird ein höherer Stellenwert beigeordnet als dem Hören, und das Hören muß vom Sehen auf fortgeschrittener Stufe abgelöst werden.

Eine größere Zeitspanne, für die sich das individuelle Bewußtsein in der Mitte zwischen den Augenbrauen aufhält, und ein leichter Zugang dazu sind sichere Anzeichen für größere Befreiung, Entspanntheit und eine höhere Stufe der Entwicklung. Dies gilt auch für das Auftauchen eines Zustandes der Reaktionslosigkeit. Man sieht mehr Dinge um sich herum, ohne zu reagieren, fühlt sich desinteressiert und weniger beteiligt, und erkennt die Nutzlosigkeit von Kritik, Urteilen, Meinungen. Diese Empfindungen weisen darauf hin, daß zahlreiche Konflikte sich aufgelöst haben.

Ein anderer Hinweis bezieht sich auf das allmähliche Auftauchen der Gefühle des Selbst. Dieser Prozeß verläuft langsam, aber stetig. Die Leere, die sich im Inneren ausgebreitet hat, verschwindet. Ein Gefühl der Fülle kommt auf, das Gefühl, daß man alles im Leben bekommen hat. Es fehlt einem nichts.

Nach und nach wandelt sich dieses Gefühl mit jedem Atemzug in »Ich bin alles«, in »ich bin, ich bin« um, und ein Zustand »kontinuierlicher Gegenwart« und »kontinuierlichen Raums«, ein Gefühl der »Zeit-« und »Raumlosigkeit« wird realisiert.

Anhand solcher Anzeichen bewertet der Schüler seine Ergebnisse. Andere bestätigen sie durch ihre Kommentare. Wenn Christus sagte: »An ihren Früchten werdet ihr sie erkennen«, sprach er diesen Zustand an, der in der Meditation auftaucht und den der Meditierende besser kennt als jeder andere.

13. Parallelen und Unterschiede zwischen Psychoanalyse und Meditation

Psychoanalyse und Meditation gleichen einander grundsätzlich, sofern beide den Bereich des Bewußtseins erweitern und immer mehr Kontrolle über das sekundäre Selbst gewinnen wollen, wenn in der Meditation dieses sekundäre Selbst auch am Schluß selbst überwunden wird.

Beide führen die Ursache allen menschlichen Leidens auf die Vergangenheit zurück und glauben, daß Leiden nicht wahrhaftig beseitigt werden könne, solange diese Vergangenheit nicht ans Licht des Bewußtseins gebracht worden sei. Obgleich ihr Ansatz unterschiedlich ist, leiten beide den Leidenden zur »Visualisierung« und zum »Wiedererleben« der Vergangenheit an. Die Meditation kann neben der Vergangenheit dieses Lebens auch die vergangener Leben auflösen.

Alle Unterschiede zwischen beiden sind wesentlich darauf zurückzuführen, daß die Meditation ein »letztes Ziel« anstrebt, während die Psychoanalyse solch eine Vorstellung nicht hat. Infolgedessen ist die Psychoanalyse in ihrer üblichen Form und Praxis im Vergleich zur Technik der Meditation ein unvollständiges Verfahren.

Die Psychoanalyse verbessert unsere Beziehungen in der sozialen und materiellen Welt, ohne daß wir das Interesse an vielen ihrer Aktivitäten verlieren. Statt dessen verhilft sie uns zur Selbstprüfung. Die Meditation dagegen verbessert anfänglich zwar unsere Beziehung zur Ich-Welt, löst sie dann aber nach und nach auf und zeigt uns deutlich die Sinnlosigkeit vieler Beziehungen und Aktivitäten. Die Psychoanalyse ermutigt uns, in dieser Welt mit größerem Elan aufzutreten, während die Meditation uns anleitet, nach innen zu schauen und die Nichtigkeit der Ich-Welt zu erkennen.

Ein wesentlicher Unterschied liegt in der Beziehung zum Kind. Nach psychoanalytischer Vorstellung muß das Kind frei erzogen werden. Es soll seine animalischen Triebe ausleben können: seine Eifersucht, seine Aggression, seine Sexualität, seine Tobsuchtsanfälle, seine Zeiglust. Dieser Gedanke hat eine Haltung ständig wachsenden Gewährenlassens in der ganzen Welt zur Folge.

Meiner Meinung nach trägt diese Art der Freiheit nur dazu bei, die Konflikte in der Gesellschaft zu verschärfen.

Die Meditation verfolgt dagegen ein anderes Ziel. Sie akzeptiert, daß all diese animalischen Bedürfnisse im einzelnen vorhanden sind, sieht darin jedoch nichts Schlechtes.

Zur Erlangung wirklichen Glücks aber gilt es, diese Strukturen und Wünsche anzunehmen und aufzulösen, so daß sie ihre Macht verlieren. Sie sollten nicht das Kind oder den Menschen beherrschen, sondern ihm unterstehen. Es geht nicht bloß um eine Kontrolle des Über-Ichs über die Triebe, die schwach und schädlich sind, sondern um deren vollständige Auflösung. Nur sie garantiert langfristiges Glück für den einzelnen wie für die Gesellschaft.

Die Psychoanalyse bietet Identifikationen an, während sie in der Meditation aufgelöst werden, da sie unsere Visionskraft verringern und unsere Wahrnehmung verzerren. Einst war das Kind Zeuge. Zu diesem Zustand müssen wir zurückkehren.

In der Meditation taucht das Bewußtsein, das nach und nach die Vergangenheit auflöst, zu einem genau auszumachenden Zeitpunkt auf; dies gibt es in der Psychoanalyse nicht. Das Bewußtsein erweitert sich auch hier, doch läuft der Prozeß verwirrter und weniger überzeugend als in der Meditation ab. Die Psychoanalyse vermittelt dem Leidenden niemals die Vorstellung, daß die gesamten Strukturen der Vergangenheit aufgelöst werden könnten.

Ein weiterer großer Unterschied bezieht sich auf die Gewohnheit des Leidenden, sich rasch mit Ideen und Menschen zu identifizieren. Dieser Vorgang ist in der Psychoanalyse unvermeidlich. Der Patient beginnt wie ein Psychoanalytiker zu reden und sein psychoanalytisches Wissen an andere weiterzugeben.

Der Prozeß der Introjektion und Projektion verläuft sehr rasch. Beide Teile der Persönlichkeit, der Empfänger und der Gebende, der Befragte und der Fragende, der Angeklagte und der Ankläger, werden niemals vollständig integriert. Der Mensch bleibt oft innerhalb dieses Rahmens extrem geschäftig. Auf andere mag es so wirken, als habe er seine Ruhe gefunden, doch ist er innerlich weder ruhig noch still.

Dies hat vorwiegend zwei Gründe. Erstens ist die Psychoanalyse niemals ein abgeschlossener Prozeß, zweitens wird in der Psychoanalyse die Vergangenheit oft nicht »sichtbar«. Reine Worte und Interpretationen kreisen durch das Denken des Analysanden und halten ihn in Atem. Sie werden oft als Abwehr gegen die Visualisierung und das Wiedererleben der Vergangenheit eingesetzt.

Auch die Meditation bietet zu Beginn rasche Indentifikationen an. Doch nach und nach werden sie fallengelassen. Der Meditierende erreicht einen Zustand, in dem der Dialog von innen vollständig aufgehört hat. Er wird ruhig, still und innerlich völlig zufrieden.

Normalität kann aus psychoanalytisch-meditativer Sicht so definiert werden: *Normalität ist nichts anderes als ein Zustand inneren Schweigens, begleitet von Ruhe und Zufriedenheit. Sie ist ein Zustand des reinen Selbst oder reinen Bewußtseins.*

Entsprechend kann das Ausmaß der Normalität am Grad des inneren Schweigens gemessen werden. Das Schweigen, das auf Angst und Verdrängung beruht, wird niemals von Spannungslosigkeit und Zufriedenheit begleitet.

Ein anderer Unterschied besteht darin, daß die Psychoanalyse in vielen Fällen lediglich zu einem rein intellektuellen Verstehen und emotionalen Akzeptieren bestimmter Phänomene führt, auch wenn sie zu einem bestimmten Maße psychische Muster auflöst. Doch akzeptiert der Patient die eigene Unterlegenheit oft emotional, ohne sie jemals zu überwinden und sich als voller Mensch zu begreifen.

In der Meditation ist die »Transzendenz«, die vollständige Auflösung psychischer Muster, ein »Muß«. Sie ist der »emotionalen Akzeptanz« in jeder Hinsicht weit überlegen.

Die folgende Tabelle enthält in Kürze die Hauptunterschiede zwischen Meditation und Psychoanalyse.

Tabelle 1
Hauptunterschiede zwischen Psychoanalyse und Meditation

	Meditation	*Psychoanalyse*
1.	Unlogisch und irrational zu Beginn, wird jedoch im Verlauf der Erfahrung zunehmend als logisch und rational empfunden. Der Anfang ist schwierig.	Ziemlich logisch und rational zu Beginn, auch wenn es anfängliche Zweifel gibt. Im Verlauf der Erfahrung verstärkt sich der Eindruck ihres rationalen und logischen Charakters noch. Der Anfang ist leicht.
2.	Zu Beginn dem seelisch Leidenden nicht sehr hilfreich, da eine emotionale Unterstützung fehlt.	Sehr hilfreich, da der Analytiker starke emotionale Unterstützung gewährt.
3.	Der Patient hängt von sich selber ab. Dies hilft ihm, Demütigungen zu ertragen.	Abhängigkeitsprozeß. Gelegentliche Demütigungen in Beziehung zum Analytiker und anderen.
4.	Bei fortgesetzter Praxis ist die vollständige Heilung unvermeidlich. Endresultat: Glückseligkeit und Ruhe.	Vollständige Heilung ist nicht möglich. Endresultat: befriedigendes Glück und Anpassung.
5.	Erweiterung des Bewußtseins zu einem vorbestimmten Zeitpunkt.	Keine Vorstellung vorherbestimmter Zeitpunkte. Bewußtsein erweitert sich jedoch.
6.	Meditation bewirkt die Auflösung aller psychischen Strukturen. Dies bedeutet wirkliche Befreiung von innen.	Sie führt nicht immer zur »Transzendenz«. Recht oft bleiben Dinge dem intellektuellen Verstehen vorbehalten. Einige werden auf der emotionalen Ebene akzeptiert.

	Meditation	*Psychoanalyse*
7.	Anfänglich finden Übertragung und Gegenübertragung statt. Auf einer bestimmten Stufe verschwinden beide völlig. Kein Wiederholungszwang.	Übertragung und Gegenübertragung werden nicht vollständig aufgelöst.
8.	Keine Ausbildung von neuen Reflexen und Konditionierungen. Prozeß vollkommener Dekonditionierung.	Häufig neue Konditionierungen und Ausbildung neuer Reflexe.
9.	Befreiung vom »kollektiven Unbewußten vergangener Leben«.	Teilweise Befreiung vom Unbewußten dieses Lebens.
10.	Endgültiges Ziel.	Keine Vorstellung davon.
11.	Glaube, daß es ein primäres Über-Ich; Gott, in uns gibt.	Keine Vorstellung davon, statt dessen klare Verleugnung Gottes.
12.	Klare Vorstellung von einer primären Schuld, die sich aus der Trennung des individuellen vom höchsten Bewußtsein ergibt.	Keine Vorstellung davon.
13.	Etliche geistige Strukturen werden vom Feuer des Joga verbrannt, während andere vor dem Bewußtsein ausgebreitet werden.	Strukturen werden nur vor dem Bewußtsein ausgebreitet.
14.	Keine neuen Identifikationen. Letztlich gibt es einen Zustand reiner Zeugenschaft und einen Zustand der Objektlosigkeit.	Recht oft werden neue Identifikationen ausgebildet. Es gibt immer ein Objekt und die Beziehung zu ihm.
15.	Zustand der Traumlosigkeit.	Völlige Freiheit von der Psyche ist unmöglich, Träume tauchen auf.
16.	Letztlich Realisierung eines Zustandes universaler Spiritualität.	Letztlich Realisierung eines Zustandes animalischer Universalität.

Der Unterschied zwischen Psychoanalyse und Meditation läßt sich in ihren Beziehungen zur seelischen Krankheit schön an folgendem Bild verdeutlichen:

Das primäre Selbst ist das eine, das tertiäre Selbst das andere Ufer des Meeres. Die Wasser voller heftiger Wellen zwischen beiden repräsentieren das sekundäre Selbst.

Der Mensch sitzt auf dem Ufer des tertiären Selbst. Ein Nervenzusammenbruch bedeutet, daß er von der Erde abrutscht und in die turbulenten Wasser des Ozeans, des sekundären Selbst, fällt. Er erleidet Ängste und Depressionen. Der Tod starrt ihm ins Gesicht.

Die Psychoanalyse gewöhnt den Menschen nach und nach an die Wasser des Ozeans, des sekundären Selbst. Der Mensch lebt dort zwar angepaßt, doch ist er sich seiner selbst nie völlig sicher, noch ist er vollständig geheilt.

Die Meditation befähigt den Menschen, über den Ozean zum anderen Ufer, das heißt zum primären Selbst, hinüberzuschwimmen und sich aller seelischen Sorgen für immer zu entledigen. Ohne Zweifel sind die letzten Etappen des Weges sehr gefährlich, doch in der Regel hilft der geistige Lehrer oder Gott. Oft kommt die Hilfe in der Form der Erweckung der *Kundalini.* Sie setzt den Anwärter in einem verwirrenden Prozeß letztlich am anderen Ufer, beim primären Selbst ab.

Ein Hauptunterschied liegt in der Rolle, die der Psychoanalytiker und der geistige Lehrer in dem Prozeß spielen. Der Psychoanalytiker, der keine Vorstellung von der letztlichen Wirklichkeit hat, versucht die Richtung des Energieflusses der Libido zu verändern, indem er ihn von bestimmten schmerzhaften Aspekten *Majas,* den flüchtigen, vergänglichen Aspekten des Lebens, die das Bewußtsein binden, abzieht und in andere Richtungen *Majas* umlenkt. Sie binden das individuelle Bewußtsein *(Dschiwa)* erneut, wenn auch in stabilerer Weise. Ein geistiger Lehrer hingegen richtet den Energiefluß auf sich (oder Gott) selbst, so daß alle Bindungen *Dschiwas* nach und nach aufgelöst werden und es das endgültige Ziel, das heißt Gott, in ewiger Befreiung erreicht. Das bedeutet immerwährenden Frieden und Stabilität.

14. Vorteile und Gefahren beider Ansätze

Jedes Verfahren hat Vorteile gegenüber dem anderen, doch bergen beide auch Gefahren. Auf einige habe ich in anderen Kapiteln hingewiesen. Hier will ich sie präziser auflisten.

Wenn ein Mensch sich in großer Seelennot befindet, braucht er jemanden, der ihn versteht und von ganzem Herzen mit ihm fühlt. Der Psychoanalytiker gewährt dem Leidenden eine starke emotionale Unterstützung. Die

Meditation ist dazu nicht in der Lage, da der geistige Lehrer diese Funktion nicht übernehmen kann.

Der Psychoanalytiker hilft dem Leidenden, indem er ihm zum Verständnis der Gründe seiner Not verhilft. Eine neue Lebensphilosophie tut sich vor ihm auf.

Der kontinuierliche Kontakt des Patienten mit dem Analytiker gibt ihm die Hoffnung auf »vollständige« Genesung, obgleich sie oft in dem langen Prozeß der Analyse in Frage gestellt wird.

Mit Hilfe der Interpretationen des Analytikers paßt sich der Leidende, oberflächlich gesehen, besser der Gesellschaft an.

Die erste Gefahr liegt in der starken Betonung der Sexualität. Sehr oft werden in der Analyse sexuelle Konflikte und der Umgang mit Sexualtrieben nicht nur besprochen, sondern eine bestimmte Sexualkultur propagiert und verinnerlicht.

Eine andere Gefahr liegt in der Persönlichkeitsstruktur des Analytikers. War er selber in seinem Leben paranoid und homosexuell, kann er diese Sichtweise dem Patienten aufdrängen. Der Analytiker ist nicht frei vom Zwang, einige seiner eigenen unbewußten Wirklichkeiten auf den Patienten zu projizieren. Dies kann die Entwicklung des Patienten stören. Der Patient kann aufgrund der Suggestionskraft anfangen, Dinge in sich selber zu sehen, die nicht da sind.

Es ist ferner möglich, daß der Patient zum Opfer neuer Ideen und Zwänge wird, während er sich auf der anderen Seite von bestimmten Ängsten und negativen Strukturen befreit. Die neuen Ideen und Zwänge können von der Wirklichkeit genauso weit entfernt sein wie die alten, und ein analysierter Mensch kann auf den normalen Bürger recht seltsam wirken.

Vielleicht entwickelt er auch neue Ansichten über sich selbst und die Beweggründe seiner Mitmenschen und läßt keine Gelegenheit aus, ihr Verhalten psychoanalytisch zu erklären, was ihn eher unbeliebt macht.

Eine weitere Gefahr liegt darin, daß er der Analyse nie wieder entkommen kann, wenn er sich ihr einmal ergeben hat. Er kann sich zwar vom Analytiker, nicht aber von der Analyse befreien. Nicht selten erhält das Nachforschen weiterer Ursachen von Problemen selber krankhaften Charakter.

Eine andere große Gefahr liegt in der Möglichkeit, daß der Patient alles »intellektuell« versteht, ohne den emotionalen Gehalt zu »realisieren«. In diesem Fall nimmt der Unwille des Patienten täglich zu, besonders wenn die Interpretationen vom Analytiker wiederholt werden.

Die Meditation hat gegenüber der Psychoanalyse zahlreiche Vorteile, wenn zu Beginn eine liebende Person dem Leidenden Schutz gewährt.

Im Unterschied zur Psychoanalyse kann die regelmäßig durchgeführte Meditation dem Bewußtsein die volle Befreiung von allen Bindungen des

Ichs gewähren. Fortschritte werden durch die tägliche Übung erzielt, und es ist nicht notwendig, bestimmte Interpretationen zu übernehmen, durch die der Analytiker den Behandlungsverlauf entscheidend beeinflußt.

Wenn das Bewußtsein zum Opfer neuer psychoanalytischer Ideen wird (und dies geschieht recht häufig), verhält sich das System ebenso tyrannisch wie jedes andere. Ein neues Über-Ich, das alle niederen Handlungen stützt, wird verinnerlicht. Solch ein Über-Ich begrenzt wie jedes andere die Freiheit des Bewußtseins. Die Meditation entfernt solche Blockaden.

Vermag die Analyse die zwanghafte Beschäftigung des Analysanden mit der Analyse nur selten zu überwinden, gelingt dies schließlich allein der Meditation.

Kann sich der Analytiker irren, da sein Wissen unvollkommen ist, und der Leidende bis zum Schluß verwirrt bleiben, kommt so etwas in der Meditation nicht vor. Nur das wird vor dem Bewußtsein ausgebreitet, was Eingang in das Nervensystem gefunden hat. Das Bewußtsein findet in der Meditation seinen eigenen Weg.

Schließlich sollte erwähnt werden, daß die Psychoanalyse teuer ist, während die Meditation nichts kostet. Man muß nicht die Zeit des Analytikers »kaufen«, sondern ist Herr über seine eigene.

Die Meditation ist vom Verstand her nicht zu erfassen, und in ihr auftretende Zustände entziehen sich der begrifflichen Bestimmung. Dies kann zu Empfindungen von Verwirrtheit, Unsicherheit oder zu großer Angst führen, im Extremfall, wenn aus dem Unbewußten aufbrechende Ereignisse nicht bewußt verarbeitet werden können, sogar zur Geisteskrankheit.

Bei einer unregelmäßigen Meditationspraxis besteht die Gefahr, auf halbem Wege stehenzubleiben, weder voran- noch aber auch zurückgehen zu können und von den beiden erwähnten Ufern des Ozeans keines mehr zu erreichen.

Nicht unerwähnt bleiben sollte, daß auch die Meditation Stolz und Wahnvorstellungen hervorrufen kann und manch einer sich schon weit vor dem Ziel für vollkommen und erleuchtet hielt.

Unvermeidbar ist eine Gefahr, die in der letzten Phase der Meditation auftritt, und zwar dann, wenn der Lehrer die erwähnten Nerven *Raga* und *Dwescha*, den somatischen Ausdruck der Bindungen und Bedürfnisse als auch der Gefühle des Hasses, der Aggression oder Eifersucht, das heißt die Grundlagen des Ichs, zerstört. In dieser gefährlichsten Etappe des ganzen spirituellen Weges hat der Schüler das Gefühl, zu sterben oder verrückt zu werden.

15. Das Konzept der psychoanalytischen Meditation

Im vorangegangenen Abschnitt haben wir gesehen, daß die Psychoanalyse und die Meditation bestimmte Vorteile und gewisse Gefahren in sich bergen. Es stellt sich die Frage, ob es eine Möglichkeit gibt, die Gefahren beider, wenn schon nicht aus dem Weg zu räumen, so doch gering zu halten, ihre Vorteile aber durch eine geschickte Kombination der Verfahren besonders zu nutzen.

Für Menschen, die bislang nicht unter nervösen Störungen gelitten haben, mag die reine Meditation ausreichen. Für alle anderen ist die psychoanalytische Therapie von großem Wert. Im letzten Fall wäre es sinnvoll, beide Ansätze miteinander zu verbinden. Aus dieser Überlegung heraus entstand die Theorie der psychoanalytischen Meditation.

Auf den ersten Blick mag es so scheinen, als betone dieses Konzept die Meditation und weise der Psychoanalyse nur einen zweiten Platz zu. Tatsächlich besteht hier eine gleichberechtigte Partnerschaft. Die Meditation nutzt psychoanalytisches Wissen, und die Psychoanalyse spielt sich im Rahmen der Meditation ab. Von daher könnte das Verfahren ebensogut als meditative Psychoanalyse bezeichnet werden.

Die Psychoanalyse zielt darauf ab, dem einzelnen zur psychischen Freiheit zu verhelfen. Das bedeutet, daß der Mensch ungehemmt die verschiedenen Gefühle, Impulse und Gedanken des sekundären Selbst erfahren können soll. Keine Instanz seiner Psyche sollte sein Bewußtsein daran hindern, frei umherzustreifen, keine verinnerlichten Werturteile seine Autonomie einschränken. Wenn seine Gedanken in den Gefilden der Eifersucht, Gier, Lust, Sexualität, Gewalt oder ähnlichem umherschweifen wollen, sollten sie dies ungehindert tun können. Die Psychoanalyse hilft dem Menschen, viele Widerstände abzubauen, die diese Selbstbestimmung einschränken.

Das Ziel der Meditation ist die Erlangung spiritueller Freiheit. In der klassischen Form wird der Mensch aufgefordert, sich bewußt und fast gewaltsam auf die Mitte zwischen den Augenbrauen zu konzentrieren. In diesem Sinne enthält die klassische Meditation eine Methode der Kontrolle. Ihr liegt der Glaube zugrunde, daß nach einigen Jahren Praxis die Psyche von selbst aufhört, sich mit solchen Gelüsten zu beschäftigen, und sich von ihnen ablöst.

Beide, Psychoanalyse und Meditation, sprechen also von Freiheit, verstehen sie aber verschieden.

Die Grundidee der psychoanalytischen Meditation als einer Kombination beider Verfahren würde hier das freie Umherschweifen der Psyche mit der meditativen Konzentration verbinden:

Versenken Sie sich in die Meditation und erlauben Sie Ihren Gedanken, sich so wie in der Psychoanalyse frei zu bewegen, um psychische Autonomie zu erlangen. Achten Sie darauf, daß Sie sich die Freiheit nehmen, sich Ihre Wünsche in der Phantasie zu erfüllen. Sehen Sie die Vergeblichkeit solcher Wünsche und die vergängliche und falsche Natur der Objekte, auf die sie sich richten. Lassen Sie das Verlangen bewußt fallen und reden Sie dann Ihrem Bewußtsein gut zu, zur Mitte zwischen den Augenbrauen zurückzukehren und sich zu konzentrieren.

Dies ist das zentrale Verfahren der psychoanalytischen Meditation. Wir erlauben dem Bewußtsein, sich mit Wünschen und Gedanken über Sexualität, Gewalt oder Eifersucht zu beschäftigen, wenn das Bedürfnis da ist. Wenn es in ausreichendem Maße diesem Verlangen gefolgt ist, denken wir über seine zerstörerische Natur nach und bringen das Bewußtsein zurück zur Mitte.

Wenn wir uns gegen solch einen Gedanken wehren, versucht *Dschiwa* nur mit noch mehr Nachdruck, dorthin zu gelangen, und wir leiden sehr in der Meditation.

Das Konzept der psychoanalytischen Meditation arbeitet mit den folgenden Schritten:

- Verstehen Sie sich so, wie Sie heute sind.
- Beginnen Sie mit Hilfe der Psychoanalyse und der Meditation die Reise in die Vergangenheit.
  Gestatten Sie Ihrem Bewußtsein, während der Meditation frei umherzuschweifen und beobachten Sie, wohin es wandert. Akzeptieren Sie ohne Schuldgefühle all seine Unternehmungen. Dann wenden Sie Ihr Unterscheidungsvermögen an. Sie sehen die Fruchtlosigkeit Ihres Bemühens und konzentrieren sich erneut.
- Lernen Sie die Methoden der Selbstanalyse. Anfangs mag es empfehlenswert sein, sich für einige Zeit der Obhut eines ausgebildeten Analytikers anzuvertrauen, bevor Sie mit der Analyse alleine fortfahren. Das Erlernen der richtigen Technik ist notwendig. Es ist nicht einfach, den Gedanken freien Lauf zu lassen.
- Sie sollten sich auch mit der Meditation vertraut machen. Regelmäßige Übung ist sehr wichtig.
- Sie sollten die Meditationen nutzen, um die Psyche nicht nur in Begriffen der meditativen, sondern auch der psychoanalytischen Sprache zu verstehen. Das bedeutet, daß Sie die Fahrt zum Himmel durch die Hölle mit weit geöffneten Augen durchführen und alles verstehen, was sich im sekundären Selbst (der Hölle) abspielt.

Die reine Meditation redet vom Himmel. Sie ist sich der Hölle bewußt. Doch hat sie keine angemessenen Techniken entwickelt, um die Hölle in rationaler Weise zu erforschen. Andererseits liegt die Stärke der Psychoanalyse gerade darin, mit der Hölle bewußt umzugehen, indem sie das Unbewußte mit Hilfe von rationalen Techniken erkundet.

Psychoanalytische Meditation macht sich beide Methoden als sich ergänzende Verfahren zunutze.

Wer nach dem Glück sucht oder unter einer nervösen Störung leidet, sollte mit beiden Techniken zugleich beginnen und sie gründlich erlernen, regelmäßig die Technik der Meditation, so wie sie in Kapitel II im zweiten Teil dieses Buches vorgestellt wird, praktizieren und einen ausgebildeten Psychoanalytiker aufsuchen.

Man kann sich auch mit der Selbstanalyse vertraut machen. Dieses Kapitel wird Ihnen gute Dienste leisten. Weitere Bücher, die Ihnen hilfreich sein könnten, habe ich in der Fußnote aufgelistet.*

Doch sind diese Hilfsmittel kein Ersatz für die Psychoanalyse unter der Anleitung eines ausgebildeten Analytikers. Selbst wenn Sie nur einen Termin in der Woche bekommen können, lohnt sich der Versuch.

Im Anfangsstadium wird Ihnen die Psychoanalyse als nützlicher und wohltuender erscheinen als die Meditation. Nach und nach bahnt sie den Weg zur Vernunft. Die Psychoanalyse hilft, sich so zu sehen, wie Sie sich noch nie wahrgenommen haben. Schon bald mögen Sie feststellen, daß die meisten Dinge, unter denen Sie leiden, in Ihrer eigenen Psyche liegen und nicht in der äußeren Welt.

Langsam und kontinuierlich wird sich Ihnen die Bedeutung der freien Assoziationen erschließen. Sie lernen, den Sinn von Mustern, Widerständen und Verdrängungen zu verstehen.

Möglicherweise werden Sie auch mit Ängsten in sich konfrontiert.

Die Psychoanalyse kann auch helfen, den Wert der Träume zu erkennen und sie zu deuten. Sie lernen, Ihr Verhalten zu beobachten und zu verstehen, und erfahren die Nützlichkeit der Interpretation.

In dieser Phase wird Ihnen die Meditation nicht viel helfen. Doch werden bestimmte Erfahrungen während der Meditation Sie davon überzeugen, daß sich Dinge in Ihnen vollziehen, die Sie nicht mit Ihrem Verstand durchdringen können. Sie vertrauen einfach darauf, daß Sie auch auf diesem Wege langsam Ihrer Heilung zuschreiten. Im Laufe der Zeit sollte sich das psychoanalytische Verständnis innerer Prozesse in der Meditation niederschlagen. Wie bereits gesagt, ist die Konzentration auf die Mitte zwischen den Augenbrauen oft sehr schwierig. Hier können Sie das psychoanalytische Verständnis dazu nutzen, Ihr Geschick in der Beobachtung innerer Prozesse zu vergrößern.

Das Verfahren ist einfach. Wenn während der Meditation die Gedanken immer wieder abschweifen, wenden Sie Ihr psychoanalytisches Wissen an,

* Horney, Karen: *Selbstanalyse.* München 1974.
Coudret, Jo: *Advice from a Failure.* New York 1968.
Freud, Sigmund: *Abriß der Psychoanalyse. Das Unbehagen in der Kultur.* 38. Aufl., Frankfurt 1988.
Freud, Sigmund: *Die Traumdeutung. Über den Traum.* Frankfurt 1948, Bd. 2/3.

beobachten die Aktivitäten des Bewußtseins und wiederholen Sie innerlich die Ereignisse der vorangegangenen Sitzung mit dem Analytiker. Dabei kann sich Ihnen beispielsweise plötzlich der Sinn einer Deutung des Analytikers erschließen, die Sie auf der Couch nicht erfassen konnten.

Zahlreiche vergleichbare Situationen tauchen vor Ihrem inneren Auge auf. Es ist, als wollten Sie sagen: »Jetzt sehe ich es« oder »So ist es«.

Zu anderer Zeit kann Sie plötzlich in einer bestimmten Situation eine Angst überfallen, auf die Sie der Analytiker immer wieder hingewiesen hat und die Sie bislang nur intellektuell verstehen, aber nicht emotional nachvollziehen konnten. Blitzartig tritt sie auf. Wenn Sie sie ganz real erfahren, kann es sich anfühlen, als sei ein Damm gebrochen, und Sie fühlen sich sehr erleichtert. Diese Vorgänge können Sie nur über eigene Erfahrungen verstehen. Worte können sie nicht ersetzen. Sie werden gleichzeitig merken, daß in Ihrem Gehirn sich Hunderte solcher Dämme auftürmen, die niedergerissen und dem Erdboden gleichgemacht zu werden verdienen. Diese Einblicke stärken Ihren Glauben an den Prozeß.

Es sollte so lange praktiziert werden, bis Sie in der Meditation zum »Jet-Erlebnis« vordringen. Je nach Intensität Ihrer Anstrengungen in der Meditation wird dieser Prozeß etwa zwei bis drei Jahre dauern.

Die zweite Stufe der psychoanalytischen Meditation beginnt mit dem Tag des Jet-Erlebnisses. Der Meditierende erlebt während der Meditation das plötzliche Auftauchen eines Lichtpunktes in der Mitte zwischen den Augenbrauen. Es sieht so aus, als brenne eine kleine Flamme an einer Düse, aus der Gas strömt. Dieses Erlebnis hat große Bedeutung. Vielleicht ist es nicht so, daß jeder diesen Ausbruch so erlebt, doch glaube ich aus meiner persönlichen Erfahrung heraus, daß besonders Menschen mit emotionalen Zusammenbrüchen zu diesem Erlebnis tendieren.

Diese Erfahrung trennt das Bewußtsein vom Ich. Danach läuft das Bewußtsein auf das siebte *Schakra* zu, das auf der Kopfkrone liegt und von vielen Nervensträngen überlagert ist, das *Brahma-Randhra.* Auf dem Weg dahin werden alle Strukturen des Ichs dem inneren Auge vorgestellt und überwunden.

Nach diesem Jet-Erlebnis befindet sich der Mensch auf einer Schnellstraße zur vollständigen Heilung und in einem Zustand angstfreien Glücks. Er hat den Weg zum wahren Ziel seines Lebens, der spirituellen Befreiung, gefunden.

Das Jet-Erlebnis markiert einen Wendepunkt, an dem der Analytiker zwei Möglichkeiten hat:

Er kann den therapeutischen Prozeß beschleunigen oder seinen Klienten auf die Selbstanalyse vorbereiten, um sich selbst dadurch überflüssig zu machen.

Wie können diese beiden Vorhaben verwirklicht werden?

Im dritten Teil des Buches habe ich eine Formel zusammengestellt, die anhand zahlreicher Beispiele aus dem täglichen Leben deutlich macht, wie diese beiden Zielsetzungen erreicht werden können. Dieser Formel liegen folgende zentrale Gesichtspunkte zugrunde:

In der Psyche eines Menschen wirkt ein Wiederholungszwang, der uns dazu veranlaßt, heute Dinge in genau derselben Weise zu tun, wie wir es früher in ähnlichen Situationen taten. Das Jet-Erlebnis ermöglicht uns in neuartiger Weise, vergangene Situationen genau so zu sehen, wie sie sich zugetragen haben.

Das Jet-Erlebnis trennt das Bewußtsein vom Ich. Damit hat das Bewußtsein die Fähigkeit zu einer feinen durchdringenden Sicht erworben, die in der hinduistischen Philosophie als *Sookscham Drischti* bezeichnet wird. Das Bewußtsein eignet sich an diesem Punkt die Seher-Kraft der Seele an. Es trägt uns in eine vergangene Situation zurück, die wir genau so sehen können, wie sie sich ereignet hat. An dieser Stelle erkennen wir die Unzulänglichkeit und Unterlegenheit der freien Assoziation als Mittel, die Vergangenheit zu verstehen.

Um die Vergangenheit vor Ihrem inneren Auge aufleben zu lassen und sie dann zu überschreiten, folgen Sie hauptsächlich drei Schritten:

Betrachten Sie im ersten Schritt die Situation »hier und jetzt« und all die Einzelheiten Ihres Verhaltens. Versuchen Sie sich in einem zweiten Schritt darüber klarzuwerden, daß Ihre Handlung lediglich einem Wiederholungszwang folgt. Solange das Handlungsmuster nicht an seiner Wurzel, und das heißt in der Vergangenheit, gefaßt wird, können Sie sich heute nicht anders als damals verhalten. Konzentrieren Sie sich im dritten Schritt auf die Mitte zwischen den Augenbrauen und betrachten Sie die Situation mit Hilfe Ihrer durchdringenden Sicht, dem *Sookscham Drischti.*

Nutzen Sie als Techniken das freie Reden oder das Schreiben in der Gegenwartsform.

Die zweite Stufe der Analyse führt also zu zweierlei: Erstens versetzt sie einen Menschen auf den Weg der vollständigen Heilung, indem zahlreiche Ich-Strukturen und Ängste vor dem Bewußtsein ausgebreitet werden. Zweitens erzeugt sie den Wunsch, sich vom Analytiker zu befreien. Der Klient kann die Technik, parallele Situationen der Kindheit vor dem eigenen inneren Auge aufleben zu lassen, so klar erfassen, daß er begeistert sein wird. Und dies ist in hohem Maße wünschenswert. Er kann seine Zeit nutzen, um die zahlreichen Ereignisse, die ihm tagaus, tagein widerfahren, mit Hilfe dieser Technik korrekt zu analysieren. Aufgrund seiner eigenen Anstrengungen kann er zahlreiche Muster und Ängste in sich selbst erkennen. Schon bald wird er dem Analytiker danken und sich von ihm verabschieden.

Nun setzt er den Weg alleine fort und erlebt das Zusammenspiel von Meditation und Psychoanalyse. Jeden Tag erlebt er Fortschritte. Jede Woche offenbaren sich ihm neue, erstaunliche Geschehnisse. Im Verlaufe dieses Prozesses wird er vier weitere Dinge erkennen:

Gelegentlich kann er mit einer extrem beunruhigenden Situation konfrontiert werden und sich außerstande fühlen, sie sofort zu verstehen. Solche Situationen können sich so lange ereignen, bis er seinen Wunsch zu sterben erkannt hat. Danach werden solche stark beunruhigenden Situationen sehr unwahrscheinlich.

Wie können Sie solch eine Situation angehen? Warten Sie ein wenig, aber nicht länger als einen Tag. Automatisch wird sich Ihrem inneren Auge die Situation und ihre Bedeutung eröffnen. *Eine extreme Unruhe während der zweiten Phase der psychoanalytischen Meditation deutet an, daß tief verdrängtes Material bald an die Oberfläche kommen wird.*

Im Laufe des Prozesses werden Sie erfahren, daß solche Situationen häufig vorkommen. Sobald ein Ereignis Sie beunruhigt, sagen Sie sich selbst: »Solche Situationen sind mir schon früher begegnet, und innerhalb kurzer Zeit klären sie sich. Auch diese Situation wird sich bald auflösen. Dessen bin ich mir bewußt.«

Aus meiner eigenen Erfahrung weiß ich, daß gelegentlich solche Situationen so bedrohlich wirken, daß die Selbstsuggestion und die Erinnerung an ähnliche vergangene Situationen nicht viel helfen. Doch kenne ich zur Zeit keine andere Lösung.

Wenn solch eine beunruhigende Situation auftaucht und Sie sie klar verstehen, erleben Sie ein Gefühl der Erleichterung und des Glücks. Die Visualisierung verändert in dem Moment Ihr Verhalten. Sie können so erleichtert sein, daß Sie meinen, Sie hätten die Antwort zu all Ihren Problemen gefunden und müssen jetzt diese Antwort für immer festhalten. So versuchen Sie, sich dieses Verständnis immer wieder zu vergegenwärtigen und danach zu leben, doch ist dies ein fruchtloses Unterfangen. Ihre Einsichten deuten nur Stufen der Entwicklung an. Fahren Sie mit der Meditation fort. Zahlreiche und deutliche Visualisierungen tauchen jeden Tag auf. Seien Sie sicher, daß Ihre Erkenntnisse und die Wahrheit einzelner Erlebnisse ins Gesamtsystem einfließen, auch wenn Sie darüber nicht mehr voll bewußt verfügen können. Sie werden erkennen, daß solche Wahrheiten aufblinken und wieder wegsinken auf der großen Reise zum letzten Ziel.

Nach einer Anzahl solcher Erfahrungen werden Sie erleben, daß Sie sich weigern, weiterhin mit Hilfe des freien Schreibens Selbstanalyse zu betreiben. Sie sind so überzeugt von Ihrer Haltung, daß diese Übung Ihnen nutzlos erscheint.

Dies ist jedoch nicht der Fall, und Sie sollten sich solch einem Gefühl nicht überlassen. Um das Tempo der Analyse zu erhöhen und weiter voranzuschreiten, ist das Schreiben notwendig. Probieren Sie gelegentlich selber aus, wie wichtig die Übung für Sie ist. Schreiben Sie in Ihr Notizbuch: »Das Schreiben ist ein Muß.« Aber täuschen Sie sich nicht. Der Widerstand wird Sie weiterhin heimsuchen, und Sie müssen ihm fest entschlossen entgegentreten.

Selbst nach großen Entwicklungsschritten tauchen gelegentliche Zweifel auf, und Sie sagen sich: »Ich bin immer noch nicht vollständig geheilt.« Dieser Gedanke ist sehr mächtig. Die Erfahrung ist der beste Ratgeber für solche Skepsis. Vergleichen Sie Ihren gegenwärtigen Zustand mit Ihrer Vergangenheit und schauen Sie, wie sehr sich Ihr Leben verbessert hat. Und machen Sie sich klar, daß Sie nicht kurz vor dem Ziel aufgeben können, wenn schon das Jet-Erlebnis während der Meditation stattgefunden hat.

Nachdem Sie diesem zweifachen Prozeß der Meditation und der Psychoanalyse drei Jahre lang gefolgt sind, treten Sie in die dritte Phase ein. Anders als bei den ersten beiden Stadien trennt kein klares Ereignis diese beiden Stufen voneinander. Die individuellen Erfahrungen sind unterschiedlich, doch sind die folgenden Geschehnisse vielleicht Anzeichen für den Eintritt in die dritte Phase.

Zwei Monate lang brechen Sie während der Meditation in Tränen aus. Momente ungeheurer Verwirrung tauchen auf. Dies bedeutet, daß der tiefstliegende Schmerz freigesetzt wird und ein großer Teil des Stolzes zusammenbricht. Solchen Erlebnissen folgt ein Zustand der Ruhe, der Ergebung und der Reaktionslosigkeit. Der Wunsch zu hassen, zu schlagen und zu verletzen wird vor dem inneren Auge völlig freigelegt und zum größten Teil aufgegeben.

Das zweite Anzeichen für dieses Stadium betrifft den Weg des Bewußtseins. Während es sich in der zweiten Phase von C nach B bewegte (siehe Abbildung 10), hält es sich nun für längere Zeitspannen in der Mitte zwischen den Augenbrauen (Punkt C) auf (Abbildung 12). Während im zweiten Stadium eine enge Beziehung zwischen den drei Punkten C, M und B herrschte, wird diese Beziehung jetzt, im dritten Stadium, oft gestört und durch eine enge Beziehung zwischen C und M ersetzt (vergleiche Abbildung 13).

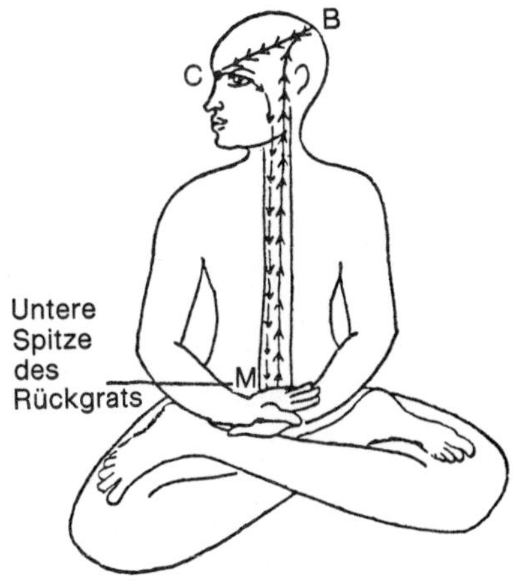

Abbildung 12

Der Atem läuft zwischen C und M hin und her. Dies erfahren Sie als einen Zustand der Stille und Leere, der über längere Zeit anhält.

Wenn das Bewußtsein sich im Rhythmus der Atmung

vorwiegend zwischen C und M (hinunterfließender Atem) und M und C (hochfließender Atem) bewegt, haben Sie eine höhere Ebene der Analyse erreicht. Sie werden ohne Schwierigkeiten feststellen, daß das Bewußtsein sich für Momente völlig vom Ich löst (wie in Abbildung 13 dargestellt), keine Gedanken, Bilder oder Konflikte stören es. Reiz und Antwort, Teil I, ist von ihm abgetrennt. Sie tauchen in einen Zustand der Stille, Leere und Zufriedenheit ein. In diesem Zustand erkennen Sie: »Ich gehöre zu niemandem, und niemand gehört zu mir.« Hier erkennen Sie: »So bin ich. Ich bin das Selbst.« Sie werden jedoch auch feststellen, daß dieser Zustand nur für einen Augenblick anhält. Dann eilt das Bewußtsein zu I zurück.

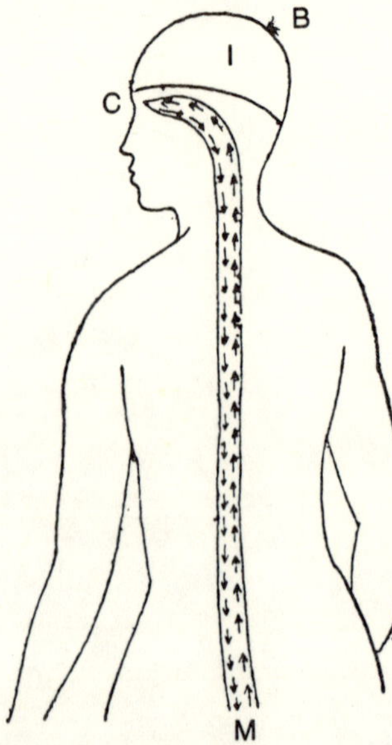

Abbildung 13

Werden Sie sich in diesem Moment zutiefst dieses Vorgangs bewußt und bemerken Sie die Verknüpfungen und Haltungen, die Ihr Bewußtsein mit dem Ich eingeht. Dieser Schritt ist sehr wichtig, da diese Idee Sie zur letztgültigen Psychoanalyse und zur vollen Wahrheit führt. An diesem Punkt verstehen Sie die wirkliche Bedeutung des »Selbst« im Unterschied zum »Ich«. An diesem Punkt erkennen Sie auch die große Begrenzung der Freudschen Analyse.

Betrachten Sie Abbildung 14. Der Atem bewegt sich zwischen C und M hin und her. Das Ich ist abgetrennt. Gelegentlich läuft das Bewußtsein zu I hinüber und verknüpft sich mit zwei Arten von Bildern: mit dem aktiven oder passiven Bild des Menschen. Beispielsweise kann es sich mit der Vaterfigur oder Verfolger identifizieren oder mit dem Verfolgten oder Kind.

Anders ausgedrückt: Es verbindet sich entweder mit der Reizfigur oder dem Antwortenden. Konkret kann es Täter oder Opfer sein, Mörder oder Ermordeter, An-

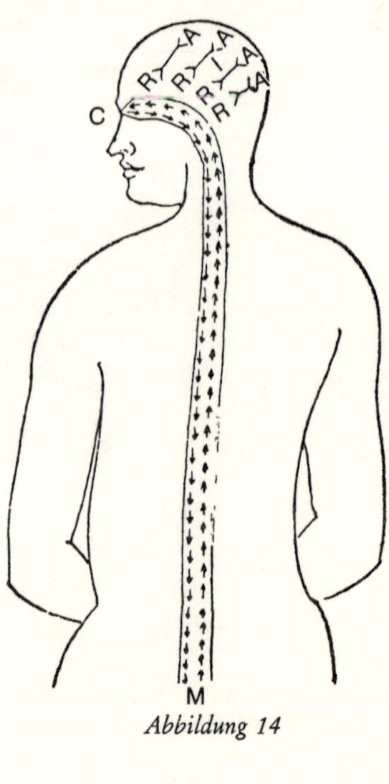

Abbildung 14

kläger oder Angeklagter, Geber oder Empfänger, Mächtiger oder Schwacher. Symbolisch sind diese Möglichkeiten durch R (Reiz) und A (Antwort) im Teil I der Abbildung ausgedrückt. I setzt sich aus zahlreichen Reiz-Antwort-Situationen zusammen.

In diesem Stadium der Psychoanalyse und Meditation sollten Sie vorwiegend beobachten und klar erkennen, daß beide Verknüpfungen in gewissem Sinne unwahr, nicht Ausdruck der Wirklichkeit, sondern nur der Ich-Welt sind.

Sie werden unmittelbar erkennen, daß Sie weder der Mörder noch der Ermordete sind, weder der Ankläger noch der Angeklagte, weder der Geber noch der Empfänger. In den Momenten, wenn die beiden Ich-Verknüpfungen aufgelöst sind und das Bewußtsein nur noch es selbst ist, nicht dies oder jenes, rufen Sie verzückt aus: »Ich bin das Selbst«. Dieses Selbst ist in Worten nicht zu erklären. Es kann ohne die persönliche Erfahrung nicht verstanden werden. Wenn Heilige sagen: »Ich bin das«, »Ich bin Gott«, »Ich bin die Wahrheit«, »Ich bin alles«, versuchen sie, diesen Zustand des Selbst auszudrücken.

In solch einem Zustand erreichen Sie das primäre Selbst. Jetzt können Sie beide Welten genießen – die ruhige Leere auf der einen Seite und die Ich-Welt andererseits –, indem Sie sich auf die verschiedenen Figuren einlassen. Sie können so handeln, wie Sie wollen: aktiv oder passiv, gut oder schlecht, ohne ein Gespür der Verfolgung. Solch eine Art des Handelns ist die eines *Gjaan Jogi.* Sie kann ihn nicht binden. Hier findet die Psychoanalyse im wesentlichen Sinne ihr Ende. Die ihr folgenden Erlebnisse sind rein spiritueller oder mystischer Art.

III. Träume und ihre Deutung

Träume haben die Menschheit von alters her gefesselt. In früheren Zeiten wurden auch in Indien Träume begeistert gedeutet.* In neuerer Zeit gebührt FREUD und einigen anderen Analytikern die Anerkennung für das Verständnis von Träumen auf einer tieferen Basis. Kann man seinen Ausführungen über die Bedeutung und Interpretation von Träumen im wesentlichen zustimmen, ist sein Verständnis von Träumen doch in verschiedener Hinsicht erweiterungsfähig und -bedürftig.

Im folgenden sollen anhand zahlreicher Beispiele neue Ansätze zur Traumdeutung vorgestellt werden.

16. Grundstruktur und Klassifikation von Träumen

Die Persönlichkeit des einzelnen basiert hauptsächlich auf fünf Grundstrukturen. Ihnen entsprechend lassen sich Träume klassifizieren.

1. Die Struktur der spirituellen Bedürfnisse: Dies ist der grundlegende Komplex. Er zentriert sich um den am tiefsten liegenden unbewußten Wunsch der individuellen Seele, mit dem kosmischen Bewußtsein zu verschmelzen. Aufgrund der Identifikation von *Dschiwa* mit dem Körper nimmt dieser Wunsch verschiedene Formen an. Zunächst erscheint er als Verlangen nach körperlicher Liebe. An diese Sehnsucht binden sich Kräfte wie das Begehren eines Objektes, Bindung und Fixierung, Bedürfnisse nach Liebe, Sexualität und Lust, Voyeurismus (Schaulust) und Exhibitionismus (Zeiglust). Das Spielen mit dem eigenen Stuhl wie mit den Geschlechtsorganen gehört ebenfalls zu diesem Bereich, hinter all diesen Einzelwünschen verbirgt sich die Suche nach dem wahren spirituellen Selbst.
2. Die Struktur der Befriedigung des Hungers: Hunger berührt die grundlegende Frage der Existenz des Organismus. Von daher ist dieser Komplex im physischen Bereich wichtiger als jeder andere, aber nicht so

* Es gibt wichtige Hinweise darauf, daß indische Denker seit frühester Zeit an Träumen und ihrer Interpretation interessiert waren. Hinweise auf Träume und ihre Deutung finden sich in der *Saamved,* dem Buch der heiligen Gesänge und bestimmten *Puranas,* alten Geschichten, in denen hinduistische Lehren weitererzählt wurden. Klar wird auf den Zusammenhang zwischen Tagesresten und der Gestaltung der Träume verwiesen und zwischen belanglosen und bedeutsamen Träumen unterschieden. Eine wesentliche Aussage bezieht sich auf beachtenswerte Träume. Findet der Traum im ersten Viertel der Nacht statt, trägt er in einem Jahr Früchte, während des zweiten Viertels in acht Monaten. Das dritte Viertel umfaßt eine Dreimonatsspanne und das vierte Viertel einen Monat. Ein Traum bei Sonnenaufgang verwirklicht sich in zehn Tagen, ein Traum am frühen Morgen unmittelbar danach. Diese Aussagen müssen noch überprüft werden.

wichtig oder überdauernd wie die Struktur des spirituellen Bedürfnisses. Um dieses Grundbedürfnis herum sammeln sich Kräfte wie Gier, Besitzstreben, ausschließliches Besitzverlangen, Horten, Betrügen und Stehlen.

3. Die Struktur des Sicherheitsbedürfnisses: Sicherheit ist die dritte grundlegende Notwendigkeit des psychophysischen Organismus und ist fast so wichtig wie der Hunger. Ängste und Wünsche danach, geschützt und sicher zu leben, formen diesen Komplex. Ein großer Teil unserer Kultur dreht sich um ihn. Viele der alltäglichen Handlungen eines einzelnen werden in Gang gesetzt, um dieses Bedürfnis zu befriedigen.
4. Die Struktur der Gewalt: Gewalt ist kein ursprüngliches Bedürfnis, sondern entsteht als Reaktion auf die Ablehnung ursprünglicher Bedürfnisse, der Blockade des freien Energieflusses im Nervensystem und dem daraus entstehenden Schmerz.

   Haß und Ärger sind ebenfalls keine ursprünglichen Bedürfnisse. Sie sammeln sich um Ideen, Vorstellungen und Handlungen in der Persönlichkeit des einzelnen. Nicht selten baut sich der hauptsächliche Teil der Persönlichkeit eines Menschen auf Haß und Ärger auf. An sie knüpfen sich Konkurrenz, Eifersucht, Unterlegenheit, Schmerz, Ängste, Stolz. Sie bilden das vierte Grundmuster in der Persönlichkeit des einzelnen.*
5. Die Struktur des Bedürfnisses, das eigene Gesicht zu wahren: Der fünfte Komplex wird um das Bedürfnis herum gebildet, das oberflächliche Gesicht oder die Individualität des tertiären Selbst zu wahren. Zahlreiche Ideen und Handlungen verbinden sich mit diesem Bedürfnis. Vorstellungen von Fortschritt, Macht, Beherrschung, Überlegenheit sind nur wenige davon.

   Schmerz und der Wunsch zu sterben, Stolz und Identifikationen mit den Großen dieser Welt liegen ihm zugrunde.

Dies sind die fünf Grundstrukturen der Persönlichkeit. Sie sind miteinander eng verbunden. Ihr Zusammenspiel findet auf dem bewußten, vorbewußten oder unbewußten Niveau statt. Tausende von Erfahrungen, Ideen, Gedanken, Bildern, Sätzen, Wahrnehmungen und Identifikationen heften sich in der Zeit des Heranwachsens an sie.

Neben den genannten fünf Grundstrukturen gibt es eine sechste, die dem kollektiven Unbewußten vergangener Leben entstammt.

Es war schon im Kapitel über die Theorie der Psyche ausgeführt worden, daß sich das individuelle Bewußtsein im physischen Tod nur vom Leib befreit, nicht aber von den unerfüllten Wünschen und Handlungen, die sich

* Alle Philosophien, auch die marxistische, die Haß, Gewalt, Klassenkämpfe propagieren, stammen von einer Dominanz dieses Grundmusters in der Persönlichkeit ihrer Vertreter. Das zugrundeliegende Bedürfnis ist jedoch spiritueller Natur.

während aller vergangener Leben angehäuft haben (dem *Karma*). Diese Wünsche und Begierden, von denen es sich bis zum Tod nicht hat befreien können, jagen das Bewußtsein und zwingen es, sich einen neuen Körper zu wählen (im üblichen Sprachgebrauch: neu geboren zu werden), um jene Handlungskette (*Karma*) und die sie begründenden Wünsche aufzulösen und damit seinen Prozeß der Befreiung voranzutreiben. Wiedergeburt ist so gesehen eine Notwendigkeit, da ohne sie der Prozeß der Evolution nicht vollendet werden kann.

Das *Karma* vergangener Leben hat seine eigene Struktur, die sich von den anderen fünf wesentlich vor allem darin unterscheidet, daß sie der am wenigsten bewußte aller Bereiche ist.

Entsprechend lautet die Definition des Traumes: Der Traum ist eine Verbindung des individuellen Bewußtseins während des Schlafes mit einem oder mehreren der Erfahrungen, Bilder, Wünsche oder Ängste, die mit einem oder mehreren dieser Grundstrukturen verbunden sind.

Im Anschluß an die obige Diskussion kann man zwei verschiedene Arten von Träumen unterscheiden, Träume, die den fünf Grundstrukturen der Persönlichkeit dieses Lebens entstammen, und solchen, die sich der Struktur des kollektiven Unbewußten vergangener Leben verdanken.*

Träume der ersten Art kennen wir alle. Sie entstammen den fünf Grundstrukturen dieses Lebens und kreisen um Themen wie großartige Leistungen, Sexualität, Liebe, Ärger, Gewalt, Angst, Glück, Wunscherfüllung, Motivationen, etwas zu werden.

Während vieler Jahre der Beobachtung meiner eigenen Träume und Phantasien begegneten mir eine Anzahl von Träumen, die mir fremd schienen. Eines Morgens wurde ich mir ihrer Besonderheit bewußt. Ich hatte einen wunderschönen Traum über Urwälder und Flüsse, und ich war sehr glücklich darin. Sobald ich jedoch am Morgen aufwachte, bemerkte ich, wie meine Phantasien sich auf Liebesobjekte und andere Dinge stürzten, die mit dem Traum nicht das geringste zu tun hatten. Sofort verblüffte mich, daß es absolut keine Beziehung gab zwischen jenen Phantasien und dem

* Später, als ich mit den Erfahrungen konfrontiert war, die ich in dem Buch »*Third Eye and Kundalini*« beschrieben habe, stellte ich fest, daß es noch eine dritte Art von Träumen gibt: Träume, die Gott oder das kosmische Bewußtsein dem individuellen Bewußtsein vermittelt. In solch einem Traum zieht der innewohnende Gott den Schleier der sechs Grundstrukturen vom Bewußtsein des einzelnen fort und zeigt sich *Dschiwa* als geistiger Lehrer oder Gott. Ziel des Traumes ist es, *Dschiwa* zu führen, zu schützen, zu trösten und zu ermutigen, den Schleier der sechs Grundmuster (den Schleier *Majas*) fortzuziehen und Gott in seinem Inneren zu finden, um das letztendliche Ziel des Lebens zu realisieren und ewigen Frieden und Stabilität zu gewinnen.
Diese Träume sind spiritueller Natur und klar unterscheidbar von den eben erwähnten beiden Traumarten. Sie zeigen deutlich, daß hinter allen Teilen des Bewußtseins Gott thront, das Ziel *Dschiwas*.

Traum. Diese Beobachtung war mir neu. Bis dahin war ich gewohnt, eine enge Beziehung zwischen Träumen und Phantasien zu finden. Zu jenem Zeitpunkt hatte ich nicht genug Kenntnisse, um Schlußfolgerungen aus jener Beobachtung zu ziehen. Ich begann jedoch, solche Träume besonders zu beachten. Mich überraschte, von Zeit zu Zeit einem derartigen Traum zu begegnen. Er hatte keine Beziehung zu Phantasien. Auch gelang es mir nicht, solche Träume zu ihren Wurzeln zurückzuverfolgen.

Ich wurde mir ähnlicher Träume stärker bewußt. Ich sah Tiere und eine Szene mit einem Dschungel, die nicht zu diesem Leben gehörten. Ich sah bestimmte Flüßchen und Berge, die nicht aus diesem Leben stammten. Und nicht nur das, mehr noch überraschte mich, daß diese Träume sich in einer völlig anderen eigenen Welt abspielten, die mit noch so viel Anstrengung der Vorstellungskraft der Analyse und Interpretation nicht zugänglich gemacht werden konnten.

Diese Art von Träumen mußte dem Unbewußten vergangener Leben entspringen.

Charakteristisch ist, daß solche Träume keinen Bezug zu Tagesereignissen haben, sich in einer anderen Welt abspielen, keine Verbindung zu unseren Phantasien haben und mit den gebräuchlichen Methoden nicht zu deuten sind.

17. Die Ursache von Träumen

Das ursprüngliche und grundlegende Bedürfnis des Menschen ist spiritueller Natur: Es ist die Sehnsucht des individuellen Bewußtseins, mit dem kosmischen Bewußtsein zu verschmelzen, um sich selbst zu verwirklichen.

In weltlicher Sprache können wir folgende Parallele ziehen: Das kosmische Bewußtsein ist die Mutter, das individuelle Bewußtsein das Kind, das verlorenging und jetzt, außer sich, den Kontakt zur Mutter sucht. Jedoch kann es sie in den fünf Grundstrukturen dieses Lebens und der sechsten des kollektiven Unbewußten vergangener Leben nicht mehr finden. Diese sechs Bereiche machen die große Unwissenheit, *Maja*, aus. Sie verschlingen sich zum dicksten und dunkelsten Dschungel, zum stärksten Käfig. Auch während der Tageszeit zielt das individuelle Bewußtsein auf dasselbe, doch verweilt es oft im fünften Bereich, mit der Absicht, das eigene Gesicht zu wahren.

Aufgrund der äußeren Umstände gestattet das erweiterte Über-Ich dem individuellen Bewußtsein während des Tages nicht, sich der eigenen Quelle zu nähern. Während der Nacht jedoch, wenn das erweiterte Über-Ich sich zurückzuziehen scheint, fühlt sich das individuelle Bewußtsein freier, sein eigenes Ziel zu verfolgen. Da es von verschiedenen Grundstrukturen umgeben ist, die verschiedene befriedigende Erfahrungen und lockende Wünsche enthalten, bleibt es in einem oder mehreren solcher Bereiche hängen. In welchen Bereich es auch geht, es sieht direkt oder indirekt bestimmte Gestaltungen, Wünsche, Ängste, Bilder, und sie verdichten sich zu einem Traum.

Der Traum mag durch alle fünf Grundstrukturen dieses Lebens gleichzeitig oder einzeln angeregt sein. Er kann auch ausschließlich dem sechsten Komplex zugehören. Wenn die Grundstrukturen dieses Lebens den Traum veranlaßt haben, spielt ein Bereich die dominante Rolle. Beispielsweise kann sich ein Traum vorwiegend mit den Komplexen Gewalt, oder Unsicherheit und Sicherheit, oder Hunger und Gier, oder Sexualität und Liebesobjekte beschäftigen und gleichzeitig auch Elemente anderer Bereiche aufweisen. Der fünfte Komplex des Bedürfnisses, das eigene Gesicht zu wahren, greift in jeden Traum ein und verzerrt dessen wahren Gehalt.

Ein Traum kann aus jeder Grundstruktur gespeist werden, doch werden wir feststellen, daß sich die meisten Träume um Sexualität, Liebe und Bindung drehen. Der Grund dafür ist leicht zu verstehen. Diese Phänomene sind mit dem grundlegenden spirituellen Bedürfnis *Dschiwas* verbunden, und so begegnen sie ihr im Schlaf häufiger als die anderen Grundstrukturen.

Tagesereignisse regen oft Träume an. Sie wühlen die tiefsten Schichten der fünf Grundstrukturen auf und bringen verschiedene Bedürfnisse und Ängste, die in ihnen gebunden sind, an die Oberfläche. Im allgemeinen lassen sich solche Begebenheiten in drei Gruppen einteilen:

1. Geschehnisse, die die Sicherheit bedrohen und Ängste auslösen. Sie rühren das ganze Geflecht der Grundstrukturen auf und können sich in einem nächtlichen Traum niederschlagen, der die Tagesreste mit tief verdrängtem unbewußtem Material verknüpft. Wenn die wahre Bedeutung einer kleinen Tagesangst verstanden wird, wie dies bei psychoanalysierten Personen oft der Fall ist, erscheint sie nicht im Traum. Bleibt sie unerkannt, drückt sie sich in ihm aus.
2. Eine Phantasie oder ein Ereignis, in dem es um den Kontakt zu einem lieben Menschen geht. Ein damit verbundenes tiefes Gefühl von Sicherheit und Glück kann ebenfalls das Geflecht der Grundstrukturen insgesamt berühren und Träume verursachen.

   Die Tagesreste lassen sich auf Einflüsse der ersten vier Grundstrukturen zurückführen.
3. Die Begegnung mit einem Menschen, der Gott in sich verwirklicht hat. Solch eine Person ist nichs anderes als die Verkörperung des kosmischen Bewußtseins selber. Das Treffen kann dem individuellen Bewußtsein helfen, alle Bereiche im Traum zu durchdringen und diese Person im Traum wiederzusehen. Der Traum gewährt Schutz, erhebt die Seele und hat prophetische Wirkung.

18. Trauminhalt

Träume verhelfen wesentlich dazu, das Seelenleben des Menschen zu verstehen. Sie sind so wichtig, daß Freud sie als Pforte zum Unbewußten bezeichnet hat.

Verinnerlichte Bilder (im allgemeinen von Menschen) und an sie gekoppelte Wünsche, Ängste und Erfahrungen (vor allem der ersten vier Grundstrukturen), in denen sich das individuelle Bewußtsein während des Schlafes aufhält, machen den Trauminhalt aus. Der Traum zentriert sich in der Regel um ein Hauptthema, doch tauchen auch die anderen Bedürfnisse in Nebenrollen auf. In diesem Sinne ist der Traum eine Widerspiegelung der gesamten Persönlichkeit des Menschen.

Freud unterschied sehr feinfühlig zwischen latentem und manifestem Trauminhalt. Betrachtet man das Phänomen der Symbole und Verschiebungen in Träumen, erscheint diese Unterscheidung als sehr sinnvoll, obgleich es gelegentlich so aussieht, als habe Freud die Symbole übertrieben betont.

Warum wird die wahre Bedeutung getarnt? Der Grund liegt in der fünften Grundstruktur. Sie zwingt den Menschen, das eigene Gesicht zu wahren und all die Ich-Strebungen und die damit verbundenen Ideen, Leistungen und Gefühle zu schützen.

Das tertiäre Selbst entsteht aus einer größeren oder kleineren Metamorphose, je nachdem, wie stark der Todeswunsch im sekundären Selbst ausgeprägt war. Das tertiäre Selbst repräsentiert das neue, aber falsche Selbstbild des Menschen. Sein Gesicht wird von jedem von uns in der Gesellschaft gewahrt. Um dieses Bedürfnis, die äußere Fassade aufrechtzuerhalten, ranken sich zahlreiche Ideen, Vorstellungen, Identifikationen und Wünsche. Sie machen die fünfte Grundstruktur aus, die in die Träume eingreift. Die Ideen, Gedanken und Tatsachen dieser äußeren Fassade stehen oft im Gegensatz zu den tief verdrängten Ideen, Gedanken und Wirklichkeiten des sekundären Selbst, die die Träume anregen. Wenn ein Traum die Ebenen der ersten vier Bereiche berührt, tritt der fünfte auf den Plan und verzerrt seinen echten Gehalt. So können Personen in den Träumen ihre Gesichter oder Ort und Zeit der Handlung umgestalten. Der Traum wird genau deswegen entstellt, weil das falsche Gesicht gewahrt werden muß. Das tertiäre Selbst ist mächtig. Es kann nicht zulassen, daß das sekundäre Selbst klar gesehen wird, da damit seine eigene Existenz bedroht würde. Nehmen wir an, jemand weist uns auf einen Fehler in uns hin oder behauptet etwas gegen uns. Damit erinnert er uns an einen Teil unseres sekundären Selbst. Er rührt viele unserer Abwehrmechanismen auf, und sofort befällt uns große Angst. Wenn wir zu Verfolgungsängsten neigen, meinen wir, alle Leute um uns herum würden unseren Fehler beobachten. Unsere große Angst motiviert uns, die Behauptung zu widerlegen, so daß wir diese Bedrohung von unserer äußeren Fassade abwenden können und damit das Gesicht des tertiären Selbst aufrechterhalten.

Diese Mechanismen sind auch in Träumen wirksam. Sie verdrehen die objektive Wirklichkeit in vielfacher Weise.

Auf der Ebene des sekundären Selbst sehnt sich das Kleinkind oder Kind nach passiver Liebe. Erfahrungen der Zurückweisung und des Schmerzes lassen Schuldgefühle in ihm entstehen. Diese kompensiert es auf der Ebene des tertiären Selbst durch aktive Liebe. Im Traum sieht es sich als Liebhaber, während die andere Person passiv scheint.

Nehmen wir an, jemand träumt von homosexueller Liebe, einem Thema der ersten Grundstruktur. Auf der Ebene des sekundären Selbst wäre das Kind der Empfänger, der passiv Handelnde. Diese Passivität wäre der wahre Gehalt des Traumes. Doch wird er verzerrt durch das fünfte Grundmuster. Durch Metamorphose gibt er sich das neue Gesicht eines aktiven Liebhabers und Spenders. So kann er sich selbst als jemanden erfahren, der aktiv ein anderes Objekt liebt.

Diese umgekehrte Identifikation und die Prozesse der Introjektion und Projektion verursachen hauptsächlich die Verwirrung in Träumen. Oft stellen sie unser eigenes Bild in verschiedenen Formen und Gesichtern dar. Damit verwirren sie uns und erschweren das genaue Verständnis von uns im Traum.

Der wahre Gehalt eines Traumes wird auch durch Verschiebungen getarnt. Beispielsweise hat jemand das Bedürfnis, seinen Vater zu schlagen. Angst und Schuldgefühle, die mit diesem Verlangen verbunden sind, hindern ihn jedoch. So träumt er, daß er mit einer anderen älteren Autoritätsperson kämpft. Diese Person kann eine reine Verschiebung des Bildes seines Vaters sein.

Die fünfte Grundstruktur verwandelt den wahren Trauminhalt (die Wirklichkeiten der ersten vier Bereiche) auch über Symbole. Das tertiäre Selbst mag nicht all die Realitäten des sekundären Selbst des Individuums repräsentieren. Jedoch suchen die Wirklichkeiten und Wünsche jener Ebene nach einer Möglichkeit, an die Oberfläche zu kommen. Das tertiäre Selbst verzerrt jene Wirklichkeiten durch Symbole. Nehmen wir an, daß auf der Ebene des sekundären Selbst jemand eine andere Person sexuell stark begehrt. Mit solch einem Wunsch sind viele Ängste und Schuldgefühle verbunden. Das Verlangen taucht nun in einem Traum auf, doch läßt der fünfte Bereich nicht zu, daß unser Bewußtsein diese Wirklichkeit so sieht, wie sie ist. Es erlaubt seinen Ausdruck nur über Symbole. So mag man im Traum eine Treppe hochgehen oder in einem Fluß schwimmen oder einen Sturm vorüberbrausen sehen.

Ängste, Befürchtungen und Schuldgefühle, die mit dem ursprünglichen Wunsch nach sexuellem Spiel verbunden sind, können im Traum ebenfalls durch Symbole ausgedrückt werden. Diese Phänomene sind ebenso ein Schlüssel zum wahren Gehalt des Traumes wie die Gefühle, die auf die sexuelle Handlung selbst abzielen.

Beachtenswert ist in diesem Zusammenhang auch, daß Symbole nicht universell sind, sondern von Kultur zu Kultur und von Individuum zu Individuum variieren können. Die verinnerlichte Kultur beeinflußt das tertiäre Selbst und damit die Gestaltung des fünften Bereichs. Sie ist für die Unterschiedlichkeit der Symbole in verschiedenen Kulturen verantwortlich. Es mag noch andere Mechanismen geben, die einen Traum verzerren und entstellen, doch haben alle Prozesse, die den wahren Gehalt eines Traums tarnen, das Ziel, das Gesicht der Person zu wahren und Beweise gegen die äußere Fassade zu entkräften. Abgesehen von solchen Techniken werden in Träumen auch all jene Tricks angewandt, die während des Tages das eigene Gesicht wahren helfen, wie Flucht, Argumentation, Projektionen.

19. Träume und Phantasien

Phantasien werden oft als »Tagträume« bezeichnet. Da beide von ihrem Ursprung her miteinander verwandt und ihrem Gehalt nach ähnlich sind, ist diese Bezeichnung recht einseitig. Träume finden während des Schlafes, Phantasien im Wachzustand statt. Während des Halbschlafes können beide einander überlappen.

Der Grund für ihr Auftreten ist genau derselbe. Das individuelle Bewußtsein sucht nach dem kosmischen Bewußtsein, doch wandert es vergeblich durch die fünf Grundmuster in dem Versuch, die darin gebundenen Bedürfnisse und Wünsche zu befriedigen. Dafür zieht es sich aus der unmittelbaren äußeren sozialen Wirklichkeit zurück. In der Phantasie oder im Traum erfüllt es sich die Sehnsüchte des ersten Grundmusters nach Sexualität, einem Objekt der Liebe, oder lebt im zweiten Grundmuster seine Gier nach Besitz, oder sichert sich im dritten Grundmuster ab, oder schwelgt im vierten Grundmuster in Gefühlen der Gewalt, des Ärgers, der Eifersucht und Konkurrenz.

Stärker noch als mit diesen Themen ist das individuelle Bewußtsein mit der Erfüllung von Wünschen und Sehnsüchten des tertiären Selbst oder des fünften Grundmusters beschäftigt. In diesen Phantasien fühlen Sie sich beispielsweise überlegen, indem Sie Großartiges vollbringen.

Die Betonung der fünften Grundstruktur in der Phantasie hängt mit der Aktivität des erweiterten Über-Ichs während des Tages zusammen. Unter dem Einfluß der äußeren Realität neigt das verinnerlichte unbewußte Über-

Ich dazu, seine Macht zu erweitern (siehe Abbildung 15), besonders wenn der Mensch von anderen Personen umgeben ist. Die darin liegende Bedrohung gestattet es dem individuellen Bewußtsein am Tage nicht, so oft in die lustvollen Muster der Vergangenheit zurückzusinken wie während der Nacht, wenn diese Macht nicht in Kraft ist.

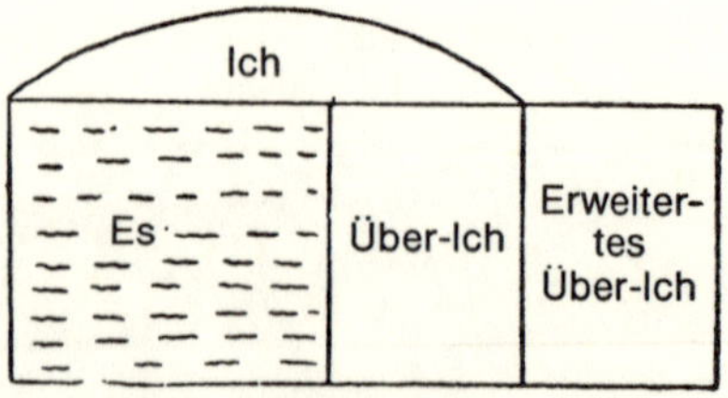

Abbildung 15

Dann findet eine Ausdehnung des Über-Ichs statt, die am Tage unter dem Einfluß der sozialen Realität stattfindet. Je nach Situation erweitert es sich oder schrumpft es. Sie können feststellen, daß selbst dann, wenn Sie am Tage allein sind, das Bewußtsein versucht, der Realität zu entfliehen, um in der Phantasie Lust zu finden. Sind Sie mit nur zwei oder drei Menschen zusammen, traut es sich schon weniger, davonzulaufen, und bei vielen Leuten, besonders älteren Menschen, die den ursprünglichen Verfolgern ähneln, wagt es gar nicht, sich in die Phantasie zurückzuziehen. Dies zeigt, daß die Stärke des verinnerlichten unbewußten Über-Ichs je nach der äußeren Realität während des Tages variiert.

Gemeinsam ist der Phantasie und dem Traum, daß das individuelle Bewußtsein in ihnen zu Vorstellungen, Wünschen, Bedürfnissen und Bildern eilt, die sich auf die fünf Urbedürfnisse des Organismus und die daran geknüpften fünf Grundstrukturen beziehen. In den Träumen verweilt das individuelle Bewußtsein vorwiegend bei den vier Strukturen, die dem sekundären Selbst angehören, während in den Phantasien die fünfte Grundstruktur, die des tertiären Selbst, vorherrscht. Natürlich sind alle miteinander verwoben.

Träume greifen Urstrukturen der Psyche auf, während die Phantasietätigkeit an der Oberfläche bleibt. Von daher ist das Material, das sich in Träumen zeigt, grundlegender und ursprünglicher als das, was in Phantasien zutage tritt. Beide jedoch streben danach, die Ziele des Unbewußten oder des sekundären Selbst zu erfüllen. Es ist vergleichsweise schwieriger, Träume richtig zu verstehen, als Phantasien. Die Umgestaltung des Trauminhalts über Symbole, Introjekton–Projektion, umgekehrte Identifikationen und Verschiebungen führt zu Verwirrungen in der Traumdeutung. Phantasieinhalte können mit ein wenig Training in der Selbstbeobachtung leicht analysiert werden, besonders die, die sich auf Prozesse der dreifachen Identifikation, des dreifachen Zwanges und der Projektion–Introjektion beziehen.

Es ist schwierig, Träume und Phantasien zu fassen und ihnen auf der Spur zu bleiben. Mit ein wenig Training wird man jedoch feststellen, daß

Phantasien rasch notiert werden können, während Träume sich leicht dem Zugriff entziehen.

Phantasien und Träume sind einander in der emotionalen Tönung verwandt. Es gibt jedoch keine Gemeinsamkeit zwischen einer Phantasie und einem Traum, der zum kollektiven Unbewußten vergangener Leben gehört.

Ein letzter Punkt kann uns bei der Selbstanalyse helfen. Um auf der Reise rückwärts rascher das endgültige Ziel zu erreichen, sollte sich das individuelle Bewußtsein seiner Verknüpfung mit den Phantasien und Trauminhalten bewußt werden und sagen: »Ja, so bin ich.«

Ich will diesen Punkt an einem Beispiel erläutern. Nehmen wir an, ich sitze in einem Büro. Eine Phantasie kreuzt mein Bewußtsein. Ich bin in ein heftiges Wortgefecht mit meinem Vater verwickelt. Ich will ihn vom Sockel reißen. Sofort halte ich inne und sage mir: »So bin ich. Ich kämpfe mit Worten. Ich will ihn vom Sockel stürzen. Ich möchte mich am liebsten dadurch befreien, daß ich ihn niederwerfe.« Das unmittelbare Annehmen dieses Wunsches auf einer bewußten Ebene verringert die Tendenz, emotionale Störungen hervorzurufen, die ihm als unbewußtem Wunsch innewohnt.

Entsprechend können wir das Traumgeschehen deuten. Im allgemeinen beginnen Analysanden mit längerer Erfahrung in der Psychoanalyse und der Meditation den Traum schon im Traum zu deuten. Wenn Sie diese Stufe erreicht haben, befinden Sie sich auf dem Weg eines wahren Sehers.

Wenn Sie sagen: »So bin ich«, sollten Sie sicherstellen, daß Ihr Bewußtsein jenes Bedürfnis, jene Angst, den Wunsch oder das Bild bewußt wiedererlebt. Erst dann kann sich das Bewußtsein von dem Wunsch oder dem Bild trennen. Das ist die Bedeutung des Wortes »Verzicht«! Sie erheben sich darüber, überschreiten den Wunsch oder das Bild. Das Bewußtsein darf nicht der Sklave der Bedürfnisstruktur bleiben, sondern muß sich von ihr ablösen.

20. Voraussagen und prophetische Träume

Überall in der Welt haben Menschen Träume, die kommende Ereignisse voraussagen. Dieses Phänomen ist dem Menschen seit jeher ein Rätsel. Dabei handelt es sich um ein natürliches und leicht verständliches Geschehen.

Das kosmische Bewußtsein ist die Quelle und das Ziel aller Bewußtseinseinheiten im Universum. Ähnlich ist die kosmische Energie die Quelle und das Ziel aller Energieeinheiten des Universums. Das kosmische Bewußtsein, das die kosmische Energie für seine Ziele einsetzt, steht jenseits des Gesetzes von Ursache und Wirkung, das alles Geschehen bestimmt. Es überwindet die Gesetze der Materie, des Raumes und der Zeit. Wenn ein Mensch, ein individuelles Bewußtsein, mit dem kosmischen Bewußtsein in Berührung kommt, entwickelt er außergewöhnliche Kräfte. Er kann fähig sein, als unheilbar angesehene Krankheiten ohne Verwendung einer Medizin zu heilen, Früchte außerhalb der Saison wachsen zu lassen, Gedanken anderer zu lesen, Dinge zu sehen, die sich an fernen Orten oder in ferner Zukunft zutragen.

Auch kann er Wunder vollbringen, die gänzlich außerhalb der Reichweite normaler menschlicher Existenz liegen. Beispielsweise kann er seinen Körper nach eigenem Willen verlassen oder den Körper einer anderen Person betreten oder sogar einen toten Körper zum Leben erwecken. Solche Kräfte gelten auf der Ebene des kosmischen Bewußtseins, dem *Schiwa*-Stadium in der hinduistischen Philosophie, als durchaus normal.

Zahlreiche Menschen haben solche Geschehen im Leben Jesu und vieler indischer Heiliger miterlebt. Selbst heute können wir zu Zeugen solcher Ereignisse werden. Jene, die die Wirklichkeit des kosmischen Bewußtseins nicht verstehen und sich der Wissenschaft und einer modernen Weltsicht verpflichtet fühlen, zweifeln an der Möglichkeit von Wundern und sagen: »Da muß es doch einen Trick geben«, oder: »Wir haben davon gehört, solche Wunder aber nie gesehen.« Doch gibt es Tausende anderer, die an Gott zu glauben begannen, nachdem sie Zeugen solcher Taten gewesen waren. Jene, die über lange Jahre meditiert haben, wissen, daß solche Ereignisse nicht überraschen, sondern ganz verständlich sind. So wie eine winzige Flamme, die in einem großen Feuer aufgeht, dessen Kräfte annimmt, so übernimmt das individuelle Bewußtsein oft die Kräfte des kosmischen Bewußtseins, wenn es mit ihm in Berührung gerät. Es wird fähig, die Gesetze von Materie, Raum und Zeit zu überschreiten und die kosmische Energie willentlich zu nutzen. Wunder sind eine natürliche Folge dessen.

Zahlreiche Menschen haben immer wieder den Zweifel geäußert und die Frage gestellt, warum bestimmte Heilige und Jogis, wenn sie doch über solche Kräfte verfügten, nicht das Hungerproblem der Welt lösten oder Millionen leidender Menschen heilten. Die Antwort könnte sein:

Die materielle und soziale Welt und die Welt des Ichs werden durch objektive Gesetze, das von Ursache und Wirkung und das des *Karma* (der Handlung und seiner Früchte), bestimmt. Die meisten Menschen leben in der objektiven sozial-materiellen und der Ich-Welt und werden von diesem Gesetz regiert. Sie handeln und ernten die Früchte ihrer Handlung. Daran lernen sie und entwickeln sie sich. Wenn die Heiligen alle ihre Probleme lösten, hörten sie auf zu handeln. Dies wäre das Ende der Evolution.

Heilige und geistige Führer vollbringen Wunder, um Menschen den Glauben an Gott zu erleichtern, so daß sie den richtigen Weg finden können. Richtige Handlungen helfen dem individuellen Bewußtsein, sich aus dem geistigen Käfig zu befreien. Die Meditation ist die wichtigste von ihnen. Sie führt uns langsam und stetig dem Ziel des kosmischen Bewußtseins zu und versetzt uns zugleich in einen Zustand des Friedens, der Glückseligkeit und der Freiheit. Durch die regelmäßige Praxis der Meditation kann jeder den Zyklus von Ursache und Wirkung durchbrechen und sich über ihn erheben.

Die bisherigen Ausführungen haben Ihnen vermutlich deutlich gemacht, auf welche Art und Weise Voraussagen möglich sind. Weissagungen werden zur Wirklichkeit, wenn das individuelle Bewußtsein mit dem kosmischen Bewußtsein in seiner absoluten Form (wenn der Schüler eines selbstverwirklichten geistigen Lehrers eine Anweisung von ihm erhält) oder in der hochentwickelten Form eines Gottes oder einer Göttin in Berührung kommt (viele indische *Tantriks* * entwickeln Kontakt zum hochentwickelten individuellen Bewußtsein einiger *Dewis* [Göttinnen] und *Dewtas* [Götter] und können Dinge vorhersagen). Prophetische Träume stammen aus derselben Quelle.

In Indien, und möglicherweise auch in zahlreichen anderen Ländern, herrscht die Ansicht vor, daß die Träume des frühen Morgens sich oft als wahr erweisen. Diese Meinung hat seinen Grund darin, daß in den frühen Morgenstunden in der *Brahma*-Zeit sich das *Brahma-Randhra* für einen Moment öffnen und den Kontakt mit dem kosmischen Bewußtsein erlauben kann. Ein Traum, der in solch einem Augenblick auftaucht, kann sich als wahr erweisen.

Aus diesem Grund wird Schülern auf dem spirituellen Weg *(Sadhakas)* empfohlen, früh am Morgen, wenn die Sterne noch am Himmel blinken, zu meditieren. Daraus ziehen sie den größtmöglichen Nutzen.

Wie kommt es, daß bestimmte Voraussagen von Heiligen oder bestimmte Träume eines Menschen sich bewahrheiten, andere aber nicht?

Die Antwort ist einfach. Heilige kommen gelegentlich in Berührung mit dem kosmischen Bewußtsein und sagen Ereignisse voraus, die eintreten. Die Macht und das Lob, das ihnen daraufhin zuteil wird, verleihen ihnen einen gewissen Stolz und verführen zu Täuschungen. Ihre Ichs, die noch nicht vollständig aufgelöst sind, beginnen sich einzubilden, daß die Macht ihnen gehöre. Sie verführen die Heiligen zu weiteren Prophezeiungen, die sich als falsch erweisen und einen schlechten Ruf bringen.

Dies ist ein weitverbreitetes Phänomen unter den Jogis und Heiligen, die an die Öffentlichkeit treten. Das kosmische Bewußtsein bringt sie in Mißkredit, indem sich viele Voraussagen als falsch erweisen. Die Befähigung zur Voraussage der Zukunft ist keine Eigenschaft des Ichs, sondern des kosmischen Bewußtseins, des Herrschers über die Zeit. Um dieses Geheimnis zu verstehen, muß die Welt sich die Zeit nehmen, eine »Wissenschaft der Spiritualität« zu entwickeln, wie sie einst in Indien Brauch war und wie sie den meisten selbstverwirklichten geistigen Lehrern noch bekannt ist.

* Hier bezieht sich der Begriff *Tantriks* auf Personen, die mit Hilfe bestimmter *Mantras* Gottheiten unter ihre Kontrolle bringen und darüber bestimmte Kräfte *(Siddhis)* erlangen.

Niemand sollte sich einbilden, daß solche Mächte ihm zu eigen sind. Sie sind eine Eigenschaft des kosmischen Bewußtseins. Der einzelne ist nur sein Instrument. Die großen Heiligen wissen dies. Sie nehmen nie in Anspruch, daß sie jemanden geheilt oder ein Wunder vollbracht hätten. Sie wissen, daß Gott durch sie wirkt. Viele neu auftauchende Jogis und Heilige jedoch werden zur leichten Beute des Ichs und leiden.*

Ähnliches gilt für die Träume. Auch sie können wahr oder falsch sein. Bestimmte Leute träumen, wenn ihr individuelles Bewußtsein mit dem kosmischen Bewußtsein in Berührung steht. Ihre Träume erfüllen sich. Sie gewinnen ein wenig Popularität in ihrem Bekanntenkreis. Sie spüren etwas Macht. So erzählen sie den anderen die meisten ihrer Träume, die sich im allgemeinen als falsch herausstellen. So werden sie gedemütigt.

Zum Abschluß dieses Abschnitts über prophetische Träume soll kurz ein anderer, sehr wichtiger und geheimer Aspekt solcher Träume angesprochen werden. Das kosmische Bewußtsein, die Quelle und das Ziel des individuellen Bewußtseins, ist der innewohnende Gott. In seinem formlosen Zustand oder als *Avatar*, Gottes Inkarnation, oder als wahrer geistiger Lehrer eine selbstverwirklichte Person, hat er die Fähigkeit, jedem Menschen jeden Traum einzugeben und ihm von innen her alles Notwendige mitzuteilen. Dieses kosmische Bewußtsein überwindet Zeit und Raum und ist allwissend und allmächtig. Es kennt die Vergangenheit, Gegenwart und Zukunft jedes Individuums. Wenn ein Mensch sich ihm ergeben hat, bekommt er oft solche Träume, die ihn sowohl in weltlichen wie geistigen Angelegenheiten leiten, retten, schützen, ermutigen oder vorwarnen. Diese Träume sind immer

* Das folgende Beispiel zeigt, wie Jogis zum Opfer des Ichs werden und in Mißkredit geraten können:
Es war um das Jahr 1970 herum, als ein Jogi, Mr. Rao, in Indien verkündete, er könne auf dem Wasser wandeln. Es besteht nicht der geringste Zweifel, daß der Jogi diesen Anspruch erst erhob, nachdem er dieses Experiment durchgeführt hatte. Er war dazu in der Lage, als sein individuelles Bewußtsein in Berührung mit dem höchsten Bewußtsein stand. Er muß die außergewöhnlichen Kräfte des höchsten Bewußtseins in sich gespürt haben, und er konnte sich tatsächlich über das Gesetz der Schwerkraft erheben. Diese Joga-Leistung blähte jedoch seinen Stolz auf, und er erlag der Täuschung, daß diese Macht seinem Ich angehöre. Dies zwang ihn, nach Publizität zu streben. Das Ich verlangt danach, wie alle Psychoanalytiker wissen, der Welt seine Macht zu beweisen. Es will auch die Aufmerksamkeit und Bewunderung anderer auf sich ziehen.
Der Anspruch des Jogi wurde in einer Ausgabe des Wochenjournals *»Blitz«* (Bombay) publiziert. Der Herausgeber des Journals nahm Kontakt zu dem Jogi auf und forderte ihn auf, seinen Anspruch, auf dem Wasser laufen zu können, öffentlich zu demonstrieren. Geblendet durch Stolz und Unwissenheit stimmte der Jogi zu. Eine große Schau wurde arrangiert, ein Tank mit Wasser gebaut, Karten an reiche Leute verkauft und Tag und Zeit für die Demonstration festgelegt. Sie begann zum festgelegten Zeitpunkt. Alle Augen richteten sich in Erwartung und Erstaunen auf den Jogi. Sobald er seinen Fuß auf die Oberfläche des Wasser gesetzt hatte, fiel er hinein.
Die Lektion ist klar. Die Macht gehört nicht dem Ich, sondern dem höchsten Bewußtsein, doch aus Unwissenheit und Stolz brachte er sich selber ebenso wie die Wissenschaft des Joga in Mißkredit.

wahr. Gott selbst gibt sie dem Schüler aus der Fülle seiner Gnade ein. Sie zeichnen sich durch große Klarheit aus. Sie beruhigen ihn und befreien ihn von Ängsten.*

21. Die Traumdeutung

Traumanalyse und Deutung sind nur möglich, wenn wir uns der Träume erinnern. Im Hinblick darauf können wir vier Typen von Menschen unterscheiden. Solche, die viel träumen und sich an vieles erinnern; solche, die viel träumen und sich an wenig erinnern; solche, die träumen und sich keines einzigen Traumes entsinnen, und solche, die eindrücklich behaupten, daß sie überhaupt nicht träumen.

Bei der ersten Gruppe von Menschen haben sich im allgemeinen das sekundäre und das tertiäre Selbst harmonisch miteinander entwickelt. Das heißt, daß ihr »animalisch-universales« Selbst nicht mit Schuldgefühlen belastet ist. Die zweite Gruppe macht die große Mehrheit aus. Einzelne Aspekte ihres sekundären Selbst verursachen ihnen Schuldgefühle, doch ist das Ausmaß des Widerspruches zwischen ihrem sekundären und tertiären Selbst nicht groß. Ihr Leben weist wenige neurotische Züge auf.

Die dritte und vierte Gruppe setzt sich aus solchen Menschen zusammen, deren tertiäres Selbst sich fast in vollkommenem Gegensatz zum sekundären entwickelt hat. Sie verwerfen ihre animalische Natur (nahezu vollständig) und leugnen die Verbindung zu ihr. Diese Menschen sind ihrer Natur nach im allgemeinen schizoid und können jederzeit neurotisch und psychotisch reagieren.

Die Behandlung ernsthafter neurotischer und psychotischer Zustände zielt, psychoanalytisch gesprochen, darauf ab, das tertiäre und sekundäre Selbst miteinander in Verbindung zu bringen und das Ausmaß des Widerspruchs zwischen beiden zu verringern. Da Träume immer wieder auf das sekundäre Selbst hinweisen, ist es wichtig, daß solche Patienten sich ihrer Träume erinnern und sich bestimmter Realitäten ihres sekundären Selbst bewußt werden. Die Beachtung folgender Punkte kann Ihnen helfen, sich Ihrer Träume zu erinnern:

Werden Sie sich darüber klar, daß wir alle die meiste Zeit unseres Schlafes über träumen. Solch ein Gedanke wird Ihren Widerstand hervorrufen, wenn Sie sicher sind, daß Sie überhaupt nicht träumen. Fragen Sie Men-

* Viele Menschen in dieser Zeit kritisieren die geistigen Lehrer und Gottesmänner. Mit absoluter Zuversicht kann ich aus meiner Erfahrung mit meinem eigenen geistigen Lehrer Sri Sathya Sai Baba sagen, daß all diese Kritiker unwissend sind. Von daher verwundert es nicht, daß trotz aller Kritik der echte geistige Lehrer oder Gottesmann auf der sozialen Bühne tätig bleibt und sogar bekannter wird. Die Schüler, die ihn als geistigen Lehrer oder Gottesmann in ihrem Leben erfahren haben, werden ihm immer huldigen und sie werden ihn oder den Pfad, den er ihnen gewiesen hat, nicht verlassen, unabhängig von aller Kritik unwissender Leute an ihm.

schen in Ihrem Bekanntenkreis. Dies wird Ihnen helfen zu akzeptieren, daß es Träume gibt. Sobald dieser Widerstand gebrochen ist, werden Sie feststellen, daß Sie Träume haben, Sie sich aber noch nicht erinnern können.

Der nächste Schritt liegt darin, daß Sie sich abends, wenn Sie zu Bett gehen, vornehmen, sich der Träume zu erinnern. Diese Selbstsuggestion ist sehr wirkungsvoll, da Sie damit einen kleinen Teil Ihres Bewußtseins auf dieses Ziel hin ausrichten. Es ist durchaus möglich, daß Sie am nächsten Tag an den Traum oder einen Teil davon erinnert werden. Diese Erfahrung wird Sie sehr erleichtern, da sie ankündigt, daß zwischen dem tertiären und sekundären Selbst eine Verbindung zustande gekommen ist.

Als nächstes sollten Sie lernen, noch während der Nacht den Traum zu notieren. Greifen Sie zum Stift, sobald ein Traum Sie etwas aus dem Schlaf geholt hat, wie dies in zahlreichen Fällen geschieht. Dies ist die sicherste Methode, sich zu erinnern. Wenn Sie sich dazu nicht in der Lage sehen, sollten Sie sich den Traum noch im Wachzustand ins Gedächtnis rufen, bevor Sie wieder einschlafen. Dies kann Ihnen auch helfen, sich am nächsten Tag auf ihn zu besinnen.

Der letzte Schritt liegt darin, am Morgen nach dem Erwachen den Traum unmittelbar aufzuschreiben. Je mehr Sie in den Wachzustand hinüberwechseln, um so weniger können Sie sich erinnern. Das Notieren des Traums hilft, ihn ins Gedächtnis zurückzurufen. Außerdem können Sie anhand Ihrer Notizen Ihren Traumprozeß verfolgen. Hier ist es hilfreich, den Traum zu datieren und im Notizbuch hinter jedem Traum Platz zu lassen. Wenn Sie den Traum in seiner vollen Bedeutung erfaßt haben, können Sie Ihre Deutung in den freigelassenen Raum eintragen. Dies wird Ihnen helfen, sich immer wieder diese Träume zu vergegenwärtigen, und so Ihre Einsicht in des sekundäre Selbst vertiefen.

Die psychoanalytische Interpretation von Träumen geschieht folgendermaßen:

Der Analytiker fordert den Patienten auf, ihm die Geschehnisse des vorangegangenen Tages mitzuteilen. Dann wird jedes Hauptelement des Traumes einzeln behandelt, indem der Patient zu jedem Teil frei assoziiert. Dies führt das individuelle Bewußtsein zu unbekannten wesentlichen Bereichen. Sie helfen auch, verborgene Themen und Wünsche ans Tageslicht zu bringen, und verweisen außerdem auf Widerstände und Ängste, die die Bewußtwerdung verhindern wollen. Der Analytiker berücksichtigt die Vielfalt dieser Aspekte und lotet den latenten Gehalt des Traumes aus, indem er sein Wissen über Symbole und Verschiebungen nutzt, und deutet den wahren Gehalt des Traumes. Dies erhellt unmittelbar das Bewußtsein des Patienten. Er spürt, daß die Interpretation Wahres enthält. Der Traum, der verwirrend erschien, erhält so für ihn Sinn.

Betrachten wir folgenden Traum:

Der Patient lebt in einer Familie. Manchmal sieht sie aus wie seine eigene, und manchmal ist unklar, um wessen Familie es sich handelt. Er sieht eine Frau, die ihren Unterrock hebt und vor ihm hergeht. Manchmal sieht diese Frau aus wie seine Mutter, manchmal kann er sie nicht erkennen. Beim Anblick der nackten Frau wendet er sein Gesicht ab. Er murmelt im Traum, wie unzivilisiert und unkultiviert diese Frau sei. Er spürt heftige Impulse gegen sie aufsteigen und möchte ihr sagen, daß sie lernen müsse, sich wie ein normaler Mensch zu verhalten.

Dieser Traum wird dem Analytiker berichtet. Die Analyse erfolgt in zwei Schritten:

- Der Patient wird aufgefordert, einige der Geschehnisse des vorangegangen Tages zu berichten. Der Patient kann bestimmte Ereignisse schildern, die sich tags zuvor zugetragen haben, jedoch keine Verbindung zum Trauminhalt aufweisen. Dies geschieht häufig in den ersten beiden Jahren der Analyse.
- Der Analytiker fordert ihn auf, Ereignisse zu berichten, die zum Trauminhalt in Verbindung stehen können. Häufig antwortet er lustlos, er sähe keine.

Da diese direkten Methoden oft nicht die notwendigen Informationen liefern, muß der Analytiker andere anwenden.

Er fragt den Patienten beispielsweise: Mit wem leben Sie jetzt? Haben Sie gestern eine andere Familie besucht? Welche Frauen leben in Ihrer Familie? Wie reden sie miteinander? Haben Sie zufällig gehört, ob sie sich über Sexualität unterhalten haben?

Zahlreiche ähnliche Fragen weisen das Bewußtsein auf verschiedene Familiensituationen hin, und ausnahmslos hält es sich an einem bestimmten Ereignis fest, das so aussieht, als habe es eine Verbindung mit der Eingangsfrage.

Der Patient kann berichten, daß er in seinem Zimmer saß. Vom Fenster aus sah er seine Schwester, die im Freien badete. Sie war teilweise nackt. Er zog sich von seinem Schauplatz mit Schuldgefühlen zurück. Er kann weiter berichten, daß er sehr besorgt war, daß jemand anderer seine Schwester nackt baden sehen könnte. Diese Vorstellung war größtenteils für seine Aggression verantwortlich.

Während der Patient berichtet, was sich tags zuvor zugetragen hat, fühlt er sich ein wenig erleichtert. Er weiß, daß dieses Geschehen seinen Traum bis zu einem bestimmten Grad angeregt hat.

Der oben genannte Traum setzt sich aus folgenden Elementen zusammen:

- Nackte Frau.
- Das Bedürfnis des sekundären Selbst, sie zu sehen, und der gegensätzliche Wunsch des tertiären, sie nicht zu beachten.

Der Patient wird aufgefordert, ohne Unterbrechung seine Gefühle und Gedanken zu artikulieren, so wie sie auf ihn einströmen, während er die nackte Frau betrachtet. Der Patient kann beispielsweise sagen: »Ich habe keine Gefühle. Ich will sie nicht sehen. Das ist unkultiviert.«

Die Anfangsreaktion kommt oft aus dem tertiären Selbst. Geboren aus sozialen Beschränkungen und gespeist von Angst, verzerrt es die wahre Bedeutung der Träume.

Dem Patienten wird mehr Zeit zugestanden. Nach längerer Pause sagt er dann: »Ich wünschte, diese Frauen wären sensibler und würden ihren Körper nicht so zur Schau stellen. Ist das nicht schmutzig? Ich kenne Männer, die nach Gelegenheiten ausschauen, Frauen nackt zu sehen. Die Frauen sollten besser auf sich aufpassen.«

Diese Gefühle und Gedanken werden vom tertiären Selbst kontrolliert. Der Analytiker läßt sich von solchen Sätzen nicht einnehmen.

Er wartet einige Zeit und schlägt dem Patienten erneut vor, sein Bewußtsein weiter zu erforschen. Dies geschieht in sehr zurückhaltender Weise, da der Patient andernfalls aufbrausen könnte.

Nach einiger Zeit berichtet der Patient: »Ich sehe eine Szene vor mir. Meine Mutter hatte die Angewohnheit, während der Arbeit ihren Unterrock etwas anzuheben. Darüber habe ich mich immer geärgert, besonders wenn sie es tat, während Fremde im Haus waren.«

Er berichtet ein anderes Ereignis: »Als Jugendlicher war ich ganz scharf darauf, die Geschlechtsorgane von einigen Frauen zu sehen. Ich betastete die Stelle des Unterrocks, die in meiner Phantasie die weiblichen Geschlechtsorgane berührte. Aber ich hatte immer Angst, daß jemand dies bemerken könnte.«

Nach weiterer Ermutigung fährt der Patient fort. »Ich lebe in einer Familie. Ich bin ungefähr sechzehn Jahre alt. Ich bin mir der Brüste, Pobacken und Geschlechtsorgane von Frauen sehr bewußt. Ich möchte sie sehen und halten. Ich weiß genau, wann die Frau meines Bruders ein Bad nimmt. Ich stelle mir alle Teile ihres Körpers vor.«

Der Patient fährt fort. »Ich sehe sie nackt. Ich möchte jeden Teil ihres Körpers sehen. Ich fühle, wie mein Glied steif wird. Ich will mit ihr verkehren. Ich werde ganz trunken. Ich küsse sie. Ich umarme sie. Mein Glied erhebt sich zu voller Größe.« Er stoppt abrupt.

Jemand in seinem Kopfe hat den Fluß der freien Assoziationen unterbrochen. Dabei kann es sich um eine beobachtende, verfolgende und verurteilende Figur handeln oder um die Vorstellung, daß seine Gedanken schlecht seien. Solche Figuren oder Vorstellungen erzeugen unmittelbare Angst, und diese Angst führt zur »Selbstkastration« und dem Abfall der Erektion.

Der Analytiker deutet den ganzen Traum folgendermaßen:

»Das Bedürfnis, eine Frau nackt zu sehen, und der Wunsch nach Geschlechtsverkehr sind natürlich und richtig. Daran ist nichts Schlechtes. Sie haben dieselben Bedürfnisse wie jeder andere Mensch, aber Sie haben Angst, sich das einzugestehen. Sie fürchten sich davor, Ihr Bedürfnis nach sexueller Lust zu akzeptieren. Sie fürchten, daß jemand Sie beobachten und dafür verurteilen und bestrafen wird. Diese beobachtenden und kastrierenden Figuren leben in Ihnen. Sie zwingen Sie von innen heraus, Ihr wahres Selbst und Ihre wahren Gefühle zurückzuweisen. Sehen Sie sich so, wie Sie sind, und akzeptieren Sie sich als gut und richtig.

Die Figur der nackten Frau ist keine andere als die Ihrer Mutter. Jedes Kind hat den natürlichen Wunsch, seine Mutter nackt zu sehen. Auch Sie möchten das. Was ist daran falsch?«

Die Sitzung endet sehr befriedigend für den Patienten, der sich fühlt, als sei ihm eine Last abgenommen worden.

Der Analytiker hilft dem Patienten, vergrabene Wünsche und Gefühle des sekundären Selbst neu zu erleben. Die Entfernung zwischen dem Bewußtsein und dem sekundären Selbst soll sich verringern.

Deshalb macht der Analytiker den Patienten auf die unbewußten Ziele des Traumes aufmerksam. Vollständige unbehinderte Lustbefriedigung ist das größte Ziel des Unbewußten. Der Analytiker sollte den Patienten auch auf die Widersprüche zwischen dem tertiären und dem sekundären Selbst hinweisen und ihm erklären, wie das tertiäre Selbst aus Ängsten und sozialen Zwängen heraus entsteht und in den wahren Gehalt des sekundären Selbst eingreift.

Die Phantasien und Träume des Patienten werden miteinander in Verbindung gebracht, so daß der Patient einen besseren Kontakt zu sich selber bekommt. Wenn der Patient einmal anfängt, sich seiner Träume zu einnern, beginnt er, viele zu notieren.

Der Analytiker kann bestenfalls einen Traum während einer fünfundvierzigminütigen Sitzung bearbeiten. Oft ist er nicht einmal dazu in der Lage. So stellt sich die Frage, was mit den anderen Träumen geschieht. Wie können wir mit ihnen umgehen?

Aus meiner Erfahrung muß ich sagen, daß es nicht ratsam ist, sie auszulassen. Der Patient muß auch ihre Bedeutung kennen, da sie nützliche Hinweise für das eigene Selbstverständnis enthalten.

Unter diesen Umständen ist es am besten, nicht nur einen Traum klassisch psychoanalytisch zu deuten. Der Analytiker sollte sich alle anhören und sie zügig interpretieren, was ihm aufgrund seiner Ausbildung ein leichtes sein wird.

Aus meinen persönlichen Erfahrungen als Analysierter wie als Analytiker weiß ich, daß Patienten rasch die Bedeutung der Interpretation erfassen. Der Ausdruck auf ihren Gesichtern zeigt unmittelbar ihr Verständnis. Sie staunen einfach über die neue Einsicht, die ihnen so plötzlich zufließt.

Gewiß ist dieses Verfahren nicht so nützlich wie die vollständige Deutung eines Traumes durch die oben beschriebene sorgfältig ausgearbeitete Methode. Die schnelle Analyse und Interpretation hat jedoch ihren Wert und ist besser als eine Auslassung.

Wenn der Patient auf seinem Weg voranschreitet, beginnt er, selber die Bedeutung der Träume zu erfassen. Eine Technik zur Selbstanalyse von Träumen soll nun anhand von zwei Beispielen erläutert werden.

Beispiel 1
Ein junger Patient kam zu mir (er war seit drei Monaten einmal die Woche bei mir in Behandlung) und berichtete folgenden Traum: »Ich komme mit einem kleinen Kind zu Ihnen. Sie lieben das Kind, aber nicht mich.«

Da wir wenig Zeit hatten, ich den Traum aber berücksichtigen wollte, sagte ich zu ihm: »Beide sind ein Teil von Ihnen. Das Bild des kleinen Kindes symbolisiert Ihr wirklicheres, das sekundäre Selbst. Es beginnt zu spüren, daß es von mir Liebe, Zuneigung und Verständnis erhält. Genau das braucht es, und daher kommt es zu mir.

Der Erwachsene ist das ›identifzierte Bild‹, das tertiäre Selbst, das durch Metamorphose entsteht. Es fühlt sich von mir nicht geliebt. Es hat keinen Kontakt zu mir und sucht auch keinen. Es will sich nicht um der Liebe willen vor mir beugen.«

Der Patient zeigte sich sehr zufrieden.

Beispiel 2
Am Ende einer späteren Sitzung berichtete der Patient folgenden Traum: »Ich laufe eine Straße entlang. Ich sehe ein nacktes zweijähriges Kind. Es hält seinen Penis und tanzt voller Freude. Ich schaue es an und rüge es dafür.«

Ich gab ihm folgende Deutung: »Beide Bilder sind Teile von Ihnen. Das nackte Kind ist Ihr sekundäres Selbst. Sie haben einen unbewußten Wunsch, nackt herumzulaufen, mit Ihrem Penis zu spielen und diesen Zustand zu genießen. Solche Wünsche sind nicht verwerflich, sondern auf der Ebene des sekundären Selbst natürlich und daher richtig. Das Bild der kritisierenden älteren Person ist das identifizierte und metamorphosierte tertiäre Selbst. Einst als Kind wurden Sie für Ihre Bedürfnisse verurteilt. Sie haben das Kind in Ihnen vergessen und wurden selber zur verdammenden Figur, indem Sie sie verinnerlichten.«

Wiederum war der Patient zufrieden.

Viele Analytiker, die ihre Patienten in klassischer Weise behandeln, werden ängstlich, wenn sie auch nur ein wenig von den Prinzipien der klassischen Psychoanalyse abweichen. Mir scheint, daß sie ihre Prinzipien und Freud selbst als neues Über-Ich verinnerlicht haben und so unwissentlich zu Opfern eines neuen Systems von Prinzipien werden, das ihre Freiheit blockiert.

In der Meditation gilt ein Grundsatz, der möglicherweise die gesamte Bedeutung der Selbstverwirklichung und der Freiheit in sich trägt. Nehmen wir an, jemand möchte BUDDHA werden. Der ernsthaft sich Bemühende sollte weder die Prinzipien und Lehren Buddhas noch sein Bild verinnerlichen, statt dessen all das überwinden, was eine Identifikation mit Buddha erzeugt. »Töte den Buddha in dir, um Buddha zu werden.« Realisierst du seinen Erkenntnisstand, wirst du, was er war. Keine Identifikation, keine Verinnerlichung eines neuen Über-Ichs. Dieser Zustand beschreibt die absolute Freiheit des individuellen Bewußtseins von allen Bindungen, ein Verweilen in sich. Keine Idee, kein Bild und keine Meinung, die es würde festhalten wollen.

Die klassischen Psychoanalytiker haben von dieser Freiheit jedoch keine Vorstellung. Zum größten Teil sind sie selber gebunden. Sie haben genausoviel Angst davor, sich von Freud und seinen Lehren abzulösen, wie ein Kind, das befürchtet, von seinem Vater getrennt zu werden. Selten wurde versucht, die gesetzten Bahnen der Traumdeutung zu verlassen.

Während der Analytiker die Träume des Patienten mit Hilfe der klassischen Methode oder einer raschen Interpretation bearbeitet, lernt der Patient selbständig, seine Träume zu analysieren. Das gibt ihm Vertrauen und Einsicht in sein eigenes Leben. Darüber hinaus macht ihn die Eigenanalyse vom Analytiker unabhängiger, was sehr tröstlich für ihn sein kann. Die Fähigkeit zur Selbstanalyse ermöglicht außerdem die Bearbeitung vieler Träume, für die beim Analytiker keine Zeit bleiben. Gelegentlich ist ein neuer Impuls von seiten des Analytikers richtig und notwendig, da das Bewußtsein gewohnheitsmäßig in alte Muster zurückfällt, doch sind Bestrebungen, sich vom Analytiker zu lösen, genauso wünschenswert. Ich kenne Patienten, die sich völlig der Fürsorge des Analytikers überließen und für den Rest ihres Lebens nicht mehr aus dieser Abhängigkeit herausfanden.

Zu Beginn mag die Selbstanalyse des Patienten keine greifbaren Ergebnisse hervorbringen, doch verbessert sich diese Situation bedeutend nach dem Jet-Erlebnis.

Das Jet-Erlebnis markiert einen der wesentlichen Entwicklungsschritte im Prozeß der Meditation. Von diesem Punkt an beginnt die Selbstanalyse beinahe automatisch zu verlaufen.

Das individuelle Bewußtsein, das sich vom sinnlichen Bewußtsein gelöst hat, verknüpft sich im Traum mit bewußten wie unbewußten Anteilen. Diese Bereiche können Sie unmittelbar als solche erkennen. Die unterdrückten Wünsche und Ziele des Unbewußten und der emotionale Gehalt des Traumes werden Ihnen so deutlich, und Sie werden unvermeidlich dahin geführt, Ihr sekundäres Selbst immer stärker zu akzeptieren.

Zwei Beispiele aus meinem Notizbuch erläutern diese Form der vereinfachten Traumdeutung.

Beispiel 1

»Zunächst schwimme ich mit großer Freude im Raum. Dann finde ich mich freudig schwimmend im Ozean wieder. Ich spüre etwas Angst angesichts der Unendlichkeit des Ozeans. Ich finde eine christusartige Statue, die in milchig-weiße Kleider gehüllt ist. Die Figur tröstet mich und versichert mir, daß ich nichts zu befürchten habe.«

Dieser Traum erschien mir in einem fortgeschrittenen Stadium der Meditation, ungefähr vier Jahre nach dem Jet-Erlebnis. Um ihn zu analysieren, konzentrierte ich mich auf die Mitte zwischen den Augenbrauen. Dort sehe ich die Bedeutung des Traumes:

Das individuelle Bewußtsein möchte in das kosmische Bewußtsein eintauchen. Das ist das größte unbewußte Ziel. Ein geringer Kontakt mit ihm gibt mir ein Gefühl, als schwämme ich in der Ewigkeit. Teil dieser endlosen Ewigkeit zu werden, ist ebenfalls mein unbewußtes Ziel, das spirituelle Bedürfnis jedes individuellen Bewußtseins.

Freudig im endlosen Ozean zu schwimmen, repräsentiert denselben großen Wunsch. Der Ausdruck »Ozean der Glückseligkeit«, den ich von jemandem gehört oder in einem Buch gelesen habe, kann diese Szene in mir angeregt haben.

Die Angst stammt daher, daß die Ich-Identität oder das weltliche »Ich« noch nicht vollständig vom Bewußtsein aufgelöst wurde. Dieses Ich fürchtet seine Zerstörung, seinen Verlust. Es hat eine begrenzte Struktur und fürchtet sich vor der Unbegrenztheit.

Die christusähnliche Figur im weißen Gewand stellt den geistigen Lehrer oder Gott dar. Er tröstet das individuelle Bewußtsein auf solch einer Reise und befreit es von Angst.*

Vom psychoanalytischen Standpunkt aus ist die vorgetragene Interpretation nicht gültig. Aus dieser Sicht ist das Schwimmen nur ein Symbol für den Geschlechtsverkehr. Ich lehne diese Interpretation nicht ab. Doch unterliegt sie den Grenzen der psychoanalytischen Theorie und ist von daher nur teilweise wahr.

Tatsächlich wurde mein Traum von dem Komplex angeregt, der dem spirituellen Bedürfnis anhängt. Dieser Komplex verlagert sich auf Grundbedürfnisse nach Sexualität, Fleisch und einem Objekt. Das unbewußte Ziel ist Freude und Verschmelzung.

Beispiel 2

Das erste Beispiel beschreibt einen Traum, der während einer späteren Phase meiner Psychoanalyse und Meditation auftauchte. In diesem Stadium sind Träume meist angstfrei und schön und vermitteln ein Gefühl des Glücks. Der folgende Traum stammt aus einer früheren Phase.

* Die Notwendigkeit eines geistigen Lehrers war in der indischen Meditationstradition immer umstritten. Die meisten finden ihn absolut notwendig, nur wenige können auf ihn verzichten. Aus meiner eigenen Erfahrung kann ich sagen, daß auch dann, wenn jemand alleine in der Meditation voranschreitet, er in seinem Traum einen großen geistigen Lehrer finden kann, der ihn geleitet. Der geistige Lehrer als Instrument Gottes kommt in Zeiten der Not, wenn er gebraucht wird, um zu führen und zu helfen. Näheres über die Bedeutung und Rolle eines geistigen Führers in »*Third Eye and Kundalini*«.

»Ich befinde mich an einem fremden Ort. Viele Jugendliche laufen dort nackt herum. Ich schaue ihnen mit großem Vergnügen zu. Doch spüre ich im Untergrund eine Angst. Ich wende mein Gesicht ab.«

Für die Analyse des Traumes konzentriere ich mich auf die Mitte zwischen den Augenbrauen und erkläre ihn folgendermaßen:

»Ich, das sekundäre Selbst, bin sehr verliebt in die nackten Körper der Jungen. Ich bin ein Schaulustiger. Ich möchte mit den nackten Körpern der Jugendlichen spielen. Das ist mein großer Wunsch. Als Jugendlicher war ich in meinen eigenen nackten Körper verliebt. Ich schwelgte in Selbstliebe und Autoerotik. Ich bin auf männliche nackte jugendliche Körper fixiert.«

Die Angst taucht auf, weil das tertiäre Selbst diese Bedürfnisse wegen meiner Schuldgefühle nicht akzeptiert. Der Ort ist aus genau diesem Grund fremd. Das tertiäre Selbst gestattet mir nicht die volle Freiheit, mir meines Begehrens völlig inne zu werden.

Mit diesem Verständnis fühle ich mich meinem sekundären Selbst näher.

Während Sie mit der vereinfachenden Technik der Traumanalyse beständig fortfahren, werden Sie sich der Bedeutung Ihrer Träume mehr bewußt.

Eines Tages stellen Sie fest, daß Sie einfach Bewußtsein oder Selbst sind. Das sekundäre Selbst der niederen Wünsche und das aus Identifikationen geformte tertiäre Selbst sind nur Verinnerlichungen. Sie existieren als Reiz und Antwort, in Form von Bildern im sinnlichen Bewußtsein, das wahre Selbst aber ist ganz frei davon (vergleiche hiezu Abbildung 16). Dies kann ein großes Erwachen bedeuten – ein Gefühl des Glücks umfängt das Bewußtsein. In einer glückseligen Aufwallung realisieren Sie: *Das bin ich – das formlose Bewußtsein. Dieses Bewußtsein heftet sich an Bedürfnisse, Reaktionen und Identifikationen, um mir eine jeweils andere Form zu geben. Doch finde ich beides nicht. Ich bin einfach Bewußtsein. Ich muß mich befreien, um für immer und in vollem Umfang zu wissen, daß ich Bewußtsein oder das wahre Selbst bin.* Dieses Wissen führt zur vollständigen Vereinfachung und Perfektion der Traumanalyse. Im Traum sehen Sie die verschiedenen Identifikationen des tertiären Selbst, die Sehnsüchte des sekundären Selbst und das Selbst als reines Bewußtsein.

Abbildung 16

Diese drei Teile werden immer wieder erhellt. Sofort und mit vollem Bewußtsein lösen Sie das Selbst von den Identifikationen und Wünschen ab.

Der folgende Traum geht auf eine Phase zurück, die nach dem Jet-Erlebnis stattfand.

»Ich spiele mit den Brüsten einer Frau. Sie heißt mich dafür willkommen und lächelt. Ich spüre Lust und Freude in mir. Dann bemerke ich, daß der Vater der Frau kommt. Ich bekomme Angst. Der Ort wechselt hin und her zwischen dem Haus der Frau und unserem Haus, das wir in Pakistan zurückließen.«*

Analyse und Interpretation: Das »Ich« , das mit den Brüsten der Frau spielt, ist nichts anderes als mein reines Selbst, umgeben von den Begierden des sekundären Selbst nach fleischlicher Lust, einem Objekt und Liebe. Mein Selbst und jene Wünsche sind zwei unterscheidbare Dinge.

Die Frau ist niemand anderes als meine Mutter. Die Ansicht des alten Hauses meiner Kindheit, in dem ich lebte und meine Mutter schlief, weist eindeutig darauf hin. Jene Mutter und ihr Fleisch sind tief in mir verankert, und ich habe den Wunsch, zu jenem Kindheitsvergnügen zurückzukehren. Bewußt verzichte ich auf jenen Wunsch und das damit verbundene Bild und trenne mein Selbst von beiden. Ich bin einfach formloses Bewußtsein. Dies ist in der Meditation offensichtlich für mich.

Der Vater jener Frau ist kein anderer als mein eigener Vater. Mein Vater wird von mir als eine verfolgende und verdammende Figur erlebt, und ich fürchtete sehr, ihn zu sehen. Diese Angst ist noch in mir, die Angst vor Autoritäten und einem Beobachter. Diese Figur habe ich auf der Ebene des tertiären Selbst verinnerlicht. Sie bestimmt es und verhindert meine Freiheit. Bewußt lasse ich dieses Bild fallen und lösche jene verfolgende Figur aus. Bewußt erfreue ich mich an dem Begehren des sekundären Selbst, mit der Mutter zu spielen. Ich erlaube mir dieses Vergnügen in der Meditation. Nachdem ich voll mein sekundäres Selbst gelebt habe, verabschiede ich mich bewußt von dem Bild jener Frau und den an sie gebundenen Wünschen, da ich von ihr unterschieden bin. Ich sitze wieder in der Meditation und spüre: »Ich bin Freude, Licht und Liebe – die Eigenschaften des reinen Bewußtseins.«

Indische Heilige und Jogis haben sich immer gegen die Traumanalyse ausgesprochen, während die Psychoanalytiker für sie eingetreten sind.

Der Inhalt des sinnlichen Bewußtseins, der sich aus Bildern, Gedanken, Wünschen und Mustern der sozialen und materiellen Welt einerseits und reflexhaften animalischen Reaktionen andererseits zusammensetzt, ist lediglich eine Blockade auf dem Weg zum kosmischen Bewußtsein. Sie bilden das sekundäre Selbst.

Die Jogis waren der Auffassung, daß es nicht notwendig sei, sich mit diesen Wegsperren abzugeben. Man sollte sich statt dessen auf das Ziel konzentrieren. Die Hürden würden automatisch vom individuellen Bewußtsein

* Mein Geburtsort liegt im Kanton Rawalpindi im heutigen Pakistan.

genommen, wenn es in der Meditation auf sein Ziel zuwandere. In dieser Behauptung steckt ein positiver Kern. Wenn wir anfangen, die Hürden zu sehen, ist es durchaus möglich, daß wir an manchen Stellen so verwickelt werden (aufgrund der Angst, die mit ihnen verbunden ist, oder aufgrund ihrer verlockenden und lusterzeugenden Natur), daß wir unser letztes Ziel völlig aus den Augen verlieren und die Reise aufgeben. Immer wieder werden wir spüren, daß wir das letzte Ziel noch nicht erreicht haben, doch aus Angst oder aufgrund der Verführungskraft dieser Bilder und Muster schwächen wir unseren Willen, weiter voranzuschreiten. Von daher ist es ganz verständlich, daß die Jogis die Traumanalyse nicht befürworten.

Die Psychoanalytiker hingegen sehen die Traumdeutung als notwendig an. Sie meinen, daß alle emotionalen Probleme aus den Konflikten zwischen den Es-Trieben des Unbewußten und dem vom Über-Ich kontrollierten Ich herrührten, das sich davor fürchtet, die Es-Wünsche anzuerkennen und zu erfüllen. Die emotionale Anerkennung und Akzeptanz jener Wünsche sei der Weg zum Glück. Da Träume eine Quelle für die Erkenntnis solcher Bedürfnisse und Wünsche sind, ist die Traumanalyse ein notwendiger Teil ihres Ansatzes.

Immer wieder bringen Träume die Ziele des Unbewußten an die Oberfläche. Ihre Erkenntnis ist ein Muß, wenn die Analyse irgendeine sinnvolle Erleichterung bringen soll. Die Analytiker sind jedoch von ihrer Sache so überzeugt, daß sie meinen, die vollständige Analyse eines einzigen Traumes könne das Geheimnis der ganzen Psyche aufdecken.

In meiner Auffassung stimme ich mit den indischen Heiligen und Jogis darin überein, daß das letzte Ziel des Lebens über Meditation erreicht werden kann, selbst wenn wir nicht auf die Traumanalyse zurückgreifen. Jedoch meine ich, daß die Traumanalyse den Weg zum endgültigen Ziel glättet.

Die Reise durch das sekundäre Selbst ist der schwierigste Abschnitt. Wir müssen dazu durch die Hölle gehen. Unsere natürlichen Bedürfnisse zielen darauf ab, daß diese Reise so angstfrei und so kurz wie möglich verläuft.

Die Traumdeutung, ja die gesamte Psychoanalyse, verringert die Furchtsamkeit vor dieser Reise, indem sie nach und nach die »Hölle« vor unserem Bewußtsein ausbreitet und uns über ihre Fallen und Kniffligkeiten informiert. Die Meditation hingegen macht uns diesen Fallen und Komplikationen gegenüber ein wenig blind.

Die Traumdeutung kann dem Menschen dazu verhelfen, die Reise früher zu beenden. In reiner Meditation versunken muß der Meditierende manchmal zehn Stunden am Tag sitzen, um sein Ziel in zehn Jahren zu erreichen. Ich kenne eine Reihe Leute, die täglich zwei Stunden meditieren und nach acht oder zehn Jahren immer noch angespannt und unglücklich sind. Es ist offensichtlich, daß sie trotz beachtlicher Fortschritte immer noch in zahlreichen Widerständen und Ängsten befangen sind, die aufgelöst werden müssen.*

* Nachdem ich die Gnade des geistigen Lehrers erfahren habe, muß ich diese Ansicht etwas einschränken. Die Gnade Gottes oder des geistigen Lehrers vermag alles.

Warum ist die Meditation in dieser Weise begrenzt, nicht aber die psychoanalytische Meditation? Psychoanalytische Behandlung und deren Wissen verringern die Schuldgefühle und helfen bei der Aufarbeitung der Vergangenheit. Auf der anderen Seite verstärkt die Meditation oft die Schuldgefühle und erweist sich als wenig hilfreich bei der Visualisierung des sekundären Selbst. Nur der kontinuierliche Druck des Atems *(Prana)* auf die Nervenformationen bringt die Vergangenheit ins Bewußtsein und verbrennt sie. Dies erfordert gewiß mehr Arbeit und Zeit.

Doch auch die Traumdeutung im Sinne der westlichen Analytiker ist unzureichend, denn die Vorstellung von einem reinen oder kosmischen Bewußtsein entfällt gänzlich. Sie wissen nichts über das endgültige Ziel des Lebens oder das kollektive Unbewußte vergangener Leben. Ihre Beschäftigung gilt dem Unbewußten dieses Lebens beziehungsweise bloß einem Teil von ihm.

Muß ihre Deutung und Analyse aus diesen Gründen unzulänglich bleiben, so gilt umgekehrt für die Meditation, daß sie ohne Psychoanalyse zumindest in den Anfangsstadien gefährlich und »blind« sein kann.

22. Der emotionale Gehalt von Träumen

Zu Beginn des Lebens besteht das Kleinkind nur aus dem individuellen Körper, aus individuellem Bewußtsein und spiritueller Energie, die dem Bewußtsein untersteht. Solange diese Energie im Bereich des Bewußtseins (oder der Seele) verbleibt, ist sie spiritueller Natur. Wenn das Kleinkind heranwächst, entfalten sich zahlreiche, reflexhafte animalische Reaktionen, Wünsche und Gedanken. Die spirituelle Energie heftet sich an sie und nimmt die Form von Emotionen an. Emotion ist daher nichts anderes als eine animalische Reaktion oder ein Wunsch oder eine Vorstellung, verbunden mit einer bestimmten Menge spiritueller Energie.

Zu einer bestimmten Zeit in meinem Leben hatte ich den großen Wunsch, meinen Verfolger oder Verweigerer aus dem Weg zu räumen oder zu ermorden. Immer wenn dieses Verlangen auftauchte, wurde ich von Abscheu und Wut geschüttelt. Es war reiner Haß. Selbst jetzt kann ich klar sehen, wieviel »energetische Unruhe« in mir bei diesem Bedürfnis entstand. Ich war hilflos. Die Energie unterstand dem Kommando der Begierde oder der Vorstellung, den Verweigerer aus dem Weg zu räumen oder zu töten. Die Energie war in den Bereich der Bedürfnisse geraten und dort zur Emotion geworden. Jetzt haben sich die Dinge verändert. Es gibt immer noch Verfolger und Verweigerer. Doch verfalle ich selten dieser »energetischen Unruhe«. Der Grund liegt darin, daß die Energie nicht länger der Herrschaft der Vorstellungen oder Wünsche, sondern zum größten Teil wieder meiner Befehlsgewalt untersteht.

Die Emotion hat sich in spirituelle Energie zurückverwandelt. Hieran läßt sich erkennen, daß Emotionen zerbrechliche Natur und in letzter Analyse gar nicht »wirklich« vorhanden sind, wie es westliche Psychologen behaupten.

Gelingt es, den emotionalen Gehalt zu »sehen«, trennt sich die Energie ab und fließt zurück in den Hauptstrom der spirituellen Energie. Wir müssen die Tatsache anerkennen, daß *emotionale und seelische Konflikte im Grunde spirituelle Probleme sind. Die Heilung liegt darin, daß wir die spirituelle Energie von Wünschen, Ideen, Wahrnehmungen, animalischen Reaktionen ablösen und sie wieder der Herrschaft des Bewußtseins unterstellen, wo sie nicht mißbraucht werden kann.*

Diese Ablösung muß radikal sein, soll die gewünschte Wirkung erzielt werden.

Selbst wenn beispielsweise bei dem Gedanken an die Mutter das Gefühl der Liebe im Nervensystem aufsteigt und wir diese Erregung nicht aufhalten können, ist dieser Vorgang eigentlich nicht positiv und aus spiritueller Sicht nicht zu loben, gleichgültig, wie die Gesellschaft darüber denkt. Solch eine Erregung ist negativ, da sie einem Bild verhaftet bleibt und nicht in den Hauptstrom spiritueller Energie zurückfließen kann.

Im allgemeinen helfen uns drei Schritte bei der Erkenntnis des emotionalen Gehalts eines Traumes (oder einer anderen Situation):

Die klare Visualisierung der Vorstellung, des Wunsches, der Angst oder anderer animalischer Reaktionen, die mit der Emotion verbunden sind.

Die bewußte Wiederholung jener emotionalen Unruhe und das konstante willentliche Vergegenwärtigen der Verbindung der Vorstellung oder des Wunsches mit der Energie. Dies kann über Phantasien, freie Assoziationen oder freies Schreiben geschehen.

Das Gefühl, ein hilfloser Zeuge dieser gesamten Schau emotionalen Aufruhrs und emotionaler Unruhe zu sein. Auf der Höhe des Bewußtseins und mit einem tiefen Lächeln lassen Sie die Vorstellung oder den Wunsch fallen, der die Emotion anregt und die Energie in Erregung versetzt. Dieser Vorgang wird auch als Transzendenz der Vorstellung oder des Wunsches bezeichnet.

Ein Beispiel:
Nehmen wir an, ich träume eines Nachts folgende Szene: »Ich küsse ein hübsches Mädchen. Mein Vater sieht mich und fertigt mich schroff ab. Ich beschimpfe ihn und will ihn schlagen.«

Der Traum umfaßt klar drei Komponenten. Erstens sehne ich mich nach Liebe und Körperkontakt. Dafür existiert in mir das Bild eines hübschen Mädchens.

Die zweite Komponente bezieht sich auf die Angst, von jemandem beobachtet zu werden, besonders von älteren Personen. Mir graut davor, daß meine Bedürfnisse entdeckt werden könnten.

Die dritte Komponente spricht mein Bedürfnis an, jeden aus dem Weg zu räumen, der mir die Freiheit und den Kontakt mit einem Objekt verweigert.

Während ich mir der drei Komponenten bewußt bleibe, erkenne ich sehr klar, daß ich im Traum erregt war. Die Erregung bezeichnet hier Wellen auf der ruhigen Oberfläche der Energie. Dabei schließe ich beide Arten von Erregung ein: die, die durch die positive Emotion der Liebe und Zuneigung verursacht wird, und die, die auf der negativen Emotion der Angst und des Hasses gründet.

Wenn die drei Komponenten wahr und richtig erkannt sind, müssen sie dieselbe »energetische Erregung« auch in den Wachzuständen erzeugen. In meiner Phantasie wiederhole ich die drei Elemente. Auf meiner inneren Bühne liebe ich das Mädchen und küsse sie. Ich spüre, wie mich eine starke Energiewelle durchläuft. Mein Penis wird steif. Emotional lade ich mich auf. Sofort wechsele ich zur zweiten Komponente des Traumes über. Die Vaterfigur tritt auf. Ich bin nervös. Furcht packt mich. Meine Erektion entschwindet. Meine ganze Lust ist mir vergangen. Ich bin wieder erregt, doch diesmal in negativer Weise.

Jetzt wechsele ich zur dritten Komponete über. Ich spüre den Wunsch, diese Figur, die sich zwischen mich und das hübsche Mädchen gedrängt hat, aus dem Weg zu räumen. Das Verlangen und die Vorstellung packen mich. Je mehr ich mich in diese Vorstellung versenke, um so stärker lade ich mich mit Emotionen auf. Die Emotion steigt in mir hoch. Ich will diese Vaterfigur umbringen, fertigmachen. Wiederum bin ich sehr erregt.

In meiner Phantasie durchlaufe ich immer wieder die aktuellen Vorstellungen, Wünsche und Reaktionen der drei Komponenten. Ich stelle fest, daß immer wieder dieselbe energetische Erregung in mir auftaucht. Die Energie untersteht der Herrschaft jener Ideen und Wünsche, nicht mir. Dies bedeutet einfach, daß die Energie ihrer Natur nach emotional und nicht spirituell ist.

Ich bin nur ein hilfloser Zeuge. Mit jeder Wiederholung werde ich mir dieses Vorganges immer stärker bewußt. Auf der Höhe meines Bewußtseins versuche ich, jene Vorstellungen und Wünsche fallenzulassen.

Mit jeder Wiederholung dieser Schritte finde ich Erleichterung, Ruhe und Zufriedenheit, ein sicheres Zeichen dafür, daß immer mehr psychische Energie der Befehlsgewalt dieser Vorstellungen und Wünsche entweicht und in spirituelle umgewandelt wird.

23. *Wiederholungsträume*

Ein anderes interessantes und bedeutsames Phänomen ist die Wiederholung bestimmter Träume. Sie mögen feststellen, daß Sie denselben Träumen in regelmäßigen Abständen wiederbegegnen. Solche Träume werden Wiederholungsträume genannt.

Die Analytiker sind sich darin einig, daß Wiederholungsträume bedeutsamer sind als solche, die vielleicht nur einmal auftreten. Darüber, warum Wiederholungsträume sich überhaupt ereignen, herrschen unterschiedliche Auffassungen.

Das individuelle Bewußtsein hat nur ein letztes Ziel: die Verschmelzung mit dem kosmischen Bewußtsein. Dieses Ziel kann es jedoch nur erreichen, wenn es sich von allem Materiellen, allen Bindungen des sinnlichen Bewußtseins befreit. Das bedeutet, daß es das gesamte Ich transzendieren muß.

Bestimmte Strukturen des Ichs lassen sich vergleichsweise leichter aufheben als andere.

Den schwer auflösbaren könnte eines der folgenden Elemente zugrunde liegen:

- Ein tiefverwurzelter Wunsch.
- Ein großes Bedürfnis nach Sicherheit und Liebe oder Unsicherheit und Haß. In psychoanalytischer Sprache: eine Fixierung oder ein Komplex.
- Große Angst und die tiefe Verdrängung eines Bedürfnisses.
- Ein tiefer Widerstand, intensive Schuld und tiefe Angst.

Solche im Unbewußten abgespeicherten Erfahrungen, die im Zusammenhang mit den genannten Elementen gemacht werden, verursachen Wiederholungsträume, da sie ein tiefes Verlangen ausdrücken und immer wieder nach Erfüllung streben. Da mit diesen Sehnsüchten Angst und Schuldgefühle verbunden sind, wird der wahre Gehalt des Traumes verzerrt. In diesem Sinne wird verständlich, warum das Bewußtsein immer wieder zu diesen Strukturen hineilt, der Aufgabe aber hilflos gegenübersteht, sie richtig zu sehen und aufzulösen.

Wiederholungsträume können auf eine intensive Erfahrung hinweisen, die im Bewußtsein verborgen ist, aber auch auf die Überwindung eines Hindernisses.

Es gibt keine spezielle Methode für den Umgang mit solchen Träumen. Sie werden genauso behandelt wie andere. Jedoch müssen bestimmte Aspekte vom Analytiker und dem Patienten während der Arbeit an solch einem Traum beachtet werden.

Erstens verbergen diese Träume viel mehr als andere, so kommen in ihnen auch mehr Symbole und Verschiebungen vor. Natürlich können Sie immer wieder durch eine oberflächliche Deutung dieser Träume getäuscht werden. Den Beweis dafür finden Sie darin, daß der Traum sich weiterhin wiederholt.

Wenn Sie den Gehalt des Traumes auf einer tieferen Ebene erfassen, kann das Unbewußte in einer etwas anderen Zusammensetzung von Symbolen und Verschiebungen den in seiner Grundstruktur gleichbleibenden Traum wiederholen. Dieser Vorgang weist auf die Intensität der Wünsche und damit verbundener Erfahrungen hin. Solche Träume ändern nicht nur die Symbolik, sondern auch die Regelmäßigkeit ihres Auftretens, um die Person in die Irre zu führen.

Beispiel:
Eine Frau mittleren Alters berichtete folgenden Traum, der sich wöchentlich wiederholte:

»Mit einigen Freunden gehe ich eine Treppe hinauf. Bei einer bestimmten Stufe bleibe ich stecken, während die anderen weitergehen. Die Stufe ist abgebrochen. Die anderen haben keine Mühe, diese Stufe zu übersteigen, doch mir ist es nicht möglich, obwohl ich es sehr gerne möchte. Zwei Gefühle beherrschen mich: erstens das Gefühl, alleingelassen zu werden, und zweitens das Gefühl, daß ich wegen des gebrochenen Teils hinunterfallen werde. Dann sehe ich, daß mein Mann versucht, mir über die Stufe zu helfen. Ich fühle mich etwas getröstet. Doch kann ich mich nicht erinnern, ob es mir gelingt, die Stufe zu übersteigen.«

Dieser Traum kam mir sehr bekannt vor. Ich träumte eine ganz ähnliche Szene in meinem Leben. Und mindestens zwei andere hatten fast den gleichen Wiederholungstraum aus ihrem Leben berichtet.

Es war mir früher nicht aufgefallen, doch jetzt sah ich einen Zusammenhang darin, daß alle drei Personen, die solch eine Szene im Traume erlebt hatten, wie diese zweiunddreißigjährige Frau, zwischen dreißig und vierzig Jahre alt waren. War dieser Altersfaktor nur zufällig oder bedeutsam? Ich wußte zum Zeitpunkt des Berichts noch wenig davon.

Aus meinem persönlichen Leben kannte ich zwei oder drei Interpretationen dieses Traumes, und von daher glaubte ich, ich könnte das Problem jener Frau rasch lösen.

Ich probierte eine recht direkte Deutung aus, die auf den »Wiederholungszwang« jenes gleichen Geschehens abzielt. Ich forderte sie auf, sich an ihre Kindheit zu erinnern, als sie mit Geschwistern und Freunden im Hause spielte.

Sie arbeitete sehr aktiv mit, was in Indien ungewöhnlich ist, besonders bei psychoanalytischen Sitzungen. Sie versenkte sich sofort in ihre Kinderjahre, beschrieb ihr Haus, die Geschwister und die Freunde. Ohne Schwierigkeiten konnte sie die benennen, die sie mochte, und die, die sie ablehnte. Sie erzählte mir auch von ihren zahlreichen Wünschen in jenem Alter.

Nach und nach schilderte sie verschiedene Spiele, die sie mit ihren Geschwistern und Spielgefährten unternommen hatte. Sie sah die Treppe ihres Hauses und beschrieb, wie sie darauf zu spielen pflegte. Als sie sich weiter in ihre Kindheit versenkte, füllte sich ihr Herz mit Freude. Sie sah, daß sie als kleines Mädchen nicht in der Lage gewesen war, die Treppe so schnell hinauf- und hinunterzulaufen wie die anderen. Sie wollte es gerne, konnte aber nicht. »Ich war eher ängstlich. Mein älterer Bruder nahm mich in der Regel auf und trug mich nach oben«, berichtete sie gegen Ende.

Ich wollte etwas sagen, doch erhob sie sich sofort und setzte sich auf der Couch auf. Sie war glücklich. Sie sagte, daß sie klar den Ursprung und die Ursache ihres Traumes erkennen könne. Sie wirkte so überzeugt, daß ich nicht in ihre Freude eingreifen wollte. Von ihrer emotionalen Reaktion her akzeptierte ich zögernd, daß sie recht haben könnte.

Genau nach einer Woche berichtete sie denselben Traum mit demselben Inhalt und derselben verzehrenden Angst. Nichts hatte sich geändert.

Mir war klar, daß ihr Verständnis in der vorangegangenen Woche an der Oberfläche geblieben war. Sonst hätte sich der Traum nicht in genau derselben Weise wiederholt. Dieses Mal wandte ich die klassische psychoanalytische Methode an. Ich zerlegte den Traum in die folgenden Einzelteile:

- Die Treppe und die abgebrochene Stufe.
- Ihre Freunde.
- Ihren Ehemann.
- Die Vorstellung: »Ich werde alleingelassen.«
- Die Vorstellung: »Ich kann zu Boden fallen.«
- Das wöchentliche Auftauchen des Traumes.

Sobald sie über den ersten Aspekt frei assoziierte, traf sie die Erinnerung an ein weit zurückliegendes Ereignis. Sie war vierzehn Jahre alt. In ihrem Hause fand eine Hochzeit statt. Viele Verwandte waren gekommen. Unter den Gästen war ein schöner junger Mann von sechzehn Jahren. Auf den ersten Blick verliebten sie sich ineinander. Da viele Gäste im Haus waren, zogen sie sich oft auf die Treppe zurück, um einander zu umarmen und zu küssen. Spontan rief sie aus, daß sie sich immer noch nach diesem jungen Mann sehne. »Ich kann ihm nicht widerstehen«, sagte sie tief bewegt. Sie war an diesem Punkt steckengeblieben. Ihr Verlangen, einen schönen jungen Mann zu lieben und von ihm geliebt zu werden, war sehr intensiv.

In den freien Assoziationen über ihre Freunde nannte sie viele Mädchen und schilderte Ereignisse mit ihnen, an denen nichts Ungewöhnliches war. Ein besonderes Gefühl jedoch erwies sich als bedeutsam. Sie hatte den Eindruck, daß sich alle gut etabliert hatten, und war deshalb eifersüchtig und unglücklich.

Ihrem Ehemann gegenüber drückte sie viel Respekt aus. »Er ist sehr gut, sehr zärtlich. Er liebt mich sehr. Er bewahrt mich davor, auf der Treppe hinzufallen. Er zieht mich nach oben, so daß auch ich den abgebrochenen

Teil überschreiten und meine Freundinnen einholen kann. Er hilft mir in jeder Hinsicht . . .« An diesem Punkt brach sie in Tränen aus.

»Was empfinden Sie, wenn Sie verlassen werden?« Ich fragte sie direkt und fügte hinzu: »Nehmen wir an, alle Ihre Freundinnen verlassen Sie. Oder alle Ihre Geschwister und Ihre Eltern gehen weg und lassen Sie allein. Wie wäre das für Sie?«

Die Fragen waren so direkt, daß ihr Gesicht unmittelbar Angst und Schrecken zeigte. »Ich könnte es nicht ertragen«, schrie sie fast in Nervosität auf.

In den freien Assoziationen erinnerte sie sich an zahlreiche Erlebnisse und beschrieb ihre große Angst davor, alleingelassen zu werden oder verloren zu sein.

Über den fünften Punkt: »Ich werde hinunterfallen«, konnte sie nicht mehr sagen als »Wer will hinunterfallen?« Sie wählte auch Sätze wie: »Das wird mich verletzen. Ich werde mein Bein brechen . . .«

Das wöchentliche Vorkommnis des Traumes brachte zunächst allgemeine Assoziationen auf, wie wöchentliche Ferien und das Lesen bestimmter Wochenzeitschriften. Doch während sie tiefer in Gedanken versank, sagte sie etwas sehr Bedeutsames. In ihrer frühen Jugend hatte sie ein Buch gelesen, das viele geheime Hinweise für den Geschlechtsverkehr zwischen Eheleuten enthielt. Dort hatte sie den Hinweis gefunden, daß es der körperlichen Gesundheit abträglich wäre, häufiger als einmal die Woche sexuell zu lieben. Hier unterbrach sie sich.

Das vollständige Bild des Traumes, seine latente Bedeutung, sein Ziel und sein Inhalt eröffneten sich mir.

»Wer lebt heute sonst noch in Ihrer Familie?«

»Keiner.«

»Haben Sie Mieter im Haus?«

»Ja, im oberen Teil lebt eine bengalische Familie.«

»Können Sie die Familie beschreiben? Wie viele Kinder haben sie? Wie alt sind sie? Wie verhalten sie sich?«

»Sie sind nur zu viert, Vater, Mutter, eine Tochter und ein Sohn. Sie sind sehr kultiviert, mit guten Manieren.«

Auf meine Frage nach dem Alter ging sie nicht ein. Ich wollte nicht noch einmal direkt nachhaken. So fragte ich: »Sind die beiden Kinder irgendwo angestellt?«

»Nein. Die Tochter besucht eine Universität und der Junge die elfte Klasse des Gymnasiums.«

»Haben beide Familien Umgang miteinander? Wie sind die sozialen Beziehungen zwischen beiden Familien?«

»Sehr gut. Die Tochter und der Sohn kommen oft und sitzen mit mir zusammen. Sie sind in jeder Hinsicht nett und freundlich.«

»Haben Sie noch andere Gefühle ihnen gegenüber?«

»Nein, keine.«

»Ich meine, wenn sie einmal nicht zu Ihnen kommen, vermissen Sie etwas? Wenn sie spät kommen, haben Sie den Eindruck, Sie warten auf etwas?«

»Nein, solche Gefühle habe ich nicht.«

»Benutzen Sie eine gemeinsame Treppe?«

»Ja.« Ihr eigenes Ja schien sie aufzuschrecken.

»Wie lange leben Sie gemeinsam in dem Haus?«

»Seit zwei Jahren.«

Als sie die zwei Jahre erwähnte, dachte ich sofort an ihre frühere Aussage. Sie hatte angegeben, daß sich der Traum seit zwei Jahren fast jede Woche wiederholte. Damit schien mir alles klar zu sein, und ich gab ihr die folgende Deutung des Traumes.

»Das Hinaufgehen einer Treppe symbolisiert den Wunsch nach Geschlechtsverkehr. In Ihrem Fall kann dies eine Wiederholung jenes Verlangens sein, das Sie sich mit dem jungen Mann erfüllten, als Hochzeitsgäste in Ihrem Hause wohnten. Sie sehnen sich sehr nach jener Liebe. Sie selbst konnten sehen, während Sie über das Ereignis sprachen, wie stark dieser Wunsch in Ihnen lebendig ist und wie Ihre Gefühle auf einen Kontakt mit ihm drängen. Dieses Verlangen wirkt noch in seiner vollen Stärke in Ihnen.

Die Szene, in der Ihre Freundinnen die Treppe hochsteigen, auf der Sie festsitzen, zeigt, daß nach Ihrem Eindruck Ihre Freundinnen dieses Verlangen, das Sie nicht loslassen können, überwunden haben. Sie meinen, Sie seien die einzige, die sich davon nicht trennen kann. Sie fürchten sehr, daß Sie mit diesem Begehren alleingelassen werden könnten.

Ihr Ehemann fordert Sie nach Ihrem Eindruck auf, sich von diesem Wunsch zu lösen. ›Er zieht Sie nach oben‹ heißt einfach, daß er Ihr Verlangen, mit einem anderen Mann sexuelle Liebe zu teilen, nicht billigen könnte. Allerdings arbeiten Sie im Traum nicht mit ihm zusammen, da Sie selbst mit seiner Hilfe nicht die gebrochene Stufe auf der Treppe überschreiten. Auf der Ebene Ihres Über-Ichs halten Sie Ihr Bedürfnis für schlecht. Auf der Ebene Ihres wahren Ichs bewahren Sie dieses Begehren und stehen zu ihm. In der Tat hassen Sie Ihren Ehemann, der von Ihnen verlangt, diesen Wunsch aufzugeben. Da Sie meinen, daß der Haß auf Ihren Ehemann falsch sei, statten Sie ihn mit einem Übermaß an Güte aus. Es sieht so aus, als liebten Sie ihn zur Zeit nicht besonders.«

Sie versuchte etwas einzuwenden. Doch ich fuhr fort: »Die Fallangst ist nichts anderes als die Angst, sich diesen Wunsch zu erfüllen. Der Traum kommt wöchentlich, da er von dem Satz kontrolliert wird, daß Sie nicht mehr als einmal die Woche Geschlechtsverkehr haben sollten. So intensiviert sich dieses Verlangen einmal die Woche.

Und letztlich fühlen Sie sich sehr stark von jenem Jungen angezogen, der zum Gymnasium geht. Wenn er die Treppe hochgeht, wird der Wunsch in Ihrem Unbewußten wach, ihn zu halten, zu umarmen und zu küssen. In Ihrem Bewußtsein sind Sie auf der Treppe gefangen, dort, wo Ihre erste Liebe aufblühte und gebrochen wurde.

Der Traum erscheint Ihnen in dieser Form seit der Zeit, da er das Gebäude betrat.«

Sie bestritt bestimmte Punkte. Doch war mir klar, daß ich die innere Bedeutung des Traumes berührt hatte.

In der nächsten Sitzung wollte sie wiederholt etwas über diese Deutung sagen, doch hielt sie sich zurück. Ich wußte, sie wartete auf mein Interesse. Ich wollte, daß sie von sich aus ihre Gefühle äußerte. Sie tat es nicht.

Nach einer Woche wiederholte sich fast derselbe Traum, aber mit bestimmten Veränderungen. Sie ging mit ihren Freundinnen einen kleinen Berg hinauf. Bei einer tiefen Schlucht sprangen die anderen sofort hinüber, während sie dazu nicht in der Lage war. Ihr Ehemann versuchte ihr zu helfen, vergeblich. Sie hatte große Angst.

Da das Bewußtsein verschiedene Symbole und Verschiebungen benutzt, erkannte ich sofort, daß die frühere Deutung nicht oberflächlich war. Ich wiederholte dieselbe Analyse und Interpretation.

Jetzt konnte die Frau ihre Zuneigung für den Jungen zugeben. In der Tat konnte sie das Gesicht ihres Ehemannes nicht ausstehen. Sie wollte nicht, daß er sie liebte. Auf der anderen Seite phantasierte sie oft, daß der schöne Junge mit ihr schlief und sie einander liebten.

24. Anzeichen für bedeutsame Träume

Ein interessantes Phänomen, das ich in geringem Maße in der Psychoanalyse, aber viel stärker während der Meditation erfahren habe, ist das Wissen, daß uns ein bedeutsamer Traum in der Nacht heimsuchen wird. Die Anzeichen in der Meditation sind stärker als in der Psychoanalyse.

Die Anzeichen in der Psychoanalyse hängen mit der Interpretation des Analytikers zusammen, die tiefer im Unbewußten wirkt. Beispielsweise betonen klassische Psychoanalytiker extrem stark das Sauberkeitstraining. Sie verwenden häufig Deutungen, die mit dem Stuhl zusammenhängen. Wenn solche Interpretationen an einem bestimmten Tag tief im Unbewußten arbeiten, kann dies einen Traum ankündigen, der sich unvermeidlich auf den Stuhlgang bezieht. Während meiner eigenen Analyse und in der Arbeit mit anderen habe ich dies immer wieder festgestellt.

Entsprechend träumen wir von Sexualität oder Schaulust. Anzeichen für solche Träume tauchen dann auf, wenn die darauf bezogene Interpretation des Analytikers heftig im Unbewußten zu wirken beginnt.

Wie können wir die Beziehung zwischen solchen Anzeichen und den

Träumen erklären? Es sieht so aus, als schafften die Interpretationen des Analytikers sowie seine moralische Unterstützung (die aus seiner urteilsfreien Einstellung zu solchen Dingen stammt) eine Situation, in der das Bewußtsein teilweise frei wird von Furcht, so daß es sich mit solchen Phänomenen im Traum einlassen kann.

Die Psychoanalytiker wachen über die Träume. An ihrem Inhalt messen sie die Entwicklung des Bewußtseins. Diese Position scheint gut fundiert, doch gibt es Gründe, die uns zögern lassen, solch einer Einschätzung zuzustimmen.

Die Träume in der Psychoanalyse werden von zwei Faktoren verursacht: der wirklichen Entwicklung des Bewußtseins des Patienten, das sich von Ängsten befreit, und den Einflößungen und der moralischen Unterstützung des Analytikers. Träume, die von dem zweiten Faktor verursacht werden, stellen keinen echten Fortschritt dar. Sie können die Auswertung der Ergebnisse der Psychoanalyse verzerren. Wenn die Unterstützung des Analytikers aufhört, fällt das Bewußtsein oft in alte Muster zurück.

Die Meditation kündigt kommende Träume auf ihre Weise an, und diese Anzeichen basieren auf einem echten Fortschritt. Ich muß darauf hinweisen, daß im Meditationsprozeß weder ständig äußeres Wissen in der Form von Analysen und Interpretationen verinnerlicht wird, noch daß es irgendeine Art »moralischer Unterstützung« eines geistigen Lehrers gibt, wie sie der Analytiker oft gewährt. Von daher finden wir im Meditationsprozeß nicht viele von außen angeregte Träume, wie sie während der Psychoanalyse gang und gäbe sind.

Das letztendliche Ziel der Meditation ist die Verschmelzung des individuellen mit dem kosmischen Bewußtsein. Dieser Vereinigung steht viel im Wege. Wenn das individuelle Bewußtsein (*Dschiwa* oder das Kind) einen Schritt auf das kosmische Bewußtsein (*Schiwa* oder die Mutter) zugeht oder ein Hindernis aus dem Weg räumt, das seine Reise zum kosmischen Bewußtsein (der Mutter) aufhält, spürt es Erfolg und Freude.

Diese einzelnen Schritte zum endgültigen Ziel werden klar in der Meditation ausgewiesen, besonders nach dem Jet-Erlebnis.

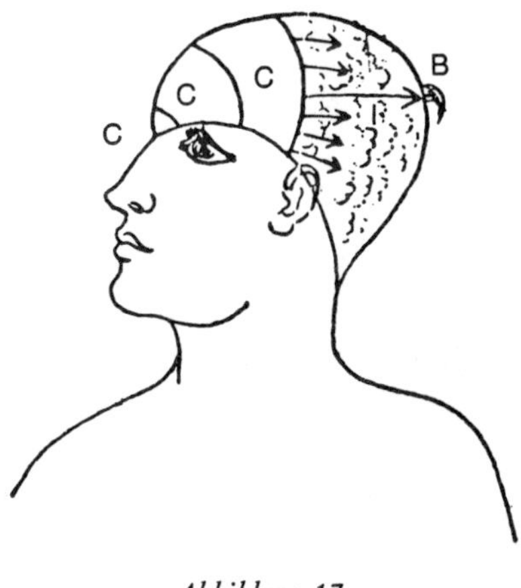

Abbildung 17

Mit fortschreitender Entwicklung (siehe Abbildung 17) vergrößert sich der Bereich um C. Dies wird durch den freien Raum und das nach vorne wandernde C ausgedrückt. Jedoch müssen noch weite Bereiche des Ichs aufgelöst werden. Das Ich stellt in der Tat nichts anderes dar als die gesamten Hindernisse auf dem Weg von C zu seinem Ziel B. An diesem Punkt wird das individuelle Bewußtsein in Kontakt mit seiner kosmischen Quelle treten.

Dieser fortschreitende Prozeß der Meditation bedeutet, daß C Druck auf das Ich (dargestellt durch die Pfeile) ausübt, um den Weg freizulegen für seinen Gang auf B zu. Der Kampf ist zäh. Das Ich weicht nicht leicht zur Seite. Das Bewußtsein setzt sich jedoch durch, nachdem es über Stunden das Ich unter Druck gesetzt und Teile zerstört hat. Deshalb wird täglich über längere Zeitspannen meditiert. Folgendes ereignet sich unmittelbar:

- In der Nähe von B spüren Sie ein Kratzen.
- Es sieht so aus, als würde ein Teil von E, der sich wie ein dicker Hügel erhebt, niedergebrochen und dem Erdboden (dem Bewußtsein) gleichgemacht.
- Sie erleben unmittelbar ein Gefühl der Befreiung. Freude überkommt Sie, und Tränen des Glücks rollen die Wangen herunter.
- Sie fühlen sich leicht in Ihrem Körper und Bewußtsein. Sie empfinden einen Zustand der Entspannung, des Erfolgs und des Fortschritts.

Das Bewußtsein sagt sich: »Heute habe ich etwas erreicht. Morgen werde ich die Reise fortsetzen.« In der Tat muß das Bewußtsein noch Tausende solcher Hindernisse überwinden.

Die obengenannten Anzeichen weisen darauf hin, daß wir in der folgenden Nacht einen wichtigen Traum haben werden. Dieser Traum wird sich darauf zentrieren, daß er uns positivere Beziehungen mit Menschen aufzeigt, die zuvor als Verfolger in unserem Leben auftraten, und mehr Freude und weniger Angst im Vergleich zu früheren Träumen schenkt. Wir erleben weniger Schuldgefühle, wenn wir an Liebe, ein Liebesobjekt oder sexuelle Lust denken.

Diese Anzeichen sind während meines Meditationsprozesses immer wieder aufgetaucht. Nach solchen Anzeichen schrieb ich in mein Notizbuch: »Heute nacht werde ich einen wichtigen Traum erleben.« Und so geschah es dann auch. Meinen Notizen entnehme ich den folgenden Traum:

»Ich streife auf einem einsamen Platz umher. Ich fühle mich verloren. Dann bemerke ich, daß eine viel ältere Person in makellos weißen Kleidern von irgendwoher erscheint. Sie umarmt und tröstet mich. Sie sagt: ›Du bist einen langen Weg gegangen. Jetzt akzeptiere ich Dich.‹ Dieser Kontakt im Traum freut mich sehr.«

In meinem Leben war dies der erste Traum dieser Art. Aufgrund der tiefsitzenden Verfolgernatur meines Vaters hatte ich immer Autoritäten gefürchtet und gehaßt. Ich meinte, alle älteren Personen repräsentierten jene Autorität und hätten dieselbe schikanöse Art. Während meines ganzen Lebens hatte ich Revolten gegen sie geplant. Dieser Traum war das erste

Anzeichen dafür, daß ich selbst mit älteren Personen eine engere Beziehung anknüpfen konnte.

Schüler auf dem geistigen Pfade, die ihre Entwicklung und Träume aufmerksam verfolgen, können bestätigen, daß sich solche Geschehnisse oft zutragen und daß die obengenannten Fakten stimmen.

Wie erklären wir die Beziehung zwischen solchen Anzeichen und dem Traum? Solche Anzeichen sind ein echter Durchbruch, eine echte Entwicklung, ein echter Fortschritt auf der Reise zum Ziel. Jeder Schritt auf das Ziel zu bringt Freude und verringert Ängste und Befürchtungen. Solch ein Schritt bedeutet das wirkliche Durchbrechen eines Widerstandes. Aus diesem Grund kann man sagen, daß Träume in der Meditation solider und verläßlicher das Ausmaß der Bewußtseinsentwicklung angeben als Träume in der Psychoanalyse.

25. Traumbesuche

Können wir willentlich das Traumstadium anderer betreten? Können wir anderen im Traum das vermitteln, was wir ihnen mitteilen wollen? Wie ist so etwas möglich? Wie ist es erklärbar?

Überall in der Welt werden zahlreiche Geschichten darüber erzählt, wie jemand eine bestimmte Botschaft im Traum erhalten habe, die sich dann als wahr herausstellte. In Indien wissen wir um die Erfolgsquote von Schülern, die regelmäßig meditieren. Sie erhalten über ihre Träume kontinuierliche Führung und Anleitung von ihren geistigen Lehrern. Manche Leute lachen darüber. Aber jene, die dieses Phänomen in ihrem Leben erfahren haben, sind zutiefst von seiner Realität und Wahrhaftigkeit überzeugt.

Aus psychoanalytisch-meditativer Sicht handelt es sich um eine verständliche Erscheinung, der nichts Geheimnisvolles anhaftet. Um solch ein Stadium zu erreichen, sind drei Voraussetzungen erforderlich:

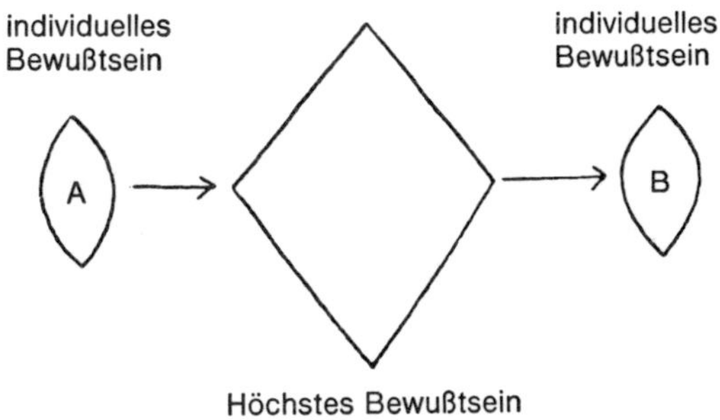

Abbildung 18

1. Das individuelle Bewußtsein muß so weit entwikkelt sein, daß es sich vom Ich befreien und einen Kontakt mit dem kosmischen Bewußtsein herstellen kann.
2. Über das kosmische Bewußtsein kann es während des Traumes der anderen Person in Kontakt mit deren individuellem Bewußtsein treten.

3. Wenn solch ein Kontakt hergestellt ist, kann die Botschaft übermittelt werden.

Nach Abbildung 18 ist A das individuelle Bewußtsein eines Individuums, das den Traumzustand eines anderen betreten will. Dieser Mensch muß in seiner Entwicklung fortgeschritten genug sein, das heißt, sein Bewußtsein muß sich über einen Prozeß jahrelanger Meditation so weit vom Ich befreit haben, daß es sich wesentlich von ihm ablösen und einen Kontakt mit dem kosmischen oder Höchsten Bewußtsein herstellen kann.

In solch einem Falle setzt sich der Betreffende nieder, entleert sein Bewußtsein und stellt den Kontakt mit der kosmischen Quelle her. Über dieses Medium stimmt er sich dann auf den Kontakt mit dem individuellen Bewußtsein der anderen Person ein und übermittelt die Botschaft. Das kosmische Bewußtsein ist das Band, das beide eint.

Zwar kann ein Mensch, der nicht weit genug entwickelt ist, den Traumzustand eines anderen nicht willentlich betreten, doch kann er zufällig dort hineingeraten, weil zu einer bestimmten Zeit in der Nacht, besonders während der *Brahma*-Zeit (gegen 4.00 Uhr morgens), für einen kurzen Moment der Kontakt zum kosmischen Bewußtsein hergestellt werden kann und sich seine Wünsche dem übermitteln, an den er gedacht hat. In etlichen Fällen habe ich dieses Phänomen beobachtet.

26. Wichtige Träume mit Kurzinterpretationen

In diesem Abschnitt will ich Träume vorstellen, die die psychisch-spirituelle Entwicklung eines Menschen anzeigen. Sie sind das Ergebnis von Psychoanalyse und Meditation. Jedem Traum ist eine kurze Interpretation beigefügt.

Traum 1
Mein Bruder, mein geistiger Lehrer*, mein Analytiker und ich gehen irgendwohin. Der geistige Lehrer wirkt wie eine ganz normale Person. Dies überrascht mich, weil ich immer glaubte, er sei der außergewöhnlichste Mensch. Ich schaue ihn voller Staunen an.

Mein Bruder weist auf meinen geistigen Lehrer hin und sagt zu meinem Analytiker: »Er ist Baba, ein geistiger Lehrer.« Mein Analytiker betrachtet ihn recht geringschätzig. Mein geistiger Lehrer sagt lächelnd: »Ich bin in

* Ich hatte ohne einen geistigen Lehrer angefangen zu meditieren. Eines Tages kam ein unbekannter Herr in das Wohnhotel, in dem ich lebte. Er wollte meinen Nachbarn besuchen, der nicht da war. Er saß in meinem Zimmer und wartete auf ihn. Während dieser kurzen Zeit lehrte er mich zu meditieren. Für etliche Jahre erwählte ich diesen unbekannten Herrn und seinen geistigen Lehrer zu meinem, ohne ihn je wiederzutreffen. Erst nach etlichen Jahren erschien SRI SATHYA SAI BABA selber in meinem Traum und übernahm diese Aufgabe.

der Tat ein ganz normaler Mensch. Ich bin an keine Person und keinen Platz gebunden. Wo immer ich bin, werden meine Bedürfnisse durch meine Schüler befriedigt.«

Interpretation: Mein Bewußtsein ist sowohl an den geistigen Lehrer wie an den Analytiker gebunden. In meinem Herzen imponiert mir mein geistiger Lehrer. Dieses Gefühl ist zum Teil das Ergebnis meiner kulturellen Prägung. Jedoch gestattet mir meine Identifikation mit dem Analytiker nicht, meinen geistigen Lehrer als großartig zu akzeptieren.

Der geistige Lehrer und der Analytiker sind beide im Bewußtsein des Patienten Ideale. Er identifiziert sich mit beiden und möchte so großartig werden wie sie. Jedoch weist sein eigenes Bewußtsein aufgrund bestimmter Anschauungen, die auf den Prozeß der Auflösung von psychischen Mustern zurückgehen, darauf hin, daß er wie andere kleine Gestalten in der Welt eine ganz normale Person werden muß. Der geistige Lehrer teilt dies im Traum mit und erschüttert so den Größenwahn und die Illusion der Macht.

Der Traum enthält außerdem Richtlinien für meine zukünftige Entwicklung. Alle Beziehungen mit Personen, Orten und Dingen sind nutzlos und müssen aufgelöst werden. Wir haben sehr wenige Grundbedürfnisse, die überall erfüllt werden können.

Traum 2

Ich gehe zu meinem Analytiker und sitze sehr vertraut neben ihm. Meine Behandlung nähert sich dem Ende. Ich verabschiede mich herzlich von allen Mitgliedern seiner Familie.

Interpretation: Dieser eindrucksvolle Traum erfüllt einen Wunsch und spiegelt einen bestimmten Zustand der psychischen Entwicklung wider. Der Patient möchte den Analytiker verlassen. Die Frage des Geldes, der Zeit und gelegentliche Gefühle der Demütigung liegen diesem Wunsch zugrunde.

Gleichzeitig sagt der Traum aus, daß die Person ein bestimmtes Maß an emotionaler Unabhängigkeit gewonnen hat und ohne die emotionale Unterstützung des Analytikers leben kann.

Traum 3

Der Analytiker sagt mir im Traum: »Sie stehen kurz vor dem Ende Ihrer Behandlung«.

Interpretation: Auch dies ist ein Anzeichen für psychische Entwicklung. In bestimmten Fällen vermittelt der geistige Lehrer diese Botschaft.

Traum 4

Ich kämpfe mit meinem Vater. Ich klage ihn an, sich mir gegenüber falsch verhalten zu haben.

Interpretation: Dieser gute Traum zeigt, daß die Angst vor der Vergeltung der Autorität nachgelassen hat und die Stärke da ist, der Autorität von Angesicht zu Angesicht zu begegnen. Der Traum enthält auch die Erfüllung des Wunsches, dem Vater (der Autorität oder dem Verfolger) entgegenzutreten.

Traum 5
Ich sehe einen nackten Jungen von fünfzehn Jahren. Ich möchte ihn betrachten und jeden Teil seines Körpers berühren. Ich möchte seinen Penis anschauen.

Interpretation: Dieser Traum bezieht sich auf die erste Grundstruktur. In der Kindheit sind die meisten von uns Schaulustige. Wir unterdrücken diesen Voyeurismus aus Angst und Schuld. Aber der Wunsch bleibt in uns lebendig. Der Traum zeigt, daß die mit der Schaulust verbundene Angst und Furcht in großem Maße verschwunden sind.

Traum 6
Ich gehe zu einer Frau. Sie schläft. Ihr Ehemann sitzt dort. Ich schüttele ihm die Hand, schlafe mit der Frau und liebe sie körperlich.

Interpretation: Dieser wundervolle Traum zeigt einen Zustand hoher psychischer Reife. Im Grunddreieck der Kindheit hat der Patient oft den Wunsch nach dem ausschließlichen Besitz des Liebesobjektes. Zugleich möchte er sich der dritten Person entledigen. Diese beiden Wünsche bringen das Kind in Konflikt mit der dritten Person. Recht oft fertigt die dritte Person das Kind kurz ab und bestraft es und erzeugt so eine große Furcht vor Vergeltung und eine tiefsitzende Unsicherheit und Bedrohung des Lebens. Diese Angst zwingt das Kind, sich aus dem Dreieck zurückzuziehen, seine Liebessehnsucht zu opfern und das Objekt seiner Liebe einem anderen zu überlassen. Aus Angst und Schuld heraus leidet solch eine Persönlichkeit ihr ganzes Leben lang und kann die Liebe nicht richtig genießen.

Dieser Traum zeigt, daß der Konflikt mit der dritten Person gelöst ist. Die Furcht vor ihr während des Liebesaktes mit einem Objekt ist entschwunden. Das Händeschütteln mit ihr weist darauf hin, daß der Gegensatz zwischen dem Ich und dem Freudschen Über-Ich kleiner geworden ist.

Traum 7
Ich rufe ein Mädchen. Ich möchte mit ihr die Liebe genießen. Mein Penis ist steif. Von irgendwoher erscheint plötzlich ein alter Mann. Ich spüre etwas Angst. Die Erektion läßt nach. Der alte Mann sagt jedoch: »Vergnüge dich. Es ist in Ordnung.«

Interpretation: Dieser Traum ist eine erweiterte Fassung von Traum 6 und ebenso wichtig wie dieser. In einer sehr diktatorischen Familie wird das Kind dazu genötigt, die Zustimmung für jede Handlung zu erhalten. Es verliert jede Initiative. Wenn es heranwächst, ist es in keiner Weise innerlich frei. Es muß seine Gedanken und Handlungen vom Über-Ich (oder der verinnerlichten diktatorischen Autoritätsfigur) billigen lassen. Da der Mensch bisexuell ist, muß er die geistige Freiheit für heterosexuelle ebenso wie für homosexuelle Gedanken finden.

Der Traum zeigt, daß das Über-Ich (der alte Mann) jene Freiheit nicht mehr einschränkt oder bestraft. Dieser Zustand psychischer Freiheit reicht aus.

Traum 8

Ich bin ein kleiner Junge. Es gibt noch einen anderen Jungen. Ich spiele mit seinem Penis.

Interpretation: Wie bereits gesagt, ist der Mensch seiner Natur nach bisexuell. Aus sozialer Furcht heraus unterdrückt er seine homosexuellen Bedürfnisse stärker als seine heterosexuellen. Der Mensch kann jedoch nicht wahrhaft glücklich sein, wenn er nicht alles unterdrückte Material an die Oberfläche bringt, es emotional akzeptiert und aufhebt.

Dieser Traum bezieht sich auf das kindliche Verlangen, einen Penis zu sehen, zu halten und damit zu spielen. Dem sollten wir nicht ausweichen, sondern es in dem Bewußtsein willig akzeptieren, daß wir in unserer psychischen Entwicklung voranschreiten.

Traum 9

Ich verrichte meine Notdurft im Raum des Analytikers, während ich auf einem Stuhl vor ihm sitze.

Der Analytiker sagt: »Sie wissen, welche enormen Fortschritte Sie gemacht haben. Verlassen Sie die Analyse nicht. Sie werden die wunderbarsten Ergebnisse in Ihrem Leben erreichen.«

Ich sage: »Ich werde nicht weggehen.«

Er sagt: »Nach all der Entspannung, die Sie heute gefunden haben, müssen Sie hungrig sein.«

Ich sage: »Nicht sehr, aber lassen Sie mich einen Löffel von dem Stärkungsmittel nehmen.«

Interpretation: Sich im Zimmer des Analytikers zu entleeren, bedeutet ganz einfach, eine Menge an unterdrücktem Material aus dem sekundären Selbst oder dem Unbewußten freizugeben. Diese Offenlegung entspannt mich.

Ein Teil von mir, der mit dem Analytiker identifiziert ist, ist tief davon überzeugt, daß ich vollständig geheilt sein werde. Der andere Teil ist sich dessen noch nicht sicher.

Der Ausdruck des Unbewußten führt zu emotionaler Freiheit und damit zum Hunger nach Liebe. Etwas mit dem Löffel zu nehmen, geht vermutlich auf eine Situation in der frühen Kindheit zurück, in der die Mutter das Kleinkind mit einem Löffel fütterte. Die emotionale Freiheit ist noch nicht so groß, daß ich an den Brüsten saugte.

Traum 10

Ich gehe zu einem fremden Platz und wohne in einer Familie. Die Frau des Hauses versorgt mich mit Essen, Unterkunft und allem Komfort. Sie sendet mir ein wunderschönes Mädchen für den sexuellen Genuß. Auch ihr Ehemann ist sehr freundlich. Er möchte, daß ich gut versorgt werde. Ich lebe in der Familie und genieße alles, auch die Sexualität. Aber nach wenigen Tagen möchte ich den Ort verlassen. Die Frau des Hauses fragt: »Warum?«

Ich weine bitterlich. Ich sage: »Mein Bewußtsein sucht nach etwas anderem. Ich weiß nicht, wonach. Es ist mit all dem nicht zufrieden.«

Interpretation: Dieser sehr wichtige Traum zeigt deutlich die Grenzen der Theorie FREUDS und seines Verständnisses vom Bewußtsein. Sicherheit, Freiheit der Sexualität sind auf der Reise rückwärts durch das Bewußtsein sehr wichtig. Wir müssen diesen Punkt in der Psychoanalyse und Meditation erreichen. Dennoch sucht das Bewußtsein, eigentlich nach dem Kontakt mit dem höchsten Bewußtsein oder Gott für die Selbstverwirklichung, für unerschütterlichen Frieden und Glückseligkeit.

Traum 11

Einige Leute aus meiner Straße kommen zu mir und berichten: »Jene Frau hat sich dem sexuellen Genuß hingegeben. Sie wurde verdorben.« Ich sage: »Dumme Leute. Was ist daran schlecht? Laßt sie die Sexualität genießen.«

Interpretation: Das Ich, das stark gegen die Idee von Sexualität und Ehrlosigkeit eingenommen war, hat nachgegeben. Es ist nicht länger dagegen eingestellt.

Träume 12 und 13

Am 3. 3. 1971 hatte ich zwei Träume, die sehr wichtig und miteinander verbunden sind. Ich referiere beide zusammen.

Erster Traum: Ich töte meinen Cousin, der gerade in meinem Alter ist. Ich vergrabe ihn, nachdem ich ihn ermordet habe. Sein älterer Bruder kommt und fragt mich: »Wie ist das geschehen?«

Ich sage: »Er starb eines natürlichen Todes. Ich habe damit nichts zu tun.«

Aber sofort erscheint eine dritte Person auf der Bühne und erzählt ihm die Wahrheit, nämlich daß ich seinen Bruder getötet habe. Nach anfänglicher Angst stelle ich mich dem Bruder.

Zweiter Traum: Ich sehe einen toten Körper. Die Menschen um ihn herum weinen. Sie wollen ihn wiederbeleben, können es aber nicht tun.

Ich wende meine Konzentrationsmethode an. Der Leichnam öffnet ein wenig seine Augen und seinen Mund. Ein Polizeiinspektor kommt und sagt: »Es handelt sich um einen Mord. Warum erwecken Sie die tote Person zum Leben?«

Interpretation: Jeder hat das starke unbewußte Bedürfnis, seine Geschwister umzubringen. Dieser Wunsch taucht oft in der Kindheit auf. Mit diesem Verlangen ist die Angst verbunden, daß andere davon erfahren könnten. Als Reaktionsbildung wünscht sich jeder die Macht, einen toten Körper zum Leben zu erwecken. Beide Bedürfnisse liegen an der Wurzel eines tiefen psychischen Konfliktes. Sie werden Ursache großer Täuschungen.

Es mag nicht überraschen, daß viele Heilige und Jogis. die sich in den Urwald zurückziehen, anfänglich diese beiden Bedürfnisse in sich verspüren. Wir müssen beide sehen und auflösen, um glücklich zu werden.

Traum 14
Ich spiele voller Befriedigung mit den Brüsten einer Frau und sauge an ihnen. Mein Penis ist vollständig entspannt und zugleich erregt.

Interpretation: Die Erregung des Geschlechtsorganes in vollständiger Entspannung bedeutet, daß alle Angst vor Kastration, Schuld und Verfolgung entschwunden ist. Der Traum zeugt von großer psychischer Freiheit.

Traum 15
Ich gehe mit meinem Bruder zu einem bekannten Psychiater. Der Psychiater erzählt meinem Bruder, daß die Psychoanalyse noch niemals jemanden vollständig geheilt habe. Doch gäbe es eine Person in der ganzen Welt, bei der es gelungen sei, weil die Psychoanalyse durch die Meditation ergänzt worden sei. Als er das gesagt hat, schaut er mich an. Ich lächele. Ich weiß sehr wohl, daß ich gemeint bin.

Interpretation: Der Traum zeigt ein großes Bedürfnis nach Anerkennung für meine neu entwickelte Technik der psychoanalytischen Meditation als eine Methode vollständiger Heilung. So ist er in erster Linie Wunscherfüllung.

Doch war ich nach dem Jet-Erlebnis und dem Beginn der geistigen Entwicklung von den oben genannten beiden Wahrheiten auch davon überzeugt, daß die Psychoanalyse zwar gut ist, aber einen Menschen nicht vollständig heilen kann, und die psychoanalytische Meditation eine vollständige Heilung herbeiführt. Diese Überzeugung verankerte sich fest in meinem Bewußtsein, während meine Erfahrungen sich vertieften.

Traum 16
Zwei identische Selbstbilder von mir schwelgen im Liebesakt. Sie küssen einander.

Interpretation: Dies ist ein sehr wichtiger Traum. Der zivilisierte Mensch ist innerlich in das instinkthafte sekundäre und das tertiäre Selbst gespalten. Beide stehen oft im Widerspruch zueinander und verursachen das Unglück eines Menschen. Im Traum sind beide wieder vereint.

Traum 17
In diesem Traum sehe ich, wie ich unwiderstehlich zum Schoß meines geistigen Lehrers hingezogen werde. Ich erinnere mich intensiv an ihn. Ich sage zu mir selber im Traum: »Ich will zu ihm gehen. Ich kann ohne ihn nicht leben.«

Interpretation: In der Meditation wird der geistige Lehrer als letzter überwunden. Zuvor muß der Schüler mit ihm verschmelzen. Der Traum zeigt, daß diese Verschmelzung stattfindet.

Traum 18
Ein Heiliger erscheint in meinem Traum. Es ist Sri Sathya Sai Baba. Er sagt, er sei mein geistiger Lehrer. Er sichert mir vollständige Heilung und vollen Schutz zu.*

Interpretation: In diesem Traum wird mein Bewußtsein von einer Verkörperung Gottes berührt.

Auf der Grundlage dieses Traumes habe ich an verschiedenen Stellen dieses Buches ausgeführt, daß ein geistiger Lehrer nicht gesucht zu werden braucht. Wenn der Mensch bereit dazu ist, kommt von selbst ein geistiger Lehrer auf ihn zu.

Traum 19
Ich gehe zum Haus meines Analytikers. Ich schüttele ihm in tiefer Freude und großem Glück die Hand.

Interpretation: Dies deutet an, daß die Spaltung der Persönlichkeit sich auflöst.

Traum 20
Ich gehe zum Haus meines Analytikers. Ich fühle mich stark mit ihm verbunden. Ich weiß, daß ich nicht wegen der Sitzung komme, sondern um mit ihm zu plaudern. Seine Frau kommt und setzt sich zu uns. Ich sage zu ihr: »Sehen Sie, ich bin vollständig geheilt. Ich bin ihm (meinem Analytiker) sehr dankbar.«

* Dieser Traum war ein Wendepunkt in meinem Leben. Danach stellte ich fest, daß Sri Sathya Sai Baba in meinen Träumen als mein geistiger Lehrer auftrat und mir eine Reihe prophetischer Hinweise gab. In meinem Traum forderte er mich auf, dieses Buch zu schreiben, und überraschenderweise verfolgte er oft dessen Werdegang, indem er Fragen darüber stellte. Aus den zahlreichen prophetischen Träumen wähle ich das folgende herausragende Beispiel des Schutzes durch einen geistigen Lehrer im Traum aus:
Im September 1972 hatte ich Freitag nacht einen Traum, der mich im Schlafe in Angst versetzte. Ich sah, daß ich auf meinem Roller zu einem weit entfernten Platz fuhr und dort am Straßenrand parkte. Im Traum war nicht klar, um welchen Platz es sich handelte. Ich ließ mein Gefährt dort stehen und ging irgendwohin.
Als ich zurückkehrte und auf meinen Roller blickte, sah ich, daß verschiedenes zerbrochen war: die Lampe und das Schutzblech. Im Traum spürte ich eine große Angst, doch dann wurde mir versichert, daß ich nichts zu befürchten hätte, daß ich keinen Schaden erleiden würde und daß die zerbrochenen Teile des Gefährtes leicht zu reparieren seien.
Ich erzählte diesen Traum am nächsten Morgen einem Kollegen. Ich sagte ihm auch, daß ich am nächsten Tag mit meinem Bruder auf meinem Roller zu einem entfernteren Platz fahren würde, und daß dieser Traum nichts Gutes verhieße. Er lachte darüber und meinte, daß solche Träume häufig auftauchten und wir sie nicht groß beachten sollten.
Am nächsten Tag begab ich mich, wie geplant, mit meinem jüngsten Bruder auf eine 70 km lange Fahrt. Nach ungefähr 50 Kilometern hatten wir einen Zusammenstoß mit einer Kuh. Da wir mit hoher Geschwindigkeit fuhren, verlor ich völlig die Kontrolle über das Gefährt. Es war ein sehr ernster Unfall, da wir eine längere Strecke über den Boden geschleift wurden und wir uns viele Schrammen zuzogen. Ernsthafte Verletzung hatten wir jedoch nicht erlitten. Interessanterweise kamen bei jenem Unfall all jene Teile des Rollers zu Schaden, die im Traum zerbrochen waren.

Interpretation: Solche Träume zeigen die nahende Heilung und den Zeitpunkt für die Beendigung der Analyse.

Traum 21
Ich sehe eine ältere Frau. Ich betrachte ihre Geschlechtsorgane. Andere Leute sitzen um uns herum. Aber ich schäme mich nicht.

Interpretation: Dieser Traum ist ein Hinweis auf psychische Freiheit und die Auflösung des Verfolgungsgedankens. Ein Mensch achtet oft darauf, ob andere ihn auf falsche Handlungen hin beobachten.

Die Überwindung der Angst, entdeckt und von den anderen erkannt zu werden, ist ein großer Schritt auf die Heilung zu.

Traum 22
Ich gehe zu meinem Psychoanalytiker und küsse seine Hand.

Interpretation: Die Deutung ist ähnlich der von Traum neunzehn.

Traum 23
Ich gehe mit meiner Mutter zu meinem Analytiker. Wir reden in freundlicher Weise über vieles. Er umarmt mich. Ich hänge mich an seine Brust. Ich spüre ein zärtliches Gefühl der Zuneigung und viel Sicherheit.

Interpretation: In diesem Traum wird der Konflikt mit meinem Vater (Analytiker) in der Anwesenheit meiner Mutter als Zeugin gelöst. In der Tat formt sich solch ein Konflikt größtenteils in einer Dreiecksbeziehung aus. Die Lösung innerhalb der Dreiecksbeziehung ist aus psychischer Sicht sehr tröstlich.

Traum 24
Ich habe eine große Auseinandersetzung mit meinem Vater. Alle Familienmitglieder sind da. Ich klage ihn ohne Schuldgefühle an.

Interpretation: Wenn der Vater ein Tyrann ist, der das Kind ständig verfolgt und sich seinen Bedürfnissen verweigert, leidet das Kind große Pein, wenn es seinen Haß auf ihn erkennen muß, hat große Furcht, seine wirklichen Gefühle auszudrücken, und Angst vor Vergeltung. Alle drei Ängste müssen überwunden werden, bevor das Kind erwachsen werden kann. Der Traum weist darauf hin, daß der Leidende seine infantile Persönlichkeit aufgibt und in das Erwachsenenstadium eintritt.*

Traum 25
Eine erwachsene Frau und ich. Wir gehen beide ins Bett und kleiden uns aus. Mein Penis ist ganz steif. Wir lieben uns. Mein Vater schaut aus der Entfernung zu.

Interpretation: Dieser Traum bestätigt das Auftauchen des Erwachsenenstadiums. Angst und Verfolgung entschwinden größtenteils aus dem Unbe-

* Die Träume bis Nummer 24 gehören dem Zeitraum von Anfang 1970 bis Ende 1971 an. Traum 25 erschien mir am 18. 1. 1972. Alle anderen kamen danach.

wußten. Die Erektion des Geschlechtsorgans wird in der Psychoanalyse als großartiges Anzeichen für psychische und geistige Freiheit gewertet.

Traum 26
Ich sehe im Traum ganz deutlich mein eigenes Gesicht. Ich bin erstaunt und sage zu mir selbst: »Oh, das ist mein wirkliches Gesicht.«

Interpretation: Dieser wichtige Traum weist darauf hin, daß die Identifikationen sich auflösen und daß ich mich selbst so erkenne, wie ich bin.

Traum 27
Ich sehe RAM TEERTH (einen bekannten indischen Heiligen). Sein Gesicht ist klar. Er steht. Ich sehe einen Lichtstrahl in seinem leuchtenden Gesicht. Ich laufe auf ihn zu, um mit ihm zu verschmelzen und mit ihm eins zu werden.

Interpretation: Ohne Zweifel wurden das Gesicht Ram Teerthsund der Lichtstrahl in seinem Gesicht zu einem früheren Zeitpunkt in meinem Bewußtsein abgespeichert. Die psychoanalytische Meditation zeigt, daß das Bewußtsein weiter auf Gott zueilen möchte, wenn es sich von allen sexuellen Ängsten befreit hat. Dieser Traum vermittelt eine Ahnung davon.

In der Psychoanalyse mag die sexuelle Freiheit als Endziel angesehen werden. In der Meditation ist sie ein wichtiger Schritt in der weiteren Entwicklung, die ihrem Wesen nach spiritueller Natur ist.

Die folgenden Träume sind rein spiritueller Natur. Sie können mit Hilfe des psychoanalytischen Wissens allein nicht verstanden werden.

Die Angabe des Zeitpunktes ihres Auftretens dient einem Verständnis der spirituellen Entwicklung, die sich in Träumen äußert.

Traum 28 (21. 2. 1972)
Am unteren Ende meines Rückgrats sitzt eine Schlange. Über der Schlange werden vier Blütenblätter sichtbar (siehe Abbildung 19).

Abbildung 19

Interpretation: Die zusammengerollte Schlange wird in der Sprache der Jogis *Kundalini* genannt und soll den Ozean der gesamten kosmischen Energie umfassen. Sie ist die Energie des Gottes *Schiwa*. Die *Kundalini* muß sich aus ihrem hindämmernden, schlafenden Zustand erheben, um die spirituelle Verwirklichung eines Individuums zu vollenden.

Bis zur Mitte zwischen den beiden Augenbrauen sind sechs *Schakras* im Rückgrat lokalisiert. Sie sind im Verständnis der Jogis Bewußtseinszentren. Die *Kundalini* muß jedes *Schakra* durchstoßen, um spirituelle Erkenntnisse zustandezubringen. Das erste zu durchbohrende *Schakra* heißt *Muladhar.* Es hat vier Blütenblätter. Der Traum weist darauf hin.*

Traum 29 (29. 3. 1972)
Ich suche nach Gott. Ich erreiche ihn. Er sieht mich an wie eine ältere Person. Er trägt blütenreine weiße Kleidung. Er leuchtet und ist voller Zuneigung. Ich trete näher und halte seine Füße. Ich sage: »Jetzt habe ich dich gefunden und werde dich nicht mehr verlassen.«

Er heißt mich willkommen und sagt: »Ich habe dir mehrfach Hinweise gegeben. Du konntest mich nicht erkennen. Jetzt ist es dir gelungen. Es ist in Ordnung.« Ich bin sehr zufrieden.

Interpretation: In der Psychoanalyse treffen wir auf Identifikationen mit Vaterfiguren und Über-Vätern. Wenn die Vaterfigur zu bedrängend ist, suchen wir Zuflucht bei einem Über-Vater. Diese Identifikationen müssen erkannt und fallengelassen werden, da sie Verinnerlichungen der Außenwelt sind.

Doch gibt es tatsächlich den Über-Vater, den wir suchen, da er uns völligen Frieden und Glück schenkt. Dies ist die Suche des individuellen Bewußtseins nach Verschmelzung mit Gott oder dem kosmischen Bewußtsein. *Schiwa* kann verschiedene Formen annehmen, doch ist diese kosmische Quelle immer in uns. Der Traum weist auf diese Suche hin. Sie liegt jenseits der Reichweite der Psychoanalyse.

Traum 30 (14. 4. 1972)
Ich sitze im Schoß der höchsten Mutter *Durga.* Sie nimmt mich in liebevoller Weise an.

Interpretation: Dies ist einer der wichtigsten Träume für mich. Doch bevor ich ihn kurz interpretiere, will ich meine Vorstellung von der höchsten Mutter *Durga* erläutern.

Durga ist das indische Mutterbild. Ehrerbietig huldigen ihr die Menschen in verschiedenen Teilen des Landes. Die bedeutendste Darstellung von

* Nachdem ich den ersten Entwurf dieses Buches fertiggestellt hatte, fiel mir das sehr interessante Buch »*Chitasbakti Vilas*« (Das Spiel des Bewußtseins) von SWAMI MUKTANANDA in die Hände. (Ganeshpuri: Shree Gurudev Ashram, 1972)
Swami Muktananda sagt darin immer wieder, daß ein Mensch, der viel meditiert, oft von Schlangen träumt oder sie in der Meditation selbst sieht. Sie symbolisieren die *Kundalini*-Kraft, die an der unteren Spitze des Rückgrats schläft. Diese Erfahrung ist sehr bedeutsam. Swami Muktananda schreibt: »Im *Siddha-Joga* gilt es als ein sicheres Zeichen für die höchste Befreiung, wenn man von einer Schlange in den rechten mittleren Finger gebissen wird. Wenn jemand, der *Siddha-Joga* betreibt, selbst im Traum von einer Schlange gebissen wird, wird er gewiß erlöst werden. Wenn solch eine Erfahrung während der Meditation stattfindet, ist es noch besser.«

Durga ist eine Frau, die auf einem Tiger reitet. In meinem Verständnis symbolisiert sie die kosmische Energie, die alles in der Welt hervorbringt. Sie schläft am unteren Ende des Rückgrats. Wenn sie erwacht, wird die Ich-Welt eines Menschen durchgerüttelt.

Ohne Zweifel ist dies ein universales Phänomen. Die kosmische Energie mag in verschiedenen Ländern verschiedene Formen annehmen. In Indien finden wir tiefgehende Betrachtungen dazu in den Werken großer Heiliger, wie SRI RAM KRISHNA PARAMHANSA, der geistige Lehrer von SWAMI VIVEKANANDA, und SRI AUROBINDO.

Für mich ist dieser Traum deshalb so wichtig, weil ich zu dem Zeitpunkt, zu dem ich den ersten Anfall meiner fast tödlichen Depression erlitt, einen Traum hatte. Ich war mit Mutter *Durga* zusammen. Sie saß auf einem Tiger und ich auf ihrem Schoß. Aus Ärger stieß sie mich von dort herunter. Zu diesem Zeitpunkt wurde auch die *Kundalini* in mir aktiviert, doch muß in mir etwas Fehlerhaftes gewesen sein, da sie mich von ihrem Schoß vertrieb. Nach meinem Eindruck drängte mich das Bedürfnis, die Macht der *Kundalini* zu schmecken. Aus diesem Grund übte ich mich in zahlreichen Joga-Verfahren wie dem *Pranajama*, doch wußte ich nicht, wie ich meine zahlreichen fleischlichen Bedürfnisse überwinden sollte. Die falsche Praktizierung des Joga war die Ursache sowohl der Erweckung der *Kundalini* als auch meiner tiefen Depression. Dieser Traum zeigt an, daß sie mich nach acht Jahren intensiven Leidens und Meditation wieder annahm.

Traum 31 (16. 4. 1972)

Ich sehe Schlangen über Schlangen, zu viele Schlangen. Ein großer Baum steht da. Ich blicke ihn an. Sofort verwandelt er sich in eine Schlange. Ich habe große Angst. Ich erinnere mich an meinen geistigen Lehrer Sri Sathya Sai Baba. Meine Angst verschwindet.

Interpretation: Dies ist ein großartiger Traum, der sich auf die Bewegung der *Kundalini* bezieht. Eine geringe Bewegung wirkt sehr erschreckend, da sie das Ich bedroht. Der geistige Lehrer bringt die Angst unter seine Kontrolle.

Traum 32 (11. 5. 1972)

Mein geistiger Lehrer Sri Sathya Sai Baba erscheint im Traum. Ich sitze in einer Gruppe. Ich sehe ihn und bin höchst glücklich. Er sagt zu mir: »Genieße es. Endlich bist du in Ordnung.«

Interpretation: Der Traum repräsentiert einen Zustand ständiger positiver Übertragung und liebenden Kontakts zum primären Über-Ich, zu Gott.

Traum 33 (21. 6. 1972)

Ich habe viele gute und schöne Träume. Ich mische mich unter alle Leute. Ich liebe alle Leute. Alle Leute sind mir zugetan.

Interpretation: In der psychoanalytischen Meditation erreichen wir eine Stufe, da die meisten Strukturen, die Angst im Bewußtsein erzeugen, aufgelöst sind. Das individuelle Bewußtsein ist von zahlreichen Widerständen befreit. Es beginnt seine Reise zum kosmischen Bewußtsein. In diesem Stadium erleben wir schöne Träume.

Traum 34 (13. 8. 1972)
Ich gehe zu einem unbekannten Ort und treffe den Herrn Jesus Christus.* Tausende von Leuten umgeben ihn. Ich begegne ihm und bitte ihn, mir drei oder vier Minuten ausschließlich zu widmen. Er lehnt dies ab. Ich bin ein wenig verletzt.

Interpretation: Der Traum wirft Licht auf bestimmte Tatsachen meiner noch vorhandenen psychischen Struktur. Ich sollte sie lächelnd akzeptieren. Tatsache ist:

1. Ich bin ein hungriges Kind, das sich nach Kontakt und Liebe sehnt.
2. Ich will jemanden ausschließlich besitzen.
3. Ich bin ein Empfänger.
4. Ich bin abhängig.
5. Die andere Person ist der Gebende. Sie kann mich ablehnen.
6. Ich bin einer von vielen in der Menge (Familie). Mein Wunsch nach besonderer Zuwendung paßt nicht in diese Situation.

Traum 35 (6. 9. 1972)
Die Chefin in meiner Organisation kommt und hängt sich liebevoll an mich. Sie liebkost mich.

Interpretation: Der Traum bedeutet, daß die Autorität, mit der ich Konflikte hatte, in meinem Unbewußten sich in eine liebende und zärtliche Gestalt verwandelt hat.

Traum 36 (11. 9. 1972)
Ich halte meinen Vater fest und umarme ihn. Ich lege alle Differenzen mit ihm bei. Liebe durchflutet mein Bewußtsein.

Interpretation: Dies ist ein großartiger Traum für mich, da ich für alle Zeiten mit meinem Vater, einer diktatorischen Persönlichkeit und tyrannischen Autorität, im Streit lag. Dieser Traum markiert das nahende Ende meiner negativen Beziehung zu Autoritäten und der negativen Übertragung auf meinen Analytiker.

Traum 37 (9. 11. 1972)
Mein Vater liebkost, liebt und küßt mich. Ich weiß im Traum, daß ich das Kind bin und er der Herr ist. Tränen der Freude rollen meine Wangen hinunter.

Interpretation: Dieser Traum geht über die beiden vorangegangenen Träume hinaus. Er zeigt nicht nur die Aufhebung der Spaltung in meiner

* Zu jener Zeit wußte ich noch nicht, daß ich das erwählte Kind meines höchsten Vaters sein würde, und daß ich tatsächlich mit der Sicht des Herrn Jesus Christus im dritten Auge gesegnet sein würde. Ich hatte die Vision 1975, als sich das dritte Auge öffnete.

Persönlichkeit, sondern auch die »Demetamorphose der Persönlichkeit« und die Errichtung einer positiven Beziehung zu der Autorität und dem »Geber«.

Traum 38 (28. 12. 1972)
Mit bestimmten Freunden begebe ich mich irgendwohin. Die höchste Mutter *Durga* erscheint. Ich suche ihre Vergebung und ihren Segen. Sie liebkost meinen Kopf und sagt: »In Kürze wird alles in Ordnung sein.«

Interpretation: Aus den Gründen, die ich unter Traum 30 angeführt habe, sehe ich diesen Traum als einen der wundervollsten an.

Traum 39 (3. 2. 1973)
In ausgelassener Weise diskutiert mein Analytiker mit mir über Psychoanalyse.

Interpretation: Dieser Traum zeigt nicht nur, daß der Haß auf und die Furcht vor Autorität und die negative Übertragung auf meinen Analytiker sich aufgelöst haben, sondern auch, daß eine angemessene Kommunikation mit einer Autorität hergestellt ist.

Traum 40 (12. 3. 1973)
Der jüngste Sohn meines Bruder stirbt. Die Familie leidet Schmerzen und Qualen. Ich gehe zu ihr und rede mit dem toten Kind. Ich frage es: »Willst du gehen?« Das Kind antwortet. »Ja, ich will jetzt nicht leben. Ich gehe.« Ich sage meinem Bruder, daß es nicht gerettet werden kann.

Mein Bruder schlägt den toten Körper in ein weißes Tuch ein. Wir wandern von Hospital zu Hospital in der Hoffnung, daß ein Arzt das Kind wiederbeleben könne. Keiner ist dazu in der Lage.

Interpretation: Ich bin das Kleinkind. Ich bin mein Bruder. Ich bin der Mensch, der nach Abschluß der psychoanalytischen Meditation neu entsteht.

Das Bewußtsein und die Muster meiner Kindheit gehen ihrem Ende entgegen. Das Kleinkind in mir stirbt. Das Ich meiner Kindheit stirbt. Dieses »Ich« verwandelt sich in den Sohn meines Bruders.

Die Vaterfigur in mir (das tertiäre Selbst) wird zu meinem Bruder. Sie leidet Qualen.

Das im Prozeß der psychoanalytischen Meditation neu auftauchende Selbst erfährt keinen Schmerz. Es akzeptiert alles. Tod bedeutet ihm nicht sehr viel.

Traum 41 (21. 4. 1973)
Ich schlafe. Es sieht so aus, als ob mein geistiger Lehrer Sri Sathya Sai Baba komme und in meiner Nähe schlafe. Ich umarme ihn in großer Freude.

Interpretation: Dieser Traum greift über andere frühere Träume hinaus. Er weist auf das Ende des Gegensatzes zwischen dem sekundären und tertiären Selbst hin. Er zeigt auch, daß ein fester Kontakt zu Gott oder dem geistigen Lehrer hergestellt ist.

Traum 42 (13. 1. 1974)
Von irgendwoher taucht ein großer und gefährlicher Tiger auf. Ich fürchte mich. Aber sofort umfasse ich ihn in Liebe. Er ist leicht zu zähmen. Ich spiele mit ihm und liebe ihn. Der Tiger ist mir völlig ergeben.

Interpretation: Für mich ist der Tiger ein Symbol meines ungestümen Verstandes, der mich einst in meinen Grundfesten erschüttert hat. Aber durch einen liebenden Umgang mit ihm habe ich ihn über die Jahre gezähmt. Jetzt steht er mir zur Verfügung. Dies ist ein Zeichen für geistigen Frieden.

Traum 43 (26. 4. 1974)
Mein geistiger Lehrer Sri Sathya Sai Baba kommt und steht an der Tür. Sofort stehe ich auf, heiße ihn willkommen und verbeuge mich vor ihm. Er segnet mich und verschwindet.

Interpretation: Der Traum zeigt das Ende der Reise zu psychischer Ergebenheit, Frieden und Ruhe an.

Traum 44 (10. 9. 1974)
Ich träume, daß ich mit psychischen und spirituellen Kräften arbeite. Ich vollbringe viele Wunder.

Interpretation: Dieser Traum ist zum Teil eine Wunscherfüllung, zum Teil zeigt er an, daß spirituelle Kräfte verfügbar werden.*

27. *Das Ende aller Träume*

Gibt es einen Bewußtseinszustand, in dem alle Träume aufhören? Gemäß der psychoanalytischen wie modernen psychologischen Literatur ist solch ein Bewußtseinszustand undenkbar, doch gibt es Hinweise darauf, daß am Ende der Meditationsreise ein Zustand stehen muß, in dem alle Träume entschwunden sind. Dieser Gedanke ist sehr folgerichtig.

Das individuelle Bewußtsein will sich all dieser Strukturen entledigen, so daß es in seine Quelle, das kosmische Bewußtsein, einmünden kann.

Wenn es mit Hilfe einer Methode tatsächlich diese Freiheit erlangte, würden die Träume aufhören, und zwar genau deshalb, weil nichts mehr verbliebe, das diesen Kontakt blockiert und aufgelöst werden müßte.

Mit dieser letzten Stufe hört die Meditation selbst auf, weil das Bewußtsein vollständig aufgelöst ist. Der Wissende, das Gewußte und das Wissen

* Von Nummer 28 an enthalten die Träume allgemein spirituelle Elemente. Kein Psychoanalytiker könnte sie korrekt interpretieren. Sie stellten sich in meinen späteren Erfahrungen als prophetisch und korrekt heraus. Dies zeigt, daß sie Botschaften des Göttlichen waren und daher jenseits aller Interpretationen liegen.

werden eins. Das individuelle Bewußtsein selbst wird zum kosmischen Bewußtsein. Dieses Bewußtseinsstadium wird in der indischen Philosophie *Turiya* genannt, hier sind alle Strukturen vollständig transzendiert. Diese Seinsebene liegt jenseits der Wach-, Traum- und Tiefschlafphase. Nur noch eins existiert und nichts anderes.

Alle Träume enden hier. Man erhebt sich zum siebten Himmel oder dem siebten Bewußtseinszentrum.

IV. Die Aufdeckung von Ängsten

Ängste sind der Fluch menschlichen Lebens. Sie sind hauptsächlich für das Leiden der Menschheit verantwortlich. Sie bilden die Wurzel jeder Geisteskrankheit. Der Zustand individuellen Glücks kann nicht wesentlich verändert werden, wenn der Mensch seine Ängste nicht begreift und sich aus deren Umklammerung löst. Von daher ist es zentral, die Natur der Ängste zu verstehen und über Wege der Befreiung nachzudenken.

28. Die Natur der Ängste

Drei Aspekte bestimmen das menschliche Leben. Der erste, der spirituelle, ist mit dem unzerstörbaren individuellen Bewußtsein verknüpft. Dieses Bewußtsein ist das wirkliche Ich in einer Person. Es ist zugleich Teil des kosmischen Bewußtseins.

Der zweite Aspekt ist rein physischer Natur. Er bezieht sich auf den Organismus oder den Körper des Menschen: den Knochenbau, Fleisch und Blut. Hauptsächlich fünf Elemente, Erde, Wasser, Feuer, Luft und Äther, machen seine physiologische Struktur aus. Die Grundbedürfnisse des Körpers richten sich auf Sicherheit und Sättigung.

Beim dritten Aspekt handelt es sich um die Psyche und das Ich. Sie bilden sich im Austausch mit der sozialen und materiellen Welt über Wünsche, Emotionen, Ängste, Triebe und Identifikationen heraus. Das individuelle Bewußtsein identifiziert sich mit dem Körper und beschreibt sich als körperliches Ich, das Ich, für das sich der Mensch während seines Lebens in der Gesellschaft hält. Dieses Ich ist falsch. In der hinduistischen Philosophie wird es als *Ahankara* bezeichnet: als Ich-Sinn einer Person, deren Einbettung in die physischen Wirklichkeiten sich in »mein« und »mir« ausdrückt. Dieses Ich hat Angst.

Angst ist nichts anderes als eine Empfindung, die mit der Vorstellung verbunden ist, daß der physische Körper oder das Ich Schaden erleiden oder zerstört werden könnten.

Angst entspringt den Wünschen. Ein Wunsch wandelt sich in Angst um, wenn sich innerhalb der Persönlichkeit eine zwanghafte Antithese herausbildet. Wunsch und Angst sind in zahlreichen Fällen zwei Seiten derselben Münze.

Um diese Vorstellung theoretisch zu fassen, kann man sagen, daß jeder Wunsch, der in einer bestimmten Entwicklungsphase geboren wird, sich auf der nächsten Ebene in Angst verwandelt. Wenn beispielsweise ein Wunsch auf der Ebene des primären Selbst auftaucht, wandelt er sich auf der Ebene des sekundären Selbst in Angst um, und entsprechend wird aus einem Wunsch auf der Ebene des sekundären Selbst eine Angst auf der Ebene des tertiären Selbst.

Der Mensch sehnt sich danach, eine spirituelle Erfüllung zu finden. Dieses Verlangen entströmt dem Bewußtsein, das mit seiner kosmischen Quelle verschmelzen will, um sich in ihr zu verwirklichen.

Auf diesem Weg muß es seine Identifikation mit dem Körper, dessen Gefangener es geworden ist, und mit dem Ich, als das es sich selber betrachtet, aufgeben.* Dies bedeutet, daß der Wunsch, mit dem kosmischen Bewußtsein zu verschmelzen, notwendig und unmittelbar verbunden ist mit dem Wunsch nach dem Tod des Ichs. Das schließt die Vorstellung des körperlichen Todes ein. Da der körperliche Tod mit dem Tod selber gleichgesetzt wird, war FREUD der Ansicht, daß der Mensch mit einem Todestrieb geboren wird. Doch ist es im spirituellen Sinn kein Todestrieb, sondern das Bedürfnis der Seele nach dem höchsten Leben. Somit wird also der Wunsch des primären Selbst zu einer Angst vor dem Tode auf der Ebene des sekundären Selbst.

Schauen wir uns an, was geschieht, wenn ein Kind geboren wird: Das Kleinkind geht in der Gebärmutter und unmittelbar nach seiner Geburt eine Verbindung mit dem Körper ein. Es spürt das Verlangen, seinen Körper zu verlassen, doch zugleich hat es eine starke Bindung an ihn entwickelt. Sein Wunsch, in das kosmische Bewußtsein einzutauchen, wandelt sich in eine Angst, den Körper zu verlassen. Bald wird daraus eine Angst vor dem Tod.

Diese erste, ursprüngliche Notwendigkeit nach körperlicher Sicherheit zieht damit die erste und tiefliegendste Angst des Menschen vor dem Tode nach sich. Bald erlebt das Kleinkind merkwürdige Empfindungen, wenn es sich körperlich oder sonstwie in seiner physischen Existenz bedroht fühlt.

Der ungestillte Hunger gefährdet ebenfalls seine Sicherheit. So gesellt sich zu der Angst vor körperlichem Schaden und Tod die große Angst vor dem Hunger.

Diese beiden Ängste und diese beiden Urbedürfnisse liefern die Basis für die Entwicklung der menschlichen Persönlichkeit in der Gesellschaft. Bald beginnt das individuelle Bewußtsein, sich mit vielen Wünschen, Phantasien,

* Die Entwicklung verläuft allgemein entlang der Vorstellung: »Ich bin der Körper« und »Mutter ist der Körper, der mir gehört«. Die Begriffe »ich, mein, mir« basieren auf dem Körperprinzip, das die grundlegende Unwissenheit ausmacht. Alles Leiden und der Schmerz der Menschheit stammen aus dieser Ignoranz. Das Ich drückt das Prinzip der Seele aus. Daraus folgt, daß das Ich sich immer dessen bewußt sein sollte, daß es *Atma* oder die spirituelle Wirklichkeit ist. Es sollte sagen können: »Ich bin unzerstörbar, frei von Geburt und Tod, Anfang und Ende. Ich bin unsterblich. Ich bin die Ewigkeit!« Das grundlegende Ziel aller Meditationen liegt darin, jene Unwissenheit zu bannen und das Individuum dazu zu führen, die spirituelle *(atmische)* Basis des Ichs zu realisieren. Diese Erkenntnis hebt alle Ängste auf.

Vorstellungen, Gefühlen und Situationen zu identifizieren und sein Ich weiterzuentwickeln. Das Ich oder das Selbstbild ist im Kern nicht-physisch, doch hat es seine Wurzel im Körperlichen. Bald nimmt das Ich einen beachtlichen Umfang ein, und der Mensch schützt es vor Schaden. Jede Vorstellung, daß dieses Ich geschädigt werden könnte, bringt Angst hervor. Auf der Ebene des sekundären Selbst entsteht im Kleinkind das Bedürfnis, nackt durch die Straßen zu laufen. Wenn es diesen Wunsch unterdrückt, statt ihn zu überwinden, kann es die Furcht auf der Ebene des tertiären Selbst entwickeln, alleine durch eine Staße zu laufen, weil es befürchten muß, gemäß seinem unterdrückten Wunsch zu handeln. An der Wurzel vieler unserer Ängste liegen also in der einen oder anderen Form unsere Bedürfnisse.

29. Angst und Schuld

Wenn etwas in der Welt der Menschheit ähnlich viel Leiden bringt wie die Angst, so sind es Schuldgefühle. Schuld ist die innere Verleugnung von Freiheit, die Ursache von Selbstablehnung, Selbsthaß, Selbstkritik und Selbstverfolgung.

Schuld ist ein wesentliches Element der menschlichen Persönlichkeit. Sie ist eine Verneinung der Freiheit des Bewußtseins. Schuld ist die Summe aller Widerstände, die aus Hunderten von Ängsten geboren werden. Sie ist die Gesamtheit aller Gefühle von Falschheit. Sie bestimmt in jedem einzelnen, was richtig und gut, oder umgekehrt, was falsch und schlecht ist. Schuld ist der wichtigste Einzelfaktor, der das tertiäre Selbst hervorbringt, den Menschen zur Scheinheiligkeit verführt und das konstante Leiden des Menschen verursacht.

Schauen wir uns Beispiele aus dem täglichen Leben an. Jemand ertappt mich dabei, daß ich eine falsche Aussage mache. Ich bin festgenagelt. Welcher Ausdruck zeigt sich auf meinem Gesicht? Dieser Ausdruck wird aus Schuld geboren. Oder: Ich küsse jemanden. Die andere Person versagt sich mir. Ich fühle mich schuldig. Doch sind dies sehr oberflächliche Beispiele. Schuld ist solch eine gewaltige Kraft, daß sie Menschen dazu bringt, Selbstmord zu begehen. Sie kann so tiefgreifende Depressionen erzeugen, daß das Leben zu einer wahren Hölle wird.

Eine von Schuldgefühlen getriebene Persönlichkeit kann nach außen hin als moralisch gut erscheinen, doch täuscht dieses Bild. Die Täuschung wird durch Schuld gesellschaftlich aufrechterhalten. Schuld und Güte vertragen sich nicht. Güte entfaltet sich zusammen mit Freiheit. Schuld begleitet die Verneinung der Freiheit. Wie können da Schuld und Güte Hand in Hand gehen?

Wie wird Schuld erzeugt? Geht sie der Angst voraus oder folgt sie ihr?

Was ist die wirkliche Beziehung zwischen Angst und Schuld? Die psychoanalytischen Vorstellungen von Schuld erklären nur zum Teil ihren Ursprung, da sie, wie die gesamte Theorie der Psychoanalyse, zwar richtig, aber unzulänglich und unvollständig sind. Die psychoanalytische Meditation unterscheidet, wie beim primären und sekundären Todeswunsch, zwischen zwei Arten von Schuld: primärer und sekundärer.

Das erste Gefühl der eigenen Unzulänglichkeit entsteht, wenn sich das individuelle Bewußtsein vom kosmischen trennt. Diese Trennung schmerzt, und die Schuld ist teilweise das direkte Ergebnis des Schmerzes, den die Trennung nach sich zieht. Diese Trennung fühlt sich wie eine Bestrafung an, und die erste Empfindung ist, daß einige falsche Handlungen gesühnt werden. In Begriffen der modernen Ich-Psychologie handelt es sich dabei nicht um ein klares Ich-Gefühl, da das Ich noch nicht geboren ist, sondern um eine Wahrnehmung, das Empfinden der individuellen Seele, des individuellen Bewußtseins. Das Antlitz des Kleinkindes ist noch dem kosmischen Bewußtsein zugewandt und hält den Kontakt mit ihm aufrecht. Dieser Kontakt birgt die Fähigkeit in sich, bestimmte zeitlose Gefühle wie Güte, Wahrheit, Schönheit, Mitgefühl, Opferbereitschaft zu bewahren, da sie alle Eigenschaften des kosmischen Bewußtseins sind. Auf dieser Ebene wird verständlich, warum Moral eine ewige Leidenschaft für die Menschheit sein wird. Doch bald, getrieben von Hunger und über die Interaktion mit der sozialen und materiellen Welt, entfaltet das Kleinkind zahlreiche animalische Reaktionen, wie Bindung, Eifersucht und andere. Die Ausformung dieser animalischen Reaktionsweisen führt das Kleinkind von den kosmischen Werten weg. Diese Bindung an die materielle Welt zusammen mit dem Schmerz über die Trennung vom kosmischen Bewußtsein erzeugt in ihm die primäre Schuld.

Die primäre Schuld ist für die paranoide Depression verantwortlich, die den Leidenden zum Selbstmord oder auf den Pfad der Selbsterforschung und Heiligkeit treibt.* Selbstmord wird in der modernen Psychologie als negativ angesehen. Doch handelt es sich tatsächlich um das primäre Bedürfnis, den Körper zu verlassen und zum kosmischen Bewußtsein zurückzukehren. Dieser Wunsch kann nicht erfüllt werden, da das Bewußtsein zwar den Körper verläßt, nicht aber die Bedürfnisse oder das Ich.

Der Weg zur Heiligkeit durch Meditation repräsentiert denselben Wunsch in positiverer Form. Das wirkliche Bedürfnis wird über diesen Weg erfüllt. Die Leben großer Männer, wie BUDDHA oder St. AUGUSTINUS, und das

* Es besteht kein Zweifel, daß die paranoide Depression mit modernen Methoden nicht geheilt werden kann. Sie entschwindet endgültig dann, wenn die individuelle Seele in das höchste Bewußtsein eintaucht.
Ein Mensch, der an einer paranoiden Depression leidet, ist aufgrund seiner vergangenen Leben eine hochentwickelte Seele, die verzweifelt versucht, zu Gott zurückzufinden.
Darüber hinaus meine ich, daß diejenigen, die aufgrund von Depressionen Selbstmord begehen, im allgemeinen an primärer Schuld leiden.

Leben zahlreicher Menschen, die aufgrund von Depressionen Selbstmord begangen haben, ähneln einander in ihren paranoiden Grundlagen und sollten in diesem Licht verstanden werden.

Die primäre Schuld ist sehr fein und eng mit dem individuellen Bewußtsein verbunden. Sie kann nur über die Meditation ans Tageslicht gebracht werden, nachdem man in die tiefsten Schichten der Psyche eingedrungen ist. Die psychoanalytische Technik kann nie diesen Punkt erreichen. Die reine Vernunftebene reicht daher auch nicht aus, um diese Schuld zu verstehen. Sie liegt jenseits des sinnlichen Bewußtseins.

Sobald das Kleinkind in die soziale und materielle Welt hineinwächst, entwickelt es das sinnliche Bewußtsein über die fünf Hauptsinne des Sehens, Hörens, Riechens, Tastens und Schmeckens. In der indischen Philosophie heißt es, daß sich das Körperbewußtsein über die neun Tore des Körpers herausbildet: die Augen, Ohren, Nasenlöcher, den Mund, den Harnkanal und das Rektum.* Diese neun Pforten sind in der frühen Kindheit sehr empfindsam und aktiv. Über sie werden zahlreiche Wahrnehmungen, Einstellungen und Vorstellungen von der Außenwelt nach innen hineingenommen.

Das wachsende Kleinkind handelt in diesem Stadium noch nicht gemäß der Vernunft, sondern reflexhaft. Handlung erwächst folgendermaßen:

Einmal verknüpft sich das individuelle Bewußtsein mit körperlichen Anforderungen, die mit reflexhaften Handlungen gekoppelt sind, und umfaßt Reflexe wie das Schreien nach Nahrung.

Sodann heftet sich das Bewußtsein an ein Bedürfnis oder eine Wahrnehmung, die über die neun Tore verinnerlicht wurde.

Schon bald wird die Häufigkeit und Intensität der Handlung von den Prinzipien der Lust und des Schmerzes bestimmt.** Das heranwachsende Kleinkind strebt nach Aktionen, die ihm Lust bereiten, und vermeidet jene, die schmerzhaft sind.

Während des Prozesses der Sozialisation wird das Kind mit zwei Arten von Reaktionen von seiten der Gesellschaft, besonders der Familie, konfrontiert. Die ersten bereiten ihm Lust, indem sie ihm Kontakt, Liebe und Wertschätzung vermitteln. Die zweiten verursachen Schmerzen. Sie umfassen solche Reaktionen wie Verleugnung, Bestrafung, Unaufmerksamkeit, Spott, Kontrolle, Sauberkeitstraining, Verurteilung und Hemmung der Freiheit.

* Alle diese Tore scheiden Schmutz aus. Nur das zehnte, das dritte Auge, strahlt Licht und Wohlgeruch aus. Es kann nur durch Jogi-Disziplin und die Gnade Gottes oder des geistigen Lehrers geöffnet werden.

** Das Gebäude der gesamten Psychoanalyse basiert auf den Prinzipien von Schmerz und Lust. Das ist falsch und unzureichend. Die wahre Natur der Seele oder des Bewußtseins liegt jenseits von Lust und Schmerz. Die Seele ist die Grundlage der Psyche. Die Psyche existiert nicht ohne die Seele als ihre Basis.

Die zweite Art von Reaktionen bringt nicht nur Schmerz, sondern auch Unsicherheit und die Angst vor Vernichtung hervor. Sie gibt dem Kind das Gefühl, daß alle seine Handlungen falsch sind. Ängste und Bedrohungen der Existenz bilden die Wurzeln der Schuld. Wenn ein Kind sich beispielsweise gewalttätig verhält und geschlagen wird, fühlt es sich bedroht. Es bekommt den Eindruck, daß sein Ärger falsch ist, und fühlt sich deswegen schuldig. Diese Schuld bezeichne ich als sekundäre. Darüber handelt die gesamte psychoanalytische Literatur.

Beide, die primäre und die sekundäre Schuld, erwachsen zum größten Teil aus Schmerz und Unsicherheit. Die primäre Schuld wurzelt zudem darin, daß sich das individuelle Bewußtsein von den ewigen Werten der Wahrheit, Schönheit und Güte entfernt. Sie kommen automatisch ans Licht, wenn das individuelle Bewußtsein erneut den Kontakt zu seiner kosmischen Quelle aufnimmt.

Solange es Schuld gibt, leiden wir. Um den Schuldkomplex loszuwerden, müssen wir zweierlei tun. Erstens müssen wir alle Ängste vollständig überwinden. Zweitens müssen wir in Kontakt mit dem kosmischen Bewußtsein treten, so daß wir das Stadium des primären Selbst erreichen, um die ewigen Werte zu realisieren.

Die Psychoanalyse versucht, die sekundäre Schuld aufzuheben, die weitgehend aus Ängsten und Unsicherheit auf der Ebene des sekundären Selbst geboren wird. Sie kann Schuldgefühle über sexuelle Phantasien und Handlungen wie Betrug, Lügen, Gier oder Gewalt abbauen helfen und damit den Menschen ein wenig glücklicher machen, aber sie führt das Bewußtsein nicht zu einem Punkt, wo es das sekundäre Selbst überwinden und die kosmischen Werte in ihrem wahren Sinn erkennen und verwirklichen kann.

Kurz gesagt, hat die Psychoanalyse nicht nur keine Vorstellung von der primären Schuld, sie ist zudem nur begrenzt fähig, die sekundäre Schuld aufzulösen. Was immer Psychoanalytiker also tun mögen, wie viele Jahre sie auch auf ihren eigenen Prozeß oder den anderer verwenden, sie werden niemals in der Lage sein, den Menschen völlig glücklich zu machen.

30. Angst und Persönlichkeit

Die erste Erfahrung der Angst findet zum Zeitpunkt der Geburt statt, wenn der Organismus des Kleinkindes aus der Gebärmutter ans Licht der Welt tritt. Dies ist ein erschütterndes Ereignis, bei dem die Sicherheit des Kleinkindes bis in die Grundfesten bedroht wird. Der Grund dafür liegt im Gegensatz zwischen der Sicherheit im Mutterleib und der Unsicherheit der Trennung von ihm. Dieser Einschnitt wird oft als »Geburtstrauma« bezeichnet.

Wenn das Kind in die Gesellschaft hineinwächst und das Stadium des sekundären Selbst durchläuft, erlebt es eine Geschichte von Hunger, Bedürfnissen, Ängsten, Ablehnungen und Schmerz. Das Kleinkind entwickelt bald zahlreiche Forderungen, Bedürfnisse, Wünsche und Notwendigkeiten. Eine Verweigerung, ob gewaltsam oder in anderer Form, bedroht es. Beispielsweise möchte das Kind, daß sich die Mutter nicht von ihm trennt. Es fühlt sich unsicher in solch einer Situation. Von daher beginnt es, sich vor der Trennung zu fürchten.

Der Fluch dieser Ängste liegt darin, daß die Gesellschaft sie geschickt nutzt, um das Kleinkind auf den rechten Weg zu bringen. Wenn die Mutter weiß, daß das Kind Angst vor Trennungen hat, droht sie mit Abbruch des Kontaktes, wenn das Kind ihren Befehlen nicht gehorcht. So wird das Kind in die sozialen Prozesse auf der sandigen Basis von Ängsten eingeführt.

Außerdem blockiert die Verneinung eines Triebbedürfnisses oder einer Triebforderung den freien Fluß der Energie hinauf zum *Brahma-Randhra.* Die Versagungen wirken wie Hürden im Nervensystem. Diese Blockade der Energie äußert sich in Gewalt und Haß. Das Kind will diese Sperre aus dem Weg räumen. Bald jedoch fürchtet es sich vor seiner eigenen Aggression, da die Gesellschaft sie mit Vergeltung ahndet und damit seine Sicherheit weiter bedroht. Unweigerlich entwickelt es somit Angst vor seiner eigenen Gewalttätigkeit und Angst vor der Vergeltung anderer.

Auf den genannten Ängsten ruht die Persönlichkeit wie auf Pfeilern, das Geburtstrauma ist der erste, Frustration der Liebes- und Objektbedürfnisse der zweite, Haß und Gewalt der dritte. Um diese Grundfesten herum sammeln sich weitere Ängste an. Und diese Ängste und ihre Intensität bestimmen die Entwicklung jeder Persönlichkeit. Sie sind die wirkliche Quelle der Zweifel, der Schuld, der Verwirrung und von all jenem, das im menschlichen Leben und in der Persönlichkeit negativ ist.

Auf der Ebene des tertiären Selbst entwickeln wir zahlreiche Ich-Triebe, die der Gesellschaft wünschenswerter und gesünder scheinen. Doch können diese Ich-Triebe nur den Unwissenden und den Betroffenen bluffen, da sie im Vergleich mit denen des sekundären Selbst oberflächlich und schwach sind. Kein Wunder, daß wir oft beobachten, wie große Männer gemein und tapfere feige handeln, und wie scheinbar unabhängige Menschen abhängig werden wie Kinder. Was auf der Ebene des tertiären Selbst wie Angstlosigkeit erscheint, ist nichts anderes als eine Reaktionsbildung und bedeutet keineswegs Abwesenheit von Ängsten. Im Gegenteil, sie kündet oft von einer intensiven Angst in der Persönlichkeit statt von Stärke.

Wenn wir uns die Persönlichkeit eines Menschen in der Tiefe ansehen und uns nicht von der äußeren Fassade blenden lassen, werden wir feststellen, daß der Mensch von Ängsten und von nichts anderem beherrscht wird. Ihr Wirken auf einer der Ebenen der Persönlichkeit erklärt die Scheinheiligkeit, die doppelten Standards, Doppelzüngigkeit, Güte, Freundlichkeit und andere Merkmale des menschlichen Lebens. Alle negativen Qualitäten in der menschlichen Persönlichkeit werden aus Angst geboren. Die meisten positiven Qualitäten täuschen, da sie als Reaktion auf bestimmte Ängste entstehen.

Stellen Sie sich vor, ein Mensch, der in Angst und Unsicherheit lebt, kommt zu Ihnen und stellt sich als außergewöhnlich gut und freundlich dar. Er tut so, weil er Ihre Hilfe, Wertschätzung und Unterstützung will. Können Sie sehen, daß diese Güte und Freundlichkeit Ihnen gegenüber nur Schwindel ist und auf dem sandigen Boden der Angst steht?

31. Klassifikation der Ängste

Die erste Kategorie von Ängsten bezieht sich auf die ersten Erfahrungen während der Kindheit, auf animalische Reaktionen und Bedürfnisse jener Zeit. Sie sind in unserem Unbewußten verborgen, und wir fürchten, sie zu sehen. Welch eine verrückte Angelegenheit ist diese Sozialisation. Unsere eigenen Wünsche verwandeln sich in Ängste. In unserem Innersten schlummern unsere Sehnsüchte, und wir wollen sie erfüllen, doch an der Oberfläche fürchten wir uns sogar davor, sie wahrzunehmen.

Diese Bedürfnisse sind immer noch in uns, doch werden sie uns nicht bewußt. Wir erkennen sie nicht als Teil von uns. So wurden unsere Bedürfnisse, Wünsche und Handlungen jener Phase in Ängste verwandelt.

Hier eine Übersicht:

- Angst, unser Bedürfnis nach einem Objekt zu erkennen. Angst, uns einzugestehen, daß wir nachts bei einem Liebesobjekt schlafen wollen, das uns liebt und Sicherheit gibt.
- Angst, unsere Schaulust (Voyeurismus) zu erkennen.
- Angst, unsere Eifersucht zu erkennen.
- Angst, unseren Wunsch zu erkennen, daß wir das Liebesobjekt ausschließlich besitzen wollen.
- Angst zu erkennen, daß wir unsere Geschwister und andere von dem Liebesobjekt entfernen wollen.
- Angst zu erkennen, daß wir andere verspotten wollen.
- Angst, unsere Gewalttätigkeit und Mordlust zu sehen. Angst, unsere Feindseligkeit gegenüber anderen zu erkennen. Angst, unseren Haß und Abscheu vor anderen zu erkennen.
- Angst, unsere Passivität zu erkennen.
- Angst, unsere Zeigelust (Exhibitionismus) zu erkennen. Grauen vor der Vorstellung, dem Vater den steifen Penis zu zeigen.
- Angst, unsere Sauglust zu erkennen.
- Angst vor der völligen Konzentration auf das Liebesobjekt und dem freien Fluß des Glücks.

- O Angst zu erkennen, daß wir unser Liebesobjekt, von dem wir abhängen, nicht freigeben wollen.
- O Angst zu erkennen, daß wir unserem Rivalen (Vater) hier und jetzt nicht in die Augen schauen.
- O Angst zu erkennen, daß wir morgens die Trennung nicht ertragen können und von daher in eine Depression fallen.

In der Kindheit mußten wir uns der Gesellschaft stellen. Die sozialen Reaktionen waren positiv und negativ. Die negativen Reaktionen schmerzten uns. Heute fürchten wir solche Reaktionen. Wir fürchten Ablehnung, Versagen, Spott, Bestrafung, Feindseligkeit und Vergeltung. Wir haben Angst davor, beobachtet, boshaft verglichen und kritisiert zu werden. Wir fürchten, die Bewunderung zu verlieren. Wir meiden physischen Schmerz und Kastration. Jetzt erkennen wir die Ängste nicht mehr richtig. Der Schreck vor Feindseligkeit und Vergeltung sitzt so tief, daß wir unsere wirkliche Aggression und unser Bedürfnis, andere abzulehnen, trotz vieler Sicherheiten nicht sehen. Aber all diese Wünsche, so zu handeln, sind in uns. Es gibt Hunderte solcher Ängste, die den Reaktionen der Gesellschaft entstammen. Wir müssen sie erkennen, akzeptieren und überschreiten, um von ihnen frei zu werden. Hier eine Übersicht:

- O Angst zu erkennen, daß ich keine Ablehnung ertragen kann.
- O Angst zu erkennen, daß ich es nicht ertrage, abgewiesen und übersehen zu werden.
- O Angst vor Spott und Sarkasmus.
- O Angst vor Unterlegenheit und vor boshaften Vergleichen mit anderen.
- O Angst, Feindseligkeit und Vergeltung gegenüberzutreten.
- O Kastrationsangst. Angst vor dem eigenen steifen Penis.
- O Angst vor physischem Schmerz und Bestrafung.
- O Angst vor der Konfrontation mit Autorität.
- O Angst zu erkennen, daß ich innerhalb einer Dreiecksbeziehung mißtrauisch bin. Ich fürchte, daß das Liebesobjekt mich täuscht und zu jemand anderem geht.
- O Angst zu erkennen, daß andere mir die Befriedigung meiner Bedürfnisse vorenthalten oder mir meine Sachen wegnehmen können.
- O Angst vor einem totalen Boykott in einer Gruppe.
- O Angst vor Selbstbehauptung.
- O Angst, innerhalb einer bedrohlichen Situation entspannt zu bleiben.
- O Angst, den unbewußten Trieb zu erkennen, alle von außen gesetzten Regeln zu brechen.

Wir fürchten uns davor, unsere Unterlegenheit, unsere Hilflosigkeit, unsere Schwäche, unsere Abhängigkeit und Dummheit, unsere Passivität zu erkennen. Wir wollen mit unseren Gefühlen des Schmutzes, mit dem Zustand des Drecks nichts zu tun haben. Wir haben Angst vor der Empfängerrolle. Die Beispiele ließen sich zahlreich fortsetzen.

Viele körperliche Gegebenheiten der Kindheit schmerzen uns. Wir unterdrücken die damit verbundenen Gefühle. Später verwandeln sie sich zu Ängsten, falls wir sie erkennen. Beispielsweise spürt ein Kleinkind nahezu, daß es keinen Penis hat. Dieser »Mangel an Penis« ist eine Realität. Das Kind möchte einen großen haben. Aber nach und nach, unter dem Einfluß der Zivilisation, weigert es sich, sowohl sein »Zuwenig an Penis« als auch seinen Wunsch nach einem größeren zu sehen. Es beginnt, sich vor der physischen Wirklichkeit und dem damit verbundenen Wunsch zu fürchten.

All diese Anschauungen sind tief in uns verwurzelt. Jedoch fürchten wir uns davor, sie an die Oberfläche dringen zu lassen. Sie machen uns Angst. Aber wir müssen hinschauen und sie akzeptieren, um sie zu überwinden.

Von diesem Typ sind folgende Ängste:

- Angst zu erkennen, daß ich unterlegen bin.
- Angst zu erkennen, daß ich keinen oder zuwenig Penis habe.
- Angst zu erkennen, daß ich hilflos und unzulänglich bin.
- Angst zu erkennen, daß ich abhängig bin.
- Angst zu erkennen, daß ich schwach bin.
- Angst zu erkennen, daß ich dumm sein und von anderen ausgebeutet werden kann.
- Angst zu erkennen, daß ich passiv bin.
- Angst zu erkennen, daß ich ein Empfänger bin.
- Angst zu erkennen, daß ich schmutzig und wertlos bin.

Aufgrund früherer Anschauungen haßten wir unser Selbstbild. Wir wollten sterben. Wir entwickelten ein Bedürfnis, uns zu töten. Diese Gefühle und Bedürfnisse sind immer noch in uns. Sie sind heute unsere größten Ängste. Wir fürchten uns davor zu erkennen, daß wir sterben wollen, daß wir uns selber hassen und ablehnen. Wir hassen uns so, wie wir auf der Ebene des sekundären Selbst waren. Wichtig ist, daß wir ohne die Erkenntnis dieser Ängste nicht hoffen können, auf das Glück zuzugehen.

Hier einige Beispiele:

- Angst zu erkennen, daß ich mich nicht mag.
- Angst zu erkennen, daß ich mein Selbstbild hasse.
- Angst zu erkennen, daß ich den Wunsch habe zu sterben. Ich habe das Bedürfnis, mich selber auszuradieren.

Aufgrund des Selbsthasses, der eigenen Ablehnung und des Wunsches zu sterben führten wir eine kleinere oder größere Metamorphose durch. Ihre Natur, ihr Ausmaß bestimmen, ob wir Psychotiker oder Neurotiker wurden. Sie bestimmen auch das Ausmaß unserer Zwanghaftigkeit und die Stärke unserer Ich-Triebe, die wir zusammen mit einem neuen Selbstbild entwickelten. Wir bauten eine Phantasiepersönlichkeit auf, modellierten ein falsches Gesicht. Wir haben große Angst davor, jene Elemente in diesem neuen Gesicht zu erkennen. Wir können befürchten zu erkennen, daß wir uns fürchten, und wir haben Angst, während wir befürchten, Angst zu haben. Anstatt die Falschheit zu erkennen, führen wir auf der Phantasiebühne viele Handlungen durch, um unser Gesicht vor unseren eigenen Augen zu wahren. Eine unserer größten Ängste heute ist es, unser Gesicht zu verlieren:

- Angst zu erkennen, daß ich das Objekt in der Phantasie und nicht in der Wirklichkeit liebe.
- Angst vor Verstrickung, Angst davor, die Kontrolle und die Identität zu verlieren.
- Angst zu erkennen, daß das Objekt nicht in meiner Nähe ist.
- Angst vor öffentlicher Kritik, davor, bloßgestellt zu werden.
- Angst zu erkennen, daß ich zahlreiche Handlungen in der Phantasie und nicht in der Wirklichkeit durchführe.
- Angst zu erkennen, daß ich in bestimmten Situationen wirklich unerwünscht und nutzlos bin.
- Angst vor Abweichung: Betrug, Lügen, Selbstsucht.
- Angst davor, in eine passive Rolle gegenüber einer Autorität zu geraten.
- Angst zu erkennen, daß ich Autorität hasse und fürchte.
- Angst zu erkennen, daß jemand mir nicht glauben könnte.
- Angst zu erkennen, daß ich die Aufmerksamkeit anderer auf mich ziehen möchte.
- Angst davor, andere zu bewundern, besonders Höhergestellte.

Eine andere Art von Angst bezieht sich auf Verinnerlichungen von angstvollen Einstellungen der Gesellschaft, wie der Angst vor der Zukunft oder vor Krebs. Fehlendes Wissen und die moderne Erziehung sind für sie verantwortlich. Einige solcher Ängste sind:

- Angst vor der Erkenntnis, daß mir vor Tuberkulose, Krebs, Herzanfall und zahlreichen anderen Krankheiten graut.
- Angst zu erkennen, daß ich mich vor neuen Plätzen, neuen Gesichtern und entfernt liegenden Orten fürchte.
- Angst vor der Erkenntnis, daß ich mich vor der Zukunft fürchte. Sie schlägt sich in Fragen nieder wie: »Was wird geschehen, wenn ich in einen Unfall verwickelt werde oder meinen Job verliere?« »Was wird sein, wenn ich alt bin?«

Die meisten unserer Ängste lassen sich einer der sechs Hauptkategorien zuordnen. Ihre gemeinsamen Wurzeln liegen in den beiden Urbedürfnissen des Organismus nach Sättigung und Sicherheit. Was immer sie bedroht, verwandelt sich in Angst. Diese Ängste nehmen Hunderte von Formen und Auswüchsen an.*

Die Psychoanalytiker reden in begrenzter Form von diesen Ängsten. Sie können sie nur eingeschränkt vor unserem Bewußtsein ausbreiten. Nur in der Meditation können wir all diese Ängste überwinden. Nur dann kann unser Bewußtsein sich völlig frei fühlen. Das ist die einzige Quelle der Glückseligkeit. Solange auch nur eine einzige Angst im Menschen bleibt, ist es nutzlos zu meinen, daß er das volle Glück erlangen könne.

32. Ängste und Widerstände

Angst führt zu Schuld. Beide zusammen bringen Widerstände hervor. Widerstände sind nichts anderes als Nervenblockaden, die die Freiheit des Bewußtseins oder des Ich-Sinnes hemmen. Solange diese Widerstände nicht gebrochen werden, kann sich das Bewußtsein nicht voll entfalten.

In der Psychoanalyse werden emotional bedingte Krankheiten dadurch geheilt, daß Widerstände, die in der Psyche wirken, aufgelöst werden. Dies entscheidet darüber, ob der Patient wirklich aus seinen Schwierigkeiten herausfindet oder nicht. Die Arbeit am Widerstand ist ein Schwerpunkt des psychoanalytischen Ansatzes.

In der Psychoanalyse werden die Widerstände über die freien Assoziationen angegangen. Der Patient wird ermutigt, ohne Unterbrechung über das zu sprechen, was ihm in den Sinn kommt. Dann stoppt er bei einem bestimmten Thema plötzlich. Dies weist den Psychoanalytiker darauf hin, daß etwa das Bewußtsein des Patienten ihn daran hindert, diesen Gegenstand näher zu betrachten und ungehemmt darüber zu reden.

Ein Beispiel soll das verdeutlichen:

Der Patient liegt auf der Couch und ihm fällt folgendes ein: »Ich sehe einen gutaussehenden jungen Mann vor mir. Sein Gesicht leuchtet. Seine Schenkel sind ganz weiß. Ich blicke abwechselnd zwischen seinem Gesicht und seinen Schenkeln hin und her. Ich fühle eine Menge Energie in mir hochsteigen, die auf einen homosexuellen Kontakt mit diesem Mann

* Es war gesagt worden, daß wir aufgrund von Unwissenheit meinen, wir seien der Körper und nicht die Seele, was wir in Wirklichkeit sind, und wir im Zusammenhang damit den Sinn von »ich, mein, mir« entwickeln. Aus demselben Grund sehen wir auch andere als Körper und nicht als Widerspiegelungen derselben höchsten Seele, die unteilbar ist und jeden Partikel des Universums durchdringt. So entwickeln wir den Sinn für »du und dein, er und sein«. Der eine sieht aus wie viele. Die Nicht-Dualität, die die grundlegende Wirklichkeit ist, wandelt sich in Dualität und Vielfalt. In der letzten Analyse stammt alle Furcht aus der Ignoranz gegenüber dem Ich einerseits und der Vielfalt andererseits.

drängt. Ich will ihn nackt sehen. Ich ziehe ihm die Hose aus. Ich sehe seine Pobacken und seinen Penis...« Nach diesen freien Assoziationen bricht der Patient in seiner Erzählung ab. Trotz Ermutigung spricht er nicht weiter. Wir können hier sehr klar sehen, daß er sich bis zu diesem Punkt innere Freiheit gestatten kann, aber nicht darüber hinaus. Wenn er sie hätte, würde er weitergehen, da der erreichte Punkt nicht das logische Ende seiner Suche ist. Vielleicht möchte er den Penis halten, ihn von nahem sehen, daran saugen oder seinen eigenen Penis daran reiben. Vielleicht möchte er den jungen Mann in seinen Arm nehmen und die damit verbundene Lust und das Glück genießen oder den Penis in seinen Mund oder sein Rektum stecken. Er muß das logische Ziel, das unbewußte Ziel seiner Lust in psychisch freier Weise erreichen. Das Ziel der Psychoanalyse ist die vollständige Einheit mit dem Objekt im Orgasmus, das Ziel der Meditation die Verschmelzung mit Gott und die objektlose Glückseligkeit. Beide sind eng miteinander verbunden. Der Unterschied liegt darin, daß wir über die Psychoanalyse das Ziel erreichen und zurückkommen müssen, um die Suche von neuem zu beginnen. In der Meditation bleiben wir nicht abhängig von einem Objekt, das wir neu finden müssen. Wir haben für immer das Ziel in uns erreicht und können es nach unserem Willen aufsuchen.

Die Blockade, auf die der Patient im Prozeß der freien Assoziation stößt und die er nicht überschreiten kann, *ist der Widerstand.*

Warum geht der Patient nicht über diesen Punkt hinaus, obwohl es ja einen Raum gibt, in dem er seine Glückseligkeit finden kann?

Bei oberflächlicher Prüfung der Psyche des Patienten sieht es so aus, und der Patient berichtet es auch in dieser Weise, daß ein Urteil an diesem Punkt den Fluß der freien Assoziationen hemmt. Der Patient kritisiert das Geschehen und hört auf, weiterzusprechen. Er bewertet das, was er fühlt, als etwas, das nicht wünschenswert oder gut genug ist, um in Worten ausgedrückt zu werden.

Ohne Zweifel ist eine Zensur da und verursacht den Widerstand. Doch ist der interessante Punkt, von wo aus dieses Urteil den Weg in seine Psyche gefunden hat.

Das Kind hat dieses Urteil bei seiner Geburt nicht mitgebracht. Es wurde durch äußere soziale Kräfte dazu gezwungen, Wertungen in sich aufzubauen. Diese Kräfte sind für jeden anders. Von daher ist das Wertsystem jedes einzelnen und damit auch das Ausmaß an psychischer Freiheit für jeden anders.

Die erste einfache Antwort lautet, daß das Kind diese Wertmaßstäbe nicht mit sich bringt. Die Gesellschaft erzeugt sie in ihm. Sie erzählt dem Kind, was gut und was schlecht ist und bis zu welchem Punkt Handlungen annehmbar und von welchem Punkt ab sie zu verurteilen sind. Von daher können wir sagen, daß das Kind seine Wertmaßstäbe von der Gesellschaft her übernimmt. *Das Ausmaß der psychischen Freiheit eines Individuums wird in großem Maße von der psychischen Freiheit derer bestimmt, die während seiner Kindheit mit ihm leben, meist die Eltern und Geschwister.*

Das Kind verinnerlicht diese Wertmaßstäbe der Gesellschaft nicht als einen natürlichen Prozeß. Urteile von »gut« oder »schlecht« interessieren es nicht. Nur das freie Spiel seiner psychischen Energie fesselt seine Aufmerksamkeit.

Ein dreijähriges Kind hält die Brüste seiner Mutter und spielt mit ihnen, oder es sieht den Vater nackt in der Badewanne. Die Mutter oder der Vater sagen ihm, dies sei schlecht. Das Kind unterbricht seine Handlung nicht aufgrund dieser Bewertung, sondern setzt sie fort. Eines Tages jedoch gibt ihm der Vater oder die Mutter einen Klaps dafür und droht ihm, es für immer zu verlassen oder es vor anderen für diese Handlung zu verdammen. Erst an diesem Tag verinnerlicht das Kind die Bewertung und macht sie zu einem Teil seines eigenen Gedankenfeldes.

Warum handelt das Kind so? Der einfache Grund dafür liegt darin, daß es nach dem Klaps stark verunsichert ist. Es fühlt sich in seinem Ich oder seiner physischen Integrität bedroht. Aus Sicherheitsinteresse verinnerlicht es diesen Wertmaßstab, und nach dieser Erfahrung stoppt dieses Urteil seine Freiheit und wirkt als Widerstand von innen.

Das, was das Kind verunsichert, schafft Angst, wird zu einer Angst. Wenn das Kind von seiten der Gesellschaft mit mehr Handlungen konfrontiert wird, die Unsicherheit und Angst erzeugen, baut es entsprechend mehr Befürchtungen auf. Es verinnerlicht mehr Wertmaßstäbe, die die Freiheit der Gefühle, Gedanken und Handlungen eindämmen. Es wird in seiner Persönlichkeit mehr Hemmungen und Widerstände finden und in seinem Nervensystem mehr Sperren, die den freien Fluß der psychischen Energie hinauf zum *Brahma-Randhra* blockieren. Unsicherheit, Angst und Furcht bilden also die Grundlage für die Widerstände.

Es war gezeigt worden, daß die Heilung des leidenden Menschen oder der Weg zu seinem Glück darin liegt, effektiv diese Widerstände zu beseitigen. Wie kann dies geschehen?

Die meisten Psychiater mit medizinischem Hintergrund greifen selten auf therapeutische Sitzungen zurück, zumindest in Indien. Sie verlassen sich überwiegend auf Elektroschocktherapie oder Pillen. Wenn sie Therapien für die Umerziehung der Psyche des Patienten anwenden, wählen sie Suggestivverfahren.

Diese Psychiater verstehen im großen und ganzen wenig von Widerständen und noch weniger davon, wie sie anzugehen sind. Wenn einige von ihnen über etwas Wissen verfügen, können sie dem Menschen wenig helfen, weil ihre eigenen Widerstände aus ihrem kulturellen Hintergrund heraus sie in ihrer Freiheit bremsen. Die angewandte Suggestivtherapie ist auf den allgemeinen Menschenverstand und pragmatische Ratschläge hin orientiert. Diese Vorschläge wirken für einige Zeit in der Psyche des Patienten, doch verlieren sie bald ihre Effektivität, weil die libidinösen Wünsche des sekundären Selbst nach Ausdruck drängen und die Widerstände gleichzeitig aktiv bleiben. So bleibt der Mensch ein Opfer von Konflikten, Ängsten und Befürchtungen.

Die zweite Kategorie der Professionellen besteht aus Personen, die sich eher auf die Psychotherapie verlassen als auf Elektroschocks und Medizin. Obgleich diese Leute kein psychoanalytisches oder meditatives Training haben, nutzen sie verstärkt psychologisches Wissen über emotionale Krankheiten. Sie wollen Konditionierungen oder einen neuen »Reflex« in der Psyche des Menschen durch die kontinuierliche Wiederholung desselben Vorschlages erzeugen. Sie meinen, daß solch eine Suggestion, die psychologisch sehr einfühlsam erfolgt, nach und nach in das Unbewußte des Patienten einsinkt und dort eine neue Spur ins Nervensystem bahnt. Sobald das behandelte Problem (Angst, Depression . . .) den Patienten überfällt, ruft er automatisch diesen Reflex ab und leitet einen Teil seiner psychischen Energie in diesen Reflex hinein. Damit wirkt dieser wie ein Gegenmittel gegen die Angst, und der Patient fühlt sich besser.

Es ist offensichtlich, daß diese Technik dem Patienten keine psychische Freiheit gewährt.

Nur die Arbeit am Widerstand heilt den Patienten effektiv und garantiert ihm auf einer permanenteren Basis Glück. In der modernen Welt eignet sich die Psychoanalyse am besten hierzu. Sie führt zu einer vergleichsweise stabilen Heilung.

Das Verstehen des Übertragungsphänomens in der Psychoanalyse gibt dem Analytiker eine Vorstellung von den zahlreichen Widerständen und ihrer Intensität in der Psyche des Patienten. Dieses Verständnis wird verstärkt, wenn der Patient während des Prozesses der freien Assoziation sich an einem bestimmten Punkt unterbricht oder zu einem anderen Thema überwechselt. Das Unterbrechen oder Wechseln der Ebenen vermittelt die klarste Vorstellung des Grades psychischer Freiheit, den der Patient genießt, wie auch der Widerstände, die in ihm wirken. Ich weiß nichts über andere Analytiker in der Welt. Ich kann mich nur auf meinen eigenen beziehen. Er versuchte, mit solchen Situationen folgendermaßen umzugehen:

- Er machte mir an diesem Punkt bewußt, daß ich aufgehört hatte zu reden oder von dem Hauptthema abgewichen und in einen anderen Bereich hinübergewechselt war.
- Er ermutigte mich oder versuchte sogar, mich zu zwingen, über dasselbe Thema weiterzusprechen, statt zu einem anderen abzuschweifen. Er versicherte mir, daß ich mehr Freiheit erlangen würde, wenn ich weiterredete.
- Gelegentlich zeigte er mir eine Angst auf, die meine freien Assoziationen zu einem bestimmten Gegenstand blockierte. Diese Angst zwang mich nach seiner Auffassung, zu einem anderen Thema überzugehen.

- Nachdem er mich darauf aufmerksam gemacht hatte, ermutigte er mich, mir die Situation genauer anzusehen und weiter darüber zu reden.

Seine Ermutigung weiterzureden half mir gelegentlich, meinen Widerstand zu überwinden. Darüber war ich erleichtert. Wichtig war auch, wie mir immer wieder klar wurde, daß ich den Gegenstand wechselte und psychisch nicht frei war. Ebenfalls erweiterte die Erfassung meiner Kindheitsängste unmittelbar mein Bewußtsein und verschaffte mir große Erleichterung und Freiheit.

Doch neben solch positiven Folgen jener Methode zeigten sich immer deutlicher auch grundlegende Mängel:

Noch während des Prozesses der Analyse selbst wurde mir deutlich, daß mir unter dem Einfluß der Suggestionen des Analytikers nur eine scheinbare Freiheit zuteil wurde. Sie hatte nichts mit dem bewußten Verstehen des »Selbst« zu tun, mit dem bewußten Zugang zu der Wirklichkeit jeder sozialen Situation und der bewußten Kontrolle über die eigenen Werke und Ausdrucksformen. Ich erinnere mich sehr lebhaft, daß in etlichen Situationen mein inneres Bewußtsein nicht die Freiheit akzeptieren konnte, die mir die Ermutigung und Zusicherung des Analytikers nahelegte. Darüber war ich sehr verwirrt und oft unglücklich. Eine andere Grenze lag in dem Versuch des Analytikers, durch die Wiederholung bestimmter Interpretationen neue »Reflexe« in mir auszubilden. Seine zahllosen Ermutigungen, über sexuelle Angelegenheiten zu sprechen, dienten ebenso stark diesem Zweck wie dem Ziel, meinen Widerstand zu überwinden.*

Über meine Erfahrungen wurde mir deutlich, daß ein neuer Reflex, selbst wenn er über eine lange Zeit eingespurt wird, viel schwächer ist als der alte, gegen den er sich richtet. Die Fähigkeit des alten Reflexes, Konflikte zu erzeugen, übersteigt die Fähigkeit des neuen, Entspannung zu bringen. Aufgrund meiner Erfahrungen und denen einiger anderer kann ich sagen, daß Umkonditionierungen nur in Grenzen brauchbar sind.

Während meiner Analyse wurde mir auch klar, daß der Analytiker selten dem Patienten erlauben würde, seinen Widerstand fallenzulassen und die Übertragung, die ihm und seiner Familie gegenüber entstand, auszuleben. Hier fiel mir auf, daß die meisten Widerstände, die im Bewußtsein der Normalbevölkerung innerhalb einer bestimmten Kultur verankert sind, auch in der Psyche des Analytikers wirken, selbst wenn er aufgrund seines psychoanalytischen Wissens und der Prinzipien der psychoanalytischen Theorie etwas anderes vertritt. Beispielsweise kann er freie Sexualität propagieren, doch wenn sich der Patient seiner Tochter nähert, handelt er nicht anders

* Wenn ich heute an meine gesamten Erfahrungen zurückdenke, bin ich mir sehr klar darüber, daß mein Analytiker zwanghaft immer wieder zu sexuellen Angelegenheiten zurückkehrte und Lust aus zweiter Hand daraus bezog. Sein Bewußtsein war nicht frei. Er war auch ein Opfer von Zwängen, wenn auch solchen eines anderen Typs.

als die meisten Angehörigen seiner Kultur. Die kulturell verankerten Werturteile wurzeln auch in seinem emotionalen Grund. Über Freiheit und das Gewähren von Freiheit zu reden, ist in der Tat etwas anderes, als sich Freiheit zu nehmen oder sie zu geben.

Natürlich geht es nicht darum, daß der Analytiker seine Familie zur Zielscheibe von Orgien »Verrückter« macht, sondern nur um die schlichte Übereinstimmung von Wort und Handlung. Der Patient spürt zu Beginn der Analyse, daß der Analytiker eine neue Lebensphilosophie und Weltanschauung vertritt, die er dem Patienten übermitteln will. Täglich fordert der Analytiker ihn auf, sie emotional zu akzeptieren, da sie richtig und natürlich seien. Da der Patient seine Widerstände nicht sogleich erkennen und überwinden kann, verführt ihn die Macht der Worte dazu, entsprechend zu handeln. Bald jedoch stellt er zu seinem Schrecken fest, daß der Analytiker ein Heuchler ist, der ihm nicht die Freiheit gewährt, die er propagiert. Der Analytiker kommt einem »Kastrator« gleich. Dieses Gefühl verstärkt den ursprünglichen Widerstand im Patienten und verhindert dessen Wachstum. Die meisten paranoiden Patienten, die auf die Psychoanalyse nicht ansprechen und schon bald die Kommunikation mit dem Analytiker abbrechen, nehmen diese Scheinheiligkeit und ihren kastrierenden Effekt wahr.

Ich bin ernsthaft der Ansicht, daß wir eine Kultur von Analytikern und ihren »besonderen Familien« ausbilden müssen, die teilweise außerhalb der sogenannten Wirklichkeit der Gesellschaft angesiedelt ist. In solch einem Freiraum könnte der Patient erfahren, daß er auch innerhalb der Familie des Analytikers Handlungsfreiheit besitzt. Der Patient muß fühlen, denken und handeln und handeln, denken und fühlen. Er muß die Chance haben, noch einmal als Kleinkind und Kind zu leben. Nur dann kann er rasch seine Gefühle, Gedanken, Handlungen, Ängste, Befürchtungen, Anschauungen, Konditionierungen verstehen lernen. Die Gründung solch einer Familie durch den Analytiker wäre ein großer humanitärer Akt.

Wie gesagt, wies mich mein Analytiker gelegentlich auf Ängste hin, die in meinem Bewußtsein wirkten und die Basis für meinen Widerstand abgaben. Dies geschah, muß ich gestehen, selten. Und nicht mehr als zweimal während der viereinhalb Jahre wurde ich mir dieser Angst bewußt, während ich auf der Couch lag. So war selbst seine Beschreibung der Angst nicht sehr hilfreich beim Umgang mit den Widerständen. Aber immer wieder fiel mir ein Vorgang auf, der mich überzeugte, daß Ängste an der Wurzel der Widerstände liegen und daß nur ihre Visualisierung sie zerstören würde.

Teilweise aufgrund meiner Persönlichkeitsstruktur, die tiefverwurzelte schizoide Züge aufweist, und teilweise aufgrund der Persönlichkeitsstruktur meines Analytikers, der selber nur zum Teil geheilt war und immer noch unter zahlreichen subjektiven Fehlfunktionen litt, konnte ich niemals volles Vertrauen in ihn und seine Fähigkeiten entwickeln und mich von ganzem

Herzen auf ihn verlassen. Ein anderer Grund, der sich ebenfalls aus meiner Persönlichkeitsstruktur ergibt, lag in meiner Überzeugung von der vereinten Wirksamkeit der Psychoanalyse und der Meditation. Sie war nicht nur reiner »Glaube«, sondern floß aus der Erfahrung mit beiden Verfahren. So unternahm ich selber zahlreiche Anstrengungen, die sich vorwiegend auf die folgenden vier Aspekte bezogen:

- Ich schrieb nieder, was mir auf der Couch während der psychoanalytischen Sitzung widerfahren war.
- Ich notierte täglich die zahlreichen Träume, übertriebenen Reaktionen, Phantasien und was mir sonst auffiel.
- Ich meditierte täglich eine Stunde. Oft setzte ich die Meditation fort, wenn ich auf dem Bett lag oder im Bus fuhr.
- Ich versuchte, mich selber als Kleinkind und Kind zu sehen und meine Bedürfnisse, Wünsche und Ängste in der Meditation aufzudecken.

In solch einem Moment entwickelte ich das Konzept der psychoanalytischen Meditation. Während einer meiner Selbstversuche wurde ich mir plötzlich einer bestimmten Angst bewußt. Dieses Bewußtwerden veränderte etwas in meinem psychischen Apparat. Erstens schien es so, als wäre ein Hügel in meinem Bewußtsein zusammengebrochen. Er war ausradiert und dem Erdboden gleichgemacht. Zweitens spürte ich eine Welle von Glück durch mein Innerstes laufen, und ich fühlte mich frei, befreit von einem bestimmten Aspekt meines Lebens. Die Visualisierung der Angst erwies sich als der wirkliche Schlag gegen einen bestimmten Widerstand. Nur sie allein konnte ihn effektiv brechen. Drittens stellte ich jedesmal fest, daß der Bereich meines Bewußtseins sich erweitert hatte und ich ruhig und ausgeglichen war.

Als meine Erfahrungen mit der Visualisierung von Ängsten sich vertieften, gelangte ich mehr und mehr zu der Überzeugung, daß *Angst die wahre Basis der Widerstände ist. Eine klare Visualisierung von Ängsten und ihr bewußtes Loslassen allein sind ein effektiver Weg, um mit diesen Widerständen umzugehen.* Zweifel, Verwirrung und Beklemmungen hängen eng mit solchen Ängsten zusammen und stützen die Widerstände. Aber sie vergehen zusammen mit der entschwindenden Angst.

33. Die Aufdeckung von Ängsten

Die Aufdeckung von Ängsten, die im Unbewußten wirken und oft an der Schwelle zum Bewußtsein stehen, ist keine leichte Aufgabe. Unter Aufdeckung verstehe ich ihre bewußte emotionale Anerkennung. Diesen Vorgang sollten Sie von einem rein intellektuellen Verständnis unterscheiden. Sie können Hunderte von Ängsten im Verlaufe eines Tages auf der intellektuellen Ebene wahrnehmen, aber nicht eine selbst im Zeitraum von sechs

Monaten emotional *erkennen.* Das intellektuelle Verständnis ist für die emotionale Heilung relativ nutzlos. Nur die »emotionale Erkenntnis« oder die »bewußte Transzendenz«, die Auflösung, wird Erleichterung und Heilung bringen. In diesem Fall taucht die Angst blitzartig im Bewußtsein auf, während Sie nach innen schauen, und das individuelle Bewußtsein ist von ihr befreit.

Drei zentrale Merkmale sind für die Schwierigkeiten bei der Aufdeckung von Ängsten verantwortlich.

1. Das tertiäre Selbst ist das Bollwerk aus bestimmten Anschauungen, Erkenntnissen, Überzeugungen und Denkmustern, das gegen die vorwiegend emotionale Natur des sekundären Selbst errichtet wurde. Im großen und ganzen ist es intellektueller Natur und bei den Intellektuellen auch stärker ausgeprägt. Sobald ein Patient eine Angst in sich aufkommen spürt, versteht er sie unmittelbar in Worten und Sätzen auf der intellektuellen Ebene, doch selten erfaßt er ihren emotionalen Gehalt, da er sich nicht mit den Gefühlen des sekundären Selbst identifiziert. So gibt solch ein Mensch vor, all seine Ängste zu verstehen, und doch kennt er keine einzige davon wirklich.

   Genau dieses Phänomen finden wir im Leben gewisser gebildeter Menschen. Einige von ihnen haben vielleicht Bücher über Psychoanalyse, Joga und Meditation gelesen und beanspruchen, eine Menge über diese Gebiete zu wissen, doch in Wirklichkeit kennen sie nicht einmal deren Grundlagen.
2. Das tertiäre Selbst fürchtet sich sehr davor, daß seine Minderwertigkeit und Passivität von anderen erkannt werden könnten. Wenn Sie anfangen, Ihre Ängste auf der emotionalen Ebene zu entdecken, werden Sie auch mit diesen verschiedenen Dimensionen konfrontiert. Das intellektuelle Verstehen von Ängsten und das Reden im Stil des Analytikers darüber gibt Ihnen Sicherheit. Damit können Sie sich dem Analytiker gewachsen fühlen, und Sie brauchen Ihre eigene Unterlegenheit und Schwäche emotional nicht zu spüren.
3. Auf der Ebene des tertiären Selbst streben Sie danach, unerschrocken, mutig und furchtlos zu sein. Solch ein Selbstbild erschwert die Erkenntnis der eigenen Ängste. Der Analytiker kann sehen, wie die Angst den Patienten betrügt, doch selten ist der Patient zu dieser Einsicht fähig. Er präsentiert der Welt oft das Gesicht seines tertiären Selbst.

Die Psychoanalytiker decken Ängste in unterschiedlicher Weise auf. Das ist verständlich. Da die Patienten sich in ihrer geistigen Struktur und in ihrem Bildungs- und intellektuellen Hintergrund stark unterscheiden, muß auch die Methode differieren. Doch gleichzeitig sieht es so aus, als berücksichtigten die Analytiker selten das intellektuelle Wachstum und die Struktur ihrer Patienten für eine bewußte Entscheidung über das angemessene Verfahren. Die meisten von ihnen verhalten sich ebenso zwanghaft wie ihre Patienten. Doch sind sie sich selten der Zwanghaftigkeit ihres Ansatzes, ihrer Interpretationen und ihres wahrnehmenden Verständnisses bewußt.

Karen Horney beschreibt in ihrem Buch *»Selbstanalyse«* in angemessener Sprache bestimmte Ängste wie auch Wege, sie intellektuell zu begreifen. Diese Ausführungen können durch zahlreiche praktische Beispiele ergänzt werden, die das intellektuelle Verständnis weiter erleichtern.

Sie diskutiert im einzelnen bestimmte Ich-Strebungen, wie Macht, Überlegenheit, Größe, Sauberkeit und Liebe, und zeigt auf, daß eine immense Angst besteht, die Umkehrung dieser Triebe, wie Minderwertigkeit, Hilflosigkeit und Schmutz, zu erkennen. Ihre Behandlung neurotischer Persönlichkeiten und die Rolle von Angst und Schrecken sind vielleicht gründlicher als die anderer Analytiker.

Der meditative Ansatz im Umgang mit Ängsten ist vergleichsweise mystisch und entzieht sich über weite Bereiche einer intellektuellen Beschreibung. Dennoch soll versucht werden, den Ansatz in einfachen Worten darzulegen.

Die Hauptaspekte in der Meditation sind:
1. Das Auftauchen des Bewußtseins.
2. Die Auflösung der Psyche oder die Erweiterung des individuellen Bewußtseins.
3. Letztlich die Verschmelzung des individuellen mit dem kosmischen Bewußtsein.

Wenn das Bewußtsein einmal aufgetaucht ist, beginnt es, die Psyche aufzulösen. Bis dahin können zwei bis drei Jahre der Meditation vergehen. Doch nach diesem Ereignis und bei regelmäßiger Meditation muß das Ich oder das gesamte sinnliche Bewußtsein zwangsläufig transzendiert werden. Das sinnliche Bewußtsein schließt alle Ängste ein. Von daher müssen sie zwangsläufig mit überwunden werden.

Schauen wir uns in Abbildung 20 (nächste Seite) zunächst A I an. Es stellt das gesamte sinnliche Bewußtsein dar. B ist der Punkt des *Brahma-Randhra.* Die Hindus kennzeichnen diesen Punkt durch eine Locke ihres Haares, die sie dort stehen lassen, wenn sie den Kopf scheren. Nach drei Jahren Meditation spüren Sie auf dem Grund des sinnlichen Bewußtseins ein kleines punktartiges Prickeln. Dies entspricht einem kleinen Lichtpunkt, der sich vom sinnlichen Bewußtsein und dem Ich abtrennt. C (die leere Stelle am Grund des Rückgrats) stellt diesen Punkt dar. Dieser Vorgang ist als das Auftauchen des Bewußtseins bekannt.*

Das Bewußtsein trennt sich vom Ich, doch steht es noch unter seinem vollen Druck, dem Druck der gesamten Psyche. So kehrt es wieder und wieder zu ihm zurück. Es strebt nach der vollen Freiheit, doch kann es sie nicht erlangen, da es keinen Fluchtweg gibt.

Während des Meditationsprozesses treten unbewußte Teile des Ichs oder

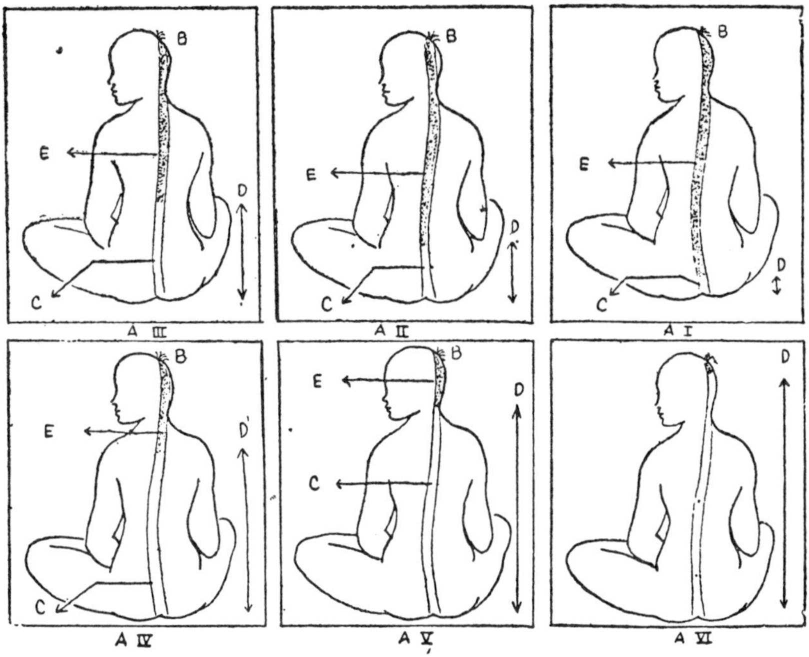

Abbildung 20

des sinnlichen Bewußtseins automatisch vor das Bewußtsein C, entweder in Träumen oder in der Meditation selbst. Die Strukturen tauchen in genau der Form auf, in der sie im Unbewußten begraben wurden. Ihre exakte Visualisierung veranlaßt das individuelle Bewußtsein, sie aufzulösen. Dies bedeutet, daß jene Strukturen das Bewußtsein nicht länger unter ihrem Gewicht begraben können. In Teil A II der Abbildung 20 hat der Umfang des Ichs oder des sinnlichen Bewußtseins aufgrund von zirka einjährigen Schauungen, Visualisierungen und Auflösungen zugunsten von C abge-

* Dieser Punkt taucht in der Mitte zwischen den Augenbrauen, an der Nasenwurzel auf. Häufig finden wir zwei Formen der Realisierung. Manchmal scheint es in der Meditation so, als bewege sich C von dem Punkt zwischen den Augenbrauen auf B, das *Brahma-Randhra*, zu. Sehr oft fühlt es sich jedoch auch so an, als fiele C zurück an das untere Ende des Rückgrats und bewege sich von dort auf B, das *Brahma-Randhra* zu. Abbildung 20 zeigt den zweiten Weg. Der erste Weg wurde in Kapitel II dargestellt.
Vermutlich aufgrund dieser zwei Wege und ihrer unklaren Unterschiede gibt es in Indien zwei Meditationsschulen. Die eine (wie die der *Radha Swamis*) ortet die psychischen Zentren auf dem Weg zwischen C (der Mitte zwischen den Augenbrauen) und B (dem *Brahma-Randhra*). Sie redet nicht von psychischen Zentren im Rückgrat. Die andere Meditationsschule (wie *Anand Marg*) lokalisiert die psychischen Zentren auf dem Weg zwischen C (der unteren Spitze des Rückgrats) und B (dem *Brahma-Randhra*). Aufgrund meiner Erfahrungen muß ich sagen, daß beide Erfahrungen stimmen, da beide Prozesse während der Meditation ablaufen.

nommen. In A III, A IV und A V ist dieser Prozeß noch weiter vorangeschritten. In A VI hat der Bereich des Bewußtseins enorm zugenommen, und das sinnliche Bewußtsein ist erheblich geschrumpft, existiert jedoch noch. Die meisten Strukturen des sinnlichen Bewußtseins wurden zu diesem Zeitpunkt visualisiert und aufgelöst. Wenn C letztlich mit B verschmilzt oder die Pforte zu Gott (B) betritt, vereint es sich mit dem kosmischen Bewußtsein, der ewigen, aus sich selbst heraus bestehenden Essenz des Universums. In Indien sagen wir dazu, daß das *Brahma-Randhra* (die blockierte Pforte zu Gott) durch das individuelle Bewußtsein oder die Seele durchstoßen wurde. Damit hat es sich von den letzten Bindungen an das sinnliche Bewußtsein befreit. Im Christentum finden wir die Beschreibung, daß sich die Himmelstür öffnet.*

Dies ist der Weg der Meditation. Da Ängste Teil der Gesamtstruktur des sinnlichen Bewußtseins sind, werden sie durch exakte Visualisierungen ebenfalls aufgelöst.

Die Ängste bilden die Basis der Widerstände. Das individuelle Bewußtsein steht immer wieder hilflos vor dem Unterfangen, den Würgegriff dieser Widerstände zu brechen. Sobald die Angst aufgedeckt ist, fühlt es sich unmittelbar befreit und schreitet auf seinem Weg zum *Brahma-Randhra* fort. Gelegentlich sieht es so aus, als wären die Ängste und Widerstände ausgebrannt. In bestimmten Werken des Joga kann man lesen, daß die Strukturen des sinnlichen Bewußtseins im »Feuer des Joga« verzehrt werden. Über diesen Punkt bin ich mir nicht im klaren. Im Verlaufe meines Prozesses wurden gelegentlich bestimmte Strukturen, die sich dem Marsch des Bewußtseins widersetzten, einfach niedergebrannt. Geschieht dies aufgrund der Oxidation? Ich bin mir dessen nicht sicher.

Die Frage ist, woran man erkennt, daß bestimmte Muster, Widerstände

* Psychoanalytikern, die das Verstehen von Träumen über die Theorie Freud und anderer hinaus erweitern wollen, empfehle ich die Deutung des folgenden Traumes. Meine Mutter träumte ihn zur Zeit meiner Geburt. Sie berichtete mir davon, als ich nach einer starken Depression zu meditieren anfing. Dieser Traum erwies sich als eine Weissagung:
»Als du geboren wurdest, hatte ich in derselben Nacht einen Traum. Ich ging nach Haridwar (einem religiösen Wallfahrtsort der Hindus. Der Ganges verläßt dort das Himalaya-Gebirge und tritt ins Flachland ein). Du entschlüpftest meinen Händen und fielst in den Fluß. Ich spürte eine verzehrende Angst, und mein Herz sank. Aber innerhalb weniger Augenblicke sah ich eine Statue von *Schiwa* im Fluß, und du tauchtest sicher und gesund aus seinem *Choti* (Locke oder *Brahma-Randhra*) auf. Ich war getröstet.«
Als ich den Traum hörte, war ich nicht in der Lage, diesen Traum zu schätzen oder zu verstehen. Erst im Verlauf des Meditationsprozesses eröffnete sich mir nach und nach seine Bedeutung.
Der Zusammenbruch, der in einen Zustand verzehrender Depression mündete, entsprach dem Fall in den Ganges. Alles war verloren. Über die Meditation jedoch trennte sich das Bewußtsein vom Ich und lief auf das *Brahma-Randhra* zu, bis es dieses durchbohrt und sich so von aller Qual befreit hatte. Dies entspricht dem Auftauchen aus *Schiwas* Locke, eine wahre Wiedergeburt der vollen Freude. Oft begibt sich das individuelle Bewußtsein mit Hilfe der göttlichen Mutter *Kundalini* auf die Reise rückwärts. In diesem Sinne spricht der Traum auch den *Kundalini*-Prozeß an.

und Ängste tatsächlich vom Feuer verzehrt wurden. Ich muß gestehen, daß ich diese Erfahrung nicht genau beschreiben kann. Es wirkt so, als würde ein dicker Hügel Erde durch den kontinuierlichen Druck des Atems (*Prana*) dem Boden gleichgemacht. Das nach oben wandernde Bewußtsein übt Druck auf die psychischen Strukturen aus, und einige von ihnen brechen einfach zusammen und brennen unter dem Druck aus.

Der Test dafür, daß solch eine Erfahrung stattgefunden hat, liegt darin, daß Sie unmittelbar dieselben Gefühle der Freude und Befreiung erleben, die mit dem Brechen jeden Widerstandes durch die exakte Visualisierung einer Angst einhergehen. Die Empfindungen sind einander so ähnlich, daß wir daraus folgern müssen, daß ein Hauptwiderstand aufgelöst wurde.

Ich habe nicht den geringsten Zweifel, daß dieser Ansatz als einziger Ängste wirkungsvoll angehen kann. Der psychoanalytische Ansatz hat seine Grenzen.

Dem Patienten wird das Wissen um Ängste über Worte und intellektuelles Verständnis vermittelt. Oft wiederholt der Verstand des Patienten sie, ohne je emotional die Ängste und Widerstände zu realisieren. Beispielsweise kann er sich aufgrund der Deutung des Analytikers immer wieder vorsagen: »Ich habe Angst vor Trennungen« oder: »Ich denke mit Schrekken an meine Abhängigkeit.« Doch empfindet er sie nicht, und von daher kann er die Widerstände nicht auflösen, die auf ihnen gründen. So verhindert das intellektuelle Wissen oft die Befreiung von beiden.

Eine andere Begrenzung liegt in der Zahl. Selbst nach zwanzig Jahren Psychoanalyse haben Sie sich nur von wenigen Ängsten befreit. Viele sind noch im Unbewußten vergraben. Und nicht nur das: die psychoanalytische Kultur, die im Patienten angelegt wird, erzeugt noch zusätzlich spezifische Befürchtungen. Beispielsweise kann ihr Einfluß Sie daran hindern, Eifersucht, Gier oder Lust zu verurteilen. Jede Kultur, die von außen einverleibt wird, impft der Persönlichkeit bestimmte Werte und Ängste ein. Die meisten Religionen, die Glück und Freiheit versprechen, rufen zugleich spezifische Ängste hervor, wenn ihre Lehren über die Sinne aufgenommen werden. Die Psychoanalyse ist keineswegs eine Ausnahme. Sie kann dazu verhelfen, sich innerlich wesentlich zu entwickeln und das Leben selber zu verstehen, doch bringt sie zugleich zahlreiche Ideen, Glaubenssätze und Werte von außen herein, die ihr eigenes Gewicht haben. Damit legt sie dem Bewußtsein neue Fesseln an. Dieses Gewicht unterdrückt wie jedes andere die Freiheit und führt zu Zwängen.

Jemand, der über Joga und Meditation nur liest, kann ebenfalls Ängste oder Identifikationen aufbauen. Jemand, der Meditation nur aus Büchern kennt, weiß nichts von ihr. Er wird sie nie begreifen. Und zudem schadet dieses sogenannte Wissen oft.

Die Meditation benutzt kein Wort, um Ängste zu orten. Während der Meditation ersteht die mit ihnen verbundene exakte emotionale Erfahrung vor dem inneren Auge, ohne alle Täuschung. Die Szene ist eine perfekte Visualisierung. Aus meiner Erfahrung kann ich zwei Beispiele berichten. Zwei Jahre lang wurde mir gesagt, daß ich an tiefliegenden Gefühlen der Wertlosigkeit litte. Doch konnte ich die emotionale Bedeutung dessen nicht erfassen. Bis dann, eines Tages während der Meditation, Gefühle der Wertlosigkeit und die damit verbundenen Ängste so stark in mir hochstiegen, daß ich schier erstaunt war. Einen Monat später durchlebte und sah ich in aller Intensität meinen unbewußten Wunsch zu sterben. Das brachte mich für immer auf den Pfad des Glücks und heilte meine Depression.

Nachdem das Jet-Erlebnis stattgefunden hat, wird das Bewußtsein nicht ruhen, bis es die gesamte Psyche und damit alle Ängste transzendiert hat. Dieser Prozeß verläuft kontinuierlich bis zu seinem logischen Ende. Sie werden feststellen, daß Sie in diesen Prozeß eingespannt sind, ganz gleich, ob Sie sitzen, schlafen oder laufen, und daß Sie täglich auf dem Pfad zur vollständigen Freiheit voranschreiten. Wenn die psychoanalytische Literatur von fünfzig Ängsten spricht, können Sie zweihundert solcher Befürchtungen in der Meditation orten und auflösen.

Ist die Meditation der einzig wirklich vollkommene Weg zur Auflösung von Ängsten, so ist sie zugleich doch auch der gefährlichste.

Sie werden fragen, inwiefern ein vollkommener Ansatz gefährlich sein könne, und sagen, daß ich ihn in diesem Falle nicht als solchen bezeichnen dürfe. In meiner Verwendung des Wortes »vollkommen« denke ich an die Ergebnisse und das letzendliche Ziel der geistigen Suche. Ich gehe auch davon aus, daß die Technik korrekt und verständnisvoll angewandt wird. Wenn ich an die Gefahren denke, habe ich Erfahrungen vor Augen, in denen die Techniken nicht richtig gehandhabt wurden. In diesem Fall kann die Meditation das Leben eines Menschen in einen Alptraum verwandeln. Insofern ist diese Methode gefährlich.

Ich will einige dieser Punkte genauer ausführen:

In der Psychoanalyse ist der Analytiker leicht erreichbar. Wenn den Patienten große Angst überwältigt, gibt es eine verläßliche Quelle, bei der er sofort um Hilfe nachsuchen kann. Dies mag ihn nicht von der Angst befreien, doch versetzt es ihn in einen Vertrauenszustand, der ihm die notwendige Sicherheit bietet. Diese Unterstützung ist in der Meditation nicht erhältlich. Erstens ist der geistige Lehrer nicht sofort erreichbar. Zweitens kann er dem Meditierenden nicht, wie der Analytiker, jene verbalen Erklärungen anbieten, die ihm Beistand gewähren. Um es mit einem einfachen Vergleich zu sagen: wenn das Haus brennt, kann der Analytiker in die Rolle der Feuerwehr schlüpfen. Aufgrund der grundlegenden Unterschiede zwischen beiden Ansätzen und dem Umfang der Klientel kann der geistige Lehrer diese Funktion nicht übernehmen. Aus diesem Grund verlieren etliche Schüler auf dem geistigen Pfade *(Sadhakas)* ihr inneres Gleichgewicht, ohne es je wieder zu erlangen.

Die Gründe für solch ein Geschehen liegen in der Meditation selbst. Das sekundäre Selbst eines Individuums umfaßt seine animalisch-universale Natur. Es ist voller fleischlicher Gelüste, gewalttätiger Gefühle und mörderischer Vorstellungen. Es ist das Warenhaus solcher Gefühle wie Gier, Eifersucht und Lust. Die Psychoanalyse lehrt, daß dieses Spektrum natürlich und daher richtig ist. Wir müssen dieses Stadium ohne Schuldgefühle annehmen. Solch eine Auffassung hilft einem Menschen sehr. Die Sehnsüchte und Wünsche dieses Stadiums sind unbewußt. Wenn sie ans Tageslicht drängen, verwandeln sie sich auf der Ebene des tertiären Selbst in verzehrende Ängste.

Dieses Verständnis fehlt in der Meditation. Die Vorstellungen, die der Meditierende über seinen geistigen Lehrer, Bücher oder andere vermittelt bekommt, legen ihm nahe, daß all diese Sehnsüchte und Wünsche falsch sind. Sie müssen ferngehalten werden. Man sollte sie nicht haben. Grundlegend ist dies richtig. Doch vom Weg her ist es falsch. Der Mensch, der ein tertiäres Selbst entwickelt hat, weil er sich aufgrund der Bedürfnisse des sekundären schlecht fühlte, und der bereits mit Schuldgefühlen beladen ist, lädt sich noch mehr davon auf. Von daher verstärkt die Meditation Schuldgefühle über das sekundäre Selbst.

Wir können uns jedoch des sekundären Selbst nicht entledigen, wenn wir uns schuldig fühlen. Wir müssen es visualisieren und auflösen. Die neuen Schuldgefühle schaffen viele neue Widerstände, das sekundäre Selbst überhaupt wahrzunehmen. Aber da es notwendigerweise vor dem inneren Auge auftauchen muß, zusammen mit all der emotionalen Energie, die in ihm gebunden ist, bricht das Bewußtsein gewaltsam viele Widerstände und schiebt so die bewußte Kontrolle über das Selbst beiseite. Als Folge verliert der Meditierende sein inneres Gleichgewicht. Insofern kann Meditation gefährlich sein. Hierin ist die Psychoanalyse der Meditation überlegen, da sie den Schuldkomplex mindert.

Die Vorteile beider Verfahren können im psychoanalytisch-meditativen Ansatz genutzt werden.

Wir fangen mit beiden Methoden gleichzeitig an. Zu Beginn hilft uns die Psychoanalyse mehr, da sie uns eine neue Lebensphilosophie vermittelt, einen neuen Weg, die Dinge um uns her zu sehen und zu begreifen. Das psychoanalytische Verständnis wird während der Meditation automatisch wiederholt und geschärft. Oft kommen – während wir im meditativen Prozeß der Selbstbeobachtung lernen, schärfer hinzusehen – neue Situationen an die Oberfläche, auf die das psychoanalytische Wissen unmittelbar anwendbar ist. Dieser Vorgang hilft uns in zweierlei Weise. Er stärkt unser Verstehen der psychoanalytischen Wahrheiten und entlastet uns zugleich unmittelbar, da wir den Bereich unseres Bewußtseins erweitern und ein bestimmtes Problem in einem größeren Zusammenhang erkennen.

Nach und nach bezieht dieser Erkenntnisprozeß auch unsere Ängste ein.

Das psychoanalytische Wissen darüber wird unser emotionales Erleben aber oft unberührt lassen. Wenn wir jedoch dasselbe Wissen während der Meditation einsetzen, und Situationen vor unserem inneren Auge auftauchen, in denen wir denselben Ängsten ausgesetzt waren, rufen wir begeistert aus: »Ja, es stimmt! Ich habe diese Angst.« Sofort fühlen wir uns erleichtert. Freudentränen rollen die Wangen herab. Tränen der Freiheit. Freiheit ist die größte Quelle der Freude und hiermit ist, meine ich, nicht politische oder ökonomische Freiheit, sondern die Freiheit des Bewußtseins von den psychischen Mustern gemeint. *Ein Hindu, der sich durch seine Geburt in eine Hindufamilie oder durch Lektüre über Hinduismus diese Zugehörigkeit erworben hat, kann so lange keine Freude erfahren, bis sich sein Bewußtsein von allen Vorstellungen über Hinduismus, die sich in seine Psyche eingegraben haben und nun sein Bewußtsein binden, befreit hat. Entsprechend kann ein Christ oder Muslim, der seine religiösen Ideen verinnerlicht hat, keine Freude erleben. Ein Marxist kann die Freude nicht schmecken, solange ihn die Theorie des Marxismus umgibt. Wir müssen uns von solchen verinnerlichten Bildern und Gedanken, die unser Bewußtsein fesseln, befreien. Es gibt keinen anderen Weg zur Freude.*

Die klare Visualisierung einer Angst in der Meditation ist ein Schritt zur Freiheit. Auf diesem Weg schreiten wir voran, doch läuft der Prozeß auch in der entgegengesetzten Richtung weiter. Bestimmte Situationen, die in der Meditation neu erfahren wurden, helfen dem psychoanalytischen Prozeß. Der Analytiker ermutigt selten den Patienten zur Eigenarbeit in der Meditation. Doch bürgt der Patient für die Richtigkeit seiner Visualisierungen.

Nur derjenige, der diese Methode täglich anwendet und übt, kann ihre Vorteile genießen.

1. In diesem Ansatz werden die Bilder zu Worten verdichtet. Damit wird das visuelle Wissen zum Wohle der Menschheit sprachlich verfügbar. Reine Meditation hat gerade an diesem Punkt oft versagt, weshalb meditative Erfahrungen oft als mystisch erscheinen.
2. Die Gefahren eines rein meditativen Vorgehens werden ausgeschlossen. Der plötzliche Ausbruch von Ängsten, der viele Meditierende überschwemmt, bleibt aufgrund des psychoanalytischen Wissens darüber unter Kontrolle. Das Ich kann die Erfahrung in Worte umsetzen und leidet weniger unter Schuldgefühlen.
3. In der reinen Meditation geht der Prozeß oft nur sehr langsam voran oder hört gar auf. Die Widerstände und die ihr zugrundeliegenden Ängste sind oft stärker als der Druck, der auf die Strukturen der Psyche ausgeübt wird. Er reicht nicht aus, um die im Bewußtsein verbleibenden Strukturen auszulöschen.* Die langsame Entwicklung verblüfft den

* Ich benutze oft den Ausdruck »sie dem Bewußtsein oder dem Erdboden gleichmachen«. Ich weiß, dies besagt nicht viel. Doch fühle ich mich hier hilflos. Nach meiner Erfahrung läuft

Meditierenden. In meinem Ansatz werden solche Widerstände frühzeitig erkannt und überwunden, so daß der Prozeß kontinuierlich voranschreitet.

4. Dieser Ansatz hilft dem Patienten, sich immer mehr von seinem Analytiker zu befreien. Er wird langsam unabhängig, was sonst in der Psychoanalyse unmöglich ist. Die wachsende Unabhängigkeit erfährt er als großen Trost.
5. Es gibt keine halbe oder gerade ausreichende Genesung nach dieser Methode. Der Mensch muß den Prozeß zu Ende führen. Nach dem Jet-Erlebnis kann er gar nicht anders, als den Weg zu Ende zu gehen. Gegenüber der Psychoanalyse hilft ihm diese Methode nicht nur, einige Ängste zu erkennen, sondern alle zu überwinden.
6. Anders als in der Psychoanalyse läuft der Patient nicht Gefahr, sich falsches Wissen über Ängste anzueignen. Welche Bilder auch immer vor seinem inneren Auge erscheinen, sie versetzen ihn in die Lage, seine Ängste klar zu erfassen. Nach solchen Erkenntnissen genügt es ihm nicht mehr, sie nur mit anderen zu diskutieren. Keiner kann ihm ausreden, was er *gesehen* hat.

Das Problem der Freiheit und der Überwindung von Widerständen ist im großen und ganzen eine Frage der Aufdeckung und Visualisierung von Ängsten auf der emotionalen Ebene. Sie müssen in ihrer exakten und wahren Form vor dem inneren Auge erscheinen, so daß das Bewußtsein sie transzendieren und von ihnen frei werden kann.

So gesehen enthält die Aufdeckung und Visualisierung von Ängsten, auf denen unbewußt die gesamte Persönlichkeit eines Menschen beruht, das Versprechen, ihn zum höchsten Ziel des Lebens zu führen, zu Freiheit, Glück, Liebe, Wahrheit, Schönheit und Güte. Es liegt in der Natur der Sache, daß solch ein Ziel nicht einfach zu erringen ist. *Niedrige Lebensziele sind mit geringeren Anstrengungen erreichbar. Höhere Ziele erfordern einen größeren Einsatz.*

Dies heißt jedoch nicht, daß der Mensch sich nicht um Techniken bemühen sollte, die ihm die Erreichung dieses Zieles so einfach wie möglich machen. Die ursprüngliche und allen anderen überlegene Methode, die von unseren Vorfahren entwickelt wurde, ist die Meditation. Der moderne westliche Verstand hat die Psychoanalyse ausgearbeitet. Sie hat ihre eigenen Vorteile, so unvollkommen sie auch sein mag. Hier wird eine dritte Methode entwickelt – das psychoanalytisch-meditative Verfahren. Es entspringt den Erfahrungen beider und beansprucht von daher keine Originalität.

dieser Prozeß so ab, als fielen im Herbst Blätter zur Erde und zerfielen zu Staub. Was bleibt, ist Staub.
Entsprechend werden die geistigen Strukturen im Bewußtsein ausgelöscht und entschwinden. Was bleibt, ist Bewußtsein.

Im Verlaufe meiner eigenen Erfahrungen mit der Kombination beider stellte ich fest, daß die Ängste vergleichsweise einfacher freigelegt werden können, wenn bestimmte Schritte und Übungsabfolgen eingehalten werden:

1. Ein intellektuelles Verständnis der psychoanalytisch-meditativen Theorie, so wie ich sie vorher ausgeführt habe. Dies schließt die Theorie der Psyche, der Ängste und der Träume mit ein.
2. Die Entwicklung der Gewohnheit, sich mit Hilfe der Meditation und der Psychoanalyse gründlich selbst zu beobachten. Sie sollten Ihre Phantasien, übertriebenen Reaktionen, Verhaltensmuster, Identifikationen und Zwänge täglich notieren. Damit schaffen Sie sich mehr Klarheit über Ihre Liebes- und Haßwünsche, und zugrundeliegende Ängste rükken stärker in Ihr Bewußtsein.
3. Ein intellektuelles Verstehen der Sprache und der Bedeutung zahlreicher Ängste, die im Unbewußten wirken. Versuchen Sie, das Verhalten von Kindern zu beobachten und ihre Ängste zu sehen, so wie sie sich in ihrem Verhalten äußern. Identifizieren Sie sich mit ihnen und suchen Sie nach ähnlichen Mustern in Ihrem Verhalten. Anders gesagt: Identifizieren Sie sich mehr und mehr mit Ihrem sekundären Selbst. Das heißt, daß Sie die Strebungen des tertiären Selbst festhalten und die Angst erkennen, sich dem umgekehrten Trieb in Ihnen zu stellen als der Realität, die Ihrem wahren Selbst näher liegt. Wenn Sie beispielsweise den Antrieb in sich spüren, anderen überlegen zu sein, akzeptieren Sie zunächst diesen Wunsch und decken Sie dann die zugrundeliegende Angst auf, unterlegen zu sein.
4. Der vierte und wichtigste Schritt ist die praktische Anwendung der Formel. Wenn Sie das Stadium des Jet-Erlebnisses erreicht haben, werden Ängste in Hülle und Fülle sehr rasch vor Ihrem inneren Auge auftauchen, wenn Sie täglich meditieren.

   Die Anwendung der Formel wird Ihnen zeigen, wie sehr sie der Technik der freien Assoziation überlegen ist. Auch im Vergleich zum rein meditativen Ansatz werden Sie sich ihrer Vorteile bewußt werden. Die Anwendung der Formel vereint die positiven Aspekte der freien Assoziation, der klassischen Psychoanalyse, direkter Analyse und der Meditation.

34. Furcht und Angst in der Kultur

Gibt es in der menschlichen Psyche ein Stadium vollständiger Furchtlosigkeit? Wenn wir uns die Lehren und die Leben großer Heiliger ansehen, wie JESUS CHRISTUS, der ans Kreuz geschlagen wurde, MANSOOR, der zerstückelt und verbrannt wurde, SOKRATES, der den Giftbecher lerrte, so scheint es, daß es solch ein Stadium geben muß. Die Lebensgeschichten vieler indischer Heiliger sind voll von Ereignissen, in denen sie einfach sagten: »Ich sterbe nicht.« Sie umfingen den Tod mit einem Lächeln.

Auf dieser Stufe hat sich die Seele voll verwirklicht. Das individuelle Bewußtsein verschmilzt mit dem kosmischen Bewußtsein und wird selber zu *Schiwa*. Es ist das Stadium des *Turiya*, das Stadium der absoluten Nicht-Dualität.

Dieses Stadium können wir nur erreichen, wenn wir das Ich überwinden und die Bindung des individuellen Bewußtseins an den Körper auflösen. Dazu brauchen wir einen Prozeß der »Entlernung« der Psyche. Die überragende Methode ist die Meditation, in der das individuelle Bewußtsein rückwärts reist, sich aus den Fesseln des *Antahkarna* befreit, seine falsche Ich-Identität aufgibt und Kontakt zum kosmischen Bewußtsein aufnimmt. Auf dieser Stufe verliert es sogar seine Bindung an den Körper und kann ihn nach freiem Willen verlassen. Das ist ein Zustand völliger Angstlosigkeit.

Verfallen wir nicht dem Irrglauben, dieser Zustand sei auf dem Wege formaler Erziehung oder durch irgendeine andere Methode erreichbar. Es gibt Theorieschulen, die den Geist der Angstlosigkeit über Predigten oder Übungen einzuflößen versuchen. Diese Predigten verurteilen oft die Angst. Das Kind hört solche Worte, und aus Angst vor der Verdammnis verdrängt es sie so tief wie möglich und gibt sich den Anstrich, furchtlos zu sein. Dieser Methode liegt derselbe Fehler zugrunde wie allen Erziehungsmethoden, die Werte lehren. Ihr Mangel liegt darin, daß sie Angstlosigkeit erzielt, indem sie die Ängste unterdrückt, statt sie aufzulösen und zu überwinden. Kein Wunder, daß sich alle Werte, auch der Wert der Angstlosigkeit, in Krisenzeiten als Schwindel herausstellen.

Angstlosigkeit ist, ebenso wie Liebe und andere Werte, eine Eigenschaft des reinen Bewußtseins, das sich aus den Fesseln des Ichs befreit hat und in Kontakt mit dem kosmischen Bewußtsein geraten ist. Der Wert der Angstlosigkeit kann durch keine Anstrengung erreicht werden, außer durch jahrelange kontinuierliche Meditation und die Gnade Gottes.

Scheint die Frage der Kultur auf den ersten Blick wenig mit dem Thema einer Theorie der Ängste zu tun zu haben, wird sie sich bei näherem Zusehen im weiteren Kontext der Befreiung des einzelnen und der Gesellschaft als bedeutsam erweisen.

Kultur ist die Summe aller Verinnerlichungen von Individuen. Sie umfaßt Ideen, Glaubenssätze, Werte, Meinungen, Einstellungen, Wahrnehmungen, Vorstellungen, Ängste, Grundstrukturen und Handlungsmuster.

Warum ist Kultur notwendig? Was haben die Vorstellungen von Schlechtigkeit und Wertlosigkeit mit Kultur zu tun? Liefern Ängste eine Basis für Kultur? Warum verinnerlicht das Kind Ideen, Glaubenssätze, Werte, Meinungen? Ist dies überhaupt notwendig? Soziologen und einige Sozialpsychologen vertreten die These, daß das Kind in die Gesellschaft hineinwachsen müsse. Der Prozeß der Sozialisation und Enkulturation finde im Interesse des Kindes statt. Es soll sich gut in die Gesellschaft einfügen können und damit glücklich werden. Seines Glückes wegen wird ihm also Kultur zuteil.

Wenn Millionen von Menschen in der ganzen Welt sich in bestimmter Weise verhalten, müssen alle, die sich ihnen anschließen, sich ebenso verhalten.

Doch ist diese Erklärung leicht anfechtbar. Hat je ein Forscher den Versuch unternommen, das Glück einzelner zu vergleichen, besonders das kultivierter mit dem nicht kultivierter Menschen? Die Antwort ist offensichtlich: Der nicht kultivierte Mensch ist glücklicher. *Es sieht so aus, als sei der Prozeß der Sozialisation, der dem Menschen zu seinem Glück verhelfen soll, ein Prozeß der Glücksverweigerung.*

Wenn dem so ist, warum sollen sich dann Millionen in der ganzen Welt solch einem Prozeß unterziehen? Dieser Frage sollte einmal genauer nachgegangen werden.

Stellen wir uns die Menschheit als Ganzes vor, so wie sie sich bewegt und zu handeln scheint. Die Mehrheit verfährt höchst irrational. Sie gibt vor, sich auf Fortschritt, Frieden und Wohlstand zuzubewegen, doch in Wirklichkeit rührt sie sich nicht vom Fleck. Zwanghaft und irrational läuft sie seit Tausenden von Jahren dieselben Kreise ab, ohne den Zentrifugalkräften dieser Kreise zu entkommen. In all ihrer Bewegung ist sie hilflos statisch. Jeder Mensch und jede Generation betrügt sich damit, daß sie die eigene Zeit als Übergangsphase ansieht. Bessere Zeiten kämen, sagt man. Doch dies ist eine Täuschung, in der die Menschheit aus der Unwissenheit des Ichs heraus lebt. Sie fühlt irrational, denkt irrational, redet irrational und handelt irrational, obgleich sie dies für die jeweilige aktuelle Zeitspanne nicht so sehen kann.

Warum ist dies so? Welcher Zwang steht dahinter? Wir können die irrationale Handlungsweise der Menschheit verstehen, wenn wir die Theorie von der Psyche zu Rate ziehen. Auf der ersten Stufe des Selbst ist der Mensch Geist, reines Bewußtsein, Teil des kosmischen Bewußtseins. Das ist seine spirituelle Universalität. Auf der zweiten Stufe des Selbst ist er animalisch. Gier, Lust, Eifersucht, Gewalt und Minderwertigkeit beherrschen ihn. Er ist dreckig, passiv, abhängig und tierisch. Die zweite Stufe umfaßt seine animalische Universalität. Auf der dritten Stufe des Selbst gestaltet er sich als Individuum, indem er mit Hilfe seiner Ich-Strebungen über das sekundäre Selbst hinauswächst.

Er möchte ihm davonlaufen. So rennt er immer schneller und hat den Eindruck, daß er ihm entronnen sei. Doch läßt sich das sekundäre Selbst mit einer Schraubenmutter vergleichen, die an einer Eisenstange befestigt ist, die wiederum in die Erde eingegraben ist. Durch diese Schraubenmutter ist ein zwei Meter langes Seil gezogen, dessen anderes Ende um den Hals des Tiermenschen geschlungen ist. Er kann laufen, solange er will, doch bewegt er sich immer in derselben Entfernung vom Mittelpunkt. Er mag sich an dem Gedanken erfreuen, daß er in seiner Entwicklung fortschreitet, doch in Wirklichkeit läuft er einer Illusion hinterher.

Die Gesellschaft besteht aus Individuen, die ihrem sekundären Selbst entrinnen wollen. Zugleich hängt sie am Zwei-Meter-Seil bestimmter Ideen und Werte, das am sekundären Selbst der Menschheit festgemacht ist. Zwanghaft bewegt sich die Menschheit voran, doch läuft sie dabei nur denselben Kreis ab und vergrößert in keiner Weise ihre Entfernung von dem Punkt, dem sie entkommen will. Nur selten hält sie an und ruht, um sich zu vergegenwärtigen, was eigentlich geschieht. Und sie gestattet auch der neuen Generation nicht hinzuschauen. Sie zwingt sie, im selben Tempo zu laufen wie sie. Dies ist der Prozeß der Enkulturation. Und in diesem Prozeß der Erziehung verschwindet Generation für Generation, ohne je ihre Erlösung zu realisieren.

Warum unterbricht die Menschheit oder der einzelne nicht die geschäftige Rastlosigkeit und gestattet sich die Ruhe, um die Lage zu verstehen? Die Antwort lautet, daß im Augenblick der Stille zahlreiche Ängste aufbrechen. Am stärksten fürchtet der Mensch die Wirklichkeiten des sekundären Selbst, des verurteilten Selbst, des animalischen Selbst mit seinen niederen Trieben. Dieses Selbst wurde als schlecht, als wertlos bezeichnet. Die Kultur bot einen Ausweg aus den quälenden Befürchtungen an, minderwertig, schlecht und wertlos zu sein. So hält die Menschheit an der Kultur fest und gibt sie an die nachfolgende Generation weiter, um ihren eigenen Ängsten und dem Selbstbild der Schlechtigkeit und Wertlosigkeit zu entkommen.

Dieser Vorgang wird an folgendem Beispiel deutlich: Das Kind will seine Mutter oder seinen Vater nackt sehen. Seine Eltern hatten in ihrer Kindheit ähnliche Wünsche. Sie wurden dafür verurteilt. Aus Angst vor diesen Bewertungen unterdrückten sie ihr Verlangen und gestalteten sich zum kulturellen Selbst der dritten Stufe um. Sobald sie nun dieselben Wünsche in ihrem Kind wahrnehmen, verdammen und bestrafen sie es dafür aus Angst davor, daß ihre eigenen Wünsche im Zusammenhang mit dem Kind entdeckt werden könnten. Das Kind sieht sich aufgrund dessen als schlecht und wertlos an. Bald verursacht die Angst vor diesen Zuschreibungen eine Metamorphose in ihm. Es wird »heilig« und hat den Wunsch nicht mehr, jemanden nackt zu sehen. Entsprechend befürchtet es, für seine aggressiven Bedürfnisse, für seine Ungeduld und Eifersucht als schlecht oder wertlos bezeichnet zu werden. So wird es liebevoll und geduldig. Jede Kultur unserer zivilisierten modernen Welt wurzelt in solchen Ängsten. Je weiter nun eine Gruppe oder einzelne kulturell entwickelt sind, um so stärker werden sie von Ängsten verfolgt. Es mag Ausnahmen geben, doch im großen und ganzen ist es so.

Zudem modifizieren wirksame Zwänge des sekundären Selbst die Meinungen über die Kultur bei Individuen oder Gruppen. So mag die animalische Natur in bestimmten Gruppen als Teil der Kultur akzeptiert sein, und die Menschen leben glücklicher. Oder aber eine Kultur gestattet es ihren Künstlern und Literaten, Wünsche des sekundären Selbst als Teil der Kultur auszudrücken.

Ein großer Teil der menschlichen Kultur beruht auf Ängsten; Ängste verneinen Freiheit. Mangelnde Freiheit schafft Unglück. Die Kultur, die also die Menschheit beherrscht, ist eine Angst-Kultur, die auf Leid und Unglück gebaut ist. Sie ist recht besehen eine Scheinkultur. Scheint es dann nicht aber so zu sein, daß wir wieder zu Tieren werden, wenn wir unsere Kultur aufgeben? Freud unterstützte diese Ansicht. MARX vertrat sie, indem er zwar Eifersucht und Gewalt lobpreiste, aus eigener Angst heraus aber die Vorstellung einer besseren Kultur entwickelte.

Ihnen beiden war die Erkenntnis Freude, daß es eine »echte« Kultur gibt, die sich von dieser Scheinkultur abhebt. Wahre Kultur entsteht aus dem Kontakt des individuellen mit dem kosmischen Bewußtsein. Dieser Kontakt ist erst möglich, wenn sich das individuelle Bewußtsein von den meisten Konditionierungen und Bindungen des Ichs durch psychoanalytische Meditation befreit hat. In dem Moment, in dem der Kontakt zustande kommt, tauchen von selbst Wahrheit, Schönheit und Güte auf. Liebe, Zuneigung, Mitgefühl und die Aufopferung des eigenen Selbst verströmen sich in Hülle und Fülle.

Es gibt eine Kultur der Liebe und Angstlosigkeit. Beispielhaft wurde sie von KRISHNA, BUDDHA, MAHAVIRA, MOSES, CHRISTUS und NANAK. Selbst heute wird diese Kultur von vielen getragen. SRI SATHYA SAI BABA und viele andere Heilige sind lebende Beispiele dafür.

Drei Schritte sind es, die die Entstehung einer solchen Kultur fördern:

1. Das Erkennen des tertiären Selbst und ein klares Verständnis dafür, daß dieses Selbst einer Kultur zugehört, die auf Angst gebaut ist.
2. Der Prozeß der Entlernung durch Meditation und Psychoanalyse. Die wahre Erkenntnis des sekundären Selbst darüber, daß alle Ängste und Widerstände überwunden werden. Wir müssen spüren, daß nichts an diesem Selbst schlecht ist. Es ist natürlich und echt.
3. Der Verzicht auf das animalische Selbst, indem seine Wünsche und sein Verlangen klar auf der Ebene der Visualisierung angenommen werden. Dies bedeutet, daß das individuelle Bewußtsein sich vollständig vom sinnlichen Bewußtsein und seinen animalischen Wünschen dadurch befreit, daß es sie transzendiert, statt sie zu verdrängen.

Wenn dies geschehen ist und sich das individuelle Bewußtsein vollständig vom sinnlichen Bewußtsein befreit hat, tritt es von selbst in Kontakt mit dem kosmischen Bewußtsein. Damit befindet es sich auf der Stufe des primären Selbst und im Zustand der Kultur der Liebe und Angstlosigkeit. Dieser kulturelle Zustand ist das Ziel des individuellen wie gesellschaftlichen Lebens.

Teil II

Selbstanalyse und Meditation – Techniken und Praktiken

Einleitung

Teil II besteht aus zwei Hauptkapiteln. Das erste ist verschiedenen Techniken der Selbstanalyse gewidmet. Sie sind in der einen oder anderen Form in der Welt der Psychoanalyse bekannt, doch werden sie hier mit neuem Akzent und aufgrund neuer Erfahrungseinsichten vorgestellt. Zahlreiche Beispiele des täglichen Lebens illustrierten jede Technik. Sie verhelfen nicht nur zu einem besseren Verständnis der Technik selbst, sondern vermitteln auch direkte Einsichten in viele unserer Lebensprobleme und deren Lösungen.

Das zweite Kapitel befaßt sich mit Meditation. Es erklärt eine wohlbekannte Meditationstechnik, Joga-Übungen und *Pranajama.* Die Rolle des geistigen Lehrers wird ebenso erklärt wie bestimmte Evolutionserfahrungen, die während der Meditation stattfinden.

Es wird oft gesagt, daß die Meditationstechnik von einem geistigen Lehrer gelernt und als Geheimnis bewahrt werden sollte, statt sie jedem über Buchwissen zugänglich zu machen. Dieser Anspruch ist sehr berechtigt. Die Meditationstechnik und das damit verbundene *Mantra* sind ein wertvoller Samen, der würdigen Schülern von ihrem Lehrer mitgegeben wird. Wird diese Gabe an Nicht-Würdige verliehen, schlägt dieser Fehlgriff auf den »Geber« zurück. Große spirituelle Meister haben das immer wieder bewiesen.

Ich weiß nicht, warum ich trotz des Rates der Meister die Technik in diesem Buch preisgebe. Aufgrund meiner Erfahrungen bin ich der festen Überzeugung, daß dies Gottes Wille ist. Die beiden anderen, zweitrangigen Beweggründe sind: Erstens leidet die ganze Menschheit. Es gibt wenige verwirklichte Meister, aber Millionen von Menschen, die sich ernsthaft bemühen, ihr psychisches Leiden loszuwerden, aber niemanden haben, der sie anleitet oder gar auf den Pfad bringt. Sie wissen tatsächlich nicht, wohin sie gehen und an wen sie sich wenden sollen. Solche Menschen können von diesem Buch profitieren. Hinzu kommt, daß nicht die Kenntnis der Technik, sondern nur ihre Praxis bedeutsam ist.

I. Selbstanalyse – ihre Bedeutung und Technik

Im theoretischen Teil habe ich ausgeführt, daß die Psychoanalyse anfänglich dem seelisch Kranken mehr hilft als die Meditation.

Ich habe weiterhin gesagt, daß es für den seelisch Leidenden am besten ist, wenn er sich parallel zur Meditation in die Behandlung bei einem qualifizierten Psychoanalytiker* begibt. Solch eine angeleitete Analyse sollte, wenn die Umstände es gestatten, zirka dreihundert Sitzungen (zweimal die Woche) über einen Zeitraum von drei Jahren umfassen, bis der Analysand die psychoanalytische Meditation vollständig erfaßt hat. Danach kann er sich von dem Analytiker ablösen und die Analyse alleine fortführen, bis er das endgültige Ziel erreicht hat.

Nicht für jeden ist ein Psychoanalytiker erreichbar, weil es entweder an ausgebildeten Therapeuten oder an Zeit und Geld fehlt. Unter solchen Umständen sind Versuche der Selbstanalyse die beste Alternative. Selbst ein Laie kann sich nach dessen Studium zuversichtlich der eigenen Analyse zuwenden.

35. Die Wirklichkeiten des Selbst

Der nun schon mehrfach verwendete Begriff der Selbstanalyse bezeichnet einen Prozeß allmählichen Verständnisses des »Selbst«. In diesem Prozeß analysieren wir verschiedene Teile unseres Verhaltens, verändern es gemäß wünschenswerter sozialer Anforderungen und finden schließlich heraus, was sein wirklicher Kern ist.

Auf der Vernunftebene des Ichs, auf der das westliche Konzept gründet, ist das Selbst eine verwirrende Einheit. Mein Begriff der »Selbstanalyse« geht über das westliche Verständnis eines solchen Prozesses hinaus und umfaßt einen Vorgang, in dem das Unwirkliche stufenweise aufgedeckt und das Wirkliche als solches akzeptiert wird, das im Prozeß der Persönlichkeitsentwicklung allmählich vom weniger Wirklichen oder Unwirklichen verhüllt worden war.

Selbstanalyse bedeutet so verstanden einen Prozeß der Selbstentdeckung, eine Reise vom tertiären zum sekundären und dann zum primären Selbst, in der wir die Antwort der ewig neu gestellten Frage »Wer bin ich?« finden.

Die große Krankheit des zivilisierten Menschen ist seine geistige Blindheit gegenüber den Wirklichkeiten des Selbst. Wie können wir uns ihrer be-

* Unter einem qualifizierten Analytiker verstehe ich einen Menschen, der aus seinem eigenen Leiden mit Hilfe der Psychoanalyse herausgefunden hat.

wußt werden? Die Antwort zu dieser Frage berührt den gesamten Prozeß seelischer Heilung. Dieser ist mit der Selbstanalyse identisch. Sie umfaßt drei zentrale Schritte:

1. Beobachtung. Die erste Grundbedingung für die Selbstanalyse liegt darin, sehr genau die eigenen Gedanken, Gefühle und Verhaltensmuster zu beobachten. Diese können zu besserer Einsicht fortlaufend notiert oder in der Meditation nachvollzogen werden, wobei der letzte Weg nach meiner Auffassung der beste ist. Bemerkungen anderer über uns helfen uns ebenfalls. Sie können von großem Nutzen für uns sein, wenn wir sie niederschreiben, statt auf sie zu reagieren. Weitere Hinweise über unsere Strukturen und Verhaltensmuster können wir unseren Reaktionen auf emotionale Situationen in Filmen oder Büchern entnehmen, in denen ganz verschiedene menschliche Züge porträtiert werden.

   Das Hauptmerkmal der Selbstbeobachtung liegt darin, in jedem Moment ein erhöhtes Bewußtsein darüber aufrechtzuerhalten, »was ich tue, fühle und denke«.
2. Unterscheidung. Im zweiten Schritt muß ich zwischen dem Wirklichen und Unwirklichen zu unterscheiden lernen. Selbstbeobachung ist schwierig. Unterscheidungsvermögen ist noch schwieriger. Wir verwechseln oft die einverleibten Vorstellungen von »richtig« und »falsch« mit dem Wirklichen und Unwirklichen. Beide Ebenen sind in unserem Denken so gründlich miteinander vermischt, daß wir es nicht leicht haben, das Wirkliche vom Unwirklichen abzutrennen. In letzter Analyse und am Schlußpunkt der Evolution ist das Wirkliche »gut« und »richtig«, aber in der Welt des Ichs braucht dies nicht der Fall zu sein. Beispielsweise kann es aufgrund der einverleibten sozialen Wertmaßstäbe von »gut« und »schlecht« und »richtig« und »falsch« »unwirklich« sein, nackt auf einer Straße umherzulaufen. Doch auch solch ein Verhalten kann wirklicher sein als das, Kleidung zu tragen. Das Bedürfnis, zu schlagen und andere zu schädigen – um ein anderes Beispiel zu nehmen –, kann wirklicher sein, als der Wunsch, anderen Gutes zu tun.
3. Emotionale Akzeptanz des Wirklichen. Der dritte zentrale Schritt in der Selbstanalyse bezieht sich auf die zunehmende Fähigkeit, das Wirkliche emotional anzunehmen und das Unwirkliche abzustreifen. Das bedeutet, daß wir kontinuierlich danach streben sollten, einen Kontakt zwischen unserem Ich-Empfinden und unserem Selbst herzustellen. Unser Ich sollte sich fortlaufend vom Unwirklichen ablösen. Das ist keine leichte Aufgabe. Während wir in der sozialen und materiellen Welt leben, entwickeln wir viele Identifikationen, falsche Bilder und Selbstkonzepte. Sie gründen auf Minderwertigkeit, Selbsthaß und zahlreichen Ängsten, die ein Gefühl der Unsicherheit verursachen. Davon zehren wir. Im großen und ganzen sind sie unwirklich. Sie abzulegen, ist sehr schwierig, beängstigend und schmerzhaft. Doch bleibt die Selbstanalyse

unvollständig, wenn wir diesen Schritt nicht vollziehen, nicht willentlich das Wirkliche annehmen.

Wenn ich davon spreche, das Unwirkliche zugunsten des Wirklichen abzustreifen, beziehe ich mich vorwiegend auf die zunehmende emotionale Akzeptanz des sekundären und das Ablegen des tertiären Selbst. Das sekundäre Selbst entspricht dem FREUDschen Unbewußten. Es ist das Warenhaus der wirklicheren Urbedürfnisse, Wünsche, Ängste, des Selbsthasses, der Todeswünsche und zahlreicher anderer Faktoren. Diese »Hölle« wollen wir nicht betreten. Aber sie ist wirklicher als die gemütliche Ecke des tertiären Selbst, in der wir uns aufgrund unserer Ich-Strebungen, Leistungen und zahlreicher Identifikationen als »jemand in der Gesellschaft« fühlen. Diese Urbedürfnisse möchte das Kind befriedigen, indem es dem Lustprinzip folgt. Doch gerade mit dessen Befolgen ist oft seine Sicherheit bedroht. So entwickelt es das tertiäre Selbst. Wäre das Lustprinzip mit einer Gewährleistung von Sicherheit verbunden, könnte diese Persönlichkeitsspaltung nicht stattfinden.

Das sekundäre Selbst ist so wichtig, wir müssen es sehen, annehmen und mit ihm leben. Die Selbstanalyse bezieht sich vorwiegend auf sein Verständnis. Wir fürchten uns sehr vor seiner Erforschung, da oft tiefreichende Erfahrungen der Unsicherheit, Demütigung und Ich-Verletzung darin vergraben sind.

Die Meditation spricht von der Hölle, die wir durchschreiten müssen, bevor wir den Himmel erreichen. Das sekundäre Selbst ist diese Hölle. Sie wird in der Meditation aufgelöst, was auf der Ebene des Ichs schwer nachvollziehbar ist. Die Psychoanalyse stellt einen rationaleren Weg zur Verfügung, mit einzelnen Teilen dieser Hölle umzugehen.

Von den drei Stadien des Selbst liegt das Primäre noch in weiter Ferne. Wir wollen es erst einmal außer acht lassen und uns auf das tertiäre Selbst konzentrieren, auf die Person, die wir heute sind und als die wir vor der Welt erscheinen wollen. Wir denken auch an das, was normalerweise ein Kind mit all seinen Wünschen, Bedürfnissen, Notwendigkeiten, Unsicherheiten und physischen Wirklichkeiten ausmacht, und kommen so einem Verständnis des sekundären Selbst näher.

Den gegenwärtigen Trieben soll zunächst durch eine Innenschau Aufmerksamkeit geschenkt werden.

Wir fragen uns: Was möchte ich, tue ich und fühle ich heute?

Meine Antwort lautet: »Ich möchte immer mehr wachsen. Meine gegenwärtige Lage ist unsicher oder entspricht nicht meinen Bedürfnissen. Ich möchte überlegen sein. Ich möchte eine Position haben, in der Menschen zu mir kommen, mich loben oder zumindest mich nicht ablehnen können. Ich will mehr Geld, mehr Macht, mehr Popularität, mehr Respekt und mehr Annehmlichkeiten des Lebens haben.

Um solch eine Position zu erreichen, renne ich hierhin und dahin, um Leute zu beeindrucken. Ich rede zuviel über mich selbst, um anderen weiszumachen, daß ich großartig, gut und »jemand« in der Gesellschaft sei. Oft gebe ich Geld für andere aus, indem ich Tee, Kaffee, Zigaretten, Essen oder Spenden anbiete. Ich trage gute Kleidung. Gelegentlich helfe ich anderen auch aus obigen Gründen. Ich möchte gelobt und anerkannt werden. Ich möchte, daß man mir Beifall spendet. Ich will von anderen geliebt werden und das Zentrum ihrer Aufmerksamkeit sein.

Ich sage oft in Gesellschaft, daß ich kein Feigling sei. Ich könne jedem ins Gesicht sehen und jede Menge Hindernisse überwinden. Ich sage anderen auch, daß ich sehr ehrlich sei und bestimmte Prinzipien und Werte vertrete. In mir wirkt ein Trieb, noch mächtiger und überlegener zu werden, ein ›Jemand‹ in der Gesellschaft, der Anerkennung und Aufmerksamkeit von anderen bekommt.

Während ich meinen gegenwärtigen Lebensstil in der Gesellschaft etwas genauer beobachte, fallen mir zahlreiche andere Strebungen auf. Ich stelle fest, daß ich in keiner Gruppe still sein kann. Oft rühme ich mich. Ich will die Gruppe dominieren und die gesamte Aufmerksamkeit auf mich lenken. Wenn jemand anders die Gruppe beherrschen will, möchte ich dort nicht sein. Oft sammle ich eine Gruppe um mich herum an, in der ich herrsche oder zumindest nicht gedemütigt werde.

Ich will von anderen unabhängig sein. Oft ist mir jeder andere egal. Ich kritisiere und beschimpfe die höchste Autorität im Land. Ich möchte, daß vieles nach meinem Willen abläuft. Das, in Kürze, ist mein Selbstbild. So bin ich heute.«*

Ich nenne diesen Prozeß »intellektuelles Verstehen des Selbst«, weil eine emotionale Erkenntnis zu Beginn noch nicht möglich ist. Sie kann einige Jahre dauern. Das intellektuelle Verständnis ist ein erster Schritt. Ich frage mich: Wie ging es mir wirklich als Kleinkind und Kind?

Ich war schwach, abhängig und passiv. Ich sehnte mich nach Liebe und Körperkontakt. Was ist daran schlimm? Warum wünsche ich mir heute, mächtig, unabhängig und aktiv zu sein? Warum sollte mir jeder andere egal sein und ich meinen, daß ich keinen Körperkontakt brauche? Kommt dies der Wirklichkeit näher? Nein. Je mehr ich mir in diesem Stadium wertlos vorkam, um so fremder wurde ich mir. Da mir beigebracht wurde, mich jener Realität zu schämen, verlor ich den Kontakt zu mir. Ich will diese Bedürfnisse und Gefühle als natürlich und richtig akzeptieren.

Was waren meine Wünsche, Empfindungen und Reaktionen in jenen Tagen? Ich wollte immer Körperkontakt. Er wurde mir verweigert. Ich war ärgerlich und heftig. Wenn jemand anders in den Arm genommen wurde, war ich eifersüchtig. Eifersucht und Ärger sind natürliche Reaktionen und

* Dies ist nur ein kurzer Abriß meines tertiären Selbst und nicht notwendigerweise die Geschichte von jedermann. Jeder muß ehrlich sein eigenes Bild entwerfen.

von daher richtig. Ich trage sie immer noch in mir. Doch nehme ich sie aufgrund meiner Schuldgefühle nicht mehr wahr. Sie sind wirklicher als meine Verleugnung von ihnen. Heute. hier und jetzt, will ich empfinden, daß ich ärgerlich und eifersüchtig bin. Was ist daran falsch?

In jenem Alter hatte ich lustvolle Empfindungen am Rektum und beim Saugen an der Brust. Ich wollte gerne die Brüste einer Frau halten. Das war natürlich. Ich sollte es akzeptieren.

Und nicht nur das. In jenem Alter wollte ich gerne nackt herumlaufen, andere unbekleidet sehen und mit den Geschlechtsorganen anderer spielen. Ich wollte auch meinen bloßen Körper anderen zeigen. All diese Wünsche sind natürlich im Leben eines Kindes. Sie sind nicht unrecht. Ich will spüren, daß diese Wünsche sich immer noch in mir befinden und daß an ihnen nichts verkehrt ist. Ich bin ein Voyeur und Exibitionist. Warum sollte ich diese Wirklichkeiten in mir verleugnen? Ich erinnere mich heute noch an mein großes Bedürfnis, jemandem mein Geschlechtsorgan zu zeigen. Ich war sozial und moralisch ein Abweichler. Oft verletzte ich Normen, störte Abläufe und widersetzte mich den Benimmregeln. Oft kam ich zu spät zur Schule. Ich log und brach meine Versprechen. Selbst heute nehme ich mir noch die Freiheit, abzuweichen und Regeln zu brechen. Aber ich bekomme Angst, weil mein Verfolger es mir in dem Alter so vermittelt hat. Er oder sie bedrohten meine Sicherheit, wenn ich den Regeln nicht entsprach. Ich will hier und jetzt meinen Wunsch abzuweichen annehmen und mich dabei sicher fühlen.

Warum sollte ich mich von solchen Bedürfnissen abschneiden? Ich bin tatsächlich so.

In jenem Alter war ich zweitrangig. Jeder konnte mich ablehnen, das war meine natürliche Ausgangslage. Sie ist richtiger und wirklicher als meine heutige Haltung. Selbst heute sollte ich akzeptieren, daß ich vielen Menschen in der Welt unterlegen bin. Jeder kann mich ablehnen. Was ist daran schlimm? Ist diese Position nicht realer als meine gegenwärtige geistige Haltung, daß ich überlegen bin und keiner mich zurückweisen kann?

Die Technik der Autosuggestion zu Beginn der Selbstanalyse ist sehr hilfreich. Sie fördert eine Erweiterung des Verständnisses dessen, was unser Selbst ausmacht, und weist den Weg zum »Wirklichen«.

Dieses ausschließlich intellektuelle Vorgehen erzielt zwar keine schnellen Ergebnisse, schärft jedoch den Blick für die Unterscheidung zwischen »Wirklichem« und »Unwirklichem«. Auf der kontinuierlichen Reise rückwärts durch die Psyche, wie die Selbstanalyse sie darstellt, lassen sich die verschiedenen geistigen Strukturen, Verhaltensmuster, Ängste, Widerstände und zahlreiche andere psychische Phänomene so besser erfassen und schließlich auflösen.

Die umfassende Tabelle 2 auf den nächsten Seiten soll die Tendenzen und Bestrebungen des tertiären und sekundären Selbst illustrieren und uns mit Ängsten und Zwangshandlungen bekannt machen, die durch sie entstehen. Ihre Spielarten geben zugleich einen Einblick in die Möglichkeit autosuggestiver Therapie. In dieser Weise kann die Tabelle für jeden seelisch Kranken tatsächlich von großem Nutzen sein.

Tabelle 2
Erläuterung des tertiären und sekundären Selbst als Grundlage für eine Selbstbehandlung

	Sekundäres Selbst, Erfahrung und Wirklichkeit	*Bestrebungen des tertiären Selbst*	*Ängste und Schrecken*	*Zwangshandlungen zur Aufrechterhaltung des Ich-Strebens*
	I	II	III	IV
1.	Extreme Bestrafung und Unsicherheit über jede »falsche« Handlung, wie Sexualität, Lügen, Stehlen. Äußerste Demütigung	Allen Bestrafungen entgehen wollen	Angst zu erkennen, daß ich unrecht habe	Zwanghaftes Verhalten, gemäß dem Gesetz zu handeln
		Alles ganz genau machen wollen	Angst vor der kleinsten Bestrafung	Zwanghafter und tiefverwurzelter Wunsch, jede Handlung zu verteidigen
		Bestrebung, jeder Demütigung zu entgehen	Angst vor der kleinsten Demütigung	Zwanghafte und rasche Identifikation mit Autoritätspersonen
			Angst vor Gedanken- und Handlungsfreiheit	
			Angst vor Kritik	

Anderes Verhalten	*Selbsttäuschung und Projektionen*	*Affirmationen*
V	VI	VII
Sex, Stehlen, Eifersucht, Aggression werden als animalisch empfunden und rufen Verfolgungsängste hervor	Selbstvortäuschung reiner Liebe, extremer Güte und Wahrheit	Der natürliche Mensch ist der perfekte Mensch. Die Teile meines sekundären Selbst sind »natürlich«. Ich will sie akzeptieren. Sie sind nicht schlecht. Ich bin diese Wünsche und Wirklichkeiten. Ich nehme mir die Freiheit, abzuweichen und das sogenannte »Falsche« zu genießen. Ich will der Angst entgegentreten, die mit meinen Handlungen verbunden ist, und mich sicher fühlen. Viele Menschen um mich herum tun dasselbe. Was passiert ihnen? Nichts. Warum also habe ich alleine Angst? Ich muß sehen und akzeptieren, daß ich jederzeit bestraft werden kann. Doch heute ist nicht das Wort meiner Eltern Gesetz wie in meiner Kindheit. Gegen das heutige Gesetz kann ich mich wehren.
Unerträgliche Angst bei jeder kleinen Anzeige, Mahnung oder einem Gebührenzettel	Sich selbst Perfektion vortäuschen	
Jede Autorität wirkt als Verfolger	Eindruck, daß andere sexy, unehrlich und eifersüchtig sind	
Ich bin mir in jeder Situation meiner bewußt. Nervosität, wenn andere mich aufmerksam beobachten		

Tabelle 2 (Fortsetzung)

	I	II	III	IV
2.	Äußerst schmutzig: Hände, Füße, After, Pobacken, Nase, Gesicht. Ablehnung aufgrund von Schmutz	Bestreben, sehr sauber und schön auszusehen	Angst zu erkennen, daß ich schmutzig sein kann	Ärger und Heftigkeit angesichts geringen Schmutzes in der Wohnung oder am Arbeitsplatz
		Bestreben, allen Schmutz zu verbergen	Angst vor Ablehnung wegen schmutzigen Aussehens	Übermäßiger Gebrauch von Kosmetika und anderen Verschönerungsmitteln
		Verlangen nach neuen Kleidern und Schmuck		Zwanghafte Benutzung des Spiegels
3.	Andere spotten; nennen uns wertlos, kritisieren. Gefühle des Selbsthasses und der Wertlosigkeit	Als sehr wertvoll erscheinen wollen	Angst zu erkennen, daß ich verspottet werden kann	Zwang, Ratschläge zu erteilen
		Bestreben, sehr akzeptiert zu sein	Angst, Gefühle der Wertlosigkeit zu erkennen	Zwanghafte Suche nach besonderer Aufmerksamkeit und Fürsorge
		Wunsch, gelobt zu werden	Angst zu erkennen, daß andere mich übersehen und ablehnen können	Vermeidung von Situationen, in denen ich übersehen werden könnte
		Starkes Streben nach Popularität	Angst, anderen diese Freiheit einzuräumen	Große Sympathie für die Abgelehnten und Unterdrückten. Und Haß darauf, daß sie diese Position annehmen

V	VI	VII
Sich absondern von schmutzigen Menschen	Sich vortäuschen, schön zu sein	Ich will mich an meine Kindheit erinnern und all den Schmutz in mir sehen. Ja, ich will spüren, daß ich dieses schmutzige Kind bin. Ich will mich so lieben. Immer wieder will ich meine schmutzigen Hände küssen. Dieses Bild von mir will ich lieben.
Beschwichtigung anderer durch Parties oder Geschenke, um akzeptiert zu werden	Andere als schmutzig bezeichnen	
	Den Lebensstandard anderer kritisieren	
Selbst kleine Hinweise auf Ablehnungen erinnern mich unbewußt an meine Wertlosigkeit und meinen Schmutz. Ich will den, der mich ablehnt, angreifen und ermorden	Zustand der Ablehnungslosigkeit	Als kleines Kind wurde ich oft von anderen verspottet – von Eltern und Geschwistern. Das geht vielen Kindern genauso. Was ist daran schlimm? Ich stelle mir vor, daß andere mich in der Kindheit verspotten und ich mich trotzdem sicher fühle. Selbst heute kann ich verspottet werden. Ich brauche auch heute nicht zu reagieren.
Oft erregt ein Rat, Kritik oder eine einfache Bemerkung aus obigen Gründen eine heftige Reaktion	Es gibt eine perfekte Beziehung zwischen bedingungsloser Liebe und Annahme	
	Wunsch, den mich Ablehnenden abzulehnen und so zu tun, als sei er abgelehnt worden und nicht ich	

Tabelle 2 (Fortsetzung)

	I	II	III	IV
4.	Intensives Bedürfnis nach Kontakt mit einem Liebesobjekt zwecks Sicherheit und Liebe. Großes Bedürfnis, mich deswegen an jemanden anzuklammern	Streben, Kontaktbedürfnisse zu vermeiden	Angst zu erkennen, daß ich mich nach einem Objekt, Liebe und Kontakt sehne	Zwang zu sagen, daß ich mich um andere nicht bekümmere, niemanden brauche
		Streben, mich um niemanden kümmern zu müssen	Angst zu erkennen, daß ich ständig auf die Ankunft eines Liebesobjekts warte	Abbruch des Kontaktes zum Liebesobjekt wegen der kleinsten Zurückweisung
		Streben, mich in der Liebe unabhängig zu machen durch Masturbation		Großes Bedürfnis, daß das Objekt zu mir kommt, während ich nicht hingehe
5.	Wunsch, andere nackt zu sehen. Voyeurismus. Wunsch, die Geschlechtsorgane anderer zu halten, mit ihnen zu spielen und an ihnen zu saugen	Herabsetzen der Nacktheit	Angst zu erkennen, daß ich ein Voyeur bin	Zwang, Nacktheit herabzusetzen
		Predigen von Moral	Angst, alleine irgendwohin zu gehen	Kritik an der Darstellung von Nacktheit in Filmen und Büchern
			Angst zu erkennen, daß ich die Geschlechtsorgane oder Brüste anderer sehen, halten oder mit ihnen spielen will	Ablehnung gegenüber Frauen, die bestimmte Teile ihres Körpers zeigen

V	VI	VII
Ein Zustand ständigen Hungers und der Suche nach etwas. Oft bin ich rastlos. Eine flackernde Aufmerksamkeit und ein rasches Hin- und Herschauen, um ein Liebesobjekt zu finden	Andere brauchen Liebe, ich nicht Der andere braucht meine Liebe, nicht ich seine	Das Bedürfnis nach einem Objekt und nach Kontakt sind natürlich und daher richtig. Ich möchte jemanden, der mich liebt und den ich liebe. Daran ist nichts Schlimmes. Ich lerne, ohne Schuldgefühle Liebe zu empfangen und zu geben. Es ist unerheblich, ob diese Liebe hetero- oder homosexuell ist. Als Kind wollte ich von der Mutter und dem Vater geliebt werden.
Extrem kritische Einstellung gegenüber Prostitution. Sehr gründliche Beobachtung dessen, was andere tun. Wunsch, tief in die Dinge einzutauchen. In bestimmten Fällen kann dies zu psychischer Blindheit führen	Kritisieren anderer als Voyeure Selbstvortäuschung, Gott zu sehen Verfolgungsgedanken und Nervosität, wenn ich neben einer schönen Person sitze	Gott hat den Menschen nackt geschaffen. Was ist daran schlimm, andere nackt zu sehen? Alle Teile des Körpers sind natürlich. Ich akzeptiere meinen Wunsch, sie zu sehen, ohne Furcht oder Schuld. Ich kann die Geschlechtsorgane anderer halten und mit ihnen spielen, solange ich will. Ich muß diesen Wunsch nicht verbannen.

Tabelle 2 (Fortsetzung)

	I	II	III	IV
6.	Wunsch, die eigenen Geschlechtsorgane oder den Körper zu zeigen. Spiel mit den eigenen Geschlechtsteilen	Streben, alle Körperteile, besonders die Geschlechtsorgane, zu bedecken	Angst von anderen nackt gesehen zu werden	Scheu, in der Öffentlichkeit zu baden
		Verurteilung von Exhibitionismus	Angst vor Erektion	Beobachtung, daß andere mich beobachten
			Angst vor Kastration	
7.	Unterlegenheit. Kleiner oder gar kein Penis. Fehlende Brüste	Streben, mit anderen zu konkurrieren und andere zu ersetzen	Angst zu erkennen, daß ich in jeder Situation und mit jedem konkurriere	Zwanghafte Eifersucht auf andere
		Streben nach Überlegenheit	Angst zu erkennen, daß ich einen kleinen Penis habe	Weder Anerkennung noch Bewunderung anderer
			Angst zu erkennen, daß ich keinen Penis oder keine Brüste habe	Auf den Arm nehmen, verleumden, das Image eines anderen zerstören
			Angst zu erkennen, daß ich nicht »tun« oder eindringen kann	Zwanghafte Beziehungen zu Unterlegenen
				Ständiger Vergleich mit anderen

V	VI	VII
Eigene Leistungen in der Öffentlichkeit zur Schau stellen	Andere als Exhibitionisten und als unmoralisch bezeichnen	Jedes Kind hat den großen Wunsch, nackt zu sein und seinen Körper zu zeigen. Auch ich habe diesen Wunsch. Das ist natürlich, und daran ist nichts Schlimmes. Ich will meine Wünsche annehmen und darüber lächeln. Allerdings will die Gesellschaft nicht, daß ich mich dieser Neigung hingebe. Von daher muß ich ein Gleichgewicht zwischen beiden Realitätsebenen finden.
Selbstlob und Lob der eigenen Kinder, ohne Rücksicht auf Objektivität		
Vermeidung von Situationen, in denen Menschen mir überlegen sind	Sich Überlegenheit vortäuschen	Der kleine Junge hat einen kleinen Penis und fühlt sich deshalb unterlegen. Das kleine Mädchen fühlt sich unterlegen, weil es keinen Penis hat. Aufgrund dieser Minderwertigkeitsgefühle lehnen wir uns oft ab, hassen uns und wollen sterben. Diese Wünsche sind auch in mir. Ich kann sie ändern und lernen, mich selbst zu lieben und mit dieser Unterlegenheit zu leben. Es gibt für mich nur Freude.
Nervosität bei Handlungen überlegener Art	Sich vortäuschen, die größten Dinge tun zu können	
Große Angst vor anspruchsvollen Aufgaben	Verachtung für die Unterlegenheit anderer	
Fehlendes Selbstvertrauen in allen Situationen	Jeden als unterlegen, inkompetent, dumm bezeichnen	

Tabelle 2 (Fortsetzung)

	I	II	III	IV
8.	Schwach, abhängig. Mangelndes Selbstvertrauen und Handlungsunfähigkeit	Streben, große Dinge zu tun	Angst, Handlungsunfähigkeit zu erkennen	Zwanghafter Wunsch zu geben, um andere abhängig zu machen
			Angst zu wachsen	Großartige Phantasiehandlungen
				Umgang mit starken und bewundernswerten Menschen
9.	Beugt sich den Forderungen anderer auf Kosten eigener Sicherheit und eigenen Respekts. Demütigung und Schmerz	Sich niemandem beugen wollen	Angst vor Unterwerfung	Tendenz zu dominieren
		Der »Überlegene« und »Geber« soll sich mir unterwerfen	Angst zu weichen und den Eigensinn aufzugeben	Tendenz zu übertreiben und zu beeindrucken
			Angst, die Überlegenheit anderer zu erkennen	Zwanghafte Tendenz, Autoritäten zu verspotten
			Angst, anderen den notwendigen Respekt zu erweisen	

V	VI	VII
Große Angst, wenn mir verantwortungsvolle Aufgaben übertragen werden Mich vom inneren Autoritätenkreis fernhalten.	Selbstvortäuschung, so kompetent zu sein, daß ich die Angelegenheiten eines ganzen Landes oder der Welt regeln kann Andere als nutzlos, inkompetent und Drückeberger bezeichnen Auffassung, daß andere von mir abhängen und nicht umgekehrt	Ich strebe danach, zwanghaft große Dinge zu tun, aber wenn ich mich prüfe, habe ich dazu nicht die Fähigkeiten. Warum soll ich überhaupt große Dinge tun? Warum dieser Zwang? Ich hasse mich und mein Selbstbild der Unterlegenheit. Ich kann akzeptieren, daß ich schwach, abhängig und unterlegen bin. Ich kann dieses Selbstbild lieben. Was ist daran schlimm?
Schafft überall Konflikte mit Autoritäten und hält sie aufrecht, um das eigene Gesicht zu wahren. Kompromißfähigkeit fehlt. Wunsch, daß sich der andere vor mir beugt.	Sich selbst große Persönlichkeitsstärke vortäuschen Nennt andere Feiglinge	Aus Schmerz, Stolz und verletzten Gefühlen in der Kindheit habe ich mir geschworen, mich vor niemandem zu beugen. Doch was ist daran schlimm? Ich kann meine Hartnäckigkeit aufgeben und lernen, mich zu beugen, trotz des Schmerzes. Ich muß akzeptieren, daß ich mich selbst vor dem Geringsten zu beugen habe. Nur dann erlange ich Trost und Ruhe in mir.

Tabelle 2 (Fortsetzung)

	I	II	III	IV
10.	Keine Freiheit, gemäß eigenen Wünschen zu handeln. Zahlreiche Vorschriften, zu tun und zu lassen. Übermäßige Anleitung und Rat	Drang, sich von jeder Autorität zu befreien	Angst vor Handlungsfreiheit	Tendenz, gegen Normen und Einrichtungen zu reden
		Den Kampf gegen alle Gesetze und Normen aufnehmen wollen	Angst vor Vergeltung	Zwang, Autoritäten vor jeder Handlung ins Vertrauen zu ziehen
		Haß auf Konventionen, Traditionen und Ethik	Angst vor Isolation Angst vor der Verurteilung anderer Angst vor Unabhängigkeit Angst vor Eigeninitiative	
11.	Gründlich ausgebeutet. Jeder benutzte mich nach seinen Wünschen, ohne Rücksicht auf meine Bedürfnisse. Wunsch, auf die Ausbeuter einzuschlagen und andere auszubeuten	Wunsch,aller Ausbeutung zu entwachsen	Angst, die eigene Ausbeutbarkeit zu erkennen	Zwanghafte Tendenz, sich mit den Ausgebeuteten zu verbünden, gleichzeitig Furcht vor den Ausbeutern.
		Die Ausbeuter vernichten wollen	Große Sorge, daß andere von mir profitieren und mir nichts zurückgeben	Immer mürrisch und unglücklich Bedeutungslose zwanghafte Sympathie mit den Armen und Ausgebeuteten

V	VI	VII
Große Sympathien für Rebellen und Gesetzesbrecher. Man ergreift heimlich Partei für sie und möchte, daß sie mehr werden. Sympathien für Staatsstreiche, Kriege und Revolutionen	Selbstvortäuschung absoluter Freiheit Andere als Sklaven der Tradition und der Konventionen bezeichnen Andere als Reaktionäre bezeichnen	Ich habe viele sexuelle und andere Wünsche. Sie sind natürlich und richtig. Ich brauche sie nicht zu verleugnen und kann sie als meine Wirklichkeit annehmen. Die Gesellschaft begrenzt sie jedoch. Ohne Zweifel will ich all diese Einschränkungen abwerfen. Doch halt! Es gibt auch andere Wege. Ich kann viele dieser Wünsche innerhalb des bestehenden gesellschaftlichen Rahmens befriedigen.
Oft großer Wunsch, die Beziehung zum Ausbeuter abzubrechen Großer Wunsch, Gruppen und Organisationen zu bilden, die gegen die Ausbeuter kämpfen Große Angst, wenn ich ausgebeutet werde	Sich vortäuschen, einen »neuen Menschen« zu schaffen Selbstvortäuschung einer idealistischen Welt Verurteilung anderer als Opportunisten, Blutsauger, Ausbeuter	Ich muß emotional akzeptieren, daß ich gelegentlich getäuscht und ausgebeutet werden kann.

Tabelle 2 (Fortsetzung)

	I	II	III	IV
12.	Schwach, machtlos, abhängig, Empfänger, keine gesellschaftliche Stellung; jeder kann mich ignorieren	Machtstreben	Angst, seine Hilflosigkeit, Unzulänglich und schwache Position zu erkennen	Zwanghafte Machtphantasien
		Streben, respektiert zu werden		Zwanghafter Wunsch, andere zu ignorieren und abzulehnen
		Streben nach Aufmerksamkeit	Angst zu erkennen, daß ich abhängig bin und etwas haben möchte	Wunsch, alles zu beherrschen
			Angst vor Situationen, in denen ich ignoriert werden kann	
13.	Aufgrund vielfältiger Erfahrungen in der Kindheit Wunsch, zu sterben und das Selbst zu zerstören	Lebenstrieb	Angst, den Todeswunsch zu erkennen	Zwanghaftes Anklammern an jemanden. Trennung verschärft Todeswunsch und Depression
			Angst, Selbsthaß zu erkennen	Extreme Reaktionen auf Ablehnung. Sie verschärft den Todeswunsch

V	VI	VII
Brennt oft in machtloser Wut und übt in der Phantasie große Macht aus. Versuch, okkulte Kräfte zu erlangen, um andere zu schädigen	Selbstvortäuschung, Macht zu besitzen Verurteilung der Schwäche anderer Verspotten von Hilflosigkeit	Hier und jetzt muß ich erkennen, daß die Wirklichkeiten meiner Kindheit intakt sind. Ich bin schwach, abhängig und ein Empfänger. Ich bin unzulänglich, hilflos und machtlos. Ich bin fast nichts. Jeder kann mich ablehnen. Ich will diese Position akzeptieren und mit diesem Bild von mir glücklich sein.
Identifikation mit tragischen Figuren in Filmen und Büchern Phantasien, daß andere in Not sind und ich ihnen helfen soll Oft Gespräche über kühne Taten	Selbstvortäuschung der Unsterblichkeit und ewigen Lebens	In der Kindheit werden wir bei vielen Gelegenheiten als wertlos und schmutzig bezeichnet. Während des Sauberkeitstrainings werden wir so gründlich gedemütigt, daß wir auf der Stelle sterben wollen. Ablehnung verschärft diesen Wunsch. Er wird unterdrückt und verursacht große Verwirrung, Nervosität und Depression. In solchen Momenten sollten wir unseren Todeswunsch erkennen und ausrufen: »Oh, mein Wunsch zu sterben macht mir zu schaffen. Ich liebe mich und will leben.«

Tabelle 2 (Fortsetzung)

	I	II	III	IV
14.	Wunsch, andere zu ermorden. Todeswünsche gegen andere	Wunsch, Tote zum Leben zu erwecken Streben, Sterbenden und Menschen in Not zu helfen	Angst, die Mordgelüste und damit verbundene Vorstellungen zu erkennen	Zahlreiche Phantasien, andere zu ermorden Selbst geringfügige Ablehnungen aktivieren den Wunsch, den anderen für immer aus dem Weg zu räumen Abbruch von Beziehungen als Mordhandlung auf der geistigen Ebene
15.	Jedermanns Sklave. Jeder kann mich herumkommandieren	Streben, unabhängig zu werden Streben, Herr über andere zu sein	Angst zu erkennen, daß ich nichts bin Angst zu erkennen, daß selbst ein kleines Kind mich herumkommandieren kann	Zwanghafter Wunsch, nicht als Sklave zu handeln Oft unbeholfenes Ablehnen oder Annehmen der Befehle anderer. Fehlender Takt bei Handlungen
			Angst zu erkennen, daß ich feige und unterlegen bin	Zwang, Initiative zu vermeiden Zwanghafter Wunsch, Arbeit von anderen zugewiesen zu bekommen

V	VI	VII
Die Vorstellung, jemandem zu schaden oder ihn zu ermorden, ruft immense Angst und oft als Gegenreaktion Selbstmordgedanken und Depression hervor. Die Mordvorstellung und die Gegenreaktionen des Todes- und Selbstmordwunsches sind die grundlegendste Ursache für die Depression	Selbstvortäuschung göttlicher Kräfte Verurteilung von Gewalt in anderen Predigen von Gewaltfreiheit	Wenn uns jemand ablehnt, verunsichert oder sonstwie Schmerzen verursacht, wollen wir ihn umbringen. Dieser Wunsch ist natürlich in der Kindheit und bleibt während des ganzen Lebens in uns bestehen. Das Problem entsteht, wenn wir dieses Bedürfnis in uns nicht erkennen oder akzeptieren. Ich will diesen Wunsch immer wieder wahrnehmen und mit einem Lächeln sagen: »Ich will morden. So bin ich.« Ich kann mich darüber nur erheben, wenn ich diesen Impuls zunächst erkenne und dann bewußt fallenlasse.
Oft vermeidet er, etwas für sich zu tun, kann aber die Anforderungen anderer nicht abweisen. Trotz guten sozioökonomischen Status kann er nicht einmal ein Kind ablehnen, während andere sich um ihn nicht kümmern Er leidet unter großartigen Phantasien der Ablehnung anderer, kann aber im Moment nicht handeln.	Sich Größe und Macht vortäuschen So tun, als regiere man die Welt Bezeichnet andere als sklavisch	Am besten befreie ich mich aus dieser Situation des sekundären Selbst, indem ich sie in der Phantasie wiedererlebe und akzeptiere, darüber weine und den Schmerz abschüttele. Ich muß emotional annehmen, daß ich schwach bin und andere mich als Sklaven behandeln. Ja, selbst heute handele ich in zahlreichen Situationen wie ein Sklave. Ich muß mir dessen immer stärker bewußt werden. Das Verhaltensmuster wird entschwinden, wenn ich mir seiner äußerst bewußt geworden bin.

Tabelle 2 (Fortsetzung)

	I	II	III	IV
16.	Wunsch, Befehle anderer zu mißachten und zu tun, was ich will	Streben zu zeigen, daß ich äußerst gehorsam bin	Angst vor dem Ruf des Ungehorsams gegenüber Autoritäten	Zwanghafter Reflex zu sagen: »Ja, du hast recht.«
			Angst, Autoritäten (Vater, Chef) zu widersprechen	Rasche Zustimmung zu den Vorschlägen anderer, ohne Pros und Kontras abzuwägen
			Angst, Meinungsdifferenzen zu zeigen	Lügen, um die eigene Haut zu retten und der Autorität zu gefallen
			Angst, daß Untergebene mir gegenüber ungehorsam sind	

36. Wege der Selbstanalyse

Im folgenden sollen anhand von Beispielen aus dem täglichen Leben Techniken diskutiert werden, die dazu beitragen können, sich über die Vielfalt der Vorstellungen, Gedanken, Wünsche, Ängste und anderer Phänomene auf der Ebene des sekundären Selbst klarzuwerden.

Phantasien

Phantasien bergen eine reiche Quelle an Wissen über uns selbst, ihre Analyse ist lohnend, jedoch oft nicht allgemein faßbar, da sie von Person zu Person variieren. Eine Phantasie ist die Inszenierung eines klar wahrnehmbaren Bildes auf unserer inneren Bühne. In der vorgestellten Szene sind wir entweder die Akteure oder passive Partner. Durch unsere phantasierten Handlungen befriedigen wir Triebe des sekundären Selbst (Es-Triebe) oder Motive des tertiären Selbst (Ich-Bestrebungen).

V	VI	VII
Oft vermeidet er, einer Autorität zu begegnen. Er fürchtet sich, ihre Forderungen abzulehnen. Er ist äußerst nervös in ihrer Gegenwart und möchte ihnen entfliehen und frei sein. Er neigt dazu, Autoritäten zu kritisieren und zu beschimpfen, wenn er sich sicher fühlt	Mißachtung derer, die anderen gehorchen. Er beschimpft sie Macht sich einen Seinszustand vor, in dem er die Befehle aller verhöhnen kann	Sowohl zwanghaftes Gehorchen wie zwanghafter Ungehorsam sind Ergebnisse unserer Kindheit. Heute kann ich jede Anforderung und Person objektiv sehen und beurteilen. Wenn etwas kurz- oder langfristig in meinem Interesse liegt, tue ich es. Heute bin ich erwachsen. Ich brauche mein Kindheitsverhalten nicht zu wiederholen und weder zwanghaft zu gehorchen, noch zu rebellieren.
Großer Konflikt zwischen Wunsch, nicht zu gehorchen und dem Zwang zu gehorchen		

Wir phantasieren eine klare, vorstellbare Szene, die durch innere Bilder gestaltet wird.

Sie ist der Traumszene verwandt, obgleich der Traum durch tiefer und weiter entfernt liegendes Material angeregt wird. Die Wünsche sind die Motoren unserer Phantasien, in denen Handelnde und Betroffene oder Täter und Opfer als Subjekte und Objekte auftreten. Die Erfüllung und Befriedigung von Wünschen und Trieben ist ihr Ziel.

Wir lieben die schönsten Frauen, halten großartige Reden, handeln in tiefster Weisheit, bauen schöne Häuser, fahren Luxusautos und fliegen in den schnellsten Flugzeugen. Wir strecken große Ringer zu Boden, schießen Tore beim Fußballspiel, vollbringen große Wunder: Die meisten von uns erfinden solche Großtaten. Ein impotenter Mann kann in seiner Vorstellung einen höchst befriedigenden Geschlechtsverkehr mit einer schönen und erfahrenen Dame von Welt genießen. Ein Mensch, der in Wirklichkeit nicht eine Seite Text korrekt zu Papier bringt, kann in seiner Phantasie ein

Buch schreiben, das ihm den größten Literaturpreis einbringt. Ein anderer Mensch, der seinen Kollegen im Büro nicht offen ins Gesicht schauen kann, bildet sich vielleicht ein, das ganze Land zu beherrschen. Allgemein ist zu beobachten, daß manche Menschen, die nicht einmal ihre eigene Arbeit gut erledigen, so reden, als könnten sie das ganze Land regieren. Dies geschieht allein auf der Basis ihrer Vorstellungskraft.

Auf den ersten Blick scheint es nicht so zu sein, als gäbe es einen inneren Zusammenhang zwischen realer und vorgestellter Handlung. Tatsächlich bestehen ganz eindeutige Zusammenhänge. Beispielsweise mag jemand, der heute auf seiner inneren Bühne eine großartige Rede vor einem großen Publikum hält, tatsächlich eines Tages diese Szene Wirklichkeit werden lassen. Manchmal, mit Übung, kann er sogar Erfolg haben. So kann eine positive Beziehung zwischen diesen Ebenen entstehen.

Häufiger ist es umgekehrt: Ein Mensch, unfähig, mit irgendeiner anderen Person einen befriedigenden Geschlechtsverkehr zu erleben, kann sich einbilden, ein Don Juan zu sein. Eine Handlung wird in der Regel um so tiefgreifender in der Vorstellung erlebt, je unwahrscheinlicher ihre Verwirklichung ist. In Einzelfällen werden Phantasien also zum Hebel für das wirkliche Geschehen, in den allermeisten Fällen jedoch verhindern sie es.

Ein Mensch, dessen Handlungen vorwiegend auf der inneren Bühne statt in der Realität stattfinden, könnte auch als eine »Phantasiepersönlichkeit« bezeichnet werden. Sie erscheint als infantil und gespalten gegenüber einem Menschen, der in der Wirklichkeit geerdet ist.

Die Wunscherfüllung in der Phantasie erlaubt ein größeres Maß an Freiheit als in realen Handlungen. Jedoch täuschen wir uns, wenn wir meinen, daß es im Reich der Bilder eine absolute Freiheit gebe. Die Psyche setzt ihnen aufgrund des internalisierten Über-Ichs Grenzen. Das Ich wagt nicht, den gesetzten Rahmen zu überschreiten und sich die Befriedigung weiterer Wünsche auch nur vorzustellen. Sie werden indirekt oder über jemand anderen erfüllt.

Dieser Prozeß wird als »Verschiebung« bezeichnet. Er ähnelt dem Vorgang der Verschiebung in Träumen. Durch diesen Mechanismus wird verhindert, daß wir mit einer Situation direkt konfrontiert werden. Wir verleiben uns jemand anderen ein und erleben die Situation durch ihn oder sie. Beispielsweise können wir uns wünschen, dem Chef, der uns sehr grausam mitgespielt hat, Übles anzutun. Wir könnten uns eine Szene vorstellen, in der ein anderer ihn beschimpft und kränkt. Aufgrund unbewußter Inzestwünsche wäre das Bedürfnis denkbar, die Schwester nackt zu sehen. Wir können uns eine Szene ausdenken, in der der Bruder sie betrachtet. Solche Beispiele ließen sich mühelos fortsetzen.

Wenn wir unsere Phantasien genau beobachten, können wir zahlreiche Verschiebungen bemerken. Sie geben uns einen Hinweis auf das Ausmaß psychischer Freiheit, das wir in Phantasien in Beziehung zu den Wünschen unseres sekundären Selbst genießen können.

Es ist nicht einfach, vielleicht schier unmöglich, die verschiedenen Arten von Phantasien aufzuzählen. Wie die Träume spielen sie sich innerhalb der Grundstrukturen unseres gegenwärtigen Lebens und der Grundstruktur vergangener Leben ab. Die Phantasien können ausschließlich einem oder mehreren Zeitabschnitten angehören.

Sie lassen sich zwei Kategorien zuordnen: aktiven und passiven Formen.

Das individuelle Bewußtsein identifiziert sich in seiner Unwissenheit mit dem Körper. Als Körperbewußtsein übernimmt es zunächst im Leben die Rolle des Opfers, dann die des Täters. In den aktiven Phantasien erscheint der Mensch als Handelnder. Er liebt, tötet, hält Reden, herrscht, ist mächtig und großartig. Der Sadismus ist ein Teil davon.

In den passiven Formen erfährt sich der Mensch als Opfer. Er ist Empfänger und Opfer, hilflos und unterlegen. Er stellt sich vor, daß er geliebt, gestraft oder mißachtet wird. Der Masochismus gehört zu dieser Spielart.

Aktive und passive Phantasien sind, ebenso wie das sekundäre und tertiäre Selbst, eng miteinander verknüpft. Aktive Vorstellungen beziehen sich meist auf die Befriedigung der Bedürfnisse des tertiären Selbst, also auf das Bild, das wir für die Gesellschaft von uns entwickelt haben, doch können sie auch eine Reaktion auf die Wünsche des sekundären Selbst sein.

Es ist hilfreich, das Konzept der reaktiven Wünsche zu verstehen, da viele aktive Phantasien in ihnen wurzeln. Wenn die Wünsche eines Kindes mißbilligt und mißachtet werden, erfährt das Kind Schmerz und Leid. Als Reaktion auf die Frustration und den Schmerz über die Verurteilung der ursprünglichen Bedürfnisse entsteht neues Verlangen. Beispielsweise lieben wir andere aus der Frustration des Bedürfnisses heraus, geliebt zu werden. Das Grundziel bleibt dasselbe: Liebe zu gewinnen, doch wird sie erkauft durch Geben. Diese Art der Strategie dient dazu, der Demütigung und dem Schmerz zu entfliehen, die aus der Ablehnung stammen.

Alle aktiven Phantasien sind im großen und ganzen Ergebnis solcher reaktiven Wünsche. Von daher stehen passive Phantasien unserem wahren Selbst näher als aktive.

Phantasien sind ein reichhaltiges Lager der Selbsterkenntnis, wie einige Beispiel aus dem alltäglichen Leben zeigen.

Nehmen wir an, ich verstehe mich als gebildeter Mensch. Jeder von uns sieht sich gern als solch eine Persönlichkeit, da die Gesellschaft die damit verbundenen Eigenschaften hochschätzt. Ich stelle mich dar als jemand, der frei ist von Gewalt und der gegen niemanden böse Absichten hegt.

Am Morgen erwache ich mit schwerem Kopf. Während ich noch mit geschlossenen Augen halb im Schlafe liege, kreuzt eine Phantasie mein Bewußtsein.

»Wegen einer Geschäftsangelegenheit habe ich mich zum Chef begeben.

Er bittet mich, im Vorraum Platz zu nehmen, da er noch zu tun habe. Wut kocht in mir hoch. Ich reagiere heftig. Auf der inneren Bühne räche ich mich für die Demütigung, indem ich ihn angreife und umbringe.«

Sofort halte ich diese überwältigende Phantasie fest und sage mir: »Das bin ich.« Ich will mich rächen, ich will morden. Das ist selbstverständlich. Wenn ich meine Augen weit öffne, spüre ich dieses Rachebedürfnis nicht mehr. Ich habe diese Szene bereits vergessen. Doch führt mich dieser Gedanke weg von mir, hin zum tertiären Selbst, das der eigentlichen Wirklichkeit ja weiter entfernt liegt als das sekundäre. Ich kehre zu den Gefühlen und Bildern des sekundären Selbst zurück. Im Verlaufe von zwei Tagen stoße ich auf zahlreiche Situationen, in denen ich mich an Leuten rächen oder sie sogar töten will. In der Tat reagieren wir in vielen Situationen gereizt und bleiben auf unserem Ärger sitzen.

Schauen wir uns eine andere Phantasie an. »Ich sitze im Park. Ein Mann kommt mit einer schönen Frau vorbei. Instinktiv schaue ich die Frau an. Doch bin ich mir des Mannes bewußt, der sie begleitet. Ich fürchte, er könne mich beobachten. Ich wende meinen Blick von ihr ab und schaue geradeaus. Ich gestehe mir nicht ein, daß ich sie ansehen möchte. Aber in diesem Moment geht mir eine Phantasie durch den Kopf. Der Mann verläßt die Szene, wird weggeholt oder geht einkaufen. Die Frau bleibt alleine zurück. Jetzt kann ich sie betrachten.« Ich halte diese Phantasie fest. Ich bin der, der die Frau betrachten und den Mann von ihrer Seite entfernen will. Ich erkenne mein Motiv in diesem Augenblick und sage mir: »Ja, so bin ich. Ich möchte sie ansehen. Ich möchte sie berühren. Ich möchte die dritte Person aus der Dreieckssituation entfernen. Ich fühle mich ihm unterlegen. Ich habe Angst, mit ihm zu konkurrieren. Ich habe Angst, daß er meine Wünsche sieht und mich dafür verurteilt. Ich habe Angst, bestraft zu werden.« Ich sage mir: »Ja, ich erlebe all diese Wünsche und Ängste des sekundären Selbst in diesem Augenblick an diesem Ort wieder.«

So nähert sich das Bewußtsein dem sekundären Selbst an, das wir akzeptieren lernen müssen, damit wir mehr Glück in unserem Leben zulassen.

Eine ähnliche, bedeutsame Phantasie kann sich folgendermaßen abspielen: »Ich liege auf meinem Kot. Eine Frau kommt. Ich möchte mit ihr geschlechtlich verkehren. Ich liege auf ihrem Körper, doch fühle ich mich zu klein. Ich möchte in sie eindringen, doch ist auch mein Penis zu klein.«

Ich werde mir dieser Szene bewußt und verstehe ihre Bedeutung folgendermaßen: »Ich habe Angst zu erkennen, daß ich zu klein bin, daß ich nicht ›tun‹ oder ›eindringen‹ kann. Ich bin auf eine unreflektierte Art sicher, daß ich unfähig bin zu handeln, daß ich versagen werde, weil mein Penis nicht ausreicht. Ich habe Angst davor, meine wirkliche Situation zu akzeptieren. Ich fürchte, andere könnten davon erfahren. Meine übertriebenen Prahlereien im Kreise von Freunden stammen aus dem Gefühl dieser Unterlegenheit. Ich will meine wirkliche Situation akzeptieren und sie andere wissen lassen.«

Schauen wir uns noch eine andere sehr wichtige Phantasie an. »Ich bin tot. Tausende von Leuten loben mich und begleiten meinen toten Körper zum Krematorium.« Ich halte diese Phantasie fest und erkenne: Erstens habe ich einen großen Wunsch zu sterben, zweitens fühle ich mich gedemütigt und drittens wünsche ich mir über alle Maßen, anerkannt zu werden. Ich spüre: »Ja, so bin ich.« Das bringt mich meinem sekundären Selbst näher und befreit mich von diesen Wünschen und Trieben.

Wenn wir anfangen, uns selbst zu beobachten, finden wir täglich Dutzende solcher Phantasien. Sie gehen uns durch den Kopf, wenn wir aufstehen, durch die Straßen laufen, im Büro sitzen, tatsächlich in jedem Moment unseres Seins. Und meist beziehen sie sich auf die Lust des Fleisches, auf Sexualität, auf das Bedürfnis nach einem anderen, auf Ärger, Gewalt, Eifersucht, Rache, Gier, Lust, Haß, Schmerz, Mangel, Selbstmitleid. Sie versorgen uns mit Wissen über unsere Vergangenheit und unser sekundäres Selbst.

Es ist immer gut, nachdem wir die aktive Natur unserer Phantasien kennengelernt haben, uns bewußt ihrer passiven Natur zuzuwenden. In dem Prozeß des Wachstums unserer Psyche verbindet sich unser Bewußtsein zunächst mit der passiven Rolle des Kleinkindes und des Kindes. Sie ist unsere zugrundeliegende Wirklichkeit. Wenn wir beispielsweise die aktive Phantasie betrachten, jemandem in Not zu helfen, sollten wir zunächst diesen Wunsch anerkennen. Doch sollten wir uns im Anschluß daran ganz bewußt in eine Szene hineinbegeben, in der wir in Not sind und Hilfe von jemand anderem annehmen. Was fühlen wir in solch einer Situation? Schmerz mag hochkommen, und Tränen mögen unsere Wangen hinabrollen. Solche Reaktionen bringen uns unserem wahren Selbst, unseren echten Bedürfnissen näher. Akzeptieren wir sie. Dies wird uns helfen auf unserem Weg der Selbstentdeckung.

Manche Menschen leben in einer Gefahrenzone. Wenn ihnen nicht geholfen wird, sie sich selber auch nicht zu helfen wissen, reagieren sie eines Tages möglicherweise »psychotisch« und geraten für immer in Schwierigkeiten.

Was kennzeichnet solche Menschen? Ihre Phantasien sind »grenzpsychotischer« Art. Im Unterschied zu anderen verwechseln sie ihre Vorstellungswelt mit der Wirklichkeit. In aller Ernsthaftigkeit reden sie über ihre Rolle und Stellung in den Szenen auf ihrer inneren Bühne so, als seien diese wirklich.

Nehmen wir an, jemand leidet an einem tiefverwurzelten Gefühl der Ablehnung, Demütigung und Minderwertigkeit. Er arbeitet im universitären Bereich. Er sehnt sich danach, sein Minderwertigkeitsgefühl zu überwinden. Kontinuierlich erschafft und stärkt er ein Selbstbild der Überlegenheit.

Er schwelgt in der Vorstellung, daß ihm der Posten des Vizekanzlers angeboten würde. Tatsächlich kann er überall erzählen, daß er für diesen Posten in Betracht gezogen würde. Um andere zu überzeugen, kann er sich sogar falsche Beweise ausdenken.

Oder: Auf der Basis reiner Phantasie rühmt er sich, eine große und bedeutungsvolle Aufgabe sei ihm von einem Spitzenakademiker angeboten worden, doch habe er sie abgelehnt.

Seine Phantasien verwandeln sich in seinem Kopfe zu Teilwirklichkeiten, für die er Anerkennung von anderen sucht.* Solche Menschen können leicht den Sinn für die Wahrheit verlieren. Sie können jederzeit in einen psychotischen, halluzinatorischen Zustand eintreten.

Die Psyche ist ein merkwürdiger »Apparat«. Es ist nicht einfach, ihre Täuschungen oder die Kompliziertheit ihrer Mechanismen zu durchschauen. Wenn wir jedoch unsere Phantasien klar beobachten und die objektiven Daten betrachten, können wir mehr an Wahrheit über uns erkennen. Gleichgültig, wie gering dieses »Mehr« uns scheinen mag: Wir brauchen den Mut, die Wahrheit vorbehaltlos anzuerkennen. Dieser doppelte Prozeß der Erkenntnis und Akzeptanz kann uns vor dem Unheil retten. Dies gilt besonders für grenzpsychotische Phantasien. Zwei Beispiele: Ein hochempfindlicher, nervöser Mensch, der etwas auf sich hält, wird zum Chef gerufen. Mit einigem Recht kanzelt dieser ihn kurz ab. Der Mensch schäumt innerlich vor Wut, doch bringt er kein Wort der Entgegnung heraus. Voller Schmerz und tief verletzt kehrt er an seinen Arbeitsplatz zurück. Seine Vorstellungskraft ist angeheizt. Heftig argumentiert er auf seiner inneren Bühne mit dem Chef. Er kontert mit guten Argumenten und macht ihn nieder. So schafft er sich ein falsches Selbst, das sich nicht »beugt«, sondern »überlegen« ist.

Nachdem er in der Phantasie seinen Mann gestanden hat, trifft er Kollegen und erzählt ihnen nun all das, was sich in seiner Vorstellung zugetragen hat, als etwas wirklich Vorgefallenes. Er berichtet, daß er dem Boß, als er dies sagte, jenes entgegnet habe und auf dessen Frage folgendes erwidert habe und so weiter.

In solch einem Augenblick hellwach zu werden, ist schwer. Doch sich selber tut man den besten Gefallen damit, sich ohne zu zögern der Wahrheit zu stellen und einzugestehen: »In Wahrheit habe ich Angst davor, dem Chef gegenüberzutreten, ihm zu widersprechen, mich ihm zu widersetzen oder anderer Meinung zu sein als er. Im Innersten bin ich schwach. Ich habe Angst vor Vergeltung.« Eine schonungslose Anerkennung dieser

* Kollegen, denen ich bestimmte Meditationserfahrungen geschildert hatte, fragten mich, ob es sich bei ihnen nicht auch um »Teilwirklichkeiten« handelte. In der Tat mögen sie dem phantasierten Bilde ähnlich sein, doch sind sie dem Gehalt nach grundverschieden. Bei den Geschehnissen während der Meditation handelt es sich um Erfahrungen und nicht um Phantasien.

Wahrheit stellt nach und nach das Gleichgewicht wieder her und läßt das Vertrauen in die eigene Persönlichkeit wachsen. Die Vermeidung der Wahrheit jedoch kann eines Tage zu Schwierigkeiten führen.

Die gleiche Szene spielt sich auf der inneren Bühne bei einer Vielzahl von Ereignissen ab. Betrachten wir eine andere Phantasie.

Eine hochgebildete Persönlichkeit, die unter dem Gefühl eines grundlegenden Abgelehntseins leidet, sitzt im Lehnstuhl. Sie schwelgt im Schmerz der Zurückweisung, die ein hoher Würdenträger ihr angetan hat. Sie brennt innerlich vor Rache. Sie ergötzt sich an der Phantasie, daß derselbe Würdenträger ihr eine einträgliche Aufgabe zuweist, die sie ablehnt.

Sofort beginnt ihr Phantasiegebilde Wirklichkeit für sie zu werden. Am nächsten Tag, als sie ihre Freunde trifft, erzählt sie die ganze Geschichte so, als habe sie sich tatsächlich zugetragen.

In solch einem Moment sollte sie rückhaltlos ehrlich mit sich sein und akzeptieren: »Ja, dieser Mensch kann mich zurückweisen. Er ist überlegen. Ich möchte ihn abweisen, doch habe ich dazu nicht die Macht.« Dies ist der einzige Weg zu seelischer Gesundheit.

Eine zweite Möglichkeit, Phantasien von Realitäten zu unterscheiden, bieten die Fragen: »Wo ist die Person« oder »Wo spielt sich die Situation ab?«

Nehmen wir an, ein Mann liegt im Bett. Er sehnt sich nach Liebe und Körperkontakt mit einer Frau. Er stellt sich vor, in einem schönen Garten komme ein außergewöhnlich hübsches Mädchen auf ihn zu. Er umarmt es und genießt die körperliche Liebe mit ihm.

Um sich von seinen Phantasien freizumachen, sollte der Mann sich fragen: »Wo ist jene Frau? Wo findet diese Situation statt? Ich liege auf meinem Bett, und niemand ist in meiner Nähe.« Er sollte sofort hellwach werden, seine Augen öffnen und seine wirkliche Situation voll wahrnehmen. Dies wird ihm helfen, auch die Wünsche, Triebe und Ängste des sekundären Selbst zu erkennen.

Wie kann ich nun langfristig über meine Phantasien wachen? Wie kann ich ihnen auf der Spur bleiben?

Träume sind oft schwer erinnerlich. Ebenso schwierig ist es, seinen Phantasien gegenüber wachsam zu sein. Der Grund ist sehr einfach. Wenn wir in die Vorstellungswelt eintauchen, handeln wir einfach gemäß der Situation, die sich auf unserer inneren Bühne abspielt, statt zu beobachten, was wir da eigentlich tun. Dutzende bedeutsamer Phantasien können innerhalb einer Stunde unser Bewußtsein kreuzen, ohne daß uns nur eine einzige auffällt. Phantasien auf der Spur zu bleiben, ist eine Kunst, die wir über längere Zeit kultivieren müssen. Folgende Schritte helfen dabei:

1. Die Gewohnheit, sich selbst zu beobachten und die Einstellung, kontinuierlich sein eigener Zeuge zu sein. Damit ist eine Haltung distanzierter Beobachtung der Gefühle, Gedanken und Handlungen gemeint, so

wie sie im psychischen Apparat ablaufen. Diese Einstellung entwickelt sich nach und nach zu einer reflexartigen Gewohnheit, ständig seiner geistigen Aktivitäten und Phantasien gewahr zu sein.
2. Sitzungen mit einem Analytiker: Einige Sitzungen mit einem Psychoanalytiker können nicht nur dazu verhelfen, eine Haltung der Selbstbeobachtung zu entwickeln, sondern auch klären, was beobachtet werden sollte und wie.
3. Meditationssitzungen: Sie bieten die beste Möglichkeit für eine erhöhte Selbstbeobachtung. Zahlreiche Phantasien kreuzen unser Bewußtsein in dieser stillen Stunde und können ohne große Schwierigkeiten wahrgenommen werden.
4. Aufzeichnungen in einem Notizbuch: Mit dem Aufschreiben eigener Phantasien und deren Bedeutung in einem Notizbuch wird ein Gespür für Fortentwicklung und geistige Abenteuer geweckt. Wir neigen wohl dazu, unsere alten Muster zu wiederholen, so wir mit der Selbstbeobachtung und den Aufzeichnungen aufhören, und wir spüren, wie der erzielte Fortschritt zum Stillstand kommt.

Übertriebene Reaktionen

Wenn wir auf unsere Handlungen und Reaktionen im sozialen Leben achten, stellen wir fest, daß wir oft übertreiben oder Situationen dramatisieren. Ein kleiner Satz, eine kleine Szene, ein geringfügiges Ereignis, und wir brausen auf. Die überspitzte Reaktion steht in keinem Verhältnis zur Geringfügigkeit des Anlasses. Unsere übertriebenen Verhaltensweisen enthalten eine Fülle an Information über unser sekundäres Selbst, die uns als Reiseführer auf unserer Reise rückwärts dienen können.

Auf der Ebene des sekundären Selbst erleben wir die Wirklichkeit in bestimmter Weise. Wir sind Ängsten und Zweifeln ausgesetzt (Teil F in Abbildung 5 auf Seite 36). Daraus leiten wir Anschauungen über uns selbst ab (Teil G), die auf schmerzhaften Erfahrungen gründen (E und D). Wir unterdrücken sie, um dem Schmerz, der Demütigung und unserem verhaßten Selbstbild zu entgehen. Auf der Ebene des tertiären Selbst erschaffen wir uns ein neues Image, das oft im Gegensatz zu den Anschauungen unserer animalischen Natur steht. Mit diesem Bild leben wir. Jeder, der uns durch seine Handlung oder Worte an die verhaßte Wirklichkeit unseres sekundären Selbst erinnert, wird zu unserem Feind. Am liebsten würden wir zu ihm sagen: »Du Idiot, warum machst du uns darauf aufmerksam? Wir wollen damit nie wieder etwas zu tun haben.« Ja, durch unser übertriebenes Verhalten teilen wir anderen mit, daß sie uns mit jenen Realitäten in Ruhe lassen sollen. Diese Botschaft ist die psychologische Grundlage übertriebener Reaktionen. Jede überspitzte Handlungsweise berichtet uns ein Stück Wahrheit über uns selbst, über unsere animalische Natur.

Wir müssen unser sekundäres Selbst immer weiter erforschen und annehmen. Doch fürchten wir uns vor dieser Entdeckungsreise. Aufgrund unserer Angst wehren wir uns gegen die Anfangsschritte und verweigern die Selbstanalyse oder Meditation.

Einige Beispiele sollen diese Überlegungen verdeutlichen.

Nehmen wir an, der Chef beschuldigt mich, daß ich Fakten verdrehe. Ich bin so erbost darüber, daß ich vor ihm nicht reden kann. Doch sobald ich zu meinem Platz zurückkehre, schäume ich vor Wut und beschimpfe den Chef vor meinen Freunden. Ich schlage also zurück. Auf der tertiären Ebene bin ich davon überzeugt, daß ich die Wahrheit sage. Dies hat zwei Gründe. Erstens fürchte ich, verurteilt zu werden, wenn ich die Fakten zu meinen Gunsten auslege. Zweitens identifiziere ich mich mit aufrichtigen Menschen. Auf der Ebene des sekundären Selbst jedoch, als Kind, habe ich Fakten verdreht: um meine Haut zu retten vor einem harten Vater, einem grausamen Lehrer oder einem brutalen Freund. Ich heckte Begründungen aus und log.

Setzen Sie sich in einen bequemen Stuhl, entspannen Sie sich und denken Sie an Ereignisse in Ihrer Kindheit, bei denen Sie logen oder Fakten verdrehten. Dies kann schmerzlich sein. Akzeptieren Sie die Tatsachen und den Schmerz. Das nächste Mal, wenn uns jemand dieser Tatsachen beschuldigt, werden wir nicht mehr so aufbrausen. In dem Moment können wir sagen: »So bin ich in der Tat, und daran ist nichts Schlimmes oder Unrechtes.« Wir werden in uns hineinlächeln, statt zu reagieren.

Wie oft am Tage übertreiben wir? Wir zählen die Male vermutlich nicht, da wir uns ihrer nicht bewußt sind. Beispielsweise kommt ein berühmter Mann unseres Fachs in die Stadt. Jemand bittet uns, seinen Vortrag anzuhören. Mit einigen abfälligen Bemerkungen über diese Person schlagen wir die Einladung aus. Wir reagieren überspannt. Vielleicht wollten wir unsere zugrundeliegende Minderwertigkeit nicht entdecken, oder wir wollten nicht an unsere eigene tief verdrängte Passivität erinnert werden.

Täglich können wir feststellen, daß wir übertreiben. Wir können uns aufplustern, wenn wir auf ein Paar stoßen, das sich öffentlich liebt, auf einen Menschen, der sich der Korruption schuldig gemacht hat, auf jemanden, der die Unwahrheit spricht. Wenn wir unseren übersteigerten Handlungsweisen auf der Spur bleiben, werden wir unserem wahren Selbst zu unserem eigenen Besten näherkommen, indem wir etwas über unser sekundäres Selbst lernen.

Machen wir beispielsweise keine Sprüche, wenn wir zwei Menschen sehen, die einander küssen oder einander lieben? Wir tun dies, weil uns die Szene an unser eigenes Liebesbedürfnis erinnert, an unsere Entbehrung und an Erfahrungen der Ablehnung. Von daher wollen wir sie daran hindern, damit wir uns selbst nicht zu sehen brauchen.

Vier wesentliche Handlungsweisen veranlassen uns zu übertriebenen Reaktionen: Hinweise, Ratschläge, Kritik und Gleichgültigkeit. Sie geben uns Anhaltspunkte für unsere Ängste und Verfolgungsvorstellungen und verweisen damit auf die tiefgreifenden Grundlagen aller Persönlichkeitsspaltungen. Wenn wir auf sie achten und ihre Bedeutung emotional akzeptieren, helfen sie uns, unsere Spaltung aufzuheben.

Manche Menschen regen sich schon auf, wenn jemand sie etwas fragt oder auf etwas hinweist. Nehmen Sie an, Sie gehen irgendwohin. Eine ältere Person kommt aus einer anderen Richtung auf Sie zu und fragt: »Wohin gehen Sie?« Diese einfache Frage löst in Ihnen eine heftige Reaktion aus. Oder nehmen wir an, jemand weist Sie auf eine Kleinigkeit in Ihrer Kleidung hin: Sie schäumen vor Wut.

Solche uns empörenden Fragen und Hinweise sind bedeutungsvoll. Wir lesen etwas in sie hinein, was nicht da ist. Wie geschieht das?

Ein Mensch, der sich verfolgt fühlt, zeichnet sich durch Merkmale aus, die in seiner Kindheit in ihm angelegt wurden:

- Passive Homosexualität und der Wunsch, den Penis anderer zu sehen. Wunsch, mit diesem Penis zu spielen.
- Extreme Gefühle der Unterlegenheit aufgrund des eigenen Penis.
- Extreme Bestrafung und Verurteilung wegen solcher Wünsche. Beständiges Gefühl der Angst und die Phantasie, daß andere ihn beobachten, um solche Wünsche in ihm zu entdecken.
- Ein tiefverwurzeltes Gefühl der Wertlosigkeit, des Schmutzes und Selbsthasses aufgrund solcher Wünsche. Der Wunsch zu sterben, um sich von solchen Wünschen zu befreien.
- Eine hochgradig vollzogene Metamorphose und ein hochentwickeltes tertiäres Selbst mit dem Bestreben, sich mit großen Männern zu identifizieren.

Solch ein Mensch lebt ausschließlich das Bild des tertiären Selbst, indem er das sekundäre vollständig verdrängt. Unbewußt jedoch wacht er aufmerksam über dessen Wünsche.

Wenn er merkt, daß jemand ihn beobachtet, ihm in die Augen schaut, ihn auf etwas hinweist, ihn etwas fragt, versteht er dies ausnahmslos in dem Sinne, daß seine inneren Wünsche erkannt und entdeckt wurden. Er übertreibt seine Antwort, um die andere Person zu beschäftigen. Diese Menschen geraten bei kleinsten Kleinigkeiten in Panik, schon der Gedanke beispielsweise daran, eine ältere, kritische Person zu begleiten, oder das Foto einer bekannten Persönlichkeit ihres Fachs in der Zeitung versetzten sie in Unruhe, weil sie in diesem Moment an ihre eigene Unterlegenheit und Passivität erinnert werden. Solche Menschen verfolgen in ihrem Leben oft ganz bestimmte Ziele:

Sie stehen in ständigem Wettstreit mit allen Höhergestellten, bei dem sie ihre eigene Überlegenheit beweisen wollen. Damit vermeiden sie, an ihre Unterlegenheit und Passivität erinnert zu werden.

Hinter diesem Verhalten steckt der Wunsch, alle Höhergestellten vom Sockel zu ziehen. Durch Beschimpfen, reichliche Kritik oder andere Methoden wird versucht, deren Image zu zerstören.

Eine übertriebene Betonung des Ichs und seiner Handlungen äußert sich in fortwährendem Selbstlob.

Die einzige Heilung für solche Menschen liegt darin, daß sie das Bild und die Wünsche des sekundären Selbst akzeptieren, statt sich an den Motiven und dem falschen Image des tertiären Selbst festzuhalten.

Ratschläge sind eine Handlungsform, über die solche Menschen sich besonders erregen.

Grund hiefür ist die feste Überzeugung, Ratgebende müssen wohl die Wünsche und Fehler ihres sekundären Selbst entdeckt haben. Diese Vorstellung ruft eine immense Angst hervor. Um diese Angst abzuschütteln, sagt sich die Person: »Ich brauche deinen Rat nicht. Behalte deine Weisheit für dich. Du kannst mir dann einen Tip geben, wenn ich spüre, daß du eine Ahnung hast, und ich dich darum bitte. Ohne Aufforderung anderen zu raten, ist dumm.« Solch ein Mensch kann sogar gewalttätig werden. *Die meisten Vaterfiguren in Mittelschichtfamilien werden gehaßt, weil sie zu viele Ratschläge erteilen.*

Der beste Weg zur Vermeidung solcher heftiger Reaktionen liegt darin, daß wir uns selbst entdecken: die Wünsche, die Passivität, die Wertlosigkeit und den Schmutz unseres sekundären Selbst. Wir müssen auch unsere Eifersucht, den Haß, die Schaulust und andere Züge unserer animalischen Natur erkennen und solche Züge lieben lernen. Wenn dann jemand anders sie bei uns wahrnimmt, können wir uns leichter sagen: »Was schadet es, daß auch er diese Eigenschaften bei mir entdeckt? Er kann darum wissen. Erstens sehe ich meine Wünsche nicht als falsch an, und zweitens haben viele Menschen wunde Punkte. Was kann ich ihnen schon tun? Und was können andere mir antun, wenn sie meine Schwächen bemerken?« Ich will spüren: »So bin ich mit all meinen Unvollkommenheiten und Wünschen«, und will mich selber damit lieben.

Als dritte Handlungsweise fordert Kritik übertriebene Verhaltensweisen heraus, die sehr heftig sein können. Oft erweist sich Kritik als lebensbedrohlich.

Für die hier beschriebene paranoide Persönlichkeit bedeutet sie, daß die verbotenen Wünsche endgültig entdeckt wurden und das tertiäre Selbst unmittelbar vor dem Zusammenbruch steht. Deshalb sollen alle Kritiker aus dem Weg geräumt werden. Da dies nicht möglich ist, gerät die Person in große Sorge und entwickelt gegebenenfalls ausgeprägte diktatorische Züge als Reaktion auf Verfolgungsängste. Sie möchte keine Kritik heraushören müssen, da diese den Wunsch zu morden hervorruft und damit gleichzeitig große Angst erzeugt.

Der vierte Grund für übertriebene Reaktionen liegt in der Gleichgültigkeit von seiten anderer. Wenn ein Geringstehender es versäumt, den nötigen Respekt zu erweisen, nicht grüßt, nicht alles Gute wünscht oder sonst etwas nicht beachtet, fühlt sich die erwartungsvolle Person tief gekränkt. Unbewußt erinnert sie sich daran, daß ihre Minderwertigkeit, ihr Schmutz und ihre Wertlosigkeit entdeckt wurden. Sie reagiert gereizt und will ihm eine Lektion erteilen, ihm Begünstigungen entziehen oder sich rächen.

Menschen, die zu solch übertriebenen Reaktionen neigen, werden letztlich oft zu Opfern von Zusammenbrüchen oder Herzanfällen.

Sich zurückhalten

Eng verbunden mit dem Prozeß übertriebener Reaktionen ist der Prozeß des »Sichzurückhaltens« oder des »inneren Bremsens«, der sich kontinuierlich in unserem Bewußtsein abspielt. Beispielsweise:

- Der Prozeß bleibt weitgehend unbewußt und wird zu einer automatischen, reflexartigen Handlung.
- In ihm vollzieht sich nicht etwas, das mit der objektiven Alltagswirklichkeit übereinstimmt. Die vergangene kindliche Wirklichkeit und die gegenwärtige Erwachsenenwelt sind in diesem Prozeß nicht klar unterschieden.

Anhand zweier Beispiele soll die Dynamik erläutert werden: Ich stelle mir vor, das hübsche Mädchen von nebenan im Büro kommt zu mir herüber. Ich umfasse, umarme und küsse es. Ich spüre eine Erektion. Ab sofort weise ich den Gedanken zurück. Ich bin ein ordentlicher Mann. Da sie meine Mitarbeiterin im Büro ist, weiß ich, daß solch ein Gedanke sich nicht gehört. Wer bremst diesen urwüchsigen Gedanken und den Wunsch in mir, so daß sie sich nicht einmal in meiner Vorstellung frei entfalten können? Wer hat meine Reaktion veranlaßt, nachzulassen? Wer hat mich »kastriert«? Die Antwort ist: Ich selbst. Das ist der Prozeß des sich Zurückhaltens oder Abbremsens von innen, die Selbstkastration oder Selbstverfolgung. In dem Moment, in dem wir unsere animalischen Triebe spüren, setzt der Prozeß der Selbstverfolgung ein.

Nehmen wir ein anderes Beispiel. Ich sitze zu Hause. Ich stelle mir vor, daß mein Vater gekommen ist. Er fragt mich etwas. Ich werde ärgerlich und beschimpfe ihn. Aber dann verschwindet urplötzlich beides: Der Gedanke und der Wunsch. Warum? Ich bremse sie von innen ab. Ich halte sie an. Oder: Ich verdränge sie in diesem Moment reflexhaft.*

* Viele Beispiele beziehen sich auf Lust und Gewalt, weil sie die wichtigsten Themen in der Persönlichkeit des Menschen berühren. Obgleich der Mensch aufgrund seines Bewußt-

Nach und nach werden wir mehr über den Prozeß des Sichzurückhaltens erfahren. Wir werden wissen, daß wir unserer eigenen Freiheit Bremsen anlegen, daß wir unsere eigenen Feinde, Feinde unserer eigenen Glückseligkeit sind. *Dieses Wissen führt uns zur Freiheit und Freiheit zum Glück.*

Wir dürfen die Entwicklung des tertiären Selbst als Reaktion auf das sekundäre Selbst nicht als dessen Aufhebung ansehen. Das sekundäre Selbst ist immer vorhanden, auch wenn es sich dem Bewußtsein entzieht. Anders gesagt: Das individuelle Bewußtsein *(Dschiwa)* läuft dem sekundären Selbst davon, doch weiß es um dessen Existenz. Unter dem Einfluß einiger Identifikationen und des Über-Ichs wacht *Dschiwa* darüber, daß es sich nicht mit den Wünschen und Bildern des sekundären Selbst verknüpft und daß seine Existenz nicht öffentlich bemerkt wird.

Während der Kindheit kontrollierten und bestraften uns andere Personen für unsere Wünsche. Jetzt haben wir selber diese Funktion übernommen. Wir geben ständig auf uns acht. Wir beobachten andere und wollen vermeiden, daß sie unsere animalische Natur entdecken. Wir achten darauf, daß sie uns so sehen, wie wir auf der Ebene des tertiären Selbst erscheinen wollen. Die meisten unserer sozialen Handlungen – auch die, die uns viel Geld kosten – dienen diesem Motiv.

Dieses Phänomen führt zu seltsamen Verhaltensmustern und Phantasien im menschlichen Leben. Nehmen wir an, wir machen etwas, und eine Person, die wir lieben und von der wir uns wünschen, daß sie uns liebt, sitzt in unserer Nähe. Während wir unsere Handlung ausführen, achten wir gleichzeitig darauf, daß uns diese geliebte Person zuschaut und mag.

Wir wollen sie beeindrucken und möchten von ihr gelobt werden, um uns selber liebenswert zu finden. Alle öffentlichen Personen, Reformer, Politiker, Sportler oder Sänger beispielsweise beobachten sich selbst sehr stark während ihrer Auftritte, und zugleich bemühen sie sich, alle Aufmerksamkeit auf sich zu lenken. Selbst in unserer Phantasie spielt sich dieser Mechanismus ab: Wir vollbringen etwas Großartiges, halten vielleicht eine große Rede auf unserer inneren Bühne und sehen, wie unser Chef oder eine geliebte Person uns dazu gratuliert. In unserer Vorstellung spielen wir uns vor, glücklich zu sein.

Nehmen wir an, ich liege in einem einsamen Raum auf meinem Bett. Ich denke an eine Liebesszene und spüre, wie mein Penis steif wird. In diesem Moment werde ich mir meiner Phantasie, der Erektion und meines Geschlechtsorgans bewußt. Obgleich niemand im Raum ist, läßt die Erektion in diesem Moment nach. Dies ist Selbstverfolgung und Selbstkastration. Ich (mein tertiäres Selbst) habe meinen eigenen Penis abgeschnitten. Viele Moralisten und »gute« Menschen sind impotent, weil sie sich selber kastrieren.

seins Gott näher steht als alle anderen Lebewesen, lebt er aufgrund der Macht seines sekundären Selbst eher wie ein Tier.

Entsprechend bestrafen wir uns in unserer Vorstellungswelt durch die Polizei, werfen uns ins Gefängnis, hängen uns an den Galgen. *Jede Empfindung oder jeder Wunsch, der zum sekundären Selbst gehört, wird verfolgt, Empfindungen und Verfolgung derselben gehen Hand in Hand.*

Solche Selbstverfolger* können zu großen Gestalten heranreifen, doch streben sie stets danach, sich von den inneren Verfolgern zu befreien. Im Herzen sind sie Sklaven. Wir gewöhnlichen Sterblichen mögen durch ihre Größe ins Bockshorn gejagt werden, doch wissen Menschen, die sich selber kennen, daß sie im Grunde ihres Herzens kindlich geblieben sind, und lassen sich durch die Größe solcher Personen nicht beeindrucken.

Zusammenfassend läßt sich sagen, daß die Beobachtung der Aufmerksamkeit, die wir uns selbst schenken, der Selbstkritik, Selbstverfolgung und des Sichzurückhaltens und die Befreiung aus solchen Verhaltensmustern eine Quelle großer Freieit und tiefen Glücks ist.

Dreifache Identifikation

Jeder hat ein anderes Persönlichkeitsmuster. Aus unserer Unwissenheit heraus mögen wir diese Individualität als Ereignis der Persönlichkeitsentwicklung rühmen, doch in Wirklichkeit handelt es sich um einen Rückschritt. Die Reise führt vom Ziel des menschlichen Lebens weg, hin zur Entfremdung vom wahren Selbst. Diese Individualität ist die Ursache menschlichen Leidens, der Fluch der Menschheit.

Im Prozeß der Selbstbeobachtung können wir auch eine dreifache Identifikation nutzbar machen.

Nehmen wir an, ein Kind in unserer Familie weint und fordert etwas. Die Mutter wird ärgerlich und schlägt es. Wenn wir unsere Reaktionen aufmerksam beobachten, können wir feststellen, daß wir uns mit dem Kind identifizieren und der Mutter sagen wollen, daß sie es nicht bestrafen soll. Aber wenn das Kind heftiger weint, beschleicht uns Angst. Wir identifizieren uns nun mit der Mutter und wollen das Kind an seinem Ausdruck hindern. Das ist ein Beispiel doppelter Identifikation. Wenn wir unsere beiden Identifikationen analysieren, stellen wir fest, daß wir uns instinktiv zunächst dem Kind zugewandt haben. Einmal waren wir an seiner Stelle. Unsere Forderungen wurden zurückgewiesen, und wir wurden bestraft. Diese Wirklichkeit des sekundären Selbst ist unserem Gedächtnis eingeprägt. Aber in diesem Moment erfaßt uns aufgrund unserer Gemeinsamkeit mit dem Kind Angst. Wir wenden uns der Mutter zu, wollen wie sie handeln und das Kind unterdrücken. Unsere Identifikation mit der Erwachsenenwelt beruht in der Tat auf Befürchtungen und Ängsten.

* Große Männer wie ROUSSEAU und MARX hatten Verfolgungselemente in ihrer Persönlichkeitsstruktur. Sie lagen selbst in Ketten. Aber durch den Prozeß der Metamorphose projizierten sie diese auf andere. Rousseau wollte das Kind aus seinen Ketten befreien, Marx die ganze Arbeiterklasse.

Wir sind in uns gespalten. Manchmal werden wir zum Kind und kommen damit unserer individuellen Wirklichkeit näher, und manchmal handeln wir wie die Mutter, die verinnerlichte gesellschaftliche Realität. Die Psychoanalyse kann uns ein Gespür für den Unterschied zwischen dem sekundären und dem tertiären Selbst geben. Wenn wir in der Meditation einmal das Stadium des Jet-Erlebnisses erreicht haben, kann das Bewußtsein sehr lebhaft beobachten, wie es sich abwechselnd mit den beiden Selbstbildern verknüpft: einmal mit dem Kind des sekundären, zum anderen mit der Mutter des tertiären Selbst. Und es weiß zugleich, daß beide Selbstbilder unwirklich sind. Zu diesem Zeitpunkt wird das Bewußtsein im Bewußtsein verbleiben, das heißt, es ist sich nur seiner selbst bewußt. Das ist die Verknüpfung mit dem primären Selbst.

Verknüpfungen dieser drei Arten finden jeden Augenblick in uns statt. Im Büro identifizieren wir uns manchmal mit dem bestraften Kollegen, manchmal mit der Autorität. In Romanen halten wir oft zu den Benachteiligten, da die Autorität nicht körperlich anwesend ist und damit nicht jene Angst vor Vergeltung in uns wachruft, die uns dazu zwingt, uns mit der Autorität zu verbünden.

Der Prozeß reflexhafter Identifizierung, die aufgrund echter Bedürfnisse und Ängste zustandekommt, ist schuld an unseren wechselnden Meinungen und sich wandelnden Standpunkten in verschiedenen Bereichen. Nicht nur das, auch unsere größten Sozialphilosphien sind von ihnen bestimmt.

Marx beispielsweise verbündete sich mit all den Geknechteten dieser Welt. Er verfocht die Sache der Unterdrückten als seine eigene, da er in seiner Kindheit wahrscheinlich Entbehrungen, Ablehnungen und Verneinungen erlitten hatte und ausgebeutet und ignoriert wurde. Sein Schmerz reichte so tief, daß er den großen Wunsch in sich hegte, all seine »Verneiner« und »Verfolger« zu zerstören und aus dem Weg zu räumen. Doch konnte er dies in jenem Alter nicht tun, weil er schwach und unzulänglich war. Er konnte jedoch auch seinen Schmerz und seinen Wunsch, die Peiniger zu zerstören, nie überwinden. Um diese emotionale Wirklichkeit seiner Kindheit einzulösen: die Entbehrungen, die Schwäche und den Wunsch, die Verfolger zu zerstören und stark zu sein, schuf er die marxistische Philosophie, den dialektischen Materialismus. Er entwickelte die Idee des Klassenkampfes und der Revolution. Er verbündete sich mit den Armen der ganzen Welt und forderte sie auf, sich gegen die Unterdrücker aufzulehnen und sie abzuschaffen. So erfüllte er sich sein eigenes emotionales Interesse durch eine großartige sozioökonomische Theroie. »Ihr habt nichts zu verlieren als eure Ketten«, besagt ein Satz der marxistischen Ideologie, der wahrhaft bedeutsam ist. Wessen Ketten? Jene, in die sein eigenes Bewußtsein geschlagen war. Er wollte frei sein von ihnen und erlöst werden. Er wollte sich befreien von seinen verfolgenden Eltern und anderen Verneinern, selbst um den Preis, sie zu töten. Nicht alle Armen erleben sich während ihrer Kindheit in solchen Ketten. Und nicht alle werden Marxisten. Aber auch Kinder wohlhabender Familien, besonders in den Mittelschichten, spüren solche Fesseln, und manche tauchen im späteren Leben als Marxisten auf, unabhängig von ihrer ökonomischen Situation in der Gesellschaft. Wir sehen, daß bestimmte emotionale Erfahrungen während unserer Kindheit unsere Sozialphilosophie und unsere politischen Identifikationen bestimmen. Die Wissenden wissen, welche kleinen emotionalen Erlebnisse die Handlungen der größten Revolutionäre, Führer und Denker motiviert haben mögen.

Unsere eigenen politischen Zugehörigkeiten und Ideen und unsere philosophischen Vorlieben erscheinen so in ganz neuem Licht. Wir sind unser eigenes Problem und unsere eigene Lösung. Wir müssen beide in uns erkennen, und es gibt ein paar »Tricks«, die uns dabei helfen.

Meistens befinden wir uns entweder in der emotionalen Welt des sekundären oder der leistungsorientierten Welt des tertiären Selbst. In beiden Zuständen bleibt das Bewußtsein Sklave der Materie. Jedoch gibt es in unser aller Leben die Gelegenheit – wenn wir alleine sind und uns in einem tief entspannten Zustand befinden –, uns über diese Stufen zu erheben und eine intensive Erhabenheit und Gefühle des Gutseins und der Ruhe zu empfinden. Wir spüren, daß die Aussagen von CHRISTUS oder BUDDHA tiefe Wahrheiten verkörpern. Ein ruhiges Glück umhüllt uns, ein Zeichen dafür, daß sich unser Bewußtsein, wenn auch nur für einen Moment, mit dem primären Selbst verbunden hat.

Dies ist der Jogizustand der Einheit mit Gott. Tatsächlich können wir nur in der Meditation klar die drei Identifikationen, die täglich in uns stattfinden, visualisieren und erkennen, welche uns gerade bestimmt.

Die Visualisierung dieser Verknüpfungen führt uns vom tertiären zum sekundären und schließlich zum primären Selbst.

Drei Ebenen des Zwanges

Als krankhaft ist ein Verhalten zu bezeichnen, bei dem das Bewußtsein immer wieder aus Zwang die drei genannten Stadien aufsucht.

Der erste Zwang ist der spirituelle Drang des individuellen Bewußtseins, mit dem kosmischen zu verschmelzen und ewige Glückseligkeit zu erlangen. Der sekundäre – emotionale – Zwang bezieht sich auf unsere animalische Natur, darauf, die Bedürfnisse und Wünsche des sekundären Selbst zu erfüllen.

Der dritte bezieht sich auf zwanghaftes Verhalten, das vom Über-Ich gesteuert wird und sich aus Ängsten, der Verinnerlichung sozialer Werte und Gewohnheiten speist. Diese unterschiedlichen Zwänge sollen an zwei Beispielen verdeutlicht werden.

Ich sitze in einem Raum. Ich fühle mich einsam und angespannt. Ich bin nicht sicher, was ich will, da ich alles im Leben bekommen habe. Ich kann auf große Leistungen zurückblicken, habe eine nette Familie, genug Geld zum Leben und einen hohen sozialen Status. Und doch suche ich nach etwas, da all diese Dinge mich nicht ausfüllen. Dies ist der zwanghafte Urdrang nach Glückseligkeit, die wir erreichen, wenn das individuelle mit dem kosmischen Bewußtsein verschmilzt. Dieses Phänomen ist schwer zu verstehen. Doch es ist die einzige und letzte Wahrheit unserer Existenz.

In der Kindheit, als wir unser Gesicht von der spirituellen Welt ab- und der sozialen Welt zuwandten, erlebten wir im Kontakt mit der Mutter für einen Augenblick dieses Gefühl des Verschmelzens. Fälschlicherweise nahmen wir an, daß wir dieses Glück der Berührung dieses Liebesobjektes verdanken. Jetzt suchen wir zwanghaft nach der Nähe eines physischen Körpers, um glücklich zu werden. Wir wollen aus unserem Zimmer herausrennen und irgendeine schöne Frau oder unsere Ehefrau finden. Wir sehnen uns danach, sie zu besitzen, zu umarmen, mit ihr zusammenzuliegen. Dazu treibt uns der sekundäre Zwang an, der animalisch-universale Zwang des sekundären Selbst.

Wenn wir daran denken, werden wir von Furcht und Angst überwältigt. Vielleicht meinen wir, daß fremde Leute oder unsere eigenen erwachsenen Kinder uns beobachten. Wir eilen in unser Zimmer zurück und wollen uns überzeugen, daß wir nicht so übel sind, daß wir nicht so dumm handeln. Diese Furcht verwandelt uns in gute Menschen. Dies ist der tertiäre Zwang, der uns durch unser verinnerlichtes Über-Ich auferlegt wird.

Schauen wir uns auch die Ängste an, die mit unseren Wünschen verbunden sind. Wir fürchten, überwacht zu werden. Vielleicht machen wir uns darauf gefaßt, für unsere Handlungen bestraft und verurteilt zu werden. Die Erkenntnis unserer Ängste stärkt unser Selbstvertrauen, mit dem wir der Gesellschaft gegenübertreten können. Nur in der Kindheit wurden wir für solche Handlungen bestraft und verurteilt, und wir konnten der Gesellschaft nicht die Stirn bieten. Jetzt sind wir erwachsen. Die Gesellschaft kann uns nicht schlagen. Wir können es uns leisten abzuweichen. Wie viele um uns herum mißachten täglich soziale Regeln! Niemand bestraft sie. Entsprechend wird uns niemand zur Rechenschaft ziehen. Wir haben die Freiheit, eigenen Regeln zu folgen, das heißt die Freiheit, uns die Wünsche unseres sekundären Selbst zu erfüllen.

Wir werden lernen, die Kritik und die Meinung der Leute um uns herum zu ignorieren. Dadurch gelangen wir zu größerer Reife.

Zwänge suchen uns in jedem Augenblick und in vielen Situationen heim: Da sind das kindliche Bestreben, nicht zu gehorchen und anderen zu mißfallen, und der Druck des Über-Ichs zu gehorchen; der kindliche Impuls, nachts nicht nach Hause zu kommen und die Bedrängung durch das Über-Ich zurückzukehren; das kindliche Verlangen, das Gesetz zu brechen und sich zu befreien, und das Muß des Über-Ichs, dem Gesetz zu folgen; der Zwang, alle Arbeit abzulehnen und der Zwang, alles zu tun.

Wie steht es aber um den Urdrang des spirituellen Selbst? Im Geiste, oder tatsächlich, besitzen wir die Frau, liegen mit ihr zusammen und genießen die Liebe mit ihr. Doch danach bleiben wir zurück mit demselben Hunger, derselben Leere, derselben Spannung. Der Genuß währte nicht lange. Wir suchen dauernde Freude. Dieser Drang ist der spirituelle Zwang. Manche Menschen erzählen uns, daß es solch ein dauerndes Wohlbefinden in unserer Welt der Erscheinungen nicht gebe. Sie nennen sich Realisten. Dieser Realismus stammt aus dem Bereich des Ichs. Akzeptieren Sie ihn nicht als letztes Wort. Permanente Lebensfreude ist unser Recht.

Seitdem wir uns in der Kindheit der Welt zuwandten, jagen wir hinter »Objekten« her. Doch wenn wir masturbieren, durchflutet uns dieselbe Lust auch ohne Objekt. Dieses Glückserleben zeigt uns nur, daß es an uns und nicht am äußeren Objekt liegt. Der Ozean der Seligkeit ruht in uns. Er ist unser Ziel. Im Orgasmus werden wir immer wieder mit diesem Gedanken vertraut gemacht, doch da wir in der Welt der Unwissenheit leben, können wir ihn niemals fassen. Im Orgasmus überschreiten wir für einen Moment unser soziales, materielles Selbst und vergesssen das Ich, das wir für unser wahres Selbst halten. Wir schwingen uns beseligt auf, da in diesem Moment sich für das individuelle Bewußtsein ein klarer Weg zum kosmischen Bewußtsein abzeichnet. Wir sehnen uns nach dieser Beglückung, ohne genau zu wissen, wie wir sie erreichen können. Immer wieder stürzen wir uns in sexuelle Aktitiväten, und doch bleiben wir hungrig. Wir haben das Recht auf permanente Seligkeit, und wir können sie erringen. Meditation ist der Weg dahin.

Stellen wir für einen Moment das Phänomen des dreifachen Zwanges zurück und wenden wir uns einem verwandten, doch unterschiedlichen Phänomen zu: den drei Ebenen des Zwanges. Dies wird uns beträchtlich weiterhelfen bei unserer Selbstanalyse.

Welche sind jene drei Ebenen? Nehmen wir an, wir haben als Erwachsene aufgrund unseres Sauberkeitstrainings einen Drang, unseren Darm vollständig zu entleeren. Diese Einstellung wird von unserem Über-Ich geformt und gehört zum tertiären Selbst. Sie ist eine Ebene des Zwanges. Wenn wir uns diesem Muß nicht völlig unterwerfen, geraten wir unter Spannung und Angst.

Warum können wir oft dem Stuhldrang nicht voll nachgehen? Wir reden von Verstopfung oder klagen über unsere Verdauung. Dafür können psychologische Faktoren verantwortlich sein. Wir können beispielsweise feststellen, daß wir als Kind unseren Darm nicht vollständig entleeren wollten, und diese kindliche Verweigerung ist immer noch Teil von uns. Sie wird aktiviert und ist mächtiger als der Druck, uns zu entleeren. Die kindliche Verweigerungshaltung gehört zur zweiten Ebene des Zwanges.

Doch warum wollten wir in der Kindheit unseren Darm nicht entleeren? Bestimmte kindliche Motive müssen uns daran gehindert und dieses zwanghafte Verhalten aufgebaut haben. Und in der Tat: Unsere kindlichen Bedürfnisse sind dem Lustprinzip verhaftet. Etwas zurückzuhalten (die Brustwarze der Mutter im Mund, den Stuhl im Rektum), verschaffte uns Lust und ärgerte die, die uns von diesem Vergnügen abbringen wollten. Erinnern wir uns, wie sehr unsere Mutter darauf wartete, daß wir unser Geschäft erledigten, und wie ärgerlich sie wurde, wenn wir herumtrödelten.

Die drei Ebenen eines Zwanges umfassen also:

1. Den Zwang des tertiären Selbst, etwas zu tun oder zu unterlassen (1. Ebene).
2. Den Zwang des sekundären Selbst, sich im Gegensatz zur ersten Ebene zu verhalten (2. Ebene).
3. Infantile Motive, die die Verhaltensmuster der zweiten Ebene begründen (3. Ebene).

Es ist notwendig, diese Ebenen deutlich von den drei Stadien des Selbst zu unterscheiden. Sie spielen eine klare Rolle bei der Ausformung unserer Persönlichkeit, wie wir auf der Reise rückwärts durch unser Bewußtsein erkennen werden.

Während der Selbstanalyse ist es sehr wichtig, diese drei Ebenen immer wieder zu notieren, um die Wurzeln unserer kindlichen Motive und Wünsche ans Tageslicht zu bringen.

1. Beispiel

Nehmen wir an, unser Über-Ich verbietet uns, mit den Brüsten einer Frau oder dem Hoden oder Penis eines Mannes zu spielen. Wenn wir daran denken oder es gar tun möchten, steigt große Angst in uns auf. Dies ist die erste Ebene des Zwanges. Jedoch haben wir ein starkes kindliches Verlangen danach, mit diesen Teilen des Körpers zu spielen. Voller Faszination denken wir oft an sie. Dieser mächtige Drang repräsentiert die zweite Ebene des Zwanges. Unter dieser zweiten Ebene liegen die kindlichen Motive. Wir möchten Brüste und Penisse sehen, sie berühren, an ihnen saugen und mit ihnen spielen. Uns treibt oraler und analer Hunger, den wir stillen wollen.

2. Beispiel

1. Ebene: Zwang, Vaters Raum nicht zu betreten. Übertreten wir das Verbot, erfaßt uns Angst.
2. Ebene: Zwang, ihn zu betreten.
3. Ebene: Wir möchten mit dem Vater zusammensein. Wir suchen Schutz und Sicherheit. Wir wollen auf seinem Schoß sitzen. Dies sind unsere kindlichen Bedürfnisse. Erkennen und akzeptieren wir sie.

3. Beispiel

1. Ebene: Zwang, nicht hinzusehen, wenn zwei Menschen einander lieben. Wenn wir sie beobachten, überkommt uns Angst.
2. Ebene: Kindheitszwang zuzuschauen, wenn zwei einander lieben.
3. Ebene: Infantile Motive können sich um passive Liebe, Schaulust und ähnliches drehen. Akzeptieren wir unser Bedürfnis danach.

4. Beispiel

1. Ebene: Zwang, Älteren zu gehorchen. Verweigern wir den Gehorsam, steigt Angst auf.
2. Ebene: Zwang zu rebellieren.
3. Ebene: Infantile Motive können passive Homosexualität, Masochismus und der Wunsch, andere zu ärgern und zu töten, sein.

Im folgenden werden unter der ersten Ebene bestimmte Zwänge aufgezählt, überprüfen Sie für sich, welche Ihr Leben bestimmen, und finden Sie die zweite und dritte Ebene heraus. Das wird Ihren Blick für solche Drucksituationen schärfen und Ihnen helfen, sie korrekt zu analysieren.

1. Zwang, nicht zu masturbieren.
2. Zwang, andere nicht zu verletzen.
3. Zwang, keine unabhängigen Entscheidungen zu treffen.
4. Zwang, sich homosexueller Handlungen zu enthalten.
5. Zwang, den Stuhl auf Raten abzugeben.
6. Zwang, keine Liebesaffäre anzufangen.
7. Zwang, andere nicht auszubeuten.
8. Zwang, sich nicht auf Straßen aufzuhalten.
9. Zwang, sehr sauber zu sein.
10. Zwang, über Moral und Religion zu reden.

Wir müssen uns über das Verhalten auf den drei Ebenen nur dann ernsthaft Gedanken machen, wenn es sich wirklich um Zwänge handelt. Wenn wir uns beispielsweise selten um Homosexualität bekümmern, brauchen wir unser Bewußtsein nicht daraufhin zu erforschen. Wenn wir jedoch den starken Drang verspüren, gegen Homosexualität anzukämpfen, sie zu verurteilen und jene zu beschimpfen, die damit ein wenig freier umgehen, sollten wir unsere entsprechenden Ansichten und Motive überprüfen.

Der Weg führt zunächst von der ersten zur zweiten Ebene. Akzeptieren wir sie als unsere natürlichen und rechtmäßigen Gegebenheiten. Schauen wir uns dann die zugrundeliegenden kindlichen Motive der dritten Ebene an und akzeptieren wir sie emotional, um sie zu überwinden.

Introjektion und Projektion

Wir wenden uns jetzt Techniken zu, die den oben genannten Methoden der Selbstanalyse im Prinzip verwandt ist, besonders denen der dreifachen Identifikation und der dreifachen Zwänge: Introjektion und Projektion.

Introjektion im einfachsten Sinne bedeutet in der psychologischen Literatur die geistige Einverleibung eines Gegenstandes. Dabei gehen wir mit diesem Objekt: beispielsweise einem guten Satz, einem anerkennenden Lächeln, einer liebevollen Geste oder dem Bild eines großen Menschen, eine innere Verbindung ein. Jeder kann solch ein Objekt verinnerlichen und sich damit identifizieren.

Die Sinne dienen als Tore der Introjektionen. Wenn wir kontinuierlich während der Meditation unsere gesamten Bewußtseinsmuster analysieren, können wir eine Stufe erreichen, auf der wir erkennen, daß nichts in uns bleibt. Wir gelangen zu der Einsicht, daß unser gesamtes Bewußtsein, unser gesamtes Ich im großen und ganzen das Ergebnis von Introjektionen war.

Projektionen sind ein anderes Phänomen. Bestimmte Züge an uns können wir auf der bewußten Ebene nicht leiden. Wir wollen mit ihnen nichts zu tun haben. Wir wenden eine Technik an, mit deren Hilfe wir nicht nur diese Teile von uns abschneiden, sondern sie darüber hinaus mit anderen verknüpfen. Beispielsweise sind wir feige. Doch können wir uns das nicht eingestehen. Sofort suchen wir nach einem Fluchtweg und bezeichnen andere als feige. Das ist eine Projektion. Die meisten Urteile und Meinungen über andere sind das Ergebnis dieses Vorgangs. Viel Kritik im politischen, moralischen oder ökonomischen Bereich stammt aus dieser Quelle.

In den meisten von uns laufen in rascher Folge ständig Introjektionen und Projektionen ab. Wie können wir das verstehen?

Nehmen wir an, wir waren auf der Ebene des sekundären Selbst schmutzig, doch verinnerlichen wir ein sauberes und schönes Bild von uns, das uns die Empfindung der Reinheit vermittelt. Damit werden wir jedoch nicht unsere ursprüngliche Vorstellung von uns los, daß wir schmutzig sind. So projizieren wir sie auf andere und sagen: »Oh, was sind die dreckig!« Wir können sie nicht leiden. Aber seien wir uns dessen bewußt: Solange wir andere nicht mögen, weil wir unseren eigenen Schmutz auf sie projizieren, solange tragen wir die Gefühle des Schmutzes und Hasses in uns selber. Wir müssen sie abstreifen, um zu ausgeglicheneren und gesellschaftlich anpassungsfähigeren Menschen zu werden.

Ein Kind übernimmt die Wesenszüge des Vaters und liebt andere Kinder. Ein Patient formt sich nach seinem Analytiker und behandelt andere Klienten. Ein passiver Homosexueller wird zu einem aktiven Homosexuellen und begehrt andere. Kurz gesagt, der Prozeß der Introjektion und Projektion läuft kontinuierlich und eher unbewußt in uns ab.

Nehmen wir ein anderes Beispiel. Ein Kollege hat eine Verabredung mit dem Chef. Sofort verbreiten wir das Gerücht »Er ist ein Speichellecker« oder »Der Chef hat ihn gemaßregelt«, ohne Genaueres zu wissen. Wir projizieren etwas auf ihn, für das wir keinerlei Beweise haben.

Zwanghafte Meinungen, Urteile und Kommentare über andere sind wertvolle Hinweise für die Selbsterkenntnis. Wir können sie auflisten und überprüfen, inwieweit sie auf uns zutreffen. Mit ihrer Hilfe können wir unser sekundäres Selbst erreichen.

Werden wir uns beispielsweise solcher Sätze bewußt wie: »Er ist eifersüchtig. Er ist ein Narr. Er ist homosexuell. Er ist von geringem Format. Er ist schmutzig. Er ist schwach. Er ist gierig. Er ist selbstsüchtig. Er ist unehrlich und ein Betrüger. Er ist unzuverlässig. Er ist ein Gauner. Er ist sexy. Er ist minderwertig.« Die Liste ließe sich fortsetzen. Wenn solche Sätze uns zwanghaft beherrschen, ist dies ein sicheres Zeichen dafür, daß wir einem Prozeß der Selbsttäuschung unterliegen. Eines Tages kann er in Verfolgungswahn enden, und wir finden uns in der psychiatrischen Abteilung eines Krankenhauses wieder. Und wir können sicher sein, daß die Psychiater uns nicht in einen Zustand des Glücks zurückversetzen werden, weil sie unser wirkliches Problem nicht verstehen.

Rufen wir uns solche Sätze ins Bewußtsein. Einst, auf der Ebene des sekundären Selbst, wurden solche Worte in irgendeiner Form gegen uns verwandt, und wir machten sie zu einem Teil unseres Selbstbildes. Gehen Sie in Ihrer Phantasie zurück zu diesem sekundären Selbst und durchleben Sie noch einmal die Schmerzen jener Verdammnis, um sich ihrer für immer zu entledigen. Lassen Sie noch einmal jene verurteilenden Figuren auf Ihrer inneren Bühne auftreten und stellen Sie sich ihnen. Beispielsweise sagte Ihr Vater: »Du bist blöd.« Sie sind nervös. Erleben Sie die Situation in der Erinnerung und antworten Sie dem Vater: »Selbst wenn ich blöd wäre, was macht das dir aus? Ich muß mein Leben leben.« Sie müssen ihm bewußt »dort in jenem Moment« und »hier und jetzt« antworten, um sich von dem Erwiderungszwang zu befreien.

Wir müssen uns in unserer Phantasie mit vielen Werturteilen über uns auseinandersetzen. Sie verkörpern das, was wir zu jener Zeit waren. Wir müssen uns klarmachen, daß jeder Junge schwach, schmutzig, abhängig ist und von seinem Vater (homosexuell) oder seiner Mutter (heterosexuell) geliebt werden möchte. Diese Wünsche sind nur natürlich auf der Ebene des sekundären Selbst.

Sie sind unser Recht. Wir waren so.

Warum sollten wir jetzt andere für solche Züge und Wünsche richten? Akzeptieren wir sie für uns und hören wir auf, andere deswegen anzuprangern.

Seien wir uns sicher: Solange wir projizieren, solange wir andere kritisieren und über sie den Stab brechen, solange werden die Tore des Glücks uns verschlossen bleiben. Zweifeln Sie daran nicht. Jesu Gebot: »Du sollst nicht urteilen«, mahnt uns vielleicht daran, alle Züge des sekundären Selbst zu überwinden und den Prozeß der Introjektionen zu beenden, der uns zwanghaft urteilen läßt.

Anhand eines Beispiels soll ein spezieller Fall der Introjektion, die »doppelstöckige« Introjektion, verdeutlicht werden. Ein Bekannter von uns fährt auf einem zweirädrigen Roller an uns vorbei, während wir auf dem Bürgersteig entlanggehen. Er hält nicht an, um uns eine Mitfahrgelegenheit anzubieten. Aufgrund des rasch einsetzenden Gefühls der Ablehnung und der damit verbundenen Schmerzen vergessen wir dieses Ereignis sofort. Wir lassen erst gar nicht die Erfahrung zu, daß wir übersehen wurden. Wir weichen in die Phantasie aus. Wir stellen uns vor, daß wir auf einem zweirädrigen Roller sitzen und an jener Person, die zu Fuß unterwegs ist, vorbeibrausen. Wir weisen sie ab. Wir bieten ihr keine Mitfahrgelegenheit an.

Dies ist eine einstöckige Introjektion.

In der doppelstöckigen Introjektion geben wir uns nicht mit einem zweirädrigen Gefährt zufrieden. Wir stellen uns vor, daß wir in einem luxuriösen vierrädrigen Wagen sitzen und an jenem Menschen vorbeifahren, ohne uns um ihn zu kümmern. Wir wählen in diesem Fall einen viel überlegeneren Gegenstand als den desjenigen, der uns zurückwies. Wenn wir uns häufig vom Vater zurückgestoßen fühlen, verwandeln wir uns zunächst selber in den Vater, doch wenn dies unseren Schmerz nicht verringert, introjizieren wir einen Supervater, Gott selbst. So können wir regelrecht einen Gotteskomplex entwickeln und in einem Zustand klassischen Verfolgungswahnes landen. Das Phänomen der doppelstöckigen Introjektion scheint der Paranoia zugrunde zu liegen. Wir stellen uns ja nicht nur völlig gegen die ablehnende und schmerzerzeugende Figur, sondern richten eine allmächtige Gestalt in uns auf, damit wir niemals Hilfe von dieser zurückweisenden Figur brauchen. Diese Erkenntnis ist außerordentlich wichtig.

In meinem eigenen Prozeß setzte ich anfangs die Meditation für doppelstöckige Introjektionen ein. Ich fühlte mich immer wieder von meinem Analytiker zurückgestoßen. So nutzte ich die Meditation, um mir weiszumachen und ihn spüren zu lassen, daß ich ihn nicht nötig hatte.

Nehmen wir ein anderes Beispiel. Unser Chef hat uns gedemütigt. Dies erbittert uns, doch können wir im realen Leben nichts dagegen unternehmen. So werden wir in unserer Phantasie selber zum Chef, machen ihn zum Untergebenen und demütigen ihn. Dies ist eine einstöckige Introjektion. In der doppelstöckigen Introjektion werden wir zum Superchef und rächen uns an ihm.

Der doppelstöckigen Introjektion liegt Unsicherheit und ein starker Schmerz über verletzte Eitelkeit zugrunde. Sie spiegelt auch unser großes Bedürfnis nach Liebe und Anerkennung wieder. Ihr Auftreten signalisiert Züge von Verfolgungswahn. Wahnvorstellungen eigener Größe und Grandiosität oder Muster der Superlative entstammen diesem Mechanismus.

Verhaltensmuster

Eine richtig angewandte, gute Analysetechnik kann nicht nur bei der Selbstanalyse, sondern auch bei der Veränderung des Verhaltens helfen. Ein Mensch auf der Ebene des tertiären Selbst ist ein hilfloses Geschöpf, weil er von Verhaltensmustern beherrscht wird, über die er keine Kontrolle hat. Aufgrund dieser Muster ist er gut oder schlecht, sympathisch oder unsympathisch, liebens- oder hassenswert. Und nicht nur das: Diese Muster bestimmen auch über sein Glück und seinen Fortschritt in der sozialen und materiellen Welt.

Ein einzelner ist eigentlich nichts anderes als eine Ansammlung von Verhaltensmustern. In welchem Bereich wir auch tätig sind – ob ihm sozialen, politischen oder vielleicht ökonomischen –, wir unterscheiden uns von anderen einfach aufgrund der Verhaltensmuster, die wir im Laufe der Zeit erlernt haben.

Unsere Vorstellungen, unsere Urteile über andere: Freunde, Verwandte, Kollegen, begründen sich durch deren Verhaltensmuster und unsere Auffassungen darüber.

Was ist ein Verhaltensmuster?

Es ist nichts anderes als ein als Norm anerkanntes Verhalten, das wir einst aus unserem Grundbedürfnis nach Sicherheit heraus erworben haben. Jetzt hat es uns fest im Griff. Beispielsweise sucht jemand immer wieder nach einem Liebesobjekt, doch sobald es erreichbar scheint, zieht er sich zurück. Heute wird dieses Verhaltensmuster durch unbewußte Faktoren bestimmt, damals entsprang es dem realen Bedürfnis nach Sicherheit.

Ein anderes Beispiel. Jemand bekämpft und verletzt seinen eigenen Freund oder Gönner. Sobald der andere ihn aufgrund dessen zurückweist oder zu hassen beginnt, spielt er den Märtyrer und beklagt sich darüber. Er schlüpft automatisch in die Rolle des Unschuldigen, der von seinem Freund schlecht behandelt wird.

Verhaltensmuster zeichnen sich durch zwei Hauptmerkmale aus:

- Sie sind ihrer Natur nach zwanghaft, und wir wiederholen sie in immer gleicher Weise in identischen Situationen.
- Sie werden wohl von anderen, aber nicht von uns selbst wahrgenommen.

Mit Hilfe dieser Merkmale können wir unsere unbewußten Strategien aufspüren. Wiederholen wir dasselbe Verhalten oder nur einige Züge dessen in ähnlichen Situationen, so sind wir uns bewußt, daß wir genau da nachforschen müssen.

Oft ärgern wir uns über Bemerkungen, die andere über uns machen. Am liebsten würden wir uns strikt dagegen verwahren. Doch wenn wir sie uns genauer ansehen, können wir dabei etwas über unsere Verhaltensmuster lernen. Zu einer bestimmten Zeit in meinem Leben hörte ich oft die Bemerkung, daß ich dazu neige, Leute zu entzweien und gegeneinander aufzuhetzen.

Oft reagierte ich scharf auf solche Beleidigungen, da sie meine Lauterkeit in Frage stellten – einen auf das Über-Ich zurückgehenden Wert des tertiären Selbst. Später, während bestimmter Übungen in der Selbstanalyse, fand ich heraus, daß diese »Beleidigungen« die Wahrheit wiedergaben. Sie betrafen eine unbewußt gebliebene Strategie in meinem Leben, die ich mir aus guten Gründen während meiner Kindheit angeeignet hatte. Mein Vater verunsicherte mich sehr, und ich schaute oft zu meiner Mutter hinüber, um mir ihre Unterstützung zu holen. Ich hatte ein natürliches Interesse daran, daß Vater und Mutter nicht in allen Dingen des Lebens übereinstimmten. Konflikte und Streitigkeiten zwischen ihnen gaben mir sogar ein Gefühl der Sicherheit.

Wie kommt es nun, daß Faktoren wie das kindliche Bedürfnis nach Sicherheit bestimmte Verhaltensmuster prägen?

Dies resultiert aus einer bestimmten Rangfolge der Bedürfnisse: Eine mangelnde Befriedigung des Hungers führt zu Unsicherheit, hieraus läßt sich schließen, daß das Sicherheitsbedürfnis grundlegender ist als die Stillung des Hungers. Andere Wünsche werden aus der Frustration dieser Vitalbedürfnisse geboren. Sie kreisen vorwiegend um Angst und Gewalt. All diese Faktoren zusammengenommen bestimmen unsere Verhaltensstrategien. Zu Beginn erscheinen sie uns als so nützlich und sinnvoll, daß sie sich zu einem festen Muster fügen, das wir stets aufs neue wiederholen.

Der Stellenwert von Zwängen und Identifikationen ist bei der Entstehung solcher Verhaltensmuster besonders hoch. In der Kindheit erzeugten bestimmte Situationen Unsicherheiten, Ängste und Zweifel. Als Zwänge und Identifikationen zum festen Bestandteil des Nervensystems gehörig, bestimmen sie das Verhalten tendenziell dauerhaft.

Ähnliche Situationen, die wir heute erleben, aktivieren all unsere Ängste, Zweifel und Zwänge erneut und nötigen uns, die eingeprägten Muster zu wiederholen. Kein Wunder, daß sie sich oft hartnäckig bis ins Erwachsenenalter, ja gar bis zum Tode erhalten.

An einzelnen Beispielen soll diskutiert werden, wie alltägliche Verhal tensmuster zu verändern sind.

1. Beispiel

Ich sitze mit dem Chef zusammen. Er hört mir aufmerksam zu. Kurz darauf kommt mein Kollege aus dem Büro und setzt sich zu uns. Er versucht, das Interesse des Chefs auf sich zu lenken. Am liebsten würde ich mich aus der Situation zurückziehen.

Mir wird bewußt, daß ich in vielen Dreieckssituationen immer gleich handle. Verschiedene Facetten desselben Musters werden mir jetzt klar. Gleichzeitig spüre ich, daß ich wenig Kontrolle darüber habe. Möglicherweise werde ich erst nach langer Zeit fähig sein, dieses Muster zu überwinden. Doch kann ich recht schnell andere Aspekte entdecken: den Wunsch, einen anderen ausschließlich für mich zu besitzen und nicht mit jemand anderem zu teilen; tief verwurzelte Minderwertigkeitsgefühle und die unbewußte Überzeugung, daß ich in einer Dreieckssituation derjenige sein werde, der unbeachtet bleibt. Ich kann erkennen, daß ich liebend gerne die dritte Person, die mit mir um die Gunst des Gebers rivalisiert, zerstören würde. Selbst den Geber (den Chef, den Geliebten oder jemand anders) würde ich in solch einer Situation töten, weil er oder sie der dritten Person Beachtung schenkt. Es ist gut möglich, daß ich dieses Muster viele Male bewußt wiedererlebe, bevor ich in der Lage bin, es aufzubrechen. Nur dann wird sich in meinem gegenwärtigen Verhalten etwas ändern, nur dann werde ich in ähnlichen Situationen anders reagieren können.

Ich muß mir immer wieder mein neues Verständnis der Situation vor Augen führen und andere Strategien ausprobieren, um ein neues Muster aufzubauen.

2. Beispiel

Ich möchte eine bestimmte Arbeit erledigen. Ich schlage sie meinem Chef vor. Zunächst begeistert ihn meine Idee nicht sehr. Er lehnt sie als wertlos ab und gestattet mir nicht, diese Arbeit aufzunehmen. Verbittert kehre ich zu meinem Arbeitsplatz zurück. Binnen kurzem ruft mich der Chef herein, billigt nun meinen Vorschlag und fordert mich auf, mit der Arbeit anzufangen. Doch jetzt hat sich in mir etwas geändert, und ich weigere mich, diese Arbeit zu übernehmen. Ein grundlegender Wandel auf der emotionalen Ebene hat stattgefunden.

Erweitern wir dieses Beispiel. Ich bitte meine Mutter, mir etwas zu essen zu geben. Aus irgendwelchen Gründen versagt sie mir meinen Wunsch, und ich bin frustriert. Als sie meine Frustration sieht, bietet sie mir etwas zu essen an. Aber jetzt weigere ich mich. Oder ich bitte meine Frau, sich fürs Kino fertigzumachen. Aus bestimmtem Grund sagt sie nein. Ich bin verstimmt. Als sie meine Bitterkeit spürt, ist sie doch einverstanden. Aber jetzt will ich nicht mehr.

Ich bemerke, daß dieses Muster in vielen ähnlichen Situationen genauso abläuft. Meine Gedanken werden klarer, und das Wissen über meine psychische Struktur nimmt zu. Dies ist nur der erste Schritt. Warum verhalte ich mich aber so? Welche kindlichen Motive, Ängste und Wünsche stecken hinter diesem Muster? Vielleicht muß ich anerkennen, wie schmutzig ich als Kind war; wie grausam mich meine Eltern behandelt haben; wie meine Bitten stets aufs neue abgewiesen, verurteilt und übersehen wurden; wie ich verspottet und gedemütigt wurde. Diese Situationen machen mir deutlich, daß ich etwas brauchte und eine unmittelbare Ablehnung meines Wunsches mich tief kränkte. Ich mochte nicht abgewiesen werden. Ich fürchtete und fürchte mich vor dem Nein, so daß ich erst gar nicht nachfrage. Ich lasse meine Forderung fallen, statt mich der Ablehnung zu stellen. Das infantile Motiv lautet: Wenn ich meine Forderung aufgebe, erlebe ich nicht den Schmerz der Ablehnung.«

Unbewußt bin ich davon überzeugt, daß die Weigerung auf meine Bitte hin unausweichlich bedeutet, daß mein Wunsch falsch ist und daß ich schmutzig und wertlos bin. Mein ganzes sekundäres Selbst ist aufgedeckt.

Um das Muster zu durchbrechen, werde ich mir der gesamten Situation bewußt und sage mir: »Ja, das ist mein Bedürfnis und meine Forderung. Das ist in Ordnung. Selbst wenn meine Bitte einmal abgewiesen wird, kann ich sie ein zweites Mal stellen. Ich sollte mir meiner Forderungen stärker bewußt sein, statt mich in den Schmerz der Ablehnung oder in die Persönlichkeit des Ablehners zu verstricken.«

Nun kann ich nachdrücklich zu meinem Verweigerer sagen: »Oh, mein Lieber, warum lehnst du immer wieder meine Bitten ab? Sie sind doch natürlich und echt. Denke noch einmal über sie nach.« Falls er auch nach diesem Schritt auf meine Wünsche nicht eingehen kann, sollte ich sie nicht in mir unterdrücken und vergessen, sondern statt dessen versuchen, sie durch andere Quellen zu befriedigen.

Ich muß all meine Stärke sammeln, um so zu meinem Verweigerer zu reden. Aber ein nachdrücklicher und willentlicher Versuch wird mir helfen, dieses Muster zu durchbrechen und mich aus seinen Fesseln zu lösen.

3. Beispiel

Ich provoziere und ärgere jemanden so lange, bis er zurückprallt und mich kurz abfertigt. Ich erinnere mich an zahlreiche solcher Situationen im Büro oder im Kreis meiner Freunde.

Wunsch und Motiv: Vielleicht brauche ich Aufmerksamkeit, oder ich habe ein masochistisches Bedürfnis nach Bestrafung.

Unbewußte Überzeugung: Meine Wünsche werden erst dann erfüllt, wenn ich für andere durch Provokation zu einer Nervensäge geworden bin. Dieses Verhaltensmuster habe ich in meiner Kindheit gelernt.

Bewußte Überwindung: Ich führe mir immer wieder das neu erworbene Verständnis der Situation vor Augen und erkenne die infantile Natur meiner Motive und Wünsche. Dann rede und handle ich ausdrücklich in anderer Weise. Ich sage: »Du bist immer freundlich und gut zu mir gewesen. Ich mag dich. Ich wünsche dir alles Gute. Ich achte dich sehr.« Am Anfang fallen mir diese Sätze schwer, denn ich muß sie gegenüber jenen Menschen aussprechen, die ich ärgere. Doch wenn ich erst einmal solche Worte gebrauche, werde ich mich entlastet fühlen.

Jemand kann uns hundert Gefälligkeiten erweisen, doch wenn uns diese Person einmal eine Bitte abschlägt, sind wir verbittert. Wir sollten lernen, hundert Ablehnungen zu ignorieren und dankbar für die eine Gefälligkeit zu sein, die uns erwiesen wird. Diese Veränderung in unserem Verhaltensmuster würde viele unserer Probleme lösen.

4. Beispiel

Dieses Beispiel ähnelt Fall zwei und ist doch anders. Ich bitte meinen Sekretär, einige Seiten zu tippen. Er weigert sich. Oder ich bitte meinen Wäscher, einige Kleider für mich zu bügeln. Er antwortet, er habe keine Zeit. Ich werde wütend und heftig. Am liebsten würde ich ihm eine Lektion erteilen. Doch spüre ich Angst und eine depressive Stimmung. Ich decke folgendes Muster auf.

1. Ich habe einen Wunsch.
2. Dieser Wunsch wird abgelehnt.
3. Die Ablehnung schmerzt mich.
4. Haß, Gewalt und Mordlust tauchen in mir auf.
5. Unbewußt fordere ich Vergeltung.
6. Angst und Depression breiten sich aus.

Wunsch und Motiv: Ich möchte nicht abgelehnt werden oder anderen die Freiheit geben, mich abzuweisen. Ich weigere mich zu sehen, daß ich der Empfänger und als solcher abhängig bin. Ich will meine äußere Fassade aufrechterhalten.

Unbewußte Überzeugung: Ich bin ganz davon überzeugt, wertlos und schmutzig zu sein. Jeder kann mich ablehnen. Diese Erfahrung meiner Kindheit hat sich zu einer festen Ansicht verdichtet.

Bewußte Überwindung: Ich führe mir immer wieder dieses neu erworbene Verständnis der Situation vor Augen. Ich erkenne die infantile Natur meiner Motive und Wünsche. Dann rede und handle ich ausdrücklich in anderer Weise. Ich sage: »Ja, du kannst mich abweisen. Dieses Recht hast du.« Bewußt räume ich dem anderen die Freiheit ein, mich abzuweisen.

5. Beispiel

Im Konflikt mit einer Autorität stelle ich mich auf die Seite des Kollegen. Oft komme ich dabei zu Schaden.

Wunsch und Motiv: Dahinter steht der Wunsch, mit der Autorität zu konkurrieren und mich ebenso wichtig zu fühlen wie sie. Damit will ich meine eigene Minderwertigkeit verdecken.

Unbewußte Überzeugung: So wie ich bin, werde ich nicht geliebt und beachtet. Dazu muß ich wie der Vater (oder die Mutter oder irgendeine andere Autorität) sein. Diese Überzeugung stammt aus den Erfahrungen meiner Kindheit.

Bewußte Überwindung: Ich mache mir unentwegt mein neues Verständnis des Musters deutlich, so daß es an der Oberfläche meines Bewußtseins verbleibt. Ich erkenne, daß dieses Verhalten meinem Verständnis einer bestimmten Kindheitssituation entsprungen ist. Meine damalige Schlußfolgerung war falsch. Die Situation hat sich also verändert. Ich sage: »Ja, hier und jetzt kann ich Liebe und Anerkennung für das finden, was ich bin. Ich brauche mich in meiner Phantasie nicht in jemand anderen zu verwandeln, um geliebt und geschätzt zu werden.«

6. Beispiel
Ein anderes schädliches Muster, mit dem wir unsere eigenen Interessen immer wieder sabotieren und andere dafür verantwortlich machen, liest sich folgendermaßen: Ich begehre bestimmte Dinge, sagen wir, eine geliebte Person, einen höheren Posten oder einen Ausflug zu einem wunderschönen Ort. Der Wunsch kann sich auf materielle oder ideelle Gegenstände richten. Sobald sich die Gelegenheit bietet, das Gewünschte zu erlangen, ziehe ich mich zurück. Aus Schuldgefühlen und Gefühlen der eigenen Unzulänglichkeit heraus finde ich die eine oder andere Entschuldigung, mir das begehrte Objekt zu versagen. Wenn die Gelegenheit jedoch verpaßt ist, beschuldige ich andere aufs heftigste für die erlittene Entbehrung. Das Muster läuft folgendermaßen ab:

1. Ich begehre etwas.
2. Die Gelegenheit bietet sich, das begehrte Objekt zu erlangen. Es wird mir sogar angeboten.
3. Ich werde ängstlich und nervös.
4. Ich finde einen Vorwand, das Angebot abzulehnen.
5. Im Innersten fühle ich mich unfähig und unwürdig, das Gewünschte zu besitzen.
6. Jemand anders erhält das Angebot.
7. Ich kritisiere andere wegen der erlittenen Entbehrung.

Wunsch und Motiv: Ich sehne mich danach, etwas zu besitzen, doch tief verwurzelte Gefühle der Unzulänglichkeit und Unfähigkeit hindern mich daran.

Ich fürchte mich, das Angebot anzunehmen, aus Angst davor, bloßgestellt zu werden. Ich habe das Verlangen, mein Gesicht, das des tertiären Selbst, zu wahren.

Darin wurzelt auch das Motiv, andere zu kritisieren und zu beschuldigen. Am liebsten würden wir sagen: »Seht, ich könnte das begehrte Objekt bekommen. Doch was kann ich dafür, wenn andere unredliche Typen es mir vorenthalten?«

Unbewußte Überzeugung: Ich bin davon überzeugt, daß ich unterlegen, klein, unzulänglich und unfähig bin, etwas zu tun, und ich bin unfähig, ein Objekt zu besitzen, das meine sexuellen Wünsche befriedigt. Ich habe große Angst davor, mich zu behaupten oder für etwas einzusetzen.

Bewußte Überwindung: Ich mache mir stets aufs neue mein verändertes Verständnis dieses Musters deutlich. Ich erkenne seine infantile Natur wie meine infantilen Wirklichkeiten. Ich akzeptiere sie und lächle über sie. Ich gehe das Muster an, indem ich sage: »Entweder akzeptiere ich das Angebot, oder ich lehne es auf der Basis einer bewußten Entscheidung ab. Ich werde niemanden für meine eigenen Unfähigkeiten verantwortlich machen.« Dann versuche ich die jeweiligen konkreten Situationen dieses Musters zu durchbrechen.

7. Beispiel

Ein anderes Muster macht vielen das Leben zur Hölle. Es läuft so ab: Ich will etwas Bestimmtes haben. Jemand kann es mir geben. In der Phantasie stelle ich mir vor, daß ich es nicht bekomme. Groll auf den Geber steigt in mir hoch, obgleich ich ihn nie nach diesem Gegenstand gefragt habe. Großer Schmerz und unbändige Wut auf den, der mir den Gegenstand verweigert, überwältigen mich. In der Phantasie wünsche ich mir, dem Geber überlegen zu sein und ihn abweisen zu können. Die wesentlichen Elemente dieses Musters sind:

1. Ich habe einen Wunsch. Ich bin der Empfänger.
2. Jemand anders ist der Geber. Er kann meinen Wunsch erfüllen.
3. Ich frage ihn nicht danach, sondern phantasiere statt dessen, daß er meinen Wunsch abweist.
4. Ich fange an, ihn zu hassen.
5. In meiner Phantasie wachse ich über ihn hinaus und lehne ihn ab.

Wunsch und Motivation: Mein erster Wunsch richtet sich auf den Gegenstand. Zugleich will ich mein Gesicht wahren. Ich habe Angst, daß mich der Geber abweist und mich vor mir selber in meiner Unterlegenheit, Wertlosigkeit und meinem Selbsthaß bloßstellt. Um mein falsches Image vor mir selber aufrechtzuerhalten, kritisiere ich ihn und werde in meiner Phantasie größer als er.

Unbewußte Überzeugung: Aufgrund meiner Erfahrungen in der Kindheit bin ich unbewußt fest davon überzeugt, daß ich unterlegen, wertlos und schmutzig bin. Meine Wünsche sind falsch. Andere, die Geber, müssen mich ablehnen.

Bewußte Überwindung: Unablässig wiederhole ich mein gesamtes Verständnis der Situation. Ich erkenne die infantile Natur des Musters und sehe, wie sehr sich heute alles verändert hat. Aber ich verhalte mich wie früher. Wenigstens sollte ich den Geber um das bitten, was ich haben möchte. Ich durchbreche das Muster, indem ich anders handle.

8. Beispiel

Ich bitte um etwas. Meiner Forderung wird nicht sofort stattgegeben. Ich verliere die Kontrolle über mich selbst und schlage den anderen. Das Muster läuft folgendermaßen ab:

1. Ich habe einen Wunsch.
2. Ich äußere ihn und bitte den Geber, mir den Wunsch sogleich zu erfüllen.

3. Eine Verzögerung oder ein Nein machen mich wütend. Ich werde ungeduldig und verliere meine Selbstkontrolle.
4. In mörderischer Wut greife ich den Geber an.

Wunsch und Motiv: Das Nein und die Verzögerung erinnern mich an den gesamten Selbsthaß meines sekundären Selbst. ich greife den Geber an, um das Bild meines tertiären Selbst zu retten.

Unbewußte Überzeugung: Ich bin davon überzeugt, daß ich das Gewünschte nur erhalte, wenn ich Tobsuchtsanfälle bekomme. So habe ich es in meiner Kindheit gelernt.

Bewußte Überwindung: Wieder und wieder verdeutliche ich mir dieses Muster. Ich erkenne seine infantile Natur. Ich sehe, daß ich zweierlei tue, um meine Forderung durchzusetzen. Entweder äußere ich meinen Wunsch gar nicht, oder, falls ich ihn kundtue, erwarte ich seine unmittelbare Befriedigung. Wenn sie nicht erfolgt, werde ich gewalttätig. Heute hat sich diese Wirklichkeit verändert. Ich kann mir auch einen dritten Weg vorstellen. Ich kann meine Bitte äußern, geduldig warten und mich freuen, wenn sie nach einiger Zeit erfüllt wird. Wenn mein Wunsch nicht erhört wird, kann ich emotional akzeptieren, daß ich genau wie jeder andere Mensch abgewiesen werden kann. Nachdem ich all dies bewußt verstehe, versuche ich das Muster zu durchbrechen.

Wir können Hunderte solcher Verhaltensmuster in unserer Persönlichkeit entdecken. Im Verlauf der Psychoanalyse stoßen wir auf einige. Meist werden ihre Wurzeln nur unvollständig freigelegt. Während der psychoanalytischen Meditation treten diese Muster in aller Klarheit in unser Bewußtsein.

Es ist gut möglich, daß wir zwar bestimmte Verhaltensmuster ausfindig machen können, doch ihren Hintergrund, die kindlichen Motive und Wünsche, nicht klar erkennen können. In solchen Fällen empfiehlt es sich, eine entgegengesetzte, befriedigendere innere Haltung aufzubauen. Dabei handelt es sich lediglich um die Kunst, negative Gedankenfelder und innere Einstellungen in positive zu verwandeln.

Ich will dies an einem Beispiel verdeutlichen. Eine Frau pflegte sich über jemanden zu beklagen, dem sie viel Geld gegeben hatte. Sie hatte ihm auch eine Reihe anderer Dienste erwiesen, als es ihm schlechtging. Dafür erhielt sie keinen Lohn. Immer wenn sie an diesen Menschen dachte, wurde ihr bitter zumute. Sie verfluchte und beschimpfte ihn und wünschte ihm Leid und Tod. Dieses Verhalten baute sich zu einer inneren Haltung auf, die sie in hohem Maße quälte.

Ich empfahl ihr, sich immer wieder folgende Sätze vorzusagen: »Ich habe ihm Gutes erwiesen. Dies war meine Pflicht. Ich wollte ihn glücklich sehen. Laß ihn glücklich sein. Was möchte ich dafür zurückerhalten? Ich habe alles, was ich brauche. Laß ihn glücklich sein. Gott möge ihn segnen.« Als ich ihr diese Übung vorschlug, entgegnete sie: »Wie kann ich so etwas sagen?« Nach weiteren Überzeugungsversuchen stimmte sie schließlich zu, diese Sätze auszuprobieren, empfand sie jedoch als zu schwierig. Sie mußte sich förmlich dazu zwingen. Als es ihr schließlich gelang, spürte sie eine große Erleichterung.

Dies ist der Prozeß positiver Konditionierung oder der Veränderung geistiger Haltungen. Die positive Umwandlung solcher Denkgewohnheiten ist eine fruchtbare Übung, um inneren Frieden und Glück zu finden. Wenn Sie angespannt und unruhig sind, fragen Sie sich: »Woran denke ich gerade?« Sie werden feststellen, daß Sie in diesem Augenblick jemanden hassen oder nach seinem Untergang oder seiner Zerstörung trachten. Machen Sie sich diesen Vorgang sehr klar, kehren Sie ihn unmittelbar um und wünschen Sie der Person Frieden, Wohlstand und gute Gesundheit. Das wird Ihnen selber Frieden und Freude bringen. Denken Sie daran: *Wenn wir jemanden hassen und ihm Schlechtes wollen, schaden wir ihm vermutlich überhaupt nicht damit. Doch schaden wir auf jeden Fall uns, indem wir uns unser eigenes emotionales Glück über solch ein Verhalten verderben. Wenn wir entsprechend für Gesundheit und Glück des anderen beten, mögen wir ihm damit nichts Gutes tun, doch erhöhen wir unsere eigene emotionale Stabilität und unser eigenes Wohlbefinden.* Wenn Sie oft angespannt und unruhig sind, probieren Sie dieses einfache Rezept einige Tage lang aus. Sie werden über die Ergebnisse staunen.

Träume

Träume sind eine andere Quelle, aus der wir Hinweise auf unser sekundäres Selbst beziehen können. FREUD war so angetan von Träumen als Mittel, das sekundäre Selbst, sein Unbewußtes, zu verstehen, daß er sie den königlichen Weg zum Unbewußten nannte.

Die in den vorangegangenen Abschnitten erläuterten Techniken zur Aufdeckung des Unbewußten sind auch für die Traumdeutung brauchbar. Jeder Traum enthält dreifache Zwänge, dreifache Identifikationen, Ich-Strebungen, das Lustprinzip und die es einschränkenden Verbote. Parallel dazu stoßen wir auf Bedürfnisse nach Sicherheit und der Vermeidung von Unsicherheit um jeden Preis. Die Unsicherheit muß nicht von Figuren des Über-Ichs ausgehen, sondern kann auch das Ergebnis anderer Erfahrungen mit der Welt der Materie sein. Träume verweisen auf Ängste und Schuldgefühle und Dinge, die in der Zukunft auf uns warten. Wenn wir uns über diese Elemente im klaren sind, können wir unmittelbar den Sinn der Träume erfassen und die drei Ebenen der Zwänge und Identifikationen auseinanderhalten. Wir können den Zwang ausfindig machen, der vom Über-Ich im Traum ausgeübt wird und der die Ängste und die Furcht hervorruft. Wir können die Es-Wünsche aufspüren und schließlich das Ziel erkennen, frei von Schmerz Freiheit und Glück zu genießen. Letztendlich arbeitet das Lustprinzip darauf hin – es ist eigentlich spiritueller, nicht sexueller Natur. Sexualität jedoch ist für lange Zeit der Schlüssel zu diesem Weg.

Methodisch können wir jeden Traum durch die Technik des freien Schreibens, die ich im letzten Abschnitt dieses Kapitels erläutere, angehen. Benutzen Sie dafür die erste Formel aus den Kapiteln II und III im dritten Teil dieses Buches. Etwas Übung auf diesem Weg wird Ihnen helfen, das sekundäre Selbst und seine Ziele zu erkennen.

Der Schnellreflex

Ein anderer, sehr einfacher und recht grober Kunstgriff in der Kette der Techniken der Selbstanalyse ist der »Schnellreflex«.

Sie sind sehr beschäftigt. Sie haben Ihr Notizbuch nicht dabei, um Ihr Verhalten überall aufzuzeichnen. Dennoch ereignen sich jeden Augenblick Hunderte von Begebenheiten. Hunderte von Gedanken kreuzen Ihr Bewußtsein, während Sie im Kaufhaus herumlaufen, im Büro sitzen oder im Bus oder Zug fahren. Was können Sie in solch einem Moment tun?

Dafür steht uns der Kunstgriff des Schnellreflexes zur Verfügung. Was heißt das?

Unsere Gedanken und Verhaltensmuster werden durch zwei Kräfte auf der Ebene des sekundären Selbst bestimmt: Es-Kräfte, das naturhafte, instinkthafte Selbst, und das verinnerlichte Über-Ich, die moralische Autorität unserer Kindheitstage. Die Handlungen des Ichs werden oft durch diese beiden Kräfte diktiert. Wo auch immer wir uns befinden: Wir können jede Handlung, jeden Gedanken, jeden Zwang wahrnehmen, der in uns aufsteigt. Wir können uns unmittelbar mit dem instinkthaften Teil unserer animalischen Natur verbinden.

Beispielsweise stehen Sie an einer Bushaltestelle. Eine schöne Frau kommt vorbei. Sie schauen ihr voller Lust nach. Dieser Impuls stammt aus dem Es. Doch zugleich erfaßt Sie Angst. Sie befürchten Scherereien. Sie blicken weg. Diese Handlung wird vom Über-Ich gesteuert. Halten Sie diese beiden Ebenen auseinander und identifizieren Sie sich mit dem vom Es bestimmten Motiv. Es gehört zum sekundären Selbst, das Ihrer Wirklichkeit mehr entspricht als das vom Über-Ich geprägte tertiäre Selbst.

Dieser Gedankengang läßt sich auch folgendermaßen ausdrücken. Entwickeln Sie durch kontinuierliche Praxis einen Schnellreflex, der Sie jederzeit unmittelbar zum natürlichen (sekundären) Selbst zurückführt, statt zu dem vom Über-Ich gesteuerten tertiären Selbst. Einstellungen des Über-Ichs entstehen durch Identifikationen mit anderen, während natürliche Haltungen aus unseren Instinkten erwachsen.

Einige Beispiele sollen dies verdeutlichen.

Einer meiner Kollegen im Büro arbeitet nicht. Ich erledige alles, was anfällt, und kritisiere seine Faulheit. In diesem Augenblick halte ich mich selber zurück und denke nach. Ich nehme eine vom Über-Ich gesteuerte

Haltung ihm gegenüber ein. Statt dessen kann ich mich mit der Einstellung identifizieren, daß Leben, Lust und Arbeit unnötig seien. Ich sollte aufhören, den anderen für seine Arbeitsverweigerung zu verurteilen. Ich könnte ihn durch meine Kritik verletzen. Auf jeden Fall quäle ich mich aber selbst unnötig.

Kritik an sexbetonten Freunden, bestechlichen öffentlichen Personen, unmoralischen, politischen Führern und Handlungen, wie Identifikationen mit gebildeten und Ablehnung von ungebildeten Leuten, sagen uns, daß wir von unserem Über-Ich herkommen. Wir können sicher sein, daß die meisten unserer moralischen Urteile und alle Einstellungen, die vom Über-Ich ausgehen, auf Ängsten beruhen, die sich auf Wünsche unseres animalischen Selbst beziehen. Sie blockieren unsere Freiheit und unser Glück.

Der Schnellreflex bedeutet, daß wir automatisch auf unsere natürliche Haltung umschalten, wann immer wir von unserem Über-Ich her denken und handeln.

Koninuierliche Selbsterkenntnis

Zu Beginn der Diskussion über die Selbstanalyse (Selbstpsychoanalyse) habe ich ausgeführt, daß der Mensch damit anfangen sollte, die verschiedenen objektiven Wirklichkeiten der Welt intellektuell zu erfassen. Zum Beispiel sind viele Personen in der Gesellschaft uns in der Tat überlegen. Wir können andere nicht gemäß unseren Wünschen verändern. Die Mutter ist keine Göttin, sondern eine gewöhnliche Frau mit sexuellen Wünschen. Passive Homosexualität ist nichts Schlechtes. Jedes Kind ist fähig, sich in der Kindheit auf die passive Liebe des Vaters zu fixieren. Wir sollten solche Gegebenheiten des objektiven menschlichen Lebens in unserem Alltag akzeptieren lernen.

Darüber hinaus sollten wir immer stärker unsere reale Innenwelt kennenlernen, wenn wir uns dem Glück nähern wollen. Die Spaltung in verschiedene Persönlichkeiten ist so stark, daß wir vollständig von unseren Gefühlen, Gedanken und Wünschen abgeschnitten bleiben können. Von daher ist Selbsterkenntnis notwendig, während wir unseren verschiedenen Tätigkeiten in der Welt nachgehen. Zu diesem Zweck sollte sich jeder immer wieder die folgenden zwei Fragen stellen: Wer bin ich? Wo bin ich? Während des Prozesses meiner psychoanalytischen Meditation empfand ich diese Fragen als sehr nützlich. Sie verbreiteten Stille und Frieden, indem sie zunächst meinen Verstand, der rastlos von einer Sache zur anderen eilte, zur Ruhe brachten und mir dann eine Ahnung von meinen echten Gefühlen und Gedanken vermittelten.

Zahlreiche kleine Ereignisse, die unaufhörlich und oft rasch stattfinden, können uns darauf hinweisen, was wir sind, und uns so zur Selbsterkenntnis verhelfen.

Ein Beispiel:
Der Zeitungshändler ist noch nicht gekommen. Er hat sich verspätet. Ich warte ungeduldig und voller Groll. Wenn mir dieses kleine Ereignis sofort voll bewußt wird, kann ich mich selbst in folgender Art erkennen:

1. Ich warte auf die Zeitung.
2. Ich bin ungeduldig.
3. Ich bin ein wenig frustriert.
4. Ich bin ein wenig bitter und heftig.
5. Ich habe das Bedürfnis, den Zeitungshändler durch jemanden zu ersetzen, der mein Verlangen pünktlich befriedigt.

Diese rasche Selbsterkenntnis stellt einen unmittelbaren Kontakt zu unserem Selbst her und gestattet uns eine viel bessere Kontrolle über unsere Gefühle. Mit Sicherheit haben wir nicht die Macht, die Handlungen der äußeren Welt perfekt auf unsere Wünsche und Bedürfnisse abzustimmen. Wenn wir weiterhin danach streben, werden wir die unglücklichsten Menschen der Welt sein. Wir sollten uns statt dessen über die Situation in unserem Inneren klar werden und unsere Einstellungen ändern. Dieser Prozeß der Selbsterkenntnis sollte unaufhörlich stattfinden, wenn wir aus seelischen Problemen herauskommen wollen.

Wir hören beispielsweise, daß einer unserer alten Freunde ein großartiges Buch schreibt – und wir werden unruhig. Wir hören, daß es einem unserer Kollegen sehr gut in einer Gruppendiskussion ergangen ist – und wir werden unruhig. Oder wir erfahren, daß einer unserer Kollegen befördert wurde oder eine bessere Bewertung erhalten hat – und wir werden unruhig.

Wenn wir sofort hellwach auf diese Empfindungen und die damit verbundenen Geschehnisse reagieren, werden wir erkennen, daß wir uns minderwertig, wertlos und schmutzig fühlen. Andere überragen uns. Am besten gestehen wir uns unsere Unterlegenheit und unsere Gefühle der Wertlosigkeit ein und akzeptieren sie. Wir sollten auch die Stärke anderer anerkennen und freizügig solche Sätze für sie gebrauchen, wie:

1. Er arbeitet sehr hart.
2. Er ist ein guter Rechner.
3. Er ist ein guter Autor.
4. Er ist männlich.
5. Er ist ehrlich.
6. Er verdient eine Beförderung.

Selten überwinden wir unsere schmerzhaften Gefühle der Minderwertigkeit dadurch, daß wir andere verdammen und verunglimpfen, sondern nur darüber, daß wir andere schätzen. Wenn wir anderen freizügig unsere Anerkennung ausdrücken, wird sich unsere seelische Gesundheit erheblich verbessern.

Die meisten von uns gewöhnlich Sterblichen leben mit den folgenden

Gegebenheiten, und wir drücken sie oft in unserem Alltagsverhalten aus, ohne sie in uns selbst zu erkennen.

1. Minderwertigkeit.
2. Gewalt.
3. Ein Wunsch nach Zugehörigkeit.
4. Liebesbedürfnisse.
5. Unzulänglichkeit und Hilflosigkeit in vielen Situationen.
6. Passivität und Machtlosigkeit.
7. Schmutz.
8. Selbstsucht.
9. Eifersucht.
10. Abhängigkeit von anderen.
11. Verletzungen.
12. Isolation und Entfremdung.
13. Schmerz und Stolz.
14. Sexuelle Lust und Schaulust.

Diese Situationen sind für viele von uns offensichtliche Tatsachen. Zur Genüge stellen wir sie in unseren täglichen Handlungen zur Schau. Selten werden wir uns ihrer bewußt. Um uns wohler zu fühlen, sollten wir uns solche Erlebnisweisen in unserem Selbst tagtäglich vergegenwärtigen.

Unser Bewußtsein bleibt mit den Identifikationen verbunden, die vom Über-Ich ausgehen, und aufgrund dieser Identifikationen erfahren wir unser Leben lang immer nur, was wir nicht sind, statt zu erfahren, was wir sind. Stets aufs neue müssen wir uns klarmachen: »Das stößt mir zu. Ich fühle es. Ich habe diesen Impuls. Ich möchte es. Dies ist mein Gedanke, mein Gefühl. So bin ich. Ich bin das«, und ähnliches. Dies ist der Weg zur seelischen Gesundheit.

37. Das Verhalten in einer Gruppe, einer Dreieckskonstellation und gegenüber einer einzelnen Person

Im natürlichen Entwicklungsprozeß hat das Kleinkind zunächst mit einer Einzelperson zu tun. Diese Beziehung entfaltet sich um die Polaritäten Annahme–Ablehnung, Kontakt–Trennung, Erfüllung–Verleugnung und Liebe–Haß herum. Bald jedoch wird es mit einer dritten Person konfrontiert. Diese Dreieckskonstellation setzt es unter neuen emotionalen Druck, und es beginnt seine Beziehungen auf andere Weise zu formen. Gefühle der Eifersucht und Konkurrenz, der Wunsch, den anderen aus dem Weg zu räumen oder ihn zu ermorden, und das Bestreben, den anderen ausschließlich zu besitzen, haben in der Dreiecksstruktur ihren Ursprung.

Dieses Dreieck erweitert sich zu einer Gruppe, die im Verlauf der Kindheit und des Erwachsenwerdens immer größeren Raum einnimmt.

Das Begreifen unseres Auftretens in der Gruppe, in der Dreierbeziehung und mit anderen Menschen ist der Schlüssel zum Verständnis unserer Verhaltensmuster. Dieses Wissen hilft uns, unsere Lebensweise positiv zu verändern und viele seelische Probleme zu lösen.

Hier folgen wir dem natürlichen Ablauf der Reise rückwärts durch unsere Psyche und beginnen mit der Beobachtung und dem Verstehen unseres Vorgehens in der Gruppe, dann in der Dreierbeziehung und schließlich bei einem anderen Individuum.

Das Verhalten in der Gruppe

Unser gegenwärtiges Verhalten ist durch die Erfahrungen unserer Vergangenheit, vorwiegend unserer Kindheit, bedingt. Der ihm zugrundeliegende Lernprozeß war weder auf unserer Seite noch auf der unserer Lehrer (Eltern, Geschwister, Nachbarschaft und andere formelle oder informelle Erziehungseinrichtungen) sehr bewußt. Die Menschen unserer Umgebung handelten aufgrund ihrer Zwänge. Ihre Reaktionsweisen brachten bestimmte Bedrohungen, Ängste, Unsicherheiten, aber auch liebende Zuwendung mit sich. Wir unterlagen meist dem Drängen unserer Instinkte und Triebe. Das Zusammenwirken ihrer und unserer kindlichen Handlungsstrategien zwang uns, bestimmte Einstellungen und Verhaltensmuster auszuprägen. Heute beherrschen sie uns. Unter dem Einfluß des tertiären Selbst versuchen wir immer wieder, sie mit Hilfe verschiedener Antriebe und Methoden zu überlisten, doch kommen sie in unseren Handlungen zum Vorschein. Für andere sind sie offensichtlich.

Obgleich wir uns dessen nicht bewußt waren, gab es in der Ausformung unserer Verhaltensmuster Notwendigkeiten, Ängste, Wünsche und Motive, die sich vorwiegend um das Vitalbedürfnis nach Sicherheit rankten.

Wenn wir unsere Lebensweise heute verstehen wollen, müssen wir uns anschauen, wie wir heute handeln, wie wir damals handelten und warum wir so handelten. Dieses »Warum« bezieht sich auf unsere kindlichen Motive, Wünsche, Notwendigkeiten und Ängste, die in gleicher Weise die Basis unserer Muster bilden wie Zement, Beton und Stahl die Basis aller großen materiellen Strukturen.

Es gibt verschiedene Wege, unser Verhalten in einer Gruppe zu beobachten und zu verstehen. Die folgenden Fragen sind dabei vielleicht hilfreich.

- Schließen wir uns allen Gruppen an oder nur bestimmten, und welche meiden wir?
- Wie verhalten wir uns in der einen oder anderen Art von Gruppe?
- Welche Ansprüche verfolgt unser Ich in einer Gruppe, der wir nur zögernd beitreten? Welche Wurzeln haben sie in unserer Persönlichkeit?
- Welche Beispiele helfen uns zum Verständnis unseres Selbst im Gruppenleben?

- Welche Rolle spielt die »Gruppe« Familie? Wie bestimmt sie unser Verhaltensrepertoire?
- Was ist ein ideales Gruppenleben? Welche Hauptmerkmale kennzeichnen es?

Wir wollen diese Fragen, auf uns bezogen, diskutieren. Wir haben die Tendenz, negativ bewertete Eigenschaften nur in anderen zu sehen. In diesen Fehler wollen wir bei unserem Gedankengang nicht verfallen.

Wenn wir uns beobachten, stellen wir fest, daß wir uns spontan bestimmten Gruppen anschließen und andere meiden. Soziologen sprechen von »Innen-« und »Außengruppen« oder »Wir-« und »Sie-Gruppen«. Ihre Erklärung bezieht sich allerdings auf oberflächliche Merkmale. Schauen wir tiefer, finden wir schwerwiegende psychologische Faktoren, die in jedem einzelnen wirken und für diese Unterschiede verantwortlich sind.

Oberflächlich betrachtet, handeln wir spontaner und ohne große Selbstreflexion in einer uns sympathischen Gruppe, während eine unliebsame Gruppe uns viel mehr einengt. Wenn wir ungezwungen tun und lassen können, was wir wollen, fühlen wir uns wohl. Ist diese Freiheit eingeschränkt, ist uns unbehaglich zumute. Wir müssen unseren verbalen und nicht-verbalen Ausdruck zurückhalten und kontrollieren. Von daher zögern wir, mit solchen Menschen zusammenzusein.

Die Gründe für dieses unterschiedliche Verhalten in beiden Gruppen liegen tiefer, als es bei oberflächlicher Betrachtung scheinen mag. Wir müssen uns fragen: Welche unbewußten Faktoren sind in beiden am Werk? Welche Ängste, Ansichten, Überlegungen und Ansprüche unseres sekundären Selbst bestimmen die Art unseres Auftretens in dem einen wie dem anderen Kreis von Menschen?

Die Situation in einer attraktiven Gruppe war uns schon in der Vergangenheit angenehm. Sie erweckte keine Furcht, weil keiner so überlegen war, daß er uns auf unsere Fehler hätte hinweisen können und uns damit auf uns selbst aufmerksam gemacht hätte. Wir hingegen konnten über andere Mitglieder dominieren, unsere Überlegenheit beweisen und Aufmerksamkeit und Wertschätzung auf uns ziehen. Wenn jemand in solch einer Gruppe sich abfällig über uns äußerte, konnten wir zurückschlagen und diese Person zum Schweigen bringen.

Gruppen, die wir meiden, sind uns ebenfalls aus unserer Kindheit in dieser Form bekannt. In jenen Gruppen wurden wir nicht respektiert. Wir waren unterlegen, wurden ignoriert, zurechtgewiesen und gedemütigt. Andere waren stärker. Sie konnten uns mißachten, unsere Äußerungen abqualifizieren und uns verurteilen. Oft beobachteten und beurteilten sie unsere Taten und Reden. Wir trauten uns nicht, uns zu wehren, weil wir ihre Vergeltung fürchteten. Und nicht nur das: das Auftreten der anderen in jenen Gruppen machte uns nur allzu deutlich, daß sie uns für völlig wertlos hielten, da sie sich nur nach den Stärkeren richteten.

Diese zweite Art von Gruppe liefert uns großartiges und nützliches Material für unser Selbstverständnis und unsere Selbstanalyse.

Nehmen wir an, wir treten jetzt solch einer untragbaren Gruppe bei. Was empfinden wir? Wir stehen ein wenig unter Druck, fühlen uns beobachtet, sind unschlüssig und uns unserer selbst nicht sicher. Sobald wir uns niedersetzen und entspannen, kommen wir ein wenig mehr bei uns an und nehmen an den Beratungen und Aktivitäten jener Gruppe teil.

Bald fallen uns die in der Gruppe auf, die mehr Aufmerksamkeit und Respekt erhalten. An solch einem Punkt können wir die Strategie aufgreifen, ein oder zwei Leute um uns zu scharen, um daraus die Pseudobefriedigung zu ziehen, daß wir ebenfalls attraktiv sind. So wird »ein Staat im Staate« geschaffen. Alle großen Rebellen folgen dieser Strategie.

Dies jedoch ist Flucht vor der Realität unseres Selbst und seinen wirklichen Anforderungen. Von daher wollen wir uns unserer eigenen Lage, unseren Ansprüchen und emotionalen Konflikten zuwenden, da nur dieser Schritt uns einer echten Lösung unserer Probleme näherbringt. Unsere Wirklichkeit sieht so aus:

- Wir fühlen uns der Person, die im Zentrum der Aufmerksamkeit jener Gruppe steht, mit Abstand unterlegen.
- Wir fühlen uns wertlos und schmutzig.
- Selbst die anderen Gruppenmitglieder mißachten uns, da sie uns als minderwertig ansehen. Das verletzt uns.
- Wir brauchen sehr viel Aufmerksamkeit. Tatsächlich wollen wir die ausschließliche Zuwendung der anderen. Wir wollen sie nicht teilen.
- Wir wollen die überlegene Person aus der Szene entfernen und sie ersetzen.
- Auf der emotionalen Ebene konkurrieren wir heftig mit ihr, um unsere Bedürfnisse zu befriedigen.

Es ist viel besser, diese Elemente in uns zu erkennen, als sie zu verdrängen und uns weiter so zu verhalten wie bisher.

Wenn wir keinen »Staat im Staate« schaffen, haben wir andere Ansprüche. Wir wollen konkurrieren und unsere Überlegenheit unter Beweis stellen, um die gesamte Aufmerksamkeit auf uns zu ziehen, und wollen von dem Ranghöchsten in der Gruppe besondere Zuwendung erfahren. Wenn wir diesen Kontakt und diese Anerkennung erhalten, sind wir zufrieden.

Die Gründung von Nationen innerhalb einer Nation oder innerhalb der Welt geht auf die Persönlichkeit eines Menschen zurück, der zögert, einer Gruppe beizutreten. Alle Teilungen dieser Welt wurzeln in der unbewußten Strategie, einen »Staat im Staate« zu schaffen.

Die ihr zugrundeliegende Psychologie gilt auch für die Führer der Welt. Wenn ein Nationalführer sich innerhalb der Weltelite unbehaglich fühlt, kommen dieselben Faktoren in seiner Persönlichkeit zum Zuge wie bei jedem normalen Menschen, der zögert, einer Gruppe beizutreten. Wenn er nur »einer von ihnen« und nicht das Zentrum der Aufmerksamkeit ist, wird er an seine Gefühle der Unterlegenheit und Wertlosigkeit erinnert. Wie jeder normale Mensch hat er den Wunsch, den anderen aus seiner zentralen Stellung herauszudrängen und durch Konkurrenzverhalten seine Überlegenheit zu beweisen.

Zu diesem Zweck entwickelt er neue Ideen und entwirft neue Gliederungen, Regionalgruppen, Konferenzen und regionale Strukturen der Zusammenarbeit. Uns mögen zahlreiche ökonomische und politische Gründe genannt werden, doch liegt der primäre Grund in der psychologischen Notwendigkeit des tertiären Selbst, eine »Gruppe innerhalb einer Gruppe« oder einen »Staat im Staate« zu schaffen. Die Dritte Welt und die Arabische Liga verdanken ihre Entstehung diesen psychologischen Zwängen in der Persönlichkeit, obgleich ihre Notwendigkeit mit politischen, ökonomischen, sozialen, regionalen und rassistischen Zwängen erklärt werden kann. Wenn sich unser Verständnis vom menschlichen Leben über die Psychoanalyse und Meditation vertieft hat, sehen wir deutlich, wie diese »großen Männer« in der politischen Arena tatsächlich auf der psychologischen Ebene operieren und dabei von den emotionalen Erfahrungen ihrer Kindheit kontrolliert werden. Sie sind keine »Führer« im echten Sinn. Sie werden von ihren Gefühlen beherrscht und bringen unabsichtlich viele Menschen auf der Erde dazu, von denselben Kräften regiert zu werden.

Politische Gruppen in einem demokratischen Staat verdanken ihre Entstehung denselben psychologischen Kräften. Der politische Führer kann keine Gruppensituation tolerieren, in der er nicht im Zentrum der Aufmerksamkeit steht und von daher an seine ursprüngliche Unterlegenheit und Wertlosigkeit erinnert wird. Steht er dem Ranghöchsten am nächsten, kann er sich wohl fühlen. Andernfalls wird er oft zum Opfer jener unbewußten Kräfte, die konkurrieren, aus dem Weg räumen und verdrängen müssen, was schließlich zu der Tendenz führt, eine »Gruppe innerhalb einer Gruppe« zu schaffen. Daraus erwachsen Forderungen wie Autonomie und Freiheit und Teilungen in Nationen und politische Parteien.

Ideologien, Vorstellungen und Philosophien verdanken ihren Ursprung oft wenigen psychologischen Zwängen. Sie entspringen denselben psychologischen Gründen, aus denen heraus ein einzelner aktiv wird.

Auch in unserer Gemeinde und im Beruf sind dieselben Kräfte am Werk. In der Gemeinde können wir täglich auf jemanden treffen, der die Übernahme einer bestimmten Funktion mit dem Hinweis verweigert, ihm sei in der

Vergangenheit übel mitgespielt worden. Ihm wird von Freunden und Verwandten zukünftig eine bessere Behandlung zugesichert. So stellt er im voraus sicher, daß seiner Arbeit genügend Aufmerksamkeit geschenkt wird.

Oft hören wir auch jemanden sagen: »Ich bin nicht bereit, mit diesen dreckigen Leuten zusammenzusitzen« oder »Was glauben diese Leute von sich?«

Im Berufsleben treffen wir auf zahlreiche Typen, die einen »Staat im Staate« schaffen wollen. In jeder Gruppe werden wir bald Menschen entdecken, die hektisch versuchen, zwei oder drei um sich zu scharen, um ihre Isolation zu überwinden und selber zum Zentrum der Aufmerksamkeit zu werden. Sie konkurrieren hart mit jenen, die diese Stellung innehaben.

In Gruppendiskussionen treten sie oft für den Vorsitzenden ein oder versuchen gar, über ihn zu dominieren. Falls sie damit keinen Erfolg haben, tun sie so, als hörten sie anderen nicht zu, weil sie an deren wertlosen Ideen nicht interessiert seien.

Solche Menschen treibt unablässig ihre verdrängte unbewußte Wirklichkeit: Gefühle der Unterlegenheit und Wertlosigkeit und das Bedürfnis, zu konkurrieren und andere zu ersetzen. Es ist viel besser, diese Motive zu kennen, als in obiger Weise zu handeln.

Das Gruppenleben eines Kindes oder irgendeiner Person innerhalb der Familie oder Klasse gibt uns wertvolle Hinweise auf unsere eigenen psychologischen Probleme. Erwachsene können darüber nicht nur sich selber gut verstehen, sondern auch ihre Studenten und Schützlinge, um mit Hilfe geeigneter Maßnahmen sich selbst und ihre Kinder vor künftigen Schwierigkeiten und seelischen Katastrophen zu bewahren.

Wir finden immer Menschen, die sagen: »Ich liebe die Einsamkeit. Ich mag das Geschwätz in der Gruppe nicht.« In der Tat brüten sie in Einsamkeit. Eine Vorliebe für das Alleinsein oder ein Desinteresse an Gruppenklatsch und Geschwätz entsteht nach langen Jahren der Psychoanalyse und Meditation. Man mag Menschen nicht mehr, die ziellos herumreden. Der Grund dafür liegt darin, daß sich eine tiefe Einsicht in die wahren geistigen Prozesse entwickelt hat und nicht das geringste Interesse an Klatsch oder Witzen oder anderen Zeitvertreiben egoistischer Menschen besteht. Man weiß, daß die meisten Gespräche niederen Emotionen entspringen und aus überkritischen Sätzen, bedeutungslosen Gesten, Heuchelei und Besserwisserei bestehen. Jeden Moment spürt man solche Motive und vermeidet daher die Gesellschaft von Menschen. Im Falle eines Menschen, der über lange Zeit meditiert hat, wird die Wahrnehmung noch schärfer. Er hält sich in der Tat von egoistischen Menschen fern. Oft kann er ihnen nicht über lange Zeit zuhören, da sie seinen Frieden stören oder, genauer, ihn aus der Zone des Friedens, in die er während der Meditation eintaucht, hinausziehen.

Andere Menschen vermeiden ein Gruppenleben aus den emotionalen Konflikten heraus, die um die genannten Motive und Wünsche kreisen: um Entbehrung, Schmerz und Demütigung, Gewalt und Stolz. Diese Bedürfnisse rufen enorme Schuldgefühle hervor, die eine Vermeidung von Gruppensituationen nahelegen, in denen diese Motive aktiviert werden.

Ein kleines Beispiel soll dies verdeutlichen. Fünf Freunde, A, B, C, D und E, sitzen in einem Raum und klatschen. B dominiert. Er fängt oft die Aufmerksamkeit von C, D und E ein. A kann dies nicht tolerieren und will mit B aufgrund seiner unbewußten Motive und Wünsche konkurrieren. Wie verhält er sich?

Um die Aufmerksamkeit von C, D und E zu erlangen, möchte er Bs Platz einnehmen. Dieser Wunsch stammt aus Bedürfnissen und Notwendigkeiten, die A an B gerichtet hat und die dieser unabsichtlich oft nicht beachtet hat. Jetzt ist A Bs eingeschworener Feind. Emotional gesehen ist A mehr daran gelegen, daß B stürzt, als daß er selber aufsteigt. Wenn C, D und E ihre Aufmerksamkeit B zuwenden, verschärft dies As Eifersucht, und A möchte um so mehr B vernichten. Da unsere zivilisierte Gesellschaft diese direkte Form nicht zuläßt, konkurriert A meist rücksichtslos mit B, oder er setzt ihn herunter.

Nehmen wir an, daß selbst trotz der Konkurrenz A nicht die Zuwendung von C, D und E erlangt. Wie fühlt er sich dann emotional gegenüber den drei Freunden? Er möchte auch sie zerstören, verdammen, ermorden. Im Falle vieler weltlicher Menschen ist dieser Wunsch nach »totalem Mord« die Wurzel der Entfremdung. Aufgrund dieses Wunsches fürchtet A sich vor Gruppen und fühlt sich nur dann sicher, wenn er alleine bleibt.

Wir müssen all diese Züge in uns erkennen, sie emotional akzeptieren und dann in der psychoanalytischen Meditation loslassen. Sonst können wir weder Frieden noch Glück finden.

Die bislang diskutierten Gruppenstrukturen nehmen ihren Ausgangspunkt in der Kindheit im Rahmen der Familie. Wenn die Grundstrukturen einmal gelegt sind, werden sie in anderen Gruppen nur noch vertieft und verfestigt. Sie sind wie sich ausdehnende konzentrische Kreise. Schicht für Schicht bringen sie dasselbe Muster hervor. Die Straße, die wir entlangwandern, ist eine erweiterte Form dieses Familienwegs. Wir verhalten uns zu den meisten Menschen in dieser Straße wie zu den Familienmitgliedern unserer Kindheit. Es gibt beobachtende und verfolgende »Väter«, »Mütter«, »Großeltern« und »Geschwister«. Jungen und Mädchen, auf die wir eifersüchtig sind, denen gegenüber wir uns unterlegen fühlen und mit denen wir konkurrieren. Unsere gesamte Lebensweise auf unserer Straße entspricht der in unserer Familie. Nehmen wir an, ich liebe ein Mädchen. All unsere Wahrnehmungen von älteren Menschen, unsere Furcht vor ihnen, unsere

Bedenken und Überlegungen sind genau dieselben wie in der Kindheit, wenn wir uns mit unseren Geschwistern sexuell vergnügen wollten.

Auf unserem Arbeitsplatz werden wir mit denselben Mustern konfrontiert. Der Chef übernimmt die Stellung des Vaters. Wenn wir mit ihm leicht umgehen konnten, gelingt uns dies auch mit dem Chef. Zögerten wir, etwas von unserem Vater zu fordern, trauen wir uns auch beim Chef nicht. Entsprechend wiederholt sich unser Verhalten gegenüber den Kollegen. Wenn wir unseren Bruder dafür verurteilen, etwas vom Vater bekommen zu haben, klagen wir auch unseren Kollegen entsprechend dafür an. Wenn wir das Liebesobjekt mit niemandem in der Familie teilen konnten, sind wir auch heute noch eifersüchtig. Und wenn uns unser Bedürfnis nach ausschließlichem Besitz unter Druck setzte, verspannen wir uns auch heute noch, und wir können uns nicht anpassen. Wenn uns starke »Inzestwünsche« in unserer Familie ängstigten, bereitet uns dieses Verlangen in jeder Gruppe Unbehagen. Wenn wir die Autoritätsfigur in der Familie ermorden wollten und uns dieser Impuls verunsicherte, fühlen wir uns auch gegenüber einer dominierenden Autoritätsfigur in einer Gruppe unsicher. Wenn uns die Ablehnung durch den »Geber« in der Familie heftig schmerzte, murren wir selbst heute noch gegen ihn. Wenn wir in einem starken Konflikt mit der Familienautorität befangen waren und mit ihr brechen wollten, andererseits uns davor fürchteten, erleben wir unwissentlich dieselbe Ambivalenz auch heute im Zusammensein mit Autoritäten. Wenn wir mit der Autorität in der Familie um die überlegene Position kämpfen wollten, konkurrieren wir auch heute. Wenn wir sowohl dafür bestraft wurden, daß wir die Wahrheit sagten, als auch dafür, daß wir logen, verwirren uns andere, und wir können uns weder für das eine noch das andere entscheiden. Wenn wir uns mit den Schwachen verbündeten und die Starken in der Familie fürchteten, erklären wir uns heute solidarisch mit den Schwachen. Wenn in der frühen Kindheit die Überzeugung entstand, daß wir ohne die Beseitigung der Autorität das Leben nicht genießen können, sind wir heute möglicherweise als Revolutionäre bekannt. Wenn wir das Vertrauen und den Glauben an die Fairneß der Autoritätsperson verloren haben, trauen wir ihr auch heute nicht. Wenn wir von der Meinung der Autoritätsperson abweichen durften und ruhig argumentieren und liebevoll miteinander reden konnten, sind wir auch heute angenehme Gesprächspartner. Wenn wir die Autorität emotional jedoch nicht akzeptierten und fühlten, daß sie kein Recht hatte, uns zu bestrafen, wehren wir uns auch heute noch gegen sie. Wenn wir uns der Autorität annähern und sie lieben durften, gehen wir auch heute freudig auf sie zu. Wenn wir uns bei ihr geborgen und sicher fühlten, suchen wir auch heute ihren Schutz. Wenn die Atmosphäre in der Familie jedoch feindlich war, erscheint uns die Gruppenatmosphäre ebenso.

Unser gesamtes Auftreten in der Außenwelt ist eine reine »Übertragung«

unseres Verhaltens in der Familie. Und in ihr ist die Art der Autorität, deren Rolle und Einstellung gegenüber dem heranwachsenden Kind von größter Bedeutung.

Der Satz »Die ganze Welt ist meine Familie« ist oft nicht in dem Sinne wahr, in dem wir ihn normalerweise verstehen, daß wir nämlich die ganze Welt und alle Menschen wie die eigene Familie liebten. Seine psychologische Bedeutung leitet sich vielmehr aus den erwähnten Übertragungen ab. Wenn wir jemanden in der Familie liebten, fürchteten, beherrschen oder ermorden wollten, so haben wir die gleichen Impulse gegenüber ähnlichen Figuren in der Welt. In diesem Sinne ist dieser Satz für uns gemeint. Heilige verwenden ihn, wenn sie alle haßerfüllten Beziehungen mit den ursprünglichen Mitgliedern ihrer Familie in ihrem Nervensystem aufgelöst haben und beginnen, jeden und die Welt zu lieben. Sie sind vollständig in ihrem primären Selbst zu Hause und sehen es überall. Doch sind wir nicht auf ihrer Stufe der Entwicklung. Wir sollten uns darüber im klaren sein, daß jener Satz für uns im Sinne einer Übertragung gilt, gleichgültig, ob wir auf der internationalen, nationalen, kommunalen oder persönlichen Ebene tätig sind. So verstanden, hilft er uns bei der Selbstanalyse.

Die Selbstanalyse kann uns darin unterstützen, unseren Lebensstil abzuwandeln und unsere Spannung und unser Unglücklichsein zu verringern. Die moderne Psychotherapie versucht, den Patienten auf sein Verhalten »hier und jetzt« aufmerksam zu machen und es mit Hilfe von Suggestionen zu verbessern. Dies wird als Verhaltensmodifikation betrachtet.

Meiner Ansicht nach ist solch ein Vorgehen angesichts der Millionen leidender Menschen durchaus wünschenswert. Doch ändert sich dadurch nicht viel am Verhalten im wahren Sinne des Wortes. Dazu müssen zwei Bedingungen erfüllt sein:

1. Wir müssen die Ursprungssituation in der Familie unverändert vor dem inneren Auge auftauchen lassen, so daß wir erkennen, daß unser heutiges Leben lediglich eine Erweiterung jener Familiensituationen darstellt. Dann verändern wir die damalige Situation in unserem Bewußtsein. Dazu schreiben wir die vergangenen Familiensituationen und ihre Parallelen zu heute nieder und arbeiten dabei die verschiedenen Bedürfnisse, Ängste und Muster heraus. Die Gefühle waren damals unterdrückt, ein klares Verständnis über das Gruppenleben wurde aufgrund von Ängsten und Unsicherheiten erschwert oder unmöglich gemacht. Wir müssen unsere damalige Verwirrung bereinigen, damit wir heute klarsehen können.
2. Alle negativen Beziehungen, besonders zu der Autorität, müssen auf der Ebene der Familie transformiert werden. Dieses Ideal ist mit am schwierigsten auf emotionalem Wege zu erreichen. Wir müssen all die Verletzungen, die uns die Autorität zugefügt hat, noch einmal durchleben und

bewußt alle Haltungen fallenlassen, die wir aus Schmerz eingenommen haben. Wir müssen die demütigendsten Stellungen gegenüber der Autorität akzeptieren. Auf jener Stufe müssen wir unsere Wahrnehmungen über die Autorität als Verfolger umwandeln in das Bild eines »Liebhabers«.

Das Verhalten in einer Dreieckskonstellation
Das Verhalten in der Dreiecksbeziehung bestimmt einen Großteil unserer Verhaltensmuster. Ihre Analyse läßt uns eigene Strategien schärfer und klarer verstehen. Entbehrungen, Ablehnungen und Demütigungen sind leichter in einer Gruppe als in einer Dreieckssituation zu ertragen, da sie uns vielfältige Möglichkeiten gibt, Mangel und Demütigung zu rationalisieren, wie zum Beispiel so: »Nicht nur ich wurde übersehen, sondern auch andere.« Im Dreieck ist dies nicht möglich. Es konfrontiert uns so scharf und eindeutig mit unserer Unterlegenheit, Ablehnung und Demütigung, daß wir sie weder rationalisieren noch ignorieren können. Von daher ist das Dreieck eine viel bessere Ausgangsposition, sich zu beobachten und zu analysieren.

Im üblichen Sinn ist das Dreieck nichts anderes als eine Gruppe von drei Personen, die sich in ihren rein physischen Merkmalen voneinander unterscheiden. Im psychologischen Sinn hat dieses Dreieck viele Züge. Drei Menschen teilen verschiedene psychologische Bedürfnisse, Komplexe, Wünsche und Ängste. Jeder von ihnen kann jederzeit zum »Geber« oder »Empfänger« werden, unabhängig von den physischen Gegebenheiten. Diese Rollen hängen lediglich von den psychologischen Grundbedürfnissen ab. Beispielsweise kann eine wohlhabende Person, die zwei Freunde mit einem großen Fest unterhält, im rein physischen Sinn der »Geber« sein. Doch kann sie zugleich von den psychologischen Notwendigkeiten her der »Empfänger« sein, da sie auf die guten Worte und die Anerkennung ihrer Freunde angewiesen ist. Es gibt keine Beziehung zwischen dem Geben auf der physischen und der psychischen Ebene. Gelegentlich sind beide identisch und derjenige, der materielle Gegenstände erhält, fühlt sich auch psychisch befriedigt. Doch ist dies nicht immer so. Die meisten Formen des Gebens auf der physischen Ebene sind nichts anderes als psychisches Empfangen.

Für unsere Selbstanalyse sollten wir auf die folgenden Züge eines Dreiecks achten:

1. Alle drei sind »Empfänger«. Sie streben nach psychischer Befriedigung und der Erfüllung ihrer Grundbedürfnisse.
2. Jeder der drei kann zum »Geber« werden. Dies ist unabhängig vom sozialen und materiellen Status der Person.

3. Der »Geber« kann bewußt oder unbewußt dem einen mehr und dem anderen weniger geben. Er kann gelegentlich, absichtlich oder unabsichtlich, dem einen alles und dem anderen nichts geben.
4. Das Resultat sind Frustrationen, Schmerz, Ärger, Eifersucht und Vernichtungsvorstellungen. Sie führen zu seelischen Konflikten und zu verschiedenen Formen des Unglücklichseins.

Das Kleinkind hat zum Zeitpunkt seiner Geburt nur ein Objekt, die Mutter. Sie gibt ihm Sicherheit und Liebe und stillt seinen Hunger. Es entwickelt eine direkte Beziehung zu ihr. Es ist ein »Empfänger«, der die meisten Befriedigungen von ihr erhält.

Doch bald tritt eine dritte Person dazwischen. Dies kann der Bruder, der Vater, die Schwester oder sonst jemand sein. Das Auftauchen dieser Person bedeutet oft, daß es weniger Aufmerksamkeit bekommt, gelegentlich übersehen wird, Kontakt entbehrt oder vielleicht Hunger leiden muß. Die Frustration aufgrund unerfüllter Ansprüche quält es. Der Schmerz führt zu Ärger und Eifersucht. Ärger kann sich gegen beide richten: die Mutter und die dritte Person, während die Eifersucht meist nur den Dritten betrifft, der ebenfalls von der Mutter etwas »empfängt«. Recht oft möchte das Kind ihn aus dem Weg räumen, das heißt: ihn umbringen. Es möchte die Mutter ausschließlich besitzen. Sie zu teilen, bedeutet aus seiner Erfahrung heraus, daß ihm ein Teil ihrer Aufmerksamkeit entzogen wird und es darunter leidet.

Dreiecke in der Kindheit bringen zahlreiche Bedürfnisse im Kleinkind hervor, die wiederum Konflikte und Ängste verursachen. Wenn das Kleinkind beispielsweise den Wunsch spürt, die Mutter ausschließlich zu besitzen und die dritte Person aus dem Umfeld des Objektes seiner Befriedigung wegzuschaffen, gerät es oft in Konflikt mit beiden. Es sieht sich mit Vergeltungsmaßnahmen konfrontiert und fühlt sich demzufolge verunsichert.

So entwickelt es nicht nur Angst vor Rache, sondern fürchtet auch seine eigenen Bedürfnisse und Gefühle: sein ausschließliches Besitzstreben, den Wunsch, den anderen aus dem Weg zu räumen, und seinen Haß auf den Dritten.

Es verspürt auch Ärger gegenüber seinem Befriedigungsobjekt (der Mutter), darüber, daß sie der anderen Person mehr Aufmerksamkeit (oder überhaupt Aufmerksamkeit) zuwendet. Die Mutter verunsichert das Kind in vielfacher Weise. Es beginnt, sich vor Trennungen, vor dem Verlust der Geborgenheit oder gar des Objektes selbst zu fürchten. Es entwickelt ebenfalls Angst vor seinem eigenen Ärger oder dessen Ausdruck.

Die Tragik im Wachstum der menschlichen Persönlichkeit in der soziomateriellen Welt liegt darin, daß die meisten Bedürfnisse des Kleinkindes sich in einem späteren Stadium in Ängste verwandeln. Das Kleinkind gibt seine Bedürfnisse nicht auf, doch wagt es auch nicht, sie als seine eigenen anzuerkennen. Dies entpuppt sich als die Hauptursache aller seelischen Tragödien im späteren Leben. Als Erwachsener wird es ein Opfer der Ängste, die seinen Bedürfnissen entstammen. Es wird zu ihrem ewigen Sklaven. Die folgenden Bedürfnisse, Konflikte und Ängste haben ihren Ursprung hauptsächlich in Dreieckssituationen:

1. Bedürfnisse: Bedürfnis nach ausschließlichem Besitz; Hinausdrängen der dritten Person aus dem Dreieck; Bedürfnis zu hassen, zu verletzen und zu töten; Wunsch nach besonderer Aufmerksamkeit; Wunsch, überlegen zu sein.
2. Konflikte: Mit seinen Wünschen und Bedürfnissen gerät das Kind in Konflikt mit denen der dritten Person um den »Geber«. Doch nicht nur diese beiden, auch der »Empfänger« und der »Geber« liegen im Streit miteinander. Ihre Hauptkonflikte sind: Konkurrenz, Nichtkooperation, Feindseligkeit, Zerstörung, Vergeltung, Rückzug, Flucht aus der Realität und Einschüchterungen. Die Konflikte werden oft verinnerlicht, wenn die Wünsche sich aufgrund der Ängste mit Schuldgefühlen verknüpfen.
2. Ängste: Aufgrund der Konflikte, der Angst vor Vergeltung und der damit zusammenhängenden Unsicherheit möchte das Kind zugleich all seine Wünsche, Situationen und seine tatsächliche Lage vergessen und sich sicher und sorglos fühlen. Denn all seine Bedürfnisse verwandeln sich auf dieser Stufe unvermeidlich in folgende Ängste: Angst vor Trennung und Verlust der Geborgenheit; vor der Erkenntnis der eigenen Feindseligkeit, Unzulänglichkeit und Hilflosigkeit, Passivität und Minderwertigkeit; vor dem Wunsch, jemanden zu töten, aus dem Weg zu räumen und ihn zu ersetzen; vor der Erkenntnis, ein »Empfänger« zu sein.

Die meisten der beschriebenen Wünsche, Konflikte und Ängste sind auf der Ebene des tertiären Selbst, auf der der Erwachsene lebt, wieder vergessen. Trotzdem bleiben sie wirksam. Sie sind die Ketten, die uns fesseln, uns in unserem Verhalten kontrollieren, unsere Handlungen einschränken.

Beispiel 1

Nehmen wir an, ich gehe mit einem Freund irgendwohin. Ein Bekannter hält in seinem Wagen und ruft meinen Freund. Ohne sich weiter um mich zu kümmern, steigt er ein. Sofort wallt ein heftiger Impuls gegen beide auf. (Ähnliches würden wir beispielsweise empfinden, wenn der Chef einen Kollegen befördert und nicht uns selbst.)

Wenn wir die Dreieckssituation analysieren, sehen wir, daß der Autobesitzer der »Geber« ist. Mein Freund und ich sind die »Empfänger«. Ich kann mir sagen: »Ja, er ist der Geber. Ich bin der Empfänger. Er kann entscheiden, wem er eine Mitfahrgelegenheit anbietet. Er kann mich ablehnen. Ich habe keinen Einfluß auf seine Entscheidung« – und mich dadurch etwas entlasten und beruhigen. Doch sollten wir die Selbstanalyse vertiefen und uns Schritt für Schritt die gesamte Situation ansehen.

Schritt 1: »Hier und jetzt« spüre ich den Impuls, gewalttätig zu werden. Ich bin eifersüchtig. Beides sind natürliche Reaktionen. Ich akzeptiere sie. An ihnen ist nichts Schlimmes.

Schritt 2: Jetzt wende ich mich meiner Position im Dreieck zu. Ich bin ein Empfänger. Ich wollte etwas von dem Autofahrer bekommen. Dieser Wunsch entspricht meinem früheren Bedürfnis nach Liebe und Kontakt. Dieses Bedürfnis ist natürlich und richtig. Daran ist nichts Falsches. Ich will diesen Wunsch ohne Schuld akzeptieren.

Schritt 3: Indem er mir keinen Platz im Wagen anbot, versagte er mir den Kontakt und bot ihn statt dessen meinem Freund an. Dadurch zeigte er mir, daß ich meinem Freund (Geschwister) unterlegen bin. Er erinnerte mich auch daran, daß ich wertlos und schmutzig bin. Diese Gefühle sollte ich mir eingestehen und annehmen. Was ist an ihnen falsch? Wir erleben sie alle in unserer Kindheit, und sie sind weiterhin in mir vorhanden. Ich empfinde auch den Schmerz der Ablehnung. Ich will ihn akzeptieren, statt in eine heftige und zerstörerische Stimmung zu geraten.

Schritt 4: Statt mich mit den beiden anderen zu beschäftigen, will ich zu den Wünschen, Situationen und Gegebenheiten meines sekundären Selbst zurückkehren. Ich möchte Kontakt, Akzeptanz und Liebe. Vielleicht bin ich ein wenig unterlegen und schmutzig. Doch sind dies meine natürlichen Bedürfnisse. Ich gestehe sie mir zu und liebe mich mit all den Gegebenheiten, Unterlegenheiten und Bedürfnissen meines sekundären Selbst. In dem Moment, in dem ich dieses Bild von mir liebe, fühle ich mich sehr erleichtert und kümmere mich nicht mehr um die Ablehnung. Ich werde ruhig und gelassen.

Das Dreieck ist so weit verbreitet und begegnet uns mit solch einer Ausdauer und Regelmäßigkeit, daß wir ihm nicht entfliehen können. Es ist auch so nützlich, daß wir dann, wenn wir es im Auge behalten, zahlreiche Probleme unseres Innenlebens lösen können.

Oft bilden wir mit anderen Lebewesen eine Dreierbeziehung, doch können auch unbeseelte Objekte, die wir besitzen wollen, die Rolle des »Gebers« einnehmen und von daher ein Dreieck herstellen. Nehmen wir an, ein Heizgerät steht im Raum und wird auf eine von zwei Personen gerichtet. Es bekommt die Funktion des »Gebers«. Wenn die andere Person auf ihre Gefühle achtet, kann sie feststellen, daß sie vielleicht am liebsten die erste Person aus dem Raum drängen würde, um selber gewärmt zu werden, oder, wenn dies unmöglich scheint, das Heizgerät mit Vorliebe zerstören. Sie werden amüsiert feststellen können, daß sich an dem Tag, an dem das

Heizgerät nicht funktioniert, die andere Person freier und leichter fühlt. Menschen, die auf der Ebene des tertiären Selbst leben und aufgrund von Schuldgefühlen ihr sekundäres Selbst nicht ausleben können, mögen über solche Situationen hinweggehen, doch vermitteln diese uns ein wahrhaftiges Bild der menschlichen Psyche. Wir können beispielsweise Offiziere beobachten, die über einen Soldaten streiten oder zwei Personen, die beide denselben Liegeplatz im Zug beanspruchen. In solchen Fällen wird die Person oder der strittige Gegenstand zum Geber.

Wir können solche Verhaltensmuster negativ finden, doch sind die meisten auf der Ebene des sekundären Selbst »natürlich«. Auf der Ebene des tertiären Selbst kann ihr Stellenwert bestritten werden, doch kontrollieren sie unabhängig davon zu einem guten Teil unser Verhalten. *Das bemerkenswerteste Merkmal dieser Dreieckssituation ist die Verbindung zweier Tendenzen: Zunächst wollen wir die dritte Person, die etwas von dem Geber empfängt, abdrängen und umbringen, so daß wir alles bekommen. Wenn wir damit keinen Erfolg haben, wollen wir den Geber selber aus dem Weg räumen, damit die dritte Person auch nichts erhält.*

Beispiel 2

Nehmen wir an, ich habe eine Geliebte. Ich möchte sie sehen und gehe zu ihr. Als ich ihre Wohnung betrete, stelle ich fest, daß sie schon mit jemand anderem sehr freizügig redet. Sie lächelt mich an und stellt mich ihrem Freund vor. Wir geben einander die Hand, und ich versuche, den anderen anzulächeln, doch stehe ich bereits unter Spannung. Mein Sozialempfinden (das tertiäre Selbst) sagt mir, daß ich mich freundlich gegenüber dieser Person verhalten sollte, doch emotional (in meinem sekundären Selbst) sieht es ganz anders aus.

Schritt 1: Ich bin »hier und jetzt« ein wenig nervös. Meine Beziehung zur dritten Person ist gespannt. Selbst mit meiner Geliebten fühle ich mich nicht wohl. Ich möchte nicht, daß sie zu diesem Menschen freundlich ist. Am liebsten würde ich mich aus der Situation zurückziehen.

Schritt 2: Von meiner Position aus bin ich der »empfangende« Teil im Dreieck, meine Geliebte der »Gebende«. Ich möchte ihre Liebe und ihren Kontakt. Dies sind natürliche und richtige Ansprüche meines sekundären Selbst. Daran ist nichts Falsches.

Schritt 3: Zunächst muß ich anerkennen, daß wir beide unseren Rollen verhaftet sind und ich ihre Liebe und ihren Kontakt will. Sie kann entscheiden. Daß bittere Gefühle in mir aufsteigen, zeigt, daß ich von ihrer Liebe abhängig bin. Doch spielen noch andere Faktoren eine Rolle. Ich will sie ganz und gar nur für mich haben und ihre volle Aufmerksamkeit genießen. Mich erschreckt der Gedanke, ihre Liebe mit jemandem zu teilen. Ich bemerke auch den Wunsch in mir, die dritte Person aus dem Weg zu schaffen. Ich möchte diesen Mann schlagen und verletzen. Ich will auch dieses Bedürfnis akzeptieren. Jetzt stelle ich fest, daß ich am liebsten auch meine Geliebte dafür schlagen würde, daß sie einer dritten Person Aufmerksamkeit und Liebe schenkt. Ich fühle mich durch ihre Handlung betrogen. Mein Wunsch und die damit verbundenen heftigen Gefühle verunsichern mich, die Feindseligkeit beiden gegenüber wird zur Ursache meiner Unsicherheit, und ich möchte dieser Situation entfliehen, damit ich mich wieder sicher fühlen kann.

Schritt 4: Das ist mein Verhalten. Ich muß emotional akzeptieren, daß ich passiv und ein »Empfänger« bin. Ich bin von Liebe abhängig und hungere nach dem Kontakt mit dem Liebesobjekt. Ich möchte die dritte Person aus dem Weg räumen. Diesen Todeswunsch gegenüber einem anderen muß ich mir klar vor Augen halten. Dies sind die Tatsachen meines sekundären Selbst. Wenn ich Wirklichkeiten in mir berühre, kann ich besser mit ihnen umgehen und mich leichter in einer Dreiersituation anpassen.

Die Liebessituation zu dritt ist oft die beunruhigendste. Wir können nicht tolerieren, daß die Person, von der wir für die Befriedigung unseres Liebeshungers abhängig sind, noch mit einem anderen Menschen in Liebe verbunden ist.

Wir werden alles tun, was in unserer Macht steht, um die beiden zu trennen. Wir haben den Wunsch, einen von ihnen umzubringen. Da wir jedoch Vergeltung fürchten, fühlen wir uns oft nur sicher, wenn wir uns isolieren, selbst wenn wir dafür das Liebesobjekt aufgeben und es für immer verlassen müssen.

Die letzte Konsequenz solch eines Rückzugs ist manchmal der Selbstmord.

Dieser Konflikt aus einer Dreierbeziehung ist oft die Ursache für die völlige Isolation und Entfremdung eines Menschen. Aus Sicherheitsgründen verwirft er seine eigenen Wünsche, verdrängt seine Grundbedürfnisse und verzichtet auf das Objekt. Indem er sich aus der Situation zurückzieht, schneidet er sich gleichzeitig von seinen eigenen Gefühlen und Wünschen ab: Er entfremdet sich nicht nur von anderen, sondern auch von sich selbst.

Das Grunddreieck entsteht zwischen Kind, Mutter und Vater. Der Vater ist mächtig und überlegen. Im Zweifelsfalle widmet sich die Mutter ihm und läßt das Kind weinend zurück. Das Kind argwöhnt aufgrund seiner Erfahrungen, daß die geliebte Person (die Mutter) ihm gegenüber nicht loyal ist, es betrügen und sich einer anderen Person (dem Vater) zuwenden wird.

Argwohn und die Angst vor Betrug haben hier ihre Wurzeln. Auf dieser

Stufe wird das Dreieck zum Anlaß großer Sorge. Das Kind gewinnt die Überzeugung, daß die dritte Person in einer Dreieckssituation immer mächtig ist und es selber übersehen wird, unterlegen ist und das Liebesobjekt es betrügen und der dritten Person mehr Aufmerksamkeit schenken wird. Von daher entwickelt es natürlicherweise eine Angst vor Dreieckssituationen. Diese Angst kann schrecklich sein, so daß manche Menschen selbst die Ehe um jeden Preis vermeiden.

Das Dreieck bezeichnet eine grundsätzliche zwischenmenschliche Beziehung und umfaßt folgende Elemente:

1. Bedürfnis nach Liebe, Sicherheit und Sättigung.
2. Entstehung des Wunsches, die Mutter ausschließlich und ständig zu besitzen.
3. Eintritt des Vaters in die Szene und Entstehung eines Dreiecks.
4. Ursprung des Gefühls von Mißtrauen und Verrat.
5. Wunsch, den Vater zu töten und aus dem Weg zu räumen.
6. Angst vor Vergeltung durch den Vater und vor Vernichtung.
7. Unterwerfung unter den Vater, um passive Liebe und Sicherheit zu erlangen.
8. Wunsch, die Mutter umzubringen und aus dem Weg zu schaffen, wenn der Vater ihr mehr Aufmerksamkeit widmet. Bedrohende Unsicherheit.
9. Wunsch nach Doppelmord: Vater und Mutter zu töten. Schreckliche Unsicherheit.
10. Verzicht auf das Objekt und Rückzug aus dem Dreieck.
11. Fortentwicklung zu einem entfremdeten Erwachsenen, der heute Angst hat, sich in eine Dreieckssituation zu begeben.

Ein Mensch sollte sich nicht nach seinem Alter oder sozioökonomischen Status beurteilen. Er kann sich innerhalb eines Dreiecks selbst gegenüber Geringstehenden wie ein kindlicher »Empfänger« verhalten. Zwei große Führer, die bei einer großen Versammlung eine Rede halten, können sich ebenso aufführen. Das Zusammentreffen »gibt« ihnen lediglich etwas in der Form, wie die Mutter »gegeben« hat. Eifersüchtig um mehr Aufmerksamkeit und Lob konkurrieren, wünschen, den anderen aus dem Feld zu schlagen, und Überlegenheit beweisen – dies können leitende Motive sein.

Ein kleines Kind kann zum Geber werden, wenn es einem Elternteil mehr zugetan ist als dem anderen und beide Eltern aufgrund emotionaler Störungen unwissentlich wie Empfänger handeln. Selbst der Schüler einer Grundschulklasse kann diese Rolle einnehmen, wenn er einen Lehrer besser findet und mehr lobt als den anderen und beide die Position des kindlichen Empfängers einnehmen.*

* In vielen *Aschrams* in Indien treffen wir auf schwere Dreieckskonflikte. Der geistige Lehrer empfiehlt seinen Schülern, sich von solchen Konflikten fernzuhalten. Doch reicht dieser Rat nicht aus. Sie müßten diesen Prozeß unter psychoanalytischen Gesichtspunkten verstehen lernen.

Beispiel 3
Ein anderes Beispiel aus dem täglichen Leben ist eng mit dem obigen verbunden. Es bezieht sich auf eine Situation, in der zwei Menschen sich aus einem Minderwertigkeitskomplex heraus ständig vergleichen. Dahinter steht der Wunsch, das Empfinden der Minderwertigkeit zu verdecken und stärker zu sein als der andere, um im Dreieck akzeptiert zu werden.

Nehmen wir an, drei Menschen, zwei Männer und eine Frau, baden in einem See. Der eine Mann hat einen kleineren Penis als der andere. Die Geschlechtsteile sind nur undeutlich abgezeichnet, doch geben die nassen Badehosen einen Eindruck davon. Der Mann mit dem kleineren Penis ist sich dessen sehr bewußt, und nicht nur das, er weiß auch um den größeren des anderen. Scheinbar badet er unbekümmert, doch heimlich beobachtet er ständig die Geschlechtsorgane und vergleicht ihren Umfang. Er strengt sich an, den Umfang seines Organes durch lüsterne Gedanken zu vergrößern. Dies gelingt ihm für einen Moment, doch dann fällt es auf die normale Größe zurück. Er ist besorgt, daß auch die Frau seinen kleinen Penis bemerkt. Das macht ihn nervös. Er möchte aus dem Wasser steigen, hat keine Lust mehr zu baden. Der Vergleich, der ihn pausenlos beschäftigt, läßt seinen Mut sinken. Er kann seine Situation folgendermaßen analysieren:

Schritt 1: In der augenblicklichen Situation bin ich nervös und möchte entkommen. Ich bin mutlos. Ich stehe unter Spannung.

Schritt 2: Ich sehe mir meine Stellung in dem Dreieck an. Ich habe einen kleinen Penis, ein minderwertiges Organ. Ich begehre die Frau. Sie zieht einen größeren Penis vor. Sie kann mich und meine Unterlegenheit erkennen und mich abweisen. Deshalb will ich mich zurückziehen.

Schritt 3: Ich fühle mich wertlos, hasse mich und lehne mich ab aufgrund meiner phallischen Minderwertigkeit. Ich will der Situation entfliehen und mich zerstören. Ich will mein eigenes Geschlechtsteil abschneiden, damit ich es in Zukunft nicht mehr sehen muß. Ich bin mein eigener Kastrator. Ich leide schrecklich unter meinem »Mangel an Penis«.

Ich will akzeptieren, daß in der Kindheit jeder einen kleinen Penis hat. Manchmal sieht er so aus, als gebe es ihn gar nicht, so klein ist er. Das ist natürlich, und das sollte ich so annehmen. Ich muß auch intellektuell würdigen, daß ich heute noch dieselben Gefühle über die Größe meines Geschlechtsteils habe wie in der Kindheit.

Schritt 4: Nachdem ich dies erkannt habe, will ich all die Gefühle und Gedanken in mir noch einmal voll zulassen. Ich sehe meine phallische Unterlegenheit und liebe mich damit. Andere sind anders. Ich bin ich. Ich mag mich in dieser unterlegenen Position, wie ich bin. Ich will meiner Unterlegenheit nicht davonrennen. Auch die

> dritte Person kann sie wahrnehmen. Das macht mir nichts aus. Nur ihretwegen vergleiche ich mich ständig mit jedem anderen in dieser Situation. Jetzt nehme ich meine wirkliche Lage an und liebe sie. Sobald ich sie akzeptiere, entfällt mein Bedürfnis, mich zu vergleichen und erbarmungslos zu konkurrieren, und ich fühle mich entlastet.

Das vorstehende Beispiel illustriert die zentrale Ausgangssituation für alle späteren Vergleiche und Konkurrenzkämpfe in einer bedrohlichen Dreieckssituation. Sie wirkt sich im ganzen Leben in all ihren Aspekten aus. Nehmen wir an, ich fahre Rad. Jemand anders hat ein Motorrad. Voller Unmut will ich mein Fahrrad zerstören. Meine Abscheu geht auf meine kindliche phallische Unterlegenheit und die damit verbundenen Gefühle zurück. Tatsächlich wollen wir unseren kleinen Penis aufgrund unseres Minderwertigkeitskomplexes abschneiden. Wenn ich mein Fahrrad (ehrlicherweise meinen kleinen Penis) liebe und annehme, brauche ich mich nicht ständig zu vergleichen und rücksichtslos zu konkurrieren. Die Tragödie solch einer Situation liegt darin, daß mich immer dann, wenn die Versuche, Überlegenheit zu beweisen, mißlingen, der unwiderstehliche Wunsch überfällt, mich zu zerstören und zu kastrieren. Dieser unbewußte Wunsch läßt meinen Mut sinken und führt zu einer schweren Depression. Letztlich ist dieser Wunsch eine der größten Quellen menschlichen Leidens.

In Indien habe ich oft einen weisen Satz gehört. Er besagt, daß wir nicht unsere kleine Hütte verbrennen sollten, nachdem wir den großen Palast eines anderen gesehen haben. Diejenigen, die sich auf der Ebene des sekundären Selbst aufgrund ihrer phallischen Unterlegenheit und dem damit verbundenen Wunsch nach Selbstkastration nicht lieben können, sind in solch einer Gefahr.

Ich habe junge Menschen gesehen, die sich ihre eigenen Kleider vom Leibe rissen, nachdem sie die kostbaren Gewänder anderer gesehen hatten. Ihren Familien ist solch ein Verhalten unbegreiflich; sie müßten wissen, daß dies lediglich ein intensiver Ausdruck des ursprünglichen Wunsches ist, den eigenen kleinen und schmutzigen Penis aus Minderwertigkeit heraus zu zerstören und den größeren von jemand anderem zu besitzen, um überlegen zu sein.

Alle Identifikationen mit großen Männern sind eine Ausgestaltung der obigen Situation. Sie illustrieren die Zerstörung des unterlegenen Selbst und die Einverleibung eines größeren Geschlechtsorgans oder des überlegenen Bildes einer anderen Person, um sich selber stark zu fühlen. Diesen Mechanismus können wir in vielen Situationen aufspüren. Eltern können ihre eigenen Kinder zu hassen beginnen, wenn sie die des Nachbarn sehen und sie hübsch finden, oder die Kinder hassen ihre halbgebildeten Eltern, wenn sie die gutsituierten Eltern von jemand anderem kennenlernen.

Nur ein Heilmittel kann uns aus dieser Misere befreien: Wir müssen lernen, uns so zu lieben, wie wir wirklich sind. Wir sind unterlegen oder hilflos, unzulänglich und abhängig, passiv, »Empfänger«, ein wenig schmutzig und schwach, und wir fühlen uns wertlos. Nachdem wir mit Hilfe unserer Vorstellungskraft all diese Faktoren unserer Kindheit erkannt haben, sagen wir uns selber: »Gut, so bin ich, und so liebe ich mich. Auch andere dürfen mich so sehen. Sollen sie sagen, was sie wollen. Aber das ist mein Selbstbild, und ich liebe es. Ich muß mich mit niemand anderem vergleichen oder konkurrieren. Jeder Vergleich und jeder Wettstreit ist nur ein Ausdruck meines Selbsthasses.«

Diese Selbstannahme, Selbstliebe und Zuneigung für uns selbst sind die einzigen Wege zu Frieden, Glück und nervlicher Stabilität. Nur sie führen zu psychischer Unabhängigkeit. Wenn jemand uns kritisiert oder lobt, sagen wir uns: »Das ist seine Meinung. Ich bin nur, was ich bin. Und ich liebe und mag dieses Bild von mir.«

In einer Dreieckssituation sollten wir uns besonders über unsere Bedürfnisse und Wünsche gegenüber dem »Geber« klarwerden, aber auch die Erfordernisse und Bedürfnisse der dritten Person bewußt wahrnehmen und spüren, daß wir weder ihn noch uns aus der Situation drängen müssen, sondern schuldfrei mit ihm konkurrieren können.

Dabei helfen uns folgende Überlegungen: »Ich gestehe mir meine Notwendigkeiten und Bedürfnisse zu. Ich will den ›Geber‹ oder das Objekt meiner Wünsche nicht verlassen oder preisgeben. Ich will mich auch angesichts der dritten Person an ihm erfreuen und mich emotional völlig sicher fühlen. Ich werde mich nicht schuldig fühlen, wenn der Dritte weggeht. Ich muß meinen Fall auf der Grundlage meiner Erfordernisse und Bedürfnisse vertreten. Ich bin der Überzeugung, daß ich mich gut mit meinem Liebesobjekt amüsieren kann, ohne den Dritten aus dem Feld schlagen zu müssen. Ich bin so gut wie er und kann mit ihm um das Liebesobjekt kämpfen.«

Schuldfreie Konkurrenz ist viel gesünder als vorgetäuschte Güte, mit der ich mein Liebesobjekt aufgebe und dem Dritten überlasse. »Um kleine Dinge soll man sich nicht streiten« oder »soll er es doch haben« und ähnliche Sätze sind in Wirklichkeit bloß Anzeichen für Schuld, Angst und Minderwertigkeit.

Selbstanalyse über die Beziehung zu einer einzelnen Person

Die Beziehung zu einem anderen Menschen ist die erste Bindung in der Psyche eines Menschen. Das Kleinkind verfügt zu Beginn seines Lebens über drei Wirklichkeitsbereiche: Bewußtsein als Teil des kosmischen Bewußtseins, Energie als Teil der kosmischen Energie und einen physischen Organismus mit seinen Vitalbedürfnissen nach Sicherheit und Stillung des Hungers. Eine vierte Wirklichkeitsdimension beginnt bald in ihm zu reifen: das sinnliche Bewußtsein oder das Ich.

Gehört der vierte Bereich anfangs am wenigsten zum Kleinkind, wird ihm doch im Verlauf der Zeit der größte Stellenwert zugewiesen. Die meisten Funktionen des menschlichen Lebens kreisen um ihn. Es ist ein trauriger Beweis für die Weisheit des Menschen, daß er dem, was in seinem Leben am wenigsten echt ist, die größte Bedeutung zumißt und ein williges Opfer dieser Realitätsebene wird. So verwundert es nicht, daß er unglücklich bleibt und sein Leben lang leidet.

Die vierte Realitätsebene entwickelt sich über die Beziehung des Kleinkindes zu einer einzelnen Person, der Mutter. Sobald das Neugeborene an die Brust der Mutter gelegt wird und zu saugen beginnt, damit es seinen Hunger stillt und sich sicher fühlt, ist der Grundstein für die Beziehung mit einem Individuum gelegt. Diese Beziehung gibt uns wichtige Hinweise zum Verständnis unseres Selbst.

In jeder Beziehung zu einem einzelnen Menschen ist der eine der Geber, der andere der Empfänger. Beide können jederzeit ihre Rollen tauschen oder zugleich Geber und Empfänger sein, so zwei Erwachsene beim Liebesspiel.

Im echten psychischen Sinne jedoch sind beide Personen in einer Beziehung grundsätzlich Empfänger, da sie als solche geboren wurden und nie bewußt diese Position aufgegeben haben. Selbst derjenige, der vorgeblich etwas gibt, mag heimlich etwas zurückbekommen oder im Innersten solch eine Erwartung hegen. In der Tat ist die Empfängerseite, direkt oder verschleiert, in jeder Beziehung zwischen zwei Menschen der wesentlichere Teil.

Das ursprüngliche Empfangen bedeutete für das Kleinkind Sicherheit und Sättigung durch den engen Kontakt mit dem Körper der Mutter. Solange das Kind diese beiden Gaben unausgesetzt von ihr erhielt, floß die Energie in ihm frei und ruhig durch das Nervensystem hin zum *Brahma-Randhra.* Dieser freie Fluß bedeutete Liebe, Freude und Lust. Wurde dieser Fluß durch Verweigerung der Mutter unterbrochen, erlebte das Kind dies als Einschränkung seiner Freiheit und reagierte mit Haß. Die dadurch entstandenen Blockaden im Fluß der Energie des Nervensystems bis zum *Brahma-Randhra* sind Zeichen von Haß und Gewalt.

Beide Gefühle haben ihren Ursprung in der Brustfütterung. Liebe existiert als ursprüngliche Bedingung. Haß ist nichts anderes als eine Störung oder Versagung in jener Situation. Die Beziehung des Kleinkindes (Empfänger) zur Mutter (Geber) setzt sich das ganze Leben lang fort. Wenn wir in unserer Beziehung zu einem anderen Menschen das ohne Unterlaß bekommen, was mit unseren Ich-Wünschen übereinstimmt, halten wir eine positive Beziehung zu diesem Menschen aufrecht. Werden die gewünschten Dinge versagt, wird die Beziehung negativ. Für den Analytiker ist es sehr wichtig, solch eine negative Beziehung zu seinen Patienten, besonders bei psychotischen Menschen, zu vermeiden.

Die Versagung erzeugt über den Haß hinaus Schmerzen und Unsicherheit. Eine wiederholte Erfahrung von Schmerz stärkt das falsche Ich und macht uns stolz. Bevor wir uns vor dem Geber beugen, würden wir eher vor Hunger sterben oder andere Methoden finden, den wirklichen Geber abhängig zu machen.

Das Kleinkind versteht sehr deutlich, daß es für die Befriedigung seines Hungers auf jemanden angewiesen ist. Da das Kind in seiner Macht ist, entscheidet der Geber oft für das Kind und entwickelt sich zu einer Autorität, die das Kind kontrolliert. Manchmal sind die Erfahrungen des Kindes mit dieser Person so schmerzhaft, daß es sich in seiner Abhängigkeit völlig verunsichert fühlt. So verliert es einen der wichtigsten Aspekte psychischer Stabilität: die Abhängigkeitssicherheit. Richtigerweise sollten wir uns einem Geber gegenüber abhängig und zugleich sicher und gelassen fühlen. Aufgrund bestimmter Erfahrungen wird diese Sicherheit jedoch erschüttert, und das Vertrauen geht verloren. Ist dies einmal geschehen, begeben wir uns selbst in Krisenzeiten nicht in die Hand eines anderen. Wir spüren eine enorme Angst, Nervosität und Spannung, wenn wir uns auf jemand anderen verlassen sollen, und unternehmen alle Anstrengungen, diese Situation zu vermeiden. Dabei geht es nicht darum, daß solch ein Mensch keine Abhängigkeit möchte. Er kann lediglich die Wiederholung des Schmerzes nicht ertragen, die sie mit sich bringen könnte. Er hat große Sorgen, daß seine Wünsche abgewiesen werden und daß er verspottet, gedemütigt und verletzt wird. Sein Stolz verwehrt ihm, Abhängigkeit zu akzeptieren. Er fühlt sich in der Unabhängigkeit und Selbstgenügsamkeit sicherer. Diese Ich-Bestrebungen erfüllen sich oft durch solche kindischen Maßnahmen wie:

- Sturheit,
- fehlende Kooperation,
- Übergehen der eigenen Wünsche,
- die Weigerung, Autoritäten anzuerkennen und sich ihnen unterzuordnen,
- den ständigen Vergleich und rücksichtslosen Wettstreit mit Autoritäten und den zielstrebigen Versuch, sie auszustechen und zu ersetzen.

Der Verlust von Abhängigkeitssicherheit und das Auftauchen solchen Ich-Strebens wie das der Unabhängigkeit und Selbstgenügsamkeit mögen im sozialen Sinne sehr lobenswert sein. In ihrer zwanghaften Form sind sie vom Standpunkt der geistigen Gesundheit aus negativ. Sie zerstören die Fähigkeit zur Entspannung und setzen uns ständig unter Druck. Sie untergraben Stabilität und führen zu Instabilität und Rastlosigkeit. Die Entstehung dieses Strebens bringt die Illusion mit sich, daß mit seiner Hilfe ein Zustand der Furchtlosigkeit erreicht werden kann, doch tatsächlich entspringt dieser Prozeß der Furcht und führt nur zu einem Anwachsen derselben.

Ein Mensch, der seine Abhängigkeitssicherheit verloren hat, ist in der Tat ein »Empfänger« und auf andere angewiesen, um etwas zu bekommen. Über den Prozeß der Metamorphose und Identifikationsbildung wechselt er jedoch zu einer Position über, in der er unabhängig und selbstgenügsam scheint. Er wird zum Geber, auf den andere für ihre Bedürfnisbefriedigung angewiesen sind.

Die meisten Konflikte in der Welt, die zum seelischen Leiden eines Menschen oder einer Gruppe führen, entspringen der Umkehrung der von der Natur vorgegebenen realen Positionen. Die meisten Menschen (und einige werden nationale und internationale Führer) demonstrieren ein falsches Bild des »Gebers« und halten es unter allen Umständen aufrecht. Sie können feststellen, daß diejenigen, die in ihrer Kindheit als »Empfänger« Schmerzen und Demütigungen erlitten, nicht selten als Revolutionäre, Geber und Wohltäter der Menschheit in ihrem Leben auftreten.

Beispiel 1

Ein Lehrer mittleren Alters sitzt mit einem seiner Schüler zusammen und redet mit ihm. Der Schüler lobt ihn als einen der besten Lehrer, der ihn sehr beeinflußt habe. Der Lehrer gibt ihm ein warmes Essen und eine heiße Tasse Tee. Als der Schüler ihn verlassen will, sagt der Lehrer: »Bleibe noch etwas.« Als er schließlich geht, spürt der Lehrer, wie seine Hochstimmung jäh von einer Depression abgelöst wird.

Aufgrund seines Alters und seines Status mag der Lehrer meinen, daß er den Schüler in der Tat durch seine harte Arbeit beeindruckt habe und dieser auf seine gute Lehre angewiesen sei. Sein Wunsch, den Schüler länger bei sich sitzen zu haben, und seine Mutlosigkeit, als er ihn schließlich verläßt, sollten ihn auf seine wirkliche Lage aufmerksam machen, und er sollte sich fragen:

Warum werde ich trauriger, wenn der Schüler geht? Warum fühle ich mich so zufrieden, wenn er neben mir sitzt und mich lobt? Warum macht mich die Trennung depressiv? Aus diesen Hinweisen läßt sich daher folgern:

Im Innersten bin ich noch ein Kind. Ich möchte von einer liebenden, gütigen und nicht verurteilenden Figur geliebt, anerkannt und berührt werden.

Ich bin der Empfänger, und die andere Person ist der Geber. Meine Vorstellung, daß ich überlegen, älter und der Geber bin, ist auf der emotionalen Ebene bedeutungslos.

Ich bin von meinem Schüler abhängig, und nicht er von mir.

Ich habe Angst vor der Trennung, und ich wünsche mir, daß er länger bei mir bleibt.

Der Lehrer sollte sich sagen: »Ich sehne mich nach Liebe, Kontakt und Geborgenheit. Ich bin das Kind, und ich wünsche mir, geliebt zu werden wie ein Kind. Was ist daran falsch? Diese Bedürfnisse sind natürlich und daher richtig. Ich will sie akzeptieren.«

Beispiel 2
Ein Offizier braucht die Hilfe eines anderen Menschen. Sein eigener Adjutant ist nicht da, so möchte er den Adjutanten eines anderen Offiziers um Unterstützung bitten.

Er zögert jedoch, da ihm diese Person fremd ist und er fürchtet, vielleicht abgelehnt zu werden. Er fühlt sich hin- und hergerissen.

Der Offizier sollte aufmerken und sein eigenes Verhalten folgendermaßen verstehen:

»Zunächst bin ich Mensch und erst dann Offizier. Als dieser Mensch hatte ich, besonders während meiner Kindheit, bestimmte Bedürfnisse und Wünsche, zum Beispiel nach Kontakt und Liebe. Selbst heute sehne ich mich danach, auch wenn diese Wünsche jetzt anders aussehen. In jenem Stadium war ich der Empfänger. Hier und jetzt bin ich in der gleichen Situation. Der andere ist der Geber. Mein Verlangen nach Liebe (oder mein gegenwärtiges Bedürfnis) ist natürlich und daher richtig. Jedoch fürchte ich mich davor, um Hilfe zu bitten, da ich abgelehnt werden und mein Gesicht verlieren könnte. Als Geber hat der andere Mensch das Recht, mich abzuweisen. Ich muß akzeptieren, daß ich von ihm abhängig bin. Er kann entscheiden, ob er mir helfen will oder nicht. Selbst wenn er mich abweist, kann ich in meinem tiefsten Inneren spüren, daß mein Bedürfnis richtig und natürlich ist. Auch in diesem Fall sollte ich mich nicht in Gefühle der Ablehnung oder andere Phantasien dem Ablehner gegenüber verstricken. Wenn ich mir dieses Recht zugestehen kann, habe ich nicht nur die Freiheit, diese Person zu fragen, sondern auch andere. Ich sollte mir auch darüber im klaren sein, daß meine Vorstellung, als Offizier nicht abgewiesen werden zu können, zum tertiären Selbst gehört. Das bin nicht wirklich ich. Ich bin, was ich auf der Ebene des sekundären Selbst bin.«

Die Selbstanalyse wird den Offizier befähigen, um Hilfe zu bitten, ohne schließlich die Qual der Ablehnung zu empfinden, wenn die Hilfe versagt wird.

Ein immer klares Verständnis der Motive unserer Ängste wird uns helfen, sie aufzulösen, so daß wir uns von dem Geber in keinerlei Weise mehr verfolgt fühlen.

Der Wunsch nach dauerndem Vergleich mit einer Autorität und das damit zusammenhängende Gefühl der Minderwertigkeit wird sich verlieren. Wir hören auf, rücksichtslos zu konkurrieren. Die heftige und beleidigende Haltung ihr gegenüber und die dahinterstehende Unsicherheit und Angst verschwinden. Ebenso nimmt die Angst vor einer engen Beziehung zum Geber ab, wenn wir die Stellung des Empfängers akzeptieren.

Statt dessen prägen wir neue Verhaltensmuster aus. Wir können der Autorität voller Liebe, angstfrei und offen in die Augen schauen. Wir können uns in ihrer Gesellschaft entspannen und uns absolut sicher fühlen, ohne befürchten zu müssen, daß wir beurteilt werden. Wir haben keinerlei Bedürfnis nach Rückzug oder Entfernung der Autorität. Wenn nötig, können wir der Autorität vertrauen und ohne Schuldgefühle oder Furcht vor Betrug Geborgenheit und Anleitung suchen.

Während der Rückführung mit Hilfe der psychoanalytischen Meditation gelangen wir an einen Punkt, da unser Bild vom Geber völlig aufgelöst ist. Wir treten in das Stadium des kindlichen Empfängers zurück und können es ohne eine Spur von Schuld oder Ärger annehmen. Es ist uns möglich, uns selber völlig passiv als Baby auf dem Kot oder auf dem Schoß der Mutter oder eines anderen Familienmitgliedes liegen zu sehen. Wir erkennen, daß wir im Vergleich zu anderen Familienmitgliedern nichts sind. Wir können uns nicht einmal bewegen. Wir hängen vollständig von anderen ab. Andere können uns nach ihrem Willen lieben, küssen, aufnehmen oder ignorieren. Wir sind nichts. Bei einer bestimmten Stufe der Meditation sehen wir dieses Bild sehr deutlich. Dann nehmen wir die Situation gefühlsmäßig an.

Wir haben versucht, unsere Situation in Beziehung zu einer Gruppe, einem Dreieck und einem einzelnen zu verstehen. Die Psychoanalyse betont die Kultivierung der Beziehungen. Fälschlicherweise meinen die Analytiker, daß gute Beziehungen das Ziel der Therapie und das Signal für die Heilung seien. Diese erstrebenswerte Entwicklung ist meiner Ansicht nach jedoch kein Endpunkt. Das Ziel allen menschlichen Strebens führt zurück zu seinem Ausgangspunkt: der Freiheit von allen einverleibten, verinnerlichten Bildern und Werten.

Auch in der psychoanalytischen Meditation verfeinern wir unsere Beziehungen zu den Menschen um uns herum, doch betrachten wir diese vorläufige Verbesserung nicht als Ziel, sondern lediglich als eine Etappe auf der Reise. Am Ziel erkennen wir unsere vollständige Leere oder Fülle – beides bedeutet dasselbe.

In der psychoanalytischen Meditation schreiten wir langsam und ständig in eine Richtung voran, in der die Beziehungen jeden Tag weniger werden, bis wir einen Zustand erreicht haben, in dem es keinerlei Bindungen im soziomateriellen Sinn mehr gibt. Bindungen wurden über die Sinne nach der Geburt eingegangen. Wir brachten sie nicht mit uns, als wir geboren wurden. Zum Zeitpunkt des Eintritts in das Erdenleben wußte das Kind nicht, was gut und was schlecht ist. Es kannte nicht die Bedeutung von Vater oder Mutter oder das Verhaltensmuster für Ältere und Jüngere. All diese Meinungen und Vorstellungen wurden von außen einverleibt. Von daher sind alle Bindungen, die in der Psyche existieren – an Menschen, das eigene Land oder an andere Dinge –, dem Bewußtsein äußerlich, Schein. *Das letztendliche Ziel der psychoanalytischen Meditation ist daher nicht die Verbesserung der Beziehungen, sondern ihre Auflösung.*

Nur wenn alle Beziehungen innerhalb der Psyche aufgelöst sind, ist das individuelle Bewußtsein wirklich befreit, und nur dann kann es in Kontakt mit dem kosmischen Bewußtsein treten und seine wirkliche Identität ausfindig machen. Auf dieser Stufe realisiert es sich selber und weiß, daß es nicht der Tropfen, sondern der Ozean ist. Dies ist das letztendliche Ziel.

38. Freies Reden und Schreiben

In den vorangegangenen Abschnitten haben wir uns mit zahlreichen Techniken der Selbstanalyse beschäftigt. Sie geben uns Einblick in unsere psychischen Probleme und erhöhen damit unser Selbstverständnis, doch manchmal gelingt es nicht, mit ihrer Hilfe die Wurzeln unserer Schwierigkeiten auszugraben. Wir können das Problem erkennen, verstehen und sogar unser Verhalten für einige Zeit verändern, doch spüren wir im tiefsten Inneren, daß das Problem fortbesteht und wir nicht völlig frei davon sind. Gibt es andere Techniken, mit deren Hilfe wir das Problem an seiner Wurzel greifen können? Vom psychoanalytischen Gesichtspunkt aus stehen uns zwei zur Verfügung: das freie Reden und das freie Schreiben.

Die Idee des freien Redens ist direkt der psychoanalytischen Technik der freien Assoziation entlehnt. Der Patient wird aufgefordert, all das zu berichten, was ihm zu einem Wort, einer Vorstellung, einem Problem oder einer ihn beunruhigenden Situation einfällt. Ohne Unterbrechung äußert er sich zu einem dieser Dinge und erreicht dabei oft tief unterdrücktes und in seinem Unbewußten verborgenes Material, wie Ängste, Zweifel oder Ereignisse, die mit dem Gegenstand seiner Betrachtung verbunden sind. Oft kann er dadurch dessen Wurzel erkennen. Mehr und mehr tauchen bestimmte, heute unbewußte Situationen auf, die seine Störungen verursachen. Er durchlebt sie erneut und kann durch das klare Verständnis seiner kindlichen emotionalen und seiner jetzigen Wirklichkeit sich von diesen Störungen befreien.

Während Sie zu Hause auf der Couch oder auf dem Bett liegen, können Sie in einem Zustand erhöhter Wahrnehmung Ihre Zuflucht zum freien Reden nehmen. Sie können statt mit dem Psychoanalytiker auch zu sich selbst sprechen. Aus meiner eigenen Erfahrung kann ich sagen, daß diese sehr wertvolle Technik zu zahlreichen Einsichten in der Selbstanalyse führt. Allerdings gibt es drei Hindernisse zu überwinden·

1. Selbstbeurteilung: Das Über-Ich greift unablässig in den Prozeß ein und beurteilt Ihre Erfahrungen als richtig oder falsch. Sie spüren, ob Sie etwas sagen dürfen oder nicht. Oft fürchten Sie, daß jemand Sie hören oder Ihr Geheimnis sonstwie erfahren könnte. Um diese Schranke zu überwinden, praktizieren Sie das Nichteingreifen des Über-Ichs, während Sie frei sprechen. Genießen Sie die Freiheit, das zu sagen, was Ihnen in den Sinn kommt. Konzentrieren Sie sich auf das, was Sie vor Ihrem geistigen Auge sehen, ohne es zu beurteilen.

2. Ich-Verschiebung: Eine andere Barriere liegt darin, daß wir ständig zwischen verschiedenen Ideen, Worten, Szenen oder Ereignissen hin- und herwandern. Wir können während des Redens nicht bei einer einzelnen Vorstellung verweilen. Dieses Phänomen ist als »Ich-Verschiebung« bekannt. Es besagt, daß mit der Vorstellung oder der Szene, über die Sie reden, zahlreiche Ängste verbunden sind, und aufgrund dessen wechseln Sie das Thema. Achten Sie auf dieses Phänomen und darauf, daß Sie bei derselben Vorstellung oder demselben Ereignis bleiben.
3. Die dritte Hürde ist der Widerstand, sich überhaupt zu diesem Gegenstand zu äußern. Sie beginnen und unterbrechen sich aus Widerwillen oder wegen der scheinbaren Bedeutungslosigkeit des ganzen Prozesses. Vorwiegend solche Menschen, die gemäß der psychoanalytischen Charakterkunde eine anale Charakterstruktur haben, kämpfen mit diesem Problem. Sie wollen verhindern, daß Anales sich in Orales zurückverwandelt. Deswegen ist ihr Widerstand groß.

Aus diesen drei Hindernissen leiten wir drei Merkmale des freien Redens ab: Urteilslosigkeit, Vermeidung der Ichverschiebung und Widerstandslosigkeit.

Durch eine kleine Veränderung könnte die Technik der freien Rede noch effektiver werden. Lassen Sie sich in eine Familiensituation Ihrer Kindheit zurücksinken, die mit Ihrem gegenwärtigen Thema zu tun hat. Durch die Verwendung Ihrer Vorstellungskraft und mit Hilfe der freien Rede schaffen Sie damit eine parallele infantile Situation. Diese Situation stellt sich auch ohne bewußten Vorsatz im Verlauf des freien Redens ein, doch dauert der Prozeß länger. Es ist auch möglich, daß die Rückkehr gar nicht gelingt. Entwickeln Sie die Gewohnheit, bewußt zurückzusinken. Diese Anstrengung macht sich nach einiger Zeit bezahlt.

Alle Probleme, denen wir uns heute gegenübersehen, sind lediglich Ausprägungen ähnlicher Probleme unserer Kindheit. Ihre Erscheinungsform hat sich verändert, doch reagieren wir auf sie wie einst. Eine regressive parallele kindliche Situation bringt unsere tiefsten Bedürfnisse, Ängste, Unsicherheiten, Haß und Gewalt ans Licht. Unsere Gefühle heute sind lediglich Fortsetzungen von damals. Wir können mit ihnen besser umgehen, wenn wir das Ursprungsmaterial durch das freie Sprechen über eine vorsätzlich geschaffene parallele regressive Situation wiederbeleben. Wenn wir den Schlüssel zu den Problemen auf jener Stufe gefunden und uns von den Ängsten und Wünschen damals befreit haben, werden wir automatisch unsere heutigen Probleme lösen können.

Beispiel 1

Nehmen wir an, Sie liegen auf der Couch in Ihrem Zimmer. Sie lesen eine Zeitung, und es fällt Ihnen das Wort »nackt« ins Auge. Es ruft bestimmte

Gedanken in Ihnen wach. Sie schließen die Augen, entspannen sich und beginnen zu reden:

»Nackt! Ich sehe viele nackte Männer und Frauen vor mir. Obwohl ich ihre Gesichter nicht erkennen kann, sehe ich deutlich, daß ihre Körper vollständig nackt sind. Ich schaue absichtlich hin. Die Brüste der Frauen und die Geschlechtsorgane der Männer sind nur zu deutlich sichtbar für mich. Ihr Anblick verschafft mir Lust. Ich hebe die Hand, um mit den nackten Sexualorganen dieser Menschen zu spielen. Jetzt sehe ich, daß meine Mutter badet, und sie ist nackt. Ich habe diese Szene klar vor meinen Augen. Sie spielt sich in einem alten Haus ab, in dem ich vor langer Zeit gelebt habe. Ich schaue die Mutter absichtlich an. Sie benutzt Seife. Ich sehe ihre Brüste und den Stil ihrer Haare. Nun sehe ich mich nackt. Ich laufe durch die Straße. Ich bin sehr klein, vielleicht zwei oder drei Jahre alt. Jemand faßt meinen Penis an und macht sich über seinen kleinen Umfang lustig. Ich schaue selber hin. Mein Glied ist tatsächlich sehr klein. Ich zeige es jemandem und lächle. Der andere zeigt mir sein Glied. Ich betrachte es. Die andere Person verschwindet. Ein Kindheitsfreund zeigt mir jetzt seinen Penis. Ja, ich erkenne ihn deutlich. Ich will sein Glied halten, voller Lust. Mir gefällt die Szene. Der Freund entschwindet. Jetzt sehe ich einen Teich, in dem viele baden. Ich sitze am Ufer. Das Wasser verwandelt sich in einen kleinen Fluß. Hunderte baden hier. Ich sehe durch die nasse Kleidung ihre Geschlechtsorgane. Jetzt badet meine Mutter mich. Sie wäscht mich nahe der Hüften mit Seife. Ich fühle Lust in meinem After. Hier und jetzt spüre ich ihre Berührung und die lustvollen Empfindungen.«

Erlauben Sie Ihrer Phantasie beim freien Sprechen, sich überall ohne Kontrolle hinzubewegen, ohne Gefühle der Scham. Diese innere Freiheit ist die notwendige Grundlage für seelisches Glück. Nehmen Sie sich in den Situationen und Szenen, zu denen die Phantasie hineilt, deutlich wahr. In dem obigen Beispiel können Sie möglicherweise folgendes über sich erfahren:

»Ich bin im Innersten noch ein kleines Kind. Ich habe einen kleinen Penis und fühle mich aufgrund dessen unterlegen. Ich will ihn anderen zeigen. Ja, ich bin ein Exhibitionist. Ich will auch die Geschlechtsorgane anderer sehen. Ich bin ein Voyeur. Ich will den größeren Penis von jemand anderem halten, ihn vergleichen und meinen kleinen durch ihn ersetzen. Doch sollte ich besser meinen eigenen gern haben. Was ist an ihm schlecht? Wenn ich ihn so akzeptiere, finde ich mehr Glück und Stabilität. Es ist nicht gut, hinter den größeren Dingen anderer herzurennen. Ich will lernen, mich mit meinen eigenen Gegebenheiten zu mögen, statt sie zu verdrängen und mich zu hassen. Ich spüre Lust in meinem Rektum, wenn meine Mutter meine Pobacken täschelt oder darüberstreicht. Diese Empfindungen gehören zu mir. An ihnen ist nichts Falsches. Ich kann mich auf die Gegebenheiten meines sekundären Selbst einlassen.«

Beispiel 2

Ich liege auf meiner Couch. Ein Freund besucht mich. Er berichtet, daß in seiner Nachbarschaft ein Mord geschehen ist. Nach einiger Zeit geht er, doch die Szene des Mordes läßt mir keine Ruhe. Ich spreche alles aus, was mir zum Wort »Mord« einfällt.

»Ich höre das Wort ›Mord‹. Ich weiß nicht, woher die Stimme kommt. Niemand ist da. Ich selber murmele es vor mich hin. Ich möchte morden. Ich wiederhole den Satz. Keiner ist da, doch bin ich in gewalttätiger Stimmung. Ich knirsche mit den Zähnen. Mein Kopf dreht sich. Dunkelheit umhüllt mich. In mir wühlt die Vorstellung des Mordes. Ich will jemanden umbringen, aber ich sehe niemanden. Alles ist völlig dunkel. Viele Mordgeschichten fallen mir ein, doch sehe ich alles in Dunkelheit gehüllt. Eine Figur taucht aus der Dunkelheit auf. Ihr Gesicht ist noch nicht sichtbar. Gewalt erfüllt mich. Ich will morden. Die Figur wandelt sich in das Gesicht meines Vaters. Ich will nach ihm schlagen, doch da packt mich große Furcht. Ich zittere. Andere Menschen tauchen aus der Dunkelheit auf, vorwiegend Verwandte, meine Brüder und Schwestern, meine Mutter und meine alte Großmutter. Sie ist sehr ärgerlich und fragt mich, warum ich meinen Vater umbringen will. Andere sehen mich ebenfalls voller Überraschung an. Sie erkennen meine Absicht. Ich kann ihnen nicht in die Augen sehen. Ich fühle mich schrecklich unsicher, und ich zittere vor Angst. Ich bin sehr klein. Ich will wegrennen. Die Vorstellung des Mordes klingelt in meinen Ohren. Ich will ihr entfliehen. Ich bin so unsicher, daß ich lieber sterben würde, als noch einmal solch einen Gedanken in mir zu hegen. Ich sehe die Szene eines Filmes. Jemand ermordet einen anderen. Er wird gefangengenommen, in Handschellen gelegt und gehängt. Der Stärkere vergilt ihm die Tat. Ich sehe mich an einem Seil hängen, fühle mich ermordet, gehängt . . .«

Das Beispiel vermittelt verschiedene Einsichten, unter anderem folgende: Ich will morden. Das muß ich mir eingestehen. Jeder, der verletzt und gedemütigt wird, kann diesen Wunsch empfinden. Daran ist nichts Schlechtes. Ich fürchte die Gesellschaft um mich herum. Ich habe Angst, daß sie dieses Bedürfnis in mir wahrnimmt und mich dafür verurteilt. Und nicht nur das, ich fürchte, daß sie mich dafür umbringen wird. Die anderen sind mächtiger als ich. Seit jenem Tag will ich immer mächtiger werden, so daß ich andere ermorden kann, ohne daß sie Vergeltung an mir üben können.

Der Wunsch zu morden bringt oft große Furcht hervor, wenn er nicht immer wieder neu erkannt wird, Furcht vor dem eigenen Tode, die Ursache überhaupt für Angst, Depression und Selbstmord.

Selbstmörder können ein tiefes Verlangen haben, andere umzubringen. Dieser Wunsch erzeugt eine unerträgliche Angst vor Vergeltung, verzehrende Unsicherheit, eine vernichtende Depression und die Furcht vor dem eigenen Tode. Um dieser Gefahr zu entfliehen, begehen manche Menschen in solch einer Situation Selbstmord. Es sind unsere unbewußten und unerkannten Wünsche, die oft zum Fluch unseres Lebens werden.

Wir leben in einer überfüllten Welt. Von daher können wir oft nicht frei reden. Außerdem ruft das freie Sprechen oft mehr Widerstand hervor als freies Schreiben. Wenn Sie diesen beiden Schwierigkeiten beim freien Sprechen begegnen, können Sie diese Technik durch das freie Schreiben ersetzen. Es ist weniger wirkungsvoll, doch dient es demselben Zweck.

Die verschiedenen Schritte, Probleme und Prozesse des freien Schreibens entsprechen denen des freien Redens. Ein Beispiel soll dies verdeutlichen.

Nehmen wir an, ich fürchte mich davor, allein weit abgelegene Orte zu besuchen oder meine Familie zu verlassen. Ich kann der Welt nicht frei begegnen, sondern bin auf die Hilfe anderer angewiesen. Ich schreibe folgendes auf:

»Ich bin ein Kind von drei oder vier Jahren. Ich habe vielleicht etwas falsch gemacht. Mein Vater hat mich um etwas gebeten, und ich habe mich nicht darum gekümmert. Er kommt am Abend heim. Ich werde sehr nervös. Er fragt mich, ob ich seinen Auftrag erledigt habe. Ich schweige und deute damit mein Versagen an. Das ist mein Ende. Ich weiß es. Er kommt mit all seiner Kraft auf mich zu, schlägt und beschimpft mich. Ich fühle mich wie tot. Das ist meine Lage. Niemand hilft mir, niemand steht mir zur Seite. Ich weiß aus meiner Erfahrung, daß ich den ganzen Schmerz zu tragen habe. Ein Schlag genügt ihm nicht. Vielleicht reizt es ihn, daß ich nicht einmal geweint habe. Er ruft mich voller Zorn: ›Komm her!‹ Ich gehe zu ihm im vollen Bewußtsein, was nun geschehen wird. Er packt mich an den Haaren und schlägt und stößt mich. Im Innersten weine ich, aber ich zeige meine Tränen nicht. Ich weiß, wenn ich weine, wird er sarkastisch. Seine bedrohliche Haltung verängstigt die anderen, und sie werden mich aus Furcht vor ihm auslachen. Aus ihrer Angst heraus werden sie auf seiner und nicht meiner Seite stehen. Ich weine nicht, obwohl ich mir im tiefsten Inneren wünsche, daß mich jemand rettet. Er stößt mich. Ich falle. Er beschimpft mich und sagt zu anderen Familienmitgliedern: ›Werft ihn raus.‹ Eine neue Welle der Wut überflutet ihn. Er kommt auf mich zu, zwingt mich zum Stehen und stößt mich zur Tür: ›Verschwinde! Ich will sehen, wer dir draußen Brot gibt.‹ Andere Familienmitglieder sehen dies. Doch wagen sie es nicht, einzugreifen.

Das ist meine Lage in der Familie. Ich sehe sie deutlich. Ich bin nichts. Niemand respektiert mich. Ich bin unerwünscht und werde gedemütigt. Sarkasmus, Spott, körperliche Bestrafung, Schläge, Stöße – das ist meine Wirklichkeit.

In mir pocht das Verlangen, meinen Vater zu schlagen. Doch schon der Gedanke läßt mich erblassen. Wenn er das erfährt, wird er mich bestrafen.

Ich will diese Familie für immer verlassen. Doch erschreckt mich dieser Gedanke fürchterlich. Wohin soll ich gehen? Niemand wird sich um mich kümmern. Der Gedanke, wegzugehen, läßt mich erzittern. Der Wunsch ist da und die Angst. Sie lähmt mich. Ich kann nicht handeln. Ich will in meiner Familie bleiben. Sollen sie mich bestrafen und demütigen. Aber ich werde nicht weggehen. Ich kann nicht nach außen gucken. Fürs schiere Überleben bin ich auf sie angewiesen. Ich will tun, was immer sie von mir verlangen.«

Während ich all dies niederschreibe, erkenne ich, daß ich selbst heute noch dasselbe Kind bin. Ich kann nicht weit entfernte Orte besuchen. Ich hänge immer noch von zu Hause ab. Ich möchte auf die sarkastischen Mächtigen einschlagen, aber ich habe auch Angst vor Vergeltung. Ich spüre, daß ich jeden Aspekt meines Verhaltens wiederhole. Diese Erkenntnis macht mich glücklich. Jetzt kann ich mich von diesem Verhalten befreien und es ändern.

II. Meditation – ihre Bedeutung und Praxis

39. Das Konzept der Rückführung durch die Psyche, Revisualisierung und Transzendenz

Im Christentum wurde das ursächliche Streben des Menschen als jahrhundertealtes, Menschenalter währendes Verlangen beschrieben, im Hinduismus als das Bedürfnis, Gott zu begegnen oder das Streben nach *Mokscha* oder *Mukti* oder *Kaivalja* oder *Nirwana.* Alle diese Begriffe bedeuten dasselbe.

Es ist ein Paradox menschlichen Lebens, daß sich der Mensch immer weiter von seinem Ziel entfernt und die Suche genau in entgegengesetzter Richtung fortsetzt.

Die Frage stellt sich: Warum entfernt sich der Mensch von seinem wirklichen Ziel? Warum kann er die Richtung seiner Suche nicht verändern? Aus der Sicht der psychoanalytischen Meditation gibt es dafür zwei Gründe:

Der Charme und die Anziehung dieser illusionären Welt, genannt *Maja,* oder der soziomateriellen Welt sind so groß, und unsere Bindung an sie ist aufgrund unserer Bedürfnisse so tief, daß es fast unmöglich scheint, sie aufzugeben. Luxuriöse Autos zu fahren, die geschmackvollsten Dinge dieser Welt zu essen, die schönste und sinnlichste Haut eines menschlichen Körpers zu lieben, zum Mond zu fliegen, farbenfrohe Kleidung zu tragen, in Wolkenkratzern zu leben; all diese Dinge locken und versklaven das individuelle Bewußtsein. Hinzu kommen Feste, Hochzeiten, Sportkämpfe und viele andere attraktive Ereignisse. Ja, was für eine wunderbare, verzauberte Welt. Es sieht so aus, als müßten wir all dies genießen. Die Wünsche wachsen ins Endlose, und das Bewußtsein muß sich immer weiter anstrengen, um sie zu erfüllen. *Kein Bedürfnis wird je endgültig und für immer befriedigt, da es in diesem Prozeß immer neue Bedürfnisse gebiert.*

Der zweite Grund liegt darin, daß wir auf der Reise rückwärts zum kosmischen Bewußtsein nicht ohne weiteres Ruhe und Glück genießen können. Zunächst müssen wir zahlreiche Schmerzen und Leiden durchstehen, die es uns doppelt unmöglich machen, ans Ziel zu gelangen. Der Weg zum Himmel führt durch die Hölle, und keiner von uns ist bereit, sie zu durchschreiten, selbst wenn der Himmel uns winkt.

Die Reise rückwärts ist die widerwärtigste Aufgabe im Leben. Solange Ihnen die materielle und soziale Welt noch etwas innere Befriedigung bietet, werden Sie sie nicht unternehmen. Gott hat jedoch seine eigenen Mittel, die Menschen auf diesen Pfad zu bringen. Während Sie noch im Zustand des »Werdens« leben und eine große Karriere in der soziomateriellen Welt verfolgen, können Sie mit einer erschütternden Erfahrung von Schmerz und Enttäuschung konfrontiert werden. Beispielsweise stirbt der einzige Sohn, auf den die Mutter all ihre Hoffnungen gesetzt hat, bei einem Unfall. Oder der vergötterte Ehemann fällt im Krieg. Oder die Geliebte, in die jemand seine Gefühle und sein Geld investiert hat, läuft mit einem anderen davon. Oder der phantastische Reichtum des wohlhabenden Mannes wird durch eine ökonomische Krise zerstört. Was geschieht in solchen Fällen? Solche Ereignisse erschüttern oft die gesamte Persönlichkeit des Betreffenden und rütteln an dem Selbstbild, das sich dem Ich-Streben gemäß aufgebaut hat. Unvermeidlich erleidet man Höllenqualen. Depressionen, Ängste und Selbstmordgedanken umlauern einen. Der Mensch brennt im »Fegefeuer«. Die Hohlheit des Ich-Strebens eröffnet sich seinem Auge in einem einzigen Augenblick. Reichtum, Größe, sozialer Status, Schönheit: Sie alle sind nutzlos. Der Mensch betet: »O Gott, rette mich. Ich will mich niemals wieder an solche Werte binden. Oh, erlöse mich von der Qual. Ich sterbe.«

Im Buddhismus wird diese Erfahrung bildhaft beschrieben. Danach wird der Mensch von einem giftigen Pfeil getroffen, und er schreit auf in Schmerz. All sein Streben richtet sich nur noch darauf, daß der Pfeil entfernt und er von der Qual erlöst werde. In der modernen Psychologie werden solche Erfahrungen als »Nervenzusammenbrüche« bezeichnet. Die schlimmste Form ist die paranoide Depression. Oft wird sie für den Menschen zu einer Hölle ohne Ende. Sie kann ein verborgener Segen sein, wenn der Leidende sich auf die Suche nach der wahren Bedeutung des Lebens begibt. Im Leben einiger Individuen erfüllt diese Krankheit dieses Gott geweihte Ziel.

Der Leidende läuft zu Heiligen, Psychiatern und all den Menschen, die ihn von der Qual zu erlösen versprechen und ihn über die Bedeutung des Lebens aufklären können. Wenn es Gottes Wille ist, wird ihm bei der Rückführung durch die Psyche mit Hilfe der Psychoanalyse oder der Meditation oder beider Methoden geholfen werden.

Oft wird das erschütternde Ereignis auch gerühmt in Worten wie: »O Herr, du tauchtest mich in die tiefste Dunkelheit. Hast du mich ausersehen, dein Licht so fest in mir zu verankern, weil du wußtest, daß ich diesen gefährlichen Test durchstehen würde? Hast du mich ausersehen als deinen Fackelträger in den Strudeln der Hölle?«

Solche Worte sind angemessen. Wenn Sie lediglich nach Medikamenten, Elektroschockbehandlung oder ähnlichen Therapien Ausschau halten, werden Sie nur eine kurzfristige Erleichterung erleben und möglicherweise diese einmalige Gelegenheit, das letztendliche Lebensziel zu verwirklichen, verpassen. Aber wenn Sie durch die Gnade Gottes die Reise rückwärts beginnen und langsam und stetig auf diesem Weg voranschreiten, werden Sie tatsächlich zum Fackelträger Gottes, indem Sie sich vollständiges Wissen über das Selbst, das kosmische Bewußtsein und die segensreiche spirituelle Energie aneignen.

Wenn Sie ein Opfer von Spannungen, Reizungen, Wutausbrüchen, Ängsten, Trauer, Depressionen, Phobien oder Süchten sind, oder wenn Sie auch nur ein Mensch mit sehr dynamischer und fortschrittlicher Natur sind, was und wer immer Sie sind, warten Sie nicht auf ein erschütterndes Ereignis. Beginnen Sie den Pfad der Psychoanalyse und Meditation heute, hier und jetzt. Mit seiner Hilfe können Sie das Glück, das Ihr Geburtsrecht ist, finden. Zweifel, Bedenken und Widerstände werden Sie heimsuchen. In diesem Fall mag Ihre Stunde in »Seinem Plan« noch nicht gekommen sein. Aber wenn das, was hier zur Sprache kam, Sie unmittelbar anspricht, inspiriert und zum Ausprobieren veranlaßt, könnte dies der Beginn Ihres Erwachens sein.

Was bedeutet die Reise rückwärts durch die Psyche aber nun genau? Als unbefangener Leser könnten Sie den Satz so verstehen, als sollten Sie all Ihren Besitz sofort aufgeben und Ihren heutigen fortschrittlichen Weg gegen einen rückschrittlichen eintauschen. Dies ist nicht so.

Die Umkehrung der Richtung der Lebensreise heißt nicht, daß Sie auf weltliche Dinge verzichten oder Ihre Arbeit in der soziomateriellen Welt aufgeben sollen. Weder weltlicher Besitz noch Ihre Tätigkeit sind die Ursache für seelischen Schmerz, sondern die Einstellungen, Ängste und Bestrebungen, die im sinnlichen Bewußtsein verankert sind. Sie fesseln das individuelle Bewußtsein. Die Ablösung von diesen inneren Bindungen allein wird Ihnen mehr Glück und Frieden bringen. Der Verzicht auf diese inneren Ketten ist der wirkliche Verzicht. So bedeutet diese Reise rückwärts ein rein psychisches und spirituelles Phänomen, das nicht im Widerspruch zur materiellen Welt steht. Sie kann all das in der Psyche abbauen, was dort von Geburt an errichtet wurde. Dieser Prozeß ist der des »Entlernens«, der »Dekonditionierung« und »Entwerdung«: das Abschälen von vielen Schichten der Gedanken, Ängste und Wünsche, die das individuelle Bewußtsein umhüllen, die Entfernung all der Fäden, die tausendfach das Juwel unseres Bewußtseins umgarnen.

Dieser Prozeß läßt sich in geläufigen Begriffen der Psychoanalyse und Meditation auch als »Wiedererleben«, »Dekonditionierung« oder »Transzendenz« beschreiben.

Das »Wiedererleben« tatsächlicher Ereignisse unseres vergangenen Lebens ist dabei wesentlich, doch entscheidender ist die »Revisualisierung« dieser Erfahrungen. Der erste Vorgang bezeichnet einen zentralen Teil der Psychoanalyse, der zweite den der Meditation. Beide befreien uns von Spannungen, Ängsten und Beziehungen. Beide helfen uns, die Wurzeln unserer Gefühle, Einstellungen, Meinungen, Beurteilungen und Verhaltensmuster aufzudecken: unsere Wünsche, Sehnsüchte und animalischen Reaktionen.

Wenn wir den ganzen Komplex noch einmal bewußt durchlebt und vor unserem inneren Auge gesehen haben, können wir ihn bewußt fallenlassen. Das bedeutet Transzendenz: Unsere Bedürfnisse, Sehnsüchte, Ängste, Beziehungen, Meinungen, Urteile und Verhaltensmuster binden uns nach diesem Akt nicht mehr. Die totale Auflösung unseres Ichs oder unseres sinnlichen Bewußtseins führt uns zum primären Selbst. Dazu verhelfen neben den bereits beschriebenen Techniken der Psychoanalyse die der Meditation.

40. Die Technik der Meditation

Als Meditation werden Techniken bezeichnet, die von altehrwürdigen Heiligen aller Länder und Religionen entwickelt wurden, um seelisches Leiden zu heilen und psychische und spirituelle Befreiung zu erlangen. Die Techniken variieren, doch sind die darin liegenden Prozesse, die sich auf die psychische und spirituelle Entwicklung richten, mehr oder weniger gleich.

Die Meditationstechniken erscheinen dem Verstand zu Anfang oft bedeutungslos und erweisen sich erst nach Jahren der Praxis als die ausschlaggebenden Dinge im Leben. Sie sind jeder Arbeit, jeder Erziehung und allen Leistungen in der sozioökonomischen Welt überlegen, da sie in zunehmendem Maße jenen befriedigenden Zustand herbeiführen, nach dem sich ein Mensch im Innersten zeit seines Lebens sehnt, auch wenn er sich dessen nicht bewußt ist.

Im weiteren Verlauf soll eine zentrale Technik vorgestellt werden. Wenn Sie sie unter Berücksichtigung all der Vorsichtsmaßnahmen, die in der Meditation notwendig sind, korrekt anwenden, finden Sie mit Sicherheit innere Erfüllung. Doch müssen Sie sie einige Monate lang üben, um ein Gespür für ihre Wirkung zu bekommen.

Hier kann ich Ihnen nur das Samenkorn anbieten: die Technik und das damit verbundene *Mantra.* Damit haben Sie noch nicht den fruchtbeladenen Baum. Ich gehe davon aus, daß die meisten Menschen, die zu diesem Buch greifen, unglücklich sind oder unter Spannungen leiden. Vielleicht wollen sie das Glück sofort genießen. Doch gibt es keine Abkürzung zu Frieden und Freude. Sie können innere Erfüllung finden, doch müssen Sie dafür arbeiten und den hier dargebotenen Samen am richtigen Ort einpflanzen und durch tägliche Übung wässern, bis daraus ein Baum gewachsen ist, der Früchte trägt. Niemand kann diesen Baum für Sie heranzüchten, so daß Sie nur die Früchte zu ernten bräuchten. Wenn Sie sich voller Ungeduld dieser Mühe nicht unterziehen wollen und den Samen fortwerfen, sind Sie auch dafür verantwortlich, daß Sie diese Gelegenheit nicht genutzt haben. Nur Sie sind der Verlierer.

Lesen Sie sich zunächst die verschiedenen Schritte, die im einzelnen beschrieben werden, durch, und üben Sie dann jeden Schritt ein paarmal, bis alle zu einem einzigen Ablauf zusammenfließen.

Wählen Sie einen gut isolierten und durchlüfteten Platz in Ihrer Wohnung. Stellen Sie dort ein Fußbänkchen auf und bedecken Sie es mit einer doppelt oder vierfach gefalteten Wolldecke. Legen Sie ein sauberes, weißes Tuch auf diese Decke. Dies ist Ihr Meditationssitz, ein Ort des Friedens und des Rückzugs von den weltlichen Geschäften. Nach und nach sollte dieser Platz Ihnen heilig werden. Achten Sie auf seine Sauberkeit.

Wenn Sie einen geistigen Lehrer haben, stellen Sie sein Bild vor den Meditationssitz. Andernfalls wählen Sie die Gottesform, die Ihnen vertraut ist. Weihrauch und Blumen helfen Ihnen zusätzlich, all Ihre Sinne rasch auf eine Richtung hin zu konzentrieren.

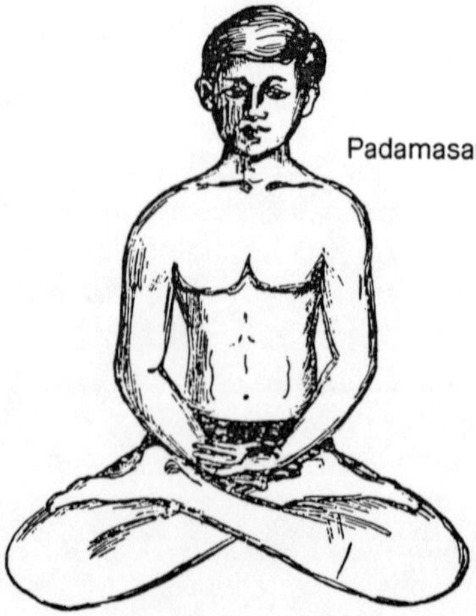

Abbildung 21

Reservieren Sie eine Stunde morgens und abends für die Meditation. Wenn Sie meinen, daß Sie angesichts Ihres geschäftigen Lebens so viel Zeit nicht erübrigen können, halten Sie sich jeweils eine halbe Stunde dafür frei.

Anfänglich genügen auch fünfzehn Minuten morgens und abends. Wenn Kopfschmerzen, Schwindel, Dunkelheit oder Angst Sie erfassen, hören Sie mit der Meditation auf und versuchen Sie es erneut nach einiger Zeit. Wenn Sie sich entspannt und wohlig fühlen, verlängern Sie die Zeitspanne.

Abbildung 22

Wenn Ihnen die Morgen- und Abendstunde ungelegen scheinen, wählen Sie sich Ihre Zeit nach Ihren Bedürfnissen. Wenn Sie einem bestimmten Tagesrhythmus folgen, so bauen Sie die Meditation darin ein. Achten Sie darauf, daß Sie die festgelegte Zeit so regelmäßig wie möglich einhalten.

Die beste Zeit am Morgen ist zwischen 4.00 und 5.00 Uhr, wenn es noch ein wenig dunkel ist und die Sterne am Himmel flimmern. Die beste Zeit am Abend ist die Stunde der Dämmerung.

Waschen Sie Ihr Gesicht, Ihre Hände und Füße, nicht um eines religiösen Rituals willen, sondern damit Sie während der Meditation nicht unnötig durch schlechte Gerüche abgelenkt werden. Darüber hinaus kann das Waschen Sie emotional motivieren und Ihre Aufmerksamkeit für die Meditation aktivieren. Nehmen Sie auf Ihrem Meditationssitz in entspannter Haltung Platz. Die beiden empfohlenen Haltungen sind in den Abbildungen 21 und 22 dargestellt: *Padmasana* und *Siddhasana.* Im *Siddhasana* preßt die Ferse des linken Fußes auf den Damm, die Stelle zwischen Anus und der Wurzel des Penis oder der Scheide und aktiviert die darin liegenden Nerven. Ihre Hände können Sie auch so zusammenlegen wie in Abbildung 21 vorgeschlagen. Diese Haltungen gestatten es Ihnen, auch über längere Zeit Ihren Körper entspannt und aufrecht zu halten.

Legen Sie Ihre Zunge soweit wie möglich nach oben um. Versuchen Sie zu spüren, daß sie den Mittelpunkt zwischen den beiden Augenbrauen berührt. Gehen Sie langsam vor und üben Sie dies über einen längeren Zeitraum, ohne die Zunge zu sehr zu strapazieren. Diese Technik des *Nabho-Mudra* hebt das individuelle Bewußtsein von den unteren Seinsebenen zu den höheren empor und schenkt Ihnen geistige Kraft.

Während Sie in entspannter Haltung und mit nach oben gefalteter Zunge auf Ihrem Meditationsbänkchen sitzen, stellen Sie sich vor, daß Sie wie in Abbildung 23 auf dem Globus sitzen. Sie sind allein, gehören zu niemandem, und niemand gehört zu Ihnen.

Konzentrieren Sie sich auf die Mitte zwischen den Augenbrauen an der Nasenwurzel. Sie können, wenn Sie Ihre Aufmerksamkeit dorthin lenken, einen Lichtpunkt oder eine kleine Flamme spüren. Sie können sich auch auf das Bild Ihres geistigen Lehrers oder der Ihnen genehmen Gottesform konzentrieren, um Ihre Aufmerksamkeit zu bündeln. Jeder Gegenstand, der die Wahrheit repräsentiert, eignet sich für diesen Zweck. Aber da das Licht das Wesen unserer letztgültigen Wirklichkeit ist, empfiehlt es sich, sich einen Lichtpunkt oder eine Lichtflamme an diesem Punkt vorzustellen und die Aufmerksamkeit darauf zu richten.*

Abbildung 23

* Wählen Sie eine der Möglichkeiten, die, auf die Sie sich in entspannter Weise konzentrieren können. Bleiben Sie bei dem Symbol, für das Sie sich einmal entschieden haben. Wenn Sie zur besseren Konzentration das Bild eines geistigen Lehrers oder einer Gottesform wählen, so hängen Sie es an verschiedenen Stellen Ihrer Wohnung auf.

Während Sie sich vorstellen, daß Sie losgelöst von allen Menschen auf der Erdkugel sitzen, und während Sie sich auf die Mitte zwischen den Augenbrauen konzentrieren, atmen Sie langsam und gleichmäßig ein und aus. Sie atmen ein und spüren, wie der Atem durch Ihren ganzen Körper bis zu den Zehenspitzen fließt. Während Sie ausatmen, spüren Sie, wie der Atem von den Zehen aufsteigt und durch die Beine und das Rückgrat* zur Mitte zwischen den Augenbrauen strömt. Die Aufwärtsbewegung des Atems bringt Energie, Licht, Freude und Seligkeit mit sich, die sich in der Mitte zwischen den Augenbrauen in der Form eines Lichtpunktes oder einer Flamme sammeln. Ihre Aufmerksamkeit nimmt dort zu. Sie bleibt entweder auf die Atmung oder diesen Lichtpunkt beziehungsweise die Flamme gerichtet.**

Eines der wichtigsten Teile ist das *Mantra*, der göttliche Satz, eine Gestalt kosmischer Laute, die uns hilft, das sinnliche Bewußtsein aufzulösen und mit Gott oder dem kosmischen Bewußtsein zu verschmelzen.

Bei jeder Einatmung sprechen Sie zusätzlich zu den beschriebenen Vorstellungsbildern und Gefühlen das Wort »So« vor sich hin, bei jeder Ausatmung entsprechend das Wort »Ham«. Ihr *Mantra* lautet also »So-Ham« und bedeutet: »Ich bin das.« Es stellt eine langsame und stetige Reise rückwärts dar, von dem ausgehend, was Sie heute sind, zu dem, was Sie gestern und vorgestern waren, bis Sie Ihre ganze Vergangenheit sehen können.*** Ihr Bewußtsein (also Sie) wird die gesamte Vergangenheit (von diesem und vorherigen Leben) auflösen und mit dem kosmischen Bewußtsein, dem es (also Sie) entsprungen ist, verschmelzen. Wie ein Tropfen Wasser, der in den Ozean einmündet, zum Ozean selber wird, werden Sie zu Gott, nachdem Sie sich mit ihm vereint haben.****

Ich muß noch einmal betonen, daß die Ein- und Ausatmung normal, ohne Spannung oder Druck oder bewußte Steuerung erfolgen sollte. *Manana* oder nach innen gerichtetes Denken ist der letzte und wichtigste Schritt. Während Sie sich auf den Atem oder das Licht zwischen den Augenbrauen konzentrieren, werden Sie feststellen, daß zahlreiche menschliche Gesichter, mit denen Sie über Haß- oder Liebesbeziehungen verbunden

* Der Pfad des Joga sowie die anderen spirituellen Geheimnisse sind im Rückgrat verborgen.

** Die sehr wirkungsvolle Meditation, die sich auf das Licht konzentriert, wird *Jyoti-Sadhana* genannt.

*** In der Meditation wird dieser Prozeß als das Schwimmen gegen den Strom bezeichnet.

**** Das Geheimnis der Meditation und des *Mantra* werden gemäß alter Jogi-Tradition dem Schüler vom geistigen Lehrer zum Zeitpunkt seiner Einweihung übermittelt. Aufgrund des großen seelischen Leids der Menschheit und der geringen Zahl selbstverwirklichter geistiger Lehrer ist jedoch die Zeit gekommen, dieses große Geheimnis allen offen zugänglich zu machen. Aufgrund meiner Erfahrung und der beschriebenen mystischen Kommunikation bin ich davon überzeugt, daß Gottes Wille dahinter steht. Dennoch empfehle ich Ihnen, sich von einem selbstverwirklichten Menschen in diese Verfahren einführen zu lassen.

sind, und zahlreiche Bedürfnisse und Bilder auftauchen, die immer wieder Ihre Aufmerksamkeit auf sich ziehen. Beobachten Sie sie und verstehen Sie die Natur. Sie sind Ausdruck des äußeren Materials, das über das sinnliche Bewußtsein einverleibt wurde und Ihnen über die daraus entstandenen Bindungen Kummer bereitet. Sie sind der Zeuge, das Bewußtsein, die Kenntnis. Ihr sinnliches Bewußtsein ist nur Materie. Beobachten Sie es weiter und lösen Sie sich von ihm ab. Wann immer Ihre Aufmerksamkeit sich auf Ihr sinnliches Bewußtsein richtet, auf Ihre Vorstellungen, Bedürfnisse und Bilder, fragen Sie sich: »Wohin bin ich gegangen? Was denke ich?« und machen Sie sich Ihre Innenwelt bewußt. Lösen Sie sich von ihr ab und bringen Sie Ihre Aufmerksamkeit zu Ihrem Atem oder dem Lichtpunkt zurück.

Sie sollten Ihre Meditation regelmäßig durchführen. Anfangs haben Sie vielleicht Schwierigkeiten mit der Koordination von Atem, Vorstellungsbildern, Gefühlen und *Mantra*, sie wirken wie getrennte Teile. Setzen Sie sich zum Ziel, sie aufeinander abzustimmen und zu einem Stück zusammenfließen zu lassen. Nach einiger Übung wird Ihnen dies gelingen, und Ihre Meditation wird sanft und ruhig verlaufen.

Während der Meditation sollten Sie entspannt sein und sich nicht zu sehr anstrengen. Sie müssen mit Ihrem sinnlichen Bewußtsein nicht ringen. Es geht seinen eigenen Weg. An einem Tag kooperiert es vielleicht überhaupt nicht mit Ihnen. Lassen Sie sich dadurch nicht entmutigen, sondern beobachten Sie mit einem Lächeln, welchen Weg es verfolgt. Dann wird es beginnen, mit Ihnen zusammenzuarbeiten. Versuchen Sie nie, es mit Hilfe Ihres Über-Ichs niederzuzwingen. Damit haben Sie in der Regel keinen Erfolg.*

* Ich möchte Sie auf einige Techniken hinweisen, die mir für meine Meditationspraxis nicht zur Verfügung standen und die ich um einen hohen Preis erlernte, als die *Kundalini*-Störungen begannen. In den späteren Stadien der Meditation, wenn die Psyche sich in einem entspannten Zustand befindet, sollten Sie immer wieder auf folgende Punkte achten:

1. Während wir uns auf das Licht in der Mitte zwischen den Augenbrauen konzentrieren, vergewissern wir uns, daß sich alle fünf Sinne dort sammeln. Wir sehen, schmecken, berühren, hören und riechen diesen Punkt. Damit ziehen wir alle Sinne vom Inhalt des sinnlichen Bewußtseins ab.
2. Wenn das Bewußtsein hinwegeilt, betrachten wir dessen Inhalt und erkennen, daß die Bedürfnisse und Bilder vorübergehend, vergänglich und zerstörbar sind. Dieses vorübergehende und zerstörbare Material kann uns keine beständige und ewige Seligkeit bescheren. Daher sollten wir uns von ihm abwenden und uns auf die Mitte zwischen den Augenbrauen konzentrieren.
3. Wir nehmen wahr, daß unser Bewußtsein sich an etwas anheftet, das der Vergangenheit, Zukunft oder weit entfernten Plätzen zugehört. Wir lösen uns immer wieder davon ab und kehren zur unmittelbaren Gegenwart des Hier und Jetzt zurück.
4. Während wir auf die obigen drei Punkte achten, stellen wir uns unablässig die Schlüsselfrage: »Wer bin ich?« Wir nehmen all das Material des sinnlichen Bewußtseins, die Vergangenheit, Gegenwart und räumliche Entfernung wahr und sagen uns: »Ich bin weder das noch das, noch das, . . .«

   Das heißt: In den späteren Stadien der Meditation müssen wir alle psychoanalytischen Meinungen ablegen, da sie in letzter Analyse falsch sind.

Es ist gut möglich, daß sich während der Meditation Zweifel einstellen, da unser gesamtes Ich auf ihnen aufgebaut ist. Kein Argument wird sie aus dem Weg räumen. Der einzige Ausweg liegt darin, mit der Meditation fortzufahren. Nach einigen Monaten werden Sie die Erfahrung machen, daß nicht alles auf der Ebene der Vernunft erklärt und verstanden werden kann. Manches Wissen liegt jenseits dieser Ebene. Doch Sie müssen sich diesen Erfahrungen um Ihrer selber und nicht um anderer willen stellen. Nur Sie werden aus ihnen Gewinn ziehen, kein anderer. Praktizieren Sie die Meditation einige Monate lang und überzeugen Sie sich von ihrer Wirksamkeit. Sie werden erkennen, wie sehr wir Sterblichen von Unwissenheit umgeben sind. Dies wird der erste echte Schritt von der Unwissenheit zum Wissen, von der Dunkelheit zum Licht sein. Nicht alles ist mit unserem Verstand zu begreifen, besonders nicht das Wissen über Seele und Geist. Für den Pfad der Erfahrung brauchen wir deshalb Glauben.

41. Mögliche Erklärungen

Die ersten beiden Schritte der Meditationstechnik bezogen sich auf die Wahl eines geeigneten Sitzplatzes und die regelmäßige Durchführung von Meditationen. Ein gesonderter Platz ist deshalb wichtig, weil er hilft, Ablenkungen zu vermeiden. Das Abbrennen von Weihrauch, das Aufhängen von Bildern eines geistigen Lehrers oder einer Gottesform, Blumen, Sauberkeit und die Attraktivität des Sitzes helfen den fünf Sinnen, sich auf die Meditation zu konzentrieren und damit innere Ruhe zu finden. Die äußere Umgebung kann also zum seelischen Frieden beitragen, auch wenn sie ihn nicht auf einer permanenten Basis herstellen kann. Dazu müssen zahlreiche seelische Konflikte gelöst werden. Doch können äußere störende Faktoren diese inneren Konflikte heraufbeschwören, indem sie durch den Mechanismus der Übertragung selber zu ihrer Ursache werden. Selbst geringfügige äußere Ablenkungen können innere Spannungen erzeugen. Damit wird jeder Konzentrations- und Meditationsprozeß anstrengend und ineffektiv. Die richtige physische Umgebung ist daher ein wichtiger Punkt für die Meditationspraxis.

Das Sitzen auf einem Holzbänkchen, das mit dicken Woll- oder Baumwolldecken bedeckt ist, hat ebenfalls einen besonderen Grund. Der Meditationsprozeß oder Joga setzt eine bestimmte Menge an Energie frei, die in den psychischen Strukturen gebunden ist. Gelegentlich können Sie die Aktivität dieser Energie während der Meditation selber beobachten. Holz und Wolle sind schlechte Leiter für die »Elektrizität« oder die erzeugte spirituelle Energie. Sie lassen nicht zu, daß die Energie in die Erde abfließt und damit vergeudet wird. Die Quelle dieser Enegie ist, wie im Kapitel über die Theorie der Psyche ausgeführt, kosmischer Natur.

Der zweite Punkt bezieht sich auf die Zeitdauer und die Regelmäßigkeit der Meditation. Der Vorschlag, eine Stunde morgens und abends zu meditieren, hat mehrere Gründe:

Die Morgenstunde (wenn noch die Sterne am Himmel stehen) erleichtert die Konzentration, weil sowohl die äußere Umgebung wie das Innenleben zu diesem Zeitpunkt noch ganz ruhig sind. Die Es-Wünsche haben sich in der vorausgehenden Schlafperiode in Träumen ausleben und teilweise Erfüllung finden können. So stören sie in der Morgendämmerung kaum das Bewußtsein, deshalb empfiehlt sich diese frühe Stunde. Die Abendmeditation, besonders wenn sie in der Dämmerung stattfindet, hilft, bestimmte Nervenbahnen aufzulockern und unbewußtes Material freizusetzen, das dann im Traum weiterverarbeitet werden kann.

Der Zeitraum von einer Stunde bietet sich an, weil die Erfahrung lehrt, daß der Geist in den ersten fünfzehn oder zwanzig Minuten der Meditation oft in zahlreiche Richtungen abschweift und so eine Konzentration auf den inneren Frieden zeitweise verhindert. Natürlich ist es auch möglich, daß Sie diesen Zustand sehr rasch oder gar nicht während der ganzen Stunde erreichen.

Ratsam wäre es also, sich für die Meditation zwei Stunden zu reservieren, eine am Morgen, eine am Abend, doch können Sie Ihren Plan natürlich auch gemäß Ihren Notwendigkeiten verändern.

Regelmäßigkeit ist ebenfalls ein wesentlicher Aspekt. In Indien sagen die Heiligen, daß Gottes Agenten jeden Tag notieren, an dem meditiert wird. Läßt man einen Tag aus, wird wie in der Schule die Abwesenheit vermerkt, und Gott ist darüber nicht sehr erfreut.

Der Hauptgrund scheint darin zu liegen, daß Regelmäßigkeit Gewohnheiten ausformt und stabilisiert, die die Kontinuität der Entwicklung aufrechterhalten. Der Prozeß ist einfach. Mehr Meditation lockert mehr psychische Muster auf, die vor dem inneren Auge ausgebreitet werden. Darüber kann sich das Bewußtsein aus den Fesseln lösen.

Die Sitzhaltung in der Meditation ist umstritten. Bevor wir uns mit den verschiedenen Meinungen über die beste Haltung auseinandersetzen, sollten wir uns klarmachen: Nur ein geeigneter Sitz wird uns erlauben, über einen längeren Zeitraum entspannt und bewegungslos in dieser Haltung zu verharren.

Das Rückgrat sollte dabei aufrecht sein. Es birgt die Spiritualität und alle Geheimnisse des höheren Lebens und ist deshalb besonders wichtig. Eine aufrechte Wirbelsäule gestattet durch den freien Fluß der kosmischen Energie, des *Prana*, ein leichtes Auflockern des darin enthaltenen Wissens.

Die Haltung soll auch den Prozeß der Atmung, ein langsames, gleichmäßiges und ruhiges Ein- und Ausatmen, erleichtern. Anhand dieser Zielsetzungen läßt sich entscheiden, welche Haltung die geeignetste ist. *Padmasana* wurde stets als die beste Haltung angesehen, da sie die beiden letztgenannten Ziele besonders gut erfüllt. Körperliche Entspannung ist dabei schwer zu erreichen, aber wenn Sie ein paar Monate lang üben, wird sie Ihnen schon leichterfallen.

Siddhasana, die Alternative zu *Padmasana,* wird von vielen Joga-Schülern als die bessere Haltung angesehen, weil sie hilft, die *Kundalini*-Kraft zu aktivieren. Sie erfüllt zudem alle drei oben genannten Ziele. Allerdings hält sie das Rückgrat nicht so aufrecht und führt eventuell zu körperlichen Störungen.

Nach meiner persönlichen Erfahrung erfüllt oft auch *Schaw-Asana* (das Liegen auf dem Rücken wie ein toter Körper) diese drei Zielstrebungen. Ich habe oft und mit ausgezeichneten Ergebnissen in dieser Haltung meditiert. Der einzige Haken liegt darin, daß Sie womöglich einschlafen, statt sich nach innen zu versenken. Über Ihre eigene Haltung können Sie entscheiden. Sie brauchen keine der drei vorgeschlagenen zu befolgen. Doch beachten Sie, daß eine gleichbleibende physische Haltung hilft, den Geist zu beruhigen. Aus diesem Grund ist das *Asana* oder die körperliche Haltung für die Meditation so wichtig.

Weiter oben wurde die Übung empfohlen, die Zunge nach oben zu falten und auf die Mitte zwischen den Augenbrauen zu richten. Diese Übung soll göttlichen Nektar im Mund erzeugen, der der Meditation hilft. Nach meinen eigenen Beobachtungen produziert diese Haltung durch die Berührung bestimmter Drüsen Speichel, so daß der Mund nicht austrocknet. Zudem hilft sie der Konzentration auf die Mitte zwischen den Augenbrauen.

Sie sollten sich auch vorstellen, daß Sie auf der »Spitze« der Erdkugel sitzen und völlig alleine sind. Wozu sollen wir uns das ausmalen?

Hinter diesen Bildern verbirgt sich die Vorstellung, daß das primäre Selbst frei ist von jeglichen Bindungen an Menschen und Dinge. In der Meditation wird dieser Zustand erreicht, wenn alle Beziehungen aufgelöst sind. Die Vorstellung, daß ich niemandem angehöre und niemand zu mir gehört, bezieht sich auf dieses letzte Stadium. Das Vorstellungsbild bereitet die Psyche auf diese Wirklichkeit vor und hilft dem Schüler, sich auf dieses Ziel zuzubewegen.

Die Vorstellung, daß ich auf der »Spitze der Welt« sitze, hat ihre eigene Bedeutung, die eng mit der psychischen und spirituellen Entwicklung eines Menschen verbunden ist. Wir werden so gründlich von der soziomateriellen Welt konditioniert, daß wir uns immer mehr begrenzen. Alle modernen Persönlichkeitstheorien sind nur Schein. Jede soziale und materielle Konditionierung engt uns ein und läßt uns unsere Umwelt und jeden Teil der Erde in besonderer Weise sehen. Zusätzlich begrenzen uns Raum und Zeit.

Wenn wir mit dem Vorstellungsbild meditieren, daß wir ganz oben auf dem Globus sitzen, erreichen wir nach und nach das Stadium, das dem ursprünglichen Ausgangspunkt unserer Wahrnehmung entspricht. Nach und nach befreien wir uns von allen emotionalen, sozialen und materiellen Konditionierungen und spüren, daß der Punkt, auf dem wir sitzen oder stehen, die »Spitze der Erde« ist.

Dann spüren wir, daß wir auf der Spitze der Erde laufen. Dies ist ein endloser Zustand der Gegenwärtigkeit, der Raumlosigkeit, des Lebens im »Moment«, ohne Vorstellung von Vergangenheit, Zukunft oder räumlicher Distanz.

Warum sollen wir uns auf die Mitte zwischen den Augenbrauen konzentrieren? Und warum sollen wir uns überhaupt konzentrieren?

Die Mitte zwischen den Augenbrauen ist das sechste *Schakra* des Bewußtseins. Aus psychischer wie spiritueller Sicht ist dieser Punkt aus zwei Gründen ausschlaggebend. Erstens ist er mit dem Zentrum der Psyche verbunden, um deren Auflösung es geht. Die Konzentration auf diesen Punkt beschleunigt diesen Prozeß. Die unteren fünf Zentren des Bewußtseins: Erde, Wasser, Feuer, Luft und Äther, sind für unsere Bindungen verantwortlich. Auf ihnen ist die sichtbare Welt aufgebaut. Sie liegen auch dem gesamten sinnlichen Bewußtsein zugrunde, das das individuelle Bewußtsein, *Dschiwa*, versklavt. Durch die Konzentration auf das sechste *Schakra* kann *Dschiwa* versuchen, sich über die Welt oder das sinnliche Bewußtsein zu erheben, also über alle Bindungen, um sich spirituell zu befreien.

Zweitens ist dieser Punkt der Sitz des geistigen Lehrers oder einer Gottesgestalt. Wenn ein Mensch das gesamte sinnliche Bewußtsein aufgrund irgendwelcher Umstände nicht durch eigene Anstrengungen auflösen kann, gewährt ihm der geistige Lehrer oder Gott vielleicht die Gnade, sein drittes Auge zu öffnen und die *Kundalini* zu aktivieren. Die Fortsetzung der Reise (das heißt die vollständige Auflösung der Psyche und des Ichs) verläuft automatisch. Dieser Punkt ist ein Ort immerwährenden Friedens, perfekter Stabilität und reiner Vernunft. Wenn das Bewußtsein sich für immer dort angesiedelt hat, bleibt kein Raum mehr für Gefühle und Schmerz. Die Konzentration auf diesen Punkt während der Meditation bedeutet eine bewußte Suche des individuellen Bewußtseins nach Gott, seiner ursprünglichen Heimat. Je stärker Sie sich auf diesen Punkt konzentrieren, um so stärker bricht das Bewußtsein die Fesseln der Psyche. Nach und nach beginnen die psychischen Strukturen sich aufzulockern. Sie entschwinden entweder durch die Visualisierung oder dadurch, daß sie abgebrannt werden.

Schon als Baby gaben wir unsere ganze Konzentration hin: Ablenkungen und Reaktionen gestatten dies mit der Zeit nicht mehr. Selbst heute werden Sie bemerken, wie Ihr Herz zu singen beginnt, wenn Sie Ihre Gedanken auch nur teilweise auf etwas (einen Geliebten, ein Fußballspiel, eine Studie) konzentrieren können. Sie fühlen sich glücklich, weil sich das Bewußtsein für einen Moment von den vielen Ablenkungen befreit und auf einen Punkt hin konzentriert. Damit steht ihm viel Energie zur Verfügung, die es als Glück erlebt. Doch vergeht dieser Zustand rasch, und das Freiheitsgefühl entpuppt sich als Schein. Der Grund liegt darin, daß sich die Aufmerksamkeit auf Objekte der sichtbaren Welt richtet, die in sich selbst zerstörbar, veränderbar und vergänglich sind. In der Meditation richten Sie Ihre Gedanken auf den ewigen, unvergänglichen Gott und finden so für immer Frieden und Glück.

Ihre Konzentrationsbemühungen werden Ihnen mehr Freiraum geben, die größere Freiheit wiederum verhilft zu einer besseren Konzentration. Dieser Prozeß setzt sich so lange fort, bis *Dschiwa* Gott verwirklicht.

Während wir uns konzentrieren, erzeugen wir bewußt drei Arten von Gefühlen: Wir spüren, wie der Atem zu den Zehen hinunterläuft und über die Beine und das Rückgrat wieder nach oben fließt. Der abfließende Atem nimmt alle Spannungen, Ängste und schlechten Gedanken mit sich und bringt Freude, Energie, Glück und Licht zurück. Dann werden diese positiven Qualitäten in der Form eines Lichtpunktes oder einer Flamme in der Mitte zwischen den Augenbrauen gesammelt.

Diese »Gefühle« sind sehr bedeutsam in der Meditation: Gemäß der Theorie des Joga eignet dem Menschen ein Element, das nicht nur auf die Lungen und nicht nur auf den ganzen Körper beschränkt ist, vielmehr dem gesamten Universum angehört: *Prana.*

Auch die Wünsche und Gedanken, an die sich das Bewußtsein geheftet hat, durchziehen unseren gesamten Körper. Wir atmen ein, spüren, wie der Atem die Zehen erreicht, gehen bewußt auf diesen Punkt zu, und wenn wir ausatmen, entziehen wir diesen Teilen bewußt die Struktur der Wünsche und Gedanken.

Wenn wir den Atem unser Rückgrat emporsteigen spüren, reisen wir in Gedanken tatsächlich durch den zentralen Kanal *(Suschumna)* im Rückgrat. Er birgt alle Geheimnisse der Spiritualität und alle Blockaden. Damit unternehmen wir einen bewußten Versuch, die Richtung des Energieflusses zu ändern. Der nach unten gerichtete Fluß bindet das individuelle Bewußtsein, der nach oben gerichtete befreit es. Dieses erste Gefühl ist in der Meditation notwendig als eine »freisetzende« Empfindung.

Beim zweiten Gefühl, das wir bewußt erzeugen, spüren wir, wie die Ausatmung beim Durchfließen des Rückgrats Spannungen und Unreinheiten mit sich nimmt und Freude, Glück und Licht bringt. Auch dieses Gefühl ist ein bewußter Versuch, das Ich von allen Bindungen zu befreien, denn es lockert etliche Nervenstrukturen auf. Wenn wir unsere geistige Kraft darauf lenken, daß Spannungen und Unreinheiten entfernt werden, kann sich das Bewußtsein von ihnen losmachen. Freude und Licht als ursprüngliche Bedingungen des Bewußtseins sind in den Bewußtseinszentren des Rückgrats tief verwurzelt. Wir haben lediglich den Kontakt zu ihnen verloren oder sind uns dieser Verbindung nicht mehr bewußt.

Das dritte Gefühl bezieht sich auf die Formierung des Lichtpunktes oder einer Lichtflamme in der Mitte zwischen den Augenbrauen. Es verwandelt sich nach und nach in Wirklichkeit. Bewußtsein ist Licht, Teil des gesamten Lichts des Universums. Dieses Licht ist stärker als die Sonne. Das Gespür für diesen Lichtpunkt bedeutet, daß wir die Wirklichkeit des Selbst lokalisieren und das letztendliche Verschmelzen mit dem höchsten Selbst vorbereiten.

Was ist ein *Mantra*? Woher stammt es und wie effektiv ist es? Wie trägt es auf der Reise rückwärts zur Auflösung der Psyche bei?

Mantra ist ein Wort aus dem Sanskrit, eine Kombination aus zwei Teilen: *man* und *tra. Man* heißt »Bewußtsein« und *tra* »Schutz« und »Reinigung«. *Mantra* bedeutet also einen Schutz des Menschen durch die Reinigung des Geistes. *Man* in *Mantra* bezieht sich auch auf *Manana*: die andauernde Reflexion über die latente Wahrheit des Universums, das heißt über Gott. *Tra* in Mantra bezieht ich auf *Trana*: den Rettungsakt oder die Unterstützung eines Menschen, der den Ozean der Sorgen überquert. Die beiden Grundsteine der Weisheit, die sich hinter *Mantra* verbergen, sind also die kontinuierliche Reflexion der ewigen Wahrheit und Reinigung.

Der innere Laut *Mantra* hilft, die verschiedenen Formen und Strukturen der Psyche aufzulösen, indem sie entweder mit Hilfe von *Prana*, der Lebenskraft, niedergebrannt oder durch freie Assoziation wie in der Psychoanalyse an die Oberfläche des Bewußtseins gebracht werden. Die wirkliche Kraft des *Mantras* liegt nicht in den Worten, sondern in der Vibration der Laute, die es erzeugt. Das *Mantra* ist eine abgeleitete Form von arrangierten Lauten, die in sich selbst eine lebendige Energie darstellen. Sie hilft, das individuelle Bewußtsein auf die Ebene des kosmischen Bewußtseins zu heben.

Wenn wir *Tantra*-Joga studieren, lernen wir, daß der Kosmos aus fünfzig Grundlauten besteht. Im Verlaufe der Zeit verändern sich diese Laute, und zahlreiche Kombinationen und Verschiebungen entstehen. Diese verschiedenen Formen werden von der Psyche einverleibt. Die Wiederholung des *Mantras* dient dazu, alte Formen aufzulösen und neue zu schaffen, die Frieden und Glück mit sich bringen. Von daher ist das *Mantra* einer der wichtigsten Aspekte einer guten Meditationstechnik.

42. Die Bedeutung der Asanas

Joga wird von vielen Leuten mit körperlichen Joga-Übungen, *Asanas*, verwechselt. Joga bedeutet von seinem Ursprung her Einheit oder Verschmelzung des individuellen mit dem kosmischen Bewußtsein oder der individuellen mit der höchsten Seele oder des individuellen Geistes mit dem Meistergeist.

Wenn dies der tiefere Sinn des Joga ist, was stellen dann die körperlichen Übungen, die *Asanas*, dar? Warum sollten wir sie praktizieren? Gibt es Übungen, die uns beim Erlangen der Einheit helfen?

Körper, Geist und individuelles Bewußtsein sind in einem sozial geformten Menschen in komplizierter Weise miteinander verbunden. Die »Verwicklung« des individuellen Bewußtseins findet aufgrund zahlreicher Bindungen statt, die durch verschiedene Wünsche und Handlungen des Körpers und der Psyche geschaffen werden. Das Bewußtsein kann sich dann »ent-wickeln«, wenn die Bindungen im Verlauf des Lebens aufgelöst werden. Daher ist zweierlei zu tun: den Körper in guter Verfassung zu halten und Wege zu finden, die allmählich die Nervenbahnen auflockern, so daß das Bewußtsein sie leichter auflösen kann.

Die verschiedenen Joga-Haltungen und Übungen erfüllen beide Funktionen. Joga-Übungen regulieren den Stoffwechselprozeß, kontrollieren die Drüsensekretion, die Verdauung und den Kreislauf und machen das Rückgrat geschmeidig. Kurz gesagt, sie halten den Körper in Form. Zudem wirken sie auf die Psyche ein, lockern durch Druck oder andere Methoden Nervenbahnen auf und erleichtern damit durch den Aufwärtsfluß der *Prana*-Energie die Entwicklung des Bewußtseins.

Im folgenden sollen fünf Joga-Haltungen genannt werden, die aus körperlich-geistiger Sicht wichtig sind und zugleich in hervorragender Weise die Meditation unterstützen. Sie aktivieren jeden Muskel, jeden Körperteil und lockern die psychischen Zentren im Rückgrat auf, wodurch die psychische und spirituelle Entwicklung erleichtert wird.

Paschimotan-Asana

Setzen Sie sich auf Ihr Holzbänkchen oder den Boden. Strecken Sie die Beine aus. Beugen Sie sich nach vorne und ergreifen Sie Ihre Zehen. Legen Sie den Kopf auf die Oberschenkel. Bleiben Sie drei Minuten lang in dieser Haltung (siehe Abbildung 24). Praktizieren Sie diese Übung täglich als Ihr erstes *Asana.* Es hilft bei Magenbeschwerden, Diabetes und übermäßigem Fett.

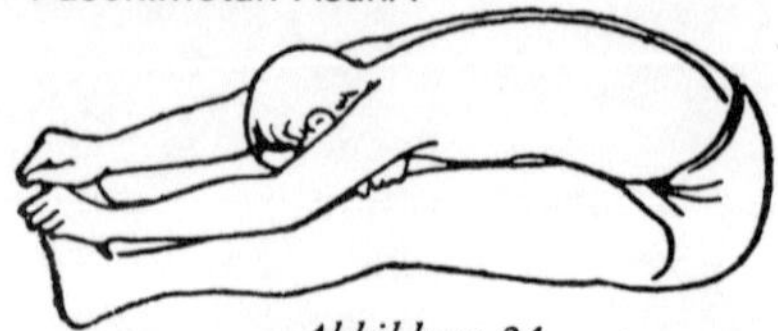

Abbildung 24

Gomukh-Asana

Beugen Sie Ihr linkes Bein so, daß die Ferse unter dem Anus liegt und das Bein ein Dreieck formt. Beugen Sie Ihr rechtes Bein in der gleichen Weise, so daß es über dem linken Oberschenkel, unter der linken Hüfte liegt. Greifen Sie mit dem rechten Arm über Ihre rechte Schulter zum Rücken hin und

Abbildung 25

halten Sie die Finger Ihrer linken Hand, die Sie von unten dem rechten Arm entgegenstrecken (Abbildung 25). Wechseln Sie anschließend Beine und Arme. Diese Übung stärkt die Nerven und hilft bei nervösen Störungen, Müdigkeit und Lähmungsanfällen.

Padangusthan-Asana
Sitzen Sie auf der Erde auf den Zehenspitzen des linken Fußes mit der Ferse unter dem Anus. Legen Sie den rechten Fuß auf den linken Oberschenkel, wie in Abbildung 26 dargestellt. Wechseln Sie nach einer Minute die Beine und ruhen Sie auf dem rechten Fuß, mit dem linken Fuß auf dem rechten Oberschenkel. Dieses *Asana* hilft bei Samenkrankheiten und stärkt die Nerven.

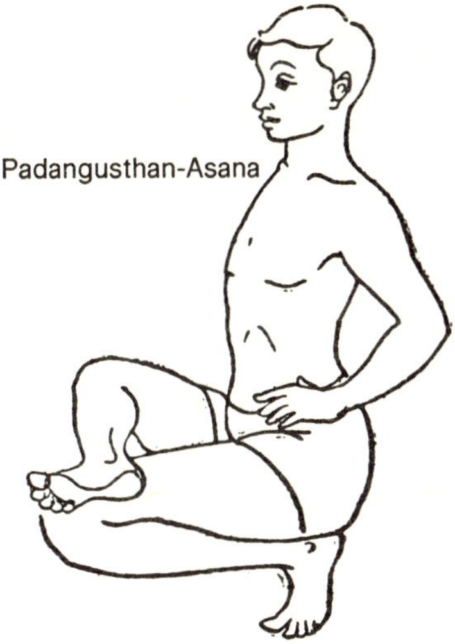

Abbildung 26

Ardha Matsyendra-Asana
Sitzen Sie mit gestreckten Beinen auf Ihrem Platz. Beugen Sie Ihr rechtes Bein so, daß die Ferse des rechten Fußes in der Nähe des Anus liegt.

Nehmen Sie den linken Fuß über den rechten Oberschenkel, so wie in Abbildung 27 dargestellt. Ergreifen Sie die Zehe des linken Fußes, indem Sie mit dem rechten Arm um Ihr linkes Knie herumgreifen. Greifen Sie mit dem linken Arm hinter Ihren Rücken und drehen Sie Ihr Rückgrat so weit wie möglich. Bleiben Sie zwei Minuten lang in dieser Haltung, wechseln Sie dann die Beine. Dieses *Asana* hilft bei Diabetes und hält den Körper fit und wendig.

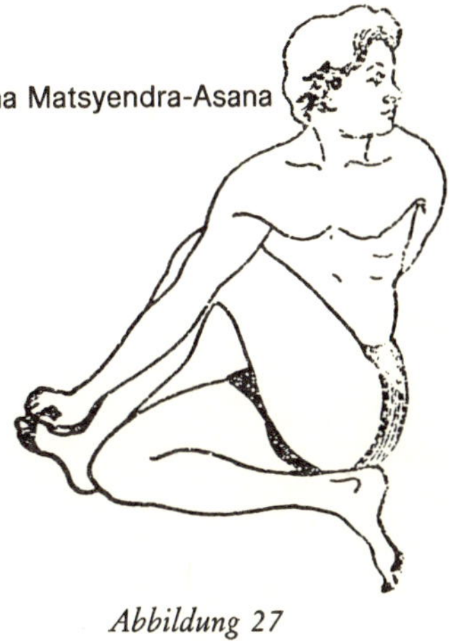

Abbildung 27

Sarwang-Asana
Liegen Sie ausgestreckt auf dem Rükken. Heben Sie langsam Ihre Beine nach oben in eine vertikale Haltung,

wie in Abbildung 28 dargestellt. Unterstützen Sie Ihre Beine und den Bauch mit Ihren Händen und Ellbogen. Atmen Sie drei Minuten langsam ein und aus. Dieses *Asana* ist ganz allgemein der Gesundheit förderlich.

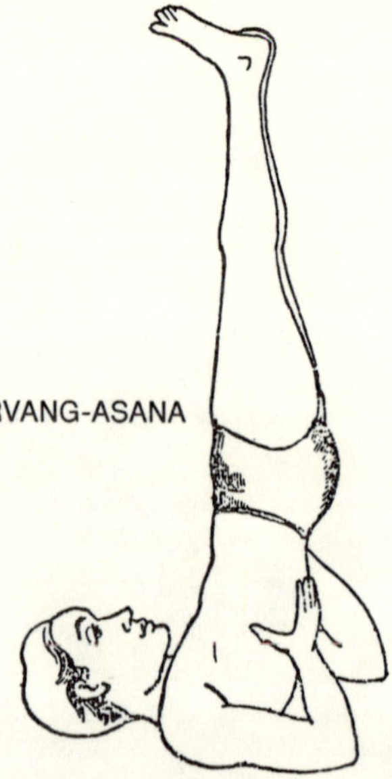

Abbildung 28

Diese fünf beschriebenen, sehr wichtigen Haltungen des Körpers sollten Sie zusätzlich zu den drei *Asanas* der Meditation: *Padmasana*, *Siddhasana* und *Schawasana* durchführen.*

Jede der genannten fünf Übungen sollte nicht länger als drei Minuten dauern. Bleiben Sie während der Übung in der zuvor beschriebenen Meditationshaltung der Konzentration mit allen dazugehörigen Vorstellungsbildern und Gefühlen.

43. Pranajama

Pranajama setzt sich aus zwei Sanskritworten zusammen, *Prana*, »Atem«, und *Jasma*, »Kontrolle«, bedeutet also nichts anderes als Atemkontrolle. Jogis nennen es auch »systematisches Atmen«.

Prana ist eine umfassende Lebenskraft, die als individuelle und kosmische Energie die gesamte Welt steuert. Psychoanalytisch gesehen ist sie die Kraft, die in allem ist und alles steuert. Wir sehen das schöne Gesicht eines Menschen, und wir fühlen uns angezogen aufgrund der »Aktivität« der *Prana*-Energie darin. Sie gibt jedem Teil Leben, nicht nur im physischen, sondern auch im geistigen Bereich, indem sie Gedanken und Vorstellungen steuert.

Ein anderer Aspekt bezieht sich auf die Atmung selbst. Wir atmen Sauerstoff ein und Kohlenstoff aus und unterhalten damit eine wesentliche Funktion des Körpers.

Die Lehre von der Atmung, *Pranajama*, bezieht sich also einerseits auf

* Noch zwei Haltungen, *Bhadrasana* und *Virasana*, dürften Sie nützlich finden. Schlagen Sie für genauere Informationen in einem guten Buch über *Asanas* nach.

die Nutzung der vitalen Lebenskraft für unseren inneren Frieden, unsere psychische Entwicklung und spirituellen Fertigkeiten, andererseits auf die Erhaltung unseres körperlichen Wohlergehens und unserer Kräfte.

Pranajama kann auf seine Weise bei der Meditation und der psychischen Entwicklung unterstützend wirken:

Dadurch, daß es unsere Aufmerksamkeit vom Körper und den Gedanken abzieht, hilft es uns, nach innen zu schauen. Es gewährt uns größere Stille im Körper und in der Psyche. Anfangs kann dies aus psychoanalytischer Sicht eine stärkere Verdrängung bedeuten.

Nach und nach jedoch wird der Verdrängungsprozeß aufgehoben, tief vergrabenes Material an die Oberfläche des Bewußtseins gebracht und aufgelöst.

Durch den ausgiebigen Gebrauch von Sauerstoff erhöht *Pranajama* zusätzlich die Oxidation, die zum Abbrennen tiefverwurzelter psychischer Muster genutzt werden kann, was über die Visualisierung nicht so leicht zu erreichen ist.

Im Laufe der Zeit haben indische Jogis zahlreiche Arten und Techniken des *Pranajama* entwickelt, die, genau wie die Joga-Haltungen, der Erreichung des letztendlichen Zieles dienen.

Denen, die ihre seelischen Sorgen loswerden oder sich persönlich und spirituell entwickeln wollen, helfen diese Techniken nicht sehr.

Konzentrieren Sie sich lieber auf die Meditation und Selbstanalyse. Ein vorbereitendes *Pranajama, Nadi-Schuddhi* genannt, das direkt vor der Meditation durchgeführt wird, kann Ihre Konzentrationsfähigkeit jedoch sehr steigern.

Nadi-Schuddhi setzt sich aus den beiden Sanskritworten *Nadi* und *Schuddhi* zusammen. *Nadi* bezeichnet die beiden zentralen Kanäle, *Ida* und *Pingla,* die durch das Rückgrat laufen und sich in sechs Zentren, die als *Schakras* bekannt sind, kreuzen. *Schakras* sind Nervenbündel. *Schuddhi* oder *Nadi-Schuddhi* bedeutet die Reinigung dieser Kanäle oder Nervenpassagen. Rishi-Gherand sagt hierzu: »Nerven sind wie die in einer Girlande aneinandergenähten Blumen. Selbst die Luft hat keinen Zugang zu ihnen.« *Nadi-Schuddhi* bedeutet, diesen Nerven bewußt Luft zuzuführen. Diese Technik wird oft sehr kompliziert beschrieben. Aus meiner persönlichen Erfahrung empfehle ich Ihnen die folgende Vorgehensweise:

1. Sitzen Sie in der Haltung des *Padmasana* oder *Siddhasana.*
2. Verschließen Sie Ihr rechtes Nasenloch mit dem Zeigefinger Ihrer rechten Hand und atmen Sie langsam durch das linke Nasenloch ein.
3. Spüren Sie, wie der Atem bis zu den Zehen hinunterfließt.
4. Halten Sie den Atem viermal so lange an, wie Sie ihn eingeatmet haben.
5. Jetzt schließen Sie Ihr linkes Nasenloch mit demselben Finger.
6. Atmen Sie langsam durch das rechte Nasenloch aus und spüren Sie, wie

die Luft dabei durch Ihr Rückgrat nach oben steigt. Die Ausatmung sollte doppelt so lang sein wie die Einatmung.

Führen Sie dann den gleichen Ablauf in umgekehrter Weise aus, indem Sie zuerst das linke Nasenloch verschließen und durch das rechte einatmen und danach das rechte verschließen und durch das linke ausatmen.

Wenn möglich, atmen Sie draußen im Freien oder vor einem geöffneten Fenster, bevor Sie mit der Meditation beginnen. Ziel dieser Übung ist es, daß beide Nasenlöcher geöffnet werden. Bei den meisten Menschen arbeiten sie abwechselnd. Wenn beide Nasenlöcher gleichzeitig funktionieren, verläuft die Meditation am besten und fruchtbarsten. In solchen Momenten hat das *Prana* die Möglichkeit, nicht nur in den wichtigsten Joga-Nerv, *Suschumna*, einzutreten, sondern auch Druck auf die schlafende *Kundalini* auszuüben, das Reservoir der Lebensenergie, und sie zu veranlassen, in die zentrale Nervenbahn aufzusteigen, um die endgültige Befreiung zu erlangen.

Anzumerken ist noch, daß Sie Ihrer Atmung wenig Aufmerksamkeit schenken sollten, wenn Sie sich auf die Mitte zwischen den Augenbrauen konzentrieren. In diesem Fall sollte der Atem ohne Mühe normal fließen, so daß Sie sich leicht und wohl fühlen können.

44. Der geistige Lehrer

Die Frage des geistigen Lehrers ist ein umstrittener Punkt unter den Meditierenden, und er löst oft Verwirrung und möglicherweise Furcht bei denen aus, die ihren Weg gerade erst antreten.

Das Wort für den Lehrer im indischen Sprachgebrauch ist *Guru.* Ein *Guru*, der Meditation und das *Brahma-Vidja*, das Wissen vom Selbst und von Gott, lehrt, ist kein gewöhnlicher Lehrer. Er hat eine hohe Stufe der spirituellen Entwicklung erreicht und kennt alle Geheimnisse des Psyche.

Er ist eine Quelle des Lichts, der Freude und der Zufriedenheit und steht in direkter Verbindung zum Göttlichen. Etymologisch bedeutet das Wort *Guru* auch »Vertreiber der Dunkelheit und der Unwissenheit«. Er ist der »Geber« von Licht und Wissen.

Seine Rolle liegt darin, den wahrhaft Suchenden, den spirituellen Anwärter, in die Kunst der Meditation und anderer spiritueller Praktiken einzuführen und ihn zum letztgültigen Lebensziel zu geleiten, das heißt zur Verwirklichung Gottes oder des Selbst. Der Weg der Meditation ist voller Schwierigkeiten, Hindernisse und Entmutigungen. Der geistige Lehrer hilft, sie beiseite zu räumen. Er ermutigt, tröstet und führt seine Schüler.

Der Schüler seinerseits wird aufgefordert, sich ihm völlig zu ergeben und ihm in allem zu dienen. Er sollte auch bereit sein, wenn der geistige Lehrer es von ihm verlangt, auf alles zu verzichten, was ihm vorher zugehörig war.

Es ist keine Frage, daß der geistige Lehrer auf dem spirituellen Pfad notwendig ist. Seine physische Anwesenheit ist jedoch nicht unbedingt erforderlich.*

Manche Menschen kommen trotz eines physisch vorhandenen geistigen Lehrers keinen Schritt in ihrer persönlichen oder spirituellen Entwicklung voran, andere wiederum erzielen ausgezeichnete Ergebnisse in der Meditation, ohne jemals von einem bestimmten geistigen Lehrer angeleitet worden zu sein.

Dies deutet an, worauf es eigentlich ankommt: die tiefe innere Einstellung. Der geistige Lehrer ist ein Instrument Gottes. Wenn jemand auf seinem Weg wirklich auf solche Hindernisse stößt, die er nicht alleine überwinden kann, wird automatisch ein geistiger Lehrer entweder in physischer Form oder in einem Traum erscheinen, um ihn zu leiten und die Schwierigkeiten zu lösen.

Ich habe selber immer wieder erfahren, daß wahrhafte Diener Gottes in meinen Träumen erschienen und mir Anweisungen gaben – ich hatte keinen festen geistigen Lehrer außer Gott selber –, bis SAI BABA in meinem Traum erschien und mich akzeptierte.

Wenn Sie einen geistigen Lehrer haben, gut, wenn nicht, ist es auch recht. Gott ist der geistige Lehrer. Er ist immer in uns da. Und auch das *Mantra* oder die konkrete Praxis der Meditation kann als geistiger Lehrer angesehen werden. Die größten geistigen Hilfen sind aber wohl die Offenbarungen, die einem während der psychoanalytischen Meditation zuteil werden.

45. Frühe Erfahrungen mit der Meditation

Um dem Meditierenden einige Anhaltspunkte zu geben, sollen nun Erfahrungen diskutiert werden, die im Verlauf des Meditationsprozesses auftauchen können. Diese Erfahrungen stammen aus den ersten fünf Jahren meiner eigenen Meditationszeit.

Möglicherweise erleben Sie schon am ersten Tag etwas Ungewöhnliches, fühlen beispielsweise eine Leichtigkeit in Ihrem Körper; oder Sie haben den Eindruck, daß Sie ein wenig über der Erde wandeln, wenn Sie sich nach einer Stunde von Ihrem Meditationssitz erheben; oder möglicherweise möchten Sie auch für einige Augenblicke mit niemandem sprechen. Ein Glücksgefühl zeigt unverwechselbar an, daß Sie den spirituellen Pfad betreten und Ihre ersten Schritte auf ihm gemacht haben. – Dies zumindest waren meine ersten Erfahrungen.

Nach zwei oder drei Monaten kommen andere Erlebnisse. Möglicher-

* Diese hier getroffenen Aussagen stimmen in meinem Fall vollkommen. Allerdings muß ich auch sagen, daß mich die Erweckung der *Kundalini* in solche Schwierigkeiten brachte, daß ich die körperliche Anwesenheit eines geistigen Lehrers nötig fand.

weise spüren Sie, wie Kälte oder Wärme Ihr Rückgrat hinauf- oder herabsteigt, oder Sie nehmen ähnliche Strömungen in Ihrem Gehirn wahr. Höchstwahrscheinlich werden Sie kein zweites Mal über der Erde schweben, obgleich der Prozeß, der diese Erfahrung bewirkte, weitergeht.

Nach sechs Monaten bis zu einem Jahr können Sie plötzlich während der Meditation bemerken, daß Sie sich ein wenig über Ihrem Sitz erhoben haben. Dieses Gefühl gehört zu den merkwürdigsten Erfahrungen. Sie spüren deutlich, daß eine Grundstruktur Ihres Nervensystems aufgelöst wurde. Diese Erfahrung wird Sie sehr erleichtern, da sie ein Fortschreiten auf dem Pfad der Selbsterkenntnis ankündigt.

Nach zwei oder drei Jahren Meditation können Sie plötzlich einen starken Schmerz an der Nasenwurzel spüren, wenn Sie sich dort konzentrieren. Dies kann einen Meilenstein im Meditationsprozeß ankündigen: das Auftauchen eines Lichtpunktes in der Mitte zwischen den Augenbrauen. Es ist, als brenne eine Miniflamme an einer Düse, aus der Wasserstoffgas strömt. Diese Erfahrung nenne ich das »Jet-Erlebnis«.*

Gemäß der Theorie des Joga ist damit das Bewußtsein aufgetaucht. In der Tat trennt es sich an diesem Punkt vom Ich.

Ein Gefühl großen Glücks umhüllt die Psyche. Jetzt muß das Bewußtsein das gesamte Ich durch die regelmäßige Praxis der Meditation auflösen. Dieses Stadium des Glücks und der Freude entschwindet rasch. Doch können Sie während der Meditation nun feststellen, daß das Bewußtsein täglich Szenen wiedersieht, die sich in der Vergangenheit zugetragen haben. Dieser Moment leitet die wirkliche Psychoanalyse ein, den Prozeß der Revisualisierung und des Wiedererlebens, und es beginnt das Abenteuer der Selbstentdeckung.

Das Bewußtsein bewegt sich ohne Unterlaß auf jene Stelle zu, an der Hindus eine Locke ihres Haares stehen lassen. Dieser Punkt ist in der hinduistischen Philosophie als *Brahma-Randhra* bekannt. Während das Bewußtsein immer weiter auf diesen Punkt zuschreitet, empfinden Sie den Impuls, sich dort zu kratzen. Dieses starke Bedürfnis ist ein sicheres Zeichen dafür, daß neues, tief vergrabenes und wichtiges Material bald vor Ihrem inneren Auge auftauchen wird. Dies kann während der Meditation geschehen, aber ebensogut im Traum oder am frühen Morgen, wenn Sie aufstehen. Bei jeder Offenbarung empfinden Sie große Freude. Sie werden spüren, was echtes Wissen ist und wie Sie immer weiter diesem Wissen entgegenschreiten. Sie allein werden auch in der Lage sein, die Bedeutung Ihrer Träume korrekt zu verstehen, ohne zu dem langatmigen Prozeß der freien Assoziationen greifen zu müssen.

Nach einem weiteren Jahr, wenn Sie die eigene Vergangenheit bis zu einem gewissen Maße wiedererlebt haben, entdecken Sie eines Morgens,

* Ich bin nicht sicher, ob diese Erfahrung jedem zuteil wird. Ich halte es für wahrscheinlich, daß zu Nervenzusammenbrüchen neigende Menschen sie durchmachen.

daß das Bewußtsein auf den Grund des Rückgrats zu fallen scheint. Dieses Ereignis kündigt an, daß Sie große Freiheit erlangt haben. Bei fortgesetzter Praxis werden Sie bemerken, daß das Bewußtsein zur Psyche zurückkehrt und in ihren verschiedenen Grundstrukturen verweilt, auch wenn es gelegentlich auf den Grund des Rückgrats absinkt. Dieser wechselnde Prozeß sagt Ihnen, daß noch eine Menge Material visualisiert werden muß, oder: daß das individuelle Bewußtsein sich noch nicht vom sinnlichen befreit hat. Sie werden feststellen, daß der Impuls, sich am *Brahma-Randhra* zu kratzen, zunimmt. Das Bewußtsein bewegt sich weiterhin auf sein Ziel zu. Mehr Ereignisse der Vergangenheit werden vor ihm ausgebreitet. Immer häufiger und immer leichter kehrt es zum Grunde des Rückgrats zurück. Beim langsamen Ein- und Ausatmen werden Sie feststellen, daß zwischen den drei Punkten, zwischen den Augenbrauen, dem Grunde des Rückgrats und dem *Brahma-Randhra*, eine enge Verbindung entstanden ist.

Im Laufe des Prozesses werden Sie eines Tages feststellen, daß das Bewußtsein sehr viel leichter auf den Grund des Rückgrats fällt und zur gleichen Zeit sich hartnäckig an der Mitte zwischen den Augenbrauen festhält. Vielleicht spüren Sie das Bedürfnis, sich dort zu kratzen, oder empfinden Schmerzen. Diese Hinweise zeigen Fortschritte an.

Während des nun folgenden Prozesses können Sie eine Leere im unteren Teil des Rückgrats feststellen, ein empfindliches Gespür für Ruhe und Nichts. *Gelegentlich bemerken Sie, daß es weder Gedanken noch Bilder noch Gefühle in jenem Teil gibt. In diesem Stadium kann der Gedanke »Ich bin das« mit großer Kraft auf Sie zukommen. In der Tat können Sie aufweinen. »Ich bin das. Das ganze Universum ist das. Ich bin das ganze Universum.«* Diese Wirklichkeit erkennen Sie nun zum ersten Mal im Leben.

Sie fahren mit der Meditation fort. Das Bewußtsein kehrt weiterhin zurück zur Psyche und bewegt sich auf das *Brahma-Randhra* zu. Es möchte auch dort bleiben, doch schwankt es, weil Ängste und Erfahrungen dort verankert sind, die erst noch vor dem Bewußtsein ausgebreitet werden müssen.

Die am tiefsten im Nervensystem verwurzelten Urschmerzen können auftauchen: der Wunsch zu verletzen und zu hassen. In diesem Stadium können Sie heiße Tränen vergießen, doch realisieren Sie auch die tiefste Wahrheiten und ihre Bedeutung, Wahrheiten, die alle großen Heiligen gelebt haben. Ihre Bedeutung wird Ihnen in einem Augenblick aufgehen, und Sie können den Wunsch verspüren, sie selber mit der gleichen Überzeugung auszusprechen.

Eines Tages spüren Sie tatsächlich, daß Sie auf der Spitze dieses Globus sitzen. Ihre Nachbarn, Ihre Arbeitskollegen, Familie und Verwandten scheinen weit weg zu sein, Sie sind allein. Im ersten Moment mag es schmerzhaft sein, doch dann erleben Sie ein tiefes Gefühl der Befreiung.

Eines Morgens in der Meditation können Sie feststellen, daß Sie sich von

Ihrem Sitz erhoben haben und in der Meditationshaltung irgendwo im Raum sitzen. Eine intensive Angst kann Sie erfassen, doch lassen Sie diese Erfahrung bewußt zu, ohne zu dem Kontakt mit dieser Erde und dieser Welt zurückzueilen. Sie werden ein Stadium erreichen, in dem Sie recht häufig in diesen Zustand eintreten.

Ihr Bewußtsein wird nicht davon ablassen, zu Vorstellungen, Gedanken und Bildern hinzueilen, statt in der Mitte zwischen den Augenbrauen zu verweilen. Sie erkennen klar, daß Sie zur Vergangenheit, Zukunft oder einem räumlich entfernten Ort gehören und daß Ihr Bewußtsein immer noch der Sklave dieser Dimensionen ist. Dieses Verständnis bedeutet einen großen Schritt vorwärts hin zur Überwindung von Raum und Zeit.

Nach einigen Tagen können Sie dann feststellen, daß Ihr Bewußtsein sich an dem Punkt in der Mitte zwischen den Augenbrauen festhält und eine kalte Welle des Glücks Sie dort erfaßt. Sie möchten aufschreien: »Hier und jetzt bin ich selig!«

Die hier aufgelisteten Erfahrungen sind nur einige wesentliche Meilensteine auf dem Weg während der ersten fünf Jahre der Meditation. In der späteren Phase kommen zahlreiche andere Besonderheiten hinzu.

Tausende verschiedene Geschehnisse mögen auftreten, so unterschiedlich können die eigenen Erfahrungen sein. Nach dem Jet-Erlebnis beispielsweise können Sie träumen, daß Sie neue Zähne oder eine neue Brille haben. Andere Entwicklungen kündigen sich während der Meditation an, und Sie wissen klar im voraus, daß Sie in jener Nacht von bestimmten Aspekten träumen werden. Während der letzten Phasen der Meditiation werden Sie überrascht feststellen, daß die Gesichter derer, die Sie tagsüber aufgrund ihrer Schönheit lieben, im Traum hundertmal schöner sind. Sie zeigen, daß die Schönheit jeden Gesichtes aus der Schönheit des Unendlichen gespeist wird, daß diese der menschlichen Schönheit tausendfach überlegen ist und unsere Psyche eine Erinnerungsspur daran bewahrt. Glückliche Träume gehören zur Tagesordnung. Diese Erfahrungen sagen Ihnen, daß Sie nach und nach Ihr Gesicht von dem materiellen, sozialen Selbst ab- und dem sprirituellen Selbst zuwenden.

46. Einflüsse der Umgebung

Regelmäßigkeit ist eine der wesentlichsten Erfordernisse der Meditation. Aus meiner persönlichen Erfahrung kann ich sagen, daß ich das Gefühl hatte, die Reise unterbrochen oder etwas verloren zu haben, wenn ich auch nur zwei Tage lang nicht meditiert hatte. Regelmäßigkeit unterstützt unsere Entwicklung, und jeden Tag wissen wir, daß wir ein Stück weiter vorangekommen oder zumindest nicht zurückgefallen sind.

Im folgenden sollen einige der Haupthindernisse geschildert werden, die sich dem geistigen Schüler in den Weg stellen. Bemerkungen von Freunden und Verwandten können gerade zu Beginn des Meditationsprozesses sehr hemmend wirken. Da die Meditation heute immer noch als recht außergewöhnliche Aktivität angesehen wird, trifft uns nicht selten Kritik und Spott, manche versuchen uns sogar davon wegzubringen. Wie gehen wir mit dieser Herausforderung um?

Wir können versuchen, Reaktionen und Kritik der anderen zu verstehen, und dabei unsere eigenen Verfolgungsängste im Auge behalten.

Wenn wir durch unsere Handlungen ausdrücken, daß wir anderen überlegen sind oder frei genug, unsere Bedürfnisse und Wünsche zu erfüllen, ziehen wir uns den Zorn und die Kritik unserer Umwelt zu.

Wichtiger noch ist es, uns selber zu begreifen. Deshalb fragen wir uns: Warum fürchten wir Kritik? Warum kümmern wir uns um die Meinung und die Urteile anderer? Warum lassen wir uns durch die Bemerkungen anderer aus der Ruhe bringen? Warum wollen wir ihre Kritik stoppen?

All die Kritik, Urteile und Bemerkungen vermitteln uns ja den Eindruck, die unterdrückten Wünsche und Vorstellungen unseres sekundären Selbst würden aufgedeckt, und mit diesem Wissen sind wir wieder im zentralen Punkt unserer Selbsterkenntnis. Wenn wir beispielsweise meditieren, und jemand bemerkt sarkastisch: »Aha, jetzt willst du Gott begegnen«, sind wir schnell verletzt. Aber wir wissen, daß dies mit unserer passiven homosexuellen Liebe zum Vater zusammenhängt, und nun können wir sagen: »Was ist daran falsch? Ist es nicht natürlich? Jedes Kind möchte vom Vater geliebt werden . . .« So haben wir keine Schuldgefühle mehr wegen dieser passiven Liebe. Die Bemerkungen anderer werden uns nicht mehr beunruhigen, da wir wissen, daß sie unser Bedürfnis nach der Liebe Gottes ansprechen. Wir können über sie lächeln.

Oft werden wir mit Hindernissen konfrontiert, die die Regelmäßigkeit unserer Meditation in Frage stellen. Beispielsweise können wir Fieber bekommen. Oder ein Freund oder Verwandter taucht auf, der unsere unmittelbare Aufmerksamkeit beansprucht. Oder wir müssen auf eine Reise gehen. Es gibt Dutzende solcher Hindernisse und Ablenkungen.

Fieber und Reisen sind kein wirklicher Hinderungsgrund. Sie können meditieren, während Sie im Bett liegen oder schlafen gehen. Sie werden auch von dieser Meditation profitieren. Interventionen von außen müssen wir etwas wachsamer begegnen. Oft verübeln wir anderen ihr Dazwischentreten. Wir wollen, daß sie alles verstehen und sich zurückhalten. Oft fühlen wir uns gereizt. Dieser Ärger hilft uns in keinerlei Weise. Wir sollten solch eine Situation gelassen hinnehmen und uns danach wieder der Meditation zuwenden. Wenn wir uns ärgern, bleibt uns der Ärger während der Meditation erhalten, selbst wenn seine Quelle bereits verschwunden ist. Wenn wir diese Haltung annehmen, werden wir bald frei sein von Ablenkungen. Aus meiner persönlichen Erfahrung weiß ich, daß andere uns nach einigen Anfangsbemerkungen in Ruhe lassen. Wenn wir fortfahren zu meditieren, ohne uns um deren Bemerkungen zu kümmern, werden wir feststellen, daß schließlich sie sich »schuldig« fühlen und nicht nur aufhören, sich einzuschalten, sondern auch ihre abfälligen Bemerkungen fallenlassen.

Das größte Hindernis in der Meditation ist fehlende Konzentration und damit zusammenhängende Unruhe. Dies passiert nicht nur am Anfang, sondern auch im fortgeschrittenen Stadium. Oft erzeugt diese Situation solch eine Spannung, daß Sie die Meditation am liebsten abbrechen würden, trotz einiger bereits erzielter befriedigender Ergebnisse. Wie ist dies zu verstehen?

Das sinnliche Bewußtsein ist der umfassendste Komplex im menschlichen Leben. Es hat allerdings die Eigenart, bei jeder sich bietenden Gelegenheit seinen eigenen Weg zu gehen. In den Momenten, in denen wir uns ärgern oder unruhig sind, ist diese Qualität des Bewußtseins fieberhaft am Werke. Sie werden feststellen, daß, sobald Sie versuchen, gewaltsam Ihr Bewußtsein zu kontrollieren und ihm Ihren Willen aufzuzwingen, es um so weniger zur Mitarbeit bereit ist. Es besiegt Sie immer wieder und läßt Sie Ihre Unzulänglichkeit, Hilf- und Machtlosigkeit spüren. Diese Gefühle ärgern Sie dann noch mehr.

Die Psyche ist sehr mächtig und »unser Wille« ist schwach. An solch einem Tag fahren wir am besten, wenn wir »ihrem« Willen folgen und uns bewußt und offenen Auges in ihre Richtung ziehen lassen. Das macht sie bereit, mit uns in der Meditation zusammenzuarbeiten. *Um das Böse zu zerstören, müssen wir sehr bewußt auf der Straße des Bösen ziehen und verlassen sie erst, wenn wir den gesamten Weg und seine Nutzlosigkeit erkannt haben. Die Psyche »loswerden« ist dementsprechend nur dadurch möglich, daß wir anfangs mit ihr kooperieren und ihre Bedürfnisse mit Sympathie beobachten.*

Was können wir tun, wenn uns auch das psychoanalytische Wissen nicht hilft, ihre Wünsche zu erkennen? In solch einem Fall sollten wir uns einfach sagen: »Soll sie doch ihrer Wege gehen«, und uns jeder Anstrengung enthalten, sie zu kontrollieren. Kümmern Sie sich also nicht weiter um sie, sondern sagen Sie sich: »Was ist daran schlecht, wenn meine Psyche heute keine Konzentration zuläßt?« Dieses Zugeständnis bewahrt vor Ärger und Unruhe und begründet nun möglicherweise eine erfolgreiche Zusammenarbeit. Die Psyche ist wie ein störrisches Kind.

Die Meditation ist kein einfacher Prozeß. Jeden Monat treffen wir auf neuartige Erfahrungen, die für unseren Verstand oft unverständlich sind und uns verwirren. Wir wollen sicher sein, daß wir in die richtige Richtung gehen.

Einige Erfahrungen sind rein psychotischer Art. Ich habe sie selber erlebt und bei anderen gelesen. Der einzige Unterschied zwischen einem Psychotiker und einem geistigen Schüler liegt darin, daß der Schüler bewußt durch diese Erfahrungen hindurchgeht. Dennoch erzeugen sie auch in dem Schüler erhebliche Zweifel über die Richtigkeit der meditativen Entwicklung. Wie können wir mit solchen Zweifeln umgehen?

Ein scheinbar irrationaler, aber guter Weg liegt darin, daß wir unseren Glauben an Gott stärken und uns unseres geistigen Lehrers erinnern. Der Vernunft scheint diese Maßnahme unlogisch, doch der Erfahrung ist sie sehr einsichtig. Ich habe erlebt, daß der geistige Lehrer in bestimmten Augenblicken entweder im Traum oder durch seine Gegenwart Anleitungen gibt. Eine zweite Möglichkeit liegt darin, fortgeschrittenere Schüler aufzusuchen. Eine kurze Diskussion mit ihnen zerstreut die Zweifel und gibt uns die notwendige Stärke, mit der Meditation fortzufahren. Der nach meiner Erfahrung effektivste Weg ist die Entwicklung einer Einstellung, die auf folgenden Überlegungen beruht:

- Da ich alles erlebe, muß alles in meiner Psyche sein.
- Millionen von Menschen verfolgen einen bestimmten Weg, der falsch ist, und sie gehen letztlich daran zugrunde. Ich will meinen Weg der Meditation weitergehen. Das Schlimmste, das mir zustoßen kann, ist mein Untergang. Was ist daran verkehrt?
- Was immer mit mir geschieht, will ich ohne Sorgen bewußt beobachten und dabei mit der Meditation fortfahren.

Das Gegenstück ist noch schrecklicher. Plötzlich haben wir das Gefühl, daß wir beide Welten verloren haben: Weder konnten wir die materielle Welt genießen, noch erfreuen wir uns jetzt an der spirituellen. Wir empfinden uns als große Narren und würden am liebsten mit dem Kopf gegen die Wand schlagen und aufschreien: »Ich bin verloren! Nie komme ich hier raus, ich bin für immer gefangen!«

An anderer Stelle wurde das primäre Selbst schon mit einem Ufer des Ozeans verglichen. Das sekundäre Selbst ist der Ozean selber und das tertiäre das andere Ufer. Im tertiären Selbst fühlen wir uns sicher. Ein Nervenzusammenbruch oder der Meditationsprozeß wirft uns manchmal in den Ozean, die Meditationsphilosophie lehrt uns, darin zu schwimmen und am anderen Ufer, beim primären Selbst, anzukommen. Wir beginnen die Reise, doch in der Mitte des Ozeans geraten wir in Verzweiflung, da wir weder das Ufer des tertiären noch das des primären Selbst sehen können. »Werden wir da je wieder rauskommen?« fragen wir uns bangend.

Manche dieser Momente sind entsetzlich. Was können wir tun? Die Meditationspraxis rät uns, den Namen des geistigen Lehrers auszusprechen, Gott zu vertrauen und regelmäßig weiter zu meditieren. Diese Maßnahmen helfen uns beträchtlich.

Eignen Sie sich für bestimmte Momente auch die Haltung einer göttlichen Passivität an. Spüren Sie, daß alle Dinge sich gemäß Gottes Willen vollziehen, und warten Sie noch ein wenig. Nicht alles mag Ihnen in solchen Momenten klar sein.

Ein wichtiger Zweifel kreist um die Frage: »Soll ich mich von allen Menschen um mich herum isolieren?« Die Psychoanalyse zielt ja auf eine Verbesserung der Beziehungen zu anderen ab und spricht damit das Ideal der »Normalität« an. Auch die Meditation verbessert anfänglich die Beziehungen, doch nach und nach löst sie alle Bindungen auf, denn das Bewußtsein trat ursprünglich ohne soziale Bindungen in diese Welt ein. In fortgeschrittenen Stadien der Meditation erleben wir folgende Besonderheiten:

- Wir spüren keinerlei Bindung mehr zu unseren Verwandten, Freunden und Bekannnten.
- Wir unterscheiden kaum noch zwischen einer uns bekannten oder unbekannten Person. Wir können anderen nach unserem freien Willen und unserem Mitgefühl dienen, ohne Gegenleistungen zu erwarten. Wenn uns nicht danach ist, handeln wir gar nicht. Die Pflege gesellschaftlicher Verpflichtungen bedeutet uns nicht viel.
- An Tagen, an denen uns die Meditation großen Trost spendet, beachten wir eventuell unsere Gäste nicht einmal oder übergehen ihre Gespräche. Manchmal zeigen wir ihnen sogar bloß die kalte Schulter.
- Unsere Einstellung zu Reichtum, Karriere und anderen »wichtigen Dingen im Leben« kann sich so radikal verändern, daß sie der Meinung anderer Leute schroff entgegensteht.

Um mit unserem Zweifel fertig zu werden, ob wir uns nicht tatsächlich von anderen Menschen isolieren, brauchen wir uns bloß anzusehen, wieviel Ruhe, Stabilität, Stärke und Glück wir schon erreicht haben. Andere beneiden uns darum, sogar die Bessergestellten. Und nicht nur das: Je mehr sich das Ziel des Lebens vor unserem Auge entfaltet, um so unbedeutsamer werden die Erfolge anderer. Wesentlich ist jedoch, daß wir, wie jeder andere auch, genügend Geld für unseren Lebensunterhalt verdienen. Wenn wir für unsere Nahrung, Kleidung und Unterkunft auf andere angewiesen sind, ziehen wir Bemerkungen und Kommentare auf uns, die uns und unsere Meditationspraxis übermäßig bedrängen.

Besitztümer sollten wir, sofern wir darüber verfügen, nicht meiden. Die Meditation lehrt nicht, Geld wegzuwerfen oder zu hassen, sondern unsere Bindung daran aufzulösen. Aber da wir möglicherweise unser ganzes Leben lang viele Stunden am Tag meditieren werden, müssen wir für unseren Komfort und die Befriedigung unserer Grundbedürfnisse sorgen. Geld sollte uns als Mittel dienen, das Lebensziel zu erreichen.

Nach meiner Erfahrung vergrößert sich durch die Meditation auch unsere Nützlichkeit für die Gesellschaft. Als weltliche Menschen lieben wir unsere eigenen Kinder in der Erwartung, wiedergeliebt zu werden. Jetzt lieben wir alle Kinder ohne Gegenleistung und unabhängig davon, zu wem sie gehören. Als weltliche Menschen dienen wir nicht der Menschheit, sondern unseren engsten Verwandten. Aber jetzt können wir sogar unbekannten Menschen beistehen. Als weltliche Menschen verletzen und hassen wir und setzen andere Menschen unter Druck, während wir jetzt frei von solchen Gefühlen sind. Beweist nicht das Leben von JESUS CHRISTUS, MOHAMMED, VIVEKANANDA oder AUROBINDO die außergewöhnlich hohe soziale Nützlichkeit spiritueller Menschen?! Der Prozeß, in dem wir unsere soziale Nützlichkeit »verlieren«, läßt sie uns nach und nach gewinnen.

Die Jahre der Meditation verlaufen nicht unbeeinflußt von einem noch anderen, schier unüberwindlichen Hindernis: die Vorstellungen über Liebe und Sexualität einerseits und Haß und Gewalt andererseits. Diese Gedanken und Gefühle sind so durchdringend, daß an manchen Tagen die ganze Meditationssitzung mit höchst beunruhigenden Bildern von Haß, Rache und Gewalt oder Bedürfnissen nach Liebe, Kontakt und Sexualität mit einem anderen Menschen erfüllt sind.

In der indischen Philosophie werden *Kama* (Sexualität) und *Krodha* (Ärger und Gewalt) als die beiden mächtigsten Einflüsse beschrieben, die unser Bewußtsein bestimmen. Sie sind am schwierigsten aufzulösen. Tag für Tag kämpfen wir mit diesen Bildern, und doch stellen wir immer wieder fest, daß wir nicht in der Lage sind, sie abzustreifen. An manchen Tagen sind wir geneigt zu glauben, wir wären frei von den Gedanken an Sexualität und Gewalt. Doch kehren sie nach kurzer Zeit wieder, und wir sind frustriert. Am besten ist es, wenn wir uns weder aufregen oder vor ihnen davonlaufen, noch uns so rasch wie möglich ihrer zu entledigen trachten. Wir sollten sie statt dessen einfach annehmen.

Im tiefsten Inneren spüren wir: »Ja, an diesen Gedanken und Gefühlen ist nichts falsch. Sie sind natürlich und richtig. Nachdem ich mich an Sexualität oder Gewalt in meiner Phantasie erfreut habe, will ich jetzt meditieren. Wenn meine Gedanken zu diesen Themen zurückschweifen, werde ich nicht vor ihnen davonlaufen oder mich belästigt fühlen, sondern sie lächelnd akzeptieren.«

Teil III

Zwei Formeln zur Erreichung des sekundären und primären Selbst

Einleitung

Verständlicherweise hat der seelisch Leidende den großen Wunsch, seine Beschwerden durch eine rasch wirkende Methode zu beseitigen. Er sollte wissen, daß Denkstrukturen, die in vielen Jahren individuellen Wachstums entstanden sind, nicht rasch aufgelöst werden können. Wir haben ein bestimmtes Reiseziel auf unserer Fahrt nach vorne im Ochsenkarren erreicht. Dabei haben wir viele Dinge gesehen, gelernt und verinnerlicht. Sie binden nun unser individuelles Bewußtsein. Wenn wir uns wirklich von allen Fesseln befreien wollen, müssen wir die Reise rückwärts im selben Ochsenkarren antreten und alle Dinge und Strukturen an dem Platz abwerfen, an dem wir sie aufgelesen haben. Denn nicht ihr Aufgreifen auf der Reise vorwärts stellt wirkliches Wissen und wahres Lernen über das Leben dar, sondern ihr bewußtes Loslassen auf der Reise rückwärts. Dabei müssen wir bewußt und klug vorgehen, ist dieser Prozeß doch verständlicherweise ermüdender und langsamer als der umgekehrte Weg.

Jedoch können wir mit Hilfe der psychoanalytischen Meditation die Reisegeschwindigkeit erhöhen. Das Geheimnis liegt in der Visualisierung eines Prozesses, der sich fortlaufend in der Persönlichkeit eines Menschen abspielt und als Wiederholungszwang bekannt ist. Dabei dienen die oberflächlicheren Ebenen des Verhaltens als Hinweise auf tiefere Schichten und deren Entstehung. Wenn wir diesen einfachen Vorgang einmal beherrschen, können wir tieferliegende Denkstrukturen auflösen, die uns Schwierigkeiten bereiten. Damit sind wir nicht länger auf »Versuch und Irrtum« angewiesen, sondern können die Reise rückwärts mit einer klaren Vision über den zu bewältigenden Weg antreten.

Zur Erleichterung der praktischen Durchführung jener zuvor im wesentlichen bloß theoretisch beschriebenen Reise werden im folgenden zwei Formeln vorgestellt, deren eine im Zusammenhang des Prozesses zwanghafter Wiederholungen steht und deren andere sich einem tiefen Verständnis des Unterschiedes verdankt, der zwischen Gefühl und Vernunft sowie zwischen *Jada* (Materie) und *Chetan* (Bewußtsein) besteht.

I. Wiederholungszwang

Aus Erfahrung kann ich sagen, daß die Wiederholung von Gedanken, Gesten, Handlungen, Ängsten, Befürchtungen, Spannungen, Selbstzweifeln, Selbsthaß, Kritik, moralischen Urteilen und anderen Aspekten des menschlichen Verhaltens eines der faszinierendsten Phänomene menschlichen Lebens ist. Es beschränkt sich nicht auf einzelne, sondern durchdringt Familien, Gruppen, Gemeinschaften und sogar Nationen.

Zwei Beispiele sollen das Prinzip des Wiederholungszwanges erläutern:

1. Beispiel
In meiner Phantasie stelle ich mir vor, daß ein Freund, mit dem ich Streit hatte, in einen schweren Unfall verwickelt ist und im Krankenhaus liegt. Ich besuche ihn und bin sehr freundlich zu ihm. Diese Phantasie zeigt, daß ich einem doppelten Zwang unterliege. Das sekundäre Selbst fordert, daß meinem Freund, der mich verletzt hat, etwas zustößt. Das ist mein wirklicher Wunsch. Das tertiäre Selbst will diesen Gedanken nicht wahrhaben: So gehe ich also hin und bin freundlich zu ihm.

Wenn ich mir beider Realitätsebenen bewußt bin, werde ich feststellen, daß ich beide Wünsche und das daraus entspringende Verhalten zwanghaft wiederhole. Dies gilt auch für die damit verbundenen Phantasievorstellungen.*

Der Wiederholungszwang kann sich auch in extremen Verhaltensweisen äußern: Männer schlagen ihre Frauen (die Erfüllung eines Wunsches des sekundären Selbst), und danach bereuen sie es zutiefst und sind wieder gut zu ihnen (ein Zwang des tertiären Selbst).

2. Beispiel
Ein gutsituierter Universitätsprofessor litt unter einem starken Minderwertigkeitskomplex. Auf der Ebene des tertiären Selbst hielt er sich für eine große, hochqualifizierte Persönlichkeit. Zu einem seiner Studenten baute er eine enge Beziehung auf. Wann immer er sah, daß sein Schüler aufblühte und heranreifte, wurde er gespannt und nervös. Sein sekundäres Selbst war aktiviert. Nun tat er alles, um die Entwicklung seines Studenten zu bremsen, und entspannte sich erst wieder, wenn ihm dies gelungen war. Im Zu-

* Im Rahmen der Meditation wird zwischen offenen Handlungen unterschieden, die für andere sichtbar sind, und verdeckten oder reinen Phantasietätigkeiten, die sich nur im Bewußtsein abspielen. Beide sind Ergebnisse von Wünschen. Beide fesseln es. Das Ziel des menschlichen Lebens liegt darin, es von beiden zu befreien. Dies bedeutet, daß wir alle Wünsche überwinden und so die Wurzeln aller Handlungen, offener und verdeckter, zerstören. Dies ist ein Stadium der »Handlungslosigkeit«, ein Zustand des *Atma.* Hier finden wir unerschütterlichen Frieden und Glückseligkeit.

stand seines tertiären Selbst aber verlor er nur anerkennende Worte über ihn und stellte sich als sein bester Gönner dar. Monat für Monat, Jahr für Jahr wiederholte er zwanghaft sein Verhalten, bis der Student dieses Spiel durchschaute und ihn verließ.

47. Die Bedeutung der Übertragung in der Aufdeckung von Zwängen

Nicht viele Bereiche in der Psychoanalyse erweisen sich auch nur annähernd als so hilfreich für das Verständnis und die Veränderung des Verhaltens eines Individuums wie das Phänomen der Übertragung.

Es bedeutet, daß der einzelne all seine Befürchtungen, Bilder und Einstellungen, die er während der Kindheit entwickelt hat, auf eine gegenwärtige Situation überträgt. Er wiederholt damit zwanghaft sein damals erlerntes Verhalten.

Sicherheit und Arglosigkeit gehören zu den Grundbedürfnissen des Ichs. Da ihre Erfüllung nur durch ein bestimmtes Verhalten gewährleistet war, sieht sich der Mensch gezwungen, es beizubehalten. Fürchtete und haßte er beispielsweise seinen Vater, verunsicherte ihn dessen Gegenwart und hatte er einen Weg gefunden, ihm zu entfliehen, wird er heute zu dem gleichen Mittel greifen, um jeder Autoritätsfigur aus dem Weg zu gehen. Seine Vermeidungsstrategie unterliegt so dem Wiederholungszwang.

Menschen mit bestimmten emotionalen Störungen übertragen ihr Verhalten nicht nur auf den Analytiker, sondern auf jeden in der Gesellschaft. Wer einmal versteht, daß er den Anschauungen seiner Kindheit jederzeit und überall wiederbegegnet, kann auch den Zwang bemerken, sich in ähnlichen Situationen gleich zu verhalten.

48. Die Zerstörung der Wurzeln der Zwänge

Unsere animalischen Triebe geraten mit dem fundamentaleren Bedürfnis nach Sicherheit in Konflikt. Aus diesem Sicherheitsbedürfnis heraus werden das Verlangen unterdrückt und die Ansicht des Über-Ichs gebildet, daß das animalische Bedürfnis schlecht sei. Es entwickeln sich zwei entgegengesetzt wirkende Zwänge, die auf Befriedigung beziehungsweise auf Vermeidung drängen. Wenn das Kind sich die Sehnsüchte erfüllt, geschieht dies unter großer Angst. Sein Über-Ich verbietet es ihm auch, den Wunsch in der Phantasie auszuleben. Erst dann aber, wenn der Mensch die innere Freiheit erringt, sich seine Wünsche zumindest in der Phantasie zu erfüllen, werden die Zwänge überwunden werden können. Dies ist jedoch leichter gesagt als getan. Um diesen Bewußtseinszustand zu erlangen, muß er sich von einer

Anzahl von Ängsten befreien, die mit diesen Wünschen verbunden sind und Schuldgefühle auslösen. Sie schränken die Freiheit der Handlung, Gedanken und Phantasien ein und sind für verschiedene zwanghafte Verhaltensmuster auf der Ebene des tertiären Selbst verantwortlich. Diese »Entwicklung« der Persönlichkeit vermittelt ein Gefühl der Sicherheit. Kein Wunder, daß der Mensch an dieser Scheinwelt festhält, um sich in seinem Leben geborgen zu fühlen.

49. Spannung zwischen zwei Wünschen

Das individuelle Bewußtsein ist das Opfer zweier entgegengesetzter Wünsche. Der Mensch fühlt sich hin- und hergerissen und ist unfähig, eine Entscheidung zu treffen. Zwei einander entgegengesetzte und unentschieden bleibende Wünsche erzeugen eine unglaublich starke seelische Spannung, die sich nur in einer Entscheidung entladen könnte. Und der innere Kampf um eine Entscheidung zwischen gegensätzlichen Wünschen scheint in der Tat der größte Kampf des Menschen, eine geistige Schlacht zu sein, der gegenüber alle realen Kämpfe und Schlachten in der Welt zu bloßen Abbildern verblassen.

Die Intensität jener Spannung kann während der psychoanalytischen Meditation in der Gegend des *Brahma-Randhra* erfahren werden. Es ist nicht leicht, den Konflikt zu lösen, der jene Spannung verursacht, und nur zu oft ist man einem Prozeß ausgeliefert, in dem gegensätzliche Wünsche unentschieden bleiben und der Konflikt sich nur mehr verschärft.

50. Zwang und Freiheit

Vieles von dem, was auf den ersten Blick als eine freiwillige Handlung oder Entscheidung erscheint, erweist sich bei näherer Betrachtung als deutlicher Ausdruck eines inneren Zwanges.

Angenommen, Sie lieben einen Menschen, der Sie zurückweist. Sie leiden unter der nicht erwiderten Liebe und entziehen ihm Ihre emotionale Energie, indem Sie sich von ihm abwenden. Doch löst dieses Verhalten nicht Ihr Problem, da Sie weiterhin den zwanghaften Wunsch nach einer Bindung haben. Erlangen Sie aber die Freiheit, trotz der Ablehnung dieses Menschen ihn weiter zu lieben, werden Sie weder Schmerz erleiden, noch sich an ihn binden.

Nehmen wir ein anderes Beispiel: Ich fühle mich von jemandem unterdrückt und hasse ihn deshalb. Manchmal flackert reine Wut in mir auf. Am liebsten würde ich ihn umbringen. Begegne ich ihm aber, bin ich nicht einmal in der Lage, auch nur seinen Gruß unerwidert zu lassen, geschweige denn, ihm haßerfüllt in die Augen zu sehen und die Wut offen zu zeigen. Wann immer wir aber die Freiheit erlangen, diese Gefühle zum Ausdruck zum bringen, wird der Haß selbst sich in ein Nichts auflösen. Auch wenn wir statt dessen die ungeliebte Person in ihrer Abwesenheit Dritten gegenüber herabsetzen, ist dies sicher kein Zeichen innerer Freiheit, fühlen wir uns doch zu solchem Verhalten geradezu getrieben.

Freiheit und Zwanghaftigkeit schließen einander aus. Erst wenn uns Gedanken und Bilder, die mit Ängsten und Schuldgefühlen verbunden sind, nicht länger fesseln, erlangen wir wirkliche Freiheit.

51. Entwicklung und Rückbildung

Der oben beschriebene Sozialisationsprozeß wird oft als Persönlichkeitsentwicklung beschrieben. Doch in Wirklichkeit handelt es sich um einen Eingrenzungsprozeß.

Nur wenn wir diesen Prozeß umkehren und über die Reise rückwärts durch unsere Psyche uns auf den Weg des Fortschritts begeben, entfaltet sich unsere wahre Natur.

Wir beginnen den Prozeß mit der Antithese, die wir aus Furcht vor gesellschaftlichen Reaktionen entwickelt haben. Dann finden wir die These heraus, die ihr zugrunde liegt. Wir schreiten in diesem Prozeß fort, indem wir beide, die Antithese und die ursprüngliche These, fallenlassen und unsere ursprüngliche Wirklichkeit erreichen. Dies allein ist die wahre Entwicklung unserer seelisch-geistigen Innenwelt: die Befreiung von allen Strukturen, die sich aus These und Antithese gebildet haben, Auflösung der Synthese der Persönlichkeit, wie sie sich im Rahmen der soziomateriellen Welt vollzog, ein »Entlernen«, »Dekonditionieren« und »Entwerden«. Erst wenn die »Desynthese« abgeschlossen ist, findet das Bewußtsein zu sich selbst. An diesem Punkt lösen sich die Widersprüche in der Welt auf, und das Bewußtsein wird zum reinen Selbst, zum kosmischen Bewußtsein.

II. Formel zur Erreichung des sekundären Selbst

48. Die Zerstörung der Wurzeln der Zwänge

Die Verwendung der im folgenden vorgestellten Formel kann den analytischen Prozeß entscheidend beschleunigen. Sie beschreibt sechs Momente eines Weges zur Wirklichkeit unserer selbst, zu Unabhängigkeit und Glück.

Schritt 1: Beobachtung
Ich konzentriere mich auf das, was in diesem Augenblick, was hier und jetzt geschieht, und wie ich mich in diesem Augenblick verhalte. In meiner Kindheit gab es eine Situation, die der jetzigen ähnlich war und in der ich mich so verhielt, wie ich es jetzt tue. Gewisse Wahrnehmungen, Anschauungen und Ängste hatten mich in jenem Alter dazu gezwungen. Ich will genau hinsehen und verstehen, wie ich mich hier und heute verhalte.

Schritt 2: Denken
Ich versuche, mir bewußt zu werden, wie ich mich jetzt verhalte, und beginne, mich an Situationen zu erinnern, in denen ich mich ähnlich verhalten hatte. Viele ähnliche Situationen und Ereignisse fallen mir ein. Und mit deren Anzahl wird mir auch die allen Situationen gemeinsame Struktur, das ihnen zugrundeliegende Verhaltensmuster, immer klarer. Mein Bewußtsein erhellt sich.

Schritt 3: Zurückschalten
Ich begebe mich in Gedanken in meine Kindheit zurück und verweile in einer der jetzigen ähnlichen Situation. Ich nehme Stift und Notizbuch und beschreibe sie, die Gestalten der anderen Personen und die Position, die ich in der Gruppe habe. Ich will meine Wirklichkeit in der Gruppe und die der Gruppe selbst erfassen. Welche Wünsche und welche Ängste löst die Gruppe in mir aus, wenn ich versuche, meine Sehnsüchte zu erfüllen?

Schritt 4: Wiedererleben durch Schreiben in der Gegenwartsform
Wer oder was hindert mich daran, meinen Wünschen gemäß zu handeln? Ich schreibe alles in der Gegenwartsform auf, als geschähe das Ereignis jetzt, und ich erlebe mich jetzt als das Kind, das ich damals war. Zahlreiche Gefühle werden in mir hochsteigen. Ich werde überrascht sein, auf altvertraute, aber längst vergessene Mißverständnisse und Ängste zu stoßen. Der Bereich meines Bewußtseins wird sich erweitern und ich werde wissen, was mich in Ketten hält.

Schritt 5: Wiedererkennen der Elemente der Ursprungssituation
Habe ich alles niedergeschrieben, erkenne ich unmittelbar meine Lage. Ich sehe und akzeptiere sie.

Schritt 6: Rückkehr zur Gegenwart
Schließlich kehre ich in die Gegenwart zurück. Ich erkenne und verstehe nun all die Emotionen, die hier und jetzt wirksam sind. Ich weiß, daß ich mein Verhalten von damals nun genau wiederhole. Es sind dieselben Mißverständnisse und Komplexe, die mich beeinflussen. Und diese Erkenntnis erleichtert es mir in der Gegenwart, den Einfluß der Vergangenheit abzuschütteln und mich auf neue Art und Weise zu verhalten.

In der Psychoanalyse kennen wir den zweistufigen Vorgang der Übertragung auf den Analytiker und ihre anschließende Ablösung. Theoretisch ist gegen diesen Ablauf nichts einzuwenden, und auch auf der Erfahrungsebene scheint er wirksam. Doch selten haben diese Techniken zur vollständigen Heilung eines Individuums geführt. Sehr oft verändert der Leidende sein Verhalten aufgrund der Anregungen des Analytikers oder der Kraft seiner Interpretationen. Diese Art der Veränderung ist aber weder fundiert noch stabil. Ein echter Wandel kommt dadurch zustande, daß man seine Reaktionsweisen zuerst von »damals und dort« begreift und umstellt. Danach wird man zu seiner Überraschung feststellen, daß viele jener Dinge automatisch im »Hier und Jetzt« anders geschehen. Die Beeinflussung der Vergangenheit wirkt sich also positiv auf die Gegenwart aus. Wenn Sie diese Übung einige Zeit angewandt haben, werden Ihre Freunde Ihnen erzählen, daß Sie sich in letzter Zeit sehr verändert haben. Lassen Sie sich durch das Lob nicht verführen. Fahren Sie mit der Meditation und dieser Übung täglich fort. Sie müssen ein Ziel erreichen, das noch weit entfernt liegt.

53. *Die Verwendung der Formel durch den Analytiker*

Nehmen wir an, der Analytiker fragt zu Beginn der Sitzung seinen Patienten nach übertriebenen Reaktionen oder bestimmten Verhaltensmustern oder Phantasien während desselben oder vorangegangenen Tages. Weiter nehmen wir an, daß der Patient die folgenden beiden Situationen berichtet:

1. Durch verschiedene Umstände in seiner Organisation ist sein Arbeitsplatz bedroht. Er ist sehr besorgt.
2. Jemand sah ihn, als er mit einer Frau schmuste. Das beunruhigt ihn.

Situation 1
Wie kann der Analytiker diesen Sachverhalt angehen? Er kann den Patienten auffordern, sich an ein ähnliches Ereignis während seiner Kindheit in der Familie zu erinnern. Nachdem dem Patienten solch eine Situation eingefallen ist, sollte er sie sich in allen Einzelheiten vorstellen und darüber berichten.

Der Patient könnte beispielsweise folgendes erzählen: »Ich sitze in meiner Familie. Ich bin sehr klein und abhängig von meinen Eltern. Mein Vater droht mir, mich aus der Familie rauszuwerfen, und ich bin sehr erschrokken.«

Der Patient kann in der Gegenwartsform sprechen: »Ich habe Angst vor meinem Vater. Ich schwitze. Wenn ich aus der Familie ausgestoßen werde, wohin soll ich gehen? Ich kann nirgendwo hin. Wer wird mir Schutz gewähren? Ich bin in Panik. Ich bin verloren. Ich wehre mich dagegen, die Familie zu verlassen, während mein Vater mich rausdrängt. Ich weigere mich, ich bettele, aber mein Vater schiebt mich weg. Ich will in der Familie leben ...«

Es ist möglich, daß der Patient seine Situation klar erkennen, aber eine Reihe von Gefühlen und Ereignissen nicht in Worten ausdrücken kann. Der Analytiker muß ihm dabei helfen. Beispielsweise kann er zu ihm sagen: »Sie haben Angst davor, Ihre Abhängigkeit wahrzunehmen, zu erkennen, daß Sie der Welt nicht unabhängig gegenübertreten können, zu sehen, daß andere stärker und Sie hilflos und unterlegen sind. Sie wollen nicht wahrhaben, daß Sie in einer Familie leben möchten, die Ihnen gestattet, abhängig zu sein.« So lernt der Patient, die Situation und die in ihr auftretenden Ängste besser einzuschätzen.

Danach bringt ihn der Analytiker zur Gegenwart zurück. Er wird ihm verdeutlichen, daß er die Gefühle und Ängste von damals auf seine jetzige Situation überträgt. Die Lage hat sich jedoch verändert. Er ist nicht mehr das kleine Kind und so abhängig wie einst. Er hat etwas Geld und Besitz. Als Kind war er vielleicht nicht in der Lage, sich eine neue Heimat zu suchen, aber heute kann er gewiß eine andere Stelle finden. Diese Einsichten verhelfen ihm zu einem neuen Verständnis seiner Situation. Der Analytiker fordert ihn auf, diese Szene aufzuschreiben und die Visualisierung in der Meditation zu wiederholen, wodurch die Ablösung des Patienten begünstigt wird.

Situation 2
Analysieren wir nun die zweite Situation, die der Patient dem Analytiker berichtet hat. Er wurde von einem anderen beobachtet, als er mit einer Frau schmuste. Dies erschreckte ihn sehr. Sofort ließ seine Erektion nach.

Der Analytiker schlägt dem Patienten vor, sich an ein ähnliches Ereignis während seiner Kindheit in der Familie zu erinnern.

Der Patient könnte beispielsweise folgendes berichten: »Ich sehe mich als kleines Kind, umgeben von anderen Familienmitgliedern. Ich berühre das Geschlechtsorgan meines kleinen Bruders. Mein Vater kommt herein, sieht das und gibt mir eine Ohrfeige. Auch die anderen beobachten und verurteilen mich.«

Der Patient redet in der Gegenwartsform, als würde er die Situation direkt erleben. »Ich zittere vor Angst. Mein Vater schlägt mich. Ich kann niemandem in die Augen schauen. Ich habe den Eindruck, als beobachteten und verfolgten mich alle. Ich bin wie versteinert. Am liebsten würde ich im Boden versinken.«

Der Analytiker kann dem Patienten helfen, indem er beispielsweise sagt: »Sie sind klein. Sie fürchten sich vor Ihrem Wunsch, gerne einen Penis zu sehen, zu halten oder an ihm zu saugen, mit den Brüsten der Mutter zu spielen oder Ihre Schwester nackt zu sehen. Dies ist natürlich. Daran ist nichts Falsches. Gestehen Sie sich dieses Verlangen zu, während die Situation in Ihnen lebendig wird. Sie nehmen wahr, daß andere Sie beoachten, und haben Angst, daß andere Sie bestrafen und kastrieren. Sie können Ihrer Familie nicht Ihren steifen Penis zeigen und sich dabei sicher fühlen.«

Indem er sich mit der Vergangenheit auseinandersetzt, erkennt der Patient die Parallelen zu seinem gegenwärtigen Problem. Er überträgt die gleichen Gefühle auf seine jetzige Liebessituation. Inzwischen hat sich aber einiges verändert. Er ist kein Kind mehr, das geschlagen werden kann.

Der Analytiker wird den Patienten auffordern, das ganze Geschehen zu Hause noch einmal zu visualisieren und aufzuschreiben.

54. Die Verwendung der Formel in der Selbstanalyse

Wenn kein Analytiker zur Verfügung steht, können Sie diese Formel auch für sich mit großem Gewinn anwenden.

Das folgende Beispiel soll Ihnen dabei behilflich sein.

1. Schritt: Beobachtung

Ich bitte jemanden um einen kleinen Gefallen. Die Person lehnt meine Bitte leichthin ab. Eine maßlose Wut packt mich. Ich habe den besseren gesellschaftlichen Status, doch stört oder ängstigt das den anderen nicht im geringsten.

Aufgewühlt kehre ich in mein Zimmer zurück, voller Rachegedanken. Ich würde auch gerne andere abweisen. Doch wenn jemand zu mir kommt, selbst eine niedriggestellte Person, kann ich nicht nein sagen. Solch eine Handlung würde mich ängstigen.

2. Schritt: Denken

Ich kenne das Verhalten. Ich habe keine Kontrolle darüber. Ich weiß, daß ich in vielen ähnlichen Situationen zwanghaft genau gleich reagiere. Zahlreiche solcher Situationen fallen mir ein, die mir dieses Muster sehr bewußt machen. Beispielsweise kam gerade gestern jemand zu mir wegen einer kleinen Spende. Ich konnte nicht nein sagen, obwohl ich mich schon mehrmals entschieden hatte, solche Bitten abzulehnen. Kürzlich, als ein grimmig dreinblickender Mensch an meine Tür klopfte und eine Spende erbat, die ich nicht gab, bekam ich Angst. Für einige Zeit war ich recht nervös.

Mehrere solcher Szenen fallen mir ein. Selbst Straßenjungen haben keine Schwierigkeiten, mich abzuweisen, aber wenn sie zu mir kommen und mich um etwas bitten, zögere ich, sie wegzuschicken. Vor einigen Tagen weigerte sich einer meiner engsten Freunde, mir einen kleinen Gefallen zu tun. Am nächsten Tag bat er mich um eine Kleinigkeit. Ich konnte sie ihm nicht abschlagen, obwohl ich zuvor entschieden hatte, nein zu sagen.

Um mein Verhalten zu verstehen und zu verändern, muß ich in meiner Phantasie zu der ursprünglichen Kindheitssituation zurückgehen, in der dieses Verhaltensmuster in mir angelegt wurde.

3. Schritt: Zurückschalten

Ich erinnere mich an eine ähnliche Situation in meiner Kindheit. »Ich bin fünf Jahre alt. Mein Vater ist ausgesprochen grausam. Er terrorisiert die ganze Familie. Jeder hat Angst vor ihm. Oft spiele ich auf der Straße. Er schlägt mich dafür. Wenn ich etwas haben möchte, bin ich mir nie sicher, ob ich es bekomme oder mir eine Ohrfeige einhandele. Er ist ein Autokrat, der nicht das geringste Gespür für die Gefühle anderer hat. Ich koche vor Wut wegen dieser Behandlung. Ich will ihm meine Mitarbeit verweigern. Wenn er mich auffordert, ihm etwas zu bringen oder etwas für ihn zu tun, würde ich am liebsten nein sagen. Doch bestraft er mich heftig für Ungehorsam. Ihm etwas abzuschlagen oder ihn gar abzulehnen ist gefährlich für mich, verunsichert mich. Innerlich brenne ich jedoch vor Haß. Für immer und ewig möchte ich ihn abweisen. Doch weiß ich, daß ich hilflos, abhängig und schwach bin. Ich kann ihn nicht ablehnen. Ich kann nirgendwo sonst hingehen und leben. Ich streite unerbittlich mit ihm auf meiner inneren Bühne. Ich will ihn vernichten. Im Interesse meiner eigenen Sicherheit jedoch unterdrücke ich all diese Wünsche und bald – unter der Leitidee, daß es schlecht ist, andere abzulehnen – wandele ich mich zu jemandem, der andere gar nicht abweisen will.

Schritt 4: Wiedererleben der Situation durch das Schreiben in der Gegenwartsform

Wenn ich die ursprüngliche Situation in der Gegenwartsform niederschreibe, so ist es, als würde ich sie heute noch einmal erleben.

»Ich bin fünf Jahre alt. Ich spiele auf der Straße. Plötzlich taucht mein Vater auf. Meine Spielgefährten rufen mir sofort zu: ›Paß auf. Dein Vater kommt.‹ Ich werde starr vor Schreck. Dies ist ein Zustand des Schmerzes und der Angst, den ich nicht in Worte fassen kann. Am liebsten würde ich losheulen. Doch kann ich mir das vor meinen Freunden und anderen nicht leisten. Ich werde stumm wie ein Stein. Oh, was für eine grausame Situation! Er kommt und fängt an, mich zu schlagen. Ich komme nur hoch, um die nächste Tracht Prügel in Empfang zu nehmen. Ich weine jedoch nicht. Ich fühle mich gedemütigt. Ich will dies den anderen nicht zeigen. Am liebsten würde ich sterben. Oh Gott, nimm mich in deine Arme. Was für ein grausamer Vater. Wenn ich nicht weine, wird er noch wütender. Er schlägt mich noch mehr und schleift mich heim. Er zieht mich an den Haaren. Ich möchte kreischen vor Schmerzen, aber ich bin nur versteinert. Ich weine nicht. Alles, was ich mir wünsche, ist, zu sterben.

Er schleift mich nach Hause. Dort prügelt er noch mehr auf mich ein. Was ist meine Lage? Nichts kann ich tun. Ich bete zu Gott. Nimm mich in deine Arme. Töte mich, damit ich diesen Vater loswerde. Nach einiger Zeit ist er befriedigt. Er läßt mich in der Ecke liegen. Ich bin das am meisten verfluchte Kind in der ganzen Welt.

Ich will mich rächen. Ich will ihn totschlagen. Doch dieser Gedanke erschreckt mich. Wenn er dieses Verlangen in mir spürt, ist es aus mit mir. Ich unterdrücke es.

Als ich am nächsten Tag meine Mutter um etwas bitte, sagt sie, ich solle mich an meinen Vater wenden. Ich suche ihn auf. Er lehnt meine Bitte ab. Ich spüre wieder Haß auf ihn und will ihn umbringen. Entweder ich oder er. Wenn er etwas von mir will, sollte ich ihn abweisen. Ich will mich rächen. Ich will mich für immer an ihm rächen. Ich will mich nie mehr vor ihm verbeugen, noch ihn je um etwas bitten.«

Schritt 5: Wiedererkennen der Elemente der Ursprungssituation

Ich erkenne, daß ich ein Kind und abhängig bin. Ich möchte sehr gerne frei spielen. Ich mag es nicht, wenn sich jemand einmischt. Ich möchte geliebt werden. Mein Vater aber ist grausam und eine absolute Autorität. Er kann mich bestrafen, demütigen und prügeln. Er kann mich abweisen.

Am liebsten würde ich zurückschlagen. Aber ich fürchte mich sehr vor der Vergeltung. Am liebsten würde ich ihn ablehnen und mich rächen. Ja, ich habe solche Gefühle. Ich möchte ihn rücksichtslos erniedrigen. Doch bin ich schwach. Aus meiner Hilflosigkeit heraus möchte ich sterben. Aus meiner Demütigung heraus möchte ich niemandem ins Gesicht schauen.

Ich habe ein großes Verlangen danach, zurückzuschlagen, ihn abzuweisen, mich zu rächen und ihn zu töten. Aber aus Angst, nicht etwa, weil ich so gut bin, tue ich es nicht. All meine Vorstellungen über meine Güte sind falsch.

Schritt 6: Rückkehr
Jetzt kehre ich zur gegenwärtigen Situation zurück. »Hier und jetzt«, heute, in diesem Augenblick, wiederhole ich zwanghaft mein Verhalten und meine Lage, auch wenn ich es nicht klar erkenne. Ich habe dieselben Wahrnehmungen, Gefühle, Wünsche und Ideen.

Ja, »hier und jetzt« fürchte ich mich vor der Erkenntnis, daß ich klein und minderwertig bin. Mir graut davor zu sehen, daß ich abgelehnt werde. Ich fühle all die Demütigung von damals. Ich habe Angst davor, zu erkennen, daß ich »hier und jetzt« zurückschlagen und andere abweisen und erniedrigen will. Ich will mich rächen. Ja, ich muß all diese Wünsche »hier und jetzt« in mir wahrnehmen. Auch »hier und jetzt« fühle ich mich unzulänglich und hilflos. Mir graut davor, meine Gefühle auszudrücken. Doch hat sich die physische Situation geändert. Ich bin erwachsen. Ich kann handeln. Ich muß mir die Freiheit nehmen, andere abzuweisen.

Wiederholung in der Meditation
Während der Meditation tauchen andere vergleichbare Situationen auf. Ich stelle fest, daß ich in der Phantasie andere Gefühle als sonst habe und anders handle. Diese Übung hat einen großen Einfluß auf die Veränderung meines wirklichen Erlebens und Verhaltens.

III. Die praktische Anwendung der ersten Formel

Wer die Analyse ganz für sich alleine durchführt, braucht vielleicht mehr Beispiele aus dem täglichen Leben, um mit der Formel vertraut zu werden. Die folgenden sind ihm vielleicht von Nutzen:

Ereignis 1

Hier handelt es sich um ein wichtiges Verhaltensmuster, das oft in einer Dreiersituation vorkommt. Es bestimmt Erfolg oder Versagen eines Menschen in zahlreichen Bereichen des Lebens.

Schritt 1: Beobachtung
»Hier und jetzt« sitze ich mit dem Chef alleine zusammen. Ich spreche mit ihm über zahlreiche Dinge und bin dabei sehr glücklich. Inzwischen betritt ein Kollege das Büro. Er will mit meinem Chef reden. Sie beginnen ein Gespräch. Unter innerem Druck verlasse ich den Raum. Ich kann anderen erzählen oder gar mich selbst davon überzeugen, daß ich mich aus Höflichkeit und Rücksichtnahme zurückgezogen habe, doch weiß ich im Innersten, das diese Aussage falsch ist. Ich handle unter Zwang und aus Nervosität.

Schritt 2: Denken
Ich kenne das Verhalten. Ich habe keine Kontrolle darüber. Ich weiß, ich wiederhole es in vielen gleichen Situationen. Etliche fallen mir ein, und mir wird mein Muster sehr deutlich. Sofort vermerke ich die folgenden Ereignisse:

In jungem Alter war ich an einem Mädchen meiner Nachbarschaft interessiert. Eines Tages wandte ich ihr meine volle Aufmerksamkeit zu. Gleichzeitig bemerkte ich, daß ein anderer Junge meiner Umgebung sein Auge auf sie geworfen hatte. Sofort zog ich mich aus der Situation zurück und überließ ihm das Feld.

Eine andere Situation fällt mir ein. Mein Schuldirektor bietet mir ein Prüfungsentgelt an. Ein anderer Kollege kommt und bittet den Direktor darum. Bevor dieser antworten kann, schlage ich selber vor, daß der Kollege das Geld bekommen soll, und ziehe mich zurück.

Im Bus finde ich einen Sitzplatz. Ein anderer kommt und stellt sich neben mich in den Gang. Sofort erhebe ich mich und biete ihm den Sitz an.

Zahlreiche andere Ereignisse tauchen auf. Mein Erinnerungsvermögen arbeitet schnell und ruft immer mehr ähnliche Situationen ab. Meine Lage ist stets dieselbe. Freiwillig biete ich an zu leiden. Ich gebe meine Rechte auf, statt sie zu behaupten. Ich erhebe keine Forderungen, um meine Wünsche zu befriedigen. Wie klar mir dies wird!

Um mein Verhalten zu verstehen und zu verändern, muß ich in meiner Phantasie zu der ursprünglichen Kindheitssituation zurückkehren, in der dieses Muster angefangen hat. Ich muß versuchen, es »damals und dort« zu begreifen, indem ich die Situation auf der inneren Bühne noch einmal durchlebe.

Schritt 3: Zurückschalten

Ich schalte in meiner Vorstellung zurück zu meiner Familie in meiner Kindheit und rufe mir eine parallele infantile Situation in Erinnerung.

»Ich bin drei Jahre alt. Ich schlafe mit meiner Mutter zusammen. Sie liebkost mich, umarmt, küßt und liebt mich. Ich bin glücklich. Ich möchte immer mit ihr zusammen sein. Wenn sich jemand zwischen uns drängt, werde ich böse. Am liebsten würde ich diese Person wegstoßen. Ich kann meine Mutter nicht teilen. Ich möchte ausschließlich mit ihr leben. Aber meine Mutter verurteilt mich für mein Verhalten. Sie liebt auch meinen Bruder. Das kann ich nicht tolerieren. Ich will ihn umbringen. Dieser Wunsch versetzt mich in Angst und Schrecken. Ich ziehe mich aus der Situation zurück, um mich sicher zu fühlen. Meine Mutter versteht das nicht. Sie meint, aufgrund ihrer Rüge begänne ich, mich zu ›benehmen‹. Sie lobt mich. Sie findet, daß mein Rückzug und die Selbstaufgabe eine wünschenswerte Veränderung meines Verhaltens seien. Dafür spricht sie mir ihre Anerkennung aus.«

Dies, in Kürze, ist die parallele infantile Situation. Ich sehe meine Lage als Kind sehr lebhaft vor mir und erkenne meine Wünsche, Handlungen und Position sehr klar »damals und dort«, indem ich das ganze Geschehen in der Gegenwartsform niederschreibe, so, als würde ich es noch einmal erleben.

Schritt 4: Wiedererleben der Situation durch das Schreiben in der Gegenwartsform

»Ich bin ein Kind. Ich schlafe bei meiner Mutter. Ich liebe sie. Sie umarmt, liebkost und küßt mich. Energie steigt in mir auf. Der enge Körperkontakt macht mich glücklich. Mir selber ist nicht klar, was ich tun soll, doch bin ich sehr glücklich. Keine Spannung, keine Nervosität. Nur Energie. Ich umspanne die Hüften meiner Mutter mit meinen kleinen Beinen. Meine kleinen Hände umfassen ihre Brüste. Sie küßt mich. Ich bin im siebten Himmel.

Nach einiger Zeit krabbelt mein älterer Bruder, der fünf Jahre alt ist, auf das Bett und versucht, bei uns zu schlafen. Er sucht die Aufmerksamkeit meiner Mutter. Sie wendet ihm ihr Gesicht zu. Mir wird bitter zumute. Ich bin enttäuscht. Ich versuche, ihr Gesicht mir zuzudrehen. Ich versuche, meinen Bruder wegzuschubsen. Meine Mutter sagt: ›Nein, er ist doch dein

Bruder.‹ Diese Vorstellung stimmt mich nicht freundlicher. Haß steigt auf, auch auf meine Mutter. Ich will auch sie schlagen. Diese Vorstellung läßt mich schaudern. Ich wende mich wieder meinem Bruder zu. Oh, welch starke Gefühle wallen in mir auf! Ich balle die Hand zur Faust. Mein Körper wird von heftigen Impulsen geschüttelt, ihn aus dem Weg zu räumen, zu erwürgen, zu töten, zu schlagen. Ja, ich würde ihn umbringen. Warum ist er überhaupt aufs Bett gekommen! Ich bin in der Stimmung zu morden.

Meine Mutter sieht mich wieder an. Vielleicht spürt sie meine Mordgelüste. Ich habe Angst. Ich werde nervös. Ich ziehe mich innerlich zurück. Ich überlasse meinem Bruder das Feld, mit meiner Mutter zu spielen. Aus Schmerz und Schuld ziehe ich mich zurück. Ich behaupte mich nicht. Im Innersten beobachte ich, wie die beiden einander lieben. Ich möchte sie trennen. Aber nach außen hin tue ich so, als sähe ich sie nicht oder wäre an ihnen nicht interessiert.«

Schritt 5: Wiedererkennen der Elemente der Ursprungssituation
Im Prozeß des Schreibens erkenne ich, daß ich ein kleines Kind bin. Ich sehne mich nach Körperkontakt und Liebe. Meine Mutter ist mein Liebesobjekt. Ich möchte bei ihr schlafen. Ich erkenne, daß ich sie mit keinem teilen kann. Ich habe diesen Wunsch, sie ausschließlich zu besitzen. Wenn jemand kommt und einen Anspruch auf sie erhebt, will ich ihn aus dem Weg räumen, ihn umbringen. Ich kann den anderen nicht tolerieren. Dieser Mordgedanke ist in mir. Ich erkenne ihn deutlich. Die Vorstellung macht mir Angst. Ich bin nervös. Ich befürchte, für solche Phantasien verurteilt zu werden. Ich will dieser Situation entfliehen, um mich sicher zu fühlen. Jetzt erkenne ich, daß ich das Liebesobjekt preisgebe. Ich behaupte meine Rechte nicht, weil ich mich sicher fühlen muß.

In mir ist keine Güte. Ich handle aus Furcht vor meinen eigenen Vorstellungen und Gefühlen. Jetzt erkenne ich es. Dies ist meine Situation. Ich muß sie annehmen. Wie klar sind mir jetzt meine Ideen und Ängste!

Schritt 6: Rückkehr
Ich kehre zur gegenwärtigen Situation zurück. Mir ist so, als käme ich von einer langen Reise zurück. Hier und jetzt, heute, in diesem Augenblick, wiederhole ich zwanghaft mein Verhalten, auch wenn ich es nicht klar erkenne. Ich habe genau dieselben Begierden, Wünsche, heftigen Impulse und Ängste.

Ja, hier und jetzt sollte ich mir klarmachen, daß ich sehr gerne mit meinem Chef zusammensein möchte. In seiner Gesellschaft fühle ich mich geachtet und glücklich. Ich möchte, daß kein Dritter zwischen uns tritt. Wenn jemand kommt, würde ich ihn am liebsten gleich aus dem Weg räumen. Ein mörderischer Impuls wallt in mir auf. Mir graut davor, meine Mordgedanken zuzulassen. Ich muß sie sehen. Ja, ich würde am liebsten die dritte Person erwürgen und aus dem Raum werfen. Ich erkenne auch, daß ich mit meinem Chef allein sein will. Ich will ihn ausschließlich besitzen. Ich habe Angst vor der Erkenntnis, daß ich mein Objekt nicht teilen will. Meine Mordgelüste versetzen mich in Angst und Unsicherheit. Sie könnten als Bumerang zurückkommen. Hier und jetzt fürchte ich Vergeltung. Ich ziehe mich sofort zurück. Ich überlasse den Chef der dritten Person und fliehe. Ich habe Angst, mich zu behaupten und mein Recht zu sichern. Ich mache die dritte Person dafür verantwortlich. Doch in Wirklichkeit bin ich schwach und nervös. Ich habe Angst vor meinen Phantasien und Gefühlen.

Eine klare Erkenntnis all dieser Beziehungen wird mich erleichtern. Möglicherweise ändert sich auch mein Verhalten sofort.

Jetzt sitze ich vielleicht gemütlicher mit meinem Chef zusammen, selbst wenn ein Dritter kommt. Ich kann meine wirklichen Bedürfnisse und Wünsche akzeptieren und gelegentlich durchsetzen. Ich kann auch Menschen teilen, anstatt sie anderen zu überlassen. Mein Verhalten in Dreiersituationen wird sich spürbar verbessern ebenso wie meine Beziehung zu anderen.

Wiederholung in der Meditation
Ich meditiere für eine halbe Stunde und wiederhole dieses Verständnis für verschiedene ähnliche Gelegenheiten, an die ich mich erinnere. Ich verändere mein Verhalten in meiner Phantasie. Dies wird sowohl mein neuerworbenes Verständnis beachtlich stärken als auch mein faktisches Verhalten positiv verändern.

Ereignis 2

Ich habe keine Lust, zu schreiben und zu lesen, obwohl es meine Pflicht wäre, und leide unter Schuldgefühlen, weil ich meinem Anspruch nicht nachkomme.

Schritt 1: Beobachtung
Hier und jetzt komme ich zu meinem Schreibtisch im Büro. Ich will an einem neuen Buch schreiben. Doch gebe ich mir alle Mühe, die Arbeit zu umgehen. Ich wünsche mir, daß jemand vorbeikommt und mit mir redet, oder daß wir im Büro frei bekommen, so daß ich mir selber weismachen kann, daß ich aus diesem Grund nichts tun will.

Am Abend liege ich auf meinem Bett. Ich habe Schuldgefühle und bin deprimiert, weil ich meine Arbeit nicht erledigt habe.

Schritt 2: Denken
Ich kenne das Verhalten. Ich habe keine Kontrolle darüber. Ich weiß, ich wiederhole es in zahlreichen ähnlichen Situationen. Etliche tauchen vor meinem inneren Auge auf. Ich nehme mir vor, mindestens eine Stunde am Morgen zu schreiben. Doch umgehe ich diesen Vorsatz mit etlichen Methoden – entweder wässere ich die Pflanzen, oder ich erledige andere Haus-

arbeiten, oder ich bleibe einfach auf meinem Bett liegen und hänge Tagträumen nach. Unter diesem Vorwand weiche ich der Arbeit aus.

Gelegentlich vermeide ich in dieser Weise auch, Briefe zu schreiben. In der Tat widerstrebt mir jede neue Tätigkeit. Um mein Verhalten zu verstehen und zu verändern, muß ich in meiner Phantasie zu der Kindheitssituation zurückkehren, in der dieses Muster seinen Ursprung nahm. Ich versuche es damals und dort zu begreifen, indem ich die Situation auf der inneren Bühne noch einmal durchlebe.

Schritt 3: Zurückschalten

Ich schalte in meiner Vorstellung zurück zu meiner Familie in meiner Kindheit und rufe mir eine parallele infantile Situation in Erinnerung.

»Ich bin vier Jahre alt. Ich spiele auf der Straße mit meinen Spielkameraden. Ich habe großen Spaß dabei und bin voll ausgefüllt. In diesem Augenblick kommt mein Vater. Er packt mich und nimmt mich mit nach Hause. Er schlägt mich und zwingt mich, mich hinzusetzen und Buchstaben zu lesen. Er sagt mir, daß ich ein Faulenzer würde, wenn ich mich auf der Straße herumtriebe. Er verspottet mich vor allen, demütigt mich mit sarkastischen Bemerkungen. Ich sitze in großer Furcht im Zimmer, doch viel lieber würde ich rausrennen. Ich habe nicht die geringste Lust zu lernen.«

Ich vergegenwärtige mir die Situation als Kind und sehe meine Wünsche, Handlungen und Position sehr klar »damals und dort«, indem ich das ganze Geschehen in der Gegenwartsform niederschreibe, so, als würde ich es noch einmal erleben.

Schritt 4: Wiedererleben der Situation durch das Schreiben in der Gegenwartsform

»Ich bin klein. Ich möchte spielen. Dann bin ich sehr glücklich. Im Geiste laufe ich auf die Straße hinaus. Ich sehe die Figuren und Gesichter meiner Freunde vor mir. Ich wünsche mir, daß irgend etwas geschieht, so daß ich meine Schularbeiten los bin und rauslaufen kann. Ich suche nach einer Gelegenheit. Ich hoffe, daß mein Vater weggeht oder meine Mutter mich um etwas bittet, oder daß sonst irgend etwas geschieht, was mich von dieser Plackerei befreit. Selbst wenn jemand stürbe, wäre mir das recht. Ich hoffe auch, daß meine wirklichen Absichten vor meinem Vater geheim bleiben. Ich tue so, als erledigte ich eine Menge Aufgaben. Ich habe Angst vor ihm.«

Schritt 5: Wiedererkennen der Elemente der Ursprungssituation

Ich erkenne, daß ich ein kleines abhängiges Kind bin. Ich sehne mich danach, zu spielen und mich zu vergnügen. Ich habe nicht die geringste Lust, zu lesen und zu schreiben. Alles spannt sich in mir an, und ich werde rastlos, wenn ich mich zur Arbeit hinsetze. Nach meinem Verständnis ist dies alles nur Schinderei. Ich erkenne jedoch auch, daß mein Vater mich zum Lesen und Schreiben zwingt. Er ist stärker als ich. Er verurteilt und bestraft mich. Ich fürchte mich vor seinen Grausamkeiten, wenn ich seinen Willen nicht erfülle. Er vermittelt mir das Gefühl, schlecht zu sein, wenn ich die Arbeit nicht erledige und einfach nur spiele. Das ist meine Situation. Ich muß sie deutlich sehen. Wie klar mir alles wird! Diese Erkenntnisse erleichtern mich sehr.

Schritt 6: Rückkehr

Jetzt kehre ich zur gegenwärtigen Situation zurück. Hier und jetzt, heute, in diesem Augenblick, wiederhole ich zwanghaft mein Verhalten, auch wenn ich es nicht klar sehe. Ich habe genau dieselben Bedürfnisse, Wünsche und Ängste, obgleich mir davor graut, diese Wahrheit zu erkennen. Ja, hier und jetzt habe ich nicht die geringste Lust zu arbeiten. Viel lieber würde ich spielen und Spaß haben. Ich hoffe, daß sich irgendein Fluchtweg eröffnet, so daß ich der Pflicht entkomme. Ich werde von meinem Über-Ich (dem verinnerlichten Vater) bestraft, verurteilt und geschlagen. Es zwingt mich zur Arbeit. Hier und jetzt kann ich mich nicht von ihm befreien, da es sich fest in mir eingegraben hat. Ich bin voller Schuldgefühle, voller Verurteilungen von innen her. Oh, ich bin nicht mein Herr. Ich bin immer noch ein Sklave. Dies ist die Wurzel meiner Depression, wenn ich nichts tue. Ich bin noch nicht erwachsen genug, um meine eigenen Entscheidungen zu treffen und meinem Vater direkt ins Gesicht zu schauen.

Ich will meinen Wunsch akzeptieren, zu spielen und Spaß zu haben. Ich will meine Freiheit genießen. Ich entscheide mich, mit meinem Vater auf der inneren Bühne darüber zu argumentieren, daß ich für mein Leben selber verantwortlich bin. Ich muß mich aus seinem Griff lösen, um meine Unabhängigkeit und Größe zu realisieren. Ich will spielen. Doch lebe ich in der Gesellschaft und muß auch arbeiten. Allerdings will ich meine Arbeitsphasen nicht unter Druck oder Zwang wählen, sondern über sie frei entscheiden.

Eine klare Erkenntnis all dieser Aspekte wird sofort mein Verhalten ändern. Ich kann mich entspannen und meine spielerischen Aktivitäten ebenso wie die Arbeit, wenn ich zu ihr zurückkehre, stärker genießen.

Wiederholung in der Meditation

Ich meditiere eine halbe Stunde lang. Ich wiederhole all mein neues Wissen, indem ich mir zahlreiche gegenwärtige Situationen vorstelle, die mit meiner Tätigkeit und ihren Ursprüngen in der Vergangenheit zu tun haben. Das Wissen erleichtert mich.

Während der Meditation stelle ich mir deutlich vor, daß ich voller Konzentration mit meinen Spielkameraden spiele. Ich bin sehr glücklich. Ich werde mir bewußt, daß dieses Glück nicht vom Spiel kommt. Es durchflutet mich hier und jetzt in meinem Körper. Ich spüre seine Wellen durch mein Rückgrat und Gehirn laufen. Sie beginnen an der unteren Spitze des Rückgrats und schlagen nach oben. Alle Quellen des Glücks liegen in mir. Die Konzentration auf das Spiel hat sie zum Sprudeln gebracht.

Kann ich diese Konzentration und das damit verbundene Glück erlangen, wann ich will? Nein. Der Grund liegt darin, daß mein Bewußtsein das Opfer zahlreicher verinnerlichter Figuren und Vorstellungen geworden ist, die ich während meines sozialen Lebens erworben habe. Es springt in alle Richtungen, wie ein von der Schlange gebissener Affe. Ich kann mich also nicht einmal für einen kurzen Moment konzentrieren. Doch wenn ich dazu fähig bin, finde ich alle Quellen des Glücks in mir. Ich konzentriere mich auf die untere Spitze des Rückgrats und bade in einem Ozean von Glückseligkeit.

Ereignis 3

Auch dieses Ereignis wird in vielen Leben zwanghaft wiederholt, unabhängig davon, wie alt jemand ist oder welche Position er in der Gesellschaft erworben hat. Dieses Verhaltensmuster ist das Lebensblut vieler Intellektueller in der Welt. Es liegt dem Bedürfnis zugrunde, die Welt zu verändern.

Schritt 1: Beobachtung
Hier und jetzt bin ich rastlos. Ich arbeite in einer Organisation (oder lebe in einem Land), die mir bestimmte Beschränkungen auferlegt. Mir ist nicht gestattet zu fühlen, zu denken und zu tun, was ich will. Die Autoritäten wollen, daß ich erst ihre Erlaubnis einhole, selbst wenn ich schreibe und meine Ansichten veröffentliche. Ich breche zwanghaft ihre Gesetze und Verfahren und strebe danach, die zu zerstören, die meine Freiheit einschränken. Wenn sie mich stoppen, werde ich im tiefsten Inneren gewalttätig. Ich wehre mich dagegen, daß sie meine Freiheit kontrollieren.

Schritt 2: Denken
Ich kenne das Verhalten. Ich habe keine Kontrolle darüber. Ich weiß, ich wiederhole es mit denselben Gefühlen in zahlreichen ähnlichen Situationen. Als mein Direktor während meiner Unterrichtszeit als Lehrer versuchte, mir bestimmte Regeln aufzuerlegen, reagierte ich ähnlich. Als mein Vermieter, in dessen Haus ich lebte, mir Regeln setzen wollte, hatte ich denselben Impuls, sie zu brechen. Viele ähnliche Situationen tauchen vor meinem inneren Auge auf und machen mir dieses Muster bewußt.

Um mein Verhalten zu verstehen und zu verändern, muß ich in meiner Phantasie zu der Kindheitssituation zurückkehren, in der dieses Muster angefangen hat, und versuchen, es damals und dort zu begreifen, indem ich die Situation auf der inneren Bühne noch einmal durchlebe.

Schritt 3: Zurückschalten
Ich schalte in meiner Vorstellung zurück zu meiner Familie in meiner Kindheit und rufe mir eine parallele Situation in Erinnerung.

»Ich bin zwei Jahre alt. Ich strotze vor Energie. Ich laufe hierhin und dahin. Ich will meine Mutter nackt sehen und die Geschlechtsteile von anderen betrachten. Ich will mich in den Straßen dreckig machen. Ich will nackt hin- und herlaufen. Dies sind meine verschiedenen Bedürfnisse. Ich ströme über vor Energie. Doch mögen einige meiner Familienmitglieder diese Wünsche nicht. Sie bestrafen, verurteilen und beobachten mich.«

Ich sehe meine Situation als Kind klar vor mir und erkenne meine Wünsche, Handlungen und Position, indem ich sie in der Gegenwartsform niederschreibe.

Schritt 4: Wiedererleben der Situation durch das Schreiben in der Gegenwartsform
»Ich bin klein. Ich laufe hierhin und dorthin. Ich bin auf der Straße und spiele in den Abwässern. Ich werde beobachtet und dafür geschlagen. Mein Vater verurteilt mich. Ich komme nach Hause zurück. Ich laufe zum Badezimmer, wo meine Mutter oder meine Schwester oder mein Bruder baden. Ich gucke verstohlen hinein, um ihre nackten Körper oder genauer, ihre Geschlechtsteile zu sehen. Ich genieße ihren Anblick. Ich sehe die Teile deutlich. Zahlreiche Bedürfnisse tauchen in mir auf. Ich will den Penis halten und daran saugen. Ich will die Brust meiner Schwester in meinen Mund stecken. Mein Vater bemerkt mein Verhalten. Er gibt mir eine Ohrfeige und zieht mich am Ohrläppchen. Er verurteilt mich dafür, so etwas Schlechtes zu tun. In meiner Phantasie möchte ich zurückschlagen. Wie kommt er dazu, mich zu hindern? Ich bin fest entschlossen, meine Wünsche nicht aufzugeben. Ich will mich ihm nicht beugen. Wer ist er, daß er meine Freiheit einschränken kann? Mir wird bitter zumute. Er stößt mich in die Veranda. Er ist wirklich sehr grausam. Er tut mir weh. Ich würde ihn mir am liebsten unterwerfen und die Atmosphäre in meiner Familie verändern.«

Schritt 5: Wiedererkennen der Elemente der Ursprungssituation
Ich erkenne, daß ich klein bin und von meinen Familienmitgliedern in jeder Kleinigkeit abhänge. Ich sehne mich danach, nackt herumzulaufen, mit Dreck zu spielen und die Geschlechtsteile anderer zu sehen. Ich will volle Freiheit. Wenn mich jemand daran hindert, protestiere ich. Mein Vater ist eine Autorität. Doch erkenne ich sie nicht an. Physisch bin ich klein und schwach. Mein Vater ist körperlich stark. Er kann mich bestrafen. Es gibt keine Gesetze, die ihn überprüfen. Er ist alles und jedes. Aber gefühlsmäßig akzeptiere ich seine Autorität nicht. Ich will alle Prinzipien, Verfahren und Gesetze, die er mir auferlegt, um meine Freiheit zu beschränken, übertreten. Ich will meine Freiheit um jeden Preis. Dies ist mein Vorsatz und größ-

ter Wunsch. Ich will stärker und mächtiger werden als er, so daß ich seine Autorität niederwerfen und verspotten kann. Das ist meine Situation. Ich muß sie so sehen. Wie klar sie wird!

Schritt 6: Rückkehr

Jetzt kehre ich zur gegenwärtigen Situation zurück. Hier und jetzt, heute, in diesem Augenblick, wiederhole ich zwanghaft mein Verhalten, auch wenn ich es nicht klar erkenne. Ich fürchte mich zu sehen, daß ich genau dieselben Bedürfnisse und Wünsche habe und dieselben Handlungen durchführe wie damals, obwohl sich die Form etwas geändert hat.

Ja, hier und jetzt graut mir davor zu sehen, daß ich dreckig bin, ein Voyeur, ein Nudist. Hier und jetzt habe ich solche Wünsche. Daran ist nichts Schlechtes. Ich will sie akzeptieren und mir die Freiheit nehmen, sie zu erfüllen. Ich wehre mich gegen jeden Eingriff, jede Kontrolle, jede Beschränkung in dem, was ich schreibe. Sie verbittern mich. Ich will nicht wahrhaben, daß ich im tiefsten Inneren jede Autorität verspotten und besiegen möchte. Aber der Chef oder die Gesetze eines Landes sind die Autorität, so wie mein Vater sie in meiner Kindheit war. Ich akzeptiere meine Position damals und dort in meiner Familie und hier und jetzt in der Organisation. Ich will die Realität annehmen, daß ich bestraft, gedemütigt und abgelehnt werden kann von Autoritäten. Meine Freiheit kann beschnitten werden. Aber ich sehe auch, daß ich als Kind keinerlei Rechte hatte. Mein Vater war ein Autokrat. Er nahm sich die Freiheit, allen Regeln oder keinen zu folgen. Aber jetzt handeln die Autoritäten nach bestimmten Gesetzen. Ich habe Rechte und kann für sie kämpfen.

Wenn ich all diese Tatsachen klar erkenne, kann ich mich entspannen und mein Verhalten ändern.

Wiederholung in der Meditation

Ich meditiere für eine halbe Stunde. Ich wiederhole dieses Verständnis für verschiedene ähnliche Situationen, an die ich mich erinnere und verändere darin mein Verhalten in meiner Phantasie. Meine Gefühle stabilisieren sich.

Ereignis 4

Dieses Ereignis findet nahezu täglich im Leben jeden Mannes statt, doch selten werden wir uns dieses Musters bewußt, das wir in derselben Weise, in derselben Sprache, mit denselben Ausdrücken wiederholen. Es ähnelt dem ersten Beispiel, entspricht ihm aber nicht völlig.

Schritt 1: Beobachtung

Hier und jetzt sitze ich mit einem Würdenträger zusammen. Er hat Status und Macht. Ich bin glücklich, in seiner Gesellschaft sein zu können. Kurz darauf kommt ein anderer Kollege hinzu. Ich stelle ihn dem Mann vor. Sofort beginnt er, sich mit ihm zu unterhalten, und ich werde in den Hintergrund gedrängt. Ich werde nervös und unruhig. Am liebsten würde ich das Treffen abbrechen, aber ich kann nichts sagen. Nach einiger Zeit geht der Würdenträger. Er lädt mich und meinen Freund in sein Haus ein.

Nachdem er uns verlassen hat, sitze ich mit meinem Kollegen zusammen. Er möchte diese Person gern besuchen. Am liebsten würde ich ihn daran hindern, da ich in meinem Innersten weiß, daß ich nicht dazu in der Lage sein werde. Doch beunruhigt mich die Vorstellung, daß mein Freund hingehen wird. Hier und jetzt werde ich mir meiner großen inneren Bestürzung bewußt.

Schritt 2: Denken

Das Verhalten ist mir vertraut. Ich wiederhole jedes einzelne Element, aber ich habe keine Kontrolle darüber. Wenn mein Kollege den Chef im Büro aufsucht, paßt mir das nicht, und ich verurteile ihn als Kriecher. Ich lehne auch den Chef ab. Wenn ein anderer Kollege mit einem Mädchen ausgeht, lasse ich abfällige Bemerkungen fallen und kritisiere beide als unmoralisch. Viele ähnliche Situationen fallen mir ein und machen mir dieses Muster bewußt.

Um mein Verhalten zu verstehen und zu verändern, muß ich in meiner Phantasie zu der ursprünglichen Kindheitssituation zurückkehren, in der dieses Muster angefangen hat, und versuchen, es damals und dort zu begreifen, indem ich die Situation auf der inneren Bühne noch einmal durchlebe.

Schritt 3: Zurückschalten

Ich schalte in meiner Vorstellung zurück zu meiner Familie in meiner Kindheit und rufe mir eine parallele Situation in Erinnerung.

»Ich bin zwei Jahre alt. Ich sitze allein mit meinem Vater im Zimmer. Ich bin glücklich, da er sich um mich kümmert. Mein älterer vierjähriger Bruder kommt herein. Er fängt sofort an, mit meinem Vater zu reden, und setzt sich auf seinen Schoß. Vater liebt ihn. Ich sehe dies alles. Ich würde sie am liebsten trennen, da ich mich in den Hintergrund abgedrängt fühle. Ich bin in Aufruhr. Ich will die Situation beenden. Mein Vater lädt auch mich auf seinen Schoß. Doch kann ich meinen Widerstand nicht überwinden. Mein Ärger versetzt mich in große Spannung.«

Ich stelle mir lebhaft meine Situation als Kind vor und sehe meine Wünsche, Handlungen und Position klar damals und dort, indem ich sie in der Gegenwartsform niederschreibe.

Schritt 4: Wiedererleben der Situation durch das Schreiben in der Gegenwartsform

»Ich bin klein. Ich bin meinem Bruder unterlegen. Ich traue mich nicht, mich auf den Schoß meines Vaters zu setzen. Ich bin außergewöhnlich eifersüchtig auf meinen Bruder, auf seine Aktivität und seine Initiative. Ich will ihn vom Schoß meines Vaters wegschieben. Doch fühle ich mich dazu nicht in der Lage. Ich möchte, daß mein Vater ihn wegschickt. Er soll ihm den Kontakt verweigern und mir geben. Da er dies nicht tut, bin ich auch auf ihn wütend.«

Schritt 5: Wiedererkennen der Elemente der Ursprungssituation
Ich sehe, daß ich ein kleines Kind bin. Ich sehne mich nach Vaters Schoß, nach Kontakt mit ihm. Aber ich habe auch Angst davor. Jetzt sehe ich das klar. Ich bin eifersüchtig und will nicht, daß mein Bruder den Schoß meines Vaters besitzt. Ich versuche mit allen Mitteln, ihren Kontakt abzubrechen und meinen Wunsch zu erfüllen. Ich gestatte ihnen nicht den Freiraum für ihre Nähe. Zugleich bin ich passiv. Ich kann nicht die Initiative ergreifen, diesen Schoß zu besitzen. Ich hänge von dem Willen meines Vaters ab. Nur wenn er mich ruft, kann ich zu ihm gehen. Aber selbst dann kann ich den Schoß nicht mit meinem Bruder teilen. Wenn er neben mir auf Vaters Schoß sitzt, will ich ihn wegschubsen.

Dies ist meine Situation. Ich muß sie deutlich sehen. Dies sind meine Bedürfnisse, Wünsche und Notwendigkeiten. Wie klar mir alles wird! Diese Erkenntnisse erleichtern mich sehr.

Schritt 6: Rückkehr
Hier und jetzt, heute, in diesem Augenblick, wiederhole ich zwanghaft mein Verhalten, auch wenn ich es nicht klar sehe. Ich habe genau dieselben Wünsche und Ängste, obgleich mir davor graut, diese Wahrheit zu erkennen. Ja, hier und jetzt will ich meinen Wunsch nicht wahrhaben, mit jener Person von Status zusammenzusein. Ich hungere nach ihrer ausschließlichen Gesellschaft und Aufmerksamkeit. Ich will mir nicht zugestehen, daß ich mich meinem Kollegen unterlegen fühle und nicht will, daß sie einander näherkommen. Wenn ihr Kontakt dichter wird, würde ich meinen Freund am liebsten aus dem Weg räumen. Ich will Mißtrauen zwischen ihnen säen, so daß sie für immer getrennt werden. Ich habe Angst zu sehen, daß ich die Aufmerksamkeit dieser Person mit Status nicht teilen will, daß ich selber ihr Interesse und ihre Liebe brauche. Ich bin der »Empfänger«. Sie ist der »Geber«. Sie kann mir ihre Aufmerksamkeit versagen und sie anderen zuwenden.

Eine klare Erkenntnis ändert sofort mein Verhalten. Jetzt kann ich mir mehr Freiheit nehmen, die Aufmerksamkeit der Person einzufangen. Ich kann auch meinem Freund erlauben teilzuhaben. Ich kann dem »Geber« zugestehen, mich abzulehnen. Ich kann mein Bedürfnis überwinden, mich aus der Situation zurückzuziehen. Ich kann Gedanken mitteilen oder zugunsten anderer zurückhalten, aus meiner freien Entscheidung heraus, ohne mich selber zu bemitleiden, was das Ergebnis der Unterdrückung meines Wunsches war.

Wiederholung in der Meditation
Ich meditiere für eine halbe Stunde und wende mein neues Verständnis auf alle gleichen Situationen an, die sich in mein Bewußtsein eingegraben haben. Ich fühle mich sehr erleichtert.

Jetzt unterscheide ich das Wirkliche vom Unwirklichen. Kontakt und Aufmerksamkeit verschaffen mir Lustgefühle. Ruft der Kontakt sie hervor? Ich konzentriere mich auf die untere Spitze des Rückgrats. Ich stelle fest, daß die lustvollen Empfindungen von dort ihren Ausgang nehmen. Oh, was heißt das? Ich suche nach dieser Lust in äußeren Objekten, während ihre Quellen in mir liegen, im »Hier und Jetzt«. Ich will mich auf diese Quellen des Glücks konzentrieren. Die Vorstellung, daß die Lust an den Kontakt mit einem Objekt gebunden sei, ist eine Täuschung. Ich muß sie aufgeben.

Dies wird mein Bewußtsein von Wünschen, Bedürfnissen, Bindungen einerseits und Vorstellungen, Gedanken und Bildern andererseits befreien. Ich werde mich mir selber zuwenden und unmißverständlich herausfinden, daß der Himmel in mir liegt.

Ereignis 5

Die meisten Patienten mit Nervenzusammenbrüchen werden wieder zu Kleinkindern. Sie hängen von anderen ab. Dieses Ereignis ist sehr wichtig. Der seelisch Leidende sollte es notieren und versuchen, dieses Muster zu überwinden, um sich von verkrüppelnder Abhängigkeit zu befreien.

Schritt 1: Beobachtung
Hier und jetzt liege ich am Morgen auf meinem Bett. Ich lebe allein und habe einen Diener, der morgens und abends kommt, um meine Mahlzeiten vorzubereiten und meine Wohnung sauberzuhalten. Ich liege auf meinem Bett und warte auf ihn. Er ist noch nicht da. Die übliche Zeit, zu der er sich einfindet, ist vorüber, und ich befürchte, daß er gar nicht auftaucht. Ich werde nervös und deprimiert. Ich reagiere heftig bei der Vorstellung, daß ich ihm jeden Monat ein gutes Gehalt zahle und er mich nicht einmal im vorhinein informiert, wenn er seinen Dienst nicht antreten kann. Meine morgendliche Teezeit ist vorüber. Er ist immer noch nicht erschienen. Oft gehe ich zum Tor, um nachzusehen, ob er nicht doch noch eintrifft. Ich warte wieder, und langsam steigt Bitterkeit in mir hoch. Ich komme nicht auf die Idee, mir selber den Tee zuzubereiten.

Schritt 2: Denken
Ich kenne das Verhalten. Ich wiederhole es in ähnlichen Situationen, aber ich habe keine Kontrolle darüber. Wenn ich die Gebühren für meinen Wagen bezahlen soll, werde ich nervös und suche krampfhaft nach jemandem,

der mir in dieser Angelegenheit helfen kann. Wenn ich alleine verreisen soll, werde ich unruhig und ängstlich und suche nach jemandem, der mich begleitet. Wenn ich einen Termin beim Arzt oder in der Klinik habe, suche ich jemanden, der mit mir geht. Ich fühle mich verloren und voller Angst, wenn ich alleine bin. Als ich mir darüber klar werde, fallen mir noch viele andere, ähnliche Situationen ein. Ich kann so tun, als wäre ich jemand Großartiges, aber der andere, diese furchterregende Gestalt, ist mein wirkliches Bild.

Um mein Verhalten zu verstehen und zu verändern, muß ich in meiner Phantasie zu der Kindheitssituation zurückkehren, in der dieses Muster seinen Ursprung genommen hat, und das damalige Geschehen auf der inneren Bühne noch einmal durchleben.

Schritt 3: Zurückschalten

Ich schalte in meiner Vorstellung zurück zu einer parallelen infantilen Situation.

»Ich bin ein Jahr alt. Ich kann noch nicht richtig laufen oder stehen. Meist spiele ich auf dem Schoß von anderen, oder ich liege auf dem Bett. Von meinem Bett aus beobachte ich, wer meinen Raum betritt. Ich bin hilflos. Habe ich Hunger, überwache ich meine Mutter mit größerer Ungeduld. Wenn ich ins Bett mache, schaue ich zu, wie jemand das Bett säubert. Ich kann nicht alleine aufstehen, um meinen Hunger zu stillen oder das Bett neu zu beziehen. Wenn ich nicht zur rechten Zeit gefüttert werde, gerate ich unter extreme Spannung, werde unruhig, rastlos, ärgerlich und weinerlich.«

Ich sehe meine Situation als Kind und meine damaligen Wünsche, Ängste, Handlungen und Position sehr klar vor mir, indem ich die ganze Situation in der Gegenwartsform niederschreibe, so als würde ich sie jetzt erleben.

Schritt 4: Wiedererleben der Situation durch das Schreiben in der Gegenwartsform

»Ich bin ein Kleinkind. Ich liege auf dem Bett und schüttele meine Beine und Arme. Ich rolle mit den Augen. Ich warte auf jemanden, genauer, auf meine Mutter. Ich habe Hunger, und es ist die Zeit am Morgen, zu der er gestillt wird. Als die Zeit vorbeistreicht, werde ich ungeduldig. Ich schaue erwartungsvoll auf die Tür, durch die meine Mutter hereinzukommen pflegt. Aber sie erscheint nicht. Die Zeit geht vorbei. Ich werde rastlos und unruhig. Sie soll kommen. Aber sie ist nirgendwo zu sehen. Ich werde noch ungeduldiger. Ich schluchze vor Hunger und Frustration und Ärger. Ich fühle mich hilflos. Ich kann nicht aufstehen und mir mein eigenes Mahl zubereiten. Ich wimmere. Diese Abhängigkeit ist schmerzhaft. Aber ich kann die Initiative nicht ergreifen und für mich arbeiten. Ich weine. Ich kann nicht reden. Ich weine einfach.«

Schritt 5: Wiedererkennen der Elemente der Ursprungssituation
Sofort erkenne ich, daß ich ein Kleinkind bin. Ich bin hungrig und ungeduldig. Aber ich habe Angst davor, meine Lage zu erkennen. Ich sehe auch, daß ich völlig abhängig bin von anderen. Ich kann mich nicht einmal bewegen. Ich kann nicht so arbeiten, wie ich will. Ich bin völlig hilflos. Ich kann nirgendwohin gehen, ohne vom Bett aufgenommen worden zu sein. Ich kann meine Wünsche nicht über Worte ausdrücken. Ich bin verbittert und frustriert. All dies erkenne ich.

Dies ist mein wahres Bild. Dies sind meine Wünsche und Bedürfnisse. Wie klar sind sie mir jetzt! Diese Erkenntnisse erleichtern mich sehr.

Schritt 6: Rückkehr
Jetzt kehre ich zur gegenwärtigen Situation zurück. Hier und jetzt, in diesem Augenblick, wiederhole ich zwanghaft mein Verhalten, auch wenn ich es nicht klar erkenne. Ich habe genau dieselben Begierden, Wünsche, Heftigkeiten. Meine Position ist heute nicht anders als damals, obgleich diese Erkenntnis schmerzt.

Ja, hier und jetzt fürchte ich mich davor zu sehen, daß ich hungrig und abhängig bin. Ich warte auf meinen Diener. Während die Zeit vorbeistreicht, wächst mein Hunger. Ich werde unruhig und rastlos. Die Spannung steigt. Ich will nicht wahrhaben, daß ich völlig abhängig bin von ihm. Ich will mir nicht eingestehen, daß ich für mich hier und jetzt nicht sorgen kann. Ich bin ungeduldig mit meinem Diener und entscheide mich, ihn zu entlassen und jemanden einzustellen, der mir mehr Aufmerksamkeit widmet. Ich kann wahrhaftig nur in diese Richtung denken. Ich komme gar nicht auf die Idee, mir meinen eigenen Tee zuzubereiten und meinen Raum zu säubern.

Mich überrollt eine Welle an Energie. Der Bereich meines Bewußtseins erweitert sich. Was heißt das? Ich bin kein Kleinkind mehr. Ich bin so erwachsen, daß ich all diese Dinge selber tun kann. Ich beginne, in meinem Geiste zu singen und zu tanzen, als ich meine Unabhängigkeit erkenne. Ich spüre: Ich bin ich.

Eine klare Erkenntnis all dessen hier und jetzt verändert sofort mein Verhalten. Ich merke, daß ich viele Dinge selber tun kann, und ich ärgere mich weniger über meinen Diener oder sonst jemanden, von dem ich mich vorher abhängig gefühlt habe.

Wiederholung in der Meditation
Ich meditiere für eine halbe Stunde und wiederhole mein neues Verständnis für alle ähnlichen Situationen. Ja, ich kann alleine zum Arzt gehen. Ich kann alleine reisen. Ich kann alleine verschiedenen Situationen gegenübertreten. Ich kann die Initiative ergreifen, wenn ich will. Eine Welle des Glücks steigt in mir auf. Das Glück liegt in mir.

Ereignis 6

Viele Menschen, die an der Liebe leiden, tragen in ihrem Herzen dieses Grundmuster, selbst wenn sie schon ergraut sind.

Schritt 1: Beobachtung
Hier und jetzt sitze ich mit einem Liebesobjekt zusammen. Ich fühle mich dem anderen überlegen. Ich bin sehr glücklich, ja, tatsächlich. Ich möchte den anderen berühren und seinen Körper spüren. Mein größter Wunsch geht in Erfüllung. Ich liege mit diesem Objekt auf der Couch. Die Lippen und die beiden Körper sind ineinander verschlungen. Das geliebte Wesen sagt: »Ich liebe dich.« Eine immense Welle an Energie durchläuft mich. Ich bade in einem Zustand der Glückseligkeit. Ich vergesse sogar, wer ich bin.

Nach einiger Zeit verabschiedet sich die Geliebte von mir. Ich gerate unter Anspannung. Rastlos sehne ich mich nach ihr und möchte sie wieder und wieder sehen. Ich möchte sie zu einem ständigen Körperkontakt zwingen. Statt dessen jedoch verliert sie ihr Interesse an mir. Ich werde oft zurückgewiesen und fühle mich gedemütigt. Ich folgere auch, daß ich für immer verlassen werde. Wellen der Angst laufen mein Rückgrat hinab. Mein Herz sinkt. Ich kann nicht mehr richtig essen. Ich kann nicht mehr richtig schlafen. Die Vorstellung nimmt mich gefangen, daß ich sterben oder mich umbringen sollte.

Schritt 2: Denken
Ich kenne das Verhalten. Ich habe keine Kontrolle darüber. Heute ist die Situation ernst. Doch habe ich emotional dieses Verhalten in meiner Vergangenheit in gleichen Situationen wiederholt. Einige meiner verflossenen Liebesgeschichten tauchen vor meinem inneren Auge auf. Ja, ich sehe sie klar.

Ich war ein Gymnasiast. Ich verliebte mich in eine Frau, die mindestens sieben Jahre älter war. Ich hungerte nach Liebe, traute mich jedoch nicht, jemanden anzusprechen. Sie verführte mich. Über lange Zeitspannen liebten wir einander. Tag und Nacht sehnte ich mich danach, sie zu sehen und zu treffen. Sie liebkoste und liebte mich und lehrte mich die Art und Weise, in der sie geliebt werden wollte. Ich wollte die verschiedenen Teile ihres Körpers sehen und meinen Penis von ihr berühren lassen. Dies dauerte ungefähr zwei Monate. Danach mußte meine Familie umziehen. Angst überwältigte mich. Mein Herz sank. Ich konnte keinem etwas sagen. Bald fühlte ich, daß mein Leben sinnlos war. Ich wollte sterben.

All diese emotionalen Erfahrungen und Muster wiederholten sich noch intensiver, als ich mich nach vier Jahren in ein anderes Mädchen verliebte und es schon bald verlassen mußte. Derselbe Wunsch zu sterben, dieselbe Depression und derselbe Pessimismus nahmen mein Denken gefangen.

Mehr Situationen fallen mir ein. Meine Lage ist dieselbe. Ich wiederhole das Verhalten mit immer größerer Intensität bei jeder Affäre. Wie klar mir dieses Muster wird!

Um mein Verhalten zu verstehen und zu verändern, muß ich in meiner Phantasie zu der Kindheitssituation zurückkehren, in der dieses Muster seinen Ursprung genommen hat, und es auf der inneren Bühne noch einmal durchleben.

Schritt 3: Zurückschalten
Ich rufe mir eine parallele infantile Situation in Erinnerung.

»Ich bin zwei Jahre alt. Ich fühle mich sehr an meine Mutter gebunden. Ich kann sie nicht einen Moment alleine lassen. Ich schlafe bei ihr. Wenn ich ins Bett gehe, möchte ich, daß sie alle Arbeit liegenläßt und zu mir kommt. Ich rufe sie oft: ›Mami, komm, Mami komm!‹ Wenn sie nicht erscheint, werde ich ungeduldig. Oft weine ich. Damit locke ich sie herbei. In diesem Moment mag ich niemanden sonst in der Familie, mit niemandem sonst kann ich einschlafen. Ich bin auf meine Mutter fixiert und kann an keinen Ersatz denken.

Einmal ging sie abends weg, um eine Verwandte zu besuchen, und ließ mich mit meiner Schwester zurück. Sie versprach, nachts zurückzukommen. Die Zeit verging. Sie erschien nicht, und es sah für mich so aus, als würde sie nie mehr heimkehren. Ich dachte, ich stürbe. Ich fühlte mich total verloren. Keiner konnte mich trösten. Ich weinte und weinte und weinte. Das Leben war nicht länger lebenswert. In mir war alles dunkel. Ich wollte nichts essen. Ich konnte in jener Nacht nicht schlafen.«

Diese kindliche Situation entsteht sehr lebhaft vor meinen Augen, und ich erkenne meine Wünsche, Handlungen und Position. Ich durchlebe noch einmal meine emotionalen Erfahrungen, indem ich die ganze Situation so niederschreibe, als geschähe sie heute.

Schritt 4: Wiedererleben der Situation durch das Schreiben in der Gegenwartsform
»Ich bin zwei Jahre alt. Ich spiele draußen. Am Abend komme ich heim und bitte meine Mutter um etwas zu essen. Ich fordere sie auf, neben mir zu sitzen und mich zu füttern. Geduldig schiebt sie mir kleine Bissen in den Mund. Ich kaue sie und öffne ihn für mehr. Jetzt bin ich satt. Ich trinke Wasser aus ihrer Hand. Nun will ich schlafen. Ich dränge sie, mit mir zu kommen. Sie sagt, sie arbeite noch und käme später, wenn die Arbeit beendet sei. Diese Vorstellung paßt mir nicht. Ich bin ein wenig böse. Sie sieht das und begleitet mich ins Bett, legt mich hin, tätschelt mich mit all ihrer liebevollen Fürsorge und sagt: ›Ich komme in einem Augenblick, wenn ich meine Arbeit fertig habe.‹

Ich liege im Bett, aber ich schlafe nicht. Unaufhörlich warte ich auf sie. All meine Konzentration ist auf sie gerichtet. Ich mag es nicht, wenn meine Geschwister zu mir kommen. Ich will nur sie. Wenn ich ihre Gegenwart spüre, erfüllen mich geballte Energie und großes Glück. Ich werde ganz wach, dann deprimiert, weil sie nicht erscheint. Ich warte wieder und beobachte sie. Ich werde sehr ungeduldig.

Sie kommt. Ich bin unheimlich glücklich. Ich schlafe bei ihr und fühle mich getröstet.

Eines Tages sagt sie, daß sie eine Verwandte besuchen wolle. Ein Todesfall habe sich dort ereignet. Ich werde nervös. Ich will nicht, daß sie dorthin geht. Ich versuche mein Bestes, damit sie diesen Plan fallenläßt. Ich weine. Sie sagt, sie komme am Abend zurück. Sie gibt mir auch etwas Geld. Wie grausam, daß sie ihr Kind verläßt!

Als die Nacht hereinbricht, werde ich nervös. Ich sitze auf den Treppenstufen vor dem Haus und schaue die ganze Straße entlang, von der sie herkommen muß. Immer wieder nimmt mich meine Schwester ins Haus und tröstet mich damit, daß Mutter nach einiger Zeit auftauchen wird. Aber während die Zeit vergeht, werde ich immer unruhiger. Oft breche ich in Tränen aus. Mit der Zeit bin ich davon überzeugt, daß sie nicht zurückkehren wird. Ich wimmere vor Schmerz. Ich fühle mich verloren. Ich habe auch das Gefühl, daß sie mich verlassen und betrogen hat. Mein Glaube an sie wankt. Oh, was ist das nur! Ich kann einfach nicht aufhören zu schluchzen und zu weinen. Meine Schwester umarmt und besänftigt mich. Aber ich bin untröstlich. Niemand und nichts kann meine Mutter ersetzen. Meine Welt hat sich verdüstert.

Ich kann nichts essen. Was immer meine Schwester in meinen Mund schiebt, geht nicht hinunter. Ich kann auch nicht schlafen. Ich denke an die Mutter. ›Oh, ohne dich will ich sterben.‹ Sehnsucht und der Wunsch zu sterben überwältigen mich. Ich ersticke.«

Schritt 5: Wiedererkennen der Elemente der Ursprungssituation
Während ich all dies in der Gegenwartsform niederschreibe, erkenne ich, daß ich auf meine Mutter fixiert bin. Es sieht so aus, als sei sie die einzige Person, die mich mag und liebt. Ich kann die Trennung von ihr nicht ertragen. Ich traue nur ihr vollständig. Ich kann es nicht ertragen, betrogen zu werden. Ich fühle mich völlig verloren, wenn sie irgendwohin geht. Ich bin in jeder Hinsicht ein »Empfänger«. Im Stich gelassen zu werden und Betrug fühlen sich an wie der Tod. Tatsächlich habe ich große Angst vor Trennung und dem damit verbundenen Wunsch zu sterben.

Schritt 6: Rückkehr
Hier und jetzt, in diesem Augenblick, wiederhole ich zwanghaft mein Verhalten und alle damit verbundenen Bedürfnisse und Wünsche, obgleich ich sie nicht klar erkenne. Ja, hier und jetzt bin ich wie ein Kind. Mich erschreckt die Erkenntnis, daß ich völlig abhängig, völlig fixiert auf ein Liebesobjekt bin. Es fühlt sich für mich so an, als sei es unersetzlich; nur es kann meine Sehnsucht nach Abhängigkeit und Liebe erfüllen. Jede Vorstel-

lung oder Handlung meines Liebesobjektes, die darauf hinweist, daß es mich verlassen könnte, löst Wellen tiefer Angst in mir aus. Sofort ergreift mich ein Todeswunsch. Wenn das Objekt mir etwas verspricht und es nicht erfüllt, fühle ich mich wiederum im Stich gelassen und möchte sterben. Ich fühle mich völlig verloren. Ich kann ohne es nicht leben.

Wiederholung in der Meditation
In der Meditation lasse ich die verschiedenen Situationen zusammen mit meinen Wünschen und Ängsten vor meinem inneren Auge vorbeiziehen. Dies verändert mein Verhalten.

Ereignis 7

Dieses wesentliche Ereignis entzieht sich auch nach langen Jahren Meditation und Psychoanalyse dem Bewußtsein. Während der Reise rückwärts können Sie sich vielleicht teilweise dieses Musters bewußt werden. Doch muß es in seiner Gesamtheit vor dem inneren Auge erscheinen, damit Sie sich völlig davon befreien können. Die Schwierigkeit der Erkenntnis liegt darin begründet, daß dieses Ereignis eine der frühesten Konditionierungen des Bewußtseins ist.

Schritt 1: Beobachtung
Hier und jetzt liege ich auf meinem Bett oder sitze im Sessel. Niemand ist zu Hause. Ich bin unstet. Ich suche etwas und warte ständig auf jemanden. Dieser Jemand ist mein Liebesobjekt. Ich bin unruhig. Es treibt mich immer wieder zum Tor oder auf die Straße, um jemanden zu sehen – irgendein Liebesobjekt. Hier und jetzt wird mir mein Verhalten bewußt. Rastlos warte ich zeit meines Lebens auf ein Liebesobjekt.

Schritt 2: Denken
Ich kenne das Verhalten. Ich habe keine Kontrolle darüber. Ich weiß, ich warte jeden Augenblick, ob ich im Büro oder zu Hause bin. Ich warte auf Telefonanrufe und Briefe. In zahlreichen ähnlichen Situationen bin ich ruhelos.

Um mein Verhalten zu verstehen und zu verändern, gibt es keinen anderen Weg, als in meiner Phantasie zu der ursprünglichen Kindheitssituation zurückzukehren und zu versuchen, sie damals und dort zu begreifen, indem ich sie auf der inneren Bühne noch einmal durchlebe.

Schritt 3: Zurückschalten
Ich schalte in meiner Vorstellung zurück zu meiner Familie in meiner Kindheit und visualisiere die folgende Situation: »Ich bin ein Kleinkind. Ich liege auf dem Bett. Ich bin sehr aktiv. Ich stoße meine kleinen Beine und Arme in die Luft und rolle auf dem Bett hin und her.«

Ich schreibe das Geschehen in der Gegenwartsform nieder.

Schritt 4: Wiedererleben der Situation durch das Schreiben in der Gegenwartsform

»Ich bin ein Kind. Ich liege auf dem Bett. Ich bin zu klein, um aufzustehen. Meine Augäpfel rollen nach allen Seiten. Ich möchte, daß jemand kommt und mich aufnimmt. Ich werde unruhiger. Jemand erscheint, nimmt mich auf, küßt und umarmt mich. Das vergnügt mich. Eine lustvolle Empfindung läuft durch meinen Körper. Ich spüre die Hände jener Person auf meinen Pobacken, und eine Welle des Vergnügens überrollt mich.

Jetzt verläßt mich die Person. Ich wehre mich, aber ich bin hilflos. Ich hänge von ihr ab. Ich kann nichts tun. Ich sehne mich nach diesem Kontakt und möchte ihn für immer haben. Doch werde ich gegen meinen Willen auf das Bett zurückgestoßen. Ich werde angespannt.

Ich liege wieder allein auf dem Bett und schaue nach jemandem aus. Ich warte und hoffe ungeduldig darauf, daß jemand kommt. Ich hungere nach Kontakt.«

Schritt 5: Wiedererkennen der Elemente der Ursprungssituation

Oh, ich sehe, ich bin ein Kleinkind. Ich sehne mich nach Liebe, Kontakt und Lust. Ich bin abhängig, hilflos und unzulänglich. Andere können mich zurückweisen. Ungeduldig warte ich.

Schritt 6: Rückkehr

Heute, in diesem Augenblick, wiederhole ich zwanghaft mein Verhalten, auch wenn ich es nicht klar erkenne. Dieselben Wünsche, Ängste und Wahrnehmungen motivieren mich heute wie damals. Mich erschreckt die Erkenntnis, daß ich klein, unzulänglich und von anderen abhängig bin. Ich verwahre mich dagegen, daß ich hier und jetzt nach Liebe und Kontakt mit einem Liebesobjekt hungere, daß ich krampfhaft nach einem Liebesobjekt suche und darauf warte, geliebt zu werden. Oh, wie hungrig und ungeduldig bin ich! Wenn ein Liebesobjekt in meiner Nähe erscheint, steigert sich meine Ungeduld. Ich will nicht wahrhaben, daß ich ein »Empfänger« bin und vom Liebesobjekt übersehen und abgewiesen werden kann.

All diese Erkenntnisse beruhigen und trösten mich.

Wiederholung in der Meditation

In der Meditation sehe ich all diese Aspekte meines Lebens klar vor mir. Sie bestimmen weiterhin mein Verhalten. Während ich sie erneut durchlebe, stelle ich fest, daß sich all die Lustempfindungen hier und jetzt am Rektum, an der untersten Spitze des Rückgrats, abspielen. Oh, warum suche ich sie in äußeren Objekten? Die Quelle der Lust liegt in mir. Ich will mich auf sie konzentrieren.

Das gesamte Leistungsstreben eines Individuums und die darauf gründende verwirrte Struktur der Zivilisation stammen aus diesem Bedürfnis nach einem einzigen Objekt. In dem Moment, wenn uns dies bewußt wird und wir auf das Objekt verzichten, erlangen wir die größte Freiheit. Wir kommen für immer bei uns an. Um Lust zu finden, rennt das Bewußtsein nicht mehr zu äußeren Objekten, der Quelle aller Ungewißheit, Täuschung und allen Leids, sondern sucht sie bei sich selber.

Ereignis 8

Aufgrund des folgenden Ereignisses erleiden Menschen oft einen Nervenzusammenbruch. Wenn Sie sich von jeder Depression und der Todesangst befreien wollen, müssen Sie diesen Mechanismus klar verstehen.

Schritt 1: Beobachtung
Ich habe mich von dem Grunde meines Herzens her in jemanden verliebt. Nichts in der Welt ist so wichtig und schön wie sie. Eines Tages jedoch verläßt sie mich für immer. Ich gerate in eine ernste Depression. Todesangst packt mich. Ich fühle mich verloren. Ich erkenne mich selbst nicht wieder.

Schritt 2: Denken
Ich sehe meinen Zustand. Schon als ich in der Adoleszenz meine Geliebte verließ, litt ich unter Depressionen, wenn auch nicht unter so schweren. Bestimmte Romane oder Filme bedrückten mich. Ich identifizierte mich mit den Darstellern, die nach dem Abbruch einer Liebe ein bitteres Ende fanden. Immer wieder sah ich einen bestimmten »tragischen« Film und vergoß Tränen der Befriedigung, wenn der Held starb. Oft faszinierte mich die Idee von Gruppenselbstmorden.

Um mein Verhalten zu verstehen und zu verändern, muß ich in meiner Phantasie zu der Kindheitssituation zurückkehren, in der dieses Muster seinen Ursprung nahm, und es auf der inneren Bühne nochmals durchleben.

Schritt 3: Zurückschalten
Vor meinem inneren Auge erscheint die folgende infantile Situation:

»Ich bin zutiefst auf meine Mutter fixiert. Sie gibt mir Sicherheit und Liebe und stillt meinen Hunger. Ich kann nicht einen Moment lang ertragen, von ihr getrennt zu sein. Eines Tages geht sie weg und läßt mich mit meiner Familie allein. Ich weine und weine. Es gibt keinen Trost. Alles ist grau geworden.«

Ich mache mir meine Position, Handlungen, Wünsche und Notwendigkeiten deutlich, indem ich alles in der Gegenwartsform niederschreibe.

Schritt 4: Wiedererleben der Situation durch das Schreiben in der Gegenwartsform
»Ich bin ein sehr kleines Kind. Ich weine. Ich kann keinen Augenblick ohne meine Mutter leben. Ich will sterben. Andere trösten mich. Sie wollen mir verschiedenes geben, doch nehme ich nichts an. Ich kann nichts essen. Ich

finde keinen Ersatz für meine Mutter. Sie ist unentbehrlich, unersetzlich. Die ganze Welt hat sich verdunkelt. Ich weine und möchte sterben. Ich kann diese Trennung nicht ertragen.«

Schritt 5: Wiedererkennen der Elemente der Ursprungssituation
Ich erkenne, daß ich ein sehr kleines Kind bin, das auf die Mutter fixiert und vollständig abhängig von ihr ist. Meine Identität ist mit ihr verschmolzen. Trennung bedeutet Tod für mich. Auf dieser Stufe entsteht in mir der Wunsch zu sterben, wenn ich von ihr getrennt bin.

Schritt 6: Rückkehr zur gegenwärtigen Situation
In diesem Augenblick wiederhole ich zwanghaft mein gesamtes kindliches Verhalten, auch wenn ich es nicht klar erkenne. Dieselben Wünsche, Ängste und Muster wirken heute noch in mir. Ich habe Angst zu sehen, daß ich wie ein Kleinkind bin, das auf seine Mutter fixiert ist. Mir graut vor Trennung. Ich will mir nicht eingestehen, daß ich am liebsten sterben würde, wenn mich jemand allein läßt. Ich reagiere darauf mit Todesangst und einer Depression.

Mit all diesen Erkenntnissen fühle ich mich besser. Jetzt wiederhole ich sie in der Meditation.

Ereignis 9

Ein anderes wichtiges Ereignis gibt uns Hinweise auf die Morgendepression, nachdem das Liebesobjekt für immer weggegangen ist.

Schritt 1: Beobachtung
Ich stehe am Morgen auf. Eine Zeitlang geht es mir gut, aber dann sinkt mein Herz. Ich fühle mich sehr niedergedrückt. Ich kann der Welt nicht begegnen. Ich liege auf meinem Bett, überrollt von einer tiefen Depression.

Schritt 2: Denken
Ich werde mir dessen bewußt, was hier und jetzt geschieht. Ich schaue nach innen. Oft hatte ich das Bedürfnis, nicht aufzustehen und weiterzuschlafen. Die Freude auf den kommenden Tag war nie sehr stark ausgeprägt in mir. Ich fühlte mich im Umgang mit Menschen und Dingen immer unzulänglich. Diese Situation hat sich jetzt noch dadurch verschlechtert, daß ich zusätzlich an einer schweren Depression leide. Ich möchte das ändern, fühle mich jedoch völlig hilflos und weiß nicht, warum.

Schritt 3: Zurückschalten
Vor meinem inneren Auge erscheint die folgende parallele infantile Situation:

»Ich liege auf meinem Bett. Meine Mutter ist aufgestanden, um ihre Hausarbeit zu erledigen. Ich bin niedergeschlagen und voller Schmerz.«

Ich mache mir meine Position, Handlungen, Wünsche und Notwendigkeiten deutlich, indem ich alles in der Gegenwartsform niederschreibe.

Schritt 4: Wiedererleben der Situation durch das Schreiben in der Gegenwartsform
»Ich liege mit meiner Mutter zusammen. Ich fühle mich sicher, warm und geliebt. Ich bin ihr Kind. Sie ist ein Teil von mir. Der Morgen dämmert herauf. Mutter bewegt sich ein-, zweimal im Bett. Ich weiß, daß sie aufstehen und mich verlassen wird. Ich halte sie fest. Ich will nicht, daß sie geht. Ich zeige ihr dies durch zahlreiche Handlungen. Doch verläßt sie mich gewaltsam. Ich fühle mich hilflos und machtlos. Heftige Impulse wallen in mir auf. Ich will mich zerstören. Ich will sterben. Ich will ohne sie nicht leben. Ich bin voller Schmerz. Ich fühle mich verloren und weiß nicht, was ich tun soll.«

Schritt 5: Wiedererkennen der Elemente der Ursprungssituation
Ich erkenne, daß ich in jener Situation hilflos, unzulänglich und abhängig bin. Ich will der Mutter keine Freiheit geben. Ich will mächtig sein und sie meinem Willen unterwerfen. Ich sehne mich ständig nach ihrer Liebe und Kontakt. Ich will sie ausschließlich und für immer besitzen.

Schritt 6: Rückkehr zur gegenwärtigen Situation
Meine jetzige Situation ist ein Wiederaufleben jener alten Szene. Solange ich schlief, waren meine Bedürfnisse nach Kontakt und Liebe in Träumen und in der Phantasie erfüllt. Sobald ich erwachte, sah es so aus, als wäre das Objekt entschwunden. Dieselben Wünsche, Ängste und Strukturen bestimmen noch heute mein Leben. Ich habe Angst zu erkennen, daß ich mich nach Liebe und Kontakt sehne. Ich fürchte mich zu sehen, daß ich hier und jetzt hilflos, unzulänglich und abhängig bin. Ich will nicht sehen, daß ich jemanden für immer und ausschließlich besitzen will. Ich kann mir nicht zugestehen, daß ich nach Macht strebe und doch nur machtlos bin. Mich erschreckt die Erkenntnis, daß ich das Liebesobjekt nicht freigeben kann. Wenn es sich die Freiheit nimmt, will ich sterben.

Ich weine vor Freude, als ich dies alles realisiere. Ich gestatte dem Liebesobjekt die Freiheit, wegzugehen. Ich löse mich von meinem Wunsch zu sterben. Ich atme ein und spüre den Wunsch zu leben. Zum ersten Mal bin ich glücklich.

Auf den vorangegangenen Seiten wurde die erste Formel in all ihren Einzelaspekten und ihren Folgen für die Situation hier und jetzt erläutert. Im folgenden sollen nur kurze Erklärungen zu den Beispielen gegeben werden.

Ereignis 10

Mein Bereichsleiter ruft mich. Ich hasse ihn von Herzen, dennoch gehe ich zu ihm. Der Gedanke, seiner Aufforderung nicht zu folgen, ängstigt mich sehr.

Schritt 1: Beobachtung
Ich will nicht, kann aber auch nicht nein sagen. Ich bekomme Angst, wenn ich mich weigere.

Schritt 2: Denken
Ich kenne das Verhalten. Ich wiederhole es zwanghaft in gleichen Situationen.

Schritt 3: Zurückschalten
Ich rufe eine parallele infantile Situation in Erinnerung, visualisiere sie und schreibe jedes Detail in der Gegenwartsform nieder. Ich erkenne:

1. Ich hasse Autoritäten. Ich will mir meinen Haß und meine Feindseligkeit ihnen gegenüber nicht eingestehen. Ich habe Angst vor der Freiheit, meinen Bereichsleiter (Autorität) abzulehnen.
2. Ich fürchte mich vor einem Gegenschlag und der Feindseligkeit von Autoritäten. Allein der Gedanke erschreckt und verunsichert mich sehr.
3. Selbst heute bin ich noch in dieser Situation gefangen.

Schritt 4: Rückkehr
Ich kehre zur gegenwärtigen Situation zurück. All jene Ängste erlebe ich noch heute. Sie werden mir bewußt. Jetzt kann ich mein Verhalten ändern und mir die Freiheit nehmen, meinen Weg zu gehen.

Ereignis 11

Ich sitze neben meinem Chef. Die Situation ist sehr angespannt. Am liebsten würde ich mich sofort zurückziehen, sobald der geschäftliche Teil erledigt ist.

Schritt 1: Beobachtung
Ich erkenne meine starke Neigung zu fliehen, zu entschwinden.

Schritt 2: Denken
Ich kenne das Verhalten. Ich wiederhole es zwanghaft in gleichen Situationen. Mir fallen viele aus meinem jetzigen Leben und der Vergangenheit ein. Mein Verständnis erweitert sich.

Schritt 3: Zurückschalten
Ich rufe mir eine parallele Situation in meiner Kindheit in Erinnerung und visualisiere sie. Ich schreibe jedes Detail in der Gegenwartsform nieder. Ich erkenne folgende Elemente:

1. Ich neige dazu, mich von Autoritäten (meinem Vater) zurückzuziehen.
2. Ich habe Angst vor seinen Fragen, seinem Sarkasmus und Spott und seiner Verurteilung.
3. Ich bin nervös in seiner Gegenwart.

Schritt 4: Rückkehr
All dies geschieht hier und jetzt. Ich ändere mein Verhalten bewußt, weil sich auch meine gegenwärtige äußere Realität verändert hat.

Ereignis 12

Ich bekomme von meinem Büro einen Tatbericht. Die erhobenen Anklagen betreffen die Übertretung von Regeln. Ich ärgere mich gewaltig.

Schritt 1: Beobachtung
Ich sehe deutlich, was geschieht.

Schritt 2: Denken
Ich kenne das Verhalten. Wenn jemand mich kritisiert, reagiere ich oft scharf und heftig. Zugleich erfaßt mich Angst. Ich denke an zahlreiche ähnliche Situationen aus der Vergangenheit wie der Gegenwart und empfinde ein Stück Klärung.

Schritt 3: Zurückschalten
Ich erinnere mich an eine parallele infantile Situation. Mein Vater hört von bestimmten Schwächen in mir und beschuldigt mich. Er droht mir an, mich aus dem Haus zu werfen.

Ich schreibe alles in der Gegenwartsform nieder. Sofort erkenne ich:
1. Ich habe bestimmte Charaktereigenschaften. Ich schaue gern, stelle mich gern dar und suche mein Vergnügen in vielen anderen lustvollen Aktivitäten.
2. Ich habe Angst, meinen Fall und meine Ansicht der Autorität zu unterbreiten.
3. Ich reagiere so, als hätte ich nichts damit zu tun. Ich handle, als wäre ich stumm.
4. Ich wünsche mir, daß die Autorität vernichtet wird. Aber wegen ihrer Macht fühle ich mich elend.
5. Ich bin der Überzeugung, daß es gegen sie keinen Einspruch gibt.

Schritt 4: Rückkehr
Ich überprüfe meine gegenwärtige Situation. Ich kann heute meinen Fall und meine Sichtweise einer höheren Autorität gegenüber vortragen. Ich kann kämpfen. Nicht jeder hält zu ihr. Ich habe Menschen, die mich unterstützen. Dieses Verständnis verändert mein Verhalten.

Ereignis 13

Ich stehe einem Problem gegenüber und versuche, es alleine zu lösen. Ich verspüre keinerlei Wunsch, die Hilfe anderer in Anspruch zu nehmen, weil ich überzeugt davon bin, daß mich keiner unterstützt.

Schritt 1: Beobachtung
Ich möchte das Problem sofort lösen, kann aber nicht um Hilfe bitten.

Schritt 2: Denken
Ich kenne das Verhalten, das ich zwanghaft in gleichen Situationen wiederhole. Mein Verstand erhellt sich, während zahlreiche solcher Ereignisse vor meinem inneren Auge lebendig werden.

Schritt 3: Zurückschalten
Ich rufe mir eine parallele infantile Situation in Erinnerung. Der Mann, der mich unterstützen könnte, ist mein Vater. Aber er hilft mir nicht, sondern verurteilt mich eher wegen meines Problems.

Ich nehme die Situation wahr und schreibe jedes Detail in der Gegenwartsform nieder. Ich erkenne dort und damals, daß mein Vater mich zurechtwies und bestrafte, statt mir zur Seite zu stehen.

1. Ich fürchte mich davor, mit ihm über meine Probleme zu reden.
2. Ich bleibe in dieser immensen Angst stecken und versuche, mein Problem auf der Basis dessen zu lösen, was mir zur Verfügung steht.
3. Aufgrund meines begrenzten Wissens und meiner begrenzten Möglichkeiten mache ich aus einer Mücke einen Elefanten.

Schritt 4: Rückkehr
Ich überprüfe meine gegenwärtige Situation. Andere Menschen haben heute viel mehr Verständnis, positivere Einstellungen und eine gesündere Persönlichkeit als mein Vater. Sie hören mir zu und helfen mir. Ich verändere mein Verhalten.

Ereignis 14

Nachts sitze ich alleine und fühle mich von anderen Menschen abgesondert. Jeder hat sich lächelnd in seinen Raum zurückgezogen. Ich sitze isoliert und voller Schmerz draußen.

Schritt 1: Beobachtung
Ich bin mir fremd, angespannt und stur, voller Schmerz, verletzten Stolzes und zurückgehaltener Tränen. Ich kann die Situation nicht durchbrechen.

Schritt 2: Denken
Hier und jetzt erkenne ich, was ich tue. So verhalte ich mich täglich, wie unter Zwang. Ich erinnere mich an viele ähnliche Situationen und werde mir meines Musters stärker bewußt.

Schritt 3: Zurückschalten
Ich rufe mir eine parallele Situation aus meiner Kindheit in Erinnerung. Die gleiche Zeit, die gleiche Familiensituation und das gleiche Verhalten spielten sich dort ab. Ja, damals und dort habe ich mich genauso verhalten.

Ich schreibe jedes Detail dieser Szene in der Gegenwartsform nieder. Ich erkenne, während ich schreibe, folgende Elemente:

1. Ich bin stur, emotional angespannt und wenig hilfsbereit.
2. Ich brauche Kontakt mit meiner Mutter, will ihn aber nur zu meinen Bedingungen.
3. Ich will sie ausschließlich besitzen. Ich will sie mit niemandem teilen.
4. Ich will alle anderen Personen aus der Familie ausschalten.
5. Sie lassen mich links liegen. Ich möchte weinen. Ich stecke voller Gewalt.
6. Ich möchte eine Familie ganz für mich haben, in der ich nicht übersehen werden kann.

Schritt 4: Rückkehr
Ich kehre zu meiner gegenwärtigen Situation zurück. Alles ist heute anders. Ich ändere mein Verhalten.

Ereignis 15

Der Zeitungsmann kommt nicht pünktlich. Ich reagiere heftig und würde ihm am liebsten kündigen.

Schritt 1: Beobachtung
Ich werde mir dieser Gefühle und Gedanken hier und jetzt bewußt.

Schritt 2: Denken
Ich erkenne klar mein Verhalten. Doch fühle ich mich machtlos, es zu ändern. Mir fallen viele ähnliche Situationen ein. Wenn der Wäscher mir versprochen hat, zu einer bestimmten Zeit zu kommen, und dann nicht erscheint, werde ich ärgerlich. Wenn jemand mir zusagt, mich zu einer bestimmten Zeit zu besuchen, und dies nicht einhält, reagiere ich entsprechend. Mir wird dieses Muster sehr bewußt. Das tröstet mich.

Schritt 3: Zurückschalten
Ich rufe mir eine parallele infantile Situation in Erinnerung. Ich sehe, daß dieses Muster in der Beziehung zu meiner Mutter entstanden ist. Sie erledigt nachts den Haushalt. Ich bin schläfrig. Ich rufe nach ihr. Sie sagt, sie komme in zehn Minuten. Ich warte ungeduldig, aber sie erscheint nicht. Ich bin erbittert und wütend.

Ich schreibe jedes Detail in der Gegenwartsform nieder. Ich erkenne sofort folgende Elemente:

1. Ich brauche ein Objekt.
2. Ich habe Hunger.
3. Ich bin abhängig und ein »Empfänger«.
4. Wenn mein Hunger nicht zur versprochenen Zeit gestillt wird, bin ich frustriert und reagiere gewalttätig.
5. Ich würde am liebsten sofort das Objekt meiner Bedürfnisbefriedigung austauschen.
6. Ich bin außergewöhnlich ungeduldig.

Schritt 4: Rückkehr
Oh, ich wiederhole ganz einfach nur dieses Verhalten in Beziehung zum Zeitungsmann. Ja, hier und jetzt habe ich Hunger, bin ungeduldig und stecke voller Feindseligkeit. Ich will den Zeitungsmann austauschen.

Ich lächle über die Wiederholung meines kleinkindlichen Verhaltens. Ich kann bestimmt Geduld haben. Ich kann mit Sicherheit ohne Zeitung leben. Ich kann mich weigern, mich zu ärgern. Ich kann lächeln und sogar glücklich sein, selbst wenn mir etwas fehlt.

Ereignis 16

Fünf oder sechs Bürokollegen sitzen in einiger Entfernung von mir. Sie reden miteinander, und einer schaut zu mir herüber. Ich schöpfe Verdacht und fühle mich verfolgt. Ich habe den Eindruck, sie reden über mich.

Schritt 1: Beobachtung
Ich sehe klar meinen Verdacht. Ich bin nervös. Ich habe den Eindruck, sie reden und lächeln über mich.

Schritt 2: Denken
Ich erkenne das Verhalten, aber nicht seinen Grund. Ich erinnere mich an zahlreiche ähnliche Situationen, in denen mir dies geschah. Oft wollte ich ihnen entfliehen. Die Erinnerung daran macht mir deutlich, daß etwas an meiner Reaktion falsch ist.

Schritt 3: Zurückschalten
Ich rufe mir eine parallele Situation aus meiner Kindheit in Erinnerung. Ich sehe, wie mein Vater, meine Mutter und Großmutter in einiger Entfernung von mir sitzen und leise über mein Verhalten reden.

Ich schreibe jedes Detail in der Gegenwartsform nieder, so als geschähe die Situation heute. Ich erkenne folgende Elemente:

»Ich habe einige Fehler. Beispielsweise sehe oder zeige ich gerne Geschlechtsorgane oder spiele mit Dreck. Ich fürchte mich davor, mir solche Wünsche einzugestehen, und ich habe Angst, daß andere sie bemerken. Ihr Gespräch in einiger Entfernung von mir erweckt in mir den Eindruck, daß sie meine Schwächen erkannt haben und sich nun darüber unterhalten.« Ich sage mir: »Sollen sie sie doch erkennen und reden.« Ich lasse meinen Verdacht fallen und ändere mein Verhalten damals und dort.

Schritt 4: Rückkehr
Voller Zuversicht kehre ich zu meiner jetzigen Situation zurück. Ich akzeptiere meine eigenen Schwächen und betrachte sie als natürlich und richtig. Andere sollen sie ruhig erkennen und darüber reden. Warum sollte mich das verunsichern? Ich kenne auch die schwachen Punkte vieler anderer Menschen. Was kann ich ihnen schon antun? Und was können sie mir tun? Nichts! Mein Verdacht schwindet. Ich fühle mich freier und sicherer.

Ereignis 17

Hier und jetzt werde ich in etwas verwickelt. Ich werde sehr unruhig und würde am liebsten weglaufen. Oft löse ich die Situation dadurch auf, daß ich meinen eigenen Fehler einsehe, selbst wenn keiner vorhanden ist, oder ich entschuldige mich.

Schritt 1: Beobachtung
Ich beobachte meine Gefühle und Gedanken. Ich bin fürchterlich nervös und möchte entfliehen. Ich will die Situation um jeden Preis beenden. Mein Gefühl der Unsicherheit ist enorm.

Schritt 2: Denken
Ich erkenne klar mein Verhalten in zahlreichen ähnlichen Situationen wieder. Selbst wenn mich jemand einer falschen Sache wegen beschuldigt, verteidige und entschuldige ich mich. Schon ein kleiner Brief, der eine Erklärung verlangt, versetzt mich in Panik. Am liebsten würde ich sofort die Situation verlassen, um mich sicher zu fühlen. Ich erkenne immer mehr ähnliche Situationen, doch kann ich meinen Zustand nicht ändern.

Schritt 3: Zurückschalten
Ich kehre zu meiner frühen Kindheit zurück und rufe mir eine parallele Situation damals und dort in Erinnerung. Ich sehe, daß mein Vater mich wegen irgendeiner Sache beschuldigt und mich sofort, ohne mich anzuhören, aufs schwerste verprügelt. Er verunsichert mich so, daß meine einzige Möglichkeit zu überleben darin liegt, meinen Fehler einzugestehen und mich zu entschuldigen.

Ich schreibe jedes Detail in der Gegenwartsform nieder und erlebe die folgenden Bilder:

1. Ich bin schwach, hilflos und abhängig.
2. Ich kann mich nicht für einen Moment entspannen, wenn ich beschuldigt werde. Ich fühle mich völlig unsicher und nervös.

3. Es gibt keinen Verteidiger für meinen Fall. Vaters Wort und Meinung stellen das letzte Urteil dar.
4. Ich habe in meiner Familie keine Unterstützung. Jeder hält aus Angst zu ihm. Ich bin dort in einer ganz unsicheren Lage.

Schritt 4: Rückkehr
Wie ein Blitz kommt die Erinnerung zurück. Ich weiß, mein gegenwärtiges Verhalten ist eine reine Wiederholung. Aber heute hat sich die gesamte Lage verändert. Ich kann ruhigbleiben, wenn ich in etwas verwickelt werde. Viele Fälle werden über Jahre im Gerichtshof verhandelt, und die Beteiligten leiden deswegen nicht an Schlaflosigkeit. Heute ist die Lage nicht mehr unsicher.

Ereignis 18

Hier und jetzt reden zwei oder drei Freunde untereinander über eine bestimmte Angelegenheit. Sie ziehen mich nicht ins Vertrauen. Das beunruhigt mich.

Schritt 1: Beobachtung
Ich halte das Ereignis fest und beobachte meinen inneren Zustand. Ich habe Angst. Ich tue so, als interessierte es mich nicht, was andere über mich reden. Doch meide ich damit nur bestimmte Gefühle der Wertlosigkeit, die in mir hochkommen.

Schritt 2: Denken
Ich denke über mein Verhalten nach. Ich bin mir dessen bewußt, was geschieht. Aber ich kann es nicht ändern, und ich kenne seinen Grund nicht. Ich weiß nur: In zahlreichen Situationen spielt sich das gleiche ab.

Schritt 3: Zurückschalten
Ich schalte in meiner Phantasie zu einer parallelen infantilen Situation zurück. Mein Vater und meine Mutter sitzen beieinander und reden. Als ich hereinkomme, hören sie sofort auf. In einer ursprünglicheren Situation lieben beide einander. Sobald ich hereinkomme, fahren sie auseinander, um zu vermeiden, daß ich sie sehe. Ich schreibe dieses Geschehen in der Gegenwartsform nieder und halte mir dabei meinen emotionalen Zustand vor Augen. Ich erkenne folgendes in mir:
1. Ich möchte an diesem Spiel beteiligt sein.
2. Ich will ihnen nicht die Freiheit geben, es alleine zu spielen.
3. Ich weiß nicht, warum sie versuchen, mich zu ignorieren.
4. Ich fühle mich wertlos und bin schmerzerfüllt.
5. Ich habe den Eindruck, etwas an mir ist falsch, und ich sollte mich nicht in die Angelegenheiten anderer einmischen.

Schritt 4: Rückkehr
Meine Wünsche und Gefühle klären sich in meinem Inneren, und Tränen der Freude und des Schmerzes rollen mir über die Wangen. Ich kehre zu meiner jetzigen Situation zurück. Ich gestatte anderen, mich nicht ins Vertrauen zu ziehen oder mich als jemanden zu sehen, der bei bestimmten Angelegenheiten nicht vertrauenswürdig ist. Es kann auch gut sein, daß nach ihrer Einschätzung mich manches nicht interessiert. Ich stelle fest, daß sich mein Verhalten verändert hat.

Ereignis 19

Hier und jetzt liege ich auf meinem Bett. Ich arbeite nicht, sondern schwelge statt dessen in Phantasien.

Schritt 1: Beobachtung
Ich habe Schuldgefühle. Ich will arbeiten. Aber ich kann meinen Widerstand ganz einfach nicht überwinden. Ich vergnüge mich mit Liebes- oder Größenphantasien.

Schritt 2: Denken
Ich kenne das Verhalten. Ich weiß, ich wiederhole es täglich, zwanghaft. Ich habe darüber keine bewußte Kontrolle. Mir wird das Muster etwas deutlicher. Ich will es auflösen.

Schritt 3: Zurückschalten
Ich kehre zurück zu meiner Kindheit. Ich sehe zahlreiche Szenen vor mir, die meiner jetzigen Situation ähnlich sind. Ich schreibe wenigstens eine in der Gegenwartsform nieder. Ich stelle fest:

»Ich schwelge dann in Phantasien über etwas, wenn ich mich völlig unfähig fühle, es zu bekommen. Weder gebe ich das Bedürfnis auf, indem ich emotional akzeptiere, daß ich etwas nicht haben kann, noch kann ich es erfüllen. So hole ich mir das Verlangte in der Phantasie und genieße es auf der inneren Bühne. Nach und nach wird daraus ein zwanghaftes Verhalten.

Schritt 4: Rückkehr
Große Klarheit überkommt mich, während ich schreibe. Ich kehre zu meiner gegenwärtigen Situation zurück, mit folgenden neuen Ideen:

1. Die Situation hat sich völlig verändert. Ich kann Dinge erreichen, wenn ich dafür arbeite.
2. Phantasiehandlungen und -leistungen bringen mir nichts. Sie sind nur Zeitverschwendung.
3. Bestimmte Dinge kann ich nicht bekommen. Am besten akzeptiere ich diese Tatsache emotional. Es ist sinnlos, ihnen in der Phantasie nachzujagen.

Ereignis 20

Ich schulde jemandem Geld. Der Gedanke beunruhigt mich. Ich will es sofort zurückgeben, obgleich mich der andere gar nicht danach gefragt hat.

Schritt 1: Beobachtung
Ich beobachte mein Verhalten und die damit verbundenen Gefühle.

Schritt 2: Denken
Ich sehe mein Verhalten. Ich stelle fest, daß andere kein Geld zurückgeben, selbst wenn sie wiederholt darum gebeten werden. Etwas an meinem Benehmen ist falsch. Ich erinnere mich an zahlreiche ähnliche Situationen, die mich unter Spannung setzen. Anderen geht es nicht so. Ich spüre die Notwendigkeit, meine Haltung zu ändern und diese zwanghafte Spannung loszuwerden.

Schritt 3: Zurückschalten
Ich kehre in meine Kindheit zurück und rufe mir eine parallele infantile Situation in Erinnerung. Mein Vater schickt mich zum Markt, um etwas zu kaufen. Ich spare etwas Geld und behalte es, ohne es meinen Vater wissen zu lassen. Mein Vater hört davon. Er bestraft mich heftig.

Ich schreibe jedes Detail in der Gegenwartsform nieder und erkenne folgendes:

1. Ich habe Angst davor, entdeckt und bestraft zu werden.
2. Aus Furcht habe ich ein immenses Schuldgefühl, etwas zu behalten, das mir nicht gehört.
3. Ich habe eine enorme Angst vor Spott, Kritik und Anforderungen.

Schritt 4: Rückkehr
Ich kehre zu meiner gegenwärtigen Situation zurück. Freudentränen füllen den Moment, in dem ich entdecke, wie ich der Sklaverei einiger meiner psychischen Strukturen entkommen kann. Jetzt kann ich mich in solchen Situationen wirklich entspannen.

Ereignis 21

Hier und jetzt möchte mein Liebesobjekt etwas tun. Ich will es daran hindern. Ich verlange, daß es sich nach meinen Wünschen richtet.

Schritt 1: Beobachtung
Ich beobachte meine Gefühle genau. Ich bin verletzt, wenn das Objekt nicht das tut, was ich will. Ich werde sogar gewalttätig. Ich will die Beziehung abbrechen.

Schritt 2: Denken
Ich sehe mein Verhalten. Ich erinnere mich an zahlreiche ähnliche Situationen. Ja, ich handle in jeder Situation genau gleich. Ich habe gute Freunde und meine Liebespartner deswegen verloren. Ich habe diktatorische Züge. Der Fehler liegt in meiner Haltung. Ich muß sie ändern.

Schritt 3: Zurückschalten
Ich kehre in meine Kindheit zurück und visualisiere eine parallele infantile Situation. Ich bin zwei Jahre alt. Meine Liebesobjekte sind meine Eltern. Ich will sie beherrschen und zwingen, sich nach meinen Wünschen zu richten.

Ich schreibe die ganze Szene in der Gegenwartsform nieder und erkenne folgendes in mir:

1. Ich habe Bedürfnisse und Wünsche. Andere können sie leicht erfüllen, ich nicht. Ich bin der abhängige »Empfänger«.
2. Ich fürchte mich sehr vor Ablehnung. Sie ruft heftige Impulse in mir wach.
3. Ich habe Angst, anderen die Freiheit zu geben, so zu handeln, wie sie wollen. Ich fühle mich dadurch zurückgewiesen.
4. Ich möchte liebend gerne andere zu meinen Sklaven machen.

Schritt 4: Rückkehr
Mit dieser Klarheit kehre ich zu meiner jetzigen Situation zurück. Ich spüre, es ist in Ordnung, zurückgewiesen und übersehen zu werden. Ich akzeptiere, daß ich über andere keine Macht habe. Ich lerne, meinem Liebesobjekt Freiheit zu geben.

Ereignis 22

Hier und jetzt ruft mich mein Chef herein und sagt mir, daß er mich befördern wolle. Ich kehre glücklich zurück. Ich kann dieses Geheimnis nicht für mich behalten, sondern muß es jedem erzählen.

Schritt 1: Beobachtung
Ich beobachte mein Verhalten. Ich spüre einen großen Druck, Neuigkeiten auszuplaudern.

Schritt 2: Denken
Ich verweile länger bei diesem Verhaltensmuster. Ich stelle meinen starken Druck fest, all jene Neuigkeiten zu verbreiten, bei denen ich profitiere oder Schaden erleide. Ich kann nicht ruhig über sie nachdenken. Ich erinnere

mich an zahlreiche ähnliche Situationen. Ich werde mir mehr und mehr dieses Verhaltens bewußt und frage nach dem Warum.

Schritt 3: Zurückschalten
Ich kehre in meiner Phantasie zu einer Kindheitssituation zurück. Ich finde heraus, daß ich dann, wenn ich etwas verbergen wollte, mit meinem tyrannischen Vater konfrontiert war, der mich schlug, bestrafte und solche Worte benutzte wie: »Belle, rede, spuck es aus, laß es raus ...« Aus dieser enormen Unsicherheit heraus gab ich alles weg. Selbst jetzt zwingt mich das verinnerlichte Über-Ich, das Muster zu wiederholen.

Schritt 4: Rückkehr
Ich kehre zu meiner jetzigen Situation zurück, befreit von meinem Über-Ich. Jetzt kann ich wirklich mein Verhalten ändern.

Ereignis 23

Hier und jetzt habe ich Angst davor, natürlich und normal in einer Gruppe zu sprechen, wenn ältere Menschen anwesend sind.

Schritt 1: Beobachtung
Ich spüre ein Zögern, Angst und eine emotionale Blockade. Ich bin nervös und mir meiner selbst extrem bewußt.

Schritt 2: Denken
Während ich über mein Verhalten nachdenke, stoße ich auf zahlreiche ähnliche Situationen. Ich will mein Verhalten ändern, weiß aber nicht, wie.

Schritt 3: Zurückschalten
Ich rufe mir eine parallele infantile Situation in Erinnerung. Ich sitze in meiner Familie. Auch mein Vater ist anwesend. Ich fühle mich in jener Situation nicht sicher. Ich kann meine Meinung nicht natürlich und spontan äußern.

Ich schreibe alles in der Gegenwartsform nieder und finde folgende Elemente:
1. Angst, kurz abgefertigt zu werden.
2. Angst, sarkastische Bemerkungen von meinem Vater zu hören.
3. Angst, vor anderen gedemütigt zu werden.
4. Angst, gewalttätig zu werden.
5. Angst vor Vergeltung und enorme Unsicherheit.

Mein Verhalten wird mir sehr durchsichtig.

Schritt 4: Rückkehr
Ich kehre zu meiner jetzigen Situation zurück und stelle fest, daß sich alles verändert hat, ich aber wie ein Narr mein kindliches Verhalten wiederhole. Ich ändere es und fühle mich sehr erleichtert.

Durch die fortwährende Anwendung dieser Formel erreichen wir ein Stadium, in dem niemand uns provozieren oder schaden kann. Wir werden ruhig und reif. Wir erlangen einen Zustand emotionalen Gleichgewichts.

IV. Gefühl und Vernunft

Im Jahre 1973 sah ich in Neu-Delhi einen Dokumentarfilm mit dem Titel: »Die Psyche des Menschen«. Ich erinnere mich nicht, wer ihn gedreht und welche Gesellschaft ihn gezeigt hat. Doch beanspruchte er, die neuesten Forschungsergebnisse über die menschliche Psyche zu zeigen. Amüsiert sah ich, daß Jogis und Ratten von den berühmten Psychologen der Welt auf derselben Ebene und mit demselben Instrumentarium untersucht wurden. Die Schlußfolgerung lautete, daß beide, Gefühle und Vernunft, die Realitätsebenen des Menschen ausmachen. Sie arbeiten Seite an Seite. Unter Gefühlen verstanden die Veranstalter solche Reaktionen wie Eifersucht, Gewalt, Haß oder Bindung.

Aus Erfahrung weiß ich, daß die von den psychologischen Forschern beschriebene Realität keineswegs eine endgültige Wirklichkeit ausmacht. Emotionen sind nicht eigenständig. Sie können der Befehlsgewalt der Vernunft unterstellt werden.

55. Die Natur der Emotionen

Psychologen sind der Meinung, daß Emotionen und Vernunft zwei voneinander unabhängige Bereiche des Gemüts darstellen. Selbst Psychoanalytiker waren bislang nicht in der Lage, über diese Auffassung hinauszugehen, obgleich ihre Methode der freien Assoziation dem Laboransatz der experimentellen Psychologie überlegen ist. Die Psyche eines Menschen kann nicht im Labor von jemandem erforscht werden, der sich selbst nicht kennt.

Es gehört zum allgemein anerkannten Gedankengut, daß bestimmte Instinkte angeboren sind und daß viele Emotionen die Wirklichkeit des Menschen ausmachen und als solche akzeptiert werden müssen. Eifersucht, Haß, Liebe und Zuneigung sollten frei ausgedrückt werden können.

Ziel der psychoanalytischen Meditation ist die Kontrolle der Emotionen durch das Bewußtsein. Wie schon gesagt wurde, wird ursprüngliche kosmische Energie in emotionale Energie umgewandelt, wenn das Kleinkind seine Bedürfnisse kundtut.

Das Kleinkind möchte die Mutter besitzen und für immer mit ihr zusammensein. Wird ihm dieser Kontakt versagt, entstehen Ärger, Haß und Gewalt. Ein Teil der ursprünglichen reinen Energie bindet sich an die Haßreaktion, und so glaubt der Psychologe, daß Haß Teil der Wirklichkeit der menschlichen Psyche ist und daß wir damit leben müssen.

Wichtig ist hier die Einsicht, daß die ganze Innenwelt (die Psyche) mit all ihren Wünschen, Gedanken und Bildern und ihrer Energie zu existieren aufhört, wenn es uns gelingt, die Energie wieder ihrer kosmischen Quelle zuzuleiten.

56. Emotionale Störungen

Wenn wir einmal die wahre Natur der Emotionen und ihre Bestandteile erfaßt haben, können wir uns dem Verständnis der Natur seelischer Störungen zuwenden. Ein Großteil der Energie, die ursprünglich der Befehlsgewalt des Bewußtseins unterstand, wird ihr entzogen und wechselt zum Herrschaftsbereich bestimmter, sich selbst erzeugender animalischer Reaktionen, Wünsche und Gedanken über, während das Kind in die sozioökonomische Welt hineinwächst.

Nehmen wir an, ich sitze hier und bin müde. Ich fühle mich leblos, ohne jegliche Kraft. Plötzlich denke ich an einen Feind, der mir unnötigerweise einmal in meinem Leben Schaden zugefügt hat, und ich will mich rächen. Ich rufe mir diesen alten Wunsch in Erinnerung, und binnen eines Augenblicks stelle ich fest, daß mein ganzer Körper von heftigen Impulsen geschüttelt wird. Woher kommt diese Energie? Offensichtlich ist sie in mir. Aber ich kann sie nicht nach meinem Willen nutzen, oder anders ausgedrückt: Sie untersteht nicht meinem bewußten Kommando. Sie wird vom Rachebedürfnis und den damit verbundenen Gedanken gesteuert.

Es gibt zahlreiche ähnliche Beispiele. Wir sehen, daß die Energie, die vom Bewußtsein beherrscht werden sollte, unter das Kommando der animalischen Reaktionen, Wünsche und der damit verbundenen Vorstellungen geraten ist. Die ursprüngliche spirituelle oder kosmische Energie hat sich in emotionale umgewandelt. Untersteht sie der Befehlsgewalt des Bewußtseins, ist sie spirituelle, wird sie von Wünschen und Gedanken beherrscht, emotionale Energie.

Jetzt ist es einfach, die Natur emotionaler Störungen zu verstehen. Wenn viel Energie sich dem Griff des Bewußtseins entzogen hat und nun der Befehlsgewalt widerstreitender Wünsche und Vorstellungen untersteht, verursacht dieser Konflikt emotionale Störungen.

57. Die Heilung emotionaler Krankheiten

Die vorangegangene Diskussion verdeutlicht, daß geistige Krankheiten nur über einen Weg grundlegend geheilt werden können. Die Energie, die sich nun dem Kommando der animalischen Reaktionen, Wünsche und Vorstellungen unterordnet, muß von diesen mit Hilfe irgendeiner Methode abgelöst und wieder der Befehlsgewalt des Bewußtseins unterstellt werden. Klarer gesagt: Immer mehr emotionale Energie muß in spirituelle zurückverwandelt werden.

Heute sehe ich ein, wie wichtig es ist, die Energie, die sich an sexuelle Ideen und Vorstellungen geheftet hat, von diesen abzulösen und der Befehlsgewalt des Bewußtseins zu unterstellen.

Jede wirkliche Heilung emotionaler und geistiger Krankheit erfordert die Rückführung emotionaler in spirituelle Energie. Wir müssen die emotionalen Energien des Hasses, der Eifersucht oder der Bindung in ihre spirituelle Natur zurückverwandeln.

Die Psychoanalyse ist eine vergleichsweise überlegene Methode, den Menschen in Kontakt mit sich selbst zu bringen und ihm ein Gespür von Glück zu vermitteln.

Ihre Unzulänglichkeit aber liegt an bestimmten grundlegenden Mängeln im Verständnis der Wirklichkeit der Psyche. Der Hauptfehler besteht in der Auffassung, daß beide, Emotion und Vernunft, die Wirklichkeit der Psyche ausmachen, und daß Emotionen nicht ausgelöscht werden können.

Ihr gegenüber belehrt uns die Meditation darüber, daß Wünsche und Ängste Teil der spirituellen Energie sind und wir uns von ihnen befreien, wenn wir sie dem Kommando des Bewußtseins unterstellen.

Das Bewußtsein überwindet auch den Wunsch nach einem Liebesobjekt. Es kann deutlich sehen, daß in der Kindheit ein Bedürfnis entstand, das sich in eine Vorstellung oder einen Gedanken umwandelte, einen Teil der spirituellen Energie an sich zog und sie in emotionale Energie umsetzte. Im Moment der Erkenntnis befreit sich die Energie von dieser Bindung und vereint sich mit dem Teil der Energie, die unserem Befehl untersteht.

In diesem Prozeß wird ein Stadium erreicht, in dem alle emotionale Energie mit der spirituellen verschmilzt. In diesem Stadium untersteht alle Energie der Befehlsgewalt des Bewußtseins. Völliger Friede und die vollständige Abwesenheit emotionaler Störungen ist das Ergebnis.

Während die Psychoanalyse die spirituelle Energie nur unvollständig unter unsere Herrschaft zurückbringt, indem sie sie als emotionale Energie beschreibt und uns so nur eine Teilkontrolle über uns selbst gewährt, eröffnet uns die Meditation einen Zugang zur gesamten spirituellen Energie und erlaubt uns so eine vollständige Kontrolle über uns selbst.

58. Die Natur der Vernunft

Wenn sich die gesamte emotionale Energie in spirituelle zurückverwandelt hat, identifiziert sich das individuelle Bewußtsein nicht länger mit dem Körper. Zu diesem Zeitpunkt verschmilzt die spirituelle mit der kosmischen

Energie, der Mensch fühlt sich mit dem gesamten Universum eins. Er wird selbst zum kosmischen Bewußtsein.

Die Emotionen sind verschwunden. Was bleibt, könnte man als »reine Vernunft« bezeichnen.* Sie ist Inbegriff all jener Prinzipien, die KRISCHNA, JESUS oder BUDDHA verkündet haben. Wir haben solche Werte und Prinzipien aus Angst vor Bestrafung verinnerlicht. Wir können sie jedoch nicht verwirklichen, weil unsere emotionale Energie auf der Ebene des animalischen Selbst viel stärker ist als die Werte des Über-Ichs. Nach außen tun wir so, als würden wir uns nach ihnen richten, betrügen uns selbst und andere aber nur damit.

FREUD kritisierte an der Kultur, daß ihre Werte das animalische Selbst des Menschen unterdrückten, und meinte, daß wir zur Animalität zurückkehren müßten, um glücklich zu werden.

Ihm gegenüber gilt es zu verstehen, daß es möglich ist, den kulturellen Werten zu folgen, ohne unter dem Zwang des Über-Ichs zu leiden. Denn richtig verstanden sind die von den Heiligen vorgelebten Werte weder falsch, noch verursachen sie von sich aus Furcht und Schuld. Diese entstehen allein aus einer Mißachtung der Gebote.

* Erstens: Die gesamte kosmische Energie gehört zu *Ram,* dem kosmischen Bewußtsein, oder *Schiwa,* und nicht zu *Kama,* der Sexualität, oder anderen lustbetonten Bedürfnissen. Psychoanalytiker begehen einen Fehler, wenn sie ihre gesamte Theorie und ihr Verständnis auf Sexualität gründen. Wenn die gesamte Energie *Rams* Herrschaft untersteht und der Intellekt eines Menschen im Lichte der Wahrheit (Gottes oder *Rams*) gebraucht wird, entsteht die »reine Vernunft«. Wenn die Energie den sexuellen Wünschen und der Intellekt der Unwahrheit (dem Ich, der Psyche, den Bedürfnissen) dient, entsteht »unreine Vernunft«. Nur im letzten Falle arbeiten Vernunft und Emotion Seite an Seite.
Zweitens: Je stärker sich jemand *Ram* annähert, um so stärker nähert er sich der reinen Vernunft an. Solch eine Person wird der Wahrheit gegenüber sehr empfindlich. Sie entwickelt einen scharfen Intellekt und eine hohe Unterscheidungsfähigkeit.
Drittens: Die reine Vernunft in ihrer absoluten Form wird nur sehr wenigen Menschen in der Welt zugänglich. Sie haben Gott in sich verwirklicht. Die reine Vernunft ist dasselbe wie der *Gjaan,* der in der *Bhagawadgita* beschrieben ist.

V. Formel zur Erreichung des primären Selbst

59. Drei Hauptgedanken

Erinnern wir uns folgender Einsichten:

1. Emotionale Energie ist rein spiritueller Natur. Sie heftet sich an bestimmte Wünsche, Instinkte und Ideen, gerät damit unter deren Befehlsgewalt und nimmt die Form emotionaler Energie an.
2. Durch die psychoanalytische Meditation können die triebhaften Reaktionen und Wünsche bewußt von der emotionalen Energie abgetrennt werden, die dann in den Hauptstrom der spirituellen Energie eintaucht.
3. Durch diesen Prozeß kann die gesamte emotionale Energie unter die Herrschaft des Bewußtseins zurückgebracht werden. Auf dieser Stufe gibt es nur Bewußtsein und Energie und keine Emotion. Nur in diesem Stadium kann das individuelle Bewußtsein Kontakt mit dem kosmischen aufnehmen.

So verwirklicht sich reine Vernunft. Vernunft ist letztlich die einzige Realität, da sie eine Eigenschaft des reinen Bewußtseins und der spirituellen Energie ist. Wenn westliche Psychologen Vernunft und Emotion als zwei Wirklichkeiten abhandeln, sprechen sie der Sache nach von spiritueller Energie, die sich an die Wünsche heftet, und von der Vernunft, die auf der Ebene des tertiären Selbst als Reaktion auf Ängste geboren wird.

60. Die Formel

Die Formel zur Erreichung des primären Selbst besteht aus einer Abfolge einzelner Schritte.

Schritt 1: Notieren Sie das genaue Geschehen in Ihrem Bewußtsein während der Meditation.

Schritt 2: Stellen Sie sich die Elemente einzeln bildlich vor.

Schritt 3: Wiederholen Sie sie in Ihrem Bewußtsein, um zu erhöhter Bewußtheit zu gelangen.

Schritt 4: Nehmen Sie wahr, wie die Energie als Sklave jener Wünsche und Ideen und nicht als Ihr Diener handelt.

Schritt 5: Betrachten Sie das Geschehen mit dem »Auge des Wissens«, und interpretieren Sie es mit Hilfe Ihrer Einsichtsfähigkeit. Verstehen Sie, daß Sie mit reinen Schatten handeln.

Schritt 6: Lassen Sie Ihre Wünsche und Ideen bewußt und lächelnd immer wieder fallen, um ihnen die Energie zu entziehen und sie Ihrer eigenen Herrschaft zu unterstellen.

Schritt 7: Wiederholen Sie dieses Verfahren eine bestimmte Zeitlang in der Meditation, bis die Wünsche und Ideen vollständig abgefallen sind, die gesamte Energie, die an sie gebunden war, freigesetzt ist und Ihnen zur Verfügung steht. Realisieren Sie, daß Sie reiner Zeuge, reines Bewußtsein sind. Sie sind der Seher, nicht der Gesehene.

61. Praktische Beispiele

Diese Schritte sollen an einigen Beispielen erläutert werden.

Beispiel 1
Schritt 1: Beobachtung eines Ereignisses
Ich gehe zu meinem Lehrer und bitte ihn um etwas. Er verweigert es mir. Ich spüre den Wunsch, ihn zu schlagen. Ich bekämpfe und beschimpfe ihn.

Schritt 2: Visualisierung einzelner Elemente
Nachdem ich das ganze Ereignis niedergeschrieben habe, denke ich über seine Bestandteile nach und erkenne folgende Elemente:

- Ich will etwas haben. Ich hänge in der Befriedigung meines Wunsches von meinem Lehrer ab. Ich bin der »Empfänger«. Ich drücke meine Forderung oder meinen Wunsch über einige Vorstellungen oder Worte aus.
- Der Lehrer lehnt mein Begehren ab und verurteilt mich dafür, daß ich diesen Wunsch habe.
- Ich fühle mich dadurch blockiert, daß er meine Pläne vereitelt. Ich will ihn schlagen, mich rächen und ihn vernichten.
- Ich benutze Worte und Vorstellungen, um ihn zu bekämpfen und kleinzumachen.

Schritt 3: Wiederholung der verschiedenen Elemente im Bewußtsein
Während der Meditation bewege ich die Wünsche und Vorstellungen vor meinem inneren Auge hin und her. Ich werde mir ihrer immer stärker bewußt. Ich werde mir ihrer absolut klar.

Schritt 4: Wahrnehmung der Verbindung zwischen Wunsch und Energie
Jetzt wiederhole ich die Vorstellungen und Wünsche willentlich in meinem Bewußtsein und bemerke, daß die Energie als Sklave jener Vorstellungen und Wünsche handelt. Sobald sie in meinem Bewußtsein auftauchen, steigt die Energie in meinem Nervensystem hoch. Sie untersteht nicht meiner Verfügungsgewalt, sondern der der Vorstellungen und Wünsche.

Schritt 5: Bewußtes Verstehen und intelligente Interpretation
Jetzt versuche ich, das Geschehen zu verstehen und zu interpretieren, mit dem »Auge des Wissens« zu sehen. Dazu konzentriere ich mich während der Meditation auf die Mitte zwischen den Augenbrauen.

- Ich sehe, daß mein Lehrer sich nicht in meiner unmittelbaren Nachbarschaft aufhält. Er lebt etliche Meilen entfernt. Ich reagiere heftig auf eine Person, die gar nicht anwesend ist. Ich öffne meine Augen weit und schaue mich um. Ja, ich bin alleine. Kämpfe ich da nicht nur mit einem Schatten?
- Jetzt denke ich an mein Verlangen zurückzuschlagen. Ja, ich reiße ihn nieder, demütige und verachte ihn. Ich benutze Vorstellungen und sarkastische Bemerkungen. Ich verzeichne sie klar in meinem Bewußtsein. Sofort wird mir deutlich, daß eine Menge Energie in mir aktiviert wird, sobald solche Wünsche und Vorstellungen in mir auftauchen, und daß ich von Gewalttätigkeit geschüttelt werde. Was ist das für eine Energie? Wie ist sie mit dem Wunsch und der Vorstellung verbunden, den Lehrer zu schlagen? In dem Moment, in dem mir der Gedanke und der Wunsch kommt, ihn zu vernichten, wird auch diese Energie aktiviert. Es sieht so aus, als sei diese Energie unentwirrbar mit dem Rachewunsch und der Vorstellung verbunden, den anderen zu demütigen und zu schlagen. Sie ist so gewaltig, daß ich hilflos werde.

Diese Wünsche und Vorstellungen können sich gegen jeden richten. Sobald sie auftauchen, wird die Energie aktiviert. Von daher ist es für mich offensichtlich, daß diese ganze Energie nicht mir zur Verfügung steht, sondern jenen Wünschen und Vorstellungen. Sie ist emotionale Energie.

Schritt 6: Loslassen der Wünsche und Vorstellungen
Immer wieder visualisiere ich jene Wünsche und Vorstellungen und die damit verbundene Energie. Sie verlieren ihre Macht über mich, und ich kann mich immer mehr von ihnen lösen. Diesen Prozeß wiederhole ich so oft, bis sich die Energie von den Ideen und Wünschen trennt und sie verschwinden. Die Energie vereint sich mit spiritueller Energie, die der Herrschaft des reinen Bewußtseins oder des reinen Selbst untersteht. Ihre Macht, Unheil in der Psyche anzurichten, ist gebrochen. Ich fühle mich ruhiger, freier, gelöster und zufriedener.

Schritt 7: Wiederholung des Verfahrens über einen bestimmten Zeitraum
Ich wiederhole diese Wünsche und Vorstellungen immer wieder und beobachte die Energie, die als Opfer solcher Wünsche und Vorstellungen auftritt. Ich bin hilflos. Wenn ich mir ihrer bis zum äußersten klar geworden bin, lasse ich sie fallen. Ich stelle fest, daß die Energie in einem langsamen Prozeß allmählich unter meine Herrschaft gerät. Ich fühle mich glücklicher, ausgeglichener und ruhiger. In solch einem Zustand fällt mir auf, daß Wünsche und Vorstellungen nicht auftauchen und die Energie nicht die Nervenbahnen hinaufströmt. In dieser Stille stelle ich fest, daß ich reines Bewußtsein bin. Ich bin das Licht, das sieht, und das Licht, das gesehen wird. Ich bin reines Selbst.

Beispiel 2
Ein zweites Beispiel soll das Verstehen der zweiten Formel zur Erreichung des primären Selbst vertiefen.

Schritt 1: Beobachtung eines Ereignisses
Ich sitze und meditiere. Ich befinde mich in psychoanalytischer Meditation. Das heißt, daß ich mich nicht unbedingt auf die Mitte zwischen den Augenbrauen konzentriere, sondern meinem Bewußtsein gestatte, überall umherzuschweifen. Ich schreibe das folgende Ereignis nieder:

»Ich bin ein wenig nervös und rastlos. Ich suche nach einer schönen Frau, die ich umarmen kann. Ich hungere nach Körperkontakt. Ich sehe eine hübsche junge Frau, zögere aber, zu ihr zu gehen, da ich ihre Ablehnung fürchte. Mein Liebesbedürfnis aber ist größer. Ich gehe auf sie zu und möchte nur ihren Körper spüren. Ich betrachte jeden Teil. Dann umarme ich ihn, einen schönen, weißen Marmorkörper. Ich schmiege mich an ihn. Ein Zustand außergewöhnlicher Lust erfüllt mich. In diesem Moment erscheint eine dritte Person, ihr Vater, in der Szene. Sofort will ich ihn aus dem Weg räumen. Aber die Frau trennt sich von mir. Wieder stehe ich unter Spannung. Der Wunsch, ihren Vater zu entfernen, ist intensiv. Ich werde von heftigen Impulsen geschüttelt.«

Ich erkenne das Geschehen sehr klar. Die ganze Szene hat sich in mir abgespielt.

Schritt 2: Visualisierung verschiedener Elemente
Ich denke über die Bestandteile des Ereignisses nach und erkenne folgende Elemente:

- Es verlangt mich nach Sex, physischem Kontakt, Schaulust, Liebe und Nähe zu einer schönen Frau.
- Sobald ich diesen Kontakt erhalte oder mir nur vorstelle, wird eine Menge Energie in mir aktiviert und beginnt, in mein Nervensystem zu fließen. Ich sehe klar, daß diese Energie nicht meinem bewußten Willen untersteht. Sie wird von dem Wunsch nach Sexualität beherrscht, dem Bedürfnis nach einem Objekt, der Vorstellung von Liebe und dem Bilde einer hübschen Frau.
- Der Auftritt einer dritten Person, die diesen Kontakt unterbrechen kann, ist mir ein Greuel. Sie macht mir einen Strich durch die Rechnung.
- Ich benutze bestimmte Worte und Gedanken, um diese Person zu vertreiben. Sobald die Vorstellung der Gewalt in mir auftaucht, wird wieder eine Menge Energie in mir aktiviert.

Schritt 3: Wiederholung der verschiedenen Elemente im Bewußtsein
Jetzt bewege ich diese Elemente immer wieder vor meinem inneren Auge hin und her. Ich werde mir jedes Elements bewußt.

Schritt 4: Wahrnehmung der Verbindung zwischen Wunsch und Energie
Jetzt wiederhole ich die Vorstellungen und Wünsche willentlich in meinem Bewußtsein und bemerke deutlich, wie die Energie als ihr Sklave fungiert. Sobald der Wunsch in meinem Bewußtsein auftaucht, wird auch die Energie aktiviert. Sie untersteht nicht meinem Kommando, sondern dem der Vorstellung oder des Wunsches.

Schritt 5: Bewußtes Verstehen und intelligente Interpretation
Ich versuche, das Geschehen mit dem »Auge des Wissens« zu erfassen. Ich verstehe die Gegebenheiten folgendermaßen:

- Ich sehe klar, daß die Frau gar nicht in meiner Nähe ist. Ich bin extrem an eine Person gebunden, die nicht da ist!
- Der Wunsch nach Liebe, nach einem Objekt, und die damit verbundenen Vorstellungen sind auch in mir. Mein Bewußtsein ist von ihnen umlagert. Sie treiben mich dazu, nach diesem Objekt zu suchen.

Ich werde mir darüber klar, daß die Vorstellungen und Gedanken fieberhaft anfangen, nach dem Objekt zu suchen, sobald das Verlangen Besitz von mir ergreift. Ich suche das Bild einer hübschen Frau in meinem eigenen Selbst, in meiner Phantasie. Während all dies geschieht, steigt emotionale Energie in meinem Nervensystem auf und hält mich in einem Zustand der Lust und des Glücks.

Sobald jedoch die dritte Person die Szene betritt, entschwindet der Wunsch oder wird abgeschnitten. Die Ideen und Vorstellungen und die damit verbundene Energie vergehen ebenfalls. Damit verliert sich auch der Zustand des Glücks. Ich kann diese Energie nicht nutzen und nach meinem eigenen Willen im Zustand des Glücks bleiben. Die Energie untersteht der Verfügungsgewalt der Wünsche und Vorstellungen. In dem Moment, da sie in mir auftauchen, wird die Energie aktiviert. Wie ich danach strebe, über die gesamte Energie zu verfügen!

Schritt 6: Loslassen der Wünsche und Vorstellungen
Immer wieder konzentriere ich mich auf jene Wünsche, Vorstellungen, Gedanken und Bilder, die mit der Emotion der Liebe verknüpft sind. Immer wieder führe ich mir das Spiel der Energie vor Augen. Auf der Höhe des Bewußtseins lösen sich die Wünsche, Vorstellungen und Bilder von der Energie ab. Was bleibt, ist Energie. Ich wiederhole diesen Prozeß, bis sich die daran gebundene emotionale Energie von allen Bindungen befreit hat und sich mit der spirituellen Energie vereint, die meinem bewußten Willen untersteht. Ich werde gelassen und ruhig. Ich gerate in einen Zustand der Glückseligkeit, da ich in bewußtem Kontakt mit dieser Energie bin. Ich fühle mich befreit.

Jetzt visualisiere ich entsprechend die Emotion des Hasses, die in mir aufsteigt, als der Vater der Frau auftaucht. Ich habe das Verlangen, daß mich keiner von meinem Liebesobjekt trennt. Keiner soll mir das Vergnügen des Kontaktes mit ihm verwehren. Ich würde ihn zerstören, töten und aus dem Weg räumen.

Sobald dieser Wunsch sich aufdrängt, tauchen bestimmte Gedanken und Handlungen in meinem Bewußtsein auf. Das gesamte System wird aktiviert. Woher kommt diese Energie in so kurzer Zeit? Es sieht so aus, als schliefe sie irgendwo. Sobald die Wünsche und Vorstellungen des Hasses aktiviert werden, wird sie ebenfalls wach. Sofort gerate ich in einen Zustand großer Unruhe. Ich möchte mich beruhigen. Aber ich bemerke deutlich, daß diese Energie mir nicht zur Verfügung steht. Sie untersteht der Verfügungsgewalt jener Wünsche, Vorstellungen und Gedanken. Ich bin hilflos.

Also durchlaufe ich erneut den ganzen Prozeß der Erregung meiner Energie. Wenn mir die gesamte Struktur klar ist, lasse ich sehr bewußt von jenen Vorstellungen und Wünschen ab. Die Energie ist unzerstörbar. Sie ist real. Vorstellungen sind nicht real, da sie von außen verinnerlicht wurden oder aus Wünschen stammen. Also kann ich sie loslassen. Ich fühle mich freier und glücklicher.

Schritt 7: Wiederholung des Verfahrens über einen bestimmten Zeitraum
Ich wiederhole diesen Prozeß über einen bestimmten Zeitraum in der Meditation. Langsam löst sich die Energie völlig von den Wünschen und Vorstellungen ab und vereint sich mit der spirituellen Energie, die der Herrschaft des Bewußtseins untersteht. Ich werde gelassen, ruhig und glücklich. Im Zustand innerer Stille bemerke ich, daß ich das reine Bewußtsein bin. Ich bin der Seher und der Zeuge. Das ist meine wahre Identität.

Wir können aus den genannten Beispielen Schlußfolgerungen ziehen.
Nur viererlei existiert:

- das wahre Selbst oder reines Bewußtsein,
- spirituelle oder kosmische Energie,
- animalische Bedürfnisse,
- Vorstellungen und Gedanken, die mit diesen Bedürfnissen verbunden sind.

Die animalischen Bedürfnisse und die damit verbundenen Vorstellungen und Gedanken können mit Hilfe des Bewußtseins, der psychoanalytischen Meditation oder der reinen Meditation überwunden werden. Letztlich bleiben nur das reine Bewußtsein und die spirituelle Energie als Realitäten übrig.

Identifiziert sich das Selbst mit diesen Ideen und Wünschen, hat es also keine Kontrolle über die Energie, dann entsteht unser weltliches Ich *(Dschiwa)*.

Wenn sich das Bewußtsein völlig befreit hat und über die gesamte Energie verfügt, ist der Zustand der reinen Vernunft, das primäre Selbst, erreicht.

Die emotionale Energie kann in spirituelle zurückverwandelt werden, wenn wir unsere Wünsche transzendieren. Die Wünsche machen nicht die Wirklichkeit des Selbst aus, wir können daher auf sie verzichten. Mit dem Wunsch vergeht die Emotion, und die Energie ermöglicht den schöpferischen Ausdruck unseres Bewußtseins.

In solch einem Augenblick realisieren wir: »Ich bin das. Ich bin Gott, oder ich bin ein Sohn Gottes oder ein Bote Gottes.« Man wird zum *Gjaan*, einem Kenner der Wahrheit oder Gottes. In solch einem Augenblick entfaltet sich die reine Vernunft.

62. Die reine Beobachtung

Mein Analytiker riet mir oft davon ab, mich meiner Neigung zur Selbstbeobachtung hinzugeben und meine Verhaltensweisen, Wünsche und Gedanken selbst zu interpretieren.

Anfangs war mir nicht klar, warum er mir dies empfahl. Doch später war ich davon überzeugt, daß er mir diesen Rat aus gutem Grunde erteilt hatte.

In unserer Kindheit beobachten und beurteilen der Vater, die Mutter oder eine andere Autoritätsperson unsere Handlungen. Aus Furcht verinnerlichen wir ihre Urteile und richten die Handlungen unseres sekundären Selbst danach aus. Wenn wir so handeln, besteht die Gefahr, daß unsere Schwierigkeiten unaufgelöst, die Identifikationen unberührt bleiben.

Das wahre Selbst aber ist frei von überkommenen Bildern, seine Beobachtungsfähigkeit uneingeschränkt. Während der Meditation gibt es immer wieder Augenblicke, da man die Wirklichkeit reiner Vernunft erlebt, die der Wertung des Über-Ichs nicht unterliegt. Es sind Momente der Erleuchtung. Das Bewußtsein erwirbt die Fähigkeit zum Erwerb ungeahnter Erkenntnisse, eine Qualität, die es trotz mannigfaltiger Bindungen niemals mehr verliert.

Die reine Beobachtung dessen, was sich in der Psyche abspielt, befreit das Selbst von seinen Bindungen. Nach etwa zwei bis drei Jahren der Meditation wird in der Regel eine Stufe erreicht, die als Jet-Erlebnis beschrieben worden ist. Nun lösen sich alle psychischen Strukturen auf, die die spirituelle Energie in emotionale verwandelt haben und verwandeln. Emotionen, Wünsche und Ängste haben aufgehört zu existieren. Nur das Selbst, die spirituelle Energie und die Vernunft sind da, und wir berühren unsere eigene Wirklichkeit.

Teil IV
Wegweiser zum endgültigen Ziel

Einleitung

Die mit Hilfe der Psychoanalyse und Meditation beziehungsweise psychoanalytischer Meditation unternommene Reise zu den Grundlagen unserer Existenz ist die längste, beschwerlichste und zugleich aufregendste Expedition, die es gibt. So wie auf jeder Fahrt Schilder den Weg weisen und die Entfernung zum Ziel verkünden, stehen auch hier Zeichen am Wegesrand, die uns beleben, ermutigen und erleichtern. Durch sie wissen wir, wo wir uns befinden, wie weit wir schon gekommen sind und welche Strecke wir noch vor uns haben, bis wir das endgültige Ziel erreichen. Hunderte von Zeichen kündigen es an. Sie haben bei verschiedenen Menschen unterschiedlichste Gestalt und markieren auf jeweils individuelle Art und Weise den bisher bewältigten Weg, geben Einblick in die Bedeutung des Bestimmungsortes.

Der folgende letzte Teil des Buches besteht aus der Zusammenstellung einer Fülle verschiedenartiger Zeichen, die mir gegeben wurden und Beispiele für das sind, was bei jemandem auftreten kann, der zugleich Meditation und Selbstanalyse betreibt. Ihre Sichtung und paradigmatische Interpretation sind wichtiges Mittel zu einer Schärfung des Blicks eigentümlichen Chiffren gegenüber, die, der Tiefe des Kosmos entstammend, dem individuellen Bewußtsein den Weg zu seinem eigenen Ursprung weisen und ihm helfen, sich durch »Entwerdung« seiner selbst im kosmischen Bewußtsein zu verwirklichen. Sie zeigen, was geschieht, wenn sich der Wassertropfen in der Quelle seiner Sehnsucht, dem endlosen Ozean der Barmherzigkeit Gottes, auflöst und jubelt: »Hei – jetzt bin ich Meer!«

I. Die Zeichen Gottes

Direkt nach dem Jet-Erlebnis tauchen die ersten Zeichen auf, ohne daß dem Meditierenden damit das Ziel seiner Reise klar wäre. Gelegentlich sieht er einen Lichtpunkt oder eine Flamme, hört bestimmte Töne, sieht wunderschöne Blumen, erfährt Freude, Ruhe, Leere und Nichts. Sie erinnern den Schüler daran, daß die Reise kontinuierlich einem Ziel zusteuert, doch weiß er nicht genau, wie es aussieht.

Im Abschnitt »Frühe Erfahrungen mit der Meditation« im Kapitel über die Praxis der Meditation habe ich bestimmte Erfahrungen beschrieben, die sich auf die ersten Jahre meiner Meditationsreise beziehen. Doch erst neun Jahre später bemerkte ich, daß ich mich dem Ziel näherte.

Hier zunächst eine Übersicht der fünfzig wichtigsten Erfahrungen:

1. Die Gottesmutter auf einer Blume mit roten und weißen Blütenblättern am Grunde des Rückgrats, dem *Muladhara-Schakra.*
2. Auftauchen des Bewußtseins in der Mitte zwischen den Augenbrauen.
3. Verbleiben des Bewußtseins in der Nähe des *Brahma-Randhra.*
4. Konzentration auf einen Gegenstand und auf Freude, Liebe und Licht.
5. Vollständiger Kontakt mit allen Körperteilen und der Umgebung.
6. Bewußtes Wahrnehmen jeden Gedankens.
7. Bewußtsein, Körper, Intellekt und Energie.
8. Perfekte Haltung des *Schaw-Asanas.*
9. Vor dem Tor des *Brahma-Randhra.* Auftauchen neuer *Mantras.*
10. Die Vision von Blumen, Blütenblättern und Licht.
11. Ein ständiges, zufriedenes Lächeln für jeden. Das Gefühl der Verfolgung oder der Beobachtung durch andere entschwindet.
12. Die kontinuierliche Gegenwart; vollständige und scharfe Berührung mit der Gegenwart. Nur die Gegenwart ist da. Keine Zukunft.
13. Das Zurückziehen von fünf Schlangen.
14. Die Ablösung der äußeren dunklen Hülle vom inneren erleuchteten Körper. »Sei still und erkenne, daß du Gott bist.«
15. In vollkommener Ruhe in Meditationshaltung in der Mitte zwischen den Augenbrauen sitzen.
16. Ahnen eines unveränderbaren und permanenten Kontaktes.
17. Die große Unterscheidung.
18. Verharre, und das Tor wird dir aufgetan.
19. »So-Ham« und »Ham-So«.
20. Die Flamme des Lichts.
21. Das Auftauchen eines großen Gedankens.
22. Eine Ahnung vom *Brahma-Randhra.*
23. Größere Stabilität in der Flamme.

24. Das Auftauchen einer Blume in der Mitte zwischen den Augenbrauen.
25. Ablösung von der Ich-Welt und Verbindung mit dem Licht.
26. Vollständige Klarheit über den Ursprung von Verleugnung, Trennung, Schmerz und den Wunsch nach Rache.
27. Ahnung vom endgültigen Entschwinden des bösen Willens.
28. Ahnung eines Kontaktes des individuellen Willens mit dem höchsten Willen.
29. Ahnung vom Ende aller Identifikationen und Auftauchen des Selbstgefühls.
30. Trennungsangst und Depression, wahres Wissen über Objekte und Objektlosigkeit.
31. Das Ende des Wartens.
32. Stadium des objektlosen Kontaktes und sexueller Entladung.
33. Der große Wunsch, durchbohrt und durchdrungen zu werden.
34. Visualisierung des eigenen Gesichtes in der Mitte zwischen den Augenbrauen.
35. Der große Traum: Der Anblick des eigenen Leichnams.
36. Allein, getrennt von allen.
37. Dröhnen, Ticken und das Schlagen von Wellen der Glückseligkeit in der Mitte zwischen den Augenbrauen.
38. Wunsch, einen Nagel in die Mitte zwischen den Augenbrauen einzuschlagen.
39. Angst, zu empfangen.
40. Der unkontrollierbare Fluß der Liebesenergie.
41. Die letzte große Unterscheidung.
42. Der Urbesitz.
43. Die große Bindung an eine einzige Form.
44. Die Urangst.
45. Die große Unterscheidung zwischen »etwas« und »nichts«.
46. Erkenntnis, daß ich nicht der Handelnde bin.
47. Wellen von Energie, ein Ball flüssigen Goldes, Schönheit und gelbe Farbe allüberall.
48. Klare Erkenntnis des Bewußtseins, der Energie und des Komplexes von Wünschen und Gedanken als unterscheidbare Phänomene.
49. Das Gesicht meines geistigen Lehrers SRI SATHYA SAI BABA überall in meinem Rückgrat – vom *Muladhara-Schakra* aufwärts zum siebten Zentrum in der Nähe des *Brahma-Randhra.*
50. Ahnung eines unmittelbaren Kontaktes mit dem Übernatürlichen – die Erschütterung der beiden Nerven in der Nähe des *Brahma-Randhra.*

Im folgenden gebe ich eine genauere Schilderung der Erfahrungen im einzelnen:

1. *Die Gottesmutter auf einer Blume mit roten und weißen Blütenblättern am Grunde des Rückgrats, dem Muladhara-Schakra*

Eines Tages während einer tiefen Meditation hatte ich eine beeindruckende und merkwürdige Vision. Sie war so überraschend und klar, daß ich sie nicht ignorieren konnte. Ich erlebte sie mit Ehrfurcht und Freude.

Auf dem Grunde des Rückgrats, dem *Muladhara-Schakra,* stand auf einer leuchtenden Blume mit roten und weißen Blütenblättern eine wunderschöne Frau, die in Indien als Gottesmutter bekannt ist. Voller Inbrunst wollte ich mich in ihre erhabene Schönheit versenken und ausrufen: »Mutter, Mutter!«

Diese Visualisierung war Ausgangspunkt für weitere wundersame Geschehnisse, und ich betrachte sie als den ersten Hinweis auf das Ziel der Reise, die Begegnung mit dem Herrn.

2. *Auftauchen des Bewußtseins in der Mitte zwischen den Augenbrauen*

Das Auftauchen des Bewußtseins wiederholte sich während der Meditation häufig, doch hatte es jedesmal eine andere Qualität.

Eines Tages bemerken wir während der Meditation, daß das Bewußtsein ohne Mühe in der Mitte zwischen den Augenbrauen bleibt.

Wünsche, Ideen und Bilder kommen, und die Aufmerksamkeit wendet sich ihnen zu, aber nur einen Augenblick lang. Dann sieht sie deren Nutzlosigkeit und kehrt zur Mitte zwischen den Augenbrauen zurück. Kein Zwang, kein Druck, keine große Anstrengung, das Bewußtsein kehrt mühelos zur Mitte zwischen den Augenbrauen zurück. Er weigert sich sogar, zu den Ideen, Bildern und Wünschen hinzuzueilen. Es sieht so aus, als sagte es: »All das habe ich tausendfach gesehen und erlebt, aber es hat mir nichts gegeben. Ich werde meine Heimat in der Mitte zwischen den Augenbrauen dafür nicht aufgeben.«

3. *Verbleiben des Bewußtseins in der Nähe des Brahma-Randhra*

Nach dem Auftauchen des zweiten Signals, dem mühelosen Verbleiben in der Mitte zwischen den Augenbrauen, kehrte das Bewußtsein für längere Zeit zum *Brahma-Randhra* zurück. Daraus schloß ich, daß dort noch mehr unbewußtes Material verborgen war, das vor dem Bewußtsein bloßgelegt werden mußte. Von daher war ich mir dessen bewußt, daß bald mehr Material vernichtet werden mußte. Psychoanalytisch gesehen ereigneten sich kurz darauf die drei folgenden Begebenheiten:

Die Leitfigur, die mir früher als sehr dominant erschienen war, wirkte nun ganz gewöhnlich auf mich. Ich konnte ihr direkt ins Auge sehen.

Die Menschen um mich herum wirkten klein und bedeutungslos. Das Bewußtsein davon, daß Menschen mich beobachten und beurteilen, verschwand. Die Verfolgungsangst löste sich auf.

Die beiden folgenden Szenen wurden mir wie zur Bestätigung in der folgenden Nacht vor Augen geführt.

Ich spaße mitten unter meinen Geschwistern, meiner Mutter und anderen Verwandten mit meinem Vater. Er, der für mich in meiner Familie eine sehr verfolgende und zentrale Autorität gewesen war, ist nun ein ganz gewöhnlicher Mensch.

In einem anderen Bild scherze ich mit einem meiner Lehrer in einer großen Gruppe. Dieser Lehrer war mir zuvor als sehr dominant und diktatorisch erschienen, wie mein Vater.

4. Konzentration auf einen Gegenstand und auf Freude, Liebe und Licht

Das vierte Signal tauchte auf, als ich nach etwa zehn weiteren Tagen während der Meditation plötzlich feststellte, daß sich mein Bewußtsein am Bild einer einzigen Form in der Nähe des *Brahma-Randhra* festhielt und alles andere und jeden anderen vergaß.

Diese Erfahrung war eindrucksvoll und erschreckend zugleich. Mich beeindruckte, daß die Konzentration unabhängig von meinem Willen anhielt. Mich erschreckte der Gedanke, daß ich die soziale Realität vergessen könnte, sah es doch so aus, als würde ich verrückt und den Kontakt zu der Außenwelt verlieren. Die Angst verzehrte mich. Es sah so aus, als würde mein »Ich«, der, der ich zu sein glaubte, in einem einzigen Handstreich zerstört.

Bald legte sich meine Angst. Zwei Tage später wurde ich von Freude, Licht und Liebe durchflutet. Ich spürte, daß ich niemanden haßte und alle liebte.

Licht umfloß mich von überall her.

5. Vollständiger Kontakt mit allen Körperteilen und der Umgebung

Bald darauf erschien das fünfte Zeichen am Wegesrand: das eines vollständigen Kontaktes mit meinem eigenen Körper und meiner unmittelbaren Umgebung.

Diese Aussage mag unverständlich erscheinen, und man kann einwenden, daß wir immer den Körper spüren und unsere Umgebung wahrnehmen. Doch erfassen wir sie nur zum Teil. Unser Denken ist voller Ideen, Vorurteilen und Meinungen über sie, und Bilder schieben sich zwischen unsere physische Welt und unser Bewußtsein und färben oder trüben deren Wahrnehmung.

So ist unser Kontakt selten vollständig.

Jeder Teil des menschlichen Körpers ruft Aufmerksamkeit, Kritik und Lob hervor. Unser Bewußtsein bleibt an solchen Meinungen hängen. Sie prägen unsere Ansichten aus, die dann die Wahrnehmung entsprechend beeinflussen.

Hinweis fünf gibt uns eine klare Wahrnehmung. In unserer Vorstellung sehen wir unser Gesicht so, wie es heute ist. Wir erkennen ganz genau den Umfang der Geschlechtsorgane, die Kurven im Körper, die Lage der Zähne und Augen oder die Farbe der Wangen.

Was für die Beziehung zwischen Bewußtsein und Körper gilt, gilt auch für die Beziehung zwischen dem Bewußtsein und der unmittelbaren Umgebung. Jeder Teil der Umgebung ist in aller Schärfe sichtbar. Kein Gedanke, keine Meinung tritt dazwischen. Wenn solch ein Zustand auftaucht, wissen wir, daß die Reise gut und richtig verläuft und wir uns mit jedem Augenblick dem Ziel näheren.

6. Bewußtes Wahrnehmen jeden Gedankens

Nach einer weiteren Woche Meditation stellte ich fest, daß ich einen vollständigen Kontakt zu jedem Gedanken und jeder Vorstellung hatte, die durch mein Bewußtsein zogen. Ich war ein vollkommener Zeuge.

Während dieser Erfahrungen erscheint der Gedanke als ein Gedanke, der ohne Bezug zum Bewußtsein existiert. Beide scheinen vollständig getrennt und ohne Bezug aufeinander zu bestehen. In diesem Zustand hat das Bewußtsein die Psyche und den Intellekt aufgelöst. In aller Schärfe verfolgt es den gesamten Gedankenablauf, ohne davon beeinflußt zu werden.

7. Bewußtsein, Körper, Intellekt und Energie

Eine weitere Woche brachte ein neues Signal ins Blickfeld, das die Kontinuität und Richtigkeit der Reise belegte.

Während dieses Ereignisses lernte ich den Körper, den Intellekt, Energie und Bewußtsein klar voneinander zu unterscheiden. »Gedanken sind Gedanken. Energie ist Energie. Der Körper ist der Körper. Oh: Was bin ich? Weder Körper noch Intellekt noch Energie. Ich bin tatsächlich das »Selbst« oder dieses Bewußtsein!

Mit jedem Atemzug weitete sich das erhebende Gefühl aus: »Ich bin, ich bin, ich bin«, und ich begriff, daß das Bewußtsein sich dem Ziel einer echten Befreiung von Körper, Psyche, Intellekt und Emotionen näherte.*

8. Perfekte Haltung des Schaw-Asanas

Im Joga gibt es eine Haltung, in der man so auf dem Rücken liegt, als sei der Körper tot. Diese Haltung wird *Schaw-Asana* genannt und gilt als eine der beisten Entspannungsübungen.

* In der indischen Philosophie heißt es, daß das Bewußtsein fünf Hüllen durchstoßen und überschreiten müsse, um endlich in Berührung mit dem höchsten Bewußtsein zu kommen. Die Realisierungsebenen sind: 1. Die physische Hülle, der Körper, 2. die mentale Hülle, die Psyche, 3. *Prana*, der Atem, 4. *Vijnana*, der Teil, der mit dem Wissen um die äußere Welt zu tun hat, und 5. die Hülle von Freude und Glückseligkeit. Man muß erkennen: »Ich bin weder der Körper noch die Psyche, noch Intellekt, noch Atem, noch Pulsschlag noch Glück. Ich bin der unerschütterliche Zeuge all dieser Dinge. Wahrlich, ich bin Gott.«

Im Laufe der Jahre fand ich heraus, daß diese Haltung nicht die vorausgesagte Wirkung erzielte. Bald wurde mir deutlich, daß die Ergebnisse meinen Erwartungen deshalb nicht entsprachen, weil ich diese Haltung nicht perfekt einnehmen konnte. Während ich wie tot dalag, verknüpfte sich mein Bewußtsein mit dem Körper und der Psyche, und verschiedene Gedanken tauchten auf. Das größte Hindernis war jedoch der Fluß der Emotionen. So war die Übung niemals vollkommen. Es war sinnlos, die gewünschten Ergebnisse zu erwarten.

Eines Tages legte ich mich nach der Meditation auf meine Couch nieder. Und siehe da. Ich war so gut wie körperlich tot. Ich sah deutlich, daß sich mein Bewußtsein von meinem Körper getrennt hatte. Es gab weder einen Gedanken noch ein Gefühl, und der Körper lag in völliger Ruhe und so leblos da, als ob nichts ihn bewegen könnte. Tatsächlich war er wie abgestorbenes Holz.

In dem Moment wurde mir klar, daß ich die Haltung des perfekten *Schaw-Asanas* eingenommen hatte. Die Energie und Gedanken unterstanden der Befehlsgewalt des Bewußtseins. Solange es nicht die Anweisung gab, den Körper zu beleben, würden sie sich nicht rühren. Was für ein Zustand von Schönheit und Frieden!

Ich nähere mich dem endgültigen Ziel. Wie es aussehen würde, wußte ich nicht. Befürchtungen und Erwartungen hielten einander die Waage.

9. Vor dem Tor des Brahma-Randhra. Auftauchen neuer Mantras

Im Kapitel über Psychoanalyse und Meditation habe ich ausgeführt, daß Entwicklung und Rückschritt Hand in Hand gehen. Oft sieht es so aus, als ob wir nach einigem Fortschritt in unsere alten Muster zurückfielen, und wir sind entmutigt. Jedoch täuscht der Schein. Der kurzfristige Rückfall zeigt nur weiteren Fortschritt an. Es sieht so aus, als ob die ganze Reise nach dem Muster verlaufe: »Zwei Schritte vorwärts, ein Schritt zurück, zwei Schritte vorwärts, ein Schritt rurück.«

Das neunte Zeichen schien solch ein Rückfall zu sein. Eines schönen Morgens während der Meditation schien mein Bewußtsein sich am *Brahma-Randhra* festzuhalten. Die Erfahrung ähnelte Hinweis drei, jedoch gab es bestimmte Unterschiede. Dieses Mal war das Bewußtsein auf einen Punkt konzentriert. Alles andere war vollkommen vergessen. Ich hatte die klare Empfindung, daß das Bewußtsein etwas durchstoßen oder irgendwo eintreten wollte.

Bald überraschte mich die Feststellung, daß ich an der Pforte des *Brahma-Randhra* stand und an die Tür klopfte. Das Selbst oder das Bewußtsein sagte dabei: »Du bist der Vater, ich bin das Kind. Öffne die Tür, Vater. Du bist der Vater, ich bin das Kind. Öffne die Tür, Vater.«

Mit jedem Atemzug verschärfte sich der Prozeß. Das Selbst verstärkte das Anklopfen mit diesen Worten: »Ich klopfe an. Öffne, mein Vater. Ich klopfe an, öffne, öffne, öffne . . .« Ich brach in Tränen aus. Das Tor war verschlossen. Ich erkannte deutlich, daß ich mich noch weiterentwickeln mußte, bevor mir das Tor aufgetan würde. Ohne weiteres Voranschreiten konnte ich das Ziel nicht erreichen. Ich verstand die Bedeutung von SWAMI VIVEKANANDAS Aussage vor langer Zeit: »Erhebe dich, erwache und ruhe nicht, bevor das Ziel erreicht ist.« Ich verstand auch, warum sich JESUS CHRISTUS als Sohn Gottes bezeichnet hatte. Seine Worte: »Klopfe an, und das Tor wird dir aufgetan«, schienen mir völlig einleuchtend und nachvollziehbar.

Die Worte: »Du bist der Vater, ich bin das Kind, öffne das Tor, Vater« sind ein perfektes *Mantra*, da sie sich vollständig mit dem ein- und ausfließenden Atem decken. Nach dieser Erfahrung nutzte ich es in meiner Meditation und fand es sehr effektiv.

Das neunte Zeichen hatte dieselbe Qualität der Erfahrung, die uns einen bedeutsamen Traum in der kommenden Nacht ankündigt.

10. Die Vision von Blumen, Blütenblättern und Licht

Das neunte Zeichen hatte mich darauf aufmerksam gemacht, daß mir ein wichtiges Ereignis bevorstand. Doch wußte ich nicht, wie es aussehen würde. Mir war nur klar, daß es meine psychische Entwicklung wesentlich voranbringen würde. Dies war jedesmal der Fall, wenn sich das Bewußtsein in der Nähe des *Brahma-Randhra* aufhielt und ein starkes Kratzen diesen Aufenthalt begleitete. Dieses Mal klopfte es sogar an die Tür.

Am nächsten Tag spürte ich während der Meditation, wie sich mein ganzer Körper vom Boden abhob. Ich saß irgendwo im Raum. In diesem Moment öffnete eine Blume ihre tiefroten Blütenblätter auf dem Grunde meines Rückgrats und eine andere am *Brahma-Randhra.* Sie waren durch eine Lichtstraße in meinem Rückgrat verbunden (siehe auch Abbildung 19).

Was war das? Ich saß da wie eine Statue voller Freude und Licht. Ich kann diese Ekstase nicht mit Worten beschreiben. Keine Sprache kann diese Erfahrung vermitteln.

11. Ein ständiges zufriedenes Lächeln

Das nächste Zeichen war nur die Erweiterung eines früheren Zeichens, bei dem Verfolgungsgefühle aus meinem Bewußtsein entschwanden. Es erschien in der Form eines ständigen »zufriedenen Lächelns«. Wenn ich an sehr gute Menschen gedacht hatte, war automatisch ein Lächeln auf meinem Gesicht erschienen, doch beim Anblick anderer wieder entschwunden.

Nach dieser Erfahrung spürte ich ein konstantes feines Lächeln jedem gegenüber, ein Zeichen für den weiteren Fortschritt.

12. Die kontinuierliche Gegenwart

Nach der Erfahrung mit dem Licht und den Blumen wünschte ich mir sehr, in diesen Zustand der Freude, der Liebe und des Lichts zurückzukehren. Ich wollte ununterbrochen darin verbleiben. Welch ein wundervolles Sein. Keine Probleme, keine Spannung, keine Sorgen, sondern perfekte Ruhe und Schönheit. Keine Schönheit der Welt läßt sich damit vergleichen.

Ja, oft wollte ich zu diesem Zustand zurückkehren, und es gelang mir auch. Eines Tages stellte ich fest, daß sich in meiner Psyche mehr getan hatte. Es war so wunderbar, daß ich fast geweint hätte. Ich öffnete meine Augen, um die Berührung mit »dieser Welt« zu spüren. Sie dauerte mindestens eine Minute. Und doch hatte sich in der Berührung mit dieser Welt etwas verändert.

Ich spürte zu meiner großen Überraschung, daß ich ganz alleine dasaß. Jeder Punkt der Erde repräsentierte die »Spitze« der Erde. Niemand gehörte zu mir. Und ich gehörte zu keinem. Ich war ganz allein, und um mich herum war nur Freude. Alles hatte sich in »Gegenwart« verwandelt.

Als ich in die Meditation eingeführt worden war, hatte man mir gesagt, daß ich mir während der Meditation die Gegenwart vorstellen sollte. Wie oft hatte ich versucht, dieser Anweisung zu folgen. Während ich das Konzept der psychoanalytischen Meditation und des psychoanalytischen Joga entwickelte, verspottete ich diesen Rat oft. Doch nun realisierte ich diesen Zustand, und ich konnte sagen: Es gibt nur die *Gegenwart.*

Während ich noch in dieser Erfahrung schwelgte, stand ich auf und ging zur Küche. Selbst dort dauerte der Zustand der Gegenwart fort. In dem Moment erkannte ich, während ich verschiedenes tat, daß alles Gegenwart ist. Es gibt keine Zukunft. In jedem Moment war ich im »Hier und Jetzt«. In jedem Moment war ich in Frieden und Freude. In jedem Moment floß ich über vor Energie. Der Gedanke an eine Zukunft zu einem entfernten Zeitpunkt kam mir nicht.

Sofort wurde ich mir eines anderen Sachverhalts bewußt. *Jede Zukunft ist kontinuierliche Gegenwart. Ich lebe von Moment zu Moment.* Ja, ich hatte von dieser Idee schon zuvor gehört und gelesen, aber ich wußte es nicht. Jetzt war das Wissen Teil von mir. Die Zukunft ängstigte mich nicht. Dieser Zustand kann nicht als gegenwärtige Zeitform beschrieben werden, sondern ist Gegenwart. »Ich bin, ich bin, ich bin.«

Meine Psyche weigerte sich, in Träume oder entfernte Phantasien zu versinken. Es sah so aus, als hätte sich das Bewußtsein von Vergangenheit, Zukunft und Raum abgelöst.

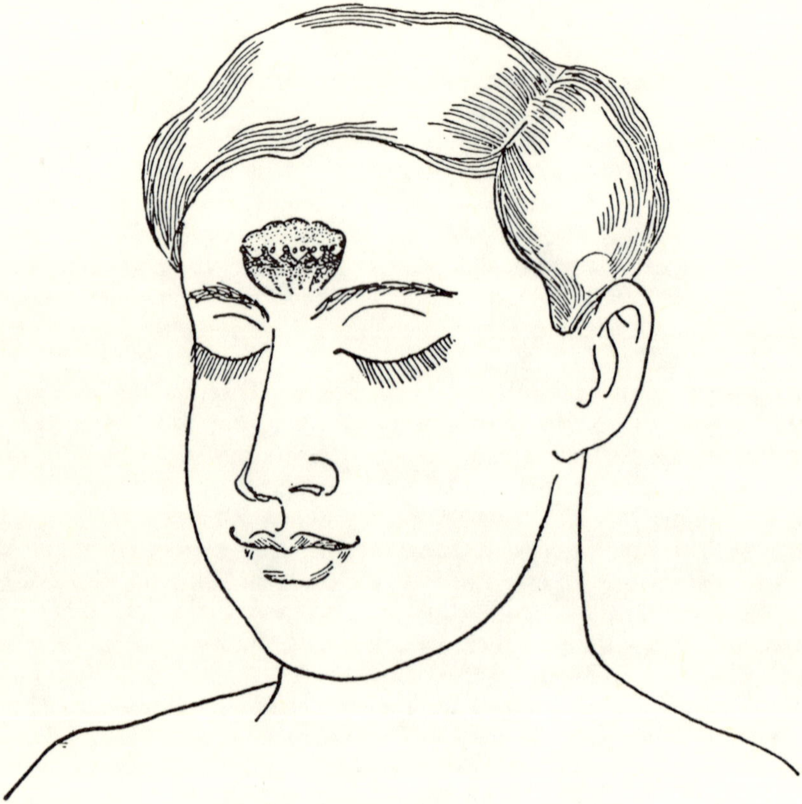

Fünf Schlangen, die zurückgezogen werden

Abbildung 29

13. Das Zurückziehen von fünf Schlangen

Nach einer Woche Meditation tauchte das zweite Signal, der Aufenthalt des Bewußtseins in der Mitte zwischen den Augenbrauen, von neuem auf. Jedoch unterschied sich diese Erfahrung von der früheren. Zuvor hatte sich das Bewußtsein in den verschiedenen Grundstrukturen bewegt, auch wenn es leicht, ohne große Anstrengung immer wieder zur Mitte zwischen den Augenbrauen zurückkehrte. Jetzt sah es so aus, als hielte eine Kraft zwischen den Augenbrauen die Zügel meines Bewußtseins und zog es ganz einfach zurück, wenn es irgendwo anders hingehen wollte.

Ich hatte in Indien ein Bild gesehen, auf dem KRISCHNA sehr sanft die Zügel von fünf Schlangen oder einer fünfköpfigen Kobra kontrolliert. Die Bedeutung dieses Bildes hatte ich nie verstanden.

14. Die Ablösung der äußeren dunklen Hülle vom inneren erleuchteten Körper

Nach weiteren zwei Wochen Meditation erschien das nächste Zeichen. Vollständige Ruhe und Stille erfüllten mich. Was für eine seltsame Erfahrung! Es sah so aus, als hätte ich zwei Körper. Einer davon war der äußere, mit dem ich mich bislang identifiziert hatte. Innerhalb dieser Hülle befand sich ein reiner Lichtkörper. (Siehe Abbildung 30 auf Seite 368.)

Der äußere Körper ist schwer. Er repräsentiert die Dunkelheit, und er neigt zu rascher Anspannung und Störanfälligkeit. In ihn ist das Ich mit all seinen Bildern, Gedanken und Gefühlen eingebunden. Die innere Gestalt dagegen ist von Licht durchdrungen und umflossen. Sie ist ruhig, unerschütterlich und vollständig entspannt.

Es sah so aus, als hätten sich beide Körper voneinander getrennt, als hätte sich die äußere Hülle vom Lichtkörper abgelöst. Ich spürte mich als Lichtgestalt. Meine äußere Hülle war nur Schein.

»Sei still und erkenne, daß du Gott bist.« Dieser Satz kam mir in den Sinn. Ich erinnerte mich auch an verschiedene Statuen BUDDHAS, die ihn in jenem Zustand der Stille zeigen. Mein Bild der Stille war umflossen von Licht, von reinem weißen Licht. Doch manchmal veränderte es sich auch zu einem tiefen Rot oder Karmesinrot.

Solange »ich« mich als dieses Bild erfuhr, war es vollkommen still. Doch sobald »ich« in Berührung mit der äußeren Hülle kam, trat ich in diese Welt mit all ihren Vorstellungen, Ideen und Gefühlen ein, die in uns wirken. Dies brachte mich auf den Gedanken, daß wir zwei Körper, zwei Welten in uns bergen Nach langen Jahren der Meditation können wir in beiden Körpern und in beiden Welten leben.

15. In vollkommener Ruhe in Meditationshaltung in der Mitte zwischen den Augenbrauen sitzen

Eine Woche später erlebte ich etwas sehr Schönes, das das Herannahen des Reiseziels ankündigte. Der *Sookscham* oder innere Körper, so schien es in der Erfahrung, erhob sich durch mein Rückgrat und plazierte sich in die Mitte zwischen den Augenbrauen. Er saß dort so, wie ich während des Erlernens der Meditation zu sitzen pflegte. Selbst jetzt, während ich darüber schreibe, kann ich einfach meine Augen schließen und den Lichtkörper dort sehen. Er ist stabil, friedlich und in ewiger Ruhe. Alle Verbindungen mit der Welt sind abgeschnitten. Ich weiß nur, daß Lichtstrahlen ihn umgeben. Nein, es sieht so aus, als kämen die Lichtstrahlen aus ihm heraus.

Er ist das »Selbst«. Alles ist Licht, Schönheit, Freude, Güte und Wahrheit. Ja, ich möchte weinen: »Ich bin Licht, Wahrheit, Schönheit und Güte.« Ich fühle auch: »Ich war dies, ich bin dies, ich werde dies immer sein« und »Ich bin ohne Anfang und Ende.« Oh, ich möchte diesen Kontakt nicht aufge-

Abbildung 30

Abbildung 31

ben. Ich möchte meinen Blick nicht von diesem Punkt wenden und zur Ich-Welt zurückkehren. Wer will schon den Himmel verlassen und die Hölle betreten? Wer Gold gegen Eisen eintauschen?

16. Ahnen eines unveränderbaren und permanenten Kontaktes

Nach dem fünzehnten Hinweis setzte ich meine Reise wie bislang fort, doch war weder das Ziel sichtbar, noch tauchte irgendein anderes Zeichen auf. Fast vier Wochen verstrichen. Ich war recht entmutigt und begann, sogar das Ziel selbst zu anzuzweifeln. Immer wieder wünschte ich mir zumindest die alten Hinweise herbei, wenn es schon keine neuen gab. Ich wollte den Zustand der Freude und des Lichts erleben, diesen intensiven Zustand des »Gegenwärtigseins«, die Blumen und wunderschönen Blütenblätter. Doch nichts dergleichen geschah.

Die Meditationsreise ist als der härteste Weg bezeichnet worden. Immer wieder werden wir desillusioniert und entmutigt. Jedoch raten einem die Erfahrenen, die diesen Prozeß durchlaufen haben, mit der Meditation unter allen Umständen fortzufahren. Ich folgte diesem Rat und setzte meine Meditationssitzungen morgens und abends regelmäßig fort. Auch die fünfte Woche verging. Nichts geschah. Eines Abends jedoch spürte ich ein starkes Kratzen am *Brahma-Randhra.* Es fühlte sich an wie eine starke Reibung. Im Innersten war ich glücklich.

Ich schlief gegen 21 Uhr ein und wachte gegen 1.30 Uhr auf, was recht ungewöhnlich für mich ist. Noch erstaunlicher war, daß sich mir beim Aufstehen eine völlig neue Sicht und ein neues Verständnis von einem permanenten Kontakt eröffneten. Ich werte dies als wichtigen Hinweis.

In jener Nacht stand ich um 1.30 Uhr mit einem glasklaren Verständnis psychoanalytisch-meditativer Zusammenhänge auf. Folgende Gefühle ließen mich hellwach werden: Aus Sorge wollte ich die Bande zerschneiden und die Beziehung zu dem Liebesobjekt abbrechen. Dieser Wunsch nach Abbruch schien nun aus meinem Bewußtsein zu entschwinden. Starke Gefühle durchströmten mich. »Laß das Liebesobjekt so handeln, wie es will. Es kann mich ablehnen, mißbrauchen oder ignorieren. Doch kann ich den Kontakt mit ihm aufrechterhalten.«

Sofort wurde mir klar, daß dieser Wunsch nach Abbruch der Beziehung dazu führte, daß der Kontakt mit dem *Brahma-Randhra,* den das Bewußtsein automatisch aufnahm, unterbrochen wurde. Dieser Wunsch entschwand.

Weiterhin realisierte ich, daß das äußere Liebesobjekt bedeutungslos war, wenn ich Kontakt mit dem *Brahma-Randhra* hatte. Seine oder ihre Ablehnung oder Akzeptanz waren belanglos. Damit erfaßte ich unmißverständlich den Mechanismus, der sich in der Situation abgespielt hatte. Ein Gefühl der Ablehnung hätte mein Bewußtsein vom *Brahma-Randhra* weggedrückt. Das bedeutete, daß ein Gefühl der Ablehnung in mir den Wunsch hervorrief oder verschärfte, den Kontakt oder die Beziehung zum Liebesobjekt abzubrechen. Damit trennte sich mein Bewußtsein unmittelbar vom *Brahma-Randhra.*

Mein eigener Wunsch richtete das Unheil an. Und nicht nur das. Das Objekt war eine Illusion. In Wirklichkeit wollte ich den Kontakt zwischen meinem Bewußtsein und dem *Brahma-Randhra* aufrechterhalten.

Ich weiß nicht, wie diese Erkenntnisse vermittelt werden können. Für mich bedeuteten sie die größte Freiheit. Ich konnte nun in jedem Augenblick beim *Brahma-Randhra* verbleiben.

In diesem Moment erkannte ich, daß ich unerschütterlich war. Ich befand mich in einem Zustand perfekter Unveränderlichkeit, eines vollkommenen »Hier und Jetzt«, völliger Unstörbarkeit und Spannungslosigkeit. Ich erkannte auch, daß das ewige spirituelle Bedürfnis an erster Stelle den ewigen Wunsch des Bewußtseins bedeutet, sich am *Brahma-Randhra* festzuklammern.* Diese großartige Erfahrung überwältigte mich. Ungefähr eine Stunde verharrte ich in einem Zustand des Glücks. Dann legte ich mich wieder zum Schlaf nieder und hatte einen Traum. Mein Elektroofen warf große Funken von Licht und Feuer aus und verstreute sie im Raum. Das Bild erschreckte mich. Ich fürchtete, der ganze Raum würde in Flammen aufgehen, wenn dieses Schauspiel nicht aufhörte. Doch zugleich wirkte es unkontrollierbar. Meine Angst verstärkte sich. In solch einem Augenblick sagte mir eine Stimme in dem Traum, daß ich nichts zu befürchten hätte. Die Lichtfunken müßten in ständigem Kontakt miteinander bleiben.

Der ständige Kontakt des individuellen Bewußtseins mit dem *Brahma-Randhra* erzeugt nach und nach diese Erfahrungen der Lichtfunken. Sie sind zugleich ein Zeichen für die Erweckung der *Kundalini.*

Noch während des Träumens erfaßte ich die gesamte Bedeutung dieser Szene, und meine Angst legte sich. Am Morgen war mir klar, daß dieser Traum ein neues Zeichen ankündigte.

17. Die große Unterscheidung

Es ließ nicht lange auf sich warten. Trotz seiner Unscheinbarkeit war es bedeutsam.

Zeichen sechzehn hatte mir große Klarheit gebracht. Das Bewußtsein, das zum *Brahma-Randhra* eilt, hält sich dort nicht lange fest. Psychoanalytisch gesehen bedeutet dieser Bruch, daß eine ablehnende Figur, eine schmerzhafte Erfahrung, Besorgnisse und Ängste und damit verbundene Ideen und Vorstellungen dort verborgen sind, mit denen das Bewußtsein nichts zu tun haben will.

Deshalb trennt sich das Bewußtsein vom *Brahma-Randhra.* Ja, in der Tat: Unser eigener Wunsch nach Kontaktabbruch verursacht diese Trennung. Um diese Hypothese zu überprüfen, ließ ich den Wunsch an diesem Punkt fallen und spürte einen großen Trost, so als ob der endgültige Kontakt damit hergestellt worden sei. Ich war erleichtert und fühlte mich gefestigt.

Neue Erfahrungen lassen die vorhergegangenen jedoch schal erscheinen. Und oft stellen sich die Schlußfolgerungen, zu denen wir neigen, als falsch heraus.

Nach ein oder zwei Tagen hatte ich den Eindruck, daß sich trotz meiner Entscheidung, die Beziehung nicht länger abbrechen zu wollen, eine schmerzhafte Erfahrung oder eine ablehnende Figur zwischen das Bewußtsein und das *Brahma-Randhra* schob. Ärgerlich wollte ich diese Erscheinun-

* Diese Erfahrungen und Verständnisse sind in keiner Weise endgültig. Sie scheinen nur so auf bestimmten Stufen der Entwicklung. Bei weiterem Voranschreiten erkennen wir Ihre Begrenztheit.

gen aus dem Weg schaffen. Immer wieder wurde ich mit diesen Bedürfnissen in der Meditation konfrontiert. Eines Tages blitzte in mir die Erkenntnis auf, daß beide Erfahrungen richtig sind. Ich verstand, daß ich

1. das Bedürfnis nach einem ununterbrochenen Kontakt habe. Dieser Wunsch ist vorrangig und bezieht sich auf einen Kontakt mit einem Punkt, der sich in mir selber befindet, dem *Brahma-Randhra.* Er unterscheidet sich erheblich von einem äußeren Liebesobjekt.
2. Es wurde mir deutlich, daß ich beide oft miteinander verwechselt habe. Da ich die Vorstellung eines äußeren Objektes abwehrte, trennte sich das Bewußtsein vom *Brahma-Randhra.* Das Objekt war unwirklich. Mein Bedürfnis, dieses Objekt zu entfernen, war echt. Ich wollte in Wirklichkeit einen objektlosen und permanenten Kontakt.

Kontakt und Objekt sind zwei verschiedene Dinge. Dies erschütterte die Grundfesten der gesamten Theorie der Psychoanalyse. Die Unterscheidung war so deutlich, daß mein Bewußtsein sofort beim *Brahma-Randhra* verweilte. Ich spürte, daß ein Zustand vollständiger Stabilität erreicht war. Zum ersten Mal konnte das Bild eines Objektes diesen Kontakt nicht stören.

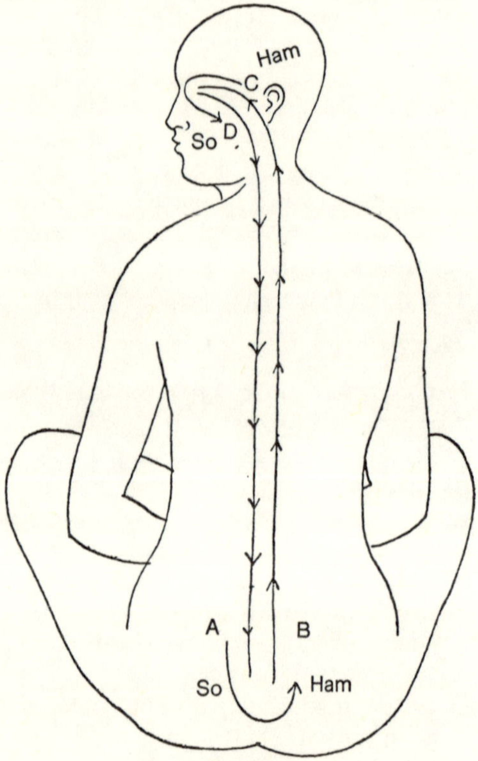

Abbildung 32

18. Verharre, und das Tor wird dir aufgetan

Bald verbesserte sich mein Zustand erheblich. Ich brauchte mich nur zur Meditation niederzusetzen und verweilte automatisch beim *Brahma-Randhra* oder gelegentlich im Mittelpunkt zwischen den beiden Augenbrauen. Ich brauchte nur zu sagen: »Ja, ich möchte beim *Brahma-Randhra* sein. Wer ist noch dort? Niemand« und jedes Bild entschwand sofort, und ich verharrte an jenem Platz. Ich erkannte, daß alle vorherigen Zeichen sich nun kristallisierten: die Stellung des »Hier und Jetzt«, die »Gegenwärtigkeit«, Stabilität, Freude und Glück. All dies erkannte ich, während ich am *Brahma-Randhra* haftete.

Eines Tages traf mich der Gedanke, daß Jesu Aussage: »Klopfe an, und das Tor wird dir aufgetan« im Lichte dieser Erfahrung besser verstanden werden kann. Das Anklopfen hat einen Unterton versteckter Mühe. Ich sage: »Verharre am Tor, und es wird dir aufgetan.« Verharre, sei hellwach und aufmerksam. Das Tor wird sich mit Sicherheit öffnen.

19. »So-Ham« und »Ham-So«

Das *Mantra* läuft automatisch und langsam ab.

Jetzt spürte ich, daß sich das *Mantra*, mit dem ich meine Meditationspraxis vor vielen Jahren begonnen hatte, veränderte. *So* und *Ham* schienen in zwei gleiche Teile auseinanderzubrechen. Auch der einfließende Atem schien aus zwei Teilen zu bestehen.

Die Einatmung verbindet sich mit dem Laut »So« und die Ausatmung mit dem Laut »Ham«. Jetzt aber sah es so aus, als ob der letzte Moment der Einatmung und der erste Moment der Ausatmung sich mit dem Rhythmus »So-Ham« und der letzte Moment der Ausatmung mit dem ersten Moment der Einatmung verbanden und das *Mantra* den Rhythmus »Ham-So« entwickelte. Mit einer Ein- und Ausatmung sprach ich zwei *Mantras* aus: »So-Ham« und »Ham-So«. Sie bedeuten: »Ich bin er, und er ist ich.« Letztlich heißt dies, daß wir, Gott und ich, nicht zwei, sondern eins sind.

Dieses eindrucksvolle Erlebnis versetzt uns in einen Zustand der Freude, Ruhe und Stille. Um Ihnen diese Erfahrung verständlich zu machen, erläutere ich das *Mantra* anhand von Abbildung 32 (siehe Seite 372).

Die nach unten gerichteten Pfeile stellen die Einatmung, die nach oben gerichteten Pfeile die Ausatmung dar. Während wir einatmen, beginnen wir mit »So«. An der unteren Spitze des Rückgrats verbindet sich dieser Laut mit der Ausatmung und dem damit verbundenen Laut »Ham« zu »So-Ham«. Die gekrümmte Linie zwischen A und B drückt diesen Zusammenhang aus.

Entsprechend beginnt die Ausatmung mit dem Laut »Ham«. An der Nasenwurzel verbindet sich das »Ham« mit der Einatmung und dem Laut »So« zu »Ham-So«. Die gekrümmte Linie zwischen C und D zeigt diesen Zusammenhang. So entstehen zwei *Mantras:* »So-Ham« und »Ham-So«.

Üben Sie ein wenig, um diese Zusammenhänge zu verstehen. Das *Mantra* klingt jetzt abwechselnd wie »So-Ham«, »Ham-So«, »So-Ham«, »Ham-So«.*

* Nach den Erfahrungen, die ich im Band *Third Eye and Kundalini* beschrieben habe, wurde mir eines Tages die tiefere Bedeutung dieses »So-Ham« – »Ham-So« deutlich.
Das individuelle Bewußtsein sitzt am dritten Auge oder dem Platz Gottes oder des geistigen Lehrers und sagt mit dem nach unten fließenden Strom »So-Ham«: »Ich bin du.« Dies praktiziert es über viele Jahre. Dann akzeptiert der Herr das individuelle Bewußtsein und antwortet: »Ham-So«: »Ich bin ebenfalls du.« Anders ausgedrückt. Der Herr sagt: »Du bist tatsächlich ich.« Dies geschieht automatisch in der Verknüpfung beider Silben zu »Ham-So«.
Diese automatische Verknüpfung zeigt einen sehr hohen spirituellen Entwicklungsstand. Erst danach entsteht ein fester Kontakt zwischen dem individuellen Bewußtsein und Gott.

20. Die Flamme des Lichts

Nach einigen Tagen weiterer Meditation tauchte eine alte Erfahrung in sehr klarer Weise erneut auf. Ich, der in Meditationshaltung in der Mitte zwischen den Augenbrauen saß, verwandelte mich zu meiner Überraschung in eine Lichtflamme (Abbildung 33). Die Flamme brannte langsam und stetig. Meine Konzentration blieb auf diese Flamme gerichtet, und ich war glücklich und voller Licht.

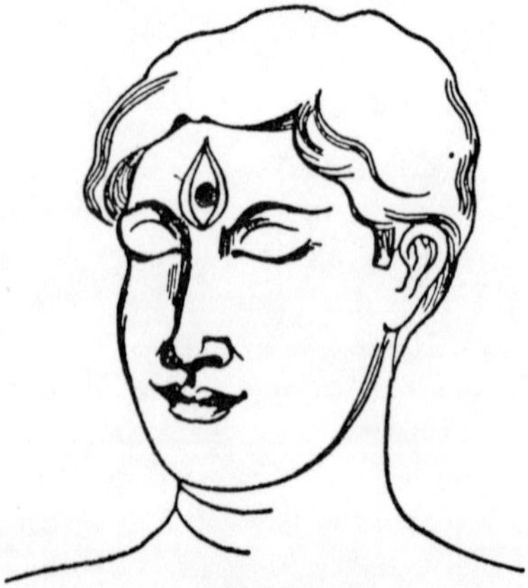

Abbildung 33

21. Das Auftauchen eines großen Gedankens

Die Flamme jedoch wurde gestört. Noch immer gab es Spannungen. In solch einem Moment kam mir ein Gedanke. »Ich will mich in diese Flamme hinein entspannen.« Dieser Gedanke zerstörte die Wurzeln jeden Rückzugs und aller Fluchtversuche. Ich sah die Flamme und entspannte mich in sie hinein. Je mehr mir dies gelang, um so ruhiger und kontinuierlicher brannte sie. Selbst ein kurzes Flackern deutete an, daß etwas meine Atmung und mein Bewußtsein störte.

22. Eine Ahnung von Brahma-Randhra

Nachdem weitere Nervenformationen während des Prozesses der Meditation aufgelöst wurden, wurde das Tor sichtbar, an das ich so oft geklopft hatte. Es sah aus wie ein Punkt. Es lag nicht direkt unter dem Ort, an dem Hindus eine Locke ihres Haares behalten, sondern ein wenig tiefer. Es sah aus, als sei es an der Linie, die den Mittelpunkt zwischen den Augenbrauen und die Haarlocke miteinander verbinden, aufgehängt. Sein Anblick erfüllte mich mit Freude.

23. Größere Stabilität in der Flamme

Die Lichtflamme in der Mitte zwischen den Augenbrauen schien jetzt stärker zu sein. Sie bebte und flackerte noch, doch in geringerem Maße. In ihren stabilen Momenten erfüllte sie mich mit Freude.

Die höhere Stabilität war mit einer größeren Bewußtheit, Ruhe, Stille und Reaktionsfreiheit verbunden. Ich träumte von einer sehr kindlichen und passiven Liebe.

24. *Das Auftauchen einer Blume in der Mitte zwischen den Augenbrauen*

Während der weiteren Meditation wurde mir die Bedeutung des 23. Zeichens klarer. Ich wußte, daß der Mittelpunkt zwischen den Augenbrauen immer stabiler wurde, und ich genoß diese Festigkeit und Ruhe sehr. Während dieses Vergnügens sah ich eines Tages, wie eine wunderschöne Blume ihre Blütenblätter an diesem Punkt öffnete. Sie war klar mit dem Grund des Rückgrats durch einen glänzenden Lichtweg verbunden. Ihr Auftauchen erstaunte mich. Ihre Erscheinung und ihre blutrote Farbe verzauberten mich. Abbildung 34 zeigt diese Blume.

25. *Ablösung von der Ich-Welt und Verbindung mit dem Licht*

Dieses Zeichen gehört zu den schönsten Erfahrungen auf dieser Reise: Mein Bewußtsein löste sich willentlich völlig von der Ich-Welt ab und verknüpfte sich mit der weiten Leere im Rückgrat. Alles war Licht und Freude. In der Verbindung mit der Ich-Welt gab es immer noch Reize und Antworten oder Aktionen und Reaktionen. Ich wollte jemanden schlagen oder mich rächen. Ich wollte noch ein Liebesobjekt besitzen und lieben. Aber als ich mich von dieser Ich-Welt ablöste, war alles vollkommene Stille und Licht. »Ich bin das!« Dieses Gefühl wurde sehr intensiv in mir. Ich wollte sagen: »Ich bin unzerstörbar. Ich kann nicht verbrannt werden. Mir kann kein Schaden zugefügt werden. Ich kann nicht sterben. Ich kann mich nicht verflüchtigen.« So sah eine zeitlose Wirklichkeit aus.

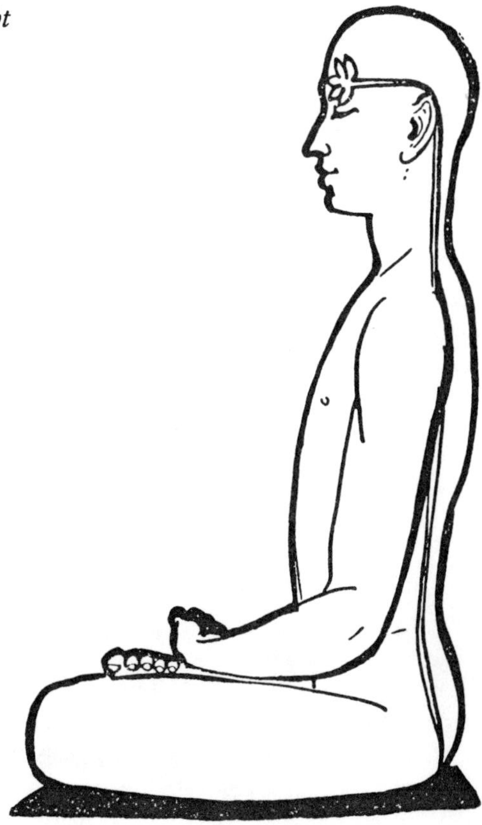

Abbildung 34

Mein Ärger auf die, die mir einst geschadet hatten und die ich zuvor heftig befehdet hatte, löste sich auf. Jetzt wünschte ich einfach nur, daß das Licht und die Freude, die meine Wirklichkeit geworden waren, auch diesen Menschen zuteil werden sollten. Sollten auch sie glücklich sein.

An diesem Punkt der Entwicklung kommt mir der Gedanke an Sexualität und dem Besitz eines Objekts merkwürdig und kleinlich vor. Dieser Zustand ist ein Zustand der Stille. Man mag einfach nicht von dem Gedanken an irgendein Objekt gestört werden. Die Vorstellung der Sexualität ist lästig. Ich erkenne, wie wenig Vergnügen sie im Vergleich zur Glückseligkeit dieses Zustandes in sich birgt.

26. *Vollständige Klarheit über den Ursprung von Verleugnung, Trennung, Schmerz und den Wunsch nach Rache*

Mein Bewußtsein löste sich vollkommen von den verbleibenden Ich-Strukturen, aber nur für wenige Momente. Oft eilte es zum *Brahma-Randhra* und versuchte, sich dort anzuklammern, stellte jedoch fest, daß immer noch Spannungen an diesem Ort vorhanden waren. Dadurch wurde der Kontakt wieder erschüttert. Eines Tages verstand ich den Grund.

Die ursprünglichsten Strukturen, die in den frühen Stadien der Kindheit in der Stillphase angelegt worden waren, nahmen klare Gestalt an: die Notwendigkeit, den Hunger zu stillen, die Verleugnung dieses Bedürfnisses, das heißt die Trennung von der Brust, Schmerz und der Wunsch nach Rache.

Die geringe Reibung zwischen dem Bewußtsein und dem *Brahma-Randhra* zeigte zweifelsfrei, daß diese Elemente noch vorhanden waren und ich mich erst vollkommen von ihnen befreien mußte. Ich hätte weinen können vor Freude und Schmerz über diese Erkenntnis, vor Schmerz, der einmal auf der kindlichen Ebene in mein Nervensystem eingebaut worden war, und weil mich der Gedanke traf, daß ich nach so vielen Jahren der Anstrengung immer noch nicht frei war von meinen psychischen Strukturen. Die Freudentränen galten der Tatsache, daß die Freiheit nur um die Ecke herum auf mich wartete und das Ende der Reise in Sicht kam.

27. *Ahnung vom endgültigen Entschwinden des bösen Willens*

Auch mit Hilfe der Visualisierung erreichte ich keine völlige Loslösung von meinen Strukturen. Dennoch überkam mich das Gefühl, mich zumindest ein Stück weit aus dem Griff eines beherrschenden kindlichen Verhaltensmusters befreit zu haben.

Einige Tage lang blieb dieses Muster an der Oberfläche. Dann bemerkte ich plötzlich, daß es entschwunden war. Das Tor zum *Brahma-Randhra* begann in seinen Angeln zu wanken. Freude umfing mich. »Gott segne ihn, Gott gebe ihm Glück.«

Immer wieder sagte ich diesen Satz vor mich hin und dachte dabei an all die Personen, die ich einst gehaßt hatte, weil sie mich abgelehnt und mir damit Schmerz zugefügt hatten. Dieses Erlebnis war eine der schönsten Erfahrungen der Befreiung und des inneren Wandels. Sobald ein Bild in meinem Bewußtsein auftauchte, das mich verletzen wollte, sagte ich: »Gott segne es.«

Zum ersten Mal in meinem Leben erhellten sich für mich bestimmte Aspekte im Dasein großer Heiliger und Jogis. Ich verstand, wie Wischnu zu RISCHI BHRIGU, einem großen Heiligen, der ihn getreten hatte, sagen konnte: »Mein Herr, Ihr Fuß muß verletzt sein. Lassen Sie mich ihn drükken.« Und wie Jesus empfehlen konnte, daß man die andere Wange hinhalten sollte, wenn man einen Schlag auf die eine erhalten habe. Und wie andere Heilige sagen konnten, wenn sie von jemandem beschimpft worden waren: »Gott segne dich.« Ich verstand: Lernen durch Zuhören ist bedeutungslos. Erst wenn solch eine Erkenntnis aus dem Inneren kommt, haben wir ihre Bedeutung tatsächlich erfaßt.

Das Signal wies darauf hin, daß der böse Wille, der sich auf alle Ablehner, Verweigerer und Verfolger richtete, mitsamt seiner Wurzel ausgerottet zu werden bestimmt war.

Ja, die gesamte Grundlage der Persönlichkeit sollte endgültig zerstört werden, und ich spürte, wie eine neue, von der soziomateriellen Welt unberührte Persönlichkeit auftauchte. »Nicht länger werde ich einer der ihren sein, obgleich ich einer der ihren bleiben und mit ihnen wandeln werde.« So empfand ich das Entstehende.

28. *Ahnung eines Kontaktes des individuellen Willens mit dem höchsten Willen*

Nach dem siebenundzwanzigsten Hinweis war ich gelassen, ruhig und still. Viele grundlegende Spannungen hatten sich aufgelöst. Wenn immer jemand kam, sagte ich vor mich hin: »Gott segne ihn und gebe ihm Glück und Frieden.«

Ich ahnte, daß mein Bewußtsein bald in Kontakt mit dem höchsten Bewußtsein treten würde. Während der Meditation sah ich eine Lichtschleuse, die sich in Kürze einen Spalt weit öffnete. Selbst eine kleine Berührung in der Nähe des *Brahma-Randhra* ließ mich erzittern, als sei ich nahe daran, mit etwas Herrlichem zu verschmelzen. Aus Angst zog ich mich von diesem Kontakt zurück. Doch gab mir dieser winzige Moment eine Vorstellung des Neuen. Mir schien, ein Wassertropfen falle in den Ozean und dehne sich an dessen Oberfläche langsam aus. In solch einem Moment überwog noch die Furcht, zerstört oder verloren zu sein. Da war auch schon die Freude angesichts der Realisierung: »Ich bin der Ozean.«

Als sehr positiv empfand ich, daß mein persönlicher Wille mit einer Art universalem Willen verschmolz. Er verlor seine individuelle Identität. Eine Ahnung des machtvollen Bewußtseins überkam mich als: »Ich will wollen, und Dinge werden geschehen.« Dies war die erste Realisierung des Allmächtigen in mir.

29. *Ahnung vom Ende aller Identifikationen und Auftauchen des Selbstgefühls*

Nach dem Auftauchen des letzten Signals hüllte mich großer Friede ein. Ich fühlte mich, als hätte ich bereits alle Spannungen der Psyche hinter mir gelassen. Dieser Friede und das ruhige Glück waren so unendlich, daß ich sie mit der ganzen Welt hätte teilen wollen.

Nach zwei oder drei Tagen fiel mir ein merkwürdiges Signal auf. Ich stellte fest, daß ich bei einem Spiel zwischen unserem und einem anderen Land nicht Partei ergreifen konnte, ich hielt weder für die eine noch für die andere Mannschaft. Gewinner und Verlierer, Ankläger und Angeklagte – sie waren für mich gleich. Ich war lediglich Zeuge.

Ich stellte mich nicht auf eine der beiden Seiten. Ich segnete den Mörder und den Gemordeten, den Gewinner und Verlierer gleichermaßen. Ich hatte keinen Feind, und ich haßte niemanden. Diese Situation war unübertroffen.

Ich sah keine Bedeutung in den Gesetzen, Praktiken, Traditionen und Gepflogenheiten der Ich- oder sozio-materiellen Welt. Es war offensichtlich für mich, daß ich mich von allen Identifikationen befreit hatte: Identifikationen mit Nationen.

Gemeinschaften, gut und schlecht, groß und klein, mein und dein. Sie alle entschwanden aus meinem Bewußtsein. Dieser Zustand der reinen Zeugenschaft kündete vom Zustand des »Selbst«. Ich spürte, ich war nichts und alles.

30. *Trennungsangst und Depression, wahres Wissen über Objekte und Objektlosigkeit*

Mehrere Tage lang empfand ich danach eine Spannung in der Nähe des *Brahma-Randhra*, ohne zu wissen, warum. Nach einigen Tagen verstand ich.

In einem Moment während der Meditation schrie ich plötzlich hurra. Ich wollte aufstehen und vor Freude tanzen. Nach diesem anfänglichen Begeisterungstaumel brach ich in Tränen der Freude und des Schmerzes aus. Ein dicker Vorhang der Unwissenheit war weggezogen worden. Ich wußte in diesem Augenblick, daß ich mir als kleines Kind die Trennung zwischen Subjekt und Objekt einverleibt hatte und daß Angst und Depression zu meinen frühesten Erfahrungen zählten. Ich fragte mich während der Meditation: »Wo ist das Liebesobjekt? Mein Bewußtsein versucht lediglich, sich am *Brahma-Randhra* festzuhalten, und dort ist kein Objekt.«

Da es nun leichter war, dort zu verweilen, entschwanden Angst und Depressionen schnell, und die Spannung zwischen dem individuellen Bewußtsein und dem *Brahma-Randhra* verringerte sich. Ich erkannte, daß kein Objekt da war. Nur der Kontakt mit dem reinen *Brahma-Randhra* existierte, ein Kontakt ohne Objekt, ein objektloser Kontakt. Nicht einmal die Vorstellung von einem Objekt war vorhanden.

Ein gewaltiges Gefühl der Freiheit und der Befreiung durchfuhr mich. Ich erkannte, daß ich von nun an über den Tod oder die Trennung von jemandem nicht mehr trauern würde, dieser äußere Kontakt mit einem Objekt nur Schein war.

31. Das Ende des Wartens

Dem Zeichen über Tod und Trennung folgte unmittelbar ein weiteres. Solange es noch die Vortäuschung eines Objektes gab, sehnte ich mich nach dem Kontakt. Bewußt oder unbewußt schien ich somit für alle Zeiten dazu verdammt zu sein, auf ein Objekt für einen Liebeskontakt zu warten. Innerhalb von zwei oder drei Tagen hatte ich dieses Phänomen realisiert. Damit endete all mein Warten in diesem Leben. Ich war zutiefst erleichtert, mein Innerstes stabilisiert, da ich jetzt nicht länger von einem Objekt abhing. Ich wußte, daß es einen objektlosen Kontakt gab, den ich unmittelbar in mir herstellen konnte.

32. Stadium des objektlosen Kontaktes und sexueller Entladung

Das nächste Signal war eine Erweiterung des vorher erlangten Wissens. Wie erlangen wir Lust im Kontakt mit einem anderen Körper? Erleben wir dieselben Lustzustände im objektlosen Kontakt? Diese waren jetzt meine Fragen. Im physischen Kontakt, der zu sexueller Entladung führt, wird die gesamte Nervenstruktur transzendiert. In einem Zustand erhöhter Selbstvergessenheit entlädt sich der Körper, und wir tauchen in die Seligkeit ein. Diese Entladung ist äußerlich. Aber die Gefühle des Glücks und der Glückseligkeit haben mit dem Objekt nichts zu tun. Sie hängen mit dem Zustand der Objektlosigkeit zusammen, den wir zu Beginn der Entladung erreichen. Die Objektlosigkeit öffnet das Tor, das zu momentaner Glückseligkeit führt.

Öffnet sich ein Tor mit der Erkenntnis dieses Zustandes der Objektlosigkeit? Einige Tage lang bemerkte ich eine Reibung in der Nähe des *Brahma-Randhra* und eine objektlose Spannung, die zu sexueller Entladung führte. Und auch weiterhin fanden äußere Entladungen sexueller Energie statt, jedoch nicht aufgrund einer Spannung zwischen einem Objekt und Subjekt im körperlichen Sinne, sondern der zwischen Bewußtsein und *Brahma-Randhra.* Nun erst begriff ich, daß die Entladung ihren Ursprung in dieser Spannung hatte und nicht in der zwischen Sexualorganen.

33. Der große Wunsch, durchbohrt und durchdrungen zu werden

Das nächste Zeichen bezog sich auf einen Sachverhalt, oder in der Psychoanalyse oft mißdeutet wird: das Verlangen, von jemandem sexuell durchbohrt zu werden, oder zu spüren, wie jemand in uns eindringt. Dieser Wunsch stammt aus den frühkindlichen Erfahrungen des Eindringens der mütterlichen Brust in den Mund. Dieser orale Hunger verwandelt sich in einen analen Hunger und das Begehren, daß jemand mit seinem Penis in das Rektum eindringt. Andere Formen der Penetration gehen ebenfalls auf diese Stufe zurück.

Diese Erklärung leuchtet einem Patienten ein, besonders jemandem mit paranoiden Zügen, der homosexuelle Tendenzen hat, aber von Gott und anderen Dingen redet. Doch selbst wenn er dieses anale Eindringen wiederholt erlebt, entschwindet damit nicht der Wunsch. In der psychoanalytischen Literatur wird oft berichtet, daß der Homosexuelle niemals geheilt wird.

Das Geheimnis um das Verlangen, durchbohrt zu werden, wurde mir enthüllt, als ich am dreiunddreißigsten Wegweiser anlangte. Das individuelle Bewußtsein hatte sich bereits dem *Brahma-Randhra* angenähert und das Stadium der Objektlosigkeit gesehen. Es rieb sich jedoch noch, um Glückseligkeit zu erlangen. Oft kam es allerdings nur zu der unter Punkt 32 beschriebenen sexuellen Entladung. Sein Hunger nach Glückseligkeit war damit nicht gestillt.

Eines Tages sah ich, daß es sich danach sehnte, am *Brahma-Randhra* durchstoßen zu werden. Dieses Bedürfnis war so unwiderstehlich, daß ich am liebsten einen dünnen Nagel an dieser Stelle in die Schädeldecke getrieben hätte. Ich wußte, daß dann, wenn dieser Punkt durchbohrt würde, etwas Großartiges geschehen, mich vielleicht ein Zustand immerwährender Glückseligkeit erfüllen könnte.*

Es ist Ihnen, hoffe ich, deutlich geworden, daß dieses Bedürfnis nach Penetration am *Brahma-Randhra* aus Unwissenheit heraus sich in einen Wunsch nach passiver analer Penetration verwandeln kann. Solch ein Homosexueller ist jedoch kein gewöhnlicher »Schwuler«, sondern jemand, der die Durchstoßung am *Brahma-Randhra* sucht, um für immer die Pforte zu Gott zu öffnen. Solch ein Mensch kann nicht über eine Therapie geheilt werden. Er muß mit Hilfe der psychoanalytischen Meditation ein Stadium erreichen, in dem er wirklich am *Brahma-Randhra* durchstoßen wird, um für immer spirituelle Glückseligkeit zu erlangen. Solange er diesem Zustand fern ist, kann er sich zwanghaft homosexuellen Vergnügungen hingeben. Viele Heilige mögen große Homosexuelle gewesen sein, bevor sie dieses Stadium erreichten.

* Es scheint mir gewiß, daß in vielen Fällen Paranoia, Homosexualität, religiöser Wahn, Größenwahn und Selbstmorddepression direkte Auswirkungen eines intensiven, unbewußten Wunsches sind, mit Gott zu verschmelzen. Solche Menschen scheinen in ihrem gegenwärtigen Leben sehr zu leiden. Aber sie waren in vorangegangenen Leben sicher stärker spirituell entwickelt und suchen nun nach dem Ziel der Evolution.

34. Visualisierung des eigenen Gesichtes in der Mitte zwischen den Augenbrauen

Die Meditation ist ein weitschweifiger Prozeß. Sie stellt wie keine andere Methode die Geduld des Menschen auf die Probe. Nach jedem Zeichen seufzen Sie erleichtert auf und meinen, das Ende der Reise sei gekommen, doch geht sie immer weiter, und neue und bedeutsame Hinweise tauchen auf.

Nach dem dreiunddreißigsten Hinweis hatte ich den Eindruck, daß ich ein gutes Stück des Weges zurückgelegt hatte. Ich fühlte mich erleichtert. Doch bald wurde ich desillusioniert. Selbst nach einem weiteren Monat tauchte kein neues Zeichen auf, sondern nur die alten in zusammengewürfelter Weise.

Nach fortgesetzter regelmäßiger Meditation kam ich einige Tage später am nächsten Wegweiser an: Ich saß auf der »Spitze der Erdkugel«. Ich hatte mich in meiner Meditationshaltung in der Mitte zwischen den Augenbrauen fixiert und sah zugleich mein eigenes Gesicht sehr klar. Dies war eine Offenbarung und ein Schock. Jahrelang hatte ich Tag für Tag mein Gesicht im Spiegel gesehen. Selten jedoch hatte ich es so genau visualisiert wie jetzt mit geschlossenen Augen.

35. Der große Traum: Der Anblick des eigenen Leichnams

Das nächste Zeichen einige Tage später ängstigte mich. In einem Traum sah ich, daß ein Verwandter von mir gestorben und sein Körper in weißes Leinen eingeschlagen war. Menschen saßen um ihn herum und beweinten ihn. Ich kam näher, um nachzusehen, wer es war. Ich fragte niemanden, sondern zog einfach das Leichentuch vom Gesicht weg. Zu meiner großen Überraschung und Angst fand ich meinen eigenen toten Körper, mein Gesicht. Unvermittelt stieß ich im Traum die Worte hervor: »Ich bin tot.«

Im Traum befiel mich panische Angst, die einer tiefen Erleichterung wich, als ich aufstand.

Was bedeutete dieser Traum? Ich befragte ein oder zwei Leute, die regelmäßig meditierten. Keiner konnte mir dazu etwas sagen, noch seine wahren Folgen erläutern. Nur einer meinte, dies wäre ein großartiger Traum, der die endgültige Befreiung ankündigte.

Obgleich sich diese Deutung später als weitgehend richtig herausstellte, befriedigte mich die Antwort nicht. Ich überprüfte mein eigenes Wissen aus der Psychoanalyse und Meditation. Obgleich ich den genauen Wahrheitsgehalt des Traumes noch nicht kannte, schien er mir folgende Schritte anzukündigen:

1. Völlige Ablösung des Bewußtseins vom Körper
2. Weitgehende Überwindung der Todesangst.

36. Allein, getrennt von allen

Beim nächsten Hinweis wurde mir vollkommen bewußt, wie wichtig meine eigene praktische Arbeit war.

Während jener Tage empfing ich verschiedene Leute. Sie störten nicht selten die Stille, in der ich lebte. Oft wollte ich von ihnen nicht behelligt werden. Nun geschah es, daß eine ganze Woche lang keiner erschien und ich Angst bekam, völlig von der Welt abgeschnitten zu sein. Sobald diese Angst auftauchte, stieß ich aus: »Wollte ich nicht allen den Zugang verwehren? Jetzt ist mir das gelungen. Hier und jetzt bin ich völlig allein.«

Sofort öffnete ich meine Augen und sah mich um. Ich hatte eine neue Klarheit erlangt. »Ich bin allein. Ich sehnte mich danach, alles loszuwerden. Ich wollte in der Tat während der Meditation jeden aus meinem Bewußtsein vertreiben. Jetzt ist mir das gelungen.« Freudentränen rollten meine Wangen herunter. Ich wollte schreien: »Ich bin heimgekehrt! Oh, mein Gott, ich bin heimgekehrt! Ich habe diese Welt völlig verlassen. Nimm mich jetzt an und in deinen Schoß auf.«

37. Dröhnen, Ticken und das Schlagen von Wellen der Glückseligkeit in der Mitte zwischen den Augenbrauen

Das nächste Zeichen war die Wiederholung bestimmter alter Erfahrungen, jedoch auf einer qualitativ höheren Ebene und mit größerer Intensität.

Vor wenigen Monaten hatte ich erlebt, wie eine kalte Welle durch die Mitte zwischen den Augenbrauen lief. Dieses Erlebnis war sehr kurz gewesen. Ich spürte auch eine Art Ticken an dieser Stelle. Jetzt tauchte dasselbe Erlebnis mit größerer Macht auf. In der Mitte zwischen den Augenbrauen dröhnte, tickte und sprang es. Es sah so aus, als wäre ich mir nur dieses Punktes bewußt und der Rest der Welt existierte nicht länger. Daneben spürte ich eine große Welle der Glückseligkeit durch diesen Punkt laufen, die für eine längere Zeit anhielt.

38. Wunsch, einen Nagel in die Mitte zwischen den Augenbrauen einzuschlagen

Bald darauf tauchte das nächste Zeichen auf, der starke Wunsch, einen Nagel in die Mitte zwischen den Augenbrauen zu treiben. Ich erkannte klar, daß ein dicker Nervenknoten direkt hinter diesem Punkt lag. Ich spürte, daß ich keine volle Freiheit erlangen könnte, würde dieser Knoten nicht durchbrochen oder durchbohrt.

Bei einem früheren Signal bezog sich der Wunsch, »durchbohrt und durchdrungen zu werden« auf das *Brahma-Randhra.* Jetzt verlagerte sich der Schwerpunkt auf die Mitte zwischen den Augenbrauen.*

* Erst nach der Öffnung des dritten Auges realisierte ich die Tragweite dieses Zeichens.

39. Angst, zu empfangen

Bei den Hinweisen 37 und 38 erlebte ich ein großes Pochen in der Mitte zwischen den Augenbrauen und das Bedürfnis nach einem tiefen Eindringen an diesem Punkt. Aus rein psychoanalytischer Sicht war dieses Begehren sexueller Natur. Jedoch löste die körperliche Erfüllung dieses Wunsches nicht das seelische Verlangen auf. Der Wunsch nach der Durchbohrung des Mittelpunktes zwischen den Augenbrauen blieb weiterhin bestehen.

Immer wieder kam ich zu der Erkenntnis, daß einige Nervenbündel, die sich aus Wünschen und Ängsten zusammensetzten, dort wirkten. Sie verhinderten die Freisetzung des Bewußtseins. Der eigentliche Wunsch des Bewußtseins war es, sich von diesen Nervenbündeln zu befreien, indem es sie durchlöcherte.

Nach einigen Tagen Meditation spürte ich eine »winzige Penetration«. Etwas drang in diesen Punkt ein. Sofort floß die Energie intensiv. Aus großer Angst blockierte ich den Vorgang. Ich verstand, daß neben dem Wunsch nach Penetration zugleich die Angst vorhanden war, das Eindringen selbst für wenige Momente zu akzeptieren.

40. Der unkontrollierbare Fluß der Liebesenergie

Hinweis 39 zeigte einen sehr tiefen Vorgang an. Ich wollte diese Erfahrung wiederholen, doch zugleich fürchtete ich sie. Der Wunsch nach Wiederbelebung hatte nach wenigen Tagen Erfolg. Wieder spürte ich dieselbe Öffnung und das Eindringen für einen kurzen Moment. Wieder wollte ich diese Öffnung verhindern und das Eingedrungene ausstoßen. Die Parallelen zum sexuellen Vorgang waren deutlich. Die tiefliegende Angst vor dem Eindringen der Brust oder des Penis und das tiefe unbewußte Bedürfnis danach liegen sehr nahe beieinander. Aus Angst verschloß ich mich vor dem Eindringen.

Ich erkannte mühelos, was in jenem Moment der Penetration der Stirn geschieht. Eine unkontrollierbare Liebesenergie will aufsteigen, und man erkennt, daß man sich darin völlig verlieren und keinerlei Kontrolle mehr haben wird.*

Ich hatte das Gefühl, daß meine Ich-Identität ausgelöscht würde. Die Angst vor dem Verlust der Kontrolle und der Identität sind in der Tat schrecklich.

So gab es weiterhin Identifikationen und Ängste, die die Freiheit meines Bewußtseins blockierten.

Die Seele sehnt sich danach, das dritte Auge zu öffnen, so daß es Gott sehen kann. Der objektlose Kontakt ist ein Kontakt mit Gott.

* Später erkannte ich, daß dieses Gefühl möglicherweise ein Hinweis darauf war, daß eines Tages die *Kundalini* aktiviert würde.

41. Die letzte große Unterscheidung

Als Ergebnis der Erfahrungen vorhergegangener Hinweise begann ich, klar den Unterschied zwischen der Aktivität des Bewußtseins in der Mitte zwischen den Augenbrauen und in der Nähe des *Brahma-Randhra* zu visualisieren. Ich wußte, das Bewußtsein würde aufgrund bestimmter Ängste, Unsicherheiten, Schuldgefühle und Fixierungen den Punkt zwischen den Augenbrauen noch nicht durchstoßen. Es verließ diesen Punkt und eilte auf den Bereich des *Brahma-Randhra* zu, um noch mehr verborgene Ängste zu entdecken und auszulösen, bevor es wieder zurückkehrte. Diese Unterscheidung war so deutlich, daß ich sie als einen zentralen Hinweis betrachte.

42. Der Urbesitz

Die Dauer der Reise rückwärts durch die Psyche verblüffte mich. Ich konnte sie wegen des versprochenen Ziels nicht aufgeben. Ich war aufgrund meiner Erfahrung davon überzeugt, daß es solch ein Ziel gab und daß es verwirklicht werden mußte. Gelegentlich erhaschte ich eine Ahnung davon. Aber es verwirrte mich, wenn ich das Ziel dann nicht erreichte, sondern statt dessen neue Hinweise erhielt.

Mit fortschreitender Erfahrung stellte ich fest, daß ich etwas besitzen wollte. Sofort erkannte ich, daß ich mir die Brüste einer Frau aneignen wollte. Ich wollte meinen Kopf auf sie betten, mit meinem Mund an ihnen saugen und sie mit meinen Händen umfassen. Ich wollte niemanden fürchten. Ich fühlte mich von niemandem verfolgt, weder von der Person, auf deren Brüsten ich schlief, noch von den Leuten, die herumgingen. Ich befand mich in einem Zustand der Verfolgungslosigkeit.* Ich nenne diesen Traum den Hinweis auf den letzten Besitz.

43. Die große Bindung an eine einzige Form

Gemäß der Auffassung bestimmter Psychologen ist die Verfolgungslosigkeit in bezug auf den letzten Besitz, die Brüste der Frau, das endgültige Ziel psychischen Wohlbehagens eines Mannes. Obgleich solch eine Beziehung uns zweifellos emotional sehr befriedigt, scheint sie nicht der letzte Hinweis zu sein, da weitere Zeichen auftauchen.

Hinweis 42 wurde bald durch ein anderes Zeichen ersetzt. Ich entwikkelte eine Vorliebe für eine einzige Form. Ich verlor das Bewußtsein von

* In diesem Zusammenhang kann manchmal der Penis auch die Funktion der Brüste haben. Gemäß psychoanalytischer Interpretation wird das Bedürfnis nach »Urbesitz« in Träume von Schlangen oder *Schiwa-Lingas* umgewandelt. Nach meiner Erfahrung und auch gemäß allgemeiner spiritueller Interpretation repräsentieren das *Schiwa-Linga* und Schlangen das absolute Bewußtsein *(Schiwa)* und die höchste Energie *(Schakti)*. Die Träume drücken unser Bedürfnis nach spiritueller Befreiung aus.

sozialer Realität und Meinungen anderer. Ich wollte nur in der einen Form verweilen.

Ein starker und unkontrollierbarer Drang erfaßte mich, mit dieser einen Form zu verschmelzen. Ich spürte, wie ein starker Energiestrom in mir zu fließen begann, als ich mich dieser Form näherte.

44. Die Urangst

Zeichen 44 kündigt in fundamentaler Weise das Heranrücken des endgültigen Zieles an. Es ist von hervorragender psychoanalytischer Bedeutung, doch kann es nur während des Meditationsprozesses auftauchen. Eines Tages kam es mir vor, als würde etwas aus der Nähe des *Brahma-Randhra* entfernt. Ich bewegte mich auf unbekanntes Gelände und unbekannte Situationen zu.

Ein Ozean von Angst überflutete mich. Ich war in Schweiß gebadet und wußte nicht, was ich denken, fühlen und tun sollte. Ich konnte weder essen noch mich entspannen. Ich konnte weder das Gefühl der Liebe noch des Hasses erwecken. Alles war tot. Nur Angst und Schweiß blieben. All meine Gedanken, mein Verstehen und meine Weisheit, die sich während der vergangenen zehn Jahre Psychoanalyse und Meditation geformt hatten, schienen ins Nichts zu entschwinden. Ich lag auf meinem Bett und wurde von Angst verzehrt.

Ich erinnerte mich nach einiger Zeit, daß ich solch eine intensive Angst zur Zeit meiner anfänglichen, nervenaufreibenden Depression empfunden hatte, als mein psychisches Leiden begann. Meine jetzige Erfahrung war in der Tat die Wiederholung derselben Erfahrung. Alles war gleich. Ich erstarrte vor Schreck.

Mußte ich mich wieder der Psychoanalyse unterziehen? Würde ich wieder ein elendes Leben leben? Dieses Mal würde ich mir nicht mehr soviel Mühe geben, um aus diesem Elend herauszukommen. Ich würde mich einfach umbringen. Nichts konnte mich an solch einem miserablen Leben verlocken.

Die Angst blieb, und ich schwitzte hoffnungslos vor mich hin. Nach einer Stunde begann mein psyaychoanalytisch-meditatives Verständnis zu arbeiten.

Innerhalb weniger Minuten war ich glasklar und notierte die folgenden sechs Merkmale:

- Ich hatte kein Bedürfnis zu essen.
- Ich hatte kein Bedürfnis zu lieben.
- Ich hatte große Angst vor dem körperlichen Tod.
- Ich fühlte mich unsicher.

- Ich hatte eine akute Angst vor dem Unbekannten.
- Ich hatte ein akutes Bedürfnis, mich an jemanden anzuklammern und mich von ihm abhängig zu fühlen, um sicher zu sein.

Blitzartig tauchten diese sechs Merkmale in mir auf: *Dies ist meine ursprüngliche Geburt.* Der Blitz erleuchtete mich. Ja, ich hatte nicht den geringsten Zweifel an dieser Erkenntnis.

Ich fühlte mich ein ein neugeborenes Baby, das aus der Gebärmutter der Mutter kommt. Plötzlich spürte ich Todesangst und wollte zurück in den Mutterleib. Ich wollte weder essen noch lieben. Mich verlangte nur danach, die Unsicherheit abzuwenden, die diese unbekannte Welt in mir hervorrief.

Ich stellte fest, daß ich jeden Moment meiner Geburt wiedererlebte. Ich hatte weder Namen noch Stellung. Ich lag wie ein Baby auf der Couch und machte all diese Erfahrungen durch.

Im Zustand verzehrender Angst dachte ich schwach: »Laß es einfach laufen. Ich will nur sehen, wohin mich diese Erfahrung führt. Im schlimmsten Fall sterbe ich.« Bei dieser Vorstellung verwandelte ich mich in einen Zeugen und sah meinen eigenen Körper ungefähr eine Stunde lang sich in größter Angst in Krämpfen winden.

45. Die große Unterscheidung zwischen »etwas« und »nichts«

Die am schwersten zu ertragende Angst ist die, die Ursprungsangst zum Zeitpunkt der Geburt, den Krampf des physischen Organismus wiederzubeleben.

Mit der Einverleibung der Mutterfigur entsteht die Vorstellung von »etwas«. Der Mutterkontakt, der grundlegendste Kontakt und die Basis der gesamten Psyche, wird in der Meditation am Schluß gebrochen. Dieser Bruch ist dann erfolgreich, wenn er sofort durch den Kontakt mit der höchsten Mutter *Kundalini* und dem höchsten Vater *Schiwa*, ersetzt wird.

Die unter Punkt 44 beschriebene Erfahrung wiederholte sich einige Tage lang. Die schwersten Ängste überfluteten mich. Ich hatte absolut keine Kontrolle über sie. Ich fühlte mich verloren. Ich lag auf meiner Couch wie ein Zeuge und sagte zu mir selber: »Ja, all dies geschieht hier und jetzt. Ich liege in Krämpfen. Große und unkontrollierbare Angst überschwemmt mich. Soll es weitergehen. Ich beobachte einfach.« Und so geschah es. Ich war in der Lage, meinen schrecklichen Zustand vertrauensvoll zu beobachten.

Nach einigen Tagen erlöste mich ein weiteres Signal. Mein Bewußtsein fiel zum Mittelpunkt zwischen den Augenbrauen zurück, und zugleich war es, als falle es auch zur Spitze des Rückgrats hinunter, und ich stieß aus: »Ich bin nichts.« Glück durchströmte mich. Ich erkannte, daß in dem Moment, in dem sich das Bewußtsein am *Brahma-Randhra* aufhält, es »etwas« ist. Es war mit etwas identifiziert. Aber jetzt war es »nichts«.

46. Erkenntnis, daß ich nicht der Handelnde bin

Nach weiterer Meditation stellte ich fest, daß ich mich zweifellos auf die Erkenntnis meiner Wirklichkeit zubewegte. Eines Tages rüttelte mich eine weitere Erfahrung auf. Ich saß in einem Vakuum, und niemand gehörte zu mir, und ich gehörte zu niemandem. Ich erfaßte, daß ich einen Zustand des Nichts repräsentierte. Ich bemerkte weiter, daß ich nichts selber tat. Alles geschah gemäß Gottes Willen. Ich war nur ein Instrument, kein Planer, kein Ausführender, kein Handelnder. Eher war ich Zeuge. Ich beobachtete alles: die Hand, die sich bewegte, den Verstand, der Gedanken hervorbrachte, den Mund, der aß, ohne die Hand, der Verstand, der Mund zu sein.

Ich erkannte, daß alles Lob und aller Tadel, den ich von anderen erhielt, der Unwissenheit entstammten. Ich war jenseits von Lob und Tadel. Selbst Anerkennung oder Kritik für meine Handlungen standen mir nicht zu. Keinerlei Verantwortung konnte an mir festgemacht werden. Diese Erkenntnis versetzte mich in einen Zustand des Friedens und der Stille, vermischt mit einem Gefühl der Verwunderung über meine eigene Wirklichkeit.

47. Wellen von Energie, ein Ball flüssigen Goldes, Schönheit und gelbe Farbe allüberall

Eine weitere Woche verging, und ich erlebte etwas anderes Seltsames. Eines Tages stellte ich fest, daß stürmische Wellen mein ganzes Nervensystem durchdrangen. Alles war Freude und Schönheit. Als ich mich ein wenig mehr konzentrierte, wurde ich in einen Zustand versetzt, in dem es nichts anderes gab als einen Ball goldenen Lichts. Überall war gelbe Farbe. Ich staunte. Ich war verzaubert. Nichts anderes existierte als diese Farbe voller Frieden und Schönheit.

Warum trugen viele indische Heilige im allgemeinen gelbe Kleidung? Mir kam in den Sinn, daß sie diese Farbe aufgrund dieser Erfahrung gewählt hatten.

48. Klare Erkenntnis des Bewußtseins, der Energie und des Komplexes von Wünschen und Gedanken als unterscheidbare Phänomene

Unausweichlich drängte sich die Schlußfolgerung auf, daß ich auf ein Ziel zueilte, das ich noch nicht verstehen konnte und das jenseits allen intellektuellen Veständnisses lag.

Als ich weiter voranschritt, erkannte ich sehr klar bestimmte grundlegende psycho-spirituelle Wirklichkeiten. Mir war klar, daß ich lediglich Zeuge war. Bewußtsein oder Bewußtheit waren meine Eigenschaften. Aufsteigende und fallende Energie sandte glückselige Wellen in mein Nervensystem aus. Es gab auch einen »Komplex von Wünschen und Gedanken« in diesem System. Er war unwirklich. Er war nicht ich. Er repräsentierte lediglich einige wenige Nerven und Nervenzellen. Während Wünsche und Gedanken aus diesen Nerven emporstiegen, war ich weder ein Gedanke noch Wunsch. Auch sie stellten *Dschada*, zerstörbare und veränderliche Aspekte der Materie dar. Sie waren nicht ich. Ich war reines Bewußtsein.

Diese klare Unterscheidung machte mich sehr glücklich. In der Tat näherte ich mich meinem eigenen »Selbst«.

49. Das Gesicht meines geistigen Lehrers überall in meinem Rückgrat

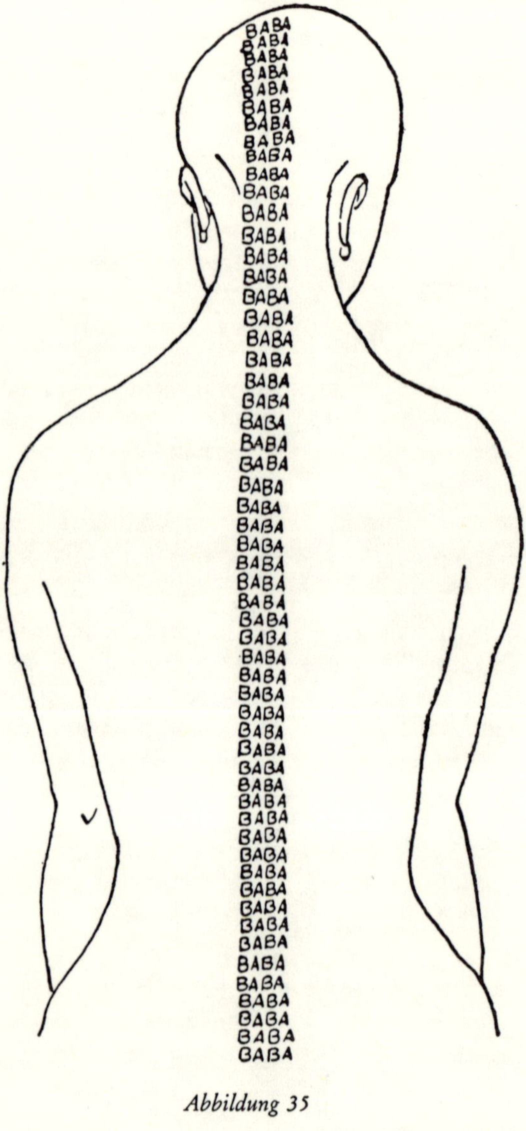

Abbildung 35

Die Reise zum endgültigen Ziel ist angefüllt mit Staunen. Während ich weiter voranschritt, stellte ich eines Tages fest, daß ich mein gesamtes Rückgrat von innen her sehen konnte, während meine Augen geschlossen waren.

Ich lief mit meinem Atem in meinem Rückgrat auf und nieder. Jeder Winkel und jede Ecke waren voll roter, glänzender Blütenblätter.

Innerhalb weniger Augenblicke sah ich die strahlende Gestalt meines geistigen Lehrers Sri Sathya Sai Baba, wo immer mein Bewußtsein sich hinbewegte. Ich sah sie überall, vom Boden des Rückgrats bis hinauf zu dem Punkt, an dem Hindus ihre Haarlocke halten. »Vater, Vater, Vater!« rief ich verwundert. Und »Baba, Baba, Baba, Baba, Baba«, stieß ich in Ekstase aus.

Ich war sicher, daß meine Beziehung mit meinem geistigen Lehrer und

Gott unerschütterlich geworden war. Dieser Kontakt löste Freudentränen aus. Sie rollten unkontrollierbar meine Wangen hinunter (vergleiche Abbildung 35).

Mein geistiger Lehrer ist Sri Sathya Sai Baba, die Verkörperung Gottes. In dieser Form war er an jedem Punkt meines Rückgrats gegenwärtig.

50. *Ahnung eines unmittelbaren Kontaktes mit dem Übernatürlichen – die Erschütterung der beiden Nerven in der Nähe des Brahma-Randhra*

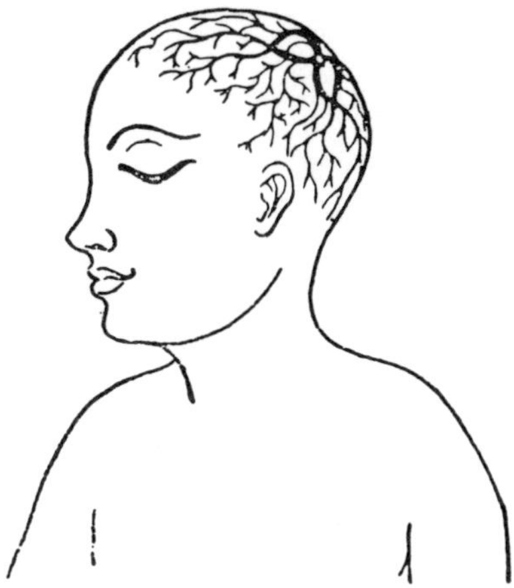

Abbildung 36

Der letzte Hinweis war eine Mischung aus hoher Erwartung und großer Angst. Während ich in der Meditation saß, sah es oft so aus, als würde ich mit etwas Übernatürlichem verschmelzen. Große Erwartung und Hoffnung erfüllten mich, daß ich das Ziel erreichen würde.

Doch zugleich beherrschte mich auch Angst. Etwas begann anscheinend in der Nähe des *Brahma-Randhra* zu zittern, und ich glaubte, für immer verloren zu sein. Als ich näher hinschaute, sah ich, daß die beiden Nerven, die das *Brahma-Randhra* bedecken, erschüttert zu werden drohten. Dieser Punkt wird von zwei sich kreuzenden Nerven bedeckt, die ihre Zweige in das gesamte Gehirn ausbreiten.

Abbildung 36 zeigt ihre Lage. Jetzt sah es so aus, als würden diese beiden Nerven beben und brechen und ich wäre verdammt. Diese Angst hielt mich in ihren Klauen.

Nach diesem Hinweis erschütterten mich sehr, sehr merkwürdige Umstände bis auf den Grund. Wie ich später herausfand, gehören sie zu den fortgeschrittensten spirituellen Erfahrungen. Eine kurze Beschreibung enthält das nächste Kapitel. Seine Lektüre wird Ihnen zeigen, wie der gesamte spirituelle Weg durch den geistigen Lehrer oder Gott vorgezeichnet wird.

II. Die Öffnung des dritten Auges, im Angesicht Gottes, der Aufstieg der Kundalini: ein abruptes Ende dieses Bandes

Der spirituelle Pfad ist völlig unbekannt. Er verrät nichts. Wir müssen uns dem geistigen Lehrer und Gott ergeben und unsere Reise auf einen unerschütterlichen Glauben an sie gründen.

Ich wußte kaum, was auf mich wartete. Alles, was ich über meine Erfahrungen und verschiedenen Träume, die sich auf meinen geistigen Lehrer und Gott bezogen, wußte, war, daß ich unverkennbar auf etwas zuging, das das Ziel der Reise sein konnte. In der Tat erkannte ich kaum, daß zahlreiche Schwierigkeiten noch vor mir lagen und ich durch die schwierigste Zeit meines Lebens noch hindurchzugehen hatte. Ich muß hier anfügen, daß selbst der wissenschaftlichste und modernste Verstand trotz allen Fortschritts sich kaum auszudenken vermag, daß ein Ablauf so hochentwickelt durchgeplant und zu Ende geführt werden kann. Der geistige Lehrer ist allwissend, alles durchdringend und allmächtig.

Die erstaunlichsten Geschehnisse traten nach dem fünfzigsten Signal auf und erschütterten mich von Grund auf. Selbst der schlimmste Nervenzusammenbruch kann einen Menschen nicht so aufwühlen wie diese Ereignisse.

Der Kalender zeigte März 1975. Über die Jahre hatte ich die Angewohnheit entwickelt, früh zu Bett zu gehen und mich eines tiefen und schönen Traums bis zu den frühen Morgenstunden zu erfreuen. Eines Tages legte ich mich gegen 20.45 Uhr schlafen, ohne zu wissen, daß dies mein letzter Schlaf in der Phase der psychoanalytischen Meditation sein würde und ich danach für lange Zeit weder in dieser Weise schlafen können, noch jemals dieselbe Person bleiben würde.

Kaum schlief ich eine Stunde, als jemand klingelte. Ich war etwas ärgerlich, gestört zu werden, denn alle wußten, daß ich früh zu Bett ging. Ich ließ es eine Weile läuten, doch war die Person draußen beharrlich. Ich stand auf und öffnete die Tür. Zwei Nachbarn aus dem fünften und sechsten Stock standen draußen und berichteten: »Herr X hat sich am Ventilator aufgehängt.« Ahnend, daß ich die ganze Nacht draußen verbringen würde, zog ich meinen wollenen Pullover an und begleitete sie.

In jenen Tagen lebte ich in einem siebenstöckigen Gebäude im sechsten Stock. Herr X war ein Arbeitskollege. Er lebte im siebten Stock. Zusammen mit meinen Nachbarn betrat ich die Szene. Am selben Abend hatte ich den Freund noch gesehen. Ich erinnerte mich, daß er gut gekleidet gewesen war. Jetzt hing er in dieser Kleidung am Ventilator, den Kopf uns zugewandt.

Zahlreiche andere Menschen, die in derselben Organisation arbeiteten, lebten in diesem Haus. Die Neuigkeit verbreitete sich rasch unter ihnen. Viele standen auf und sammelten sich in der ersten Etage oder oben im siebten Stock. Die Polizei wurde informiert.

Die Nacht verging in sehr beunruhigender Weise. »Neuigkeiten«, »Gerüchte«, »Ursachen« wurden von verschiedenen Personen herumgereicht. In solch einem Moment stellt man fest, daß die, die am wenigsten wissen, aufgrund ihrer Vorstellungskraft die besten Ideen haben. Kaum ahnte ich, daß ich innerhalb weniger Tage in einen unvorstellbaren Prozeß eintauchen und in kaum zwei Monaten selber Opfer zahlreicher »Gerüchte« sein würde.

Die Polizei, die Kripo und der Arzt kamen. Gegen 3.30 Uhr schlossen sie die verschiedenen Ermittlungen ab. Die meisten Kollegen gingen zu ihrer Wohnung zurück und legten sich schlafen. Vier von uns blieben, um die Familie der abgetretenen Seele moralisch zu unterstützen.

Mein Verstand war von einem merkwürdigen, schwer zu erklärenden Gefühl gefangen. Gegen 5.00 Uhr morgens, als ich in meine Wohnung zurückkam, bemerkte ich zu meinem größten Schrecken, daß die beiden Nerven, die wie unter Punkt 50 beschrieben, unterhalb der Haarlocke liegen, von ihrem Platz klar bemerkbar abrutschten. In diesem Moment erkannte ich, daß ich einen klassischen großen Nervenzusammenbruch erlitt.

In panischer Angst und in Schweiß gebadet legte ich mich auf mein Bett nieder und stieß aus: »Ich bin verdammt.« Ich vergaß völlig, daß ich während der Meditation diese beiden Nerven am *Brahma-Randhra* gesehen hatte. Ihr Abrutschen konnte auch etwas anderes bedeuten. Unmißverständlich erkannte ich, daß ich meinen größten Nervenzusammenbruch erlitten hatte. In tiefem Selbstmitleid warf ich mich im Bett hin und her und schluchzte in mein Kissen: »Dies ist mein Ende. Das letzte Mal habe ich einen hohen Preis dafür bezahlt, aus dieser Situation herauszukommen. Diesmal wird mir das nicht gelingen. Ich bin verdammt. Mein Ende ist gekommen.«

Ich tat mein Bestes, um einzuschlafen, doch gelang es mir nicht. Ich war völlig von meinem Untergang überzeugt. Dunkle Gedanken stiegen in mir auf. In meiner Vorstellung gab es niemanden, nicht einmal unter meinen Brüdern, die mir damals geholfen hatten, der mir jetzt zur Seite hätte stehen können. Alle waren verheiratet und hatten ihre Familienpflichten. Damals war ich jung und konnte kämpfen. Jetzt hatte ich diesen Trieb nicht mehr. Niemandem konnte ich mich anvertrauen. Meine Eltern waren alt. Die Neuigkeiten über meinen Zustand würden sie schockieren. Meine Mutter, die damals mein Leiden mit echtem Mitgefühl begleitet hatte, würde jetzt einfach zusammenbrechen. Während ich über meine Situation nachdachte, wurde mir immer ängstlicher zumute.

Nach zwei Stunden stand ich auf, wusch mir das Gesicht und bereitete mich auf das Büro vor. Der Körper meines Freundes mußte zum Krematorium gebracht werden. Menschen kamen, um sich nach den Umständen seines Todes zu erkundigen. Überall standen kleine Gurppen herum und diskutierten den Fall.

Obwohl ich zum Büro ging und zuversichtlich tat, war mir unmißverständlich kar, daß mir der Boden weggerutscht war und ich jeden Tag zusammenbrechen könnte. Am Abend hatte ich Angst davor, zu meiner Wohnung zurückzukehren, um so mehr, als ich alleine lebte. Jedoch blieb mir nichts anderes übrig. Dort angekommen, wusch ich mir das Gesicht und setzte mich zur Meditation nieder. Nach einer Stunde war ich in der Lage, die Nerven etwas nach oben zu schieben, und ich fühlte mich etwas besser.

Als die Nacht hereinbrach und ich zu schlafen versuchte, erfaßten mich wieder dunkle Ängste und Depressionen. Ich versuchte, meine Lage zu analysieren und füllte Seite um Seite. Ich wußte, daß meine psychoanalytische Arbeit mir oft aus ähnlichen Situationen herausgeholfen hatte. Doch jetzt versagte ihre Kunst. Irgendwie verbrachte ich die Nacht.

Von diesem Tag an erkannte ich, daß ich die größte Hölle betreten hatte. Mein Leben lief unvermeidlich auf einen Zusammenbruch hin. Die nächsten acht Tage waren ein wahres Meisterwerk menschlichen Muts. Viele Stunden lang meditierte ich vor dem Bild meines geistigen Lehrers SRI SATHYA SAI BABA und versuchte, die Nerven nach oben zu drücken. Dann weinte ich vor dem Foto und stieß die Worte aus: »Vater, Vater, rette mich! In all meinen Träumen hast du mir versichert, daß du in meiner Meditation bei mir weilst. Warum rettest du mich jetzt nicht? Rette mich, Vater, rette mich! Wohin soll ich gehen?«

Am Tage beschäftigte ich mich hektisch mit Selbstanalyse und füllte Seite um Seite meines Notizbuches. Nachts schloß ich meine Augen in großer Furcht und Depression. Selbst das Öffnen einer Tür, das Rascheln von Kleidung oder irgendein anderes Geräusch trieben Angstschweiß hervor. Ich fürchtete mich sogar davor, nachts zur Toilette zu gehen. Der Tod schwebte jeden Augenblick über mir. Das Überraschendste jedoch war die Erfahrung, daß meine Nerven in Bündeln herniederfielen wie Schnee im Winter. Alle Nerven wurden aufgelöst. Der einzig ausgleichende Faktor, wenn man ihn überhaupt so bezeichnen kann, lag darin, daß ich innerhalb von ein oder zwei Stunden Meditation meine Nerven ein wenig mehr nach oben drücken konnte und mich dann besser fühlte.

Nach acht oder neun Tagen konnte ich nicht länger alleine leben. Ich spürte, daß ich jemanden herbeirufen sollte. Es war Sonntag. Ich stand auf und nahm mein Motorrad, um einen Neffen aus Delhi abzuholen und zu meiner Wohnung mitzunehmen. Auf dem Weg zu ihm kam mir der Gedanke, zu meinem Ex-Hauswirt zu gehen, der in dem Häuserblock des indischen Instituts für Medizinische Wissenschaften lebt, und seine Hilfe in Anspruch zu nehmen, um einen Psychiater zu finden. So ging ich zuerst zu ihm. Er begleitete mich zu einem Psychiater in der Nachbarschaft, der mir mit großer Sympathie zuhörte. Er verschrieb mir, wie gewöhnlich, einige Tabletten und empfahl mir, mit dreien am Tag anzufangen. Er machte mir auch bestimmte Vorschläge. Ich hatte nie eine gute Meinung über Psychiater und noch weniger über diese Tabletten und Vorschläge gehabt. Sie kamen mir kindisch vor und schienen keine Beziehung zur Wirklichkeit zu haben.

Ich nahm sein Rezept und ging zu meinem Neffen. Ich berichtete ihm von meinem Zustand und bat ihn, mich zu meiner Wohnung zu begleiten und für einige Tage bei mir zu bleiben. In irgendeiner Ecke meines Herzens war ich sicher, daß ich mein Problem mit Hilfe der Selbstanalyse und Meditation bewältigen würde. Mein Neffe stimmte meinem Vorschlag zu, und gegen 12.00 Uhr kehrte ich mit ihm zusammen zu meiner Wohnung zurück.

Hier muß ich zwei Fakten anführen, die ich absichtlich ausgelassen habe. Wie ich später herausfand, war das Nach-oben-Drücken der Nerven in der Meditation ein klarer Hinweis darauf, daß die *Kundalini*-Kraft aktiviert werden würde. Ich erlebte in der vorangegangenen Nacht dann etwas Großartiges. Gegen 1.30 Uhr morgens wurde meine Bettdecke durch jemanden nach oben gezogen, und ich wachte auf. Zu meiner großen Überraschung sah ich Sri Sathya Sai Baba strahlend neben meinem Bett stehen. Ich war in einer tiefen Depression und dachte, daß es sich um eine reine Halluzination handelte.* Ich versuchte, ihn in meinen Armen zu halten, was sich als unmöglich herausstellte. Damit war ich sicher, daß es sich um eine reine Halluzination handelte.** Ich zog die Decke zurück und schlief wieder ein. In einem Augenblick wurde die Bettdecke erneut aufgeworfen, und ich saß aufrecht im Bett. Sri Sathya Sai Baba stand wieder dort, ebenso strahlend wie zuvor. Er forderte mich auf zu sitzen und sehr langsam auf die Mitte zwischen beiden Augenbrauen hin zu meditieren.*** Als ich zu meditieren begann, entschwand er. Langsam meditierte ich an diesem Punkt bis 4.00 Uhr morgens. Dann schlief ich sehr entspannt wieder ein.

Am nächsten Tag, am Sonntag, als ich meinen Neffen gegen 12.00 Uhr zu meiner Wohnung brachte, fand eines der beeindruckendsten spirituellen Ereignisse meines Lebens statt. Mein Neffe saß auf einem Stuhl, und ich legte mich in äußerster Erschöpfung und Depression auf dem Holzschemel

* Ich hatte verschiedentlich gelesen, daß Sri Sathya Sai Baba als Verkörperung Gottes überall erscheinen konnte. Dies war von verschiedenen Personen bezeugt worden. Aber in diesem Augenblick gewann mein psychologisches Wissen die Oberhand, und ich interpretierte das Geschehen als reine Halluzination.

** Die spirituelle Form sieht aus wie eine physische Form, doch ist sie nicht physischer Natur. Sie kann weder berührt noch gehalten werden.

*** In diesen Tagen intensiver Not war ich voller Anspannung während der Meditation. Oft versuchte ich, meine Nerven auf das *Brahma-Randhra* hochzustoßen, um etwas Frieden zu finden. Tatsächlich war dieser Weg falsch. Mein geistiger Lehrer korrigierte diesen Fehler.

nieder, auf dem ich zu sitzen und zu meditieren pflegte. Ich versuchte, mich auf die Mitte zwischen beiden Augenbrauen zu konzentrieren, so wie Sri Sathya Sai Baba es mir in der Nacht zuvor geraten hatte. Eine dicke, blutrote, vertikale Linie erschien dort. Mein unmittelbares Gefühl sagte mir, daß Sri Sathya Sai Baba innerhalb dieser Linie saß. Meine Augen waren geschlossen. Doch konnte ich diese dicke rote Linie klar sehen. Dieser Anblick wurde begleitet von dem intensiven Gefühl, daß mein geistiger Lehrer dort saß und auf mich wartete. Sein Erscheinen gab mir ein Gefühl großer Freude und Stabilität. Ohne die Bedeutung zu erfassen, war ich einfach ergriffen von Staunen. Freudig stand ich auf.

Dies war bis zu jenem Tag die merkwürdigste Erfahrung in meinem Leben, obwohl ich die genaue Bedeutung nicht erfaßte. Danach landete ich wiederum in Depressionen und schrecklichen Ängsten. Als ich erneut zu meditieren begann, ging es mir besser. Zu meiner großen Überraschung fand ich dabei zwei weitere Dinge heraus: einmal, daß mein geistiger Lehrer und Gott Sri Sathya Sai Baba überall in meinem Bewußtsein saß, zum anderen, daß mein *Brahma-Randhra* einige Lichtstrahlen aussandte.

Wiederum schwankte ich zwischen extremer geistiger Unruhe und einiger Stabilität hin und her. Nach zwei weiteren Tagen, am Mittwoch, konnte ich nicht länger in Delhi leben. Ich fürchtete, daß ich jeden Moment sterben oder verrückt werden würde. Am liebsten wäre ich zu meinen Eltern gerannt. Das merkwürdigste und glückhafteste Ereignis trug sich jedoch an diesem Tag zu. Gegen 8.30 Uhr morgens packte ich meinen Koffer, um meine Wohnung zu verlassen. Bevor ich ging, legte ich mich auf meinen Meditationssitz vor dem Foto meines geistigen Lehrers nieder. Ich betete zu ihm, mich zu retten. Innerhalb eines Augenblicks spürte ich eine Konzentration in der Mitte zwischen den beiden Augenbrauen, dort, wo zwei Tage zuvor eine dicke rote Linie aufgetaucht war. Die Überraschung betäubte mich. Innerhalb eines Augenblicks erschien dieselbe rote Linie wieder. In einem weiteren Augenblick öffnete sie sich zu einem Auge, und mein geistiger Lehrer und Gott Sri Sathya Sai Baba stand dort in dicker roter Robe und strahlendem Glanz. Er hielt ein glänzendes, eiförmiges *Schiwa-Linga* zwischen seinem Daumen und den Fingern der rechten Hand, das er mir zeigte.

Meine beiden physischen Augen waren geschlossen. Das dritte Auge war so deutlich vorhanden wie die beiden anderen. In großer Freude und Ekstase rief ich aus: »Vater! Vater! Vater!« Dieses Auge, das mit verschiedenen Namen bezeichnet wird, ist das spirituelle Auge, mit dessen Hilfe ich die geistigen Dinge sehen kann. Weltliche Gegenstände sind ihm nicht zugänglich, ebensowenig wie die physischen Augen geistige Dinge erfassen können.

Mir war klar, daß sich mein drittes Auage, bekannt als *Schiwa-Netra* oder *Agni-Netra* (das Feuerauge, das nur über Joga-Disziplin geöffnet werden kann) geöffnet hatte. Dies ist eine der seltensten Leistungen im Joga. Ich war sicher, daß ich jetzt gerettet war. Ich erkannte auch sofort, daß ich das Allergrößte erreicht hatte. Ich verschob die Idee, zu meinen Eltern zu fahren, da mich eine unmittelbare Ekstase und Stabilität erfüllten, und ging statt dessen ins Büro.

Jedoch schwankte ich weiter zwischen schweren Depressionen und Stabilität hin und her. Zahlreiche andere Ereignisse tauchten auf. Nach weiteren drei Tagen war ich am Rande einer schweren Depression und wollte meine Wohnung verlassen. Wiederum legte ich mich vor dem Foto meines geistigen Lehrers nieder und betete zu ihm. Mein drittes Auge öffnete sich erneut, und darin stand er in dicker roter Robe. Auch ich fand mich im dritten Auge wieder. Ich trug weiße Kleidung und war ein wenig kleiner als er. Ich sah, wie er meinen Kopf an seine Schulter lehnte und beide Hände auf ihn legte in einer Geste, die besagte: »Ich beschütze dich.«

Vor Freude begann ich zu weinen, und ich rief aus: »Vater! Du hast mich hiefür auserwählt, Vater. Du hast mich hiefür auserwählt, Vater. Du hast mich hiefür auserwählt.« Große Stabilität und Freude erfaßten mich. Wie schon eine Woche zuvor, verschob ich meinen Vorsatz, meine Wohnung zu verlassen.

Zwei Tage später spürte ich, wie eine »weiße Kobra«, die am Grunde meines Rückgrats saß, aufgeschreckt wurde und mein Rückgrat hocheilte. Sofort stieß ich aus: »Die Mutter ist gekommen. Die Mutter ist gekommen.« In diesem Moment wußte ich, daß die *Kundalini* aktiviert war. Einen Monat später sah ich in kritischen Augenblicken zwei andere göttliche Gestalten in meinem dritten Auge: KRISCHNA und JESUS CHRISTUS. Auch meine eigene leuchtende Seele erschien, bedeckt von einer fünfköpfigen Schlange. Doch selbst danach schwebte ich weiter zwischen Leben und Tod, Ekstase und Pein, Angst und Mut.

Dies sind in Kürze einige der Begebenheiten, die sich nach den fünfzig Hinweisen ereigneten. Im einzelnen habe ich sie in meinem Buch *»Third Eye and Kundalini«* beschrieben. Es umfaßt die spirituelle Entwicklung, die ich als *Kundalini*-Prozeß bezeichne. Die *Kundalini*-Erfahrungen habe ich deshalb in einem gesonderten Band zusammengefaßt, weil dieses Material gänzlich jenseits des logischen Denkens liegt und sich jeder überschaubaren wissenschaftlichen Gliederung – wie etwa in dem vorliegenden Buch – entzieht. Das Wissen um das *Kundalini*-Phänomen ist heilig und geheim und von mir nur »biographisch« wiederzugeben.

Glossar psychologischer und psychoanalytischer Begriffe*

Abhängigkeit Teilweises oder völliges Angewiesensein auf eine oder mehrere Personen (z. B. die Eltern), auf bestimmte Dinge oder bestimmte Gefühls- bzw. Stimmungszustände, etwa bei Gewöhnung an Genußmittel.

Ablösung Lockerung bzw. Aufhebung einer seelischen Bindung oder Abhängigkeit zwischen Menschen, besonders des Kindes oder Jugendlichen von der Autorität der Eltern im Verlauf der individuellen Entwicklung.

Absorption Hoher Grad der Aufmerksamkeit für ein Objekt unter Vernachlässigung anderer.

Abwehr Jedes psychologische Mittel, mit dem ein Mensch sein Selbst oder Ich gegen Unerfreulichkeit, Scham, Angst oder Verlust der Selbstachtung schützt.

Abwehrmechanismus Eine festgefügte, meist unbewußte Struktur der Psyche, die einen Menschen befähigt, das Unerfreuliche oder Angstauslösende nicht wahrzunehmen. Nach psychoanalytischer Theorie dienen Abwehrmechanismen dem Zweck, sich vor seelischen Konflikten, die sich insbesondere im Spannungsfeld zwischen den Ansprüchen des Es (Triebforderungen) und den Anforderungen des Ichs und Über-Ichs (Triebunterdrükkung) ergeben können, zu schützen.

Adoleszenz Die Zeitperiode zwischen dem Beginn der Pubertät und dem Erlangen der Reife.

Affekt Lateinisch *affectus:* Stimmung, Leidenschaft, Begierde. Intensiver, reaktiv entstandener, relativ kurz dauernder emotionaler Erregungszustand in bezug auf einen Sachverhalt.

Aggression Feindliche Handlung. In der Psychologie Reaktion auf wirkliche oder vermeintliche Bedrohung der eigenen Machtsphäre.

Akzeptanz Eine aufnahmebereite, positive Haltung gegenüber einer Idee oder einem Urteil.

Allergie Überempfindlichkeit gegenüber einer bestimmten

* Das von Dr. B. S. Goel seinem Buch angefügte Glossar wurde der deutschen Fassung angepaßt. Ein Teil der Definitionen finden sich in *»Meyers Kleines Lexikon Psychologie«* Bibliographisches Institut Mannheim, Wien, Zürich 1986.

	Substanz, die unter gleichen Bedingungen für die meisten Menschen harmlos ist.
Ambivalenz	Eine Erlebnisweise, die zugleich positiv und negativ gerichtet ist, z. B. Zuneigung–Abneigung, Akzeptanz–Ablehnung, Liebe–Haß.
Anale Phase	Der Zeitraum im Leben des Kleinkindes (ca. 2.–4. Lebensjahr), in dem es mit den lustvollen Gefühlen beschäftigt ist, die um den After und die Darmentleerung kreisen.
Angst	Mit Beklemmung, Bedrückung, Erregung, oft auch mit quälender Verzweiflung einhergehender Gefühlszustand bzw. Affekt. Angst ist existentiell, d. h. sie entsteht reaktiv auf jede real erlebte oder auch bloß vorgestellte, häufig nicht einmal voll bewußte Lebensbeeinträchtigung oder -bedrohung; im Unterschied zur *Furcht*, die objektbezogen ist und sich auf eine bestimmte Bedrohung bezieht, der insbesondere durch Flucht oder Aggression bzw. Gegenwehr begegnet werden kann.
Anpassung	Prozesse, durch die ein Individuum oder eine Gruppe sich in eine Umwelt einordnen und deren Normen übernehmen.
Anspruchsniveau	Gesamtheit aller Erwartungen, Zielsetzungen und Ansprüche an die zukünftige eigene Leistung.
Antrieb	Die als Kräfte der Seele gedeuteten Impulse, die zielgerichtet das Handeln dynamisieren und motivieren: Instinkte, Triebe, Strebungen, Motive, Drang und Wollen. Die Antriebe gelten nach herrschender Auffassung als wichtigste Grundlage des Verhaltens. Individuell von unterschiedlicher Stärke, treten sie meist in Begleitung von Emotionen (Affekten, Gefühlen, Stimmungen) auf.
Askese	Eine Lebensart, in der auf sinnliche Freuden zugunsten einer höheren Moral und religiöser Ideale verzichtet wird.
Assimilation	Lernprozeß, in dem das Gelernte zum Teil der eigenen Persönlichkeit wird.
Assoziation, freie	In der Psychoanalyse unmittelbare Äußerung nicht gelenkter, unwillkürlicher Gedankeneinfälle des Klienten.
Autonomie	Die Möglichkeit von Individuen oder Gruppen, ihr Verhalten in weitgehender Selbstbestimmung zu regeln.

Autoritäre Persönlichkeit	Das ganze Muster an Persönlichkeitsmerkmalen, das dem autoritären Charakter zugesprochen wird, wie vorurteilsbehaftetes Denken, Schwarzweißdenken, Unfähigkeit nachzugeben, Tendenz zur Akzeptierung von Klischeelösungen, Intoleranz gegenüber Mehrdeutigkeit, konformistisches, unkritisches Verhalten.
Autorität	Ein Verhältnis der Über- und Unterordnung zwischen Menschen sowie zwischen Menschen und Institutionen.
Auto-Suggestion	Diese auch »Selbsteinredung« genannte Beeinflussung von Gedanken und Vorstellungen sowie des gesamten emotionalen Zustands durch sich selbst wird besonders in Joga und Meditation angewandt, um Entspannung und einen veränderten Bewußtseinszustand zu erreichen.
Aversion	Gefühlsmäßige Abneinung (Widerwille) eines Menschen gegenüber bestimmten Reizen, die von Personen oder Sachen (z. B. elektrischen Schocks) ausgehen können.
Bedürfnis	Als Folge von Bedarfs- und Mangelzuständen tritt ein psychisches Spannungsgefälle auf, das die Aktivität des Individuums anregt, nach Beseitigung des zugrundeliegenden Mangels (also nach Bedürfnisbefriedigung) zu streben.
Begabung	Komplex der angeborenen und entwicklungsfähigen Veranlagung zu qualifizierten Leistungsvollzügen.
Bewußtsein	Bewußte Verhaltenssteuerung. Die Forschungsergebnisse der Psychoanalyse über das Unbewußte ordnen das Bewußtsein den Ich-Funktionen zu; es dient damit im wesentlichen dem Individuum bei der Orientierung in der Realität sowie bei seiner Anpassung an die Realität.
Bindung	Der anhaltende emotionale Kontakt eines Menschen zum Mitmenschen und das innere Verhaftetsein eines Individuums an Ordnungen, Symbole oder Werte bzw. an deren Träger.
Borderline	Gruppe seelischer Krankheiten, die zwischen Psychose und Neurose angesiedelt ist.
Depression	Ein Zustand der Unzulänglichkeit, verminderter In itiative, gedrückter und schwermütiger Stimmung, der Verlust von Heiterkeit und Zuneigungsgefühlen, das Vorherrschen von Entschluß- und Hoffnungslosigkeit bzw. ein Mangel an Selbstvertrauen sowie die

Überzeugung, versagt zu haben oder sich in tiefer Schuld zu befinden. Diese Gefühle können durch den Eindruck der Ausweglosigkeit bis hin zu Selbstmordabsichten vorangetrieben werden.

Diskriminierung 1. Prozeß der Aufdeckung von Unterschieden bei Objekten, besonders sinnliche Diskriminierung.
2. Verächtlichmachung, Herabwürdigung; feindselige Einstellung gegenüber einzelnen oder Gruppen, häufig gesellschaftlichen Minderheiten, aufgrund unterschiedlicher Besonderheiten.

Disposition Jede relativ dauerhafte Neigung eines Individuums, auf bestimmte Umweltbedingungen in einer bestimmten Art und Weise zu reagieren.

Drang Starker und längere Zeit andauernder (bewußter oder unbewußter) Antrieb zum Erleben bzw. Handeln. Oft wird als Drang auch nur die erlebte Komponente des Trieb- bzw. Instinktgeschehens bezeichnet.

Einstellung Eine relativ überdauernde, gelernte Verhaltensbereitschaft, stets in gleicher Weise auf eine vorgegebene Klasse von Objekten, Personen oder Ideen zu reagieren.

Elektroschocktherapie (auch Elektrokrampftherapie): Die künstliche Auslösung eines kurzdauernden Krampfanfalls durch elektrischen Strom, der dem Behandelten über zwei am Schädel angesetzte Elektroden zugeführt wird.

Emotion Individuelles bzw. subjektives Erleben innerer oder äußerer Reize zwischen den Polen »angenehm« und »unangenehm«. Das Gefühl wird von Erregung (Spannung) oder Beruhigung (Entspannung) begleitet.

Emotionale Instabilität Tendenz zu raschem Wechsel und unzuverlässigen emotionalen Reaktionen.

Emotionale Störung Ein Zustand, in dem die emotionalen Reaktionen in keinem Verhältnis zur Wirklichkeit stehen.

Empfindung Die als Folge einer Reizeinwirkung durch nervliche Erregungsleitung vermittelte Sinneswahrnehmung.

Entfremdung Eine Störung des Verhältnisses des Menschen zum Mitmenschen sowie des Menschen zu seiner Arbeit.

Es Nach S. FREUD Bezeichnung für das Unbewußte, den Bereich der Antriebe, der einer bewußten Kontrolle des Individuums entzogen ist.

Exhibitionismus Besonders bei Männern vorkommende, auf sexuellen

	Lustgewinn gerichtete Neigung zur Entblößung der Geschlechtsteile in Gegenwart anderer Personen.
Fixierung	1. In der Psychologie das mit einem Verlust an Flexibilität des Denkens, Fühlens und Handelns verbundene Festhalten an bestimmten Einstellungen, Denkstilen und Verhaltensweisen. 2. In der Psychoanalyse nach S. Freud das Stehenbleiben auf bestimmten frühkindlichen psychischen Entwicklungsstufen (Phasen), einschließlich des Festhaltens an entsprechenden Verhaltensweisen zur Triebbefriedigung.
Frustration	1. Blockierung oder Störung einer zielgerichteten Aktivität. 2. Der motivationale oder affektive Zustand, der aus der Blockierung, Vereitelung, Enttäuschung oder Niederlage stammt.
Furcht	vgl. Angst.
Gefühl	Physiopsychisches Grundphänomen des subjektiven, individuellen Erlebens einer Erregung (Spannung) oder Beruhigung (Entspannung), jeweils mehr oder minder deutlich von Lust und Unlust begleitet.
Gegenübertragung	Einfluß des Klienten auf die unbewußten Gefühle und Reaktionen des Analytikers.
Geisteskrankheit	Gemeinsprachlich seelisch-geistige Störungen, die an einem weitgehend unnormalen Verhalten der betroffenen Person erkannt werden. Medizinisch und psychologisch wird heute der Begriff »seelische Krankheiten« verwendet.
Gewöhnung	In der Psychologie die durch häufige Wiederholung physischer und psychischer Reaktionsabläufe geschaffene Bereitschaft zu routinemäßigem, automatisiert erscheinendem Verhalten. Eine verfestigte Gewöhnung (Gewohnheit) kann zum Bedürfnis werden.
Gruppe	Die Beziehung zwischen den einer Gruppe angehörenden Personen laufen verhältnismäßig regelmäßig und zeitlich überdauernd ab. Die Gruppenmitglieder haben ein gewisses Bewußtsein der Zusammengehörigkeit in der Gruppe (Innengruppe, Wir-Gruppe) und auch der Abgrenzung gegenüber Nicht-Mitgliedern (Außengruppe, Sie-Gruppe).
Gruppendynamik	Analyse von Entstehungs-, Entwicklungs- und Strukturbedingungen gruppeninterner Prozesse und dynamischer Zusammenhänge zwischen Gruppen.

Halluzination — Trugwahrnehmung oder Sinnestäuschung, die von dem Betroffenen als wirklich empfunden wird. Halluzinationen kommen in allen Sinnesbereichen vor. Sie können auch von Gesunden erlebt oder durch Drogen künstlich hervorgerufen werden.

Hemmung — Eine Störung des Antriebs durch psychischen Widerstand, der emotionaler Art sein kann oder moralische bzw. ethische Gründe hat (z. B. Forderungen des Über-Ichs).

Heterosexualität — Antrieb zu geschlechtlicher Betätigung mit Partnern des anderen Geschlechts.

Homosexualität — Antrieb zu geschlechtlicher Betätigung mit Partnern des gleichen Geschlechts.

Ich — Allgemein Bezeichnung für den »Kern« oder die »Struktur« der Persönlichkeit; Befähigung, sich als von anderen Personen (und auch Dingen) verschieden wahrzunehmen.

In der Psychoanalyse eine innere seelische Instanz, (neben dem Es und dem Über-Ich), die mit ihren bewußten Ich-Funktionen, wie Wahrnehmung, Erinnerung, Denken, Planen und Lernen, sowie den unbewußten Ich-Funktionen, den Abwehrmechanismen, dazu verhilft, zwischen den verschiedenartigen Erfordernissen der Außenwelt, den Triebwünschen des Es und den moralischen Forderungen des Über-Ichs zu vermitteln bzw. Einklang herzustellen.

Ich-Stärke — Leistungsfähigkeit des Ichs, Konflikte und Belastungen zu verarbeiten und sich an die Wirklichkeit anzupassen.

Ich-Strebung — Motivation für Handlungen, die die Selbstachtung aufrechterhalten.

Ich-Identität — Die Übereinstimmung von subjektiver Selbsteinschätzung und der Beurteilung der eigenen Person durch andere.

Identifikation — (Identifizierung). Bewußte oder unbewußte Übernahme von Eigenschaften, Denk- und Verhaltensweisen anderer Personen in das eigene Ich durch Verinnerlichung (Introjektion); Sichgleichsetzen mit anderen Personen.

Illusion — Meist vom Gefühl her positiv beurteilte Täuschung durch Um- oder Falschdeutung von Sinnesmeldungen, hervorgerufen etwa durch äußerst starke Hoffnungen oder Affekte.

Image	Bezeichnung für ein gefühlsbetontes, über den Bereich des Visuellen hinausgehendes Vorstellungsbild, das die Gesamtheit an Einstellungen, Erwartungen und Anmutungserlebnissen umfaßt, die subjektiv mit einem Meinungsgegenstand (z. B. einer Persönlichkeit) verbunden sind.
Impotenz	1. Gefühl der Unfähigkeit, den Verlauf der Ereignisse zu bestimmen. 2. Unvermögen des Mannes, Gliedsteife zu erlangen.
Impuls	Anreiz, Anstoß oder Antrieb zu einer (meist plötzlichen) Handlung.
Individualität	Besonderheit, Eigenartigkeit, Einzigartigkeit (einer Person); auch Bezeichnung für die in jedem Ding oder Organismus organisierte Gesamtheit aller Charakteristika, die sie von anderen unterscheiden.
Individuum	Der einzelne Mensch, verstanden als einzigartige, von anderen unterscheidbare Person.
Indoktrination	Alle Formen der psychischen Beeinflussung, um das Denken und Handeln von einzelnen oder von Gruppen zu bestimmen.
Instinkt	Eine angeborene Fähigkeit von Lebewesen, in einer für eine Gattung arttypischen Weise organisiert und biologisch angepaßt zu handeln.
Intellekt	Das menschliche Erkenntnisvermögen im Zusammenhang mit komplizierten Denkprozessen und Gedächtnisleistungen.
Introspektion	(Selbstbeobachtung.) Die nach innen, das heißt auf das eigene Bewußtseinsgeschehen gerichtete Beobachtung.
Intuition	Das unmittelbare, ganzheitliche Erkennen oder Erfahren von realen Sachverhalten, das Erkenntnisse einleiten oder begleiten kann.
Involution	Rückbildung einzelner körperlicher oder psychischer Funktionen im Zusammenhang mit dem Altern.
Inzest	Durch Gesetz verbotener Geschlechtsverkehr zwischen Eltern und Kindern oder zwischen Geschwistern.
Irrational	Gegensatz zur Vernunft oder zu den Prinzipien des logischen Denkens.
Jargon	Bedeutungslose Sprache, besonders gebräuchlich in bestimmten Berufen oder Gruppen.
Kohärent	Eine Einheit bildend, in der die Teile sich nicht im Konflikt befinden.

Kommunikation Übermitteln und Empfangen von Informationen, Signalen oder Botschaften über Gesten, Wörter oder andere Symbole von einem Organismus zum anderen.

Komplex In der Tiefenpsychologie Gruppe zusammengehöriger, gewöhnlich unbewußter Vorstellungen, deren Auftreten unangenehme, peinliche Gefühle hervorruft, z. B. der Minderwertigkeitskomplex.

Konflikt Die gleichzeitige Aktivität von einander widersprechenden oder gegenseitig ausschließenden Impulsen, Wünschen oder Tendenzen.

Konzentration Die Zentrierung seelischen Geschehens; speziell die bewußte Steigerung der Aufmerksamkeit und ihre Bindung an ein vorgegebenes Ziel.

Libido Nach S. FREUD liegt die Libido als sexuelle Triebkraft allen Lebensäußerungen zugrunde, die auf Lustgewinn gerichtet sind. Sie kann auf die eigene Person oder auf ein äußeres Objekt bezogen sein.
Die Libido durchläuft in der Kindheit eine bestimmte Entwicklung (orale, anale, phallische, genitale Phase), wobei sie sich auf immer neue, erogene, das heißt sexuell erregbare und erregende, Körperzonen bezieht (z. B. Mund, Mutterbrust, After, Geschlechtsteile).

Lustprinzip (Lust-Unlust-Prinzip). Nach S. FREUD drängen die Triebe und Bedürfnisse danach, lustvolle Zustände zu erreichen und unlustvolle zu vermeiden. Diesem Lustprinzip (des Es) steht nach Freud das Realitätsprinzip (des Ichs) gegenüber.

Masochismus Die Wendung destruktiver Tendenzen gegen sich selbst.

Meditation 1. Ernsthafte und anhaltende Reflexion oder Betrachtung.
2. Ein stiller und entspannter Zustand der inneren Versenkung, in dem ein Mensch eine Integration von Gefühlen, Emotionen, Einstellungen und Ideen anstrebt. Oft (aber nicht notwendig) ist damit die Meinung verbunden, daß dieser Zustand in Kooperation mit einem »göttlichen Geist« oder Prinzip erlangt wird.

Metamorphose Einschneidender und plötzlich erfolgender Formwandel, wie der Wandel von der Kaulquappe zum Frosch.

Minderwertigkeitsgefühl Gefühl tiefgehender Unzulänglichkeit und Unterlegenheit in körperlicher, geistiger, seelischer oder sozialer Hinsicht.

Minderwertigkeitskomplex	Unbewußte, ausgleichende Strebungen, um z. B. durch übertriebenes Leistungs- und Geltungsbedürfnis seine Minderwertigkeit zu verdecken.
Mitgefühl	Erlebnis des Mitfühlens fremdseelischer Vorgänge (z. B. Mitleid).
Moral	Die der gesellschaftlichen Praxis zugrundeliegenden, als verbindlich akzeptierten und weitgehend eingehaltenen sittlichen Normen bzw. Normensysteme.
Motiv	Beweggrund, Antrieb, Ursache, Zweck, Leitgedanke oder Bestimmungsgrund menschlichen Verhaltens (besonders hinsichtlich Ablauf, Ziel und Intensität des Handelns).
Muster	(Pattern.) Ein bestimmtes (ritualisiertes oder institutionalisiertes) Verhaltensmuster, eine soziale Grundstruktur, ein Denkmodell, eine gegliederte Anordnung oder ein aus bestimmten, immer wiederkehrenden Elementen zusammengefügtes Ablaufschema.
Mystik	Auffassung, daß es ein Wissen jenseits dessen gibt, was über die Sinne oder den Denkprozeß erworben wird.
Mythos	1. Eine Geschichte mit heiligen oder kulturellen Bildern ohne aktuelle historische Basis. 2. Eine falsche, aber überdauernde Idee oder Theorie, die weitgehend akzeptiert wird.
Mythologie	Die Gesamtheit der Mythen in einer Kultur.
Narzißmus	1. Selbstliebe 2. In der Psychoanalyse ist Narzißmus ein frühes Stadium der menschlichen Entwicklung oder ein neurotisch fixierter Zustand.
Nervenkrankheit	Entzündliche und degenerative Erkrankungen, Geschwülste und Verletzungen des zentralen und peripheren Nervensystems. Im weiteren Sinne krankhafte Seelenzustände, wie die Psychose.
Nervenzusammenbruch	Gemeinsprachlich eine allgemeine nervale Erschöpfung. Versagensreaktion auf körperliche, seelische oder geistige Überbeanspruchung.
Nervös	Übererregt (überreizt): durch Überlastung des Nervensystems bedingt; die Nervosität betreffend.
Nervosität	Zustand psychischer Spannung und damit erhöhter Reizbarkeit (Überempfindlichkeit); auch Bezeichnung für Übererregbarkeit (Überreiztheit), die sich in Hast, Überaktivität, Unruhe und Ungeduld äußert.

Neurose	Seelische Krankheit. In der Psychoanalyse sind die Symptome Ausdruck eines psychischen Konflikts, der seine Wurzeln in der Kindheitsgeschichte hat. Die Symptome sind Kompromisse zwischen den Trieben des Es und der Abwehr durch das Über-Ich.
Neurotisch	1. Betrifft oder ist beeinflußt durch die Neurose. 2. Verhalten, daß dem einer Neurose ähnelt.
Normal	In Übereinstimmung mit dem Üblichen oder dem Durchschnittlichen oder dem Typ oder der Norm, weder anormal noch unternormal, weder seelisch gestört noch minderbegabt.
Objektverlust	Liebesverlust in bezug auf eine bestimmte Person.
Orale Phase	Die erste frühkindliche Entwicklungsphase, die von der Geburt bis zum Ende des ersten Lebensjahres dauert. Sie ist durch Akte des Inbesitznehmens und Einverleibens gekennzeichnet. Die frühkindliche sexuelle Energie (Libido) richtet sich dabei auf den oralen Bereich (Mundhöhle, Lippen).
Organismus	Ein Lebewesen, das sich selbst als System erhalten kann und aus Teilen zusammengesetzt ist, die bestimmte koordinierte Funktionen ausführen können.
Paranoia	Die Ausbildung eines Wahnsystems bei erhaltener Klarheit des Denkens und Handelns.
Perversion	Eine starke Abweichung von den allgemein als normal angesehenen psychischen Einstellungen und Verhaltensweisen, insbesondere die stetige Hinwendung auf ein von der Norm abweichendes Sexualziel bzw. auf abweichende Praktiken im sexuellen Bereich.
Phantasie	Die Fähigkeit, sich abwesende Gegenstände, Personen oder Situationen in Form von Vorstellungen zu vergegenwärtigen.
Psyche	Die Gesamtheit aller bewußten und unbewußten Erlebnis- und Verhaltensweisen. Oftmals wird der Begriff »Psyche« als Bezeichnung für die Seele im weitesten Sinn im Gegensatz zum materiellen Körper (Soma) gebraucht.
Psychiater	Facharzt für Psychiatrie, auch »Nervenarzt«.
Psychiatrie	Teilgebiet der Medizin, das sich mit der Vorbeugung, Diagnose, Behandlung und Versorgung seelischer Krankheiten beschäftigt.
Psychischer Apparat	Der Aufbau des Seelenlebens, das in drei funktional zusammenhängende Schichten untergliedert wird: in das Ich, das Es und das Über-Ich.

Psychoanalyse	Ein Lehrgebäude, das von dem österreichischen Nervenarzt SIGMUND FREUD Ende des 19. Jahrhunderts entworfen und von engen Mitarbeitern modifiziert wurde. Es basiert auf der Annahme unbewußter Motive, Konflikte und Symbolstrukturen und soll dazu dienen, die Art und Wirkungsweise der psychischen Kräfte zu studieren und zu beeinflussen.
Psychoanalytiker	Der die Psychoanalyse ausübende Psychotherapeut.
Psychologie	Wissenschaft, die sich mit dem Verhalten und Erleben des Menschen befaßt.
Psychose	Sammelbezeichnung für verschiedene Formen psychischer Erkrankung mit schweren Störungen fast aller psychischen Funktionen (u. a. mit Auftreten von Wahnvorstellungen, Halluzinationen, Gedächtnis- und Bewußtseinsstörung, Demenz).
Psychotherapeut	Der die Psychotherapie ausübende Spezialist bzw. Facharzt für Psychotherapie.
Psychotherapie	Ende des 19. Jahrhunderts eingeführte Bezeichnung für die Behandlung Kranker mit psychologischen Techniken.
Rationalisierung	Ein Abwehrmechanismus des Ichs: die verstandesmäßige Rechtfertigung bzw. Erklärung einer Handlung, eines Gefühls, eines Gedankens, deren eigentliche Ursache unbewußt ist oder nicht dem Bewußtsein anheimgegeben wird, weil sie zu unangenehm ist.
Rationalität	Die Vernunftmäßigkeit einer Sache (z. B. eines Programms): ein »stimmiges«, angemessenes und sinnvolles Verhalten, das auf Einsicht beruht.
Reaktionsbildung	Ein Abwehrmechanismus des Ichs: die Entwicklung von Verhaltensweisen, die dem ursprünglichen, verdrängten Triebwunsch des Es völlig entgegengesetzt sind und in stark übersteigerter Form auftreten; z. B. wird eine ursprüngliche Lust am Schmutz durch übertriebene Sauberkeit, ein nicht eingestandener Haß gegen eine Person durch übertriebene Zärtlichkeit ersetzt.
Realitätsprinzip	Kenntnis der Anforderungen der Umwelt und Anpassung an diese Forderungen in einer Weise, daß das Individuum letztlich die Befriedigung der triebhaften Bedürfnisse sicherstellt.
Reflex	Unbewußte, genau festgelegte, wenig störanfällige Reaktion auf bestimmte äußere oder innere Reize.
Regression	Allgemein Rückbildung.

In der Psychoanalyse Abwehrmechanismus des Ichs; das Auftreten früherer kindlicher Verhaltensweisen nach schweren Versagungen und Enttäuschungen, z. B. übermäßiges Essen bei Liebeskummer als Rückfall in die kindlichen sexuellen Wünsche der oralen Phase.

Sadismus — Verbindung von sexueller Befriedigung mit Schmerz, der anderen zugefügt wird.

Schizoid — Ein festes Verhaltens- oder Persönlichkeitsmuster, das durch den Rückzug von der Außenwelt und eine Wendung nach innen gekennzeichnet ist.

Schizophrenie — Eine Gruppe psychotischer Reaktionen, die durch eine fundamentale Störung des Realitätsbezugs gekennzeichnet sind. Weitere Merkmale sind Autismus und auffallende affektive, intellektuelle und Verhaltensstörungen.

Seelische Krankheiten — (Psychische Krankheiten.) Sammelbezeichnung für Störungen bzw. Abweichungen des Erlebens und Verhaltens von der Norm.

Selbst — Nach C. G. JUNG Kern und Hülle des Menschen. Zentraler Bereich der Pesönlichkeit, der das seiner selbst bewußt werdende (Selbstbewußtsein) und gleichzeitig sich selbst zum Objekt werdende Subjekt bezeichnet.

Selbst, primäres — Das wahre Selbst; das von allen Verstrickungen befreite, individuelle Bewußtsein; der göttliche Kern.

Selbst, sekundäres — Die animalisch-universale Natur des Menschen.

Selbst, tertiäres — Das soziale Image, das als Reaktionsbildung auf das sekundäre Selbst über den Umwandlungsprozeß der Metamorphose aufgebaut wird.

Selbstanalyse — Versuch, eigenes Verhalten, eigene Fähigkeiten und Einstellungen und deren Motive zu verstehen.

Selbstbild — Das Bild, das eine Person von sich selbst hat, und dessen Wertung.

Selbstverwirklichung — Verwirklichung und Ausschöpfung der eigenen Möglichkeiten. Die Integration bisher abgelehnter Eigenschaften in das Selbst. Erfüllung allgemeiner und persönlicher Potentiale.

Sensitivität — Empfänglichkeit für Reize, Feinfühligkeit.

Sucht — Abhängigkeit von einer schädlichen Gewohnheit, die auch dann nicht aufgegeben werden kann, wenn schwerwiegende körperliche, seelische oder soziale Schäden auftreten.

Symbol — 1. Eine Vorstellung im bewußten Bereich der Psyche, die den Platz eines geistigen Prozesses im Unbewußten einnimmt. Die bewußte Vorstellung wird zum Objekt der unbewußten triebhaften Motivation. Das Individuum ist sich der Verschiebung bewußt.
2. Jedes offene Verhalten oder jede psychologische Aktivität, die einen unbewußten Konflikt repräsentiert und so als Teilbefriedigung eines verdrängten Triebwunsches dient.

Traumanalyse — Die Grundtechnik der Psychoanalyse, bei der der Klient einen Traum berichtet und frei zu seinen Elementen assoziiert.

Trauminhalt — Die Vorstellungen, Bilder und Ereignisse des Traumes, die erinnert und berichtet werden, bilden den manifesten Gehalt. Die ihm zugrundeliegende Bedeutung oder der latente Gehalt setzen sich aus unterdrückten Wünschen zusammen, die sich indirekt im manifesten Gehalt ausdrücken. Zusammen bilden sie den Trauminhalt.

Trieb — Die vom Zentralnervensystem ausgehende Antriebsenergie zu spezifischen Verhaltensweisen.

Über-Ich — Nach den Vorstellungen der Psychoanalyse derjenige Anteil des psychischen Apparats, der die (aus der Familie und Gesellschaft übernommenen) moralischen Maßstäbe, Werte und Einstellungen in der Persönlichkeit vertritt.

Übertragung — Bezeichnung für den nicht nur in der Psychotherapie, sondern auch im Alltagsleben stattfindenden, häufig unbewußten Vorgang, der darin besteht, daß man Einstellungen, Gefühle und Erwartungen, die man gegenüber früheren Bezugspersonen (vor allem den Eltern) hatte, nun auf andere Personen überträgt.

Unbewußtes — Gesamtheit aller psychischen Vorgänge und Inhalte, die nicht im aktuellen Bewußtseinsfeld liegen.

Verdrängung — Abwehrmechanismus des Ichs. Triebwünsche und damit zusammenhängende Vorstellungen, Gedanken oder Erinnerungen, die im Konflikt mit anderen Forderungen (z. B. des Gewissens) stehen und daher nicht akzeptiert werden dürfen, werden ins Unbewußte abgedrängt und dort fixiert.

Verhalten — Die Gesamtheit aller Körperbewegungen, Körperhaltungen und des Ausdrucksverhaltens eines lebenden Organismus in seiner Umwelt.

Verinnerlichung Die Übernahme bzw. das Sich-zu-eigen-Machen von Werten, Normen und Auffassungen anderer Personen, um sich an gegebene Verhältnisse anzupassen.

Verschiebung Abwehrmechanismus des Ichs. Die Bindung eines Affekts an ein anderes als das ursprüngliche Objekt.

Visuell Betrifft den Gesichtssinn oder das Sehen; bezeichnet eine Erfahrung, die zum Gesichtssinn gehört.

Vorbewußtes Der Bereich zwischen dem Unbewußten und Bewußten. Die Gesamtheit aller latenten, reproduzierbaren Gedächtnisinhalte.

Vorurteil Eine positive oder negative Meinung oder Urteil ohne angemessene Belege. Nur schwer durch gegensätzliche Beweise veränderbar.

Voyeurismus Sexuelle Handlung, bei der eine Person (Voyeur) durch den heimlichen Anblick der Geschlechtsmerkmale anderer Personen und/oder durch heimliches Zuschauen bei sexuellen Handlungen anderer (insbesondere beim Geschlechtsverkehr) sexuelle Luststeigerung erfährt.

Wunsch Der mit der Vorstellung eines begehrten Objekts verbundene Drang nach dessen Erlangung.

Zwang Jeder äußere Einfluß, der das Denken und Handeln eines Menschen gegen seinen Willen bestimmt oder beherrscht.

In der Psychopathologie Bezeichnung für das immer wiederkehrende Phänomen, von Vorstellungen (Zwangsvorstellungen), Gedanken, Gefühlen oder Impulsen beherrscht zu werden, um (z. T. ritualisierte) Zwangshandlungen auszuführen (z. B. Wasch- oder Ordnungszwang).

Glossar indischer philosophisch-spiritueller Begriffe

Agni	Feuer.
Agni-Netra	Das dritte Auge. Es befindet sich hinter dem Mittelpunkt zwischen den Augenbrauen.
Ahamkara	Stolz, Egoismus.
Ajna-(Agya-)Schakra	Das sechste Zentrum des Bewußtseins. Es befindet sich hinter dem Mittelpunkt zwischen den Augenbrauen, dort, wo sich das dritte Auge öffnet.
Ananda	Freude, Glückseligkeit, Ekstase
Antahkarna	Das innerste Herz. Es umfaßt vier Aspekte: Intellekt, sinnliches Bewußtsein, Ich und geistiges Bewußtsein.
Ardha Matsyendra-Asana	Eine Joga-Haltung.
Asana	Eine Joga-Haltung.
Atma	Seele.
Atmisch	Auf die Seele bezogen.
Avatar	Verkörperung Gottes.
Basti	Innere Säuberung durch Einläufe in den Darm.
Bhadr-Asana	Eine Joga-Haltung.
Bhastrika	Eine Form des Pranajama.
Bhramari	Eine Form des Pranajama.
Bhrigu	Name eines großen indischen Heiligen.
Brama	Gott, Göttlichkeit.
Brahma-Randhra	Eine dünne Höhlung auf der Kopfkrone, die dick mit Nerven bedeckt ist. Sie ist die Pforte zu Gott.
Brahma-Vidja	Techniken, die einen Menschen befähigen, Wissen über Gott zu erwerben.
Buddhi	Intellekt, Unterscheidungsvermögen.
Chakra	Siehe unter »Schakra«.
Dewi	Göttin.
Dewta	Gott.
Dhauti	Eine Joga-Übung, bei der der Magen durch ein Musselin-Tuch von fünf Metern Länge gereinigt wird.
Dschad	Sichtbare Wirklichkeit.
Dschiwa oder Dschiwatma	Die unbefreite Seele. Die verkörperte Seele. Das individuelle Bewußtsein.
Dwescha	Eine Kombination von Eifersucht, Haß, Abscheu etc.
Gomukh-Asana	Eine Joga-Haltung.

Guru	Ein geistiger Lehrer, der Gott verwirklicht hat und die Unwissenheit seiner Schüler bannt.
Hakim	Praktischer Arzt, der das Unani-System der Medizin vertritt.
Hatha-Joga	Form des Joga, die die Techniken des Pranajama, körperlicher Joga-Haltungen und die sechs Reinigungsübungen *Dhauti, Basti, Neti, Nauli, Trataka* und *Kapalbhati* betont.
Höchste Mutter	Die kosmische Energie, die die höchste Mutter repräsentiert.
Ida	Hauptnerv im Rückgrat, der die linke Seite des *Suschumna*-Nervs entlangläuft.
Jada	Leblose Materie, ohne Empfindung und Sensibilität.
Joga	Zustand der Einheit mit dem Höchsten. Heutzutage werden darunter auch die verschiedenen Übungen des Joga verstanden.
Jogis	Diejenigen, die die Einheit mit Gott erlangt haben. Der Begriff bezieht sich auch auf Menschen, die sich der Praxis des Joga widmen.
Kama	Lust, Leidenschaft, sexuelles Vergnügen, tiefverwurzelter Wunsch nach Besitz.
Kapalbhati	Eine Joga-Übung, die die Leiden des Kopfes beseitigt.
Karma	Handlung.
Kewali	Form des *Pranajama.*
Kheschri Mudra	Eine Joga-Übung, bei der die Zunge so weit verlängert wird, daß sie den Grund des Schädels berührt. Sie zerstört Hunger und Durst und stattet den Übenden mit großen inneren Kräften aus.
Kosmische Energie	Die kosmische Lebenskraft, die die Grundlage für das gesamte sichtbare physische Universum bildet. Sie wird auch als *Prana-Schakti* bezeichnet. Sie untersteht dem Kommando des kosmischen Bewußtseins oder des Gottes Schiwa. Alle Prozesse des Aufbaus, Erhalts und der Zerstörung werden vom kosmischen Bewußtsein gesteuert und mit Hilfe der kosmischen Energie vollendet.
Kosmisches Bewußtsein	Das formlose Bewußtsein, das den ganzen Kosmos durchdringt. Es wird auch als Gott *Schiwa* bezeichnet.
Krodha	Ärger.
Kundalini	Die kosmische Energie, die am Grunde des Rückgrats schläft.

Maja	Illusion, die ganze sichtbare Welt der Materie.
Manana	Introspektion, die von *Buddhi* ausgeführt wird.
Mantra	Töne, die in eine bestimmte Form eingebunden werden, die sie mit geistiger Macht ausstattet.
Meditation	Ein gleichzeitiger Akt der Konzentration, Beobachtung, Betrachtung, Visualisierung, Unterscheidung und Auflösung.
Moha	Bindung, Verliebtheit.
Mokscha	Erlösung, geistige Befreiung.
Mudras	Joga-Haltungen einer höheren Form.
Mukti	Erlösung, geistige Befreiung.
Muladhara-Schakra	Das Bewußtseinszentrum, das am Grunde des Rückgrats liegt.
Murscha	Eine Form des *Pranajama.* Ein Zustand des Unbewußten.
Mutterprinzip	Das Prinzip, das der gesamten Schöpfung des physischen Universums zugrundeliegt.
Nabho-Mudra	Eine Joga-Übung, bei der die Zunge im Munde nach oben gerichtet wird.
Nadi	Jene Nerven im Rückgrat, die die Lebenskraft, *Prana*, leiten.
Nadi Schuddhi	Eine Technik des *Pranajama*, die bei der Reinigung der Nervenkanäle hilft.
Nauli	Eine Übung der Bauchmuskeln.
Neti	Säuberung der Nasenlöcher mit Hilfe von Wasser oder einem Faden.
Nischkarma	Eigenschaft der Seele, wenn wir erkennen, daß wir nicht die Handelnden sind.
Padangusthan-Asana	Eine Joga-Haltung.
Padmasana	Eine Joga-Haltung.
Panch-Asana	Die Waschung der fünf Teile des Körpers: Gesicht, beide Hände und Unterarme und beide Füße.
Paramatma	Die höchste Seele, Gott.
Paschimotan-Asana	Eine Joga-Haltung.
Pingla	Hauptnerv im Rückgrat, die die rechte Seite des Suschumna-Nervs entlangläuft.
Prakriti	Die sichtbare Sinnenwelt, Natur.
Prana	Kosmische Lebenskraft. Kosmische Energie.
Pranajama	Die Übung der Atemkontrolle.
Primäres Über-Ich	Gott, der in jedem Herzen wohnt.
Puruscha	Gott, der ewige Zeuge.
Raga	Bindung, Wünsche und Begierden
Sadhaka	Jemand, der meditiert. Der geistige Schüler.

Sahit	Eine Technik des Pranajama.
Samadhi	Zustand des Überbewußten.
Sankalp	Bestimmtheit.
Sarwang-Asana	Eine Joga-Haltung.
Schakras	(Häufig auch: »Chakras« oder »Chakren«) Bewußtseinszentren im Rückgrat, die der Tradition des Joga entstammen. Drei wichtige Nerven: *Ida, Pingla* und *Suschumna* treffen hier aufeinander. Die Zentren können weder mit dem physischen Auge gesehen, noch mit wissenschaftlichen Methoden gemessen werden. Sie sind nur über das dritte Auge wahrnehmbar, das über Joga und durch die Gnade des geistigen Lehrers und Gottes geöffnet werden kann.
Schakti	Macht, kosmische Energie.
Schastra-Netra	Das dritte Auge, das allein das Göttliche erkennen kann.
Schastras	Die Bücher, die das bislang geoffenbarte Wissen über Gott und damit verbundene geistige Angelegenheiten enthalten.
Schaw-Asana	Eine Joga-Haltung.
Schela	Schüler.
Schetan	Bewußt.
Schit	Wissen, Kenntnis.
Schitli	Eine Technik des Pranajama.
Schitta	Leidenschaften, Emotionen.
Schiwa	Das sich selbst erzeugende höchste Bewußtsein. Der höchste Gott, der die gesamte kosmische Energie nach seinem Willen nutzt, um Dinge zu erzeugen, zu erhalten und zu zerstören.
Schiwa-Linga	Das Prinzip des Absoluten, oft als eiförmiges Symbol dargestellt.
Schiwa-Netra	Das dritte Auge. Es befindet sich hinter dem Mittelpunkt zwischen den Augenbrauen.
Seele	Der Geist. Das individuelle Bewußtsein.
Siddhasana	Eine Joga-Haltung.
Siddhis	Übersinnliche Kräfte.
Sukscham	Subtil, astral.
Surjabheda	Eine Technik des Pranajama.
Suschumna	Der zentrale Nerv im Rückgrat, der an dessen Grunde beginnt und direkt zum Brahma-Randhra hinaufläuft.
Tantras	Bestimmte religiöse Doktrinen und Praktiken, die auf das Erlangen übersinnlicher Kräfte abzielen.

Tantrik	Jemand, der durch die Praktiken des Tantra übersinnliche Kräfte erlangt hat.
Trataka	Die Joga-Übung der Konzentration mit offenen Augen auf ein Objekt.
Trikuti	Der Mittelpunkt zwischen den Augenbrauen.
Turiya	Der vierte Zustand des Bewußtseins. Samadhi.
Udschai	Eine Technik des Pranajama.
Vaid	Praktischer Arzt, der das ajurvedische System der Medizin ausübt.
Wir-Asana	Eine Joga-Haltung.
Widja	Wissen.
Wikalpa	Zweifel, Ungewißheit.

Literaturverzeichnis

ADLER, ALFRED: *Praxis und Theorie der Individualpsychologie. Vorträge zur Einführung in die Psychotherapie für Ärzte, Psychologen und Lehrer.* München, Wiesbaden: Bergmann 1920.

– *Menschenkenntnis.* Leipzig: Hirzel 1927.

– *Wozu leben wir?* Frankfurt: Fischer Taschenbuch Verlag 1979.

– *Individualpsychologie in der Schule. Vorlesungen für Lehrer und Erzieher.* Frankfurt: Fischer Taschenbuch Verlag 1973.

ALLPORT, GORDON W.: *Persönlichkeit. Struktur, Entwicklung und Erfassung der menschlichen Eigenart.* Meisenheim/Glan: Hain 1959.

ARLOW, JACOB A. & BRENNER, CHARLES: *Grundbegriffe der Psychoanalyse. Die Entwicklung von der topographischen zur strukturellen Theorie der psychischen Systeme.* Reinbek: Rowohlt 1976.

AUROBINDO, SRI: *The Synthesis of Yoga.* Pondicherry: Sri Aurobindo Ashram Press 1955.

– *Sadhna in Sri Aurobindo's Yoga.* Pondicherry: Sri Aurobindo Ashram Press 1962.

– *Future Evolution of Man – the Divine Life upon Earth.* London: George Allen and Unwin 1963.

BERGGER, EDMUND: *The Super Ego.* New York: Grune & Stratton 1952.

BLATZ, W. E.: *Human Security.* Toronto University: Toronto Press 1966.

BOSS, MEDARD: *Der Traum und seine Auslegung.* Bern, Stuttgart: Huber 1953.

BUGENTAL, JAMES F. T.: *Challenges of Humanistic Psychology.* New York: McGraw-Hill 1967.

CARRINGTON, H.: *Your Psychic Powers and How to Develop Them.* New York: Templestar Publishers 1958.

CASSON, F. R. C.: *Common Nervous Disorders.* London: W & G Foyle Ltd. 1958.

CHANG, G.: *Teaching of Tibetan Yoga.* New Hyde Park, New York: University Books 1963.

COOLEY, C.: *Human Nature and the Social Order.* New York: Scribners 1902.

COUDRET, JO: *Advice from a Failure.* New York: Dell Publishing Co. 1968.

DREIKURS, RUDOLF: *Grundbegriffe der Individualpsychologie.* Stuttgart: Klett 1969.

FENICHEL, OTTO: *Drug Addiction in the Psycho-Analytical Theory of Neurosis.* New York: W. W. Norton 1945.

FREUD, ANNA: *Einführung in die Psychoanalyse für Pädagogen.* Stuttgart, Leipzig: Hippokrates Verlag 1930.

FREUD, ERNST (Hrsg.): *Briefe 1873–1939.* Frankfurt: Fischer 1960.

FREUD, SIGMUND: *Vorlesungen zur Einführung in die Psychoanalyse.* Frankfurt: S. Fischer 1948, Bd. 11.

– *Das Unbehagen in der Kultur.* Wien: Internationaler Psychoanalytischer Verlag 1930.

– *Jenseits des Lustprinzips.* Frankfurt: S. Fischer 1955, Bd. 13.

– *Die Traumdeutung. Über den Traum.* Frankfurt: S. Fischer 1948, Bd. 2/3.

– *Der Witz und seine Beziehung zum Unbewußten.* Frankfurt: S. Fischer 1948, Bd. 6.

– *Zur Psychopathologie des Alltagslebens.* Frankfurt: S. Fischer 1947, Bd. 4.

GARRE, WALTER J.: *Basic Anxiety.* New York: Philosophical Library 1962.

GARRISON, O.: *Tantra: The Joga of Sex.* London: Pan Books Ltd. 1963.

GOEL, B. S.: *Third Eye and Kundalini.* Kurukshetra: Third Eye Foundation of India 1985.

HAVELOCK, ELLIS: *Psychology of Sex.* London: Pan & Sons 1958.

HOLLINGSHEAD, AUGUST & REDLICH, FREDERICK: *Der Sozialcharakter psychischer Störungen.* Frankfurt: S. Fischer 1975.

HORNEY, KAREN: *Neurose und menschliches Wachstum.* München: Kindler 1975.

– *Selbstanalyse.* München: Kindler 1974.

– *Der neurotische Mensch unserer Zeit.* München: Kindler 1964.

– *Neue Wege in der Psychoanalyse.* München: Kindler 1973.

– *Unsere inneren Konflikte. Neurosen in unserer Zeit. Entstehung, Entwicklung und Lösung.* München: Kindler 1973.

HUNT, MORTON M.: *Thinking Animal.* Toronto: Little Brown and Company 1964.

HUXLEY, ALDOUS: *Himmel und Hölle.* München: Piper 1957.

JAMES, W.: *Die Vielfalt religiöser Erfahrungen. Eine Studie über die menschliche Natur.* Olten, Freiburg im Breisgau: Walter 1979.

JUNG, CARL GUSTAV: *Über die Psychologie des Unbewußten.* Zürich: Rascher 1948.

– *Zwei Schriften über analytische Psychologie.* GW., Bd. 7. Zürich: Rascher 1964.

– *Psychiatrische Studien.* GW., Bd. 1. Zürich: Rascher 1966.

– *Über Grundlagen der analytischen Psychologie.* Zürich: Rascher 1969.

– *Psychologische Typen.* GW., Bd. 6. Zürich: Rascher 1971.

– *Praxis der Psychotherapie.* GW., Bd. 16. Zürich: Rascher 1971.

– *Über die Entwicklung der Persönlichkeit.* GW., Bd. 17. Zürich: Rascher 1972.

– *Psychologie und Religion.* Olten, Freiburg im Breisgau: Walter 1982.

KING, C.: *The State of Human Consciousness.* New York, New Hyde Park: N. Y. University Books 1963.

KNOWLES, D.: *The English Mystical Tradition.* London: Burnes and Gates 1961.

KOESTLER, ARTHUR: *Der göttliche Funken.* Bern, München, Wien: Scherz 1966.

LASKI, M.: *Ecstasy: A Study of Some Secular and Religious Experiences.* London: Cresset Press 1961.

LEWIN, BERTRAM D.: *Das Hochgefühl. Zur Psychoanalyse der gehobenen, hypomanischen und manischen Stimmung.* Frankfurt: Suhrkamp 1982.

MALINOWSKI, BRONISLAW: *Geschlechtstrieb und Verdrängung in primitiven Gesellschaften.* Reinbek: Rowohlt Taschenbuch 1970.

MASLOW, ABRAHAM: *Psychologie des Seins.* München: Kindler 1973.

– *Religion, Values and Peak Experiences.* Columbus: Ohio State University Press 1964.

MEAD, GEORGE H.: *Geist, Identität und Gesellschaft aus der Sicht des Sozialbehaviorismus.* Frankfurt: Suhrkamp 1968.

OGATA, S.: *Zen for the West.* New York: Dial Press 1959.

OVERSTREET, BONARO W.: *Understanding Fear in Ourselves and Others.* New York: Collier Books 1967.

PERLS, FREDERICK S., HEFFERLINE, RALPH F. & GOODMAN, PAUL: *Gestalttherapie: Lebensfreude und Persönlichkeitsentwicklung.* Stuttgart: Klett 1979.

PIAGET, JEAN: *Der Aufbau der Wirklichkeit beim Kinde.* Stuttgart: Klett 1974.

ROGERS, CARL R.: *Person to Person: The Problem of Being Human.* Ontario: Simon & Schuster 1971.

RUSSELL, BERTRAND: *Eroberung des Glücks. Neue Wege zur besseren Lebensgestaltung.* Darmstadt: Holle 1951.

SARGENT, W.: *Battle for the Mind.* Garden City, N. Y: Doubleday 1957.

SNYDER, E.: *Hypnotic Poetry.* Philadelphia: University of Pennsylvania Press 1930.

STEKEL, WILHELM: *Psychosexueller Infantilismus.* Berlin, Wien: Urban & Schwarzenberg 1922, Bd. XII.

ULLERSTAM, LARS: *The Erotic Minorities.* New York: Grove Press Inc. 1966.

UNDERHILL, E.: *Mysticism: A study in the Nature and Development of Man's Spiritual Consciousness.* New York: Meridian 1955.

WALSH, W.: *The Psychology of Dreams.* New York: Dodd, Mead 1920.

YEATS-BROWN, F.: *Yoga Explained: A simple Approach to a Fuller and Richer Life.* New York: Vista House 1958.